적은 돈으로 부자되는
# 지분경매 완성과 NPL투자 비법

| 저자 김동희 |

적은 돈으로 부자되는
## 지분경매 완성과
## NPL투자 비법

초판 1쇄 2018년 7월 5일

지은이 | 김동희
펴낸곳 | (주)채움과 사람들

판매처 (주)채움과 사람들 Chaeum and People, Inc.

출판등록 | 2016년 8월 8일 (제 2016-000170호)
주　　소 | 서울시 서초구 사평대로 52길 1, 3층(서초동)
전화번호 | 02-534-4112~3
팩스번호 | 02-534-4117

이 책의 저작권은 저자와 출판사에 있습니다.
서면에 의한 저자와 출판사의 허락없이
책의 전부 또는 일부 내용을 사용할 수 없습니다.

ISBN : 979-11-88541-08-9-13320

저자와 협의에 의해 인지는 붙이지 않습니다.
잘못 만들어진 책은 구입처나 본사에서 교환해 드립니다.

## 머 리 말

**이제는 경매도 남들과 다르게 투자해야 성공한다.**

경매나 공매시장은 투자하는 그 순간부터 이익을 확보할 수 있는 안정적인 재테크 시장으로 통한다. 부동산 시장이 좋으면 좋은 대로, 나쁘면 나쁜 대로 그 시세 보다 싸게 살 수 있으니 재테크로 이만한 시장이 없다. 그래서 일반인들의 경매 관심도가 높고, 그로인해 입찰 경쟁이 심화되고 있다. 그런데 이러한 사실을 모르고 안주하거나 경쟁이 심화되고 있는 경매시장 탓만 하는 분들이 많다.

이제는 남들이 못하는 지분경매와 특수물건에 투자해야 한다. 이러한 물건은 투자의 위험성 때문에 입찰을 꺼려서, 싸게 사서 높은 수익을 얻을 수 있다.

필자는 2011년에 『지분경매의 비밀』과 2012년에 『지분경매의 완성』, 2014년에 『지분경매와 NPL투자 완성』과 2016년에 지분 실전투자서인 『지분경매 실전투자의 비밀』, 그리고 2012년에 『특수물건의 비밀』과 2014년에 『법정지상권과 집합건물투자의 비밀』을 출간한 바 있다. 이 밖에도 배당 전문서적으로는 2011년도에 『판사님 배당에 이의가 있습니다』에 이어 2015년 8월에 『아는 만큼 더 받는 경매 배당금의 비밀』과 『배당표 작성과 배당이의 실무』책을 출간했다. 그리고 이러한 내용 등을 바탕으로 해서 2016년에 『이제 지분경매와 특수물건에서 NPL를 찾아라!』를 출간한 바 있다. 이 책은 지분경매와 NPL투자 완성과 이제 지분경매와 특수물건에서 NPL를 찾아라!의 개정판으로 이해하면 된다.

필자는 지분분야를 첫 번째로 지분 실전투자서로 2018년 1월에 개정한 『지분경매 실전투자의 비밀』로 하고, 두 번째로 지분 심화과정과 특수물건에서 NPL투자는 이번에 개정한 『지분경매 완성과 NPL 실전투자』로 정복할 수 있도록, 오랜기간 연구한 끝에 2원화해서 기술했다.

  이 분야는 사례가 다양하고 분석하는 데에 어려움이 있지만, 그 원리를 정확하게 이해하고 정복할 수 있다면 한 번 배워 평생 써 먹을 수 있는 훌륭한 기술을 습득하는 것이다.

**"지분경매 완성과 NPL 실전투자"는 다음과 같은 내용을 담고 있다.**
  남들이 꺼리는 지분물건과 특수물건을 낙찰 받아 탈출하는 방법으로, 1차적으로 수익을 얻는 것에 만족하지 말아야 한다. 2차적으로 <u>지분경매물건의 후순위저당권 등을 NPL로 사서</u> 민법 제368조 2항에 따른 법정대위하는 방법으로 황금알을 낳아야 한다. 그리고 <u>특수물건을 대상으로 NPL에 투자해서</u>, 직접 경매를 신청해서 낙찰 받는 방법으로 높은 투자수익을 올릴 수 있도록 기술했다. 낙찰 받아 꿩 먹고, NPL을 지분이나 특수물건에서 사서 황금 알을 낳는 것을 투자목적으로 했다. 그리고 다툼이 발생했을 때 법률 전문가의 도움이 없이도 스스로 해결할 수 있도록 다양한 소장 작성 방법을 본문 내용과 병행해서 다음과 같이 6분야로 기술해 놓았다.

  **첫 번째로 지분투자 완성**은 지분을 낙찰 받고(매수하고) 나서 어떻게 탈출하느냐에 성공여부가 달려 있다. 대부분 자기지분을 다른 공유자에게 싸게 파는 방법을 선택하고 있다. 물론 이 방법도 싸게 사서 바로 팔 수 있으니 성공했다고 생각할 수 있다. 하지만, 고수는 다른 공유자 지분을 싸게 사서 전체지분을 높은 가격으로 파는 방법으로 높은 수익을 올리고 있다. 이러한 과정에서 알고 있어야할 내용으로 공유물의 관리방법과 지분권자의 권리 및 의무, 실전투자를 위한 실무과정으로 입찰사례로 배우는 지분 물건분석, 낙찰 받고 점유자에 대한 인도명령 신청방법, 부당이득반환청구, 공유물분할청구 소장, 부동산처분금지 가처분 신청서 작성방법을 실전사례와 함께 기술해서 지분을 낙찰 받아 나 홀로 소송으로 투자수익을 높일 수 있도록 기술했다.

두 번째로 선행된 지분경매에서 후순위저당권을 사서 황금알을 낳는 NPL투자 전략이다.

 공유물의 지분경매에서 후순위저당권 등이 배당 받지 못하고 등기부에서 말소되었다고 그 채권의 생명력까지 사라진 것은 아니다. 그렇게 믿고 있는 분들의 채권을 매입해서 새로운 불씨를 지피면 지금 독자들이 알고 있는 NPL보다 더 값진 수익을 올릴 수 있다. 지분투자의 완성은 지분을 팔아 수익을 올리는 것에서 끝나는 것이 아니라, 나머지 지분도 내 것으로 만들 수도 있어야 한다.

 지분경매에서 선순위 공동저당권이 1순위로 전액 배당 받게 되므로 인해서 후순위저당권은 배당 받지 못하게 된다. 이때 배당 받지 못하고 소멸된 후순위저당권(NPL)을 사서 다른 지분권자에게 변경등기된 근저당권을 민법 제368조 제2항에 따른 물상대위권을 행사를 해서 높은 수익을 올리는 방법이다. 이 내용은 "지분경매의 완성"책으로 이미 다룬바 있었는데 2013년에 절판되었다.

 그런데도 많은 분들이 찾고 있다. 그래서 "지분경매의 완성" 책을 개정하면서 "지분경매와 NPL투자 완성"에서 NPL 분야와 다양한 소장 작성 방법을 모아 새롭게 기술했다.

 앞에서와 같이 지분경매로 기본적인 투자수익을 올리고, 특수물건과 지분에서 NPL을 찾아서 고수익을 올리도록 기술한 것이다.

 세 번째로 특수물건에 직접 투자해서 높은 수익을 올리는 방법이다.

 특수물건이라면 지분경매, 법정지상권, 집합건물에서 토지별도등기와 대지권미등기, 그리고 유치권, 가등기, 가처분, 재개발과 재건축, 특수한 배당방법, 가장임차인 등을 이야기 할 수 있다. 이런 분야에 제대로 알고 투자하면 그땐 여러분의 운명도 달라질 수 있다. 그야 말로 연봉 1억을 만들어 주는 삶이 될 수 있다. 이러한 물건에서 투자하는 비법과 다음과 같이 NPL로 투자해서 성공한 실전 투자 사례를 기술해 놓았다.

네 번째로 전통적인 NPL과 특수물건에서 NPL에 투자하는 비법이다.

전통적인 NPL 분야로 기본적인 물건에서 NPL에 대한 투자 전략으로 어떻게 해야 하는가와 일반물건 보다 남들이 못하는 특수물건에서 NPL로 투자해야 고수익을 올릴 수 있다는 사실을 사례를 가지고 설명해 놓았다. 왜냐하면 유동화회사나 금융기관 등에서 돈 되는 근저당권을 그대로 독자 분들에게 싸게 팔기보다는 직접 경매를 신청해서 배당받기를 희망하기 때문에 돈 되는 근저당권을 독자 분들이 쉽게 살 수가 없다. 그런데 특수물건은 경매에서 가격이 저감되고 그러한 물건 속에서 NPL을 찾는다면 유동화회사나 금융기관 등도 부실채권을 정리하기 위해서라도 저감된 금액 선에서 매각하려할 것이 다. 그 시점이 NPL 투자 적기로 판단하면 된다. 매사 그러하듯, 이때도 서두르지 말고 유연하게 내게 유리한 협상력이 필요하다. 그래서 NPL에 투자하고자 하는 분들을 위해 채권 양도·양수 계약서 작성 방법과 양수인이 채권을 양도 받은 후 채무자에게 대항요건을 갖추기 위한 양도통지 방법에 대해서도 자세하게 기술했다.

다섯 번째로 1순위와 후순위 대출로, 대위변제를 통한 NPL 투자 비법이다.

특수물건에서 1순위로 대출해서 성공하는 방법과 일반물건에서 후순위로 대출해서 성공한 사례와 실패 사례, 경매 취하자금 대출, 그리고 대위변제로 채권을 양도 받는 돈 버는 NPL 투자 비법이다.

여섯 번째로 다른 사람 도움 없이 나 홀로 소송하는 방법이다.

공유물중 일부지분이 경매로 매각될 때에는 소액투자인 경우가 많다. 그래서 지분 물건을 낙찰 받은 후에 다른 지분권자와 협의로 해결하지 못하고 소송이 필요하게 되면 매수자가 직접 점유자에 대한 인도명령 신청이나 건물명도청구 소송, 그리고 부당이득반환청구 소송, 공유물분할청구 소송, 부동산 처분금지가처분 신청서 등을 법률 전문가의 도움 없이 나 홀로 소송해서 비용을 줄이고 있다.

그리고 마지막으로 배당이의 신청 및 소장 작성실무, 배당금에 대한 채권가압류와 지급정지가처분 실무를 다루었다.

누구라도 쉽게 소장을 작성해서 법원에 제출할 수 있도록 다양한 소장 작성방법을 본문 내용과 병행해서 기술했다. 독자 분들이 나 홀로 소장을 작성해서 직접 법원에 제출할 수 있는 능력을 배양하기 위함이다.

마지막으로 항상 필자를 사랑해 주시는 독자 여러분들께 감사드리며, 미흡한 책이지만 이 책을 끝까지 정독해 주신 분들께 감사의 마음을 전한다.

2018년 6월 11일
저자 **김 동 희**

# CONTENTS

## PART 1  지분경매에서 기본적인 권리분석과 배당하는 방법

**01 유사공동저당권은 무엇을 말하는 것일까?** .......... 24
- 지분경매에서 전체지분에 설정된 근저당 .......... 24
- 지분경매에서 임차인의 최우선변제금과 확정일자부 우선변제권 .......... 25
- 나대지에 근저당 설정후 토지가 집합건물의 대지권 으로 공유등기된 경우 .......... 27
- 유사공동저당과 후순위 저당권자의 대위행사에 대한 판례 .......... 27

**02 왜 지분경매에서 동시배당과 이시배당을 알아야 하나?** .......... 29
- 사설경매정보 사이트상의 입찰정보내역 .......... 29
- 물건분석 .......... 30
- 유사공동저당권자에 대한 배당방법 .......... 31
- 배당방법과 후순위 채권자의 대위청구 .......... 31
- 이 사건에서 채무자의 후순위채권을 양도받으면 돈이 되나? .......... 34

**03 주택이 갑·을·병 각 3분의 1 지분에서 갑 지분만 매각되는 경우** .......... 35
- 지분경매물건에 대한 물건분석표 .......... 35
- 지분경매물건에 대한 권리분석과 배당표 작성 .......... 36
- 후순위 채권자 등이 선순위 공동저당권자를 대위하여 청구가 가능한 금액 .......... 36
- 종합적인 분석 .......... 38

**04 다가구주택의 일부 지분이 매각될 때 물건분석과 대응방법** .......... 40
- 지분경매물건에 대한 권리분석 및 배당표 작성 .......... 40
- 후순위 임차인의 대위와 공동임대인에 대한 보증금반환 청구 .......... 41
- 후순위 송유만 근저당권과 김각형 채무자의 대위권 .......... 42
- 낙찰자가 대항력 있는 이현중 임차인에 대한 인수범위 .......... 42
- 전체지분이 강제경매가 진행된 경우 말소기준권리 .......... 43
- 김각형 지분이 먼저 매각돼 후순위저당권자와 채무자의 대위 .......... 44

**05 다가구주택에서 임대인의 지분이 매각될 때 잘못하면 큰코다친다** .......... 45
- 다가구주택 3분의 1 지분경매 물건 정보 및 입찰결과 .......... 45
- 종전 낙찰자가 입찰보증금을 포기하게 된 사연 .......... 47
- 재매각절차에서 낙찰자가 돈을 벌고 지분에서 탈출 할 수 있을까 .......... 48
- 임대차 계약에서 임대인과 동의한 사람, 동의하지 않은 사람 간의 책임? .......... 49

| 06 | 공유물분할 경매에서 일부지분에 가등기가 있는 경우에 대응 방법 | 51 |
|---|---|---|
| | ◆ 공유물 분할을 위한 형식적 경매물건 입찰결과 내역 | 51 |
| | ◆ 물건분석과 매수이후 대응방법 | 52 |
| | ◆ 이 물건과 같이 일부지분에 가등기가 있을 때 배당방법 | 53 |
| | ◆ 가등기권자가 본등기 또는 말소 시에 부당이득금 반환 | 56 |
| | ◆ 지상건물 소유자에게 법정지상권이 성립하고 있을까? | 58 |
| 07 | 재개발구역 상가주택 2분의 1을 낙찰받아 성공한 사례 | 59 |
| | ◆ 토지 지분공매 절차에서 공매물건의 사진과 주변 현황도 | 60 |
| | ◆ 상가주택 2분의 1 지분 온비드공매 입찰정보 내역 | 61 |
| | ◆ 지분공매 물건에 대한 권리분석과 배분표 작성 | 62 |
| | ◆ 지분공매에서 2대 1의 경쟁률을 뚫고 상가주택을 낙찰 받았다 | 63 |
| | ◆ 매수 이후의 대응 현황 | 64 |
| | ◆ 성남시 금광1구역 재개발사업에서 현금청산금으로 탈출한 사례 | 65 |
| 08 | 주택 공동소유로 세금도 절세하면서 임대수익 높이는 비법? | 67 |
| | ◆ 주택 공유로 세금 절세와 내 재산을 안전하게 지키는 방법 | 67 |
| | ◆ 부모세대와 자녀세대가 주택을 공유하는 방법으로 절세해라! | 69 |
| | ◆ 아파트 세대분리로 임대하거나 독립세대 자녀 등이 거주하는 경우 | 70 |

## PART 2  주택의 공유자 또는 임차인이 점유하고 있을 때 명도 방법

| 01 | 지분물건을 어떻게 분석하고 입찰해야 성공하나? | 74 |
|---|---|---|
| 02 | 채무자가 아닌 다른 공유자가점유하고 있는 경우 | 76 |
| 03 | 남편½과 부인½로 공동소유지분중 부인지분만 경매된 경우 | 80 |
| 04 | 임차인이 점유하고 있는 경우 명도는 어떻게? | 84 |
| | ◆ 매수지분이 과반수 이상이면 임차인의 명도는? | 84 |
| | ◆ 매수지분이 과반수 미만이면 임차인의 명도는 어떻게? | 88 |
| 05 | 아파트 2/3 지분을 낙찰 받아 임차인을 명도한 사례 | 93 |
| | ◆ 경매 물건 현황과 매각결과 | 93 |
| | ◆ 위 경매물건에 대한 권리분석 | 94 |
| | ◆ 매수 이후 임차인 명도로 대법원 판례를 만들게 되다 | 95 |

◆ 대지권등기청구와 가압류, 가처분 등의 토지별도 등기 말소청구소송 … 102

## PART 3 지분 매수 후 탈출 비법과 실제로 작성했던 소장과 가처분 등의 신청서

**01** 노량진동 주택재개발 5구역 내에 있는 아파트 2분의 1지분을 낙찰받아 성공한 사례 … 104
- ◆ 노량진동 주택재개발 5구역 내의 아파트 ½지분 입찰정보 내역 … 104
- ◆ 주택재개발 5구역 내에 있는 아파트의 주변현황도 … 105
- ◆ 지분경매 물건에 대한 권리분석과 매수 이후에 대응방법 … 106
- ◆ 매수 후 공유물분할청구 소장 작성 방법 … 108
- ◆ 공유물에 대한 처분금지가처분 신청서 표지와 본문 작성 … 112
- ◆ 점유자의 부당이득반환 채권을 보전하기 위한 채권가압류 … 115
- ◆ 어떻게 매수지분에 가등기하고, 탈출하면 성공할 수 있을까? … 118
- ◆ 중도금 지급 후 가등기 설정을 목적으로 부동산 매매 예약서 작성 … 120

**02** 근린생활시설중 일부지분이 경매된 경우 낙찰받고 나서 대응방법 … 122
- ◆ 지분경매물건 정보내역과 매각결과 … 122
- ◆ 지분경매 물건에 대한 권리분석과 매수 이후 대응방안 … 123
- ◆ 공유물분할청구소송을 위한 소장 작성 방법 … 124
- ◆ 공유물에 대한 처분금지가처분 신청서 표지와 본문 작성 … 128

**03** 봉천동의 연립주택 2분의 1을 공매로 낙찰 받고 탈출하는 방법은? … 132
- ◆ 연립주택 2분의 1 지분 온비드공매 입찰정보 내역 … 132
- ◆ 토지 지분공매 절차에서 공매물건의 사진과 주변 현황도 … 133
- ◆ 지분공매 물건에 대한 권리분석과 배분표 작성 … 134
- ◆ 매수 후 공유물분할청구 소장 작성 방법 … 135
- ◆ 점유자의 부당이득반환 채권을 보전하기 위한 채권 가압류 … 139

**04** 3분의 1지분을 낙찰 받고 공유물분할청구 소송과 가처분을 신청한 사례 … 142
- ◆ 다세대주택 3분의 1 지분공매 입찰정보 내역 … 142
- ◆ 토지 지분공매 절차에서 공매물건의 사진과 주변 현황도 … 143
- ◆ 지분공매 물건에 대한 권리분석과 배분표 작성 … 144
- ◆ 매수 후 공유물분할청구 소장 작성 방법 … 145
- ◆ 점유자 부동산 처분금지가처분 신청서 작성 … 148

| | |
|---|---|
| ◆ 문○○가 다가구주택 3분의 1지분을 낙찰 받고 탈출 전략을 세우다! | 152 |
| ◆ 지분 매수 후 형식적 경매를 진행했으나 제3자가 낙찰 받은 사례 | 152 |
| **05** 가등기 후 공유물분할에 따른 형식적 경매까지 진행했으나 제3자가 매수해 실패한 사례 | 152 |
| ◆ 형식적 경매까지 신청했지만 제3자가 낙찰 받아 손해보게 된 사연? | 154 |

## PART 4  경매 배당에서 채권자간에 우선순위는 어떻게 결정하나?

| | |
|---|---|
| **01** 배당에서 우선순위는 어떻게 결정 되나? | 158 |
| ◆ 제0순위: 경매집행비용 | 158 |
| ◆ 제1순위: 제3취득자와 임차인 등의 필요비, 유익비상환청구권 | 159 |
| ◆ 제2순위: 주택과 상가임차인, 근로자의 최우선변제금 | 159 |
| ◆ 제3순위: 국세와 지방세 중 당해세 | 160 |
| ◆ 제4순위: 일반조세채권(저당권부 채권보다 법정기일이 빠른 경우) | 161 |
| ◆ 제5순위 공과금채권(저당권부 채권보다 납부기한이 빠른 경우) | 162 |
| ◆ 제6순위: 저당권부 채권(근저당권, 전세권, 담보가등기, 확정일자부 임차권, 등기된 임차권) | 163 |
| ◆ 제7순위: 일반임금채권(최우선변제금 제외한 금액) | 164 |
| ◆ 제8순위: 일반조세채권(저당권부 채권보다 법정기일이 늦은 경우) | 165 |
| ◆ 제9순위: 공과금채권(저당권부 채권보다 납부기한이 늦은 경우) | 166 |
| ◆ 제10순위: 일반채권(일반채권자들은 동순위로 안분배당) | 166 |
| **02** 임차주택이 소재하는 지역에 따라 배당방법이 다르다 | 167 |
| ◆ 소액임차보증금과 최우선변제금의 기간별, 지역별의 변화 | 167 |
| ◆ 서울특별시 영등포구의 주택에서 임차인과 다른 채권간의 배당사례 | 168 |
| **03** 상가건물에서 임차인과 다른 채권자 간에 배당하는 방법은? | 171 |
| ◆ 상가임차인이 최우선변제금을 받으려면 어떻게 해야 하나? | 171 |
| ◆ 확정일자부 우선변제권의 성립요건과 우선변제권은? | 173 |
| ◆ 서울시 문래동의 상가건물에서 임차인과 다른 채권자 간의 배당사례 | 175 |

## PART 5   공동담보물이 동시에 매각될 때 배당하는 방법

**01** 공동저당이란?   180
**02** 공동담보물이 동시에 매각되면 어떻게 배당하게 되나?   181
  ◆ 공동담보물의 소유자가 모두 동일인일 때 동시배당   **181**
  ◆ 공동담보물의 일부가 채무자, 일부가 물상보증인 소유인 경우에 배당하는 방법은?   **182**
**03** 공동담보물을 전부 채무자가 소유한 경우 동시배당한 사례   184
**04** A 부동산은 채무자, B 부동산은 물상 보증인 소유에서 동시배당한 사례   186

## PART 6   이시에 매각될 때 배당방법과 후순위저당권자 등의 법정대위

**01** 공동담보물의 이시배당절차에서 배당 하는 방법은?   190
**02** 후순위저당권자 등이 법정대위를 할수 있는 경우와 없는 사례   192
  ◆ 후순위저당권자 등이 법정대위를 할 수 있는 사례와 그 범위   **192**
  ◆ 다음은 후순위저당권자 등이 법정대위를 할 수 없는 사례다   **193**
**03** 후순위저당권자 등의 대위권 발생 시기와 우선순위   196
  ◆ 후순위저당권자 등의 법정대위권은 언제 발생하나?   **196**
  ◆ 후순위저당권자 등의 대위행사에서 우선순위   **197**
**04** 피대위권자와 대위권자는 누가 되고, 그 대위의 범위는?   198
**05** 공동담보물 중에서 A 부동산이 먼저 매각되고, B 부동산이 매각된 사례   200
**06** 물상보증인 소유가 먼저 매각되고, 채무자 소유부동산이 매각된 경우 배당은?   202

## PART 7   지분경매에서 후순위 채권을 NPL로 매입해 고수익을 올리는 투자비법

**01** 아파트와 농지가 채무자 소유인데 그 중 일부가 먼저 매각되면?   206

- ◆ 아파트가 먼저 경매로 매각된 경우 배당은 **207**
- ◆ 아파트가 먼저 경매로 매각되고 나서 농지가 매각되는 경우 **207**
- ◆ 아파트만 매각되고 농지가 장기간 매각되지 않는 다면 부기등기를 해 둬라! **208**
- ◆ 선행된 채무자의 후순위 채권에서 숨은 진주 NPL(부실채권)을 찾아라. **209**

**02 공동담보물이 채무자와 물상보증인 소유인데 채무자소유 부동산이 먼저 매각되면** **212**
- ◆ 공동담보물에서 채무자 소유 아파트가 먼저 매각되고 나서 물상보증인 소유농지가 매각시 **212**
- ◆ 선행된 채무자의 후순위 채권에서 NPL(부실채권)을 찾으면 정말로 부실채권이 된다 **213**

**03 공동담보물이 채무자와 물상보증인 소유인데 물상보증인 소유부동산이 먼저 매각되면** **214**
- ◆ 물상보증인 소유의 농지가 먼저 경매로 매각된 경우는? **214**
- ◆ 농지(물상보증인 소유)가 먼저 매각되고 아파트가 매각되는 경우 **214**
- ◆ 후순위저당권자가 선순위공동저당권자를 대위해서 배당요구한 사례 **215**
- ◆ 농지만 매각되고 아파트(채무자소유)가 장기간 매각되지 않는다면 부기등기하자! **218**

**04 선행된 물상보증인 소유 후순위채권에서 숨은 진주 NPL(부실채권)을 찾아라!** **220**
- ◆ 물상보증인 소유와 채무자 소유중 물상보증인 것이 먼저 매각되면 후순위채권자는? **220**
- ◆ 물상보증인 소유 후순위채권에서 숨은 진주 NPL (부실채권) 찾기 게임 **221**

**05 선행된 물상보증인의 매각대금에서 공동저당권이 변제받고 채무자 소유에서 말소한 경우** **225**
- ◆ 물상보증인의 채무자에 대한 구상권 및 물상대위, 후순위저당권자의 물상대위 **225**
- ◆ 불법행위로 인한 손해배상책임의 발생 **230**
- ◆ 채무자 소유부동산과 물상보증인 소유부동산이 동시에 매각된 경우에 배당은 **233**
- ◆ 불법 말소된 근저당권의 손해배상청구에서 숨은 진주 NPL을 찾아라. **233**

**06 채무자와 물상보증인 소유부동산이 동시에 매각될때 잘못된 배당에 대한 이의소송** **240**
- ◆ 1심, 2심, 대법원의 판결 내용을 살펴보면 다음과 같다 **240**
- ◆ 경매로 매각되기 전에 등기부상의 등기내용은 **242**
- ◆ 이 사건의 경매 진행내역을 살펴보면 다음과 같다 **245**
- ◆ 이 매각절차에 배당표는 다음과 같이 작성되었다 **246**
- ◆ 원고(물상보증인) 이만기의 배당이의 소송에서 승소 하여 배당표는 다음과 같이 변경 되었다. **247**

# PART 8 — 돈 되는 숨은 진주NPL(부실채권)투자 비법의 진실게임

**01** 물상보증인지분이 매각시 채무자지분에서 공동저당권은 말소되면 안 된다 — 250
- ◆ 채무자지분에서 근저당권이 불법 말소되면 어떻게 대처하게 되는가! — 250
- ◆ 이 사건에 대한 입찰정보 내역 — 250
- ◆ 위 사건은 다음과 같은 판결이 나왔다 — 252
- ◆ 불법 말소된 등기 내역과 대위에 기한 근저당권설정등기 회복 내역 — 253
- ◆ 불법 말소된 신한은행 근저당권에 대한 대위권을 가진 박철수 근저당권을 양도 받으면 — 255

**02** 물상보증인지분이 매각시 채무자지분에서 후순위채권자의 대위행사방법은 — 257
- ◆ 공유물에서 채무자지분이 1/2, 물상보증인지분이 1/2일 때 대위행사방법은? — 257
- ◆ 울산지법 2010가합4277, 8279, 판결 내용을 살펴보자 — 257
- ◆ 위 사건에서 김선생의 올바른 조언 — 262
- ◆ 이 사건에서 패소한 김수민과 김철수 채권을 양도 받으면? — 262

**03** 아파트와 농지가 채무자소유인데 그 중 일부가 먼저 매각되면 — 263
- ◆ 아파트가 먼저 경매로 매각된 경우 배당 방법은? — 263
- ◆ 아파트 후순위근저당권자 신한은행이 농지에서 법정대위행사 권한은? — 263
- ◆ 아파트가 먼저 경매로 매각되고 나서 농지가 매각되는 경우 — 264
- ◆ 아파트만 매각되고 농지가 장기간 매각되지 않는다면 부기등기를 해 둬라! — 264
- ◆ 선행된 채무자의 후순위 채권에서 숨은 진주NPL (부실채권)을 찾아라 — 265

**04** 아파트가 두 사람의 공유물로서 공동 채무자로 되어 있는 경우의 지분경매 — 267

**05** 공동담보물이 채무자와 물상보증인 소유인 경우 어떻게 하면 되는가? — 268
- ◆ 공동담보물이 채무자와 물상보증인 소유인데 채무자 소유부동산이 먼저 매각되면 — 268

**06** 아파트가 공유물로서 채무자와 물상보증인 소유에서 채무자 소유의 아파트경매 — 270

**07** 공동담보물이 채무자와 물상보증인 소유인데 물상보증인 소유부동산이 먼저 매각되면 — 271
- ◆ 물상보증인 소유의 농지가 먼저 매각된 경우 — 271
- ◆ 농지(물상보증인 소유)가 먼저 매각되고 아파트(채무자 소유)가 매각되는 경우 — 271
- ◆ 농지가 먼저 매각되고 아파트(채무자 소유)가 장기간 매각되지 않는다면 부기등기를 하자! — 272
- ◆ 선행된 물상보증인 소유 후순위채권에서 숨은 진주 NPL(부실채권)을 찾아라! — 273

**08** 물상보증인 지분이 먼저 매각시 후순위 채권자에서 숨은 NPL을 찾아라! — 276
- ◆ 물상보증인 소유지분 후순위채권과 물상보증인에서 숨은 진주 NPL(부실채권)을 찾기 게임 — 276

| 09 | 선행된 물상보증인의 매각대금에서 공동저당권이 변제받고 채무자 소유에서 말소한 경우 | 279 |

- ◆ 물상보증인의 채무자에 대한 구상권 및 변제자대위, 후순위저당권자의 물상대위 — 279
- ◆ 불법 말소된 근저당권의 손해배상청구에서 숨은 진주 NPL(부실채권)을 찾아라! — 280

## PART 9   후순위채권에 투자해서 실제로 고수익을 올렸던 사례와 소장작성방법

| 01 | 아파트 2분의 1을 경매신청해서 미배당금을 다른 지분권자에게 법정대위한 사례 | 284 |

- ◆ 김 소령이 목동 현대 하이페리온 아파트 2분의 1을 경매신청 — 284
- ◆ 강제경매신청자가 후순위로 배당 받지 못하게 되자 필자를 찾아 왔다 — 285
- ◆ 잔금 납부하기 전에 공유자 지분에 가압류한 이유와 그 신청서 작성 — 287
- ◆ 잔금 납부하기 전에 공유자 지분에 가압류된 등기부 내역 — 293

| 02 | 공동담보물의 일부가 매각되고, 나머지가 매각될 때 대위로 배당요구한 사례 | 295 |

- ◆ 후순위임차인이 물상대위로 배당요구하게 된 사연 — 295
- ◆ 501호와 502호에 대한 동시 배당절차와 대위청구 — 296
- ◆ 501호, 502호, 101호, 102호, 202호 전체가 동시 배당절차로 진행되면 — 300
- ◆ 501호와 502호 ⇨ 101호와 102호 ⇨ 202호 순서로 매각 시 후순위저당권자의 대위 — 305

| 03 | 정사장이 후순위저당권을 매입하고, 물상대위로 배당요구해 성공한 사례 | 308 |

- ◆ 공동담보물 중 일부가 먼저 매각된 입찰물건과 매각 결과 — 308
- ◆ 공동담보물 중 일부가 매각되고, 김시민지분 일부가 추가로 매각된 경우 — 310
- ◆ 정 사장이 장 소령의 후순위저당권을 매입하고 물상대위로 배당요구를 신청한 사례 — 312

| 04 | 이순신이 물상대위로 부기등기와 근저당권처분금지 가처분한 사례 | 319 |

- ◆ 공동담보물 중 일부가 먼저 매각된 입찰물건과 매각 결과 — 319
- ◆ 지분경매에서 적게 배당받은 이순신이 필자를 방문했다 — 321
- ◆ 변제자 대위에 의한 근저당권 부기등기 절차 이행 청구의 소장 작성의 소에 따른 소장 — 322
- ◆ 변제자 대위에 의한 근저당권처분금지 가처분신청서 — 325
- ◆ 근저당권처분금지 가처분된 등기부 내역 — 328

| 05 | 후순위채권을 사서 구상대위로 근저당권 변경등기 등을 청구해 성공한 사례 | 330 |

- ◆ 공동담보물 중 백영민 지분이 먼저 매각된 물건 현황과 매각 결과 — 330
- ◆ 지분경매에서 적게 배당 받은 후순위채권을 김정민과 이은수가 매입했다 — 331

◆ 구상대위로 인한 근저당권 변경등기 및 구상대위 채권확인 등 청구의 소에 따른 소장 **334**
◆ 등기부상 공동저당권은 다음과 같이 변경되었다가 다른 지분권자와 합의로 성공한 사례 **337**

**06** 권소령이 지분경매에서 후순위근저당권을 양도받아 성공한 사례 **339**
◆ 공동담보물 중 물상보증인 지분이 먼저 매각된 물건 현황과 매각 결과 **339**
◆ 지분경매에서 적게 배당 받은 후순위근저당권을 권소령이 매입했다 **340**
◆ 후순위 (주)OO스마트 근저당권을 매입할 때 작성했던 채권양도·양수계약서 **341**
◆ 후순위근저당권을 매입하고 채무자에게 변경등기된 공동저당권을 물상대위해
성공한 사례 **344**

# PART 10 부실채권(NPL)을 제대로 알고 투자하자

**01** 부실채권(NPL)의 의미와 발생하게 되는 과정 **346**
◆ NPL(무수익여신=Non Performing Loan =)이란? **346**
◆ 부실채권(NPL)이 발생하게 되는 과정 **347**

**02** NPL은 담보부 NPL과 무담보부 NPL로도 구분 할 수 있다 **349**
◆ 금융기관 또는 개인 등의 담보부 NPL **349**
◆ 금융기관 또는 개인 등의 무담보부 NPL **351**
◆ 금융기관이 부실채권을 매각하게 되는 이유 **351**
◆ 부실채권은 어느 정도에 거래되고 있을까? **353**

**03** 부실채권 매각 방식에 대해 알아 보자! **355**
◆ 투자자 앞으로 직접 매각하는 방법(민법상 채권양도) **355**
◆ 투자자가 주도하여 설립하는 SPC에 매각하는 방식 (ABS법 방식) **355**
◆ 채권양도 형태 및 매각대금 지급 방법의 차이점 **356**

**04** 부실채권은 어디에 가면 구입할 수 있나? **357**
◆ 유동화전문유한회사에서 부실채권을 매입하는 방법 **357**
◆ 제1금융기관 등과 유동화전문유한회사 **359**
◆ 저축은행 **360**
◆ 신 협 **361**
◆ 새마을금고 **361**
◆ 농협, 수협 **362**
◆ 외국계 은행 **363**

| 05 | 부실채권을 매각하는 방법 | 364 |
|---|---|---|
| | ◆ NPL 투자로 근저당권 매입(론세일=Loan Sale)방식 | 364 |
| | ◆ NPL 투자로 채무인수 방식 | 374 |
| | ◆ NPL 투자로 사후정산부 방식 | 381 |
| 06 | 부실채권을 매입하려면 어떠한 요건을 갖추고 있어야 하나? | 383 |
| | ◆ 부실채권을 매입하려면 대통령으로 정한 매입추심업자만 가능 | 383 |
| | ◆ 대부업 법인설립 절차는 어떻게 하면 되나? | 384 |
| | ◆ 개인이 부실채권에 투자하는 방법은? | 384 |

## PART 11 금융기관의 직접경매와 부실채권을 매입해서 성공과 실패?

| 01 | 금융기관 등이 직접 경매를 통해 부실채권을 회수하는 방법 | 388 |
|---|---|---|
| | ◆ 국민은행이 직접 경매를 신청해서 채권회수에 성공하다 | 388 |
| | ◆ 우리은행이 직접 경매를 신청한 사례를 분석해 보자 | 392 |
| | ◆ 제2 금융권이 직접 경매를 신청한 사례를 분석해 보자 | 394 |
| | ◆ 금융권의 부실채권을 KAMCO가 인수해 경매를 신청한 사례 | 398 |
| 02 | 부실채권을 론세일 방식으로 매입해서 성공과 실패한 사례 | 402 |
| | ◆ 홍길동이 근저당권을 매입후 경매를 신청해서 성공한 사례 | 402 |
| | ◆ 이순신이 근저당권을 매입후 경매를 신청해서 손실을 보다 | 406 |
| | ◆ 이순신이 낙찰받아매각하면 손실도 줄이고 이익도 볼 수 있다 | 410 |
| | ◆ 1번 사례에서 우리은행과 제2 금융권 근저당권 등을 매입한 경우 | 412 |
| | ◆ 부실채권을 매입할 때 이러한 판단으로 매입해야 한다 | 412 |
| | ◆ ○○○상호저축 근저당권을 매입해서 손해를 보게된 이박사 | 414 |
| 03 | 부실채권을 채무인수 방식으로 낙찰받아 성공과 실패? | 416 |
| | ◆ 이병장이 채무인수 방식으로 낙찰받아 성공한 사례 | 416 |
| | ◆ 유동화전문유한회사와 채권 양도 · 양수계약을 하면서 진통도 있었다 | 417 |
| | ◆ 이 사례에서 차순위자의 입찰금액이 5억원 이하면 이병장은 실패 | 419 |
| 04 | 부실채권을 사후정산 방식으로 낙찰받아 성공과 실패? | 421 |
| | ◆ 박소령이 사후정산 방식으로 낙찰받아 성공한 사례 | 421 |
| | ◆ 박소령이 사후정산 방식으로 낙찰받아 실패한 사례 | 425 |

| 05 | 무담보채권을 매입해서 손해 본 황당한 이야기다 | 427 |
◆ 박사장은 장사만 열심히 하면 부자가 되는 줄 알았다 427
◆ 박사장의 상가건물이 경매에 넘어가다 427
◆ 박사장의 임차권을 매입하겠다고 법무법인에서 연락이 왔다 430
| 06 | NPL이 각광 받는 이유를 7가지로 정리해 본다 432

## PART 12  경매 절차에서 특수 물건으로 부실채권을 매입하면 대박이다

| 01 | 선순위 전입세대원이 있는 주택을 공매로 낙찰받은 사례 | 436
◆ 일반 공매로 입찰에 참여해서 낙찰받고 매각한 사례다 436
◆ 1순위 근저당권을 매입하고 공매로 낙찰받으면 투자이익은? 440
◆ 무상거주확인서를 제출한 세대원이 배당요구를 하지 않은 경우 442
| 02 | 선순위가 있는 주택에서 근저당을 매입하고 어떻게 하면 되나 442
◆ 무상거주확인서를 제출한 임차인이 배당요구를 한 경우 444
◆ 선순위 전입세대원이 있다면 이렇게 분석하고 입찰해라? 446
◆ 유치권이 신고가 된 아파트에 입찰해서 성공하기 450
| 03 | 유치권이 있는 주택의 근저당권을 매입해서 성공과 실패? 450
◆ 유치권이 신고가 된 아파트에 임차인이 배당요구한 사례 453
◆ 유치권자가 점유할 때와 임차인이 점유할 때 어떻게 다른가 456
◆ 대지권미등기(대지가 평가제외) 아파트가 경매로 매각 시 460
| 04 | 집합건물에서 건물만, 또는 대지만 낙찰받았다면 누가 성공했을까? 460
◆ 대지지분만 별도 경매가 진행돼 최선수가 낙찰받았다 463
◆ 이소령의 지료청구 및 부당이득반환청구소송 465
◆ 집합건물 매수인과 대지 지분을 매수한자 중에 누가 성공했나 466
◆ 경매절차에서 토지별도등기는 소멸되는 것이 원칙이다 467
| 05 | 대지만에 설정된 저당권을 사서 경매를 신청하면 성공과 실패? 467
◆ 근저당권 설정당시 대지사용권이 성립되지 못한 경우 468
◆ 압류당시 대지사용권이 성립하지 않아 분리처분이 가능한 사례 470
◆ 원고의 건물철거, 토지인도 및 부당이득반환에 대한 판단 472

| | | |
|---|---|---|
| | ◆ 피고들의 주장 및 항변에 대한 판단 | 472 |
| | ◆ 공매로 매수한 대지 지분이 또 다시 경매로 매각되고 있다 | 473 |
| 06 | 선순위로 가등기나 가처분이 있는 물건에 투자하는 방법 | 476 |
| | ◆ 선순위로 가등기나 가처분이 있을때 이렇게 투자해라! | 476 |
| | ◆ 선순위 가등기를 채권자가 소송으로 말소하면서 경매를 진행한 사례 | 481 |
| 07 | 세금과 가압류채권 가볍게 생각하면 큰코 다친다 | 485 |
| | ◆ 조세채권을 몰라서 3번씩 임차보증금을 포기하게된 사례 | 485 |
| | ◆ 근로복지공단 가압류를 일반채권으로 우습게보면 안된다 | 488 |
| | ◆ 조합이 가압류한 채권은 소멸되는 일반채권으로 보지 마라 | 489 |

## PART 13  실제 특수물건에서 부실채권을 매입해 성공한 사례와 실패?

| | | |
|---|---|---|
| 01 | 토지만 낙찰 받고 지상의 무허가건물은 토지 사용료로 보존등기 후 채권가압류한 사례 | 494 |
| | ◆ 정 수철이 계양농협 근저당권을 매입했다 | 494 |
| | ◆ 정 수철이 경매를 신청한 물건정보 내역과 매각결과 | 495 |
| | ◆ 경매물건에 대한 물건분석과 권리분석 | 496 |
| | ◆ 낙찰 받고 나서 다음과 같이 탈출하는 방법으로 성공할 수 있었다 | 496 |
| | ◆ 무허가건물 보존등기와 채권가압류 등을 위한 소장 작성 | 497 |
| 02 | 전입신고를 잘 못한 임차인이 있는 다세대 주택의 근저당권을 매입해서 성공한 사례 | 505 |
| | ◆ 박 병장이 안 중위 근저당권을 매입했다 | 505 |
| | ◆ 박 병장이 경매를 신청한 물건정보 내역과 매각결과 | 506 |
| | ◆ 경매물건에 대한 물건분석과 권리분석 | 507 |
| | ◆ 낙찰 받고 거주하고 있는 최 영민에 대해 인도명령을 신청했다 | 507 |
| | ◆ 근저당을 사고, 직접 낙찰 받아 얼마나 수익을 올렸을까? | 508 |
| 03 | 법정지상권 성립 가능성이 있는 주택에서 근저당권을 매입하면 | 510 |
| | ◆ 나대지에 저당권이 설정되고 토지만, 신축건물만 경매되는 사례 | 510 |
| | ◆ 토지가 매각되고 신축중인 건물이 완공돼 경매가 되었다 | 513 |
| | ◆ 공동저당권이 설정되고 나서 건물 멸실하고 신축한 경우 | 516 |

| **04** 나대지에 설정한 저당권을 사서 토지를 낙찰 받고, 건물을 경매신청한 사례 | 519 |
| --- | --- |
| ◆ 이병철이 ○○○유동화회사로부터 근저당권을 론세일 방식으로 매입 | 519 |
| ◆ 이병철이 토지만 경매를 신청해서 직접 낙찰 받았다 | 520 |
| ◆ 건물철거 소송에 따른 가처분 신청서 작성 | 524 |
| ◆ 토지인도 및 건물철거 소송과 부당이득반환청구를 병행해 소장을 작성한 사례 | 527 |
| ◆ 건물에 가처분 후 경매를 신청해 이병철이 낙찰 받았다 | 531 |

| **05** 나대지에 설정한 저당권이 일괄경매 신청 해 가격이 떨어진 물건에서 찾아라! | 536 |
| --- | --- |
| ◆ 경매가 진행되자 가평농협이 후행경매를 신청하다 | 536 |
| ◆ 토지와 건물이 일괄경매된 물건 현황 및 매각결과 | 537 |
| ◆ 매각되는 4개의 주택 사진과 주변 현황 | 539 |
| ◆ 이 4개 주택에 대한 권리분석과 배당 | 540 |
| ◆ 앞의 사례에서 토지근저당권을 NPL로 취득해 경매를 신청하면? | 540 |

| **06** 대지권미등기와 토지별도등기가 있는 아파트 2/3 지분을 낙찰 받은 사례 | 542 |
| --- | --- |
| ◆ 경매 물건 현황과 매각결과 | 542 |
| ◆ 위 경매물건에 대한 권리분석 | 543 |
| ◆ 매수 이후 대응 방안 | 544 |
| ◆ 수분양권자를 대위로 대지권등기청구 소장을 작성한 사례 | 545 |
| ◆ 가압류·가처분 등의 토지별도등기 말소청구 소장 작성 | 548 |

## PART 14   1순위와 후순위 대출로, 대위변제를 통한 NPL 투자 비법

| **01** 특수물건에서 1순위로 대출하면 성공할수 있다 | 552 |
| --- | --- |
| ◆ 미등기건물이 있는 토지에 1순위로 근저당권을 설정해서 성공한 사례 | 553 |
| ◆ 공유물 중 일부지분에 1순위 근저당권을 설정해 성공하는 방법 | 557 |

| **02** 일반물건에서 후순위로 대출해서 성공한 사례와 실패 사례 | 559 |
| --- | --- |
| ◆ 후순위로 대출해서 성공한 사례는 다음과 같다 | 559 |
| ◆ 후순위로 대출해서 왜 손해를 보게 되었을까? | 560 |

| **03** 경매 취하자금 대출로 인한 근저당권 설정 방법 | 562 |
| --- | --- |
| ◆ 대우캐피탈의 강제경매 취하 자금대출로 근저당권 설정 | 562 |

| | | |
|---|---|---|
| | ◆ 성동실업의 경매 취하자금 대출로 근저당권 설정 | 563 |
| 04 | 대위변제로 채권을 양도 받는 NPL 투자 비법 | 565 |
| | ◆ 1순위 저당권자가 신청한 경매를 대위변제로 양도 받는 NPL 투자 | 565 |
| | ◆ 후순위 저당권자가 신청한 경매를 대위변제로 양도 받는 NPL 투자 | 566 |

## PART 15　채권양도, 양수시 유의사항과 채권양도양수 계약서 작성 및 대항요건

| | | |
|---|---|---|
| 01 | 채권의 양도와 근저당권을 양도·양수계약에 의해 양수할 때 유의사항 | 570 |
| | ◆ 채권의 양도와 그 효력 | 570 |
| | ◆ 근저당권을 양도·양수계약에 의해 양수할 때유의사항 | 570 |
| 02 | 근저당권을 양수할 때 채무자에게 대항요건을 갖추는 방법은? | 572 |
| 03 | 전세권과 전세금반환채권이 분리 양도된 경우 | 575 |
| 04 | 임차권 또는 임차권등기의 적법한 양도, 그리고 임차권에 대한 가압류의 효력은? | 577 |
| 05 | 주임법상 임차보증금채권의 분리양도시 대항력과 우선변제권은? | 581 |
| 06 | 무담보채권을 양수시 유의사항과 채무자에 대한 대항요건 | 583 |
| 07 | 근저당권 양도계약서 작성과 양도통지, 그리고 근저당권이전 등기 신청 | 585 |
| | ◆ 근저당권 양도계약서 작성과 양도통지, 그리고 근저당권이전등기 신청 | 587 |
| 08 | 채권 양도·양수계약서 작성과 양도통지 방법 | 593 |
| | ◆ 채권 양도·양수계약서 작성방법 | 593 |
| | ◆ 채권 양도 통지서 작성방법 | 595 |
| 09 | 선행된 지분경매에서 후순위 근저당 양도양수계약서 이렇게 작성해라! | 596 |
| 10 | 주택임차권 양도·양수 계약서를 바르게 작성하는 방법 | 598 |
| | ◆ 임차권의 양도나 전대차계약서를 쓸때 유의할 사항 | 598 |
| | ◆ 임차권 양도·양수 계약서 작성방법 | 599 |

## PART 16　배당이의 신청 및 소장 작성실무, 배당금에 대한 채권가압류와 지급정지가처분 실무

**01** 왜! 배당을 알아야 하고 잘못된 배당에 이의를 하지 않으면 손해보나?　604
- ◆ 법원이 작성한 배당표를 신뢰해도 될까?　604
- ◆ 배당이의 소송절차에서 원고가 승소 시 배당하는 방법　605

**02** 배당이의 신청서와 배당배제 신청서 서식　606
- ◆ 경매에서 배당이의 신청서　606
- ◆ 경매에서 배당배제 신청서　607

**03** 배당이의 소장 작성실무와 배당절차에서 실제로 작성했던 사례　609
- ◆ 허위 근저당권에게 배당되어 배당이의 소를 제기한 사례　609
- ◆ 배당이의 소장을 실제 작성하여 제기한 사례　612
- ◆ 가장 임차인에게 배당되어 배당이의 소를 제기한 사례　613

**04** 배당금에 대한 채권가압류와 지급정지가처분 신청 방법　615
- ◆ 경매 배당금에 대한 채권가압류 신청서를 작성한 사례　615
- ◆ 배당금 지급정지가처분 신청서를 작성한 사례　617

# PART 1

## 지분경매에서 기본적인 권리분석과 배당하는 방법

01 유사공동저당권은 무엇을 말하는 것일까!
02 왜 지분경매에서 동시배당과 이시배당을 알아야 하나
03 주택이 갑·을·병 각 3분의 1 지분에서 갑 지분만 매각되는 경우
04 다가구주택의 일부 지분이 매각될 때 물건분석과 대응방법
05 다가구주택에서 임대인의 지분이 매각될 때 잘못하면 큰코 다친다
06 공유물분할 경매에서 일부지분에 가등기가 있는 경우에 대응 방법
07 재개발구역 상가주택 2분의 1을 낙찰받아 성공한 사례
08 주택 공동소유로 세금도 절세하면서 임대수익 높이는 비법?

# 01 유사공동저당권은 무엇을 말하는 것일까?

앞 장에서 공동담보물이 동시매각 또는 이시매각시 공동저당권에 대한 배당방법과 그로 인해 배당받지 못하게 된 후순위저당권자 및 물상보증인의 대위권에 대해서 살펴보았다.

간혹 지분경매에서 웬 동시배당과 이시배당을 그렇게 자세하게 정리해야 되는가에 대해서 반문하는 사람이 있는데 조금만 참으시라.

이 장을 위해서 앞 장과 같은 기초가 필요했던 것이다.

공유물로 분할되기 전에 설정 등기된 근저당권이나, 공유물로 분할되고 나서 공유자 전원을 공동채무자로 설정한 근저당권, 지분권자 일부가 다른 지분권자의 동의를 얻어 본인을 채무자로 다른 지분권자를 물상보증인으로 전체 지분에 설정된 근저당권 등은 공동저당권과 유사한 지위에 놓이게 되고 이러한 근저당권을 유사공동저당권이라 부른다.

지분실무에서 이와 같은 유사공동저당권을 많이 찾아볼 수 있는데, 배당방법은 공동담보물에서 동시배당과 이시배당방법과 같이 하면 된다.

### ◆ 지분경매에서 전체지분에 설정된 근저당

한 개의 부동산이 여러 명의 소유자로 공유지분등기된 경우에 부동산 전체 지분을 담보로 근저당권을 설정하였다면 각 공유지분권자에 대하여 이 저당권은 공동저당권자와 같은 위치에 놓이게 된다.

이러한 경우에는 공유물로 분할되기 전에 설정 등기된 근저당권이나, 공유물로 분할되고 나서 공유자 전원을 공동채무자로 설정한 근저당권, 지분권자 일부가 다른 지분권자의 동의를 얻어 본인을 채무자로 다른 지분권자를 물상보증인으로 전체지분에 설정된 근저당권 모두가 해당된다.

이러한 사정은 등기부등본에서 을구 근저당권 기재란의 권리자 및 기타 사항에서 채무자가 누구로 되어 있는가를 확인하는 것이 중요하므로, 입찰 전에 분석하고 나서 입찰에 참여해야 낙찰받고 나서 다른 지분권자들의 선택을 예측할 수 있어서 매수 이후의 발걸음이 가볍지, 아니면 무거워지고 소송으로 다투어 해결하게 된다.

### 김선생 핵심정리

**(1) 공동채무자의 일부지분이 매각되는 경우?**

매각되는 지분의 후순위저당권자는 민법 제368조 제2항의 대위와 채무자(소유자는 민법 제481조, 482조에 기한 변제자대위의 권리를 가지게 되므로 다른 지분권자 역시 자기지분에 해당하는 비율만큼 이들에게 책임을 지게 되므로 공유자우선매수가 어렵고, 추후 대위권자들의 권리에 의해 다른 지분권 역시 경매당하게 되는 경우를 예상할 수 있는데 그 과정에서 공유자 우선매수 하면 좋은 결과를 얻을 수 있다.

**(2) 일부는 채무자 일부는 물상보증인인 경우라면**

채무자지분이 매각되는 것인지, 물상보증인지분이 매각되는지가 중요한 데 채무자지분이 매각되는 경우에는 매각되는 지분의 후순위저당권자와 채무자가 물상보증인 소유지분에 대해서 대위권이 인정되지 못하므로 다른 지분권자의 공유자 우선매수가 예상된다.

물상보증인 소유지분이 매각되는 경우 후순위저당권자의 대위와 물상보증인의 대위권이 발생하게 되는데 ①번과 같이 동시매각시 책임비율만큼 대위권이 인정되는 것이 아니라 변제자 대위로서 대신 변제한 금액 전부에 대해서 대위권이 인정되므로 채무자가 공유자 우선매수를 한다는 것은 커다란 오판이 될 것이다.

## ◆ 지분경매에서 임차인의 최우선변제금과 확정일자부 우선변제권

한 개의 부동산이 여러 명의 소유자로 공유지분등기된 경우에 부동산 전체 지분 소유자를 임대인으로 하여 임차인이 임대차계약을 체결할 수 있는데 이 경우 공동임대인의 지위와 공동채무자의 지위를 갖게 된다.

따라서 임차인이 대항요건을 갖추고 계약서에 확정일자를 받게 되면 우선 변제권이 발생하게 되는데, 소액임차인이면 최우선변제금과 확정일자부 우선 변제금, 소액임차인이 아니면 확정일자부 우선변제금을 다른 후순위 채권자 보다 우선해서 변제 받을 수 있다.

이러한 임차인은 각 공유지분권자에 대하여 공동저당권자와 유사한 지위에 놓이게 된다.

공유물에서 반드시 전체지분권자 모두를 임대인으로 계약해야 되는 것은 아니다.

공유물의 관리행위는 과반수 이상의 지분을 가지고 있는 자 또는 과반수 이상의 동의를 얻은 자를 임대인으로 해서 임대차계약을 체결하면 적법한 관리 행위로 동의하지 아니한 지분까지 포함해서 전체지분에 대해서 그 임차권의 대항력과 우선변제권의 효력이 미치게 된다.

그런데 유의해서 살펴볼 점은 적법한 관리행위를 하게 되면 임대인이 아닌 동의만 한자와 동의를 하지 아니한 자에 대해서도 그 책임을 물을 수 있다고 하더라도 그 책임의 한도는 어떻게 되는가,

**김선생 핵심정리**

**임대인(채무자), 동의한 자와 동의하지 아니한 자 간의 책임 비율?**

임대인을 채무자로, 동의한 자는 물상보증인으로 판단해서 동시배당과 이시배당방법으로 배당을 하면 될 것이다.

동의한 자는 물상보증인의 담보책임이 있고, 동의하지 아니한 자는 담보책임이 없다. 그래서 대학력만큼은 임대인, 동의한 자, 동의하지 않은 자에게도 미치지만 우선변제권과 경매신청권은 임대인 지분과 동의한 지분에만 미치고, 동의하지 않은 지분에는 청구할 수 없다는 것이 필자의 사견이다.

## ◈ 나대지에 근저당 설정후 토지가 집합건물의 대지권으로 공유등기된 경우

　나대지(주택이 없는 토지) 상에서 근저당권이 설정되고 나서 집합건물이 신축 된 경우 토지는 집합건물의 대지권으로 공유 등기되는데 이 경우에도 토지에 설정 등기된 근저당권은 각 호수의 집합건물구분소유권의 대지권에 대해서 공동저당권을 설정한 것과 같은 위치에 놓이게 된다.

　즉 일반근저당권도 하나의 토지에 설정된 근저당권으로 토지가 분필되어 집합건물의 대지권으로 속하게 됨에 따라서 그 분필된 토지에도 저당권의 효력이 그대로 미치게 되어 공동저당권과 유사한 경우가 된다. 이 경우 집합건물의 대지권의 목적인 지분별로 매각되는 경우에도 공평의 원칙과 저당권의 불가분의 원칙상 같은 법리를 유추하여 전액 배당하고 후순위자와의 관계는 민법 제368조제2항의 대위로 해결할 수 있다. 앞의 ◈·◈·◈의 경우에 있어서 전체지분이 동시에 매각 또는 일부지분이 매각되는 경우에 공동저당권의 동시배당 또는 이시배당과 같이 배당표를 작성하여 각 채권자 등의 우선 순위에 따라 배당하면 될 것이다.

## ◈ 유사공동저당과 후순위 저당권자의 대위행사에 대한 판례

### (1) 대법원 2004. 11월 25일 선고 2004다46502 판결

　토지별도등기(저당권) 있는 구분건물 경매에서의 배당(=유사공동저당) 및 토지상 후순위 저당권자의 대위 가부(=적극)나대지인 토지에 관하여 순위를 달리하는 여러 건의 근저당권설정등기가 완료되고 나중에 그 토지 위에 집합건물이 건축되고 이에 따라 그 집합건물에 관하여 소유권보존등기와 대지권등기가 모두 완료되면 위 각 토지 근저당권은 집합건물의 구분소유권의 대상이 되는 각각의 대지권 지분에 관한 근저당권으로 변하여 존속하게 되고, 이러한 경우에는 각 근저당권별로 동일한 채권을 담보하기 위하여 각 건물 구분 소유권의 대상인 대지권 지분에 관하여 공동으로 근저당권설정등기를 마친 경우와 유사하게 된다고 보아야 한다.

따라서 그 후 그 집합건물의 일부 전유부분과 그에 대응하는 대지권 지분에 대한 경매절차가 진행된 결과 원래의 선순위 토지근저당권이 소멸되고, 그 경매목적물의 후순위 근저당권자가 민법 제368조제1항에 의하여 토지 전체로부터 동시에 배당받는 경우보다 불리하게 된 경우에는, 이러한 불이익을 받은 후순위근저당권의 보호를 위하여, 민법 제368조제2항 후문을 유추 적용 함으로써, 후순위 근저당권자는 만약 선순위 근저당권자가 토지 전체의 경락 대금으로부터 동시에 배당받았더라면 다른 대지권 지분의 경매대가에서 변제받을 수 있었던 금액의 한도 내에서, 선순위 근저당권자를 대위하여 그 근저당권을 행사할 수 있고, 이에 의하여 위 집합건물의 다른 전유부분과 이에 대응하는 대지권 지분의 경매절차에서 우선배당을 받을 수 있다고 보아야 한다.

### (2) 대법원 2012.3.29. 선고 2011다74932 판결【배당이의】

1] 부동산의 일부 공유지분에 관하여 저당권이 설정된 후 부동산이 분할된 경우, 분할된 각 부동산이 저당권의 공동담보가 되는지 여부(적극)

2] 저당권이 설정된 1필의 토지가 그 후 성립된 집합건물에 대한 대지권의 목적이 되었는데, 집합건물 중 일부 전유부분 건물에 대하여 경매가 이루어져 경매 대가를 먼저 배당하게 된 경우, 저당권자가 매각대금 중 대지권에 해당하는 경매 대가에 대하여 우선 변제받을 권리가 있는지 여부 및 이때 우선 변제받을 수 있는 범위(=피담보채권액 전부)

# 02 왜 지분경매에서 동시배당과 이시배당을 알아야 하나?

  지분경매 강의시간에 공동담보물의 동시배당과 이시배당을 강의하다보면 왜 지분경매를 공부하는 데에 동시배당과 이시배당을 공부해야 하는 가에 대해서 많은 질문을 받는다.

  필자는 최근의 입찰사례를 가지고 필요성을 간단히 설명해 보고자 한다.

  왜냐하면 다음 지분경매편에서 공유물의 일부가 매각되는 많은 입찰사례를 다루고 있기 때문이다.

### ◆ 사설경매정보 사이트상의 입찰정보내역

### ■ 매각건물현황

| 목록 | 구분 | 평형 | 면적 | 건축용도 | 감정가격 | 기타 |
|---|---|---|---|---|---|---|
| 1 | 홍은동 22 | 32평형 | 42.3m² (12.8평) | 현관1,방3,거실1, 주방겸식당, 욕실 겸 화장실1,발코 니 3 등 | 101,500,000원 | · 전체면적 84.6m² 중 이수만 지분 1/2 매각 도시가스 개별난방 |
| 2 | 대지권 | | 12219m2 중 23,925m² | | 43,500,000원 | · 가격시점 : 11.04.11/ 서초감정평가 · 전체면적47.65m² 중 이 수만 지분 1/2 매각 |

### ■ 임차인현황(말소기준권리 : 2004. 06. 11/배당요구종기일 : 2011. 06. 07)

| 임차인 | 점유부분 | 전입/확정/배당 | 보증금/차임 | 대항력 | 배당예상금액 | 기타 |
|---|---|---|---|---|---|---|
| 김수자 | 주거용 501호 | 전입일 : 2010.04. 20 확정일 : 미상 배당요구일 : 없음 | 미상 | | 배당금 없음 | |

### ■ 등기부현황(채권액합계 : 265,208,095원)

| NO | 접수 | 권리종류 | 권리자 | 채권금액 | 비고 | 소멸 여부 |
|---|---|---|---|---|---|---|
| 1 | 2004. 06. 11 | 소유권이전(매매) | 이수만, 정수자 | | 지분 각 1/2 | |
| 2 | 2004. 06. 11 | 근저당 | 한국주택금융공사 | 144,000,000원 | 말소기준등기 | 소멸 |
| 3 | 2009. 08. 10 | 이수만 지분 가압류 | 신한카드(주) | 4,030,380원 | | 소멸 |
| 4 | 2010. 02. 09 | 이수만 지분 가압류 | 서울보증보험(주) | 10,000,000원 | | 소멸 |
| 5 | 2010. 03. 02 | 이수만 지분 가압류 | 동양파이낸셜(주) | 13,177,715원 | | 소멸 |
| 6 | 2011. 01. 06 | 이수만 지분 가압류 | 송철영 | 24,000,000원 | | 소멸 |
| 7 | 2011. 01. 11 | 이수만 지분 전부 근저당 | 정주영 | 70,000,000원 | | 소멸 |
| 8 | 2011. 03. 23 | 이수만 지분 임의경매 | 정주영 | | 2011 타경00000 | 소멸 |

### ◆ 물건분석

 이 지분경매물건은 서울시 서대문구 홍은동에 소재하는 유원홍은 아파트 32평형으로 이수만과 정수자(가명)의 공동소유이다.

그런데 이수만 2분의 1 지분만 매각되는 것으로 2011년 8월 25일 김수철(가명)이 116,000,000원에 낙찰 받았으나 채무자의 배우자인 정수자(2분의 1 지분권자)가 공유자우선매수신청하여 전체지분을 취득하게 되었다.

그리고 1순위로 2004년 6월 11일 근저당권을 설정한 한국주택금융공사는 전체지분에 설정된 근저당권자로 공유물의 지분경매절차에서는 공동담보권자와 유사한 지위를 갖게 된다.

### ◆ 유사공동저당권자에 대한 배당방법

유사공동저당권자인 한국주택금융공사 근저당권은 2분의 1지분만의 지분경매절차라도 2분의 1지분만에 해당하는 채권만 배당요구하는 것이 아니라 채권전액에 대해서 배당요구하게 되는데 이는 채권불가분성에 따라 채권최고 액의 범위 내에서 자신의 채권전액을 우선변제 받을 수 있기 때문이다.

이와 같이 유사공동저당권자 등이 자신의 지분을 초과해서 배당받게 되므로 전체지분이 동시배당되는 경우에 비해서 후순위채권자의 배당금이 적어지게 되므로 민법 제368조 제2항에 따라 후순위채권자의 대위권을 인정하고 있다.

### ◆ 배당방법과 후순위 채권자의 대위청구

이 지분경매물건은 116,000,000원에 매각되어 경매비용 2,320,700원을 공제한 잔여금이 실제 채권자 등에게 배당할 금액이 된다.

따라서 1순위로 유사공동저당권자인 한국주택금융공사 107,580,650원을 우선 변제 받고, 2순위로 나머지 배당금 6,098,650원을 ① 신한카드 가압류권자 4,030,380원, ② 서울보증보험 가압류권자 10,000,000원, ③ 동양파이낸셜 가압류권자 13,177,715원, ④ 송철영 가압류권자 24,000,000원, ⑤ 정주영 근저당권자(경매신청

채권자) 70,000,000원이 동순위로 안분배당받게 된다.

   대부분의 입찰자나 채권자 및 채무자 등은 이 단계에서 배당받을 채권이 종결되는 것으로 오해를 하고 있다.
   그러나 이 배당절차로 채권이 종결되는 것이 아니라는 점을 입찰자나 채권자 및 채무자는 유의해야 한다.
   왜냐하면 한국주택금융공사는 전체지분에 설정된 근저당권으로 지분경매 절차에서는 공동저당권과 유사한 지위를 갖게 된다.
   따라서 선행된 지분경매절차에서 자신의 채권전액 우선변제 받게 되므로 동시배당절차에 비해서 후순위채권자의 채권회수가 어렵게 되므로 이를 해결하기 위해서 만든 법률규정이 민법 제368조 제2항이다.
   따라서 후순위 채권자는 동시매각 시보다 적게 배당되는 금액을 한도로 다른 공유지분권자에게 한국주택금융공사의 근저당권을 대위하여 청구가 가능 하다.
   그러나 유의할 점은 공동채무자인 경우에 그렇게 배당한다는 것인데 이 경매사건은 다음과 같이 공동채무자가 아니라 이수만이 채무자고 배우자 정수자는 물상보증인과 유사한 지위에 있다.
   이 경우 채무자 1/2지분, 물상보증인 1/2지분으로 공유하고 있다가 채무자 지분이 먼저 매각되는 경우 채무자지분의 후순위 저당권자는 민법 제368조 제2항에 따라 선순위 공동저당권을 물상대위가 인정되지 않는다는 것을 앞장에서 공부한 내용을 참고하기 바란다.

PART 1  지분경매에서 기본적인 권리분석과 배당하는 방법  33

| 【을구】(소유권 이외의 권리에 관한 사항) | | | | |
|---|---|---|---|---|
| 순위 번호 | 등기목적 | 접수 | 등기원인 | 권리자 및 기타사항 |
| 1 | 근저당 | 2004년<br>6월 11일<br>제22221호 | 2004년<br>6월 11일<br>설정계약 | 채권최고액 144,000,000원<br>채무자 이수만<br>서울 서대문구 홍은동 ○○○<br>근저당권자 한국주택금융공사<br>서울 중구 남대문로5가 6-1 |

 그래서 정수자가 공유자 우선매수를 하게 되었고 이러한 판단은 올바른 선택이다.
 그러나 한국주택금융공사의 유사공동저당권이 공동채무자로 설정되었다면 경매대가를 기준으로 동시배당시 채권안분액에 대해서 후순위저당권자나 채무자가 한국주택금융공사의 유사공동저당권을 물상대위할 것으로 예상되고, 정수자가 채무자이고 이수만이 물상보증인인 경우에 물상보증인 이수만 소유 부동산이 먼저 매각되고 그 지분에서 선순위유사공동저당권이 전액 변제받았다면 후순위저당권자와 물상보증인은 대위변제한 금액 전액에 대해서 선순위 유사공동저당권을 물상대위할 수 있게 되는데 그때에도 정수자가 공유자우선 매수신청할 수 있는가는 의문을 남게 되는데, 실무상 공유자우선매수신청이 어렵다고 이해하면 될 것이다.
 공유물의 일부지분의 입찰과정에서 이러한 문제를 분석하기 위해서 등기부상 선순위유사공동저당권의 채무자가 매각지분에 해당하는 채무자가 단독으로 등기되어 있는가, 공동채무자로 등기되어 있는가와, 아니면 물상보증인 지분이 먼저 매각되는 가 등을 분석해서 낙찰받고 나서의 대응방법을 사전에 분석한 다음 입찰에 참여하도록 해야 될 것이다.
 특히 지분경매된 아파트나 다가구주택 등에 임차인이 거주하는 경우에 우리가 인수할 금액에 대해서 이야기하라면 어려워하고 있는데 그래서 동시배당과 이시배당을 이해해야 되는 것이다.

 이러한 이유로 지분경매절차에서도 동시배당과 이시배당절차를 알아야만 되는 이유이다.

### ◈ 이 사건에서 채무자의 후순위채권을 양도받으면 돈이 되나?

공유물이 일부는 채무자 소유지분이고, 일부는 물상보증인 소유지분인 경우 채무자지분이 먼저 매각 시 후순위채권자의 대위권은 인정되지 못하게 되는데, 이 사례가 이 사항에 해당되므로 후순위채권을 양도받으면 대위권이 없어서 오로지 채무자에게만 청구할 수밖에 없는 무담보채권이 된다.

그런데 채무자가 무자력자이므로 채권회수가 어려워서 이는 곧 채권손실로 이어지게 될 것이다.

# 03 주택이 갑·을·병 각 3분의 1 지분에서 갑 지분만 매각되는 경우

◆ **지분경매물건에 대한 물건분석표**

 갑·을·병 각 1/3지분으로 지분등기되기 전에 근저당권이 설정되었거나 또는 지분등기 이후에도 전체지분을 담보로 은행에서 대출을 받고 근저당권을 설정하였거나 과반수 이상의 동의를 얻어 임대차계약을 작성한 임차권은 각 지분에 대해서 공동저당권과 유사한 권리를 갖게 된다.

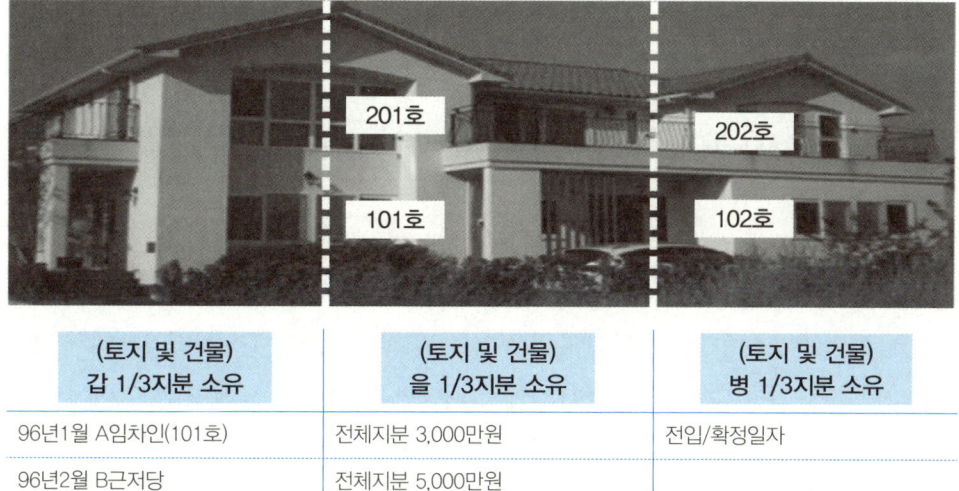

| (토지 및 건물)<br>갑 1/3지분 소유 | (토지 및 건물)<br>을 1/3지분 소유 | (토지 및 건물)<br>병 1/3지분 소유 |
| --- | --- | --- |
| 96년1월 A임차인(101호) | 전체지분 3,000만원 | 전입/확정일자 |
| 96년2월 B근저당 | 전체지분 5,000만원 | |
| 96년5월 갑 지분만<br>C근저당 6,000만원 | × | × |
| 96년7월 D임차인(201호) | 전체지분 4,000만원 | 전입/확정일자 |

| 96년 9월 E임차인(102호) |  | 전체지분 3,000만원 |
| --- | --- | --- |
| 96년 10월 F임차인(202호) | 전체지분 4,500만원 | 전입/확정일자 |
| 97년 5월 갑 지분만 C의 임의경매 | × | × |

### ◈ 지분경매물건에 대한 권리분석과 배당표 작성

갑의 1/3지분만 C 근저당권자가 임의경매를 신청하였고 갑 1/3지분이 1억 원에 매각되었다면 배당표는 다음과 같이 작성될 것이다.

(주택이 서울에 소재하고 경매비용은 계산하지 않음)

1순위 : ① A 임차인 1,200만원, ② E 임차인 1,200만원(최우선변제금 1)

2순위 : A 임차인 1,800만원(확정일자 우선변제 1)

3순위 : B 근저당 5,000만원(우선변제 2)

4순위 : C 근저당 800만원(우선변제 3)

### ◈ 후순위 채권자 등이 선순위 공동저당권자를 대위하여 청구가 가능한 금액

앞의 사례와 같이 선순위 공동저당권자는 공동저당 부동산의 일부가 먼저 매각 시 자신의 채권 전액에 대해서 후순위 채권자에 우선하여 변제받을 수 있다(민법 제368조 제2항). 이 경우 그 매각한 부동산의 후순위 채권자는 선순위 공동저당권자가 동시에 배당하였다면 다른 부동산의 경매대가에서 배당받을 수 있는 금액의 한도 내에서 선순위 공동저당권자를 대위하여 청구할 수 있다. 따라서 후순위 채권자가 선순위 공동저당권자를 대위하여 청구할 수있는 금액을 알아보기 위해서는 동시매각 시 배당표를 작성해 봐야 한다.

## PART 1 지분경매에서 기본적인 권리분석과 배당하는 방법

(1) 갑 1/3지분, 을 1/3지분, 병 1/3지분 전부에 대해 B 근저당권이 임의경매를 신청하여 동시에 3억에 매각되었다면 배당표는 다음과 같이 작성될 것이다(주택이 서울 소재).

| 순위 | 채권자 | 갑지분<br>(1억원, 33.334%) | 을지분<br>(1억원, 33.333%) | 병지분<br>(1억원, 33.333%) |
|---|---|---|---|---|
| 1 | A 임차인 1,200만원<br>E 임차인 1,200만원<br>(최우선변제금) | 4,000,080<br>4,000,080 | 3,999,960<br>3,999,960 | 3,999,960<br>3,999,960 |
| 2 | A 임차인 1,800만원<br>(확정일자 우선변제금) | 6,000,120 | 5,999,940 | 5,999,940 |
| 3 | B 근저당 5,000만원 | 16,667,000 | 16,666,500 | 16,666,500 |
| 4 | C 근저당 6,000만원 | 60,000,000 | × | × |
| | 선순위채권공제 후 갑의 경매대가를 다시 정하고, 이 경매대가를 기준으로 갑과 을과 병의 배당비율을 다시 정해야 한다.<br>잔여배당금합계<br>: 148,000,000원 | 갑 경매대가=<br>9,332,720원<br>배당비율<br>$=\dfrac{9{,}332{,}720}{148{,}000{,}000}$<br>$=6.305892\%$ | 을 경매대가=<br>69,333,640원<br>배당비율<br>$=\dfrac{69{,}333{,}640}{148{,}000{,}000}$<br>$=46.847054\%$ | 병 경매대가=<br>69,333,640원<br>배당비율=<br>$\dfrac{69{,}333{,}640}{148{,}000{,}000}$<br>$=46.847054\%$ |
| 5 | D 임차인 4,000만원 | 2,522,357 | 18,738,822 | 18,738,821 |
| 6 | E 임차인 1,800만원 | 1,135,060 | 8,432,470 | 8,432,470 |
| 7 | F 임차인 4,500만원 | 2,837,652 | 21,081,174 | 21,081,174 |
| 8 | G 소유자 배당잉여금 | 2,837,651 | 21,081,174 | 21,081,174 |

(2) 갑 1/3지분의 후순위 채권자 등의 대위행사 청구금액과 을 1/3 · 병 1/3지분의 후순위 채권자에 대한 배당방법

① 먼저 C 근저당의 미배당금 5,200만원 → D 임차인 → E 임차인 → F 임차인 → G 소유자 순으로 선순위 채권자를 대위하여 청구하면

㉠ 을 지분에서는 A 임차인의 안분 배당액 9,999,900(최우선변제금 3,999,960 + 확정일자 5,999,940) + E 임차인의 최우선변제금 안분 배당액 3,999,960 + B 근저당의 안분 배당액 16,666,500 = 30,666,360원을 대위하여 청구할 수 있다.

㉡ 병 지분에서는 A 임차인의 안분 배당액 9,999,900(최우선변제금 3,999,960 + 확

정일자 5,999,940) + E 임차인의 최우선변제금 안분 배당액 3,999,960 + B 근저당의 안분 배당액 16,666,500 = 30,666,360원을 대위하여 청구할 수 있다.

ⓒ 따라서 61,332,720원(ⓐ 30,666,360원 + ⓑ 30,666,360원) - 5,200만원(C 근저당의 대위행사금액) = 9,332,720원이 된다.

ⓓ 9,332,720원 - 2,522,357원(D 임차인의 대위행사 청구금액) - 1,135,060원(E 임차인의 대위행사 청구금액) - 2,837,652원(F 임차인의 대위행사 청구금액) -2,837,651원(G 소유자의 대위행사 청구금액)

② 선순위 채권자를 우선배당 후(선순위 채권자의 대위행사 청구 후)의 배당금액은 138,667,280원이 남게 된다. 이 배당잔여금을 가지고 을 지분과 병 지분의 후순위 채권자에게 우선순위에 따라 배당하면 된다.

138,667,280원(배당잔여금) - D 임차인 37,477,643원(을 지분 18,738,822 + 병 지분 18,738,821) - E 임차인 16,864,940원(을 지분 8,432,470 + 병 지분 8,432,470) - F 임차인 42,162,348원(을 지분 21,081,174 + 병 지분 21,081,174) - G 소유자 42,162,349원(을 지분 21,081,174 + 병 지분21,081,175) = 0원으로 배당이 종결된다.

### ◆ 종합적인 분석

앞에서 설명한 바와 같이 갑의 1/3지분만 C 근저당권자가 임의경매를 신청 하였고 갑의 1/3지분이 1억원에 매각되었다면 배당표는 앞에서와 같이 작성 하면 된다. 그런데 위와 같이 갑 지분이 매각되고 나서 을과 병 지분이 경매 등의 절차로 매각되지 않는 경우가 많다.

이 경우도 마찬가지로 후순위 저당권자가 선순위 공동저당권자를 대위하여 청구가 가능한 금액을 청구하거나 저당권을 대위로 실현, 즉 선순위 공동저당권자를 대위로 임의경매를 신청하여 그 매각대금으로부터 채권을 회수하면 된다.

후순위 저당권자 등의 대위행사 청구금액 범위를 초과하는 D 임차인·E 임차인·F 임차인의 임차보증금 채권금액은 을 지분과 병 지분 소유자의 책임으로 된다.

어차피 갑과 을과 병은 공동임대인(= 공동채무자)이므로 후순위자의 대위행사 청구 여부와 상관없이 공동하여 책임질 수밖에 없기 때문이다. 이는 공동임대인이 임차인에 대하여 부담하는 임차보증금 반환의무는 불가분의 관계에 있기 때문이다(대법67다328)(민법 제409조 불가분채권).

따라서 이러한 상황이 발생하게 된다면 선순위 저당권자 등을 대위하여 행사할 수 있는 금액과 공동채무자로서의 연대책임을 지울 수 있는 금액 등을 분석할 수 있어야 한다.

이러한 배당연습은 실전 지분경매 · 지분공매 물건의 입찰에 있어서 중요한 역할을 할 수가 있으므로 평소에 이에 대한 많은 관심과 연구가 필요하다.

# 04 다가구주택의 일부 지분이 매각 될 때 물건분석과 대응방법

 **김선생 한마디**

다음 다가구주택 2층 건물의 소유자가 김각형·김민기·이철민 등의 3명으로 각 3분의 1 지분씩 공유 등기되어 있는데, 이 중 채무자 김각형 지분 1/3이 다음과 같이 경매에 들어간 사례이다.

### ◆ 지분경매물건에 대한 권리분석 및 배당표 작성

이현중 전입/확정일자 2012.10.17.(3,000만원, 배당신청하지 않음)
→ 김길수 전입/확정일자 2013.11.10.(6,000만원, 배당요구함)
→ 김각형 지분 근저당권 송유만 2014.01.20.(6,000만원)
→ 유기만 전입/확정일자 2014.02.10.(4,500만원, 배당요구함)
→ 2014.03.25.송유만이 김각형 지분만 임의경매 신청(청구금액 6,000만원)

이 사건에서 말소기준권리는 2014. 01. 20. 설정된 송유만의 근저당권이다. 임차인들은 전체 지분권자를 공동임대인으로 계약했으므로 이현중과 김길수 임차인은 대항력 있는 임차인이다(주택 서울 소재).

이 1억3,000만원인 경우 배당은

1순위 : ① 김길수 2,500만원 + ② 유기만 2,500만원을 최우선변제금으로 배당받는다(최우선변제금 1). 소액임차인 결정 기준(김길수 확정일자부 임차권).

2순위 : 김길수 = 3,500만원(확정일자부 우선변제금 1)

전체 지분에 대하여 주임법상 확정일자 우선변제권을 가지고 있는 유사공동저당권자로 자기지분만 배당받는 것이 아니라 보증금채권 전액을 후순위자 보다 우선해서 배당받게 된다.

3순위 : 유기만 700만원을 최우선변제금으로 배당받는다(2014.1.1.부터 9,500만원 이하/3,200만원)

4순위 : 송유만 근저당권 = 3,800만원(우선변제금 2)을 배당받고 배당절차가 종결된다.

### ◆ 후순위 임차인의 대위와 공동임대인에 대한 보증금반환 청구

유기만에게 미배당된 보증금 1,300만원은 나머지 공유자인 김민기 · 이철민에게 청구할 수 있는데, 청구방법에는 두 가지 방법이 있다.

하나는 후순위임차권으로 동시매각 시 배당받을 수 있는 금액을 한도로 민법 제368조 제2항에 따른 대위(선순위 김길수 임차권이 나머지 지분권자인 김민기 · 이철민에서 동시배당 시 배당받을 수 있는 금액)이고, 다른 하나는 공동임대인으로 임차인에 대하여 부담하는 임차보증금반환의무는 불가분의 관계에 있으므로 자기 지분비율뿐만 아니라 초과하는 비율도 모두 책임져야 한다. 이는 공동 채무자로서 연대하여 전액 변제하지 않으면 그 책임을 면할 수 없기 때문이다.

**김선생 한마디**

민법 제368조 제2항에서 후순위저당권자로 대위행사를 할 수 있는 후순위저당권자에 속하는 채권자는 담보물권으로 근저당권, 담보가등기, 전세권과 법정담보물권으로 조세채권·공과금채권·임금채권 그리고 주임법상의 임차권만 해당된다. 이 후순위저당권자들은 피대위권자(선순위공동저당권자)가 되기도 하고, 대위권자가 되기도 하는데 반해서 일반채권자(가압류채권, 강제경매신청채권, 집행권원에 의해 배당요구한 채권 등) 들은 피대위권은 물론이고 대위권을 가지지 못하게 된다는 점에 유의해야 한다.

## ◆ 후순위 송유만 근저당권과 김각형 채무자의 대위권

선순위 임차인 김길수는 전체 지분에 대하여 주임법상 우선변제권(최우선변제금과 확정일자부 우선변제권)을 가지고 있고, 후순위 임차인 유기만 역시 전체 지분에 대해서 주임법상 우선변제권(최우선변제금)을 가지고 있는 유사공동저당권자 인데 김각형의 3분의 1 지분경매에서 그 지분비율에 해당되는 금액만을 배당받은 것이 아니라 초과해서 배당받음으로 인해서 후순위 송유만 근저당권자와 김각형 채무자가 적게 배당받게 되었으므로 동시배당 시 배당 받을 수 있는 금액을 한도로 나머지 공유자 2명에게 선순위임차권(1순위 김길수, 유기만의 최우선변제금과 2순위 김길수 확정일자부 우선변제금)를 대위하여 후순위 송유만 근저당권자는 민법 제368조 제2항의 차순위저당권자의 대위와 김각형 채무자는 민법 제481조와 482조에 의한 물상보증인의 변제자 대위를 할 수 있다.

## ◆ 낙찰자가 대항력 있는 이현중 임차인에 대한 인수범위

임차인 이현중의 보증금 3,000만원은 대항력 있어서 인수해야 한다. 이때 낙찰자가 인수해야하는 금액은 낙찰받은 지분비율에 해당하는 금액인 1,000 만원을 인수하고, 나머지 공유자 2명이 자기 지분에 해당하는 금액 1,000만원 씩 지급하면 된다. 그런데 다른 지분권의 경매 등의 절차에서 임차인이 보증금을 회수하지 못하게 된다면 그 부분도 인수하게 될 수도 있다. 그래서 입찰에 참여할 때 다른 지분에 임차인보다 선순위채권이 있는가를 확인하고 입찰에 참여해야 한다. 쉽게 말하면 낙찰자가 인수할 금액은 3,000만원인데 그 중에서 자기 지분비율인 1,000만원은 채무자의 할당액이고, 나머지 2,000 만원은 물상보증인의 할당액이라는 생각을 가지고 접근해야 한다. 그리고 선순위 임차인이 일부 배당받은 경우 전액 보증금을 회수할 때까지 선순위 임차인으로서 대항력을 주장하여 결국 낙찰자에게 요구할 수 있다. 왜냐하면 공동임대인이 임차인에 대하여 부담하는 임차보증금 반환의무는 불가분의 관계에 있기 때문이다.

만일 낙찰자가 이현중의 보증금 전액을 지급하여 명도하였다면 나머지 공유자 2명에게 자신의 초과지분 금액에 대하여 구상권을 각 공유 지분비율만큼 청구할 수 있다.

### ◈ 전체지분이 강제경매가 진행된 경우 말소기준권리

그러나 앞의 사례와 같은 조건에서 송유만 근저당권자가 김각형 지분에 대해서만 경매를 신청한 것이 아니라 김길수 임차인이 전세보증금 반환청구소송으로 판결문을 득해서 공유지분 전체에 대해서 강제경매를 신청한 경우에는 임차인에 대한 말소기준권리는 김길수의 강제경매신청기입등기일로 봐야 한다.

왜냐하면 임차인 유기만은 김각형 지분에 대해서는 대항력이 없지만 다른 공유지분에 대해서는 대항력이 있고, 매수인(낙찰자)은 김각형 지분 이외에 다른 공유지분까지 매수하므로 다른 공유자에 대해서 대항력 있는 임차인에 대해서 채권불가분성의 원칙에 따라 김각형 지분을 제외하고 인수하는 것이 아니라 임차인의 보증금 전액을 인수해야 되므로 대항력을 주장하면 인수해야 되고, 배당요구해서 미배당금이 발생되면 그 금액을 인수해야 된다.

지분전체가 동시에 매각되는 경우에 배당은 다음과 같다.

| 순위 | 채권자별 배당순위 | 김각형(33.34%) 1억3천만원 | 김민기(33.33%) 1억3천만원 | 이철민(33.33%) 1억3천만원 |
|---|---|---|---|---|
| 1 | ① 김길수 2,500만<br>② 유기만 2,500만 | 8,335,000원<br>8,335,000원 | 8,332,000원<br>8,332,000원 | 8,332,000원<br>8,332,000원 |
| 2 | 김길수 3,500만 | 11,669,000원 | 11,665,500원 | 11,665,500원 |
| 3 | 유기만 700만 | 2,333,800원 | 2,333,100원 | 2,333,100원 |
| 4 | 송유만 6,000만 | 60,000,000원 | × | × |
| 배당잔여금 | 2억3,800만원 | 39,327,200원<br>(16.524%) | 99,336,400원<br>(41.738%) | 99,336,400원<br>(41.738%) |
| 5 | 유기만 1,300만 | 2,148,120원 | 5,425,940원 | 5,425,940원 |
| 배당잉여금은<br>채무자에게 배당한다. | | 37,179,080원 | 93,910,460원 | 93,910,460원 |
| 낙찰자 인수금액 | | 10,000,000원 | 10,000,000원 | 10,000,000원 |

## ◆ 김각형 지분이 먼저 매각돼 후순위저당권자와 채무자의 대위

① 송유만은 후순위저당권자로 민법 제368조 제2항에 따라 2,200만원[전체 지분이 동시매각시의 배당금액 6,000만원 – 김각형 지분이 먼저 매각으로 배당금 3,800만원]을 김민기 지분에서 김길수와 유기만 임차권중 미실현된 30,662,600원 중 1,100만원을, 이철민 지분에서 김길수와 유기만 임차권중 미실현된 30,662,600원 중 1,100만원을 대위할 수 있다.

② 채무자 김각형은 물상보증인으로 민법 제481조와 482조에 의한 대위로 김민기 지분에서 김길수와 유기만 임차권중 미실현된 18,588,540원 (30,662,600원-송유만 1,100만원-유기만 1,074,060원), 이철민 지분에서 김길수와 유기만 임차권중 미실현된 18,588,540(30,662,600원-송유만 1,100만원-유기만1,074,060원)을 대위할 수 있다.

(미실현된 금액 : 동시배당으로 다른 지분에서 받을 수 있는 금액)

③ 후순위 유기만 임차인은 최우선변제금으로 매각된 지분비율 보다 더 배당받았고 나머지 지분권자가 공동채무자로 채권불가분성에 따라 청구가 가능 하다는 점에서 논의에서 제외하기로 한다.

# 05 다가구주택에서 임대인의 지분이 매각될 때 잘못하면 큰코다친다

 **경매의 덫에서 탈출**

다가구주택이 공유물이라면 임대차계약은 과반으로 결정하게 되는데, 그때 임대인 지분이 경매되면 낙찰자는 임대인의 지위를 그대로 승계하게 되므로 대항력 있는 임차인의 보증금을 전액 또는 미배당금을 인수하게 되는 상황이 발생할 수도 있다.

## ◆ 다가구주택 3분의 1 지분경매 물건 정보 및 입찰결과

| 소재지 | 서울특별시 양천구 신월동 000 | | | 경매사건번호 :2012타경1754호 | | | |
|---|---|---|---|---|---|---|---|
| | | | | 오늘조회: 1 2주누적: 1 2주평균: 0 | | | |
| 물건종별 | 다가구(원룸등) | 감정가 | 166,149,650원 | 구분 | 입찰기일 | 최저매각가격 | 결과 |
| | | | | 1차 | 2012-10-30 | 166,149,650원 | 유찰 |
| | | | | 2차 | 2012-12-04 | 132,920,000원 | 유찰 |
| 토지면적 | 60.37㎡(18.262평) | 최저가 | (33%) 54,444,000원 | | 2013-01-09 | 106,336,000원 | 변경 |
| | | | | 3차 | 2013-03-20 | 106,336,000원 | 유찰 |
| 건물면적 | 90.99㎡(27.524평) | 보증금 | (20%) 10,890,000원 | 4차 | 2013-04-24 | 85,069,000원 | 낙찰 |
| | | | | 낙찰 93,690,000원(56.39%) / 1명 / 미납 | | | |
| 매각물건 | 토지및건물 지분 매각 | 소유자 | 이정민 | 5차 | 2013-08-07 | 85,069,000원 | 유찰 |
| | | | | 6차 | 2013-09-10 | 68,055,000원 | 유찰 |
| | | | | 7차 | 2013-10-22 | 54,444,000원 | |
| 개시결정 | 2012-01-19 | 채무자 | 이정민 | 낙찰 : 64,590,000원 (38.87%) | | | |
| | | | | (입찰1명,낙찰:음성군 정OO ) | | | |
| | | | | 매각결정기일 : 2013.10.29 - 매각허가결정 | | | |
| | | | | 대금지급기한 : 2013.12.09 | | | |
| 사건명 | 강제경매 | 채권자 | 홍OO, 최OO | 대금납부 2013.12.09 / 배당기일 2014.01.09 | | | |
| | | | | 배당종결 2014.01.09 | | | |
| 관련사건 | 2012타경31229(중복) | | | | | | |

| 구분 | | | | | 면적 | 감정평가액 | 비고 |
|---|---|---|---|---|---|---|---|
| 토지 | | 산월동 000 | | *제2종일반주거지역(7층이하), 가축사육제한구역, 제3종 구역(다지구), 대공방어협조구역(위탁고도:77-257m), 과밀억제권역, 학교환경위생 정화구역, 수렵표면구역, 진입표면구역 | 대 60.37㎡ (18.262평) | 2,100,000원 | 126,777,000원 | 표준지공시지가: (㎡당)1,300,000원 ☞전체면적 181.1㎡중 이정민 지분 1/3 매각 |
| 건물 | 1 | 위지상 벽돌조 슬래브지붕 | 1층 | 주택(2가구) | 26.79㎡(8.104평) | | 19,562,700원 | *도시가스 개별난방 ☞전체면적 80.37㎡중 이정민 지분 1/3 매각 *감평서상 단가:@366,000원 |
| | 2 | | 2층 | 주택(1가구) | 26.66㎡(8.065평) | 366,000원 | 9,757,560원 | *도시가스 개별난방 ☞전체면적 79.99㎡중 이정민 지분 1/3 매각 |
| | 3 | | 지하 | 주택(3가구) | 29.87㎡(9.036평) | 317,000원 | 9,468,790원 | *도시가스 개별난방 ☞전체면적 89.61㎡중 이정민 지분 1/3 매각 |
| | | | | 면적소계 83.32㎡(25.204평) | | 소계 38,789,050원 | | |
| 제시외 건물 | 1 | 산월동 000 판넬조 | 1층 | 창고 | 1.67㎡(0.505평) | 80,000원 | 133,600원 | 매각포함 ☞전체면적 5㎡중 이정민 지분 1/3 매각 |
| | 2 | | 옥탑 | 창고 | 3㎡(0.908평) | 30,000원 | 90,000원 | 매각포함 ☞전체면적 9㎡중 이정민 지분 1/3 매각 |
| | 3 | | 옥탑 | 창고 | 3㎡(0.908평) | 120,000원 | 360,000원 | 매각포함 ☞전체면적 9㎡중 이정민 지분 1/3 매각 |
| | | 제시외건물 포함 일괄매각 | | 면적소계 7.67㎡(2.32평) | | 소계 583,600원 | | |
| 감정가 | | 토지:60.37㎡(18.262평) / 건물:90.99㎡(27.524평) | | | | 합계 | 166,149,650원 | 지분 매각 |

| 임차인 | 용도 | 전입/확정/배당요구일 | 보증금 | 대항력 | 배당 |
|---|---|---|---|---|---|
| 우미영 | 주거용 2층전부 | 전입일:2010.01.16 확정일:미상 배당요구일:미상 | 보80,000,000원 | 있음 | 낙찰자인수 |
| 김정수 | 주거용 미상 | 전입일:2010.03.03 확정일:미상 배당요구일:미상 | 미상 | | 배당금 없음 |
| 박미순 | 주거용 미상 | 전입일:2008.08.16 확정일:미상 배당요구일:미상 | 미상 | | 배당금 없음 |
| 이정선 | 주거용 미상 | 전입일:2010.03.31 확정일:미상 배당요구일:미상 | 미상 | | 배당금 없음 |
| 김시민 | 주거용 미상 | 전입일:2009.09.23 확정일:미상 배당요구일:미상 | 미상 | | 배당금 없음 |

● 건물등기부

| No | 접수 | 권리종류 | 권리자 | 채권금액 | 비고 | 소멸여부 |
|---|---|---|---|---|---|---|
| 1 | 2010.03.26 | 소유권이전(상속) | 이정민,이순자,이준희 | | 각 지분1/3 | |
| 2 | 2010.03.26 | 이정민 지분가압류 | 박명기 | 28,500,000원 | 말소기준등기 | 소멸 |
| 3 | 2010.11.16 | 이정민 지분압류 | 서울특별시양천구 | | | 소멸 |
| 4 | 2011.04.14 | 이정민 지분압류 | 서울특별시 | | | 소멸 |
| 5 | 2011.04.19 | 이정민 지분압류 | 양천세무서 | | | 소멸 |
| 6 | 2011.06.22 | 이정민 지분가압류 | 최OO | 45,000,000원 | | 소멸 |
| 7 | 2012.01.19 | 이정민 지분강제경매 | 홍OO | 청구금액: 9,595,561원 | 2012타경1754 | 소멸 |
| 8 | 2012.02.29 | 이정민 지분압류 | 서울특별시양천구 | | | 소멸 |
| 9 | 2012.03.23 | 이정민 지분가압류 | 최OO | 58,000,000원 | | 소멸 |
| 10 | 2012.09.14 | 이정민 지분압류 | 국민건강보험공단 | | | 소멸 |
| 11 | 2012.11.16 | 이정민 지분강제경매 | 최OO | 청구금액: 58,000,000원 | 2012타경31229 | 소멸 |

● 토지등기부

| No | 접수 | 권리종류 | 권리자 | 채권금액 | 비고 | 소멸여부 |
|---|---|---|---|---|---|---|
| 1 | 2010.03.26 | 소유권이전(상속) | 이정민,이순자,이준희 | | 각 지분1/3 | |
| 2 | 2010.03.26 | 이정민 지분가압류 | 맹OO | 28,500,000원 | 말소기준등기 | 소멸 |
| 3 | 2010.11.16 | 이정민 지분압류 | 서울특별시양천구 | | | 소멸 |
| 4 | 2011.04.19 | 이정민 지분압류 | 양천세무서 | | | 소멸 |
| 5 | 2011.06.22 | 이정민 지분가압류 | 최OO | 45,000,000원 | | 소멸 |
| 6 | 2012.01.19 | 이정민 지분강제경매 | 홍OO | 청구금액: 9,595,561원 | 2012타경1754 | 소멸 |
| 7 | 2012.03.23 | 이정민 지분가압류 | 최OO | 58,000,000원 | | 소멸 |
| 8 | 2012.11.16 | 이정민 지분강제경매 | 최OO | 청구금액: 58,000,000원 | 2012타경31229 | 소멸 |

## ◆ 종전 낙찰자가 입찰보증금을 포기하게 된 사연

| 14 | 소유권이전 | 2010년3월26일<br>제13411호 | 2004년5월26일<br>상속 | 공유자<br>지분 3분의 1<br>이정민 610501-1******<br>서울특별시 양천구 신월동 000<br>지분 3분의 1<br>이순자 620820-2******<br>서울특별시 양천구 신월동 341-1 킨혼아파트 000호<br>지분 3분의 1<br>이준희 670206-2******<br>경기도 파주시 교하읍 두패리 1711 교하기마을<br>우남퍼스트빌 000호<br>대위자 이정민의대위신청인당지수<br>서울특별시 강남구 논현동 000호 |

 다수 임차인들이 거주하는 다가구주택의 일부지분이 경매되면 지분물건에서 말소기준권리 이전에 대항요건을 갖춘 임차인은 대항력이 있어서 소멸되지 않고 낙찰자가 인수해야 되지만, 이후에 대항요건을 갖춘 임차인은 대항력이 없어서 소멸된다. 그런데 입찰자들이 대항력 있는 임차보증금을 인수하게 되는 것을 자기 매수지분 비율에 의해 인수한다고만 생각하고 낙찰받는 경향이 있다. 이러한 이유는 매사 자신이 가지고 있는 상식대로 해석하려는 경향에서 나온 것이 아닌가 한다. 그러나 현실에서 상식대로 했다가 낭패를 보게 되는 일들이 많이 발생하니 제대로 이해하고 접근해야 한다.

 이 다가구주택은 3명이 3분의 1씩 공동소유하고 있고 말소기준은 2010. 3.26. 박명기 가압류채권이다. 그래서 임차인중 우미영과 김정수, 박미순, 김시민은 대항력 있고 이정선은 대항력이 없다. 지하 한 호수는 이정민이 창고로 사용하면서 주민등록만 해놓고 실제로 거주하지는 않는다.
 어쨌든 종전 낙찰자 김OO는 낙찰받으면 임차보증금 3분의 1만 인수하면 된다는 생각으로 감정가 166,149,650원을 93,690,000원에 낙찰 받았다고 한다. 이 낙찰자가 필자를 찾아와 상담하는 과정에서 알게 된 사실이지만 계약서를 작성한 사람이 이정민이고 나머지 신월동에 사는 여동생 이순자의 동의를 받아 계약서를 작성했다는 것이다. 이 경우 채무자가 임대인이고 이순자와 동의하지 않은 이준희는 물상보증인의 책임만 있어서 이정민의 매각대금에서 우선변제하고 부족한 임차보증금만 물상보증인들이 연대해 책임지면 된다. 낙찰자가 주택을 방문해서 임대차 현황을 조사해 보니 지하 101호는 김시민이 5백만원에 월세 20만원과 지하 102호는 박미순이 700만원에 월세 10만원, 지하 103호는 채무자가 점유하고, 1층은 101호는 김정수가 1,000만원에 월세50만원, 102호는 이정선이 3,500만원에 20만원, 2층 전체는 우미영이 8,000만원으로 거주하고 있었다. 따라서 낙찰자가 인수해야 할 금액은 대항력 없는 이정선을 제외하고 나머지 임차보증금 1억200만원을 인수하게 돼 낙찰받은 금액 93,690,000원을 포함하면 1억9,569만원에 취득한 게 되니 감정가 보다 훨씬 높게 낙찰받은 셈이 된다. 물론 계약에 동의한 3분의 1 지분권자 이순자와 임차보증금도 함께 나누어 가졌다면(계약서 형식 보다 실제로 보증금을 나누었냐가 중요하다) 낙찰자가 인수할 금액은 절반으로 5,100만원만 인수하게 되니 실제로 취득가는 1억4,469만원이 되지만 그래도 그 가격이면 포기하는 것이 낫다는 낙찰자의 의견을 존중해서 입찰보증금을 포기하도록 조언을 했다.

### ◆ 재매각절차에서 낙찰자가 돈을 벌고 지분에서 탈출 할 수 있을까

이 물건을 재매각절차에서 음성에 사는 정○○이 6,459만원에 낙찰 받았다. 그렇다면 낙찰자가 인수해야할 금액은 앞에서 얘기한 바와 같으니 채무자인 이정민이 임대인이고 나머지 지분권자들은 동의만 했다면 인수금액은 1억200만원으로 취득금액은 1억6,659만원이 되니 감정가와 같은 금액으로 낙찰받은 것이 된다. 그러나 임대차계약서에는 채무자 이정민이 계약하고 이순자가 동의한 것으로 되어 있지만 실제로 보증금을 나누어 가졌다면 공동임대인과 같은 지위에 있어서 낙찰자의 인수금액은 5,100만원이 돼 취득금액은 1억1,559만원이 돼 성공적인 투자가 될 수 있다.

필자의 사견이지만 낙찰자가 5,100만원만 인수하면 되지 않을까 하는 판단이다. 왜냐하면 보통 사람들이 주택을 공동소유하고 있다면 거기서 나오는 소득과 보증금을 나누어 가지려는 생각을 하기 때문이다.

필자가 이 사례를 기술한 이유는 다가구주택에서 다수의 임차인이 거주하고 그 일부 지분이 경매로 나왔다면 임차인이 누구와 계약했느냐에 따라 낙찰자의 인수금액이 달라질 수 있다. 채무자가 임대인인 경우 잘못하다간 전액 인수해야 하지만 반대로 물상보증인 즉 동의하거나 동의하지 않은 지분을 낙찰받으면 인수금액이 없을 수도 있다는 사실에 유념해야 한다. 그렇다고 실망할 필요는 없다. 이러한 사실이 내게 유리하게 적용될 수도 있고 불리하게 적용될 수도 있으니 그러한 사실을 제대로 알고 대응만 잘하면 성공할 수있기 때문이다.

### ◆ 임대차 계약에서 임대인과 동의한 사람, 동의하지 않은 사람 간의 책임?

```
안녕세요. 선생님...
다가구주택에서 다음과 같이 계약했다면 대항력과 우선변제권, 그리고 경매신청권에 대해서
어떻게 되는지가 궁금합니다?

A 1/3      B 1/3        C 1/3 지분 씩 다가구주택을 공동 소유하고 있음.
<임대인>   <임대차에 동의함>   <임대차에 동의하지 않음>

선순위 임차인 있을 경우

1.  대항력       A  B  C     모두에게 있고
2  우선변제권    A  B  C     A,B는 당연히 있고, 동의 안한 C지분권자에게도 있습니다.
3. 경매신청시   A  B        A,B지분권자는 판결받고 C지분권자에게는 전세보증금반환을
                            청구 할 수 없다.(임대인이아니기에)
```

필자의 사견은 1. 선순위 임차인의 대항력은 A, B, C 모두에게 있습니다.

2에서 선순위 임차인이 대항력을 포기하고 계약해지 의사를 밝히면서 우선변제권(최우선변제권과 확정일자부 우선변제권)으로 배당요구하면 A와 B지분의 경매에서 모두 우선변제이 있지만, 동의하지 않은 C지분 경매에서도 배당요구해서 우선해서 변제 받을 수 있는 우선변제권을 인정할 수 있을 까요? 대항력은 과반수로 계약했기 때문에 소수지분권자가 사용·수익을 배제할 수는 없지만, 그렇다고 우선변제권까지 인정하기에는 법리적으로 맞지 않습니다. 실무에서는 동의하지 않은 지분경매에서도

임차인에게 배당을 하고 있고, C가 경매절차 밖에서 민법 제481조, 482조에 의한 물상보증인의 변제자 대위행사를 하고 있습니다. 이러한 사실은 법원이 동의하지 않은 사실을 정확하게 알 수 없고, 다툼이 발생할 수도 있기 때문일 것입니다. 그러나 배당이의를 하고 나서 배당이의 소송을 진행하게 되면 법원의 판단은 달라질 수도 있다는 것이 필자의 사견입니다(자세한 내용은 지분경매 실전투자의 비밀 157~159쪽 참조).

사례 3에서 임차인이 전세금을 반환 받지 못해서 경매를 신청하는 경우에 먼저 법원에 지급명령을 신청하거나 전세보증금반환청구 소송을 진행해서 그 결정문 등(집행권원)으로 경매를 신청하게 됩니다. 그런데 그 소송과정에서 채무자(A)나 물상보증인(B)이 아닌 즉 동의하지 않은 C가 이의를 제기하게 되고 그에 따라 임차인의 청구가 C지분에서 기각되고, A와 B에 대해서만 경매를 신청하게 되므로 또다시 지분경매가 진행되는 것을 확인할 수 있습니다.

# 06 공유물분할 경매에서 일부지분에 가등기가 있는 경우에 대응 방법

구정미(가명)와 구현미(가명)는 형제로서, 인천 남구 주안동 000-0번지 대 200.1㎡와 같은 동 000-00번지 대 56.5㎡ 중 4/23 지분을 구정미가, 나머지 19/23 지분을 구현미가 소유하고 있었다.

그런데 구정미가 2004. 9. 15. 장소령에게 자신의 4/23 지분을 2,800만원에 매도할 것을 예약하고 같은 날 장소령으로부터 증거금으로 1,500만원을 수령한 다음, 장소령에게 위 매매예약을 원인으로 한 지분이전청구권가등기를 해 주었다.

그 후 구정미가 2004. 9. 15. 구현미를 상대로 공유물분할 청구의 소를 제기해, 경매를 통해 대금을 분할하라는 판결(인천지방법원 2004가단76069 판결)을얻었고, 구정미가 이 판결에 기해 2009. 10. 22. 인천지방법원 2009타경0000 호로 공유물분할을 위한 경매를 다음과 같이 신청하여 매각절차를 진행하게 되었다.

### ◆ 공유물 분할을 위한 형식적 경매물건 입찰결과 내역

| 2009타경 0000호 | | | | 인천지방법원 본원 • 매각기일 : 2011.02.14(月)(10:00) • 경매 5계(전화:032-860-1605) | | | |
|---|---|---|---|---|---|---|---|
| 소 재 지 | 인천광역시 남구 주안동 000-00외 1필지 도로명주소검색 | | | | | | |
| 물건종별 | 대지 | 감 정 가 | 410,560,000원 | 오늘조회: 2 2주누적: 1 2주평균: 0 조회동향 | | | |
| 토지면적 | 256.6㎡(77.622평) | 최 저 가 | (49%) 201,174,000원 | 구분 | 입찰기일 | 최저매각가격 | 결과 |
| 건물면적 | 건물은 매각제외 | 보 증 금 | (10%) 20,120,000원 | 1차 | 2010-12-14 | 410,560,000원 | 유찰 |
| 매각물건 | 토지만 매각 | 소 유 자 | 구정미 외 1 | 2차 | 2011-01-14 | 287,392,000원 | 유찰 |
| 개시결정 | 2009-10-23 | 채 무 자 | 구현미 | 3차 | 2011-02-14 | 201,174,000원 | |
| 사 건 명 | 임의경매 | 채 권 자 | 구정미 | 낙찰 : 225,599,900원 (54.95%) (입찰2명,낙찰:김수형 외 1 / 2등입찰가 221,000,000원) 매각결정기일 : 2011.02.21 - 매각허가결정 배당종결 2011.04.28 | | | |
| 관련사건 | 인천지법 2005카단23320(가처분) | | | | | | |

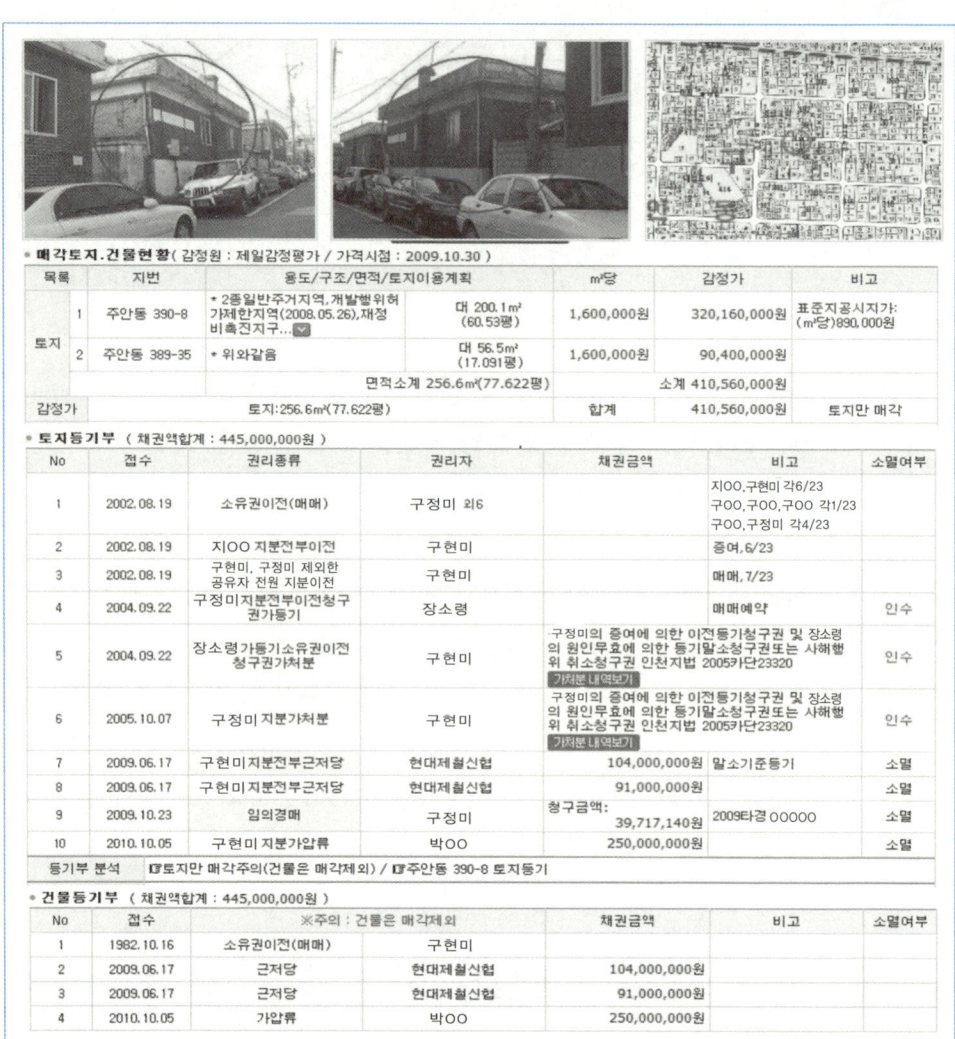

### ◆ 물건분석과 매수이후 대응방법

이 사건은 토지만 공유물분할 청구소송에 의한 분할 판결로 형식적 경매가 진행되는 것인데 그 지상에 토지 공유자인 구현미 소유 단독주택이 현존하고 있다. 그리고 토지중 구정미 지분에 선순위로 가등기가 있어서 낙찰자가 인수해야 하므로 추후 가등기권자가 본등기를 하면 이 지분에 대해서 소유권을 잃게 될 수도 있는 물건인데 2011. 2. 14. 김수형과 기인숙이 각 1/2지분씩 낙찰받아 2011. 3. 3. 대금 225,599,900원을 전부 납부하여 소유권을 취득한 사례이다. 2014. 01. 10. 현재까지도 그 가등기가 말소되지 않고 등기되어 있는 것을 필자가 확인할 수 있었다.

이러한 상황에서 낙찰자는 이렇게 대처하면 된다.

낙찰자는 잔금납부를 하고 나서 구정미의 배당받을 채권을 양수받은 이○○가 배당받게 될 배당금 채권에 대해서 배당금지급청구권에 대한 채권가압류와 동시에 장소령 명의의 가등기 말소청구소송을 진행해야 한다. 이 소송에서 낙찰자가 승소하면 소유권에 문제가 없으나 가등기권자가 승소해서 소유권을 잃게 되면 낙찰자는 그 매각대금으로 실제로 배당받은 이○○에게 부당이득반환청구를 해야 한다. 배당금이 지급되고 나면 회수가 어려우니 배당금을 지급하지 못하도록 배당금지급청구권에 대한 채권가압류를 해야지 배당금지급정지가처분을 해서는 안된다. 이때 채권가압류 금액은 소유권상실 지분에 해당하는 매각대금으로 하면된다. 그리고 설령 소송에서 낙찰자가 패소하더라도 쉽게 그 지분에 해당하는 매각대금을 반환받을 수 있다. 이러한 상황은 가등기권자가 본등기를 함으로 인해서 소유권을 잃게 되는 상황이 발생해도 마찬가지로 그지분에 상응하는 매각대금을 쉽게 반환받을 수 있는 대처방법이 될 수 있다.

선순위가등기권자를 말소청구소송을 해서 승소하거나 패소할 때 대비하는 방법에 대해선 다음 제12장에서 6. 선순위로 가등기나 가처분이 있는 물건에 투자하는 방법(476쪽)을 참고하면 된다.

### ◈ 이 물건과 같이 일부지분에 가등기가 있을 때 배당방법

#### (1) 이 물건에 대한 경매법원의 배당 방법

집행법원은 2011. 4. 28. 구정미가 과거 매매예약증거금으로 수령한 1,500만원이 공유물 대금분할에서 반영되어야 한다는 전제 하에, 실제 배당금액(매각대금 − 집행비용) 222,510,066원에 구정미가 매매예약증거금으로 수령한 1,500만원을 더한 금액에다가 구정미의 지분비율을 곱하여 구정미의 4/23 지분의 가치를 산정한 다음 여기에서 구정미가 수령한 매매예약증거금 1,500만원을 빼는 방법으로 구정미 채권양수인 이ㅇㅇ에게 먼저 배당하고, 구현미에게는 실제 배당할 금액 222,510,066원에서 이ㅇㅇ의 배당액을 빼는 방법으로 구현미의 배당액을 산출하는 방법으로 배당표를 작성했다.

① 구정미의 채권양수인 배당액 : 26,306,098원[(실제 배당할 금액 222,510,066원 + 1,500만원) × 4/23 − 1,500만원]. 인수되는 부담이 있는 부동산에 대해서는 일괄매각대금에서 인수금액을 합한 금액을 각 감정가 비율로 안분한 금액에서 공제한다.

② 구현미 배당액 : 196,203,968원[실제 배당할 금액 222,510,066원 − 채권양수인 이ㅇㅇ의 배당액 26,306,098원] 중에서 1순위로 현대제철신용협동 조합 155,072,934원, 2순위로 구현미가 41,131,034원을 배당했다. 인수되는 부담이 없는 부동산은 일괄매각대금에서 인수금액을 합한 각 감정가비율로 안분한 금액이 된다.

 **김선생 한마디**

**공유물분할경매에서 공유자들 간에 이해관계인의 조정이 중요한 문제로 대두된다.**

임의경매나 강제경매와 같은 실질적 경매에서는 과거의 사정을 반영해서 배당하는 것은 현행법상 법적 근거도 없고 확립된 실무관행에 배치돼 허용되지 않는다. 반면에 공유물분할경매에서는 공유자들 사이에 이해관계 조정이 중요한 변수로 대두 되고 있다. 따라서 집행법원이 배당방법을 통해 공유자 일방이 사전에 매매예약가등기로 자신의 일부 가치를 회수한 사정과 가등기가 설정되어 있어서 다른 공유자에게 매각 대금 저감의 손해가 발생한 사정을 모두 고려하여 양자 사이의 이익조정을 시도할수 있는데, 이러한 배당방법은 형식적으로는 공유물분할 판결의 주문에 배치되는 것으로 보이지만 '공유물 가치의 공평한 배분' 이라는 관점에서 실질적 정의에 부합한다. 이러한 이유로 배당함에 있어서 가등기를 설정한 공유자가 공유물분할경매 이전에 자신의 지분가치를 환가하여 취득한 사정을 반영해 '매각대금에 매매예약증거금을 더한 금액'을 기준으로 각 공유자의 지분비율을 곱해서 각 공유자의 지분가치를 산정하는 방법이 타당하다(인천지법 2011가소249760 판결 내용).

### (2) 경매법원의 배당에 대한 이의로 진행된 배당이의 소송결과

채권양수인 이○○가 피고 구현미를 상대로 이 사건 부당이득반환 청구의소를 제기하게 되었다.

① 원고의 청구취지

집행법원이 실제배당할 금액 222,510,066원에다가 구정미의 지분비율을 곱하는 단순 명확한 방법으로 원고의 배당액을 산출하지 않고(38,697,403원 = 222,510,066원 ×4/23), 구정미가 매매예약증거금으로 수령한 1,500만원을 포함시켜 원고와 피고의 배당액을 산출한 것은 위법하므로, 정당하게 배당 받아야 할 금액과 위법한 배당액의 차액 12,391,305원(= 38,697,403원 - 26,306,098원)을 부당이득으로서 피고가 원고에게 반환하여야 한다고 주장 했다.

② 법원의 판단

<u>집행경매법원이 구정미가 매매예약증거금으로 수령한 1,500만원을 고려해 배당액을 산출한 것은 정당하다.</u> 왜냐하면 피고(구현미)의 배당액을 산정함에 있어 구정미가 수령한 매매예약증거금 1,500만원을 고려하지 않는 것은 부당하기 때문이다. 만일 구정미가 자신의 4/23 지분에 관하여 장소령과 매매예약을 체결하고 증거금을 수령하지 않은 상태에서 경매분할이 이루어졌더라면, 위 매수인들은 장소령 가등기를 인수해야 하는 부담이 없어 훨씬 높은 가격으로 입찰에 응했을 것이고, 그 경우 실제배당할 금액은 위 경매사건에서 실제로 배당할 금액보다 적어도 1,500만원은 높았을 것이라는 점을 명백히 추단할 수 있기 때문이다.

이 방법과 집행법원이 채택한 방법 사이에는 계산순서에서만 차이가 있을 뿐, 구정미가 매매예약증거금으로 수령한 1,500만원이 원고와 피고의 배당액 산정에서 차이가 없다는 사실을 다음과 같이 확인할 수 있다.

㉠ 피고 구현미 배당액 : 196,203,968원[(222,510,066원 + 1,500만원) ×19/23] 중에서 1순위로 현대제철신용협동조합 155,072,934원,

2순위로 구현미 41,131,034원

ⓒ 원고 구정미의 채권양수인 26,306,098원[(222,510,066원 - 피고 구현미 배당액 196,203,968원)] →26,306,098원{[(222,510,066원+1,500만원)×$\frac{4}{23}$]-1,500만원}

이런 방법으로 산출되는 원고에 대한 배당액 26,306,098원이 원고가 주장하는 방법으로 산출한 금액 38,697,403(실제배당할 금액 222,510,066원× 4/23)원보다 적은 것은, 구정미가 자신의 지분 가치를 이미 매매계약 증거금 1,500만원의 형태로 환가하여 취득했기 때문이다. 만일 구정미가 자신의 4/23 지분에 관하여 장소령과 매매예약을 체결하고 증거금을 수령하지 않은 상태에서 경매분할이 이루어졌더라면, 원고는 적어도 41,306,098원[(222,510,066원+1,500만원) ×4/23]을 배당받을 수 있었을 것인데, 이는 위 경매 사건에서의 원고에 대한 정당한 배당액 26,306,098원에 매매예약증거금 1,500만원을 더한 것과 동일한 금액이다.

### ◆ 가등기권자가 본등기 또는 말소 시에 부당이득금 반환

#### (1) 구정미와 장소령 간에 매매예약이 완결돼 매매계약이 성립되었다

매도예약자인 구정미가 증거금과 당사자 간에 미리 합의한 손해금 상당액을 2004. 12. 31.까지 매수예약자인 장소령에게 지급하면 매매예약은 해제되며, 만약 구정미가 위 기한까지 위 금액을 지급하지 않을 때에는 당사자 간 따로 의사표시가 없더라도 위 기한 다음날 당사자 간에 매매완결의 의사표시를 한 것으로 보고 장소령이 잔금을 구정미에게 지급함과 동시에 구정미가 장소령에게 이 사건 토지 중 구정미 4/23 지분에 관한 소유권이전등기절차를 이행하기로 약정하였음을 알 수 있는데, 위 기한이 이미 도과하였으므로 2005. 1. 1. 매매계약은 성립된 것이고, 이들 간에는 잔금 지급 의무와 지분 이전의 본등기 의무가 동시이행의 관계에 있다.

#### (2) 가등기권자의 본등기로 매수인이 반환받아야할 부당이득금

이 사건 토지 매수인들은 장소령 가등기를 인수할 것으로 매수가격을 정해 입찰에

PART 1  지분경매에서 기본적인 권리분석과 배당하는 방법  57

참가한 것으므로, 장래에 장소령이 지분이전등기 청구권의 소멸시효 기간 내에 구정미에게 매매대금 2,800만원과 이미 지급한 증거금 1,500만원의 차액을 지급하면, 구정미는 이 사건 토지 중 4/23 지분에 관하여 가등기에 기한 본등기절차를 이행하여야 할 의무가 있으며, 가등기에 기한 본등기가 이루어지는 경우 등기관은 이 사건 토지 중 4/23 지분에 관한 소유권이전등기를 직권말소하게 된다. 이로 인해 이 지분 매수인들은 매수의 목적을 달성할 수 없게 되므로 하자담보책임으로서, 구정미에게 실제배당할 금액 222,510,066원의 4/23에 해당하는 금액 38,697,403원을 부당이득으로서 반환을 청구할 수 있다(이 부당이득 금액은 원고 이OO의 배당액 26,306,098원, 구정미가 수령한 매매예약증거금 1,500만원, 구정미가 장래에 수령할 매매잔금 1,300만원을 더한 금액보다 적으므로, 구정미에게 불이익하지 않다).

### 김선생 특별과외

가등기권자가 본등기 시, 구정미는 지분 매각대금으로 15,608,695원 구정미(4/23)는 자신의 지분매각으로 15,608,695원[(매매예약증거금 1,500만원+배당금 26,306,098원+ 매매예약잔금 1,300만원−매수인에 부당이득금반환 38,697,403원)]만 귀속된다. 이 금액은 당초 가등기권자에게 매도한 2,800만원이나 매각대금에서 지분 비율대로 배당받을 41,306,098원 보다 현저히 적은 금액으로 구정미가 부당이득반환을 청구할 수는 없을까 41,306,098원과 수령한 15,608,695원 사이의 차이 25,697,403원 중 일부는 가등기 권자에게 귀속되었고, 일부는 다른 공유자에게 특수한 배당방법을 통해 귀속되었다.

① 가등기권자가 41,306,098원의 가치를 2,800만원에 사서 13,306,098원의 이익을 본 것이므로 부당이득의 청구대상이 아니고 그 만큼 구정미가 손해를 볼 수밖에 없다.

② 다른 공유자 구현미는 25,697,403원 중 가등기권자에게 귀속된 13,306,098원을 제외하고 12,391,305원 만을 더 배당받은 것이 되지만 이 금액을 구현미에게 반환해야 한다면 애당초 배당은 지분비율대로 배당하는 것이 합당하고 앞에서와 같이 매각대금에 매매예약증거금을 포함시켜 배당할 의미가 없었다. 매매예약금 1,500만원을 포함해서 배당한 원인은 가등기가 설정되어 있어서 그로인해 매각대금 저감의 손해를 고려해서 배당한 것이기 때문에 부당이득 반환청구 소송에서 승소하기가 어려울 것으로 판단된다.

### (3) 가등기가 말소되므로 매수인이 반환해야할 부당이득금

만일 장소령이 매매계약 성립일로부터 10년 이내에 구정미에게 가등기에 기한 본등기청구권을 행사하지 않을 경우 본등기청구권은 소멸하며, 가등기는 더 이상 존재할 이유가 없으므로 말소해야 한다. 이 경우 구정미는 과거에 수령한 매매예약증거금 1,500만원을 장소령에게 부당이득으로서 반환해야 하며, 위 매수인들은 가등기의 소멸로 인하여 적어도 매매예약증거금 1,500 만원 상당의 부당이득을 얻게 되므로 이를 종전 지분권자인 구정미에게 반환 해야한다.

### ◆ 지상건물 소유자에게 법정지상권이 성립하고 있을까?

토지는 아버지 구정상 소유이고 그 지상 김○○ 소유 건물을 자녀 구현미가 일반매매로 취득해서 소유하다가 아버지 사망으로 인해 토지가 상속인에 공유등기되었다가 공유물분할 경매로 김수형과 기인숙이 공동으로 낙찰받게 되었다.

이러한 경우 어느 시기도 토지와 건물소유자가 동일 소유자가 아니어서 법정지상권은 성립하지 않는다.

# 07
# 재개발구역 상가주택 2분의 1을 낙찰받아 성공한 사례

　이 상가주택은 지하1층과 지상1~2층은 근린상가이고 3층만 주택이다. 그리고 이 상가주택은 소유자가 2명으로 각 1/2씩 공유지분으로 되어 있는데 그 중 1/2지분만 공매가 진행된 물건이다. 이 지역은 LH공사가 주관하고 대림산업이 시공하는 재개발구역으로 2017년 12월경에 4,800여 세대의 공동주택사업이 착공될 예정이다. 그래서 매수인은 다른 공유자와 협의해서 공동으로 분양을 신청하든가, 현금청산 받는 방법이 있는데 입찰 전에 확인해 본 결과 현금청산을 받더라도 감정가 정도가 예상되는 물건이었다. 그렇게 판단하게 된 동기는 감정가가 6억700만원인데 반해서 시세는 6억8,000만원에서 7억원을 호가하고 있었기 때문이다. 따라서 3억4천만원에 공매 낙찰 받아 감정가수준의 현금청산을 받을 경우 약2억5천만원정도의 수익이 예상되었다.

## ◆ 토지 지분공매 절차에서 공매물건의 사진과 주변 현황도

PART 1  지분경매에서 기본적인 권리분석과 배당하는 방법

## ◆ 상가주택 2분의 1 지분 온비드공매 입찰정보 내역

 필자는 345,600,000원에 입찰하여 낙찰 받았고, 차순위자가 333,770,000원에 입찰하였다.

### 등기사항증명서 주요정보

| 번호 | 권리종류 | 권리자명 | 설정일자 | 설정금액(원) |
|---|---|---|---|---|
| 1 | 위임기관 | 성남세무서 | - | 미표시 |
| 2 | 근저당권 | 문OO | 2000-07-26 | 351,000,000 |
| 3 | 근저당권 | 농업협동조합중앙회 | 2001-08-20 | 39,000,000 |
| 4 | 가압류 | 주식회사국민은행(안산서기기업금융지점) | 2004-05-27 | 123,516,791 |

### 권리분석 기초정보 (권리분석 기초자료는 입찰시작 7일전부터 제공됩니다.)

- 배분요구 및 채권신고현황 (배분요구서를 기준으로 작성하였으며, 신고된 채권액은 변동될 수 있습니다.)

| 번호 | 권리종류 | 권리자명 | 설정일 | 설정금액(원) | 배분요구일 | 배분요구채권액(원) | 말소가능 여부 | 기타 |
|---|---|---|---|---|---|---|---|---|
| : | : | : | <이하 내용은 지면상 생략했음> | : | : | | | |

| 물건 세부 정보 | 압류재산 정보 | 입찰 정보 | 시세 및 낙찰 통계 | 물건 문의 | 부가정보 |

### 입찰 방법 및 입찰 제한 정보

| 전자보증서 사용여부 | 사용 불가능 | 차순위 매수신청 가능여부 | 신청 불가능 |
|---|---|---|---|
| 공동입찰 가능여부 | 공동입찰 가능 | 2인 미만 유찰여부 | 1인이 입찰하더라도 유효한 입찰로 성립 |
| 대리입찰 가능여부 | 대리입찰 불가능 | 2회 이상 입찰 가능여부 | 동일물건 2회 이상 입찰 가능 |

### 회차별 입찰 정보

| 입찰번호 | 회차/차수 | 구분 | 대금납부/납부기한 | 입찰기간 | 개찰일시 | 개찰장소 | 매각결정일시 | 최저입찰가(원) |
|---|---|---|---|---|---|---|---|---|
| 2201406209003 | 032/001 | 인터넷 | 일시불/낙찰금액별 구분 | 2015-08-10 10:00~ 2015-08-12 17:00 | 2015-08-13 11:00 | 전자자산처분시스템(www.onbid.co.kr) 공매재산명세 | 2015-08-17 10:00 | 303,774,000 |

### ◈ 지분공매 물건에 대한 권리분석과 배분표 작성

 이 공매물건에서 특이한 것은 말소기준권리인 문OO의 근저당권(채무자 이소령 가명)은 이 상가주택의 공유자이다. 이 상가주택에는 대항력 있는 임차인 등이 없어서 공매로 낙찰 받으면 인수할 권리가 없다. 그런데도 가격이 이렇게 떨어진 이유는 지분으로 매각되는 물건이면서 공매물건이라 그런 것으로 판단된다. 아마도 경매물건이었다면 더 많은 분들이 관심을 가졌을 것이고, 이 상가주택이 가치가 높은 것을 알 수 있었던 경쟁자들로 인해서 필자는 낙찰 받지 못했을 것이다. 그나마 이러한 물건이 공매로 매각된 것은 필자에게 행운이다.

 이 1/2 지분공매 예상배분표를 작성하면 매각대금 345,600,000원 – 공매비용 10,022,400원으로 배분금액은 335,577,600원이 된다. 이 금액을 가지고 배분하면 다음과 같다. 1순위 : 성남시 중원구청 재산세 168만원(당해세 우선변제금)

 2순위 : 문OO 근저당 3억83만원(근저당권 우선변제금)

 3순위 : 성남세무서 33,067,600원으로 배분절차가 종결된다.

## ◈ 지분공매에서 2대 1의 경쟁률을 뚫고 상가주택을 낙찰 받았다

### 상세입찰결과

| 물건관리번호 | 2014-06209-003 | | |
|---|---|---|---|
| 재산구분 | 압류재산(캠코) | 담당부점 | 서울지역본부 |
| 물건명 | 경기 성남시 중원구 금광동 00 | | |
| 공고번호 | 201505-02060-00 | 회차 / 차수 | 032 / 001 |
| 처분방식 | 매각 | 입찰방식/경쟁방식 | 최고가방식 / 일반경쟁 |
| 입찰기간 | 2015-08-10 10:00 ~ 2015-08-12 17:00 | 총액/단가 | 총액 |
| 개찰시작일시 | 2015-08-13 11:08 | 집행완료일시 | 2015-08-13 11:45 |
| 입찰자수 | 유효 2명 / 무효 0명(인터넷) | | |
| 입찰금액 | 345,600,000원/ 333,770,000원 | | |
| 개찰결과 | 낙찰 | 낙찰금액 | 345,600,000원 |
| 감정가 (최초 최저입찰가) | 607,546,800원 | 최저입찰가 | 303,774,000원 |
| 낙찰가율 (감정가 대비) | 56.88% | 낙찰가율 (최저입찰가 대비) | 113.77% |

### 대금납부 및 배분기일 정보

| 대금납부기한 | 2015-09-16 | 납부여부 | 납부 |
|---|---|---|---|
| 납부최고기한 | - | 배분기일 | 2015-10-14 |

## ◆ 매수 이후의 대응 현황

낙찰 받고 나서 명도 하러 갔다가 알게 된 사실은 다른 공유자가 10년 전부터 알고 지내던 친구와 이 상가주택을 공동으로 매수하게 되었다고 한다. 친구가 자금이 부족해서 공유자 문OO가 자금을 빌려주면서 근저당권을 설정한 것이라고도 했다. 그리고 본인은 3층에 거주하고 지분이 공매된 체납자는 2층에 거주하고 있다는 사실을 알 수 있었다.

매수인은 2층에 거주하고 있는 체납자를 명도하고 나서 공유자 문OO와 상의하여 체납자가 거주하고 있는 공간을 2억원에 전세를 놓았고, 분양 신청대신 현금청산을 선택했다. 입찰 전에도 분석한 바도 있지만 감정가 정도로 현금 청산되면 매수인은 약 9천여만원 투자해서 2억5,000만원 정도 시세차익을 보게 되므로 입찰에 참여할 때부터 양도세 절세를 목적으로 법인사업자 명의로 낙찰 받았다.

매수인은 345,600,000원 공매 입찰하여 낙찰 받은 후 잔금대출을 270,000,000원을 실행하여 매수인의 소요자금은 취등록세 포함하여 91,934,000원이 투자되었다. 매수인은 2017년 중순경 현금청산을 받을 것이라고 예상하고 투자하였으나, 2017년 1월 현금청산을 받았다. 현금청산금은 685,188,490원이었으며, 총수익(현금청산금)에서 본인투자원가(345,600,000원+취등록세16,934,000원+대출이자 15,000,000원=377,534,000원)를 공제할 경우 총수익은 307,654,490원이 실현되었다. 여기서 매수인의 투입소요자금대비 연 수익률은 307,654,490원 / 106,934,000원 = 287.70%로 아주 성공적인 투자가 되었다. 이러한 금액은 노후생활자금에 보태면 아주 행복할 것 같다.

다음은 성남시 금광1구역 재개발사업에서 현금청산금을 받게 된 감정평가 금액과 공문서류를 첨부했으니 독자 분들도 이러한 공매나 경매물건이 있으면 투자해서 성공의 기쁨을 맛보기 바란다.

PART 1 지분경매에서 기본적인 권리분석과 배당하는 방법 65

## ◈ 성남시 금광1구역 재개발사업에서 현금청산금으로 탈출한 사례

살기좋은 국토. 행복한 주거 From LH

# 한 국 토 지 주 택 공 사

수신자 : 금광1구역 현금청산자 제위
(경유)
참 조 :
제 목 : 금광1구역 현금청산 시행 안내

1. 귀하와 귀댁의 가정에 건강과 행복이 가득하시길 기원합니다.

2. 금광1구역 주택재개발 정비사업 시행과 관련하여 「도시 및 주거환경정비법」 제47조 및 동법시행령 제48조에 의거 현금청산을 아래와 같이 시행하오니 붙임 안내문을 참고하여 구비서류 작성 및 지참하시어 기한 내 청산금 신청에 협조하여 주시기 바랍니다.

- 아    래 -

☐ 신청장소 : 금광1 재개발 현장사무소(수정구 신흥동     번지 아이에스빌딩 5층)
☐ 신청기간 : '16. 10. 5 ~ 11. 3(오전10:00~오후 4:00, 주말· 공휴일 제외)

붙 임 : 1. 현금청산 내역서 1부
        2. 현금청산 안내문 1부. 끝.

한국토지주택공사 경기지역본부장

# 한국토지주택공사 경기지역본부

문서번호 :
수    신 : 주식회사조이   귀하
제    목 : 현금청산협의요청

　에 편입된 귀 소유 토지 등에 대한 현금청산계획을 다음과 같이 정하고 「도시 및 주거환경정비법」 제47조 및 동법시행령 제48조에 따라 협의를 요청하오니 계약체결기간내에 협의에 응하여 주시기 바랍니다.

- 다　음 -

| 계약체결기간 | 2016.10.05~2016.11.03 | 협의 및 계약체결장소 | 금광1 재개발 현장사무소 |
|---|---|---|---|
| 계약 및 지급조건 | ['별첨' 보상 안내문 참조] | | |
| 제출요구서류 | ['별첨' 보상 안내문 참조] | | |

## 현금청산내역

| 구분 | 소재지 | 지번 | 지분면적(㎡) | 물건의 종류 | 구조및규격 | 수량 | 보상액(원) | 비고 |
|---|---|---|---|---|---|---|---|---|
| 토지 | 경기도 성남시 중원구 금광동 | 56 | 124.20 | | | | 533,439,000 | |
| 물건 | 경기도 성남시 중원구 금광동 | 56 | | 가옥-가외 3건 | 알씨및연와조,철근콘크리트조 | | 151,749,490 | |

## 토지 현금청산명세

소유자 : 주식회사　　　귀하　주소 : 경기도 성남시 중원구 희망로422번길　(금광동)

| 일련번호 | 소재지 | 지번 | 공부지목 | 편입면적(㎡) | 지분 | 지분면적(㎡) | 보상금액 |
|---|---|---|---|---|---|---|---|
| 1 | 경기도 성남시 중원구 금광동 | 56 | 대 | 248.40 | 1/2 | 124.20 | 533,439,000 |

## 물건 현금청산명세

소유자 : 주식회사　　　귀하　주소 : 경기도 성남시 중원구 희망로422번길　(금광동)

| 일련번호 | 소재지 | 지번 | 물건의종류 | 구조 및 규격 | 수량(건) | 단위 | 지분 | 보상금액 |
|---|---|---|---|---|---|---|---|---|
| 1 | 경기도 성남시 중원구 금광동 | 56 | 가옥-가 | 알씨및연와조,철근콘크리트조 | 671 | ㎡ | 1/2 | 150,984,240 |
| 2 | 경기도 성남시 중원구 금광동 | 56 | 기타지장물-창고 | 판넬조, 3.3*2.2 | 7 | ㎡ | 1/2 | 435,600 |
| 3 | 경기도 성남시 중원구 금광동 | 56 | 기타지장물-지하출입구 | 시멘벽돌조, 1.1*2 | 2 | ㎡ | 1/2 | 254,650 |
| 4 | 경기도 성남시 중원구 금광동 | 56 | 기타지장물-대문 | 소 | 1 | 식 | 1/2 | 75,000 |

# 08 주택 공동소유로 세금도 절세하면서 임대수익 높이는 비법?

◆ **주택 공유로 세금 절세와 내 재산을 안전하게 지키는 방법**

### (1) 아파트를 부부 공동소유로 세금을 절세하는 방법

부부가 세대를 분리하고 있더라도 동일세대원으로 판단해서 주택수를 계산한다.

하나의 주택을 공동소유로 2년 동안 거주하면서 보유하고 있는 경우 9억까지는 비과세 혜택을 볼 수가 있다. 따라서 9억원 이하 주택을 단독으로, 또는 공동으로 소유하더라도 똑같이 비과세 혜택을 보게 되므로 차이가 없다. 그러나 초과하는 아파트 즉 9억원에 사서 15억원에 파는 경우에는 비과세 혜택을 볼 수 없고, 9억원을 초과하는 6억원에 대해서 기본공제 250만원과 일반세율 6~42%로 차등적으로 낮은 세율을 각각 적용 받을 수 있어서 단독으로 소유하는 경우보다 절세효과가 높다. 비과세 요건을 갖추지 못한 경우에도, 즉 남편과 부인이 공동으로 5억원에 사서 1년 소유하고 있다가 6억원에 팔면, 각각 기본공제 250만원과 일반세율 6~42%로 차등적으로 세율을 적용 받을 수가 있어서, 남편 618만원[5,000만원-250만원=4,750만원×24%-누진공제522만원]과 부인 618만원[5,000만원-250만원=4,750만원×24%-누진공제522만원]으로 양도소득세 1,236만원과 지방소득세 1,236,000원만 납부하면 되므로, 단독소유(양도세1,922만5천원)보다 절세효과를 볼 수 있다.

### (2) 유사공동저당권에서 채무자와 담보제공자로 분리해라!

유사공동저당권은 2인 이상 공동으로 소유하고 있는 주택을 담보로 설정한 근저당권을 말한다. 이러한 근저당권은 공동소유자 각자의 입장에서 보면 공동채무자가 되기 때문에 채권불가분성에 따라 채무가 전액 변제되어야만 그 책임을 면할 수 있다.

유사공동저당권이 공동채무자로 등기부에 등기하는 사례와 일부는 채무자, 일부는 담보제공자(=물상보증인)로 등기하고 대출을 받는 사례가 있다. 공동채무자는 각자의 지분비율에 해당하는 것은 채무자로 책임을 지고, 다른 채무자 지분에 대해서는 물상보증인의 담보책임이 지게 된다.

그러나 채무자 지분과 물상보증인 지분에 대해서 그 책임비율에서 다르게 나타날 수 있기 때문에 전략이 필요하다. 예를 들어 유사공동저당권에 대해서 공동채무자인 경우 각자의 지분비율대로 안분해서 배당한다. 그러나 1/2지분이 채무자 지분이고, 1/2지분이 물상보증인 지분이라면 1순위 유사공동저당권은 채무자지분에서 전액 배당받고, 부족한 지분에 대해서만 물상보증인지분에 청구할 수 있어서 물상보증인 지분을 안전하게 보호할 수 있다. 이러한 법리는 채무자지분만 경매되는 사례에서 더욱 빛을 보게 된다. 채무자 지분만 경매되고, 그 지분에서 유사공동저당권이 전액 변제받게 되어 후순위저당권 등에게 배당금이 없어도 물상보증인지분에 대해서 청구가 불가하다. 반면에 물상보증인지분이 경매되는 사례에서는 1순위 유사공동저당권이 전액 변제 받았더라도 소멸되지 않고 채무자 지분에서 그대로 남아 있어서, 물상보증인 지분의 후순위저당권 등이 민법 제368조 제2항에 따라 차순위저당권자의 물상대위가 예상된다.

결과적으로 부부 공동재산을 안전하게 지키려면 사고 위험성이 높은 사람을 채무자로 하고(경매당하기 쉬운 사람), 안전성이 높은 사람을 물상보증인(=담보제공자)로 해야만 훗날 채무자지분이 경매로 매각되어도 채무자지분의 후순위저당권자 등이 민법 제368조 제2항에 따라 물상대위를 할 수도 없고, 물상보증인이 공유자우선매수 청구권으로 재산의 75%를 안전하게 지킬 수 있다.

## ◆ 부모세대와 자녀세대가 주택을 공유하는 방법으로 절세해라!

### 양도세 비과세 요건을 갖춘 1세대 1주택의 지분양도가 비과세 대상인지?

거주자가 비과세 요건을 갖춘 1주택의 전부를 양도하는 것은 물론 일부를 양도하는 경우에도 그 양도로서 분할되는 부분이 각각 1주택으로 되지 아니하는 한 비과세 대상이 된다 할 것인바, 거주자가 비과세 요건을 갖춘 1세대 1주택과 이에 부수되는 토지에 대한 지분을 양도한 것이라면 그 1주택을 분할하여 양도한 경우에 해당되지 아니하고, 1주택의 일부를 양도한 것에 불과하여 양도소득세 비과세 대상에 해당된다 (대법원 1993. 8. 24. 선고 93누3202 판결).

【참조조문】소득세법 제5조 제6호 (자)목, 같은 법 시행령 제15조 제1항, 같은 법 시행규칙 제6조 제2항.

여기서 유의할 점은 부모와 자녀가 동일세대원으로 각 2분의 1씩 공동소유하고 있던 아파트를 매도하는 경우에는 전체지분을 1주택으로 보아 비과세를 판단하지만, 별도 독립 세대원이면 각각 1주택보유로 비과세 판정하게 된다는 것이다.

이 경우도 조정대상 밖의 주택에 대해서는 1가구 1주택자로 2년 이상 보유하고 있었다면 부모세대와 자녀세대 각각 비과세 혜택을 볼 수 있다. 하지만, 조정대상 안에 있는 주택은 2년 이상 거주하고 있어야 비과세 혜택을 볼 수 있으니 거주하는 세대는 비과세, 거주하지 않는 세대는 일반세율 6~42%가 적용된다. 물론 다가구주택 등은 부모세대와 자녀세대 모두 독립세대로 거주가 가능하므로, 각각 1가구 1주택자로 비과세 혜택을 볼 수 있을 것이지만, 아파트와 같이 하나의 주택에서 두 독립세대가 거주하고 있더라도 동일세대원으로 인정될 소지가 있으니 주의해야 한다. 그래서 다음 아파트 세대분리로 임대하거나 독립세대 자녀 등이 거주하는 경우를 기술한 것이다.

물론 위와 같은 사례에서도 앞의 (2) 유사공동저당권에서 채무자와 담보제공자로 분리해라! 처럼 일부는 채무자, 일부는 물상보증인(=담보제공자)로 하면 재산을 안전하게 지킬 수 있는 방법이 될 것이다.

## ◆ 아파트 세대분리로 임대하거나 독립세대 자녀 등이 거주하는 경우

### (1) 공동주택에서 세대구분형 주택이란?

주택(대형 평형 아파트) 세대 일부를 일정기준 충족하게 별도로 분리하여 분리한 공간을 임대하거나 자녀 등이 독립세대로 거주할 수 있도록 만든 주택을 말한다.

### (2) 세대구분형 주택(부분임대형 아파트) 설치기준 요약 정리

① 최소 1인기준 14㎡ 이상인 공간
② 1개 이상의 침실, 부엌, 화장실, 세탁공간 구성
③ 공동 현관을 이용하지만, 별도의 세대별 출입문 설치
④ 수도, 전기, 등 별도 계량기 설치

※ 세대 구분형 주택으로 개조 시에 건축법상 [대수선]에 속하므로 관련법규 절차에 따라 신고 또는 허가를 득함과 동시 같은 동 입주민의 일정기준 동의가 필요함.

| 공사유형 | 행위허가기준 | 허가 시 동의 범위 |
|---|---|---|
| 발코니확장<br>(비내력벽 철거) | • 비 내력벽 철거 | • 해당 동에 거주하는 입주자 또는 사용자 1/2 이상의 동의 |
| 비내력벽 철거<br>(배관 개구부 설치) | • 비 내력벽 철거 | • 해당 동에 거주하는 입주자 또는 사용자 1/2 이상의 동의 |
| 배관 설비 추가 설치 | • 대수선 | • 해당 동의 입주자 2/3 이상의 동의 |
| 배관 연결 위한<br>내력벽 개구부 설치 | • 대수선 또는 파손철거 | • 해당 동의 입주자 2/3 이상의 동의<br>• 해당 동에 거주하는 입주자 또는 사용자 1/2 이상의 동의 |
| 경량벽체 추가 설치 | • 대수선 | • 해당 동의 입주자 2/3 이상의 동의 |
| 전기 설비 추가 설치 | • 대수선 | • 해당 동의 입주자 2/3 이상의 동의 |
| 배관 매립을 위한<br>바닥 일부 철거<br>(수도 계량 분리) | • 대수선 또는 파손철거 | • 해당 동의 입주자 2/3 이상의 동의, 해당 동에 거주하는 입주자 또는 사용자 1/2 이상의 동의 |

### (3) 기존 신도시내 중, 대형 아파트 입주민 등의 해결 방안과 세금절세

개별적으로 세대구분형 주택을 만들기 위하여 대수선허가를 받을 때 다른 입주민의

반대가 예상되는 바, 사전에 동별 반상회 등을 거쳐 상호 협력 하에 진행함이 유리함. 시대 흐름에 따라 대가족에서 핵가족으로 변화하는 시대에 발맞추어 빠르게 진행하는 아파트 일수록 남들보다 한발 앞선 투자가치 상승효과를 노려 볼 수 있을 것이다. 또한 대가족이 세대를 분리해서 즉 부모세대와 자녀세대가 세대구분형 아파트 등에서 분리해서 거주하고 아파트를 공동으로 소유하고 있다면 부모와 자녀세대 모두 1가구 1주택으로 인정받아 각각 비과세 혜택을 볼 수 있어서 세금의 절세효과도 높일 수 있다.

그러나 유의할 점은 입주민 동의가 없는 개별동 아파트(최소 3분의 2이상)나 민원이 있는 전체 아파트 단지(자신이 살고 있는 동은 동의 하였으니 주차장 문제로 다른 동 거주자들이 동의하지 않을 경우), 34평 이하는 공간 협소로 별도 구획이 힘들다(최소 40평형대는 되어야 함)는 점과 넓은 평형대인데도 화장실이 하나인 아파트(별도배관구성이 어려워서 공사가 어려움) 등으로 합법적으로 허가를 받아 기존아파트의 세대를 구분하는 것은 쉽지 않다. 그러나 동의만 얻을 수 있다면 임대소득을 증가 시키거나 자녀의 주택 마련 등으로 비용을 줄일 수 있는 좋은 방법이다. 그리고 자녀세대와 공동으로 아파트를 소유하면서 합법적으로 세대를 분리했다면 각각 1세대 1주택으로 부모세대와 자녀세대가 비과세 혜택을 볼 수 있다. 그러나 합법적으로 허가를 받지 못한 주택에서 내부적으로만 변경하는 방법으로는 분할세대까지 포함해서 1주택으로 인정받게 되므로 주의해야 한다. 그래서 이러한 제도가 기존공동주택에서도 쉽게 분할 할 수 있도록 법이 마련되어야 한다는 것이 사견이다.

### (4) 아파트를 재건축과 리모델링으로 신축하는 단계에서 세대분리를 해라!

종전주택을 재건축하거나 리모델링하는 과정에서는 아파트를 세대 분리(현관출입문을 다르게 해서 세대를 분리하는 것도 가능함)할 수 있도록 건축심의 과정에서만 통과하면 되므로 보다 쉽게 아파트를 분리해서 임대하거나 자녀가 거주할 수 있다. 이러한 영향은 재건축이나 리모델링대상 대형아파트의 가치를 증가 시켜주는 역할을 하게 될 것이다.

# 2 PART

## 주택의 공유자 또는 임차인이 점유하고 있을 때 명도 방법

01 지분물건을 어떻게 분석하고 입찰해야 성공하나?
02 채무자가 아닌 다른 공유자가 점유하고 있는 경우
03 남편½과 부인½로 공동소유지분중 부인지분만 경매된 경우
04 임차인이 점유하고 있는 경우 명도는 어떻게?
05 아파트 2/3 지분을 낙찰 받아 임차인을 명도한 사례

# 01 지분물건을 어떻게 분석하고 입찰해야 성공하나?

예1)
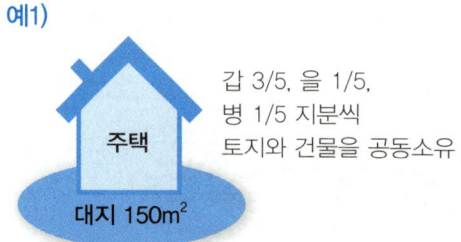
갑 3/5, 을 1/5, 병 1/5 지분씩 토지와 건물을 공동소유

갑의 토지와 건물 3/5 지분만 경매가 진행된 경우

예2)
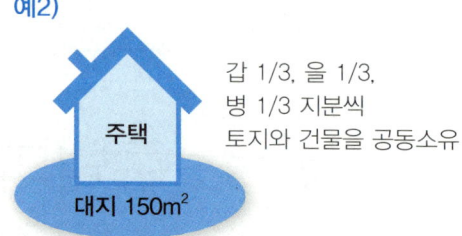
갑 1/3, 을 1/3, 병 1/3 지분씩 토지와 건물을 공동소유

갑의 토지와 건물 1/3 지분만 경매가 진행된 경우

### (1) 공유물의 지분경매절차에서 종전 공유자였던 채무자가 점유하고 있는 경우

그의 공유물의 점유 사용이 공유자인 지위에 기한 것이면 채무자는 경매로 그 지위를 상실하고 매수인이 그 지위를 승계하게 되므로 예 1)의 지분경매물건의 매수인은 보존행위 여부와 상관없이 관리행위로서 인도명령 신청이 가능하고, 예 2)의 지분경매물건의 매수인은 보존행위로서만 채무자를 상대로 인도명령 신청이 가능하다.

다만 다른 공유지분권자의 지분비율에 대해서는 부당이득을 보게 되는 것이므로 채무자와 특약이 있었던 경우에는 그 특약을 승계하면 되고, 특약이 없었던 경우에는 새로이 협의하여 주택을 사용·수익하지 않는 다른 공유자의 지분비율에 해당하는 부당이득에 대한 주택사용료(임료)를 지급해야 될 것이다.

### (2) 채무자가 점유하고 있는 경우에도 그 공유물의 임차권(용익권)에 의한 점유인 경우

종전 공유자였던 채무자가 점유하고 있는 경우에도 그 공유물 사용·수익이 공유자의 지위로 점유하는 것이 아니라 그 목적물에 대한 임차권(용익권) 등에 의한 점유인 경우에는 채무자가 아닌 다른 공유자가 점유하고 있는 경우와 같이 처리하면 된다. 즉 매수지분이 과반수 이상이면 관리행위로 인도 명령을 청구할 수 있지만 과반수 미만이면 인도청구할 수 없다.

예1) 사례에서 갑 지분권자가 임차인이 되고 을과 병중 일부 또는 모두를 공동임대인으로 임대차계약을 체결한 경우 인도명령대상이 된다.
예2) 사례에서 갑 지분권자가 임차인이 되고 을과 병을 공동임대인으로 임대차계약을 체결한 경우 인도명령대상이 아니다.

그러나 병 동의 없이 을의 3분의 1지분권자와 임대차 계약한 경우에는 계약서 작성 당시에는 과반수 이상으로 적법한 관리행위를 하였지만 매수지분을 제외하고(매수지분을 상실했기 때문에) 과반수에 미치지 아니해서 매수인은 보존 행위로 인도명령을 신청할 수 있다.

## 02 채무자가 아닌 **다른 공유자가** 점유하고 있는 경우

예1)
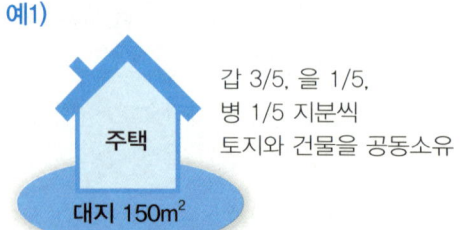
갑 3/5, 을 1/5, 병 1/5 지분씩 토지와 건물을 공동소유

갑의 토지와 건물 3/5 지분만 경매가 진행된 경우

예2)
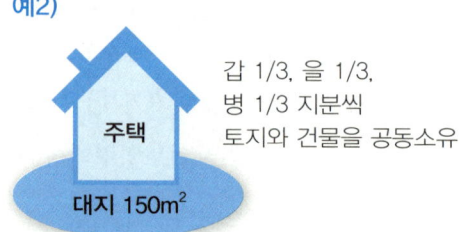
갑 1/3, 을 1/3, 병 1/3 지분씩 토지와 건물을 공동소유

갑의 토지와 건물 1/3 지분만 경매가 진행된 경우

### (1) 매수인이 취득한 공유지분이 과반수 이상이면 인도청구가 가능하다.

예1)에서 매수인이 취득한 공유지분이 과반수 이상이면 보존행위 여부와 상관없이 관리행위로서 인도명령 신청이 가능하고, 인도명령신청서 작성방법은 다음과 같다. 그리고 인지대 계산방법과 송달료방법 그리고 제출방법은 "건물매수후 인도명령신청 및 건물명도청구소송" 편을 참고하면 될 것이다.

### 부동산 인도명령 신청서

사건번호   2012타경ㅇㅇㅇㅇ호
신 청 인   (매수인) ㅇ ㅇ ㅇ  ㅇㅇ시 ㅇㅇ구 ㅇㅇ동 ㅇㅇ (전화번호)
피 신청인   (점유자) ㅇ ㅇ ㅇ  ㅇㅇ시 ㅇㅇ구 ㅇㅇ동 ㅇㅇ (전화번호)

## 신청 취지

○○지방법원 2012타경○○○○호 부동산강제경매사건에 관하여 피 신청인은 신청인에게 별지목록 기재 부동산을 인도하라.
라는 재판을 구합니다.

## 신청 이유

1. 신청인은 ○○지방법원 2012타경○○○○호 부동산강제경매사건의 경매절차에서 별지목록 기재 부동산을 과반수(3분의 2)이상의 지분을 매수한 자로서 2012년 ○○월 ○○일에 매각대금을 전부 납부하여 소유권을 취득하였습니다.
2. 신청인은 위 경매절차에서 과반수 이상(3분의 2지분)의 지분을 매수한자로서 민법 제265조의 공유물의 관리행위(아래 판례 및 법률 참조)를 적법하게 할 수 있는 자로서 소수지분에 기해 불법 점유하고 있는 피 신청인에게 별지 목록 기재 부동산 인도를 청구하였으나 이에 응하지 않고 있습니다.
3. 따라서 귀원 소속 집행관으로 하여금 피 신청인의 점유를 풀고 이를 신청인에게 인도하도록 하는 인도명령을 신청합니다.

[참조판례 및 법률 : 공유지분 과반수 소유자의 공유물인도청구는 민법 제265조의 규정에 따라 공유물의 관리를 위하여 구하는 것으로서 그 상대방인 타 공유자는 민법 제263조의 공유물의 사용.수익권으로 이를 거부할 수 없다(대법81다653)].

## 첨부 서류

1. 부동산등기부등본　　　　　1부　　2. 부동산 목록　　　　　1부
3. 낙찰대금 완납증명원　　　　1부　　4. 송달료납부서　　　　　1부

2012. ○○. ○○.
매수인(또는 채권자) ○ ○ ○

전화번호

### ○ ○ ○ ○ ○ 지 방 법 원 귀중

> **인도명령신청서 작성시 유의사항**
> 1. 낙찰인은 대금완납 후 6개월 내에 채무자, 소유자 또는 부동산 점유자에 대하여 부동산을 매수인에게 인도할 것을 법원에 신청할 수 있다.
> 2. 신청서에는 1,000원의 인지를 붙이고 1통을 집행법원에 제출하며 인도명령정본 송달료 를 납부해야 한다.
>    따라서 당사자의 수가 3명이면 송달료는 3명×4,500원×2회분=27,000원으로 총 비용은 28,000원이 소요된다.

### (2) 매수인이 취득한 공유지분이 과반수 미만이면 인도청구가 불가하다.

예2)에서 과반수 미만이면 관리행위로서 인도명령을 신청할 수 없다.

이는 토지나 건물의 지분을 소유하고 있는 공유자는 다른 공유자와 협의 없이는 배타적으로 사용, 수익할 수 없지만, 과반수 이상의 지분을 소유하거나 동의를 얻은 자는 관리행위로서 임대차계약을 체결하거나 계약의 해지 또는 인도명령 신청 등이 가능하다.

### (3) 매수지분이 과반수 미만도 과반수지분 미만으로 점유하면 인도청구가 가능하다.

매수지분이 과반수 미만일 경우에는 공유물을 점유하고 있는 다른 공유자가 과반수 미만의 지분권자 또는 과반수 미만의 동의에 의해서 점유하고 있는 경우만 공유물의 보존행위로서 인도명령이나 인도청구소송을 제기할 수 있다.

이와 같이 소수지분권자(2분의 1이하의 지분을 소유한자)가 공유물을 다른 공유자와 협의 없이 일방적으로 점유하고 있는 경우에 다른 공유자는 자신의 지분이 소수지분 (2분의 1 지분) 이더라도 공유물을 점유하고 있는 자에 대해서 보존행위로서 공유물의 인도나 명도를 청구할 수 있다.

다만 공유물을 인도받더라도 신청인 역시 소수지분에 해당되어 다른 공유자의 동의 없이는 독자적으로 사용 수익이 불가하다는 점을 고려해서 다른 소수지분권자와 협의 또는 인도명령을 신청해야 될 것이다.

### 미리 알아두면 좋은 법률 Refer

#### ½ 지분권자가 점유하고 있는 경우 다른 1/2 지분권자가 인도청구할 수 있는지

물건을 공유자 양인이 각 1/2 지분씩 균분하여 공유하고 있는 경우 1/2 지분권자로서는 다른 1/2 지분권자와의 협의 없이는 이를 배타적으로 독점 사용할 수 없고, 나머지 지분권자는 공유물 보존행위로서 그 배타적 사용의 배제, 즉 그 지상 건물의 철거와 토지의 인도 등 점유배제를 구할 권리가 있다(대법2002다57935).

# 03 남편½과 부인½로 공동소유지분 중 부인지분만 경매된 경우

　부부 등의 공동소유(부부나 형제 등이 1/2씩 소유하고 공동으로 점유하고 있는 경우) 로 부인 또는 남편 2분의 1지분경매물건을 낙찰 받아 잔금을 납부했을 경우 채무자와 다른 지분권자에 대한 인도청구는 어떻게 처리하면 될 것인가, 인도명령의 상대방은 채무자, 소유자(물상보증인), 제3점유자로 매수인에게 대항력이 없는 임차인 등의 당사자 뿐만 아니라 그의 가족구성원 모두가 포함 되므로 채무자가 인도명령신청대상인 것만은 분명하다.

### (1) 부부가 공동소유 주택에서 부인 ½지분만 경매된 경우 부인만의 인도청구

　채무자는 인도명령신청대상으로 인도명령결정문이 날수 있으나 실무에서는 강제집행의 실효성문제로 기각하는 경우도 있으나 법의 논리대로만 본다면 인도명령신청 또는 명도청구소송의 대상이 됨은 틀림 없는 사실이다.
　실제 인도명령결정문이 발급된 경매사건을 볼 수 있다.

### ① 경매사건 내역

2011타경 00000 서울서부지방법원 본원 매각기일: 2012.08.08(水) (10:00) 경매 2계(전화:02-3217-1322)

| 소재지 | 서울특별시 은평구 갈현동 582-31, 현대유니빌 2층 000 | | | | | |
|---|---|---|---|---|---|---|
| 물건종별 | 다세대(빌라) | 감정가 | 100,000,000원 | 기일입찰 【입찰진행내용】 | | |
| 대지권 | 12.595m² (3.81평) | 최저가 | (64%) 64,000,000원 | 구분 | 입찰기일 | 최저매각가격 | 결과 |
| 건물면적 | 30.08m² (9.099평) | 보증금 | (10%) 6,400,000원 | 1차 | 2012-05-30 | 100,000,000원 | 유찰 |
| | | | | 2차 | 2012-07-04 | 80,000,000원 | 유찰 |
| | | | | 3차 | 2012-09-08 | 64,000,000원 | |

PART 2  주택의 공유자 또는 임차인이 점유하고 있을 때 명도 방법

| 매각물건 | 토지 및 건물 지분매각 | 소유자 | 이소민 | 낙찰 : 68,800,000원 (68.8%) |
|---|---|---|---|---|
| 사건접수 | 2011-12-01 | 채무자 | 이소민 | 입찰 1명, 낙찰 : 수색동 |
| 사건명 | 강제경매 | 채권자 | 삼성카드(주) | 매각결정기일 : 2012.08.14-매각허가결정<br>대금납부 2012.09.03/배당기일 2012.10.17 |

등기부현황(채권액합계 : 70,321,189원)

| NO | 접수 | 권리의 종류 | 권리자 | 채권금액 | 비고 | 소멸여부 |
|---|---|---|---|---|---|---|
| 1 | 2002. 10. 25 | 소유권이전(매매) | 김철민, 이소민 | | 각 1/2지분 씩 | |
| 2 | 2002. 10. 25 | 근저당 | | 58,500,000원 | 채무자 김철민 | 소멸 |
| 3 | 2010. 01. 19 | 이소민 지분 가압류 | 신한카드(주) | 4,340,156원 | | 소멸 |
| 4 | 2011. 01. 19 | 이소민 지분 가압류 | 대한생명보험(주) | 7,481,033원 | | 소멸 |
| 5 | 2011. 12. 02 | 이소민 지분 강제경매 | 삼성카드험(주) | 청구금액 : | | 소멸 |

② 인도명령결정문

**서울서부 지방법원**

결 정

정본입니다.
2012. 9. 7.
법원주사보 박○○

사 건   2012타기1256 부동산인도명령
신 청 인   박수철  서울 은평구 동 번지 송달장소 서울시 서초구 동 번지
피신청인   이소민  서울시 은평구 갈현동 502-31, 현대유니빌 2층 ○○○호

주 문

피신청인은 신청인에게 별지 목록 기재부동산을 인도하라.

> **이 유**
>
> 서울서부지방법원 2011타경○○○○ 부동산강제경매에 관하여 신청인의 인도명령 신청이 이유 있다고 인정되므로 주문과 같이 결정한다.
>
> 2012. 9. 7.
> 판 사 민 ○ ○

　그러나 채무자만을 상대로 인도명령 및 건물인도소송을 신청하여 집행권원을 득한 후 강제집행을 한다 하더라도 실질적으로는 건물명도가 불가능한 것이 현실이다. 그 이유는 아파트 1/2 지분의 채무자만을 상대로 점유부분을 특정하여 강제집행하기가 사실상 불가능하기 때문이다.

　그리고 나머지 2분의 1지분권자의 제3자 이의의소와 강제집행정지신청이 예상되므로 실무상 강제집행절차로 이어지는 것은 불가능하다고 보면 된다.

　그렇다면 어떻게 하면 될까

　채무자뿐만 아니라, 다른 지분권자 역시 소수지분에 의해서 점유하게 되므로 낙찰자는 보존행위로 인도명령을 신청할 수 있다.

　그러나 이러한 경우 실무에서는 간혹 인도명령이 받아들여지지 않는 경우가 있는데 그 이유는 인도명령 성격상 그 대상과 인도부분이 분명하고 다툼이 발생하지 않는 경우에 한하여 인도명령을 발하게 되므로 인도명령을 기각 하는 경우가 발생되지만,

　앞에서와 같은 논리는 타당성이 있어서 건물인도(명도) 청구소송에서 그 논리를 바탕으로 건물사용배제를 청구할 수 있고 이 경우에는 집행권원을 얻어서 채무자와 다른 2분의 1 지분권자 모두를 상대로 강제 집행을 하면 될 것이다.

　그러나 강제집행을 하더라도 상대방이 또다시 소수지분권자를 이유로 건물 인도청구소송을 하게 되는 상황이 되풀이 될 수 있어서 인도명령 또는 건물 인도청구소송은 채무자 또는 다른 지분권자에게 압박의 수단으로 이용되는 것이지 본질적인 문제의 해결책은 되지 못한다.

그래서 다음 단계로 부당이득을 청구하는 방법과 공유물분할청구소송을 통해서 실질적인 이득을 얻게 되는 절차가 기다리게 된다.

# 04 임차인이 점유하고 있는 경우 명도는 어떻게?

◈ **매수지분이 과반수 이상이면 임차인의 명도는?**

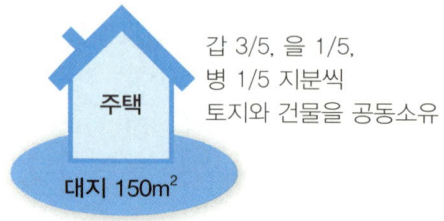

갑 3/5, 을 1/5, 병 1/5 지분씩 토지와 건물을 공동소유

갑의 토지와 건물 3/5 지분만 경매가 진행된 경우

예1) 근저당 → 임차인 → 임의경매 → 정낙찰자

예2) 임차인 → 근저당 → 임의경매 → 정낙찰자

### (1) 매수지분이 과반수 이상이고 임차인이 대항력이 없는 경우

매수인(=낙찰자)의 지분이 과반수 이상이고 주택에 점유하고 있는 자가 매수인에게 대항력이 없는 경우(말소기준권리 이후에 대항요건을 갖춘 경우로 예1)의 사례이다)

공유자가 공유물을 타인에게 임대하는 행위 및 그 임대차계약을 해지하는 행위는 공유물의 관리행위에 해당하므로 민법 제265조 본문에 의하여 공유자의 지분의 과반수로써 결정하여야 한다. 상가건물임대차보호법이 적용되는 상가건물의 공유자인 임대인이 같은 법 제10조 제4항에 의하여 임차인에게 갱신 거절의 통지를 하는 행위는 실질적으로 임대차계약의 해지와 같이 공유 물의 임대차를 종료시키는 것이므로 공유물의 관리행위에 해당하여 공유자의 지분의 과반수로써 결정하여야 한다(대법2010

다37905).

　임대차계약의 해지 행위도 공유물의 관리행위로 공유자 지분의 과반수로 결정되기 때문에 인도명령을 청구할 수 있다.

　이 경우 매수인은 주택을 인도명령을 통해서 강제집행을 하여 인도받고, 임차인은 미회수 임차보증금에 대해서 채권불가분성에 따라 보증금채권 전액을 나머지 공유지분권자(공동임대인)에 대해서 반환청구할 수 있고, 지급하지 않는 경우 전세보증금 반환청구소송을 통해서 경매신청을 하게 되는데 그 경매절차상에서 매수인이 공유자우선매수신청을 하여 전체 공유지분을 낮은 가격으로 매수할 수 있다.

### 부동산 인도명령 신청서

**사건번호** 2012타경ㅇㅇㅇㅇ호
**신 청 인** (매수인) ㅇ ㅇ ㅇ
　　　　　ㅇㅇ시 ㅇㅇ구 ㅇㅇ동 ㅇㅇ (전화번호 )
**신 청 인** ㅇ ㅇ ㅇ
**피신청인** (임차인) ㅇ ㅇ ㅇ
　　　　　ㅇㅇ시 ㅇㅇ구 ㅇㅇ동 ㅇㅇ (전화번호 )

**신청취지**

ㅇㅇ지방법원 2012타경ㅇㅇㅇㅇ호 부동산 임의경매사건에 관하여 피 신청인은 신청인에게 별지목록 기재 부동산을 인도하라. 라는 재판을 구합니다.

**신청이유**

1. 신청인은 ㅇㅇ지방법원 2012타경ㅇㅇㅇㅇ호 부동산강제경매사건의 경매절차에서 별지목록 기재 부동산을 과반수(3분의 2지분) 이상의 지분을 매수한 자로서 2012년 ㅇㅇ월 ㅇㅇ일에 매각대금을 전부 납부하여 소유권을 취득하였습니다.

2. 신청인은 위 경매절차에서 과반수 이상(3분의 2)의 지분을 매수한자로서 민법 제265조의 공유물의 관리행위(아래 판례 및 법률 참조)를 적법하게 할 수 있는 자로서 불법 점유하고 있는 피 신청인(대항력 없는 임차인 ㅇㅇㅇ)에게 별지 목록 기재 부동산인도를 청구하였으나 이에 응하지 않고 있습니다.

3. 따라서 귀원 소속 집행관으로 하여금 피 신청인의 점유를 풀고 이를 신청인에게 인도하도록 하는 인도명령을 신청합니다.

[참조판례 및 법률 :
1. 공유자가 공유물을 타인에게 임대하는 행위 및 그 임대차계약을 해지하는 행위는 공유물의 관리행위에 해당하므로 민법 제265조 본문에 의하여 공유자의 지분의 과반수로써 결정하여야 한다(대법2010다37905).

2. 공유지분 과반수 소유자의 공유물인도청구는 민법 제265조의 규정에 따라 공유물의 관리를 위하여 구하는 것으로서 그 상대방인 타 공유자는 민법 제263조의 공유물의 사용·수익권으로 이를 거부할 수 없다

첨부 서류

1. 부동산등기부등본     1부
2. 부동산 목록     1부
3. 낙찰대금 완납증명원     1부
4. 송달료납부서     1부

2012. ○○. ○○.

매수인(또는 채권자) ○ ○ ○ ○ ㉑

전화번호

○ ○ ○ ○ 지 방 법 원 귀중

### 미리 알아두면 좋은 법률 Refer

**실제로 임차인에게 이러한 일이 발생된다면 임차보증금은 안전할까!**

앞의 사례에서 나머지 지분이 경매당하는 경우가 아니라면 모르지만 경매당하고 그 매각절차에서도 대항력이 없다면 채권의 손실이 발생될 수 있으므로 계약체결당시부터 이에 대비해야 될 것이다.

① 대항력이 없어서 매수인에게 주택을 명도당한 경우에는 임차인은 대항력과 우선변제권을 상실당할 수밖에 없을 것이다. 이 경우 일반 금전채권자의 지위에 놓일수 있으므로 나머지 지분이 경매 당하는 경우는 물론이고, 경매당하지 않는 경우도 신속하게 채권보전(채권가압류, 강제경매,근저당권설정 등) 절차에 임해야 한다.

② 매수인에게 주택을 명도당해서 임차인이 대항력과 우선변제권을 상실한 다음 나머지 지분이 경매가 진행되면 임차인은 임차보증금반환채권을 가진 일반 금전채권자에 해당되므로 임차인 입장에서는 매수인의 협조를 얻어서 대항요건을 상실하지 않은 상태에서 채권추심(배당요구) 절차를 진행하는 것이 좋을 것이다.

매수인 입장에서도 다른 지분이 경매가 진행되는 경우는 물론 진행되지 않는 경우도 임차인의 채권추심절차에 적극협력해서 임차인이 강제경매를 신청하게 된다면 이 과정에서 공유자 우선매수신청하여 성공적인 투자를 할 수 있다.

### (2) 매수지분이 과반수 이상이고 임차인이 대항력이 있는 경우(예2)의사례

1) 매수지분이 과반수 이상이고 임차인이 대항력을 주장하는 경우

매수지분이 과반수 이상인 경우도 매수인에게 대항력이 있는 임차인이 배당요구하지 않고 대항력을 주장하면 매수인은 임차인의 권리를 인수해야 되는데, 인수되는 임차인의 권리는 매수지분비율만큼 인수하게 된다고 이해하면 된다. 그러나 대항력 있는 임차인으로부터 주택을 인도받기 위해서는 자신의 지분비율만큼 인수해서 인도를 청구할 수 있는 것이 아니라 전체 임차 보증금을 지급해야만 주택인도를 청구할 수 있다.

이는 공동임대인이 임차인에 대하여 부담하는 임차보증금 반환의무는 불가분의 관계에 있기 때문이다(대법67다328)(민법 제409조 불가분채권).

다만 매수인은 자기지분을 벗어나는 임차보증금에 대해서 나머지 다른 공유자에게 구상권을 청구할 수 있다.

2) 매수지분이 과반수 이상이고 임차인이 배당요구를 한 경우

배당절차에서 임차보증금 전체를 우선받게 되는데 미배당금이 있으면 이미 배당받은 금액을 제외한 금액이 인수대상이 된다.

예를 들어 매수지분이 3분의 2지분이고 임차보증금이 6,000만원인데 매수지분의 매각절차에서 3,000만원을 배당받았다면 나머지 금액에서 또다시 3분의 2인 2,000만원을 인수하는 것이 아니라 추가로 1,000만원만 인수하면 된다.

### ◆ 매수지분이 과반수 미만이면 임차인의 명도는 어떻게?

**(1) 매수지분이 과반수 미만이고 임차인이 과반수 이상과 계약을 체결한 경우**

예1) 갑 1/3, 을 1/3, 병 1/3 지분씩 토지와 건물을 공동소유 / 주택 / 대지 150㎡

갑의 토지와 건물 1/3 지분만 경매가 진행되어 정이 낙찰받은 경우 주택

매수인의 지분이 과반수 미만인 경우에는 임차인이 과반수 이상의 지분과 임대차계약을 체결한 경우 동의하지 않은 다른 공유자에게도 그 효력을 주장할 수 있어서 매수지분에 대해서 대항력이 있든 없든(말소기준보다 선순위든 후순위든)간에 인도명령을 청구할 수 없다.

1) 임차인이 매수인에게 대항력이 있는 경우

임차보증금을 인수하게 되는데 이때 인수범위는 매수지분비율에 따라 결정 된다.

2) 임차인이 매수인에게 대항력이 없는 경우에도 인도청구가 불가한 경우

임차인이 매수인에게 대항력이 없는 경우 매수지분에 대해서 소멸되는데, 위 사례

와 같이 매수지분이 과반수 미만(갑 3분의 1지분)이고, 매각되지 아니한 다른 지분이 과반수 이상(을 1/3과 병 1/3의 공동임대인 또는 을 1/3을 임대인으로 하는 임대차에 병 1/3이 동의만 한 경우)이라면 인도명령을 청구할 수 없다.

임차인이 배당요구를 하지 않은 경우는 물론, 배당요구한 경우에도 미배당 금은 매수인의 인수대상은 아니지만 다른 공유자들이 채권불가분성에 따라 임차보증금 전액을 부담하게 된다.

임차인이 대항력이 없어서 매수인은 매수 이후 매수지분비율에 해당하는 부당이득금을 청구할 수 있는데, 임차인이 배당받았다면 그 배당금액에 대해서는 임차인에게, 배당받지 못한 경우에는 다른 공유자들에게 청구가 가능하다.

3) 임차인이 매수인에게 대항력이 없는 경우에도 인도청구가 가능한 경우

① 매수지분이 2분의 1지분 이고 이 지분에 대해서 대항력이 없는 임차인은 매수지분에 대해서 임차인의 권리가 소멸되고 다른 지분권자(2분의 1지분)에 대해서만 임차인의 권리가 존속하게 되는 데 다른 지분권자 역시 과반수에 도달하지 못하게 되므로 낙찰자는 관리행위에 의한 인도청구는 불가하지만 보존행위로서 임차인을 인도명령을 신청할 수 있다고 보아야 될 것이다.

즉 2분의 1지분에 등기된 채권에 의해서 경매처분되기 전 또는 일반매매로 거래 시에는 전체지분에 대해서 주임법상 대항력과 우선변제권이 있지만 경매처분 이후부터는 경매된 지분에 대해서 임차인의 권리가 소멸되므로 처음 부터 다른 지분(경매된 지분 이외의 2분의 1)권자와 임대차계약을 체결한 것과 같아서 적법한 관리행위에 해당되지 못하여 주임법상 대항력과 확정일자부 우선변제의 권리를 주장할 수 없고 일반채권자의 지위에 놓이게 된다는 점에 유의해야 한다.

② 위 사례에서 매수지분이 갑의 3분의 1지분(과반수 미만)이고 이 지분에 대해서 대항력이 없는 임차인은 매수지분에 대해서 임차인의 권리가 소멸되고 다른 지분권자에 대해서만 임차인의 권리가 존속하게 되는 데 다른 지분권자 역시 과반수에 도달하지 못하게 되므로 낙찰자는 관리행위에 의한 인도청구는 불가 하지만 보존행위로서 임차인을 인도명령을 신청할 수 있다.

물론 이 경우도 매각되지 아니한 다른 지분이 과반수 이상이라면 인도명령을 청구할 수 없다.

③ 이러한 논리적 근거는 다음과 같다.

㉠ 2분의 1 지분권자의 다른 2분의 1 지분권자에 대한 공유물인도청구(=적 극) 물건을 공유자 양인이 각 1/2 지분씩 균분하여 공유하고 있는 경우 1/2 지분권자로서는 다른 1/2 지분권자와의 협의 없이는 이를 배타적으로 독점 사용할 수 없고, 나머지 지분권자는 공유물보존행위로서 그 배타적 사용의 배제, 즉 그 지상 건물의 철거와 토지의 인도 등 점유배제를 구할 권리가 있다(대법2002다57935).

㉡ 소수지분권자(3분의 1)의 다른 소수지분권자(3분의 1)에 대한 공유물인도 청구(적극) 공유물의 소수지분권자가 다른 공유자와의 협의 없이 자신의 지분 범위를 초과하여 공유물의 전부 또는 일부를 배타적으로 점유하고 있는 경우 다른 소수지분권자가 공유물의 보존행위로서 공유물의 인도나 명도를 청구할수 있다(대법93다9392).

㉢ 소수지분권자의 임대행위로 다른 공유자에게 반환해야 될 부당이득 공유지분 과반수의 동의 없이 이루어진 것으로서 무효이므로~, 위 계약이 무효 라는 점을 들어 임차인에게 건물명도를 구함을 별론으로 하더라도~(생략)(대 법91다23639).

㉣ 공유물의 2분지1 지분권자라 할지라도 나머지 2분지1 지분권자와의 협의없이는 이를 배타적으로 독점 사용할 수 없으며 나머지 지분권자는 공유물 보존행위로서 그 배타적 사용의 배제를 구할 수 있다 할 것이므로 같은 취지에서 원고에게 이건 건물의 명도를 명한 원심의 조치는 정당하고 이건 건물 신축당시 원고가 소외 강해주로부터 이건 건물을 인도받았다는 사실만으로 피고가 원고에게 이건 건물에 대한 배타적, 독점적 사용수익권을 인정한 것이라고 볼 수 없으므로 논지는 이유 없다[대법80다1280].

㉤ 공유자 1인의 공유물에 대한 배타적 사용의 가부

부동산의 공유자는 그 공유물의 일부라 하더라도 협의 없이 이를 배타적으로 사용수익할 수는 없는 것이므로 원 피고와 소외인들의 공동상속재산인이 사건 건물에 관한 피고의 배타적 사용은 공유지분 과반수의 결의에 의한 것이 아닌 한 부적법하다.

**경매의 핵심체크 포인트**

### 매수지분이 과반수 미만인 경우도 임차인을 인도명령을 신청할 수 있는지

임차인이 매수인에게 대항력이 없는 경우에도 매수지분이 과반수 미만인 경우는 인도청구가 불가하지만, 공유물의 임대차는 과반수 이상의 지분권자와 임대차계약서를 작성한 경우만 적법한 관리행위로 다른 지분권자에 대하여 대항력을 가지게 되지만 앞의 사례 3)번에서와 같이 매각지분에 대항력이 없어서 2분의 1지분에서 임차권이 소멸하게 되면 애당초 2분의 1지분권자만을 상대로 임대차계약서를 작성한 것과 같은 효력이 발생하여 매수인은 인도명령을 신청할 수 있다.

인도명령의 상대방은 채무자, 소유자(물상보증인), 제3점유자로 매수인에게 대항력이 없는 임차인 등의 당사자뿐만 아니라 그의 가족구성원 모두가 포함되므로 대항력 없는 임차인은 물론이고 과반수미만의 지분권자와 임대차계약을 한 임차인도 그대상이 된다.

그러나 이러한 경우 실무에서는 심문을 하게 되는데 심문절차에서 다툼이 발생하거나 다툼이 발생할 것이라는 판단을 하게 되면 판사는 인도명령신청을 기각하게 된다. 그 이유는 인도명령 성격상 그 대상과 인도부분이 분명하고 다툼이 발생하지 않는 경우에 한하여 인도명령을 발하게 되기 때문이다. 임차인은 최초 계약당시 적법한 관리행위를 하였다가 2분의 1지분에서 선순위 채권으로 임차권이 소멸되었기 때문에 다툼이 발생여지가 있기 때문이다. 그렇다고 하더라도 앞의 ③번과 같은 논리는 타당성이 있어서 건물인도청구소송에서 그 논리를 바탕으로 건물사용배제를 청구할 수 있고 이 경우 집행권원을 얻어서 임차인을 상대로 강제집행을 할 수 있을 것이다.

그러나 대부분의 경우 임차인에 대해서 명도를 무기로 압박을 가해서 다른 지분 권자에게 부당이득을 청구하거나 매수지분을 양도 또는 다른 지분을 매수하는 전략으로 가게 되고 그 방향이 뜻대로 이루어지지 않게 된다면 선택은 임차인을 명도 또는 임차인이 전세보증금반환청구소송, 매수지분에 기한 공유물분할청구소송으로 분할하는 절차가 진행되므로 임차인을 명도하는 것은 초기전략으로 임차인을 압박 해서 지분소유에서 탈출하기 위한 전략으로 이해하면 될 것이다.

### (2) 매수지분이 과반수 미만이고 임차인이 과반수 미만과 계약을 체결한 경우

$\frac{1}{2}$ 이하 지분권자와 임대차계약을 체결한 임차인(과반수 미만의 지분권자와의 임대차계약)은 그 임대차를 가지고 동의하지 않은 다른 지분권자에 대항할 수 없으므로 보존행위로서 인도명령을 청구할 수 있고, 매각절차에서도 그 임대차계약서만 가지고 배당요구가 불가하다.

여기서 배당요구는 두 가지 관점에서 살펴보아야 될 것이다.

첫 번째로 전체지분이 매각되는 경우에는 임차인이 임대인(채무자) 지분에 별도 가압류하지 않는 한 배당요구가 불가하고, 가압류한 경우도 그 지분에서만 일반채권자와 동순위가 되지만 우선변제권은 없게 된다.

두 번째로 임대인이 아닌 다른 지분매각 절차에서는 배당요구 자체가 불가하다.

이는 과반수 미만의 임대차의 효력은 계약당사자에게만 미치고 다른 지분에 효력을 미치지 못하는 일반채권자에 불과하기 때문에 주임법 또는 상임법 상의 대항력과 우선변제권이 발생되지 못하기 때문이다.

이러한 임대차에서 매수인이 전체지분을 매수한 경우, 임대인 지분만 매수한 경우, 다른 지분만 매수한 경우 모두 대항력이 인정되지 못하여 매수인은 인도명령을 청구할 수 있다.

# 05

## 아파트 2/3 지분을 낙찰 받아 임차인을 명도한 사례

### ◆ 경매 물건 현황과 매각결과

**2012타경31293** • 수원지방법원 성남지원 • 매각기일 : 2013.11.25(月)(10:00) • 경매 4계 (전화:031-737-1324)

| 소재지 | 경기도 하남시 덕풍동 369-4 외 5필지, 한솔파크 101동 1층 000호 | | | | | | |
|---|---|---|---|---|---|---|---|
| 물건종별 | 아파트 | 감정가 | 150,000,000원 | 구분 | 입찰기일 | 최저매각가격 | 결과 |
| 대지권 | 미등기감정가격포함 | 최저가 | (51%) 76,800,000원 | 1차 | 2013-06-24 | 150,000,000원 | 유찰 |
| | | | | 2차 | 2013-07-22 | 120,000,000원 | 유찰 |
| | | | | 3차 | 2013-08-26 | 96,000,000원 | 낙찰 |
| 건물면적 | 50.25㎡(15.201평) | 보증금 | (20%) 15,360,000원 | 낙찰 120,000,000원(80%) / 1명 / 미납 | | | |
| | | | | 4차 | 2013-10-28 | 96,000,000원 | 유찰 |
| 매각물건 | 토지및건물 지분 매각 | 소유자 | 서OO | 5차 | 2013-11-25 | 76,800,000원 | |
| | | | | 낙찰 : 90,130,000원 (60.09%) | | | |
| | | | | 입찰1명, 낙찰 : 강OO | | | |
| 개시결정 | 2013-01-03 | 채무자 | 서OO | 매각결정기일 : 2013.12.02 - 매각허가결정 | | | |
| | | | | 대금지급기한 : 2014.01.07 | | | |
| 사건명 | 강제경매 | 채권자 | 장OO외 2명 | 대금납부 2013.12.20 / 배당기일 2014.01.16 | | | |
| | | | | 배당종결 2014.01.16 | | | |

• 매각물건현황 ( 감정원 : 헌진감정평가 / 가격시점 : 2013.01.11 / 보존등기일 : 2010.06.15 )

| 목록 | 구분 | 사용승인 | 면적 | 이용상태 | 감정가격 | 기타 |
|---|---|---|---|---|---|---|
| 건1 | 덕풍동 000-0 (9층중1층) | 10.03.05 | 50.2497㎡ (15.2평) | 방3,거실,주방/식당 등 | 126,000,000원 | ☞ 전체면적 81.6㎡중 서OO 지분 26.96/43.78 매각 * 개별난방 |
| 토1 | 대지권 | | * 대지권미등기이나 감정가격에 포함 평가됨 | | 24,000,000원 | |
| 참고사항 | ▶본건낙찰 2013.08.26 / 낙찰가 120,000,000원 / 남양주시 퇴계원동 김OO / 1명 입찰 / 대금미납 *대지권 취득여부는 알 수 없고, 관리처분계획서상 본건 전유부분 81.6㎡에 해당하는 대지지분은 43.780이고 그 중 26.960I 채무자 겸 소유자 서OO의 지분임. | | | | | |

● 임차인현황 ( 말소기준권리 : 2010.07.01 / 배당요구종기일 : 2013.03.11 )

| 임차인 | 점유부분 | 전입/확정/배당 | 보증금/차·임 | 대항력 | 배당예상금액 | 기타 |
|---|---|---|---|---|---|---|
| 김OO | 주거용 103호 | 전 입 일 : 2012.09.12<br>확 정 일 : 2012.09.18<br>배당요구일 : 2013.03.04 | 보100,000,000원 | 없음 | 배당순위있음 | |
| 기타사항 | ☞거주자가 폐문부재하여 동사무소에서 전입세대 열람내역서 및 주민등록등본을 발급 | | | | | |

● 등기부현황 ( 채권액합계 : 3,166,551,674원 )

| No | 접수 | 권리종류 | 권리자 | 채권금액 | 비고 | 소멸여부 |
|---|---|---|---|---|---|---|
| 1 | 2010.06.15 | 소유권보존 | 서OO외2명 | 지OO지분 15.07/43.78, 서OO지분 26.96/43.78,<br>김OO지분 1.75/43.78 | | |
| 2 | 2010.07.0* | 서OO,김OO,지분가압류 | 장OO외2명 | 1,450,000,000원 | 말소기준등기 | 소멸 |
| 3 | 2010.07.0* | 서OO,지분가압류 | 송드재건축주택조합 | 1,716,551,674원 | | 소멸 |
| 4 | 2013.01.03 | 서OO지분강제경매 | 장OO외2명 | 청구금액:<br>176,432,143원 | 2012타경31293 | 소멸 |
| 주의사항 | ☞공유자우선매수권의 행사는 1회에 한함.<br>▶현재 대지권의 목적인 토지가 경매진행 중이고 가압류, 압류 등이 경합되어 대지권등기를 경료할 수 없다는 신청채권자의 도<br>정서 제출함. ▶ 대지권등기와 관련한 사항은 매수인이 부담함. | | | | | |

### ◆ 위 경매물건에 대한 권리분석

이 물건에서 유의해서 살펴볼 점은 ① 아파트 전체가 매각되는 것이 아니라 서OO 61.58% 지분만 매각되므로 공유물의 관리행위와 보존행위에서 협의가 안 되고 다툼이 발생하면 소송으로 해결해야 한다는 사실, ② 대지 지분이 감정평가돼 매각되었지만 대지권등기는 매수인 책임으로 매각하는 조건이므로 낙찰받고 나서 별도로 대지권등기청구소송을 해야 한다는 사실, ③ 토지등기부를 확인해보니 토지별도등기인 가압류와 가처분이 있었다. 그렇다면 낙찰자가 대지권등기와 이 토지별도등기를 말소할 수 있는가가 문제가 될 수 있다. 만일 말소시키지 못하게 되면 대지 지분에 대한 권리를 잃게 될 수도 있기 때문이다.

어쨌든 이 물건은 대지권등기와 토지별도등기만 말소할 수 있다면 성공적인 투자가 될 수 있다. 왜냐하면 시세가 2억6,000만원으로 3분의 2지분으로 환산하면 1억 7,300만원 정도로 많은 투자 이익이 발생하기 때문이다. 그러나 대지권등기를 할 수 없다면 그 반대로 손실이 예상되는 물건이다.

## ◈ 매수 이후 임차인 명도로 대법원 판례를 만들게 되다

이 사례에서 과반수 이상(61.58%)의 지분을 매수해서 민법 제265조에 따라 관리행위로 대항력 없는 임차인(말소기준권리인 가압류등기 이후에 임대차계약 후 대항요건을 갖추었기 때문에 가압류의 처분금지 효력이 미치는 한도 내에서는 임대차계약이 무효가 되기 때문)에 대해 인도명령을 신청할 수 있다. 경매법원도 이런 판단으로 인도명령 결정을 내렸다. 임차인 김○○가 인도명령결정에 대한 이의가 있어 그에 대한 재판을 진행하게 되었는데 1심에서도 똑같은 판단으로 매수인이 승소했다. 그러나 임차인 김○가 승복하지 않고 항고를 했는데 2심인 고등법원에서는 임차인이 대항력이 있다고 원고 승소 판결을 내렸다. 그래서 필자가 지인을 도와서 대법원에 재항고 했고, 그 결과가 재항고를 한 날로부터 2년이 지나서 대법원 판결을 얻을 수 있었다. 그때 작성했던 재항고 소장과 그에 따른 대법원 판결내용을 다음과 같이 기술했으니 독자분들에게 도움이 되기 바란다.

### (1) 인도명령결정 기각에 대한 재항고

**인도명령결정 기각에 대한 재항고**

사건번호 : 2014라273 부동산인도명령(항고심 결정 사건번호)
　　　　　 (1심 인도명령결정 사건번호 2013타기2459 부동산인도명령)
신청인, 재항고인 : 강○○ (600000-1000000)
　　　　　 서울시 구로구 궁동 ○○-9 황실힐탑빌라 ○○호
피신청인, 항고인 : 김○○ (800000-1000000)
　　　　　 경기 하남시 수리남로 26, ○○○동 1층 ○○호(덕풍동, 한솔파로스)

**재항고 취지**
1. 수원지법 2014년 03월 19일 2014라273호 부동산 인도명령 항고사건의 항고 인용결정을 취소한다.

2. 수원지방법원 성남지원 2013타기2459호 2014년 01월 28일자 부동산인도명령 인용결정을 인가한다.
3. 재항고비용은 피신청인의 부담으로 한다라는 재판을 구합니다.

**재항고 이유**

I. 이 사건에 대한 기초 사실
1. 하남시 덕풍동 ○○○-4외 5필지 한솔파로스 아파트 제○○○동 제○○○호는 당초 서○○, 지○○, 김○○의 공유로서, 서○○이 전유면적 81.6㎡중 43.78분의 26.96 지분(61.58%)을, 지○○은 전유면적 81.6㎡중 43.78분의 15.07 지분(34.42%)을, 김○○는 전유면적 81.6㎡중 43.78분의 1.75 지분(4%)을 2010년 06월 15일부터 공유로 각 소유하고 있었습니다.

2. 그후 공동채권자 정○○외 2인이 공동채무자로 서○○의 43.78분의 26.96 지분(61.58%)과 김○○는 43.78분의 1.75 지분(4%)에 대해서 2010년 07월 01일자 접수 번호 제12923호로 채권가압류등기(채권금액 14억5천만원)가 경료되었습니다.

3. 위 2번과 같은 가압류등기가 경료되고 나서 서○○(61.5%지분)과 김○○(4%지분), 지○○(34.42%지분)이 공동임대인으로 하는 임대차계약서를 2012년 9월 11일 피신청인겸 항고인과 작성하고 2012년 9월11일 계약금 없이 1억원을 일시지급하고 아파트에 입주한 사실이 권리신고 및 배당요구당시의 임대차 사본을 가지고 확인할 수 있었고 자세한 현황은 다음 도표와 같습니다(등기부등본과 임대차계약서 사본, 권리신고 및 배당요구신청서 사본을 참조로 작성한 도표임)

|  |  | 공유자<br>(서○○ 61.5%) | 공유자<br>(지○○ 33.5%) | 공유자<br>(김○○ 5%) |
|---|---|---|---|---|
| 2010.00.00 | 가압류1 | ○ | × | ○ |
| 2010.00.00 | 가압류2 | ○ | × | ○ |
| 2012.00.00 | 임차권<br>(김○○) | ○<br>(지분별 계약) | ○<br>(지분별 계약) | ○<br>(지분별 계약) |
| 2013.00.00 | 강제경매<br>개시 | ○<br>(서○○지분만 강제경매) | × | × |
| 203.00.00 | 경매낙찰 | 매수인(강○○) | × | × |

II. 이 사건 신청인의 부동산인도명령이 인용되어야 하는 이유
1. 임차인이 대항요건을 갖추고 나서 대항력이 발생한 이상 소유자가 변경되면 그

새로운 소유자에게 종전 임대차가 그대로 승계된다는 사실은 틀림없는 사실입니다(주택임대차보호법 제3조).

그러나 주택임대차보호법 제3조의5 규정에 따라『임차권은 임차주택에 대하여 민사집행법에 따른 경매가 행하여진 경우에는 그 임차주택의 경락(競落)에 따라 소멸한다. 다만, 보증금이 모두 변제되지 아니한, 대항력이 있는 임차권은 그러하지 아니하다』라고 규정하고 있어서 ① 대항력 있는 임차인이 배당요구하지 않으면 매수인이 임차권을 승계하지만, 배당요구하면 그 임차권에서 용익권은 소멸되고 보증금을 반환받을 때까지 명도거부를 동시이행으로 할 수 있는 권리만 가지게 된다고 생각합니다.

그러나 이 사건과 같이 ② 대항력이 없는 임차인 즉 선순위 가압류의 본압류로 경매가 진행되게 되면 선순위 가압류의 처분금지효가 있고 그 효력을 바탕으로 진행된 경매로 임차권이 소멸되면 그에 따라 대항력이 없어지고 애당초 나머지지분권자 즉 소수지분권자와 계약하고 대항요건을 갖춘 임차권에 불과하게 되어 매수지분에 대해서는 소멸되므로 대항력이 없고, 나머지 지분에 대해서 대항력은 소멸되지 않지만 소수지분권자와 임대차계약을 체결하고 입주한 임차인과 같이 볼 수 있어서 그러한 임차인을 매수인이 명도를 구할 수 있다고 생각합니다. 그러한 판단 하에서 1심 법원의 결정도 인도명령을 받아들였고 그 판단은 올바른 판단이라고 사료됩니다.

2. 상황이 그렇다면 피신청인겸 항고인인 임차인은 서명원지분과 김상규지분의 가압류의 처분금지의 저촉을 받아 임대차계약한 것으로 그 계약의 효력은 가압류의 본압류로 진행된 강제경매절차에서는 그 효력이 소멸된다고 볼 수 있습니다.

그런데 어떤 사정에 의해서 인지는 모르지만 실제 가압류권자가 전체를 경매하지 않고 서○○지분 43.78분의 26.96 지분(61.58%)에 대해서만 본압류로 강제경매를 실행하게 되었으므로 서○○지분에 대해서 임대차계약은 애당초 가압류에 기한 처분금지 하에 이루어진 것으로 가압류의 범위 내에서 즉 경매범위 내에서 소멸하는 임차권에 불과합니다.

3. 서○○ 43.78분의 26.96 지분(61.58%)에서 임대인의 지위가 가압류의 처분금지 효로 소멸하게 된다면 애당초 서○○의 임대인 지분은 소멸하게 되므로 나머지 지분권자와 임대차계약의 효력만 남게 되는데 상황이 그렇게 된다면『민법 제265조 공유물의 관리에 관한 사항은 공유자의 지분의 과반수로서 결정한다』에 위배되어 적법한 대항력을 유지하지 못하고 불법점유자에 해당된다고 사료 됩니다. 상황이 그렇다면 소수지분권자로 그 불법을 이유로 명도를 구할 수 있다는 대법원 판례에도 불구하고,

4. 이 사건에서는 경매로 매수한 신청인 겸 재항고인은 민법 제265조에 기한 과반

수 즉 61.58% 지분을 취득하게 된 자로 경매로 임차권이 소멸하게 돼 대항력이 없어진 임차인 즉 상기 피신청인겸 항고인에 대해서 보존행위는 물론이고 관리행위로 명도를 구할 적법한 권리가 인정돼야 한다는 내용을 다음 판례를 인용해서 주장하는 바입니다.

① 부동산에 관하여 과반수 공유지분을 가진 자는 공유자 사이에 공유물의 관리방법에 관하여 협의가 미리 없었다 하더라도 공유물의 관리에 관한 사항을 단독으로 결정할 수 있으므로, 공유토지에 관하여 과반수 지분권을 가진 자가 그 공유토지의 특정된 한 부분을 배타적으로 사용, 수익할 것을 정하는 것은 공유물의 관리방법으로서 적법하다(대법88다카33855)

② 매수지분이 과반수 이상이고 임차인이 대항력이 없는 경우

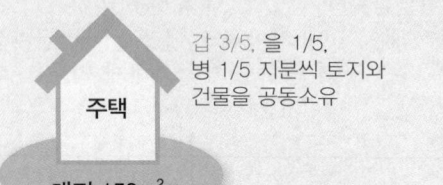

갑 3/5, 을 1/5, 병 1/5 지분씩 토지와 건물을 공동소유

예1)
근저당→임차인→임의경매→정 낙찰자
가압류→임차인→강제경매→정 낙찰자
예2)
임차인→근저당→임의경매→정 낙찰자

갑의 토지와 건물 3/5 지분만 경매가 진행된 경우

매수인(=낙찰자)의 지분이 과반수 이상이고 주택에 점유하고 있는 자가 매수인에게 대항력이 없는 경우(말소기준권리 이후에 대항요건을 갖춘 경우로 예1)의 사례)

공유자가 공유물을 타인에게 임대하는 행위 및 그 임대차계약을 해지하는 행위는 공유물의 관리행위에 해당하므로 민법 제265조 본문에 의하여 공유자의 지분의 과반수로써 결정하여야 한다. 상가건물임대차보호법이 적용되는 상가건물의 공유자인 임대인이 같은 법 제10조 제4항에 의하여 임차인에게 갱신 거절의 통지를 하는 행위는 실질적으로 임대차계약의 해지와 같이 공유물의 임대차를 종료시키는 것이므로 공유물의 관리행위에 해당하여 공유자의 지분의 과반수로써 결정하여야 한다(대법2010다37905).

따라서 임대차계약의 해지 행위도 공유물의 관리행위로 공유자 지분의 과반수로 결정되기 때문에 인도명령을 신청할 수 있어야 한다고 생각합니다.

③ 소수지분 공유자가 과반수 지분공유자와 체결한 임차인에 대한 공유물 인도청구(=소극)

과반수 지분의 공유자(갑2/3 지분)가 그 공유물의 특정 부분을 배타적으로 사용, 수익하기로 정하는 것은 공유물의 관리방법으로서 적법하다고 할 것이므로, 과반수

지분의 공유자로부터 사용, 수익을 허락받은 점유자에 대하여 소수지분의 공유자(을 1/3 지분)는 점유자가 사용, 수익하는 건물의 철거나 퇴거 등 그 점유의 배제를 구할수 없다(대법2009다22235)

5. 다시 돌아와 살펴보면 상기 신청인겸 재항고인은 상기 Ⅰ. 이 사건에 대한 기초사실 1~3번에서 거론한 가압류의 본압류로 강제경매가 진행된 수원지방법원 성남지원 2012타경31293호 부동산강제경매사건에서 2013년 12월 09일 매각허가결정을 받아 2013년 12월 20일 매각대금을 납부하고 소유권을 취득하였습니다. 그렇다면 임차인은 매수인에 대항력이 없는 임차인에 불과할 것입니다.

6. 대항력 없는 임차인인 피신청인겸 항고인은 경매절차에서 별첨내용과 같이 권리 신고 및 배당요구를 한 바 있고, 그에 따라 배당금이 6,500만원이 배당돼 경매법원에 공탁되어 있는 사실을 별첨한 배당표를 통해서 알 수 있습니다.

7. 그래서 매수인은 2013년 12월 26일 위 주택에 거주하는 임차인 인 상기 피신청인겸 항고인을 인도명령신청하여 2014년 01월 28일 2013타기2459호 부동산인도명령결정문을 받았고 이러한 1심 판단은 올바른 판단으로 볼 수 있습니다.

8. 그런데 상기 피신청인겸 항고인의 항고로 수원지방법원 2014라273호 부동산인도명령 재판에서 1심 결정을 취소하라는 결정을 내려졌고, 그 결과에 승복할 수가 없어서 신청인겸 재항고인이 재항고를 하게 되었습니다.

9. 어쨌든 임차인에 대해서 항고심이 결정한 대항력 여부에 대해서 생각해보면 대항력 있는 임차인 즉 등기부의 최선순위 등기된 채권 보다 먼저 대항요건을 갖춘 임차인이라도 경매절차에서 배당요구를 하면 계약해지 의사를 밝힌 자에 불과하고 그계약해지를 밝힌 이상 계약해지 의사를 철회할 수는 없지만, 배당요구종기 이전에 배당요구를 철회하는 방법으로만 철회가 가능하다고 봅니다.

그런데 항고심에서 판단한 결정문을 보면 대항력이 있고 임대인이 계약해지 의사를 밝히지 아니한 이상 그 임대차는 묵시적 갱신돼 대항력을 보호받을 수 있다는 판단을 전제로 1심 결정을 취소하는 판결을 하신 것 같은데 상기 신청인겸 재항고인은 이에 대해서 동의할 수가 없습니다.

10. 그런데 문제는 상기 신청인겸 재항고인은 상기 피신청인과 항고인이 경매절차로 임차권이 소멸하게 되므로 그 임차보증금을 전액 배당받는 것과 무관하게 어느 모로 보나 소멸되기에 이른 것인데 그러한 임차인이 대항력이 있다고 판단하고 묵

시적갱신이 이루어졌다고 판단한 사실은 앞에서 거론한 내용에 대한 고려 없이 판단한 것이라 사료되어 재항고를 신청하게 된 것입니다.

별첨 : 1. 집합건물등기부등본　　　　　　　　　　1부.
　　　 2. 임대차계약서 사본　　　　　　　　　　　1부.
　　　 3. 임차인의 권리신고 및 배당요구신청서 사본 1부.
　　　 4. 임차인에게 배당된 배당표 사본　　　　　1부.
　　　 5. 1심에서 부동산인도명령결정문 사본　　　1부.

2014. ○○. ○○.

신청인겸 재항고인 강 ○ ○ ○ ○ ㉑

## 수 원 지 방 법 원　　귀 중

### (2) 인도명령결정 재항고에 대한 대법원의 올바른 판단

**대　법　원**
**제 3 부**
**결　정**

사 건 : 2014마546 부동산인도명령
신청인, 재항고인 : 강○○(600000-1000000)
　　화성시 마도면 두곡길15번길 49, ○○○동 ○○○호(두곡리 ○○○-4, 그린타운
피신청인, 상대방　김○○(800000-1000000)
　　하남시 수리남로 26, ○○○동 ○○○호(덕풍동, 한솔파로스)
원 심 결 정　　수원지방법원 2014. 3. 18.자 2014라273 결정

**주 문**
원심결정을 파기하고, 사건을 수원지방법원 합의부에 환송한다.

**이 유**
재항고이유를 판단한다.

1. 부동산에 대하여 가압류등기가 마쳐진 후에 채무자로부터 그 부동산을 임차한 자는 가압류집행으로 인한 처분금지의 효력에 의하여 가압류사건의 본안판결의 집행으로 그 부동산을 취득한 경락인에게 그 임대차의 효력을 주장할 수 없다.(대법원 1983. 4. 26. 선고 83다카116 판결 참조)

한편 공유물인 부동산 임대차의 경우, 과반수 지분권자로부터 임차한 경우에는 소수 지분권자는 임차인에 대한 점유의 배제를 청구할 수 없는 반면(대법원 2002. 5. 14. 선고 2002다9738 판결 등 참조), 과반수에 미달하는 지분권자로부터 임차한 경우에는 다른 지분권자의 공유물인도청구에 대하여 임차인은 사용수익권을 주장할 수 없고 부동산을 인도할 의무가 있다(대법원 1962. 4. 4. 선고 62다1 판결참조). 그리고 단독소유자로부터 사용수익권을 부여받은 임차인은 그 후 다른 공유자가 생겼을 경우, 그 사용 수익이 지분 과반수로써 결정된 공유물의 관리방법으로 인정될 수 없다면 새로 지분을 취득한 다른 공유자에 대하여는 이를 주장할 수 없다(대법원 1990. 2. 13. 선고 89다카19665 판결 참조).

2. 기록에 의하면 다음의 사실을 알 수 있다.
가. 이 사건 건물은 당초 서○○, 지○○, 김○○(이하 '서○○ 등'이라고 한다)의 공유로서, ①서○○은 43.78분의 26.96 지분(61.58%)을, ②지○○은 43.78분의 15.07지분(34.42%)을, ③김○○는 43.78분의 1.75지분(4%)을 각 소유하고 있었다.
나. 장○○, 장○○, 김○○(이하 '장○○ 등'이라고 한다)은 2010. 6. 30. 이 사건 건물 중 ①, ③지분에 관하여 수원지방법원 성남지원 2010카단501781호로 가압류결정을 받아 2010. 7. 1. 가압류등기를 마쳤다.
다. 김○○은 2012. 9. 11. 서○○ 등으로부터 이 사건 건물을 임대차 보증금 1억원, 임대차기간 2012. 9. 11.부터 2013. 9. 11.까지로 정하여 임차한 다음 2012. 9. 12. 위 건물을 인도받아 전입신고를 마치고 그 무렵부터 현재까지 위 건물에 거주하고 있다.
라. 장○○ 등은 서울동부지방법원 2010가합16692 전부금 청구소송의 집행력 있는 판결 정본에 기하여 수원지방법원 성남지원 2012타경31293호로 이 사건 건물 중 ①지분에 대한 강제경매 신청을 하였고, 2013. 1. 3. 위 법원의 경매개시결정으로 경매절차가 개시되었다.
마. 재항고인은 경매절차에서 2013. 12. 2. 최고가매수신고인으로 매각허가결정을 받아 2013. 12. 20. 매각대금을 완납하고 이 사건 건물 중 ①지분에 관한 소유권을 취득한 후 2013. 12. 26. 이 사건 건물의 임차인의 김수민을 상대로 위 건물의 인도를 구하는 이 사건 부동산인도명령 신청을 하였다.

3. 위 인정사실을 앞서 본 법리에 비추어 살펴보면, 서○○과 김○○의 채권자들인

장○○ 등은 김○○의 임대차계약이 체결되기 전인 2010. 6. 30. 이 사건 건물 중 ①, ③지분에 관하여 가압류등기를 마쳤고, 재항고인은 위 가압류사건의 본안판결의 집행으로 이 사건 건물 중 ①지분을 취득하였으므로, 임차인 김○○은 가압류의 처분금지의 효력으로 인해 ①, ③지분에 대하여만 그 대항력을 주장할 수 있게 되었다. 그렇다면 임차인 김○○은 이 사건 경매절차에서 과반수의 지분을 취득한 재항고인의 인도명령을 거부할 수 없다.

그런데도 원심은 그 판시와 같은 이유를 들어 임차인이 재항고인에 대하여 이 사건 건물의 인도를 거부할 수 있는 정당한 권원이 있다고 보아 부동산인도명령신청을 배척하고 말았으니, 이러한 원심결정에는 가압류의 처분금지의 효력과 주택임차인의 대항력에 관한 법리를 오해하여 재판에 영향을 미친 잘못이 있다.

4. 그러므로 원심결정을 파기하고, 사건을 다시 심리판단하게 하기 위하여 원심법원에 환송하기로 하여 관여 대법관의 일치된 의견으로 주문과 같이 결정한다.

2016. 2. 25.

재판장 　대법관　 박병대
　　　　 대법관　 박보영
주　심　 대법관　 김　신
　　　　 대법관　 권순일

◆ **대지권등기청구와 가압류, 가처분 등의 토지별도 등기 말소청구소송**

3분의 2지분만 낙찰 받아도 3분의 2지분만이 아닌 전체 대지권등기를 신청할 수 있고, 매수한 3분의 2지분만에 등기 되어 있는 토지별도등기 즉 가압류와 가처분 등을 다음 15장 05 대지권미등기와 토지별도등기가 있는 아파트 2/3 지분을 낙찰 받은 사례 처럼 말소를 구할 수 있다(토지별도등기 말소청구 소송과 대지권등기청구소송 소장 작성 방법은 15장 06번을 참고하면 될 것이다).

# 3 PART

## 지분 매수 후 탈출 비법과 실제로 작성했던 소장과 가처분 등의 신청서

01 노량진동 주택재개발 5구역 내에 있는 아파트 2분의 1지분을 낙찰받아 성공한 사례
02 근린생활시설중 일부지분에 경매된 경우 낙찰받고 나서 대응방법
03 봉천동의 연립주택 2분의 1을 공매로 낙찰 받고 탈출하는 방법은?
04 3분의 1지분을 낙찰 받고 공유물분할청구 소송과 가처분을 신청한 사례
05 가등기 후 공유물분할에 따른 형식적 경매까지 진행했으나 제3자가 매수해 실패한 사례

# 01

## 노량진동 주택재개발 5구역 내에 있는 아파트 2분의 1지분을 낙찰받아 성공한 사례

 **김선생 Tip**

이 사례는 서울시 동작구 노량진동 주택재개발 5구역 내에 있는 아파트 2분의 1지분을 낙찰받고, 상대방 지분에 가처분과 가압류, 본인 지분에는 가등기를 하고서 공유물분할청구의 소를 진행했다. 이렇게 협상력을 높이기 위해서 상대방지분에 대해서 압박을 가하면서 협상을 하면 나머지 지분까지 시세 이하로 싸게 구입할 수 있다.

그래서 독자에게 도움이 되도록 그때 실제로 진행했던 소송관련 소장과 신청서 등을 기술해 놓았으니, 따라만 하면 이러한 사례에서 성공할 수 있다.

### ◆ 노량진동 주택재개발 5구역 내의 아파트 ½지분 입찰정보 내역

**2017타경0000** • 서울중앙지방법원 본원 • 매각기일: **2017.08.31(木) (10:00)** • 경매 7계 (전화:02-530-1819)

| 소재지 | 서울특별시 동작구 노량진동 000-0외 1필지, 은성아파트 4층000호 | 도로명주소검색 | | | | |
|---|---|---|---|---|---|---|
| 물건종별 | 아파트 | 감 정 가 | 202,000,000원 | 오늘조회: 1  2주누적: 0  2주평균: 0  조회동향 | | |
| 대 지 권 | 22.405㎡(6.778평) | 최 저 가 | (100%) 202,000,000원 | 구분 | 입찰기일 | 최저매각가격 | 결과 |
| 건물면적 | 40.15㎡(12.145평) | 보 증 금 | (10%) 20,200,000원 | 1차 | 2017-08-31 | 202,000,000원 | |
| 매각물건 | 토지및건물 지분 매각 | 소 유 자 | 김OO | 낙찰: 205,300,000원 (101.63%) (입찰1명,낙찰:배OO) | | |
| 개시결정 | 2017-04-06 | 채 무 자 | 김OO | 매각결정기일 : 2017.09.07 - 매각허가결정 대금지급기한 : 2017.10.17 | | |
| 사 건 명 | 임의경매 | 채 권 자 | (주)자산에셋대부 | 대금납부 2017.10.10 / 배당기일 2017.11.16 배당종결 2017.11.16 | | |

## PART 3 지분 매수 후 탈출 비법과 실제로 작성했던 소장과 가처분 등의 신청서

● 매각물건현황 ( 감정원 : 새온감정평가 / 가격시점 : 2017.04.17 / 보존등기일 : 2003.05.29 )

| 목록 | 구분 | 사용승인 | 면적 | 이용상태 | 감정가격 | 기타 |
|---|---|---|---|---|---|---|
| 건1 | 노량진동 000-0 (5층중 4층) | 03.05.20 | 40.15㎡ (12.15평) | 방3, 거실, 주방/식당, 욕실2, 현관 | 70,700,000원 | ☞ 전체면적 80.3㎡ 중 김OO 지분 1/2 매각<br>* 도시가스난방 |
| 토1 | 대지권 |  | 426㎡ 중 22.405㎡ |  | 131,300,000원 | ☞ 전체면적 44.81㎡ 중 김OO 지분 1/2 매각 |

● 임차인현황 ( 말소기준권리 : 2006.12.13 / 배당요구종기일 : 2017.06.20 )

| 임차인 | 점유부분 | 전입/확정/배당 | 보증금/차임 | 대항력 | 배당예상금액 | 기타 |
|---|---|---|---|---|---|---|
| 김준O | 주거용 | 전 입 일: 2015.04.09<br>확 정 일: 미상<br>배당요구일: 없음 | 미상 | 없음 | 배당금 없음 |  |
| 기타사항 | ☞ 조사외 소유자 점유<br>☞ 본건 부동산에 2회 방문하였으나 폐문부재이고, 방문한 취지 및 연락처를 남겼으나 아무런 연락이 없으므로 주민등록 전입된 세대만 임차인으로 보고함. |||||||

● 등기부현황 ( 채권액합계 : 436,212,022원 )

| No | 접수 | 권리종류 | 권리자 | 채권금액 | 비고 | 소멸여부 |
|---|---|---|---|---|---|---|
| 1(갑4) | 2006.12.13 | 소유권이전(매매) | 김OO, 이OO |  | 각 1/2, 거래가액 금38 0,000,000원 |  |
| 2(을4) | 2006.12.13 | 근저당 | 우리은행 (신대방동지점) | 180,000,000원 | 말소기준등기 | 소멸 |
| 3(을5) | 2014.10.14 | 김OO지분전부근저당 | 손OO | 200,000,000원 |  | 소멸 |
| 4(을5) | 2017.03.27 | 손OO 근저당일부이전 | (주)자산에셋대부 | 56,212,022원 | 전부명령 | 소멸 |
| 5(갑11) | 2017.04.06 | 김OO지분임의경매 | (주)자산에셋대부 | 청구금액:<br>56,212,022원 | 2017타경0000 | 소멸 |

### ◈ 주택재개발 5구역 내에 있는 아파트의 주변현황도

### ◆ 지분경매 물건에 대한 권리분석과 매수 이후에 대응방법

　이 지분경매 아파트는 서울시 동작구 노량진동 소재 "서울노량진초등학교" 남측 인근에 위치하는 은성아파트 제4층 제000호(전유면적: 80.3㎡) 중 '김OO'지분(2분의 1)이다. 이 아파트 까지 차량출입이 가능하고, 인근에 시내버스정류장 및 지하철역(7호선: 장승배기역)이 소재하는 등 제반 교통상황이 우수하다. 그리고 이 아파트는, 방3, 거실, 주방/식당, 욕실2, 현관으로 구성되어 있어서 실수요자들이 선호하고 있다.
　이 지역은 이미 조합을 설립하고, 사업시행인가까지 신청해 놓은 상태로, 이르면 2018년 3월 중 인가를 획득, 시공사 선정에 나설 것으로 예상된다.
　그리고 노량진동 D공인중개사에 따르면 "개발 기대감에 노량진 일대 집값이 오르고 있지만, 최근의 가격 상승세는 정부가 전방위적으로 강남 집값 및 재건축 열기 누르기에 나서면서 주택 수요가 상대적으로 규제가 덜한 재개발 지역으로 이동하는 '풍선효과' 영향도 크다"고 말했다.
　입찰당시에 은성아파트 가격은 30평형이 4억8,000만원이었는데, 이 가격은 1년 전보다 5,000만원이 오른 가격이었다. 그리고 재개발에 대한 기대수요가 증가되고 있어서 미래가치가 더 높을 것이라고 판단했다.
　이 지분경매 아파트는 채무자와 다른 공유자가 거주하고 있어서 매수인이 인수할 권리도 없었다. 채무자와 다른 공유자는 부부간으로 인도명령신청대상자이다. 그래서 나머지 지분까지 감정가 수준으로 매수하면 돈이 되겠다고 생각하고 지인이 2억530만원에 입찰해서 낙찰 받았다.
　배OO는 낙찰 받고서 공유자를 만나 협의를 하였으나 잘 안되었다. 그래서 부동산처분금지가처분을 하고, 공유물분할청구소송과 병행해서『피고는 원고에게 2017년 10월 13일부터 별지 목록기재 부동산에 대하여 피고의 점유종료일 또는 원고의 소유권 상실일까지 월 1,414,000원의 비율로 계산한 돈을 지급하라.』는 차임을 원인으로 하는 부당이득반환청구소송까지 진행했다. 이렇게 하면 비용도 절약하면서 부당이득으로 인한 차임을 반환받을 수 있으며, 설령 소송과정에서 조정이 성립되더라도 유리한 고지를 점령할 수 있다.

그리고 다른 공유자 2분의 1지분에 대해서 부당이득을 원인으로 하는 채권 가압류를 하고, 자신의 지분에 대해서는 가등기까지 마쳤다. 이렇게 하면 설령 공유물분할 청구 소송에서 경매 등으로 분할하라는 판결을 얻어 형식적경매가 진행되더라도 낮은 가격으로 매수할 수 있기 때문이다. 최근 가처분 이후에 임차인이 대항요건을 갖추고 있는 사례를 상담하다보니, 이러한 방법은 말소기준권리도 만들고, 상대방을 차임으로 압박하는 수단으로 협상력을 높이면서 상대방 지분을 낮은 가격으로 매수할 수 있는 전략이기고 하다.

물론 가처분 이후에 입주한 임차인은 다음 대법원 판례와 같이 가처분의 처분금지 효에 저촉(매매, 저당권, 전세권, 임차권 설정 등의 금지효과)을 받아서 대항력이 인정되지 않고 인도명령대상이 될 것이지만, 법원에 따라서 다르게 해석할 수도 있다. 이렇게 인도명령이 받아들여지지 않으면 또다시 명도소송을 진행해야만 되기 때문이다.

〈대법원 2017. 5. 31. 선고 2017다216981 판결〉

1. ~본문 내용 생략.
2. 원고(선정당사자) 및 선정자 3의 상고이유에 관하여
　가. 부동산에 관하여 처분금지가처분의 등기가 마쳐진 후에 가처분채권자가 본안소송에서 승소판결을 받아 확정되거나 가처분채무자와 공동으로 가처분의 근거가 되는 실체적 법률관계에 기하여 소유권이전등기 또는 소유권이전등기말소등기를 경료한 경우에는 가처분채권자는 피보전권리의 한도에서 가처분 위반의 처분행위의 효력을 부정할 수 있다(대법원 2012. 5. 10. 선고 2010다2558 판결 참조).
　한편 공유물을 경매에 붙여 그 매각대금을 분배할 것을 명하는 판결은 경매를 조건으로 하는 특수한 형성판결로서 공유자 전원에 대하여 획일적으로 공유관계의 해소를 목적으로 하는 것인바(대법원 1979. 3. 8.자 79마5 결정 등 참조), 가처분채권자가 가처분채무자의 공유 지분에 관하여 처분금지가처분등기를 마친 후에 가처분채무자가 나머지 공유자와 사이에 위와 같이 경매를 통한 공유물분할을 내용으로 하는 화해권고결정을 받아 이를 확정시켰다면, 다른 특별한 사정이 없는 한 이는 처분금지가처분에서 금하는 처분행위에 해당한다고 할 것이다.

어쨌든 이 물건은 낙찰 받고 나서 다른 공유자와 수차례 통화와 만남을 통해서 협상을 하여 원만하게 해결될 듯해서 소송을 미루고 있다가 협상의 결렬로 앞에서와 같은 소송절차를 진행하면서 협상력을 높였다.

처음에는 시세대로 매수하라는 주장을 되풀이해서 해결의 실마리를 찾지 못했지만, 양쪽이 조금씩 양보하는 방법으로 최초감정가보다 2,000만원을 더 주고, 다른 지분까지 매수할 수 있었다. 이렇게 감정가가 시세보다 낮거나 앞으로 올라갈 수 있는 미래가치가 있는 물건은 상대방지분까지 매수하는 방법이 성공적인 투자 방법이다.

이 아파트도 낙찰가 2억530만원과 다른 2분의 1지분 매수가 2억2,200만원으로 전체지분을 4억2,730만원에 매수했지만, 2018년 4월 현재 재개발에 대한 기대수요 증가로 5억5,000만원까지 올랐고, 그 증가세는 계속 될 전망이다. 어쨌든 지인은 조합원분양권으로 신축아파트에 입주해서 거주할 계획을 세우고 있다.

### ◆ 매수 후 공유물분할청구 소장 작성 방법

## 소 장

원고   배○○
피고   이○○

**공유물분할 및 부당이득반환 청구의 소**

목적물가액:    24,797,250 원정
첨용인지액:       116,500 원정
송달료:          135,000 원정

## 서울중앙지방법원 귀중

〈목적물 가액 계산서〉

1. 공유물 분할 부분
   공시지가: 3,700,000원
   건축연도: 2003년
   구조: 철근 콘크리트구조 슬래브 지붕
   용도: 공동주택(아파트)
   ㎡당가액: 585,000원
   면적: 80.3㎡ × 1/2
   ㎡당가액: 585,000원 × 80.3㎡ × 0.5 × 1/3 = 7,829,250원
2. 부당이득금 반환부분
   월 1,414,000원 × 12개월= 16,968,000원
   위 1+2 = 7,829,250원+16,968,000원 = 24,797,250원

소 장

원 고 :   배○○ (000000-1000000)
   등기부주소: 경기도 고양시 일산서구 ~이하 생략
   전화: 010-0000-0000
   송달장소: 경기도 고양시 일산서구 ~이하 생략
피 고 :   이○○ (000000-2000000)
   경기도 시흥시  ~이하 생략
   전화: 010-0000-0000
   송달장소: 서울시 동작구 장승배기로 ~이하 생략

공유물분할 및 부당이득 반환 청구의 소

- 청구 취지 -

1. 별지 목록 기재 부동산을 경매에 붙여 그 대금에서 경매비용을 공제한 나머지 금액을 분할하여 원고, 피고간 각 1/2 지분 비율에 따라 원고, 피고에게 각 배당한다.
2. 피고는 원고에게 2017년 10월 13일부터 별지 목록기재 부동산에 대하여 피고의 점유종료일 또는 원고의 소유권 상실일까지 월 1.414.000원의 비율로 계산한 돈을 지급하라.
3. 소송비용은 피고의 부담으로 한다.
4. 위 제 2항은 가집행할 수 있다라는 판결을 구합니다.

― 청구 원인 ―

1. 원고의 이 사건 부동산 (1/2)의 경매취득

　가. 원고는 이사건 부동산 (서울시 동작구 노량진동 000-0외 1필지 은성 아파트 제4층 제000호의 1/2지분을 별첨 부동산 등기사항증명서(갑제1호증) 및 서울 중앙지방법원 2017타경0000호 부동산의 임의경매사건 감정평가서와 굿옥션 경매정보지(갑제2호증의1-2)에서도 보는 바와 같이,

　나. 서울중앙지방법원 등기국 접수 제195604호 원인 2017년 10월 10일 임의경매로 인한 매각으로 소유권 이전등기를 경료한 바 있습니다.

　다. 그런데 위 부동산은 애당초 피고와 소외 김OO 각 1/2 소유권 이전등기를 한 공유 형태였으나 위 공유자(1/2) 김OO 지분이 경매가 진행되어 원고가 위 지분 1/2을 낙찰 받게 된 것인데, 위 부동산에 관하여 공유자 사이에 분할하지 않는다는 특약을 한 바가 없습니다.

　라. 그러나 동 공유물은 공유자간의 협의가 사실상 어려운 지경에 있으며 원고, 피고간 각 1/2 지분으로 인해 건물을 쪼개어 사용할 수도 없는 현실적인 문제로 인해 동건물을 경매에 부쳐 경매비용을 제외한 나머지 금원을 각 지분(1/2)별로 배당하는 방법이 없는 실정입니다.

　마. 더 나아가 공유 재산의 분할은 현물 분할을 원칙으로 하며 현물로 분할 할 수 없거나 분할로 인하여 그 가액이 현저히 감소할 염려가 있을 때에는 공유물을 경매하여 그 대금을 분할할 수 있습니다(민법 제269조 제2항).

2. 피고의 원고에 대한 임료 상당 부당 이득금 월 1,414,000원 상당 취득

　가. 한편 피고는 원고가 그 소유권 (1/2)을 취득한 시점부터 이 사건 부동산에 대한 지분 (1/2) 금액을 부당 이득하고 있다고 봄이 상당한 바,

　나. 이 사건 원고의 지분 감정평가 금액이 위 부동산 임의경매 사건의 감정평가서에서와 같이 아무리 겸손히 상정하여도 202,000,000원이므로 그 부당이득금 액수는 후일 임료 상당의 감정을 통해서 특정하겠지만, 우선 적어도 매월 1,414,000원(202,000,000원) 정도라 할 것입니다.

― 결 론 ―

　가. 이 사건 부동산의 공유자인 원고와 피고 사이에 그 분할 방법에 관하여 협의가 이루어지지 않고 있으므로, 원고는 피고에 대하여 이 사건 부동산의 분할을 법원에 청구할 수 있다할 것이고,

나. 한편 재판에 의한 공유물 분할방법은 현물분할의 방법이 원칙이고 현물분할이 불가능하거나 그것이 형식상 가능하다고 하더라도 그로인하여 현저히 가격이 감소될 염려가 있을 때에는 공유물의 경매를 명하여 대금을 분할하는 이른바 대금분할의 방법에 의하여야 할 것인 바,

다. 이 사건 부동산은 원고, 피고가 1/2씩이나 이를 물리적으로 분할하기가 곤란하고 이 사건 부동산의 성질, 이용 상황, 분할 후의 사용 가치 등 제반 사정에서 비추어 보아 원고와 피고의 각 지분 비율에 상응하면서 경제적 만족을 주는 적절한 현물분할 방법을 찾기 어려워 이 사건 부동산을 현물로 분할할 수 없거나 분할로 인하여 현저히 그 가액이 감소할 염려가 있는 경우에 해당한다고 할 것이므로 이 사건 부동산의 분할은 대금 분할에 의한 것이 타당하다 할 것입니다.

라. 따라서 원고는 피고를 상대로 청구취지와 같은 판결을 구하기 위하여 부득이 이 건 청구에 이른 것입니다.

## 입증 및 첨부 서류

1. 동산 등기사항전부증명서(갑제 1호증)
1. 서울중앙지방 법원 2017타경0000호 부동산 임의경매 사건의 감정평가서와 굿옥션 경매정보지(갑제2호증1-2) -                                각 1부
1. 토지대장:                                                            1부
1. 건축물 관리대장:                                                       1부
1. 소장부본:                                                            1부

2017. 12. 15.
위 원고 배○○

## 서울중앙지방법원 귀 중

### ◆ 공유물에 대한 처분금지가처분 신청서 표지와 본문 작성

**부동산 처분금지 가처분 신청서**

채권자 배 ○○
채무자 이 ○○

| | |
|---|---|
| 목적물가액 | 23,487,750 원정 |
| 첨용인지액 | 10,000 원정 |
| 송달료 | 27,000 원정 |

## 서울중앙지방법원 귀중

〈목적물 가액 계산서〉

공시지가: 3,700,000원
건축연도: 2003년
구조: 철근 콘크리트구조 슬래브 지붕
용도: 공동주택(아파트)
㎡당가액: 585,000원
면적: 80.3㎡ × 1/2
㎡당가액: 585,000원 × 80.3㎡ × 0.5 = 23,487,750원

**부동산 처분금지 가처분 신청서**

채권자   배○○ (000000-1000000)
  등기부주소: 경기도 고양시 일산서구 ~이하 생략
  전화: 010-0000-0000
  송달장소: 경기도 고양시 일산서구 ~이하 생략

채무자   이○○ (000000-2000000)
  경기도 시흥시 ~이하 생략

전화: 010-0000-0000
송달장소: 서울시 동작구 장승배기로 ~이하 생략

1. 목적물가액: 금 23,487,750원정
       (내역은 별지와 같음)
1. 피보전 권리의 요지: 공유물분할청구 소송의 청구권보전
1. 가처분할 부동산의 표시: 별지 목록 기재와 같음

### 신청 취지
채무자는 별지목록 기재 부동산에 관하여 매매, 양도, 저당권, 전세권, 임차권 등의 설정 기타 일체의 처분행위를 하여서는 아니 된다
라는 재판을 구합니다.

### 신청 원인
1. 채권자의 이 사건 부동산(1/2지분)의 경매 취득
   가. 채권자는 이 사건 부동산(서울시 동작구 노량진동 000-0외 1필지 은성 아파트 제4층 제000호)의 1/2지분을 별첨 부동산 등기사항증명서(갑제1호증)및 서울중앙지방법원 2017타경0000호 부동산 임의경매 사건의 감정평가서와 굿옥션 경매정보지(갑제2호증의 1-2)와 같이,
   나. 서울중앙지방법원 2017타경0000호 부동산 임의경매를 통해 2017.10.13 서울중앙지방 법원 등기국 접수 제195604호 원인 2017.10.10.임의경매로 인한 매각으로 소유권이전등기를 경료한 바 있습니다.
   다. 그런데 위 부동산은 애당초 채무자와 신청외 김OO이 협의분할에 의한 상속으로 각 1/2씩 소유권 이전등기를 한 공유 형태였으나 위 공유자(1/2) 김OO 지분이 경매로 매각되어 채권자가 위 김OO 지분 1/2을 낙찰 받게 된 것인데, 위 부동산에 관하여 공유자 사이에 분할하지 않는다는 특약을 한 바가 없습니다.
   라. 그러나 동 공유물은 공유자간 협의가 사실상 어려운 지경에 있으며 채권자, 채무자간 각 1/2 지분으로 인해 건물을 쪼개어 사용할 수도 없는 현실적인 문제로 인해 동건물을 경매에 부쳐 경매비용을 제외한 나머지 금원을 각 지분(1/2)별로 배당하는 방법 외에는 달리 방법이 없는 실정입니다.
   마. 더 나아가 공유 재산의 분할은 현물분할을 원칙으로 하며 현물로 분할할 수 없거나 분할로 인하여 그 가액이 현저히 감소할 염려가 있을 때에는 공유물을 경매하여 그 대금을 분할할 수 있습니다(민법 제269조 제2항).

### 3. 이 사건 가처분의 긴급성

가. 이 사건 부동산의 공유자인 채권자와 채무자 사이에 그 분할방법에 관하여 협의가 이루어지지 않고 있으므로 채권자는 채무자에 대하여 이 사건 부동산의 분할을 법원에 청구할 수 있다할 것이고,

나. 한편, 재판에 의한 공유물 분할방법은 현물분할의 방법이 원칙이고, 현물 분할이 불가능하거나 그것이 형식상 가능하다고 하더라도 그로 인하여 현저히 가격이 감소될 염려가 있을 때에는 공유물의 경매를 명하여 대금을 분할하는 이른바 대금 분할의 방법에 의하여야 할 것인 바,

다. 이 사건 부동산은 채권자와 채무자가 각 1/2씩이나 이를 물리적으로 분할하기가 곤란하고, 이 사건 부동산의 성질, 위치나 면적, 이용 상황, 분할 후의 사용 가치 등 제반 사정에 비추어 보아 채권자와 채무자의 각 지분 비율에 상응하면서 경제적 만족을 주는 적절한 현물분할 방법을 찾기가 어려워 이 사건 부동산을 현물로 분할할 수 없거나 분할로 인하여 현저히 그 가액이 감소될 염려가 있는 경우에 해당한다고 할 것이므로, 이 사건 부동산의 분할은 대금 분할에 의하는 것이 타당하다 할 것입니다.

라. 따라서 채권자는 채무자를 상대로 공유물 분할청구의 본안 소송의 준비에 있으나 동 소송은 채무자의 저간의 사정으로 보아 장시간을 요할 것으로 예상되는 반면 그 안에 채무자가 명의 변경 등을 시도할 시 채권자는 회복할 수 없는 다대한 손해에 직면할 것임이 분명하므로 채권자는 본안 소송의 집행보전을 위하여 시급히 이건 가처분 신청에 이른 것입니다.

마. 단지 이건 가처분 신청에 따른 담보제공 방법은 채무자로 인해 어려움에 처해 있는 채권자의 어려운 실정을 감안 하시어 보증보험과의 계약을 체결한 증권으로 대체할 수 있도록 허락하여 주시기 바랍니다.

**입증 및 첨부 서류**

1. 부동산 등기사항전부증명서(갑 제1호증): 1부
1. 서울중앙지방법원 2017타경0000호 부동산 임의경매사건의 감정평가서와
   굿옥션경매 정보지 (갑제 2호증의 1-2): 각 1부
1. 토지 대장: 1부
1. 건축물 관리 대장: 1부
1. 가처분할 부동산 목록: 6부

2017. 12. 15.<br>위 원고 배○○

# 서울중앙지방법원 귀 중

## ◈ 점유자의 부당이득반환 채권을 보전하기 위한 채권가압류

**부동산 가압류 명령 신청서**

채권자 배 ○○
채무자 이 ○○

목적물가액　　16,968,000원정
첨용인지액　　　10,000 원정
송달료　　　　　27,000 원정

## 서울중앙지방법원　귀중

**부동산 가압류 명령 신청서**

채권자　배 ○○ (000000-1000000)
　등기부주소: 경기도 고양시 일산서구 ~이하 생략
　전화: 010-0000-0000
　송달장소: 경기도 고양시 일산서구 ~이하 생략

채무자　이○○ (000000-2000000)
　경기도 시흥시 ~이하 생략
　전화: 010-0000-0000
　송달장소: 서울시 동작구 장승배기로 ~이하 생략

1. 청구 채권의 표시: 금 16,698,000원정
1. 피보전 권리의 요지: 공유물(1/2지분) 무단 점유에 기한 부당이득금 반환청구 소송의 청구권 보전
1. 가압류할 부동산의 표시: 별지 목록 기재와 같음

**신청 취지**

채권자의 채무자에 대한 위 청구 채권 표시 기재 채권의 집행보전을 위하여
채무자 소유 별지 목록 기재 부동산은 이를 가압류 한다
라는 재판을 구합니다.

## 신청 원인

### 1. 채권자의 이 사건 부동산(1/2지분)의 경매 취득

가. 채권자는 이 사건 부동산(서울시 동작구 노량진동 000-0외 1필지 은성 아파트 제4층 제000호)의 1/2지분을 별첨 부동산 등기사항전부증명서(갑제1호증) 및 서울중앙지방법원 2017타경0000호 부동산 임의경매 사건의 감정평가서와 굿옥션 경매정보지(갑제2호증의 1-2)와 같이,

나. 서울 중앙 지방 법원 2017타경0000호 부동산 임의경매를 통해 2017.10.13 서울중앙 지방 법원 등기국 접수 제195604호 원인 2017.10.10. 임의경매로 인한 매각으로 소유권이전등기를 경료 한바 있습니다.

다. 그런데 위 부동산은 애당초 채무자와 신청외 김OO이 협의 분할에 의한 상속으로 각 1/2씩 소유권 이전 등기를 한 공유 형태였으나 위 공유자(1/2) 김OO 지분이 경매에 계하게 되어 채권자는 위 김OO 지분1/2을 낙찰 받게 된 것인데, 위 부동산에 관하여 공유자사이에 분할하지 않는다는 특약을 한 바가 없습니다.

라. 그러나 동 공유물은 공유자간 협의가 사실상 어려운 지경에 있으며 채권자, 채무자간 각 1/2 지분으로 인해 건물을 쪼개어 사용할 수도 없는 현실적인 문제로 인해 동건물을 경매에 부쳐 경매비용을 제외한 나머지 금원을 각 지분(1/2)별로 배당하는 방법 외에는 달리 방법이 없는 실정입니다.

마. 더 나아가 공유 재산의 분할은 현물 분할을 원칙으로 하며 현물로 분할할 수 없거나 분할로 인하여 그 가액이 현저히 감소할 염려가 있을 때에는 공유물을 경매하여 그 대금을 분할할 수 있습니다(민법 제269조 제2항).

### 2. 채무자의 채권자에 대한 임료 상당 부당이득금 월 3,150,000원 상당 취득

가. 한편 채무자는 채권자가 그 소유권(1/2)을 취득한 2017.10.24.시점부터 이 사건 부동산에 대한 채권자 지분(1/2) 금액을 부당 이득하고 있다고 봄이 상당한 바,

나. 이 사건 채권자의 지분 감정 평가 금액이 별첨 위 부동산 임의사건의 감정평가서에서와 같이 아무리 겸손히 산정하여도 202,000,000원이므로 그 부당 이득 액수는 후일 임료 상당의 감정을 통해 특정하겠지만 우선 적어도 매월 1,414,000원(202,000,000원×7%)원 정도라 할 것입니다.

### 3. 이 사건 가압류의 긴급성

가. 이 사건 부동산의 공유자인 채권자와 채무자 사이에 그 분할 방법에 관하여 협의가 이루어지지 않고 있으므로 채권자는 채무자에 대하여 이 사건 부동산의 분할을 법원에 청구할 수 있다할 것이고,

나. 한편, 재판에 의한 공유물 분할 방법은 현물분할의 방법이 원칙이고, 현물분할이 불가능하거나 그것이 형식상 가능하다고 하더라도 그로 인하여 현저히 가격이 감소될 염려가 있을 때에는 공유물의 경매를 명하여 대금을 분할하는 이른바 대금 분할의 방법에 의하여야 할 것인 바,

다. 이 사건 부동산은 채권자와 채무자가 각 1/2씩이나 이를 물리적으로 분할하기가 곤란하고, 이 사건 부동산의 성질, 위치나 면적, 이용 상황, 분할 후의 사용가치등 제반 사정에 비추어 보아 채권자와 채무자의 각 지분 비율에 상응하면서 경제적 만족을 주는 적절한 현물분할 방법을 찾기가 어려워 이 사건 부동산을 현물로 분할할 수 없거나 분할로 인하여 현저히 그 가액이 감소될 염려가 있는 경우에 해당한다고 할 것이므로 이 사건 부동산의 분할은 대금 분할에 의하는 것이 타당하다 할 것입니다.

라. 한편 채무자는 법률상의 원인 없이 타인의 재산 또는 노무로 인하여 이익을 얻고 이로 인하여 타인에게 손해를 가한 경우에 그 이익이 부당이득이고, 선의의 수익자는 현존의 이익의 범위 내에서 악의의 수익자는 그 받은 이익에 이자를 붙여 반환하고 손해가 있으면 이를 배상하여야 하는 것(민법 제 748호)이며,

마. 더 나아가 이 사건과 같이 공유 부동산의 경우에는 공유자 중 1인이 공유 지분에 기초하여 부동산 전부를 점유하고 있다고 하더라도 그 권원의 성질상 다른 공유자의 지분 비율의 범위 내에서는 타주점유라고 보는 것이 판례(대법원 2008다27752 판결)임을 더하고 보면,

바. 이 사건 채무자는 채권자의 이 사건 부동산 지분 1/2을 법률상 권원 없이 무단 점유하고 있으므로, 위 1/2지분 상당의 부당이득을 하고 있다할 것입니다.

사. 따라서 채권자는 채무자를 상대로 이 사건 가압류 신청과 함께 본안 소송으로 별첨 소장과 같이 귀원 2017가단0000호로 공유물분할 및 부당이득금 반환 청구의 본안을 제기한 바가 있으나,

아. 동 소송은 채무자의 저간의 사정으로 보아 장시간을 요할 것으로 예상되는 반면 채무자는 달리 재산이 없으며 재산이라고는 오직 이 사건 별지 목록 기재 부동산(1/2지분)만이 유일하므로 채권자는 본안 소송의 집행보전을 위하여 시급히 이 건 가압류 신청에 이른 것입니다.

자. 다만 이 건 가압류 신청에 따른 담보제공 방법은 이 사건 부동산(1/2 지분)을 거액을 들여 낙찰 받고도 채무자로 인해 다대한 손해 속에 처해있는 채권자의 어려운 실정을 감안하시어 보증보험과의 계약을 체결한 종전으로 대체할 수 있도록 허락하여 주시기 바랍니다.

**입증 및 첨부 서류**

1. 부동산 등기사항전부증명서(갑제 1호증): 1부
1. 서울중앙지방법원 2017타경0000호 부동산 임의경매사건의 감정평가서와
   굿옥션경매 정보지 (갑제 2호증의 1-2): 각 1부
1. 토지 대장: 1부
1. 건축물 관리 대장: 1부
1. 가압류할 부동산 목록: 6부
1. 본안 소장 부본 및 접수 증명원: 각 1부
1. 가압류 진술서: 1부

2017. 12. 15.
위 원고 배○○

## 서울중앙지방법원 귀 중

### ◈ 어떻게 매수지분에 가등기하고, 탈출하면 성공할 수 있을까?

　대부분 지분을 매수하고 나서 탈출 방법을 공유물분할청구 소송을 진행하기 전에, 또는 소송 진행 중에, 공유물분할 소송 판결로 형식적 경매를 신청하는 단계에서, 자기지분은 소유권이전청구권보전가등기를 하고, 다른 공유지분에 대해선 가처분을 하고 찾고 있다. 여기서 유의할 점은 가처분과 채권가압류 등은 공유물분할청구 소송을 진행하기 전에 하는 것이 원칙이지만, 소유권이전청구권보전가등기는 소송이 진행되는 과정에서 또는 판결이 확정되고 나서 하는 방법이 좋을 듯하다. 왜냐하면 소송하기 전에 가등기를 하게 되면 소송 과정에서 담보가등기 유무 등을 따지게 되고, 그로 인해서 소송이 지연되거나 가등기를 매수인 책임 하에 말소하는 조건으로 판결을 내릴 수도 있다. 그렇게 된다면 애당초 계획한 대로 준비한 시나리오와는 다르게 흘러갈 수 있어서, 그 효과가 반감될 수 있기 때문이다.

　이렇게 대부분이 낮은 가격으로 매수하기 위한 전략으로 보전가등기를 하는 경향

이 있는데 주의해야 한다. 첫 번째로 본인이 매수하지 못하면 다른 사람이 혜택을 보게 된다(다음 5번 사례와 같이). 이때 본등기를 하면 된다고 생각하지만 상대방이 배당금지급청구권에 대한 채권가압류와 동시에 사해행위로 인한 가등기 말소청구소송을 진행해서 가등기를 말소할 수도 있고, 설령 말소하지 못한다고 해도 손해 볼 것은 없다. 상대방지분에 공탁된 배당금을 수령하고 본등기권자와 똑 같은 공유자로 남기 때문이다. 그러나 가등기가 사해행위로 말소된다면 손해배상책임과 형사책임까지 남는다. 그래서 본인이 낙찰 받는 경우에도 이러한 사정을 감안해서 가등기를 작성할 때 적법하게 작성하고(가까운 친척 명의로 가등기를 하면 안 된다), 낙찰 받고 잔금을 지급하기 전에 적법한 절차로 말소하고, 잔금을 지급해야만 본인의 전략대로 성공할 수 있다. 진정한 매매계약 가등기는 매매 계약서 작성 후에 다음과 같이 부동산 매매 예약서를 작성해서 등기소에 가등기를 신청해야 한다. 이때 매매 계약서와 부동산 매매 예약서에 기재되어 있는 계약금, 중도금, 잔금 등의 지급 내역까지 정확하게 근거를 남겨 놓고 나서 가등기를 해야 올바른 가등기로 살아남을 수 있다.

### (1) 매매예약에 의한 가등기와 부동산 매매 예약서 작성 방법

먼저 매매예약에 의한 가등기로 소유권이전등기청구권을 보전할 것인지, 아니면 매매계약에 의한 소유권이전청구권을 보전할 것인지를 결정해야 한다. 이런 등기 형식은 등기부상 가등기의 원인란에 매매예약 또는 매매계약으로 표시하게 된다.

매매예약에 의한 가등기를 하려면 부동산 매매 예약서와 매매예약 증거금만 지급하고 가등기 신청서류에 첨부하여 가등기를 신청하면 된다. 매매계약에 의한 가등기와 달리 부동산 매매 계약서 작성 없이 부동산 매매예약서만 가지고 소유권이전등기청구권보전가등기를 하게 된다.

그러나 매매계약에 의한 가등기는 부동산 매매 계약서를 작성하고 매매계약이 이행되는 과정에서 소유권이전등기청구권을 보전하기 위해서 하는 가등기이다. 그래서 매매예약 가등기와 달리 다음과 같이 매매 계약서를 먼저 작성하고, 소유권이전등기청구권보전가등기를 하면 된다. 매매예약 또는 매매계약에 따른 가등기를 신청할 때 모두 부동산 매매 예약서가 있어야만 가등기를 신청할 수 있다는 사실도 알고 있어야 한다.

## (2) 중도금을 지급하고 소유권을 보전하기 위해 가등기하는 방법

① 소유권보전가등기를 할 때 아파트 매매 계약서 작성 방법(생략함)

② 매매 계약을 체결하고, 중도금까지 지급 후 가등기 설정을 목적으로 부동산 매매 예약서를 작성하는 방법이다.

### ◆ 중도금 지급 후 가등기 설정을 목적으로 부동산 매매 예약서 작성

## 부동산 매매 예약서

### 1. 부동산의 표시

| 소재지 | 서울시 서초구 서초동 980번지 대림아파트 제102동 제5층 제505호 | | | | | | |
|---|---|---|---|---|---|---|---|
| 토 지 | 지 목 | 대 | 대지권 | 소유권의 대지권 | 면 적 | 45.80㎡ |
| 건 물 | 구 조 | 철근콘크리트조 | 용 도 | 아파트 | 면 적 | 84.98㎡ |

### 2. 계약내용

제1조 매도예약자 김정수과 매수예약자 박기자가 다음과 같이 매매예약을 체결한다.

제2조 매도예약자는 위 부동산을 매매대금 6억1,000만원에 매도할 것을 예약하고 매수예약자는 이를 승낙한다.

제3조 매수예약자는 이 계약의 성립과 동시에 본 예약의 증거금으로 1억6,000만원을 매도예약자에게 지급하고. 이 금액은 위 2조의 매매대금에서 공제한다.

제4조 이 계약의 성립과 동시에 매도예약자는 매수예약자 앞으로 위 부동산에 대한 소유권이전등기청구권보전을 위한 가등기절차를 지체 없이 이행한다. 이 경우 등기에 필요한 제반절차 비용을 매수예약자의 부담으로 한다.

제5조 본 매매예약의 매매완결일자는 2015년 08월 20일로 하며 위 완결일자가 경과하였을 때에는 매수예약자의 매매완결의 의사표시가 없어도 당연히 매매가 완결된 것으로 본다.

제6조 위 5조의 의사표시는 매수예약자가 위 3조의 증거금을 제외한 나머지 대금을 매도예약자에게 지급함과 동시에 매매완결의 의사표시를 한 것으로 한다.

제7조 위 6조에 의한 의사표시가 있을 때에는 위 부동산에 대한 매매계약이 성립하므로 매도예약자는 제2조의 매매대금을 수령함과 동시에 매수예약자에게 위 부동산에 대한 소유권이전등기절차 이행하고 부동산을 인도해야 한다.제8조 매도예약자는 위 부동산에 대하여 제한물권 등의 설정이 없는 완전한 소유권을 매수예약자에게 이전하여야 한다.

제9조 매도예약자는 위 부동산을 인도일까지 선량한 관리자의 주의로써 보존하여야 한다.

제10조 양 당사자는 이 계약을 이행하여야 하며, 매도예약자가 이 계약에 위반한 때에는 위약금으로 위 3조의 증거금의 배액을 매수예약자에게 배상하고, 매수예약자가 위반한 때에는 증거금을 위약금으로 보고 그 반환청구권이 상실된다. 계약착수 후에도 또한 같다.

제11조 매수예약자는 이 계약상의 권리를 제3자에게 양도할 수 있다.

제12조 이 계약이 당사자 중 어느 일방의 의무불이행으로 해지 또는 해제된 때에는 위 부동산에 대한 소유권이전등기청구권보전을 위한 가등기는 소멸한다.
제13조 상기 계약내용 이외 계약당사자간에 합의한 내용을 다음과 같이 특약으로 기재한다.
① 본 계약은 매매 계약서 작성 후에 중도금까지 지급하고 소유권을 보전하기 위한 계약으로 본 예약의 증거금은 매매 계약에서 중도금까지 포함한 금액으로 한 것이다.
② 매수예약자는 매도예약자의 동의 없이 제11조에 따라 제3자에게 양도할 수 없다.(또는 동의 없이 양도할 수 있다)

본 계약에 이의가 없음을 확인하고 증명하기 위해 계약서를 작성하고 서명·날인하여 각자 1통씩 보관한다.
2015년 02월 20일

| 매 도 예약자 | 주 소 | 서울시 서초구 명달로17길 30-10, 102동 505호(서초동, 대림아파트) | | | | | |
|---|---|---|---|---|---|---|---|
| | 주민등록번호 | 440701-1226538 | 전 화 | 010-4400-1234 | 성 명 | 김 정 수 (인) |
| | 대리인 | 주민등록번호 | | 전 화 | | 성 명 | |
| 매 수 예약자 | 주 소 | 서울시 서초구 방배천로30길 50-7, 202호(방배동, 한양연립) | | | | | |
| | 주민등록번호 | 750817-1276445 | 전 화 | 010-0021-1234 | 성 명 | 박 기 자 (인) |
| | 대리인 | 주민등록번호 | | 전 화 | | 성 명 | |
| 중개업자 | 사무소소재지 | 서울시 서초구 명달로20길 100, 110호(서초동, 대림빌딩) | | | | | |
| | 등록번호 | 8254-50000 | | | 사무소명칭 | 대림 공인중개사사무소 |
| | 전화번호 | 02-534-8949 | | | 대표자성명 | 우 선 명 (인) |

# 02

## 근린생활시설중 일부지분이 경매된 경우 낙찰받고 나서 대응방법

◆ **지분경매물건 정보내역과 매각결과**

**2012타경5817** · 서울남부지방법원 본원 · 매각기일: 2012.10.30(火) (10:00) · 경매 7계(전화:02 2192 1337)

| 소재지 | 서울특별시 금천구 시흥동 000 | 도로명주소검색 | | | |
|---|---|---|---|---|---|
| 물건종별 | 근린시설 | 감정가 | 202,227,000원 | | |
| 토지면적 | 46.22㎡(13.982평) | 최저가 | (64%) 129,426,000원 | | |
| 건물면적 | 59.147㎡(17.892평) | 보증금 | (10%) 12,950,000원 | | |
| 매각물건 | 토지및건물 지분 매각 | 소유자 | 김정미 | | |
| 개시결정 | 2012-03-06 | 채무자 | 김정미 | | |
| 사건명 | 강제경매 | 채권자 | 기술신용보증기금 | | |

| 구분 | 입찰기일 | 최저매각가격 | 결과 |
|---|---|---|---|
| 1차 | 2012-08-16 | 202,227,000원 | 유찰 |
| 2차 | 2012-09-19 | 161,782,000원 | 유찰 |
| 3차 | 2012-10-30 | 129,426,000원 | |
| | 낙찰: 136,597,000원 (67.55%) | | |
| | <입찰1명, 낙찰자 정소영> | | |
| | 매각결정기일: 2012.11.06 - 매각허가결정 | | |
| | 대금지급기한: 2012.12.06 | | |
| | 대금지급기한: 2012.12.06 - 기한후납부 | | |
| | 배당기일: 2013.01.30 | | |
| | 배당종결 2013.01.30 | | |

  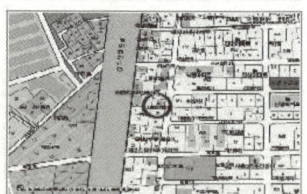

· 매각토지.건물현황 (감정원 / 하성감정평가 / 가격시점: 2012.05.22 / 보존등기일: 1982.10.28 )

| 목록 | 지번 | 용도/구조/면적/토지이용계획 | | ㎡당 감가 | 감정가 | 비고 |
|---|---|---|---|---|---|---|
| 토지 | 시흥동 954-29 | 제2종일반주거지역(7층이하),가축사육제한구역,과 공방어협조구역,재정... | 대 46.22㎡ (13.982평) | 4,017,000원 | 185,665,740원 | 표준지 공시지가: (㎡당)2,540,000원 ☞ 전체면적 323.6㎡중 김정미지분 1/7 매각 |
| 건물 | 1 | 위지상 철근콘크리트소 | 1층 집포및 사무실 | 21.85㎡(6.61평) | 280,000원 | 6,118,000원 | ☞ 전체면적 152.93㎡ 중 김정미 지분 1/7 매각 |
| | 2 | | 2층 선포및 사무실 | 18.417㎡(5.571평) | 280,000원 | 5,156,760원 | ☞ 전체면적 128.93㎡ 중 김정미 지분 1/7 매각 |
| | 3 | | 옥탑 전포및 사무실 | 0.46㎡(0.139평) | 280,000원 | 128,800원 | ☞ 전체면적 3.31㎡중 김정미 지분 1/7 매각 |
| | 4 | | 지하 1층 교육연구 및 복지시설, 창고 2종 노유자시설 | 18.42㎡(5.572평) | 280,000원 | 5,157,600원 | ☞ 전체면적 120.03㎡ 중 김정미 지분 1/7 매각 |
| | | | 면적소계 59.147㎡(17.892평) | | 소계 16,561,160원 | |
| 감정가 | 토지:46.22㎡(13.982평) / 건물:59.147㎡(17.892평) | | | 합계 | 202,227,000원 | 김정미지분 매각 |

PART 3   지분 매수 후 탈출 비법과 실제로 작성했던 소장과 가처분 등의 신청서   123

• 임차인현황 ( 말소기준권리 : 2011.12.12 / 배당요구종기일 : 2012.07.27 )

| 임차인 | 점유부분 | 전입/확정/배당 | 보증금/차임 | 대항력 | 배당예상금액 | 기타 |
|---|---|---|---|---|---|---|
| 박소위 | 점포 지층전부 | 사업자등록: 미상<br>확 정 일: 미상<br>배당요구일: 없음 | 미상 | | 배당금 없음 | |
| 박상범 | 점포 1~2층 | 사업자등록: 미상<br>확 정 일: 미상<br>배당요구일: 없음 | 미상 | | 배당금 없음 | |
| 최병장 | 주거용 | 선 입 일: 1998.01.22<br>확 정 일: 미상<br>배당요구일: 없음 | 미상 | | 배당금 없음 | |
| 기타사항 | 임차인수: 3명 | | | | | |

• 건물등기부 ( 채권액합계 : 390,079,292원 )

| No | 접수 | 권리종류 | 권리자 | 채권금액 | 비고 | 소멸여부 |
|---|---|---|---|---|---|---|
| 1 | 2009.12.28 | 소유권이전(증여) | 김정미 외 6인 | | 김정미,김미숙,김미실,김미현,김미자,김인숙,김남선 지분 각 7분의 1 | |
| 2 | 2011.12.12 | 김정미지분 가압류 | 기술신용보증기금<br>(회성기술평가센터) | 390,079,292원 | 말소기준등기 | 소멸 |
| 3 | 2012.03.06 | 김정미지분 강제경매 | 기술신용보증기금<br>(화성기술평가센터) | 청구금액:<br>383,115,356원 | 2012타경5817 기술신용<br>보증기금 가압류의 본<br>압류로의 이행 | 소멸 |

• 토지등기부 ( 채권액합계 : 390,079,292원 )

| No | 접수 | 권리종류 | 권리자 | 채권금액 | 비고 | 소멸여부 |
|---|---|---|---|---|---|---|
| 1 | 2009.12.28 | 소유권이전(증여) | 김정미 외 6인 | | 김정미,김미숙,김미실,김미현,김미자,김인숙,김남선 지분 각 7분의 1 | |
| 2 | 2011.12.12 | 김정미 지분 가압류 | 기술신용보증기금<br>(화성기술평가센터) | 390,079,292원 | 말소기준등기 | 소멸 |
| 3 | 2012.03.06 | 김정미지분 강제경매 | 기술신용보증기금<br>(회성기술평가센터) | 청구금액:<br>383,115,356원 | 2012타경5817 기술신용<br>보증기금 가압류의 본<br>압류로의 이행 | 소멸 |

## ◆ 지분경매 물건에 대한 권리분석과 매수 이후 대응방안

 이 물건은 근린생활시설로 이용되고 있는데 그 중 채무자 지분 7분의 1지분이 경매로 매각되는 과정에서 정소령이 낙찰받고서 부동산처분금지가처분을 하고 공유물분할청구소송과 병행해서 『피고들은 연대하여 원고에게 2012. 12. 17. 부터 별지1 기재 부동산의 7분의 1에 대한 원고의 소유권 상실일 까지 또는 피고들이 원고에게 인도할 때 까지 월1,000,000원의 금원을 지급하라』는 차임을 원인으로 하는 부당이득반환청구소송까지 진행하게 되었다. 이렇게 하면 비용도 절약하면서 부당이득으로 인한 차임을 반환받을 수 있으며 설령 소송과정에서 조정이 성립되더라도 유리한 고지를 점령할 수 있다. 공유물분할청구소송에서 작성했던 소장과 부동산처분금지가처분을 첨부했으니 참고하기 바란다.
 어쨌든 이 물건은 낙찰받고 나서 채무자 김정미의 남편과 수차례의 통화와 만남을 통해서 협상을 하여 원만하게 해결될 듯해서 소송을 미루고 있다가 협상의 결렬로 결국 소송으로 문제를 해결하게 되었다.

소송중 2차례의 조정에도 협상은 실패하였고 공유자(피고) 중 김미현의 매수 청구에 의해 경매당시 감정가격으로 가지고 법원의 판결 확정후 피고들이 변제공탁 후 소유권이전등기를 해 갔고, 임료(차임)는 법원의 임료감정에 의하여 감정가격의 연 4%로 판결돼 부당이득금을 반환받을 수 있었던 사례이다.

김미현이 매수청구당시 첨부한 대법원 2004다30583 판결은 『공유자 중의 1인의 단독소유 또는 수인의 공유로 하되 현물을 소유하게 되는 공유자로 하여금 다른 공유자에 대하여 그 지분의 적정하고도 합리적인 가격을 배상시키는 방법에 의한 분할도 현물분할의 하나로 허용된다』는 내용이다.

### ◆ 공유물분할청구소송을 위한 소장 작성 방법

#### (1) 공유물분할청구소송을 위한 소장 표지

① 공유물분할청구소송을 위한 소장 표지

소　장

원고 : 정소령
피고 : 1. 김미숙
　　　2. 김미실
　　　3. 김미현
　　　4. 김미자
　　　5. 김인숙
　　　6. 김남선

**공유물분할 청구의 소**

목적물 가액 :　　　　　　원정
첨용인지액 :　　　　　　원정
송 달 료 :　　　　　　원정

## 서울중앙지방법원 귀중

② 공유물분할청구소송을 위한 소장

원고 : 정 소 령 (800000-1000000)
　　　서울시 서초구 반포동 70-1 한신서래아파트 4동 000호
　　　전화 : 010-3793-0000
피고 :
　1. 김미숙 : 서울시 금천구 시흥동 954-00
　2. 김미실 : 경기도 군포시 당동 873 쌍용아파트 101동 0000호
　3. 김미현 : 서울시 금천구 시흥동 954-00
　4. 김미자 : 서울시 강서구 등촌동 632-2 태영아파트 102동 000호
　5. 김인숙 : 서울시 금천구 시흥동 954-00
　6. 김남선 : 서울시 강서구 염창동 295 강변성원아파트 103동 000호

공유물 분할 청구의 소

### 청구 취지

1. 별지1기재 부동산을 경매에 붙여 그 매각대금 중에서 경매비용을 뺀 나머지 금액을 별지2 공유지분 목록기재의 비율에 따라 원고 및 피고들에게 분배한다.
2. 소송비용은 피고들의 부담으로 한다
　라는 판결을 구합니다.

### 청구 원인

1. 원고의 소유권 취득
원고는 별지1기재 부동산의 7분의 1을 서울남부지방법원 2012타경5817호 부동산강제경매 절차에서 낙찰받아 2012.12.17. 매각대금을 납부하여 소유권을 취득하였습니다(갑제1호증1-2 부동산등기부등본, 갑제2호증 매각대금완납증명).

2. 공유물 분할 청구
　가. 매각대금을 납부하기 전 원고는 위 부동산을 방문하였으나 피고들이 부동산 전부를 사용·수익하고 있어, 원고의 사용·수익이 어렵다고 판단되었고, 공유지분 해소를 위하여 잔금납부 후에 내용증명(갑제3호증1-6)으로 지분해소를 위한 협의

를 요청하였으나 불응하여, 더 이상 협의가 불가하다고 판단되는바, 위 부동산 전부를 다시 경매하여 그 매각대금을 공유지분 비율에 따라 분할을 하는 것이 최선이라고 생각합니다.
　나. 따라서 원고는 위 부동산 전부를 경매에 붙여서 그 매각대금 중에서 경매비용을 공제한 다음 공유지분 비율에 따라 원고와 피고들에게 배당되도록 하여, 공유관계를 해소하고자 합니다.

또는 2. 공유물 분할 청구 내용을 이렇게 작성해도 된다.

## 2. 공유물 분할 청구
　가. 별지1 기재 부동산을 공유지분권자가 7명씩이나 존재하다보니 사실상 사용·수익이나 지분매도도 사실상 불가능한 상태입니다. 원고가 잔금을 납부하고 피고들과 공유지분 해소를 위하여 내용증명(갑제3호증1-6)을 보내어 협의를 요청하였으나 불응하여, 더 이상 협의가 불가하다고 판단되는바, 위 부동산을 경매에 붙여 그매각대금을 공유지분 비율에 따라 분할을 하는 방법 외에는 달리 방법이 없는 실정 입니다.
　나. 따라서, 원고는 ~ (생략)

## 3. 결 론
　공유물분할의소가 공유자가 다른 공유자 전원을 피고로 해야 하는 필수적 공동소 송임에 터잡아 민법 제269조 제1항에 의거 이에 원고는 피고들을 상대로 청구취지와 같은 판결을 구하기 위하여 부득이 이 건 청구에 이른 것입니다.

### 입 증 방 법
1. 갑제1호증의1-2 각 부동산등기부등본 1부
2. 갑제2호증 매각대금완납증명 사본 1부
3. 갑제3호증의1-6 잔금납부전 공유지분해소를 위한 협의를 요청한 내용 증명 사본 1부
4. 감정평가서 사본 1부

### 첨 부 서 류
1. 위 입증방법　　각1통.
2. 소장부본　　　7통
3. 토지대장　　　1통.
4. 건축물대장　　1통
5. 송달료납부서　1통

2012. 12. 26.

위 원고 정 소 령

## 서울중앙지방법원 귀중

## (2) 공유물분할청구소송에서 부당이득까지 포함해 소장을 작성한 사례

소 장

원고 :   정 소 령 (800000-1000000) ~ 이하 생략
피고 :   1. 김미숙 ~ 6. 김남선은 앞의 (1)번 소장과 동일한 내용이므로 생략함.
공유물 분할 청구의 소

### 청 구 취 지

1. 별지1기재 부동산을 경매에 붙여 그 매각대금 중에서 경매비용을 뺀 나머지 금액을 별지2 공유지분 목록기재의 비율에 따라 원고 및 피고들에 게 분배한다.
2. 피고들은 연대하여 원고에게 2012.12.17.부터 별지1기재 부동산의 7분의 1에 대한 원고의 소유권 상실일 까지 또는 피고들이 원고에게 인도할 때 까지 월 1,000,000.원의 금원을 지급하라 3. 소송비용은 피고들의 부담으로 한다.
라는 판결을 구합니다.

### 청 구 원 인

1. 원고의 소유권 취득
   이 내용은 앞의 (1)번 소장과 동일한 내용이므로 생략함.

2. 공유물 분할 청구
   이 내용은 앞의 (1)번 소장과 동일한 내용이므로 생략함.

3. 임료지급청구
가 피고들은 별지1 기재 부동산 전부를 사용 수익하고 있습니다. 그러나 원고 소유 지분 7분의 1에 대해서는 아무런 근거 없이 점유하고 있는 것으로, 원고에 대해서 부당이득을 얻고 있는 자들에 해당합니다.
나. 그 부당이득의 액수는 후일 임료 상당액의 감정을 통해 특정하겠지만, 서울남부지방법원 2012타경5717호의 경매절차에서 2012. 05. 22.자 감정평가금 액이 202,227,000.원(갑제5호증 감정평가서)이므로 적어도 매월 100만원 이상 (202,227,000.x연6%/12=1,011,135)은 된다고 사료되므로, 원고는 청구취지 기재와 같은 판결을 구하고자 이 사건 소송을 제기합니다.

### 입 증 방 법

1 ~ 4번 내용은 앞의 (1)번 소장과 동일한 내용이므로 생략함.

첨 부 서 류
1 ~ 6번 내용은 앞의 (1)번 소장과 동일한 내용이므로 생략함.

2012. 12. 26.
위 원고 정 소 령

### 서울중앙지방법원 귀중

## ◆ 공유물에 대한 처분금지가처분 신청서 표지와 본문 작성

① 공유물에 대한 처분금지가처분 신청서 표지

### 부동산 처분금지 가처분 신청서

채 권 자 : 정 소 령
채 무 자 : 1. 김 미 숙
          2. 김 미 실
          3. 김 미 현
          4. 김 미 자
          5. 김 인 숙
          6. 김 남 선
목적물 가액 :　　　　　　원정
첨용인지액 :　　　　　　　원정
송 달 료 :　　　　　　　　원정

### 서울중앙지방법원 귀중

② 과표 계산서(표지 뒷면)

〈과표 계산서〉
　　　　공시지가 :　　　　　　　　원,
　　　　건축년도 :　　　　　　　　년
　　　　　구조 : 철근콘크리트
　　　　　용도 : 근린시설
　　　㎡당 가격 :　　　원
　　　　　면적 :　　　　　㎡
　　　㎡당 가격 :　　　　원 ×　　　　㎡ × 0.3　　　원


③ 공유물에 대한 처분금지가처분 신청서

부동산 처분금지 가처분 신청서

채권자 :　정 소 령 (800000-1000000)
　서울시 서초구 반포동 70-1 한신서래아파트 4동 000호
　전화 : 010-3793-0000

채무자 :
1. 김미숙: 서울시 금천구 시흥동 954-00
2. 김미실: 경기도 군포시 당동 873 쌍용아파트 101동 0000호
3. 김미현: 서울시 금천구 시흥동 954-00
4. 김미자: 서울시 강서구 등촌동 632-2 태영아파트 102동 000호
5. 김인숙: 서울시 금천구 시흥동 954-00
6. 김남선: 서울시 강서구 염창동 295 강변성원아파트 103동 000호

- 목적물의 표시 : 별지목록 기재와 같음
- 목적물가액 :　　원
- 피보전권리의 요지 :　　공유물 분할 청구소송의 청구권 보전

신 청 취 지

별지목록 기재 부동산중, 채무자 김미숙은 1/7지분에 관하여, 채무자 김미실은 1/7지분에 관하여, 채무자 김미현은 1/7지분에 관하여, 채무자 김미자는 1/7지분에 관하여, 채무자 김인숙은 1/7지분에 관하여, 채무자 김남선은 1/7지분에 관하여 매매, 저당권, 전세권, 임차권의 설정 기타 일체의 처분 행위를 하여서는 아니 된다. 라는 재판을 구합니다.

## 신 청 원 인

### 1. 당사자 관계

가. 채권자는 별지1 기재 부동산의 7분의 1을 서울남부지방법원 2012타경5817호 부동산 강제경매 절차에서 낙찰받아 2012.12.17. 매각대금을 납부하여 소유권을 취득하였습니다(갑제1호증1-2 부동산등기부등본, 갑제2호증 매각대금완납증명).

나. 채무자 김미숙은 7분의 1지분을, 채무자 김미실은 7분의 1지분을, 채무자 김미현은 7분의 1지분을, 채무자 김미자는 7분의 1지분을, 채무자 김인숙은 7분의 1지분을, 채무자 김남선은 7분의 1지분을 각 공유지분을 가지고 있는 공유자들입니다.

### 2. 채권자의 공유물분할청구소송에 따른 이 건 가처분의 필요성

가. 이 사건 건물을 위 채권자와 채무자 1~6이 각 공유지분 1/7씩 소유하다보니 그 사용·수익의 제한은 물론 임대를 하더라도 최소 공유자 과반수의 동의를 받아야 하는 등 그 불편이 가중되고 있으므로

나. 채권자는 채무자들을 상대로 이 건 부동산을 경매에 붙여 경매 제비용을 제외한 나머지 금액을 채권자들 간 각 1/7씩 나누어 갖는 방식의 공유물분할청구의 소를 준비 중에 있으나

다. 동 소송은 채무자들의 개인의 사정으로 보아 장시간을 요할 것으로 예상되는 반면, 그 사이 채무자들이 의도적으로 명의변경 등을 시도할 시채권자는 본안소송의 실익이 없을 것임이 분명하므로 본안 소송의 집행보전을 위하여 채권자는 시급히 이 건의 가처분 신청에 이른 것입니다. 라. 단지, 이 건 가처분 신청에 따른 담보 제공방법은 보증보험과의 계약을 체결한 증권으로 대체할 수 있도록 허락하여 주시기 바랍니다.

### 입증 및 첨부서류

1. 부동산 등기부 등본(갑1호증)........................ 1부
1. 토지대장 ................................................ 1부
1. 건축물 관리대장 ..................................... 1부
1. 가처분할 부동산 목록 ............................... 1부

2012. 12. 26.

위 원고 정 소 령 (인)

### 서울중앙지방법원 귀중

<부동산 목록>

1. 서울시 금천구 시흥동 000-00 대 323.6㎡
2. 위 지상 철근 콘크리트 스래브 지붕 2층 근린생활시설
   　　　1층 152.93㎡
   　　　2층 128.93㎡
   　　　옥탑 3.31㎡(연면적 제외)
   　　　지하실 128.93㎡
(가처분할 지분 - 채무자 김미숙 1/7지분, 채무자 김미실 1/7지분, 채무자 김미현 1/7지분, 채무자 김미자 1/7지분, 채무자 김인숙 1/7지분, 채무자 김남선 1/7지분)

# 03 봉천동의 연립주택 2분의 1을 공매로 낙찰 받고 탈출하는 방법은?

## ◆ 연립주택 2분의 1 지분 온비드공매 입찰정보 내역

### 캠코공매물건

**[물건명/소재지] : 서울 관악구 봉천동 63-1 제1층 제OOO호**

#### 기본정보
- 물건종류 : 부동산
- 처분방식 : 매각
- 물건상태 : 낙찰
- 조회수 : 489

#### 기관정보
- 입찰집행기관 : 한국자산관리공사
- 담당자 : 서울지역본부 / 조세정리3팀
- 연락처 : 1588-5321

#### 물건정보

| 소재지(지번) | 서울 관악구 봉천동 63-1 제1층 제OOO호 | | |
|---|---|---|---|
| 물건관리번호 | 2015-06735-001 | 재산종류 | 압류재산 |
| 위임기관 | | | |
| 물건용도/세부용도 | 연립주택 | 입찰방식 | |
| 면적 | 대 38㎡ 지분(총면적 523㎡), 건물 41.32㎡ 지분(총면적 82.64㎡) | | |
| 배분요구종기 | 2015/10/12 | 최초공고일자 | 2015/08/26 |

#### 감정정보

| 감정평가금액 | 142,000,000 원 | 감정평가일자 | 2015/07/21 | 감정평가기관 | (주)나라감정평가법인 [감정평가서>] |
|---|---|---|---|---|---|
| 위치 및 부근현황 | 본건은 관악구 봉천동 소재 봉천초등학교 서측 인근에 위치하며, 차량 접근 가능하고 인근에 버스 정류장 소재하여 대중교통 이용편익 보통. | | | | |
| 이용현황 | 연립주택으로서 방3, 주방, 거실, 화장실, 다용도실, 현관으로 이용중임. | | | | |
| 기타사항 | 조사일 현재 임대 없이 소유자가 거주중임. | | | | |

#### 임대차정보

| 임대차내용 | 이 름 | 보증금 | 차임(월세) | 환산보증금 | 확정(설정)일 | 전입일 |
|---|---|---|---|---|---|---|
| 전입세대주 | 김OO(C체납자) | 0 원 | 0 원 | 0 원 | | 2010/09/07 |
| 전입세대주 | 배OO(체납자의 모친) | 0 원 | 0 원 | 0 원 | | 2012/07/02 |

PART 3  지분 매수 후 탈출 비법과 실제로 작성했던 소장과 가처분 등의 신청서    133

### 임대차정보

| 임대차내용 | 이름 | 보증금 | 차임(월세) | 환산보증금 | 확정(설정)일 | 전입일 |
|---|---|---|---|---|---|---|
| 전입세대주 | 김OO(C세남자) | 0 원 | 0 원 | 0 원 |  | 2010/09/07 |
| 전입세대주 | 배OO(제남자 의모친) | 0 원 | 0 원 | 0 원 |  | 2012/07/02 |

### 등기사항증명서 주요 정보

| 순번 | 권리종류 | 권리자명 | 등기일 | 설정액(원) |
|---|---|---|---|---|
| 1 | 위임기관 | 관악세무서 |  | 미표시 |
| 2 | 공유자 | 김병장(공유자) | 2011/03/31 | 0 원 |
| 3 | 근저당권 | 주식회사국민은행(봉천중앙지점) | 2011/05/04 | 30,000,000 원 |
| 4 | 압류 | 국민건강보험공단(관악지사-징수부) |  | 미표시 |

### 입찰이력정보

| 입찰번호 | 처분방식 | 물건관리번호 | 개찰일시 | 최저입찰가 | 낙찰가 | 낙찰가율 | 입찰결과 | 입찰상세 |
|---|---|---|---|---|---|---|---|---|
| 201506735001 | 매각 | 2015-06735-001 | 2015/11/26 11:00 | 85,200,000 | 98,208,800 | 115.3% | 낙찰 | 보기 |

## ◆ 토지 지분공매 절차에서 공매물건의 사진과 주변 현황도

### ◆ 지분공매 물건에 대한 권리분석과 배분표 작성

이 공매물건은 소유자가 2명으로 각 1/2씩 공유지분으로 되어 있는데 그 중 1/2지분만 공매가 진행된 물건이다. 봉천동에 있는 이 연립주택은 지하철 2호선 서울대입구역에서 도보로 5분에서 6분 거리에 있고, 주변은 주거지역으로 대형유통 시설과 학군 등이 발전해 있다.

이 주택에는 임차인 등이 거주하고 있는 것이 아니라 체납자와 체납자의 모친이 거주하고 있어서 낙찰 받고 나서 인수할 권리는 없다.

필자가 낙찰 받고 나서 이 주택을 방문해 체납자의 모친과 협의하는 과정을 거쳤으나 협의가 이루어지지 않아서 다음과 같이 공유물분할 청구 소송과 다른 지분에 주택사용료를 원인으로 하는 채권가압류를 하게 되었다. 이런 이유는 이 연립주택이 아버지 명의 였는데 부친이 사망하자 협의분할로 장남과 차남으로 공유등기하게 되었고 그 이후에 차남 지분에 대해서 공매가 진행되 었고 그 과정에서 필자가 낙찰 받았다. 필자는 낙찰 받은 이유는 이 주택이 35년 이상 되었고, 주변 부동산을 방문해 본 결과 재건축이 준비 중에 있어서 시세가 3억3,000만원을 형성하고 있었기 때문이다. 그러니 절반이 1억6,000 만원 갈 수 있다고 판단했다. 2분의 1지분을 9,800만원에 낙찰 받아 다음과 같이 부당이득을 원인으로 하는 채권가압류와 공유물분할청구 소송을 하게 되면 그 소송과정에서 협의가 이루어질 것이라는 판단에서였다.

어쨌든 독자분 들도 이러한 지분공매물건이 나온다면 필자와 같이 투자하면 될 것이다.

### ◆ 매수 후 공유물분할청구 소장 작성 방법

소 장

원고  김 동 희
피고  김 ○ ○

**공유물분할 등 청구소**

목적물가액 3,016,360 원정
첨용인지액 15,000 원정
송달료 111,600원정

서울중앙지방법원 귀중

〈과표 계산서〉
공시지가 : 2,434,000원,   건축년도 : 1981년
구조 : 연화조              용도 : 연립주택
m2 당 가격 : 73,000원     면적 : 82.64m2
m2 당 가격 : 73,000원×82-64 m2 ×0.5 = 3,016,360원
= 원고의 공유지분 비율×1/3 = 3,016,360원


## 소 장

원 고    김 동 희
　　서울시 서초구 OOOOO OO(방배동)
　　송달장소 : 서울시 서초구 사평대로52길 1, 302(서초동, 대경빌딩)
　　전화 010-3735-5108
피 고 :    김 명 섭
　　충남 천안시 동남구 유량동 산 OO-OO, OOO아파트 OOO동 OOO호

공유물 분할등 청구의소

### - 청구 취지 -

1. 별지목록 기재 부동산을 부동산을 경매에 붙어 그 매각대금 중에서 경매비용을 공제한 나머지 금액을 분할하여 별지목록 2 기재의 공유지분 비율에따라 원고와 피고에게 분배한다.
2. 피고는 원고에게 2015부터 별지목록 1기재 부동산의 2분의 1에 대한 원고의 소유권 상실일 또는 피고가 원고에 인도할 때까지 월 1,000,000원의 비율에 의한 금원을 지급하라.
3. 소송비용은 피고가 부담한다.
4. 위 제2항은 가집행 할수있다 라는 판결을 구합니다.

### - 청구 원인 -

1. 당사자 관계
　가. 원고는 별지목록 1기재 부동산의 2분의 1을 전 공유자 소외 OOO이 금천세무서에 부담하는 부가가치세 압류에 따른 공매절차 한국자산관리공사 (관리번호 2015-66735-001호)에서 낙찰 받아 2015. 01. 08. 매각대금을 납부하여 별첨 부동산 등기부등본[갑 제1호증]과 같이 소유권을 취득한 자이다.
　나. 피고는 위 부동산의 2분의 1 공유지분권자입니다.

## 2. 원고의 이 사건 공유물분할 청구소의 이익

가. 위와 같이 원 피고는 각 2 분의 1 공유지분권자의 위치에 있으나 이 사건 연립 주택의 각 2 분의 1 공유자로서는 부동산을 현물로 분할할 수 없으며 현물 분할을 할 경우 그 경제적 가액이 현저히 감손될 염려가 있으므로 이를 현물로 분할하기보다는 경매에 부쳐 매득금을 각 공유자에게 분배함이 상당한 방법이라 할 것입니다.

## 3. 원고의 피고에 대한 임료상당 부당이득금 월 100만원청구

가. 한편 피고는 원고가 위 공매대금을 납부하여 소유권을 취득한 시점부터 이 사건 부동산에 대한 원고지분 2분의 1을 부당이득하고 있다고 봄이 상당하므로 나. 별첨 공매 내역서 (갑 제2호증)과 같이 이 사건 2분의 1 부동산의 감정평가 금액이 142,000,000원이므로 그 부당이득의 액수는 후일 임료 상당액의 감정을 통해 특정하겠지만 우선 적어도 매월 100만원 이상이라 할 것입니다

## 4. 결 론

따라서 원고는 피고에게 청구 취지와 같은 판결을 구하기 위하여 부득이 이건 청구에 이른 것입니다.

### 입증 및 첨부 서류

1. 부동산 등기부 등본 (갑제1호증)     1부.
2. 공매 내역서 (갑제2호증)     1부.
3. 토지대장     1부.
4. 건축물 관리대장     1부.
5. 부동산 목록, 공유지분목록     각 1부.
6. 소장부본     1부.

2016. 1. 15.
위 원고 김 동 희

## 서울중앙지방법원 귀중

[별지 목록 1]

1동의 건물의 표시
　　서울시 관악구 봉천동 OO-O
　　(도로명주소) 서울시 관악구 행운1길 OO-O
　　벽돌조 슬래지붕 위 시맨트 기와 지붕 2층 연립주택
　　1층 208.93$m^2$ , 2층 208.93$m^2$ , 지하실 208.93$m^2$

전유부분의 건물의 표시
　　건물번호 : 1-101, 구조 : 벽돌조
　　면적 : 75.04$m^2$ [지하실 7.6$m^2$ ] 제1층 제101호

대지권의 목적인 토지의 표시
　　토지의 표시 : 서울시 관악구 봉천동 OO-O, 대 523$m^2$
　　대지권의 표시 : 소유권 대지권
　　대지권의 비율 : 523분의 76

[별지 목록 1]

| | 성 명 | 주 소 | 공유 지분 | 비 고 |
|---|---|---|---|---|
| 1 | 김동희 | 서울시 서초구 OOOO, OO (방배동) | 2분의 1 | 공유지분권자 |
| 2 | 김명섭 | 충남 천안시 동남구 유량동 산 OO-O OOO 아파트 OOO동 OOO호 | 2분의 1 | 공유지분권자 |

## ◈ 점유자의 부당이득반환 채권을 보전하기 위한 채권 가압류

**부동산 가압류 명령 신청서**

    채권자   김 동 희
    채무자   ○ ○ ○
        목적물가액        6,000,000원정
        첨용인지액          10,000원정
        송달료               22,320원정

## 서울중앙지방법원 귀중

**부동산 가압류 명령 신청서**

채권자 : 김 동 희
  서울시 서초구 ○○○○, ○○(방배동)
  송달장소 : 서울시 서초구 사평대로52길 1, 302(서초동, 대경빌딩)
  전화 010-3735-5108
채무자 : 김 명 섭
  충남 천안시 동남구 유량동 산 ○○-○ ○○○ 아파트 ○○○동 ○○○호

1. 청구금액 : 6,000,000원정
1. 피보전권리의 요지 : 부당이득반환청구소송의 청구권 보전

- 신청 취지 -

  채권자의 채권자에 대한 위 청구채권 표시 기재 채권의 집행보전을 위하여 채무자 소유 별지목록 기재부동산을 가압류 한다.
라는 재판을 구합니다.

- 신청 원인 -

1. 당사자 관계
  가. 채권자는 별지목록 1기재 부동산의 2분의 1을 전 공유자 신청외 ○○○이 금천세무서에 부담하는 부가가치세 압류에 따른 공매절차 한국자산관리공사(관리번호 2015-66735-001호)에서 낙찰 받아 2015. 01. 08. 매각대금을 납부하여 별첨 부동산 등기부등본[갑 제1호증]과 같이 소유권을 취득한 자이고,
  나. 채무자는 위 부동산의 2분의 1 공유지분권자입니다.

2. 채권자의 이 사건 공유물분할 청구소 제기
  가. 위와 같이 채권자, 채무자는 각 2분의 1 공유지분권자의 위치에 있으나 이 사건 연립주택의 각 2분의 1 공유자로서는 부동산을 현물로 분할할 수 없으며 현물분할을 할 경우 그 경제적 가액이 현저히 감손될 염려가 있으므로 이를 현물로 분할하기 보다는 경매에 부쳐 매득금을 각 공유자에게 분배함이 상당한 방법이라 할 것이므로,
  나. 채권자는 귀원 2016가단○○○○호로 공유물분할청구의 소 및 공유물분할청구소송이 완료되기 까지의 월 100만원씩×6개월 = 600만원의 부당이득반환청구를 제기, 현재 소송 계속 중에 있습니다.

3. 채권자의 채무자에 대한 임료상당 부당이득금 월 100만원×6개월=600만원 청구
  가. 한편 채무자는 채권자가 위 공매대금을 납부하여 소유권을 취득한 시점부터 이 사건 부동산에 대한 원고지분 2분의 1을 부당이득하고 있다고 봄이 상당하므로,
  나. 별첨 공매 내역서 (갑 제2호증)과 같이 이 사건 2분의 1 부동산의 감정평가 금액이 142,000,000원이므로 그 부당이득의 액수는 후일 임료 상당액의 감정을 통해 특정하겠지만 우선 적어도 매월 100만원 이상이라 할 것입니다.
  다. 따라서, 이에 대한 6개월분 600만원으로 산정하여 부당이득을 함께 청구하였습니다.

4. 이 사건 가압류의 필요성
  가. 그러나, 동 공유물분할 및 부당이득금 반환 청구 소송은 채무자의 저간의 사정 으로 보아 장 시간을 요할 것으로 예상되는 반면 채무자는 달리 재산이 없으며 재산 이라곤 오직 이 사건 채무자 소유 2분의 1지분 부동산만이 유일하므로, 채권자는 본안소송의 집행보전을 위하여 시급히 이 건 가압류 신청에 이른 것입니다.
  나. 다만 이 건 가압류 신청에 따른 담보제공 방법은 보증보험과의 계약을 체결한 증권으로 대체할 수 있도록 허락하여 주시기 바랍니다.

## 입증 및 첨부 서류

1. 부동산 등기부 등본 (갑제1호증)    1부.
2. 공매 내역서 (갑제2호증)            1부.
3. 토지대장                            1부.
4. 건축물 관리대장                     1부.
5. 가압류할 부동산 목록                1부.
6. 가압류 진술서                       1부.
7. 본안소장 및 접수증명원              각 1부.

2016. 1. 15.
위 채권자 김 동 희

## 서울중앙지방법원 귀중

[별지 목록]

**1동의 건물의 표시**
　　서울시 관악구 봉천동 OO-O
　　(도로명주소) 서울시 관악구 행운1길 OO-O
　　벽돌조 슬래지붕 위 시맨트
　　기와 지붕 2층 연립주택
　　1층 208.93$m^2$ , 2층 208.93$m^2$ , 지하실 208.93$m^2$

**전유부분의 건물의 표시**
　　건물번호 : 1 - 101, 구조 : 벽돌조
　　면적 : 75.04$m^2$ [지하실 7.6$m^2$] 제1층 제101호

**대지권의 목적인 토지의 표시**
　　토지의 표시 : 서울시 관악구 봉천동 OO-O, 대 523$m^2$
　　대지권의 표시 : 소유권 대지권
　　대지권의 비율 : 523분의 76

# 04

## 3분의 1지분을 낙찰 받고 공유물분할청구 소송과 가처분을 신청한 사례

◆ **다세대주택 3분의 1 지분공매 입찰정보 내역**

### 캠코공매물건

**[물건명/소재지]** : 서울 영등포구 대림동 1116-39 제1층 제000호

#### 기본정보

| | |
|---|---|
| 물건종류 | 부동산 |
| 처분방식 | 매각 |
| 물건상태 | 낙찰 |
| 조회수 | 328 |

#### 기관정보

- 입찰집행기관 : 한국자산관리공사
- 담당자 : 서울지역본부 / 조세정리3팀
- 연락처 : 1588-5321

#### 물건정보

| | |
|---|---|
| 소재지(지번) | 서울 영등포구 대림동 1116-39 제1층 제000호 |
| 물건관리번호 | 2015-08952-001 |
| 재산종류 | 압류재산 |
| 위임기관 | 영등포구청 |
| 물건용도/세부용도 | 다세대주택/다세대 |
| 입찰방식 | |
| 면적 | 대 6.866㎡ 지분(총면적 215.4㎡), 건물 18.24㎡ 지분(총면적 54.72㎡) |
| 배분요구종기 | 2015/10/12 |
| 최초공고일자 | 2015/08/26 |

#### 감정정보

| | |
|---|---|
| 감정평가금액 | 53,600,000 원 |
| 감정평가일자 | 2015/07/27 |
| 감정평가기관 | (주)삼창감정평가법인 |
| 위치 및 부근현황 | 대림역 남측인근에 위치, 주위는 다세대주택, 근린생활시설등이 혼재, 차량 진·출입이 용이, 인근에 노선버스 정류장 및 지하철2,7호선 대림역소재 대중교통 보통 |
| 이용현황 | 다세대주택 |

#### 임대차정보

| 임대차내용 | 이 름 | 보증금 | 차임(월세) | 환산보증금 | 확정(설정)일 | 전입일 |
|---|---|---|---|---|---|---|
| 감정서상 표시내용 또는 신고된 내용이 없습니다. | | | | | | |

PART 3  지분 매수 후 탈출 비법과 실제로 작성했던 소장과 가처분 등의 신청서   143

### 등기사항증명서 주요 정보

| 순번 | 권리종류 | 권리자명 | 등기일 | 설정액(원) |
|---|---|---|---|---|
| 1 | 위임기관 | 관악세무서 | | 미표시 |
| 2 | 공유자 | 김병장(공유자) | 2011/03/31 | 0 원 |
| 3 | 근저당권 | 주식회사국민은행(봉천중앙지점) | 2011/05/04 | 30,000,000 원 |
| 4 | 압류 | 국민건강보험공단(관악지사-징수부) | | 미표시 |

### 입찰이력정보

| 입찰번호 | 처분방식 | 물건관리번호 | 개찰일시 | 최저입찰가 | 낙찰가 | 낙찰가율 | 입찰결과 | 입찰상세 |
|---|---|---|---|---|---|---|---|---|
| 201506735001 | 매각 | 2015-06735-001 | 2015/11/26 11:00 | 85,200,000 | 98,208,800 | 115.3% | 낙찰 | 보기 |

## ◆ 토지 지분공매 절차에서 공매물건의 사진과 주변 현황도

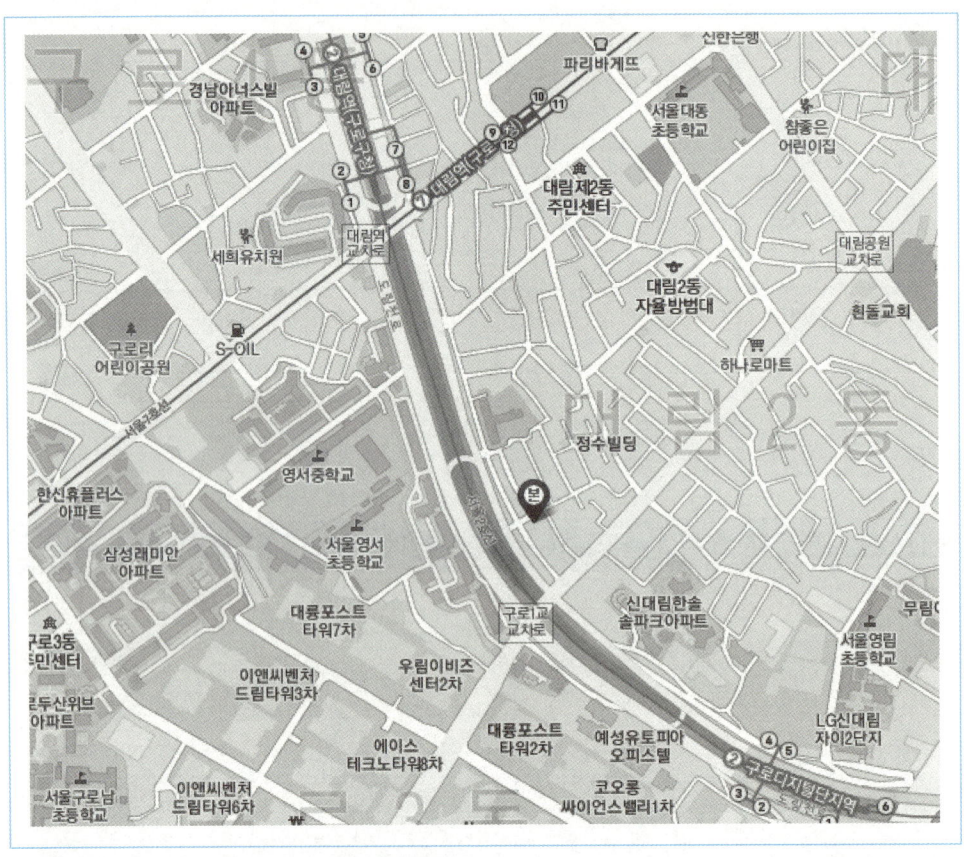

## ◆ 지분공매 물건에 대한 권리분석과 배분표 작성

이 공매물건은 소유자가 2명으로 현재 이 다세대주택은 3분의 2지분을 가지고 있는 우OO와 그의 부친이 점유하고 있다. 그리고 점유하고 있는 우OO 는 공매로 매각되는 체납자 김OO 1/3 지분에 가등기로 소유권이전청구권을 보전하고 있었는데 말소기준권리보다 가등기가 후순위로 소멸되는 권리이다.

따라서 낙찰자는 인수할 권리 없이 체납자 김OO 1/3 지분을 공매로 낙찰 받을 수 있는 물건이다.

그래서 현장을 방문해서 다세대주택의 위치를 확인하고 주변 부동산4군데에서 시세와 전·월세 조사 등을 하였다. 시세는 2억 정도이고 전세 시세는 1억5천 만원 정도이다. 그러니 3분의 1지분이라도 그 가격은 6,667만원으로 4,000만원에 낙찰 받으면 2,600만원의 시세 차익을 노릴 수 있어서 입찰에 참여해서 낙찰 받았다.

낙찰 받고 나서 현재 거주하고 있는 우OO의 부친과 협의 과정에서 우OO의 부친은 다세대주택을 1억6,000만원으로 환산해서 3분의 1에 해당하는 금액 5,333만원에 팔라는 주장을 되풀이 했고, 필자는 시세가 2억원 가니 그 금액이 아니더라도 1억8,000만원에 해당하는 금액의 3분의 1인 6,000만원에 팔겠다고 했다. 어쨌든 협의가 원만하게 이루어지지 않아 다음과 같이 공유물분할청구 소송과 가처분을 하고 그 소송 과정에서 조정이 성립되거나 성립이 안되어 공유물분할에 따른 형식적 경매가 진행되면 그 과정에서 직접 낙찰 받거나 배당 받기로 했다. 그러는 과정에서 점유자들의 협의가 오면 그 과정에서 협의하는 방법이 해결의 실마리를 쉽게 찾을 수 있었던 경험에서 선택한 방법이다. 어쨌든 필자는 그 과정에서 작성했던 소장과 가처분 신청서를 독자분 들도 활용할 수 있도록 다음과 같이 기술해 놓은 것이다.

### ◆ 매수 후 공유물분할청구 소장 작성 방법

소 장

원고  권OO
피고  우OO

공유물분할 등 청구소
   목적물가액    14,145,120원정
   첨용인지액       68,600원정
   송달료         106,500원정

서울남부지방법원 귀중

〈과표 계산서〉

공시지가 : 2,059,000원,   건축년도 : 2001년
구조 : 철근콘크리트조      용도 : 다세대주택
㎡당 가격 : 517,000원      면적 : 54.72m2
㎡당 가격 : 517,000원×54.72㎡×0.5 = 14,145,120원

소 장

원고 :   권○○
　　서울시 강남구 삼성로4길 17. ○○○동 ○○○호 (개포동 주공 아파트)
　　송달장소 : 서울시 강남구 삼성로4길 17. ○○○동 ○○○호 (개포동 주공아파트),
　　전화 010-5212-○○○○
피고 :   우○○
　　서울시 영등포구 도림천로 411. ○○○호(대림동)

공유물 분할 청구의소

― 청구 취지 ―

1. 별지목록 기재 부동산을 부동산을 경매에 붙여 그 매각대금 중에서 경매비용을 공제한 나머지 금액을 분할하여 별지목록 2 기재의 공유지분 비율에 따라 원고와 피고에게 분배한다.
2. 소송비용은 피고가 부담한다 라는 판결을 구합니다.

― 청구 원인 ―

1. 당사자 관계
　가. 원고는 별첨 부동산등기부 등본 (갑제1호증)과 같이 이 사건 공유지분 1/3 부동산인 서울 영등포구 대림동 1116-39, ○○○호를 2015. 12. 29. 소외 김○○ 로부터 매수하여 2015. 12. 30 서울 남부지방 법원 영등포 등기소 접수 제77417호로 소유권 이전 3분의 1지분을 한 자이고,
　나. 피고는 위 부동산의 3분의 2지분을 소유하고 있는 공유지분권자입니다.

2. 원고의 이 사건 공유물분할 청구소의 이익
　가. 위와 같이 원 피고는 각3분의1. 3분2 공유지분권자의 위치에 있으나 이 사건 다세대 주택의 위 공유자로서는 부동산을 현물로 분할할 수 없으며 현물 분할을 할

경우 그 경제적 가액이 적어지게 되므로 경매에 부쳐 그 매각대금을 가지고 각 공유자에게 분배함이 상당한 방법이라 할 것입니다
   나. 따라서 이 사건은 공유물의 분할은 현물분할이 원칙이나 이 원칙이 적용되기 어렵다 할 것입니다

3. 이에 원고는 피고에게 청구 취지와 같은 판결을 구하기 위하여 부득이 이건 청구에 이른 것입니다

입증 및 첨부 서류

1. 부동산 등기부 등본 (갑제1호증)     1부
1. 토지대장     1부
1. 건축물 관리대장     1부
1. 부동산 목록 공유지분목록     각 1부
1. 소장부본     -1부

2016. 1. 15.
위 원고 권○○

## 서울남부지방법원 귀 중

[별지 목록 1]

1동의 건물의 표시
    서울시영등포구 대림동 1116-39
    (도로명주소) 서울시 영등포구 도림천로 411
    철근콘크리트 조 평 스라브 지붕 4층
        1층 124. 32$m^2$
        2층 127.20$m^2$
        3층 127.20$m^2$
        4층 127.20$m^2$
        지층 124.32$m^2$
전유부분의 건물의 표시
    건물번호 : 1 - OOO, 구조 : 철근콘크리트조
    면적 : 제1층 제 OOO호 54.72$m^2$

대지권의 목적인 토지의 표시
    토지의표시 : 서울시 영등포구 대림동 1116-39
                           대 215.4m²
    대지권의 목적 : 소유권 대지권
    대지권의 비율 : 215.4분의 20. 6

### [별지 목록 2]

| | 성 명 | 주 소 | 공유지분 | 비 고 |
|---|---|---|---|---|
| 1 | 권OO | 서울시 강남구 삼성로4길 17 504동 OOO호(개포동 주공아파트) | 3분의 1 | 공유지분권자 |
| 2 | 우OO | 서울시 영등포구 도림천로 411-OOO 호(대림동) | 3분의 2 | 공유지분권자 |

## ◆ 점유자 부동산 처분금지가처분 신청서 작성

### 부동산 처분금지 가처분 신청서

                채권자 권 ○○
                채무자 우 ○○

        목적물가액      14,145,120 원정
        첩용인지액          10,000 원정
        송달료              21,300 원정

## 서울남부지방법원 귀중

〈과표 계산서〉

공시지가 : 2,059,000원,   건축년도 : 2001년
구조 : 철근콘크리트조   용도 : 다세대주택
㎡당 가격 : 517,000원   면적 : 54.72m2
㎡당 가격 : 517,000원×54.72㎡×0.5 = 14,145,120원

## 부동산 처분금지 가처분 신청서

채권자 : 권 ○○
 서울시 강남구 삼성로4길 17. 504동 ○○○호 (개포동 주공 아파트)
 송달장소 : 서울시 강남구 삼성로4길 17. 504동 ○○○호 (개포동 주공 아파트) 전화 010 -5212-○○○○
채무자 : 우 ○○
 서울시 영등포구 도림천로 411. ○○○호 (대림동)

1. 목적물 가액 : 금 14,145,120원
1. 피보전 권리의 요지 : 1/3 공유지분에 기한 공유물 분할 청구권

― 신청 취지 ―
채무자는 별지목록기재 부동산에 대한 2/3지분에 관하여 양도, 증여, 저당권, 임차권의 설정 기타 일체의 처분 행위를 하여서는 아니 된다 라는 재판을 구합니다.

― 신청 원인 ―
1. 당사자 관계
 가. 신청 채권자는 별첨 부동산등기부 등본 (갑제1호증)과 같이 이사건 공유지분 1/3 부동산인 서울 영등포구 대림동 1116-39 102호를 2015.12.29. 신청외 김○○로부터 매수하여 2015.12.30 서울 남부 지방 법원 영등포 등기소 접수 제77417호로 소유권 이전 3분의 1지분을 한 자이고,
 나. 채무자는 위 부동산의 3분의 2지분을 소유하고 있는 공유지분권자입니다.
2. 채권자의 이 사건 가처분의 긴급성
 가. 위와 같이 채권자, 채무자는 각 3분의 1, 3분의2 공유지분권자의 위치에 있으나 이사건 다세대 주택의 위 공유자로서는 부동산을 현물로 분할할 수 없으며 현물분할을 할 경우 그 경제적 가액이 적어지게 되므로 경매에 부쳐 그 매각대금을 가지고 각 공유자에게 분배함이 상당한 방법이라 할 것입니다.
 나. 따라서 이 사건 공유물의 분할은 현물분할이 원칙이나 이 원칙이 적용되기 어

렵다 할 것입니다.

다. 이에 채권자가 채무자에게 별첨 공유물 분할 청구의 소를 귀원 2016가단 ○○○○호로 2016.1. . 제기하여 현재 소송 계속 중에 있으나, 그 안에 채무자가 명의변경 등을 시도할 시 채권자는 본안소송의 실익이 없을 것이 분명하므로 본안소송의 집행보전을 위하여 시급히 이 건 가처분 신청에 이른 것입니다.

라. 다만, 이 건 가처분 신청에 따른 담보제공방법은 보증보험과의 계약을 체결한 증권으로 대체할 수 있도록 허락하여 주시기 바랍니다.

### 입증 및 첨부 서류

1. 부동산 등기부 등본 (갑제1호증)  1부
1. 토지대장  1부
1. 건축물 관리대장  1부
1. 부동산 목록  6부

2016. 1. 15.
위 채권자 권 ○ ○

## 서울남부지방법원 귀중

[별지 목록 1]

1동의 건물의 표시
     서울시영등포구 대림동 1116-39
     (도로명 주소) 서울시 영등포구 도림천로 411
철근콘크리트 조 평 스라브 지붕 4층
     1층 124.32m$^2$
     2층 127.20m$^2$
     3층 127.20m$^2$
     4층 127.20m$^2$
     지층 124.32m$^2$
전유부분의 건물의 표시
     건물번호 : 1-○○○

구 조 : 철근콘크리트조
면적 : 제1층 제OOO호 54.72m²
대지권의 목적인 토지의 표시
　　지의표시 : 서울시 영등포구 대림동 1116-39, 대 215.4m²
　　대지권의 목적 : 소유권 대지권
　　대지권의 비율 : 215.4분의 20. 6

(이상, 가처분할 지분 우OO 지분 2/3 전부)

# 05

## 가등기 후 공유물분할에 따른 형식적 경매까지 진행했으나 제3자가 매수해 실패한 사례

◆ 문OO가 다가구주택 3분의 1지분을 낙찰 받고 탈출 전략을 세우다!

| 2015타경 00000 | | ● 서울중앙지방법원 본원 | ● 매각기일 : 2016.04.05(火) (10:00) | | ● 경매 3계 (전화:02-530-1815) | |
|---|---|---|---|---|---|---|
| 소재지 | 서울특별시 관악구 봉천동 649-00 도로명주소검색 | | | | | |
| 물건종별 | 주택 | 감정가 | 147,238,860원 | 오늘조회: 1  2주누적: 3  2주평균: 0  조회동향 | | |
| | | | | 구분 | 입찰기일 | 최저매각가격 | 결과 |
| 토지면적 | 36.25㎡(10.966평) | 최저가 | (80%) 117,791,000원 | | 2015-12-08 | 147,238,860원 | 변경 |
| | | | | 1차 | 2016-02-23 | 147,238,860원 | 유찰 |
| 건물면적 | 88.217㎡(26.686평) | 보증금 | (10%) 11,780,000원 | 2차 | 2016-04-05 | 117,791,000원 | |
| | | | | 낙찰 : 121,153,000원 (82.28%) | | |
| 매각물건 | 토지및건물 지분 매각 | 소유자 | 소OO | (입찰1명, 낙찰: 문OO.) | | |
| | | | | 매각결정기일 : 2016.04.12 - 매각허가결정 | | |
| 개시결정 | 2015-07-02 | 채무자 | 소OO | 대금지급기한 : 2016.05.18 | | |
| 사건명 | 강제경매 | 채권자 | (주)한빛자산관리대부 | 대금납부 2016.05.17 / 배당기일 2016.06.21 | | |
| | | | | 배당종결 2016.06.21 | | |

◆ 지분 매수 후 형식적 경매를 진행했으나 제3자가 낙찰 받은 사례

PART 3  지분 매수 후 탈출 비법과 실제로 작성했던 소장과 가처분 등의 신청서    153

**2017타경000000**  • 서울중앙지방법원 본원  • 매각기일 : **2018.04.10(火) (10:00)**  • 경매 5계(전화:02-530-1817)

| 소재지 | 서울특별시 관악구 봉천동 649-000 도로명주소검색 | | | | | | |
|---|---|---|---|---|---|---|---|
| 물건종별 | 주택 | 감정가 | 777,891,640원 | 오늘조회: 1  2주누적: 47  2주평균: 3  조회동향 | | | |
| 토지면적 | 145㎡(43.863평) | 최저가 | (51%) 398,280,000원 | 구분 | 입찰기일 | 최저매각가격 | 결과 |
| | | | | 1차 | 2017-12-19 | 777,891,640원 | 유찰 |
| 건물면적 | 264.64㎡(80.054평) | 보증금 | (10%) 39,830,000원 | 2차 | 2018-01-16 | 622,313,000원 | 유찰 |
| | | | | 3차 | 2018-02-13 | 497,850,000원 | 유찰 |
| 매각물건 | 토지·건물 일괄매각 | 소유자 | 남OO 외 2명 | 4차 | 2018-04-10 | 398,280,000원 | |
| 개시결정 | 2017-06-26 | 채무자 | 남OO 외 2명 | 낙찰 : 422,200,000원 (54.27%) | | | |
| | | | | (입찰2명, 낙찰: 000 / 차순위금액 401,000,000원 / 차순위신고) | | | |
| 사건명 | 임의경매(공유물분할을위한 경매) | 채권자 | 문OO | 매각결정기일 : 2018.04.17 - 매각허가결정 | | | |
| | | | | 대금지급기한 : 2018.05.31 | | | |

• 임차인현황 ( 말소기준권리: 2017.06.26 / 배당요구종기일: 2017.09.08 )

| 임차인 | 점유부분 | 전입/확정/배당 | 보증금/차임 | 대항력 | 배당예상금액 | 기타 |
|---|---|---|---|---|---|---|
| 김OO | 주거용 | 전 입 일:2014.09.30<br>확 정 일:미상<br>배당요구일:없음 | 미상 | | 배당금 없음 | |
| 이OO | 주거용 | 전 입 일:2017.03.17<br>확 정 일:2017.08.10<br>배당요구일:2017.08.21 | 보10,000,000원<br>월300,000원 | 있음 | 소액임차인 | |
| 이OO | 주거용 | 전 입 일:2005.12.20<br>확 정 일:미상<br>배당요구일:없음 | 미상 | | 배당금 없음 | [현황서상 이선행] |

• 건물등기부

| No | 접수 | 권리종류 | 권리자 | 채권금액 | 비고 | 소멸여부 |
|---|---|---|---|---|---|---|
| 1(갑1) | 1990.09.13 | 소유권보존 | 소OO 외 2명 | | 소OO, 남OO, 소OO, 각1/3 | |
| 2(갑4) | 2016.05.20 | 소OO 지분소유권이전 | 문OO | | 강제경매로 인한 매각 2015타경00000, 3/1 | |
| 3(갑6) | 2016.08.24 | 소OO, 남OO 지분 가처분 | 문OO | | 공유물분할청구소송의 청구권 보전, 서울중앙지방법원 2016카단0000 내용보기 사건검색 | 인수 |
| 4(갑7) | 2016.11.10 | 문OO 지분전부 소유권이전청구권가등기 | OOO(주) | | 매매예약, 1/3 | 인수 |
| 5(갑8) | 2017.06.26 | 임의경매 | 문OO | | 말소기준등기<br>2017타경000000 | 소멸 |

• 토지등기부

| No | 접수 | 권리종류 | 권리자 | 채권금액 | 비고 | 소멸여부 |
|---|---|---|---|---|---|---|
| 1(갑1) | 1989.01.25 | 소유권이전(상속) | 소OO 외 2명 | | 재산상속: 소OO, 남OO, 각 3/8, 소OO 2/8 | |
| 2(갑4) | 2016.05.20 | 소OO 지분소유권이전 | 문OO | | 강제경매로 인한 매각 2015타경11509, 2/8 | |
| 3(갑6) | 2016.08.24 | 소OO, 남OO 지분 가처분 | 문OO | | 공유물분할청구소송의 청구권 보전, 서울중앙지방법원 2016카단0000 사건검색 | 인수 |
| 4(갑7) | 2016.11.10 | 문OO 지분전부 소유권이전청구권가등기 | OOO(주) | | 매매예약, 2/8 | 인수 |
| 5(갑8) | 2017.06.26 | 임의경매 | 문OO | | 말소기준등기<br>2017타경000000 | 소멸 |

이 사례는 서울시 관악구 신림동에 있는 다가구주택으로 지인이 일부 지분을 매수하고, 앞의 01번 사례와 같이 자기지분에는 소유권이전청구권보전가등기를 하고, 다른 지분에 처분금지가처분(매매, 저당권, 임대, 전세권 등을 금지)하고 공유물분할청구의 소를 진행했다. 그 판결로 형식적 경매를 진행해서 1차에서 유찰되었고, 2차로 20%가 저감되어 유찰, 3차로 20%가 추가로 저감된 즉 64%의 가격으로 매각절차가 진행되었다.

필자는 이 3차 가격에 3,000만원 올려서 입찰하라고 충고했다. 그런데 달랑 300만원 더 썼고, 제3자가 2,400만원 더 써서 낙찰 받게 된 사연이다.

### ◆ 형식적 경매까지 신청했지만 제3자가 낙찰 받아 손해보게 된 사연?

제3자가 낙찰 받은 422,200,000원이면 지인이 종전에 지분을 매수한 가격에 근접하는 가격으로 별소득이 없이 끝난 것이다.

더욱 억울한 것은 이 다가구주택이 8억원 이상 거래되는 부동산인데 3,000만원을 아끼려고 낮은 가격에 입찰한 것이 화근이다. 지인이 이렇게 판단한 근거는 일부지분에 가등기가 있어서 가등기권자가 본등기하면 그 일부지분에 대해서 소유권을 취득하지 못하게 될 위험성 때문에 제3자가 입찰에 참여하기 어려울 것이라는 판단만 했다.

그러나 가등기가 있다고 입찰이 불가능한 것은 아니다. 가등기가 있으면 매수인이 인수하는 것은 맞지만, 앞의 01번의 ◆ 어떻게 매수지분에 가등기하고, 탈출하면 성공할 수 있을까?에서 설명한 바와 같이 첫 번째로 본인이 매수하지 못하면 다른 사람이 혜택을 보게 된다. 이때 본등기를 하면 된다고 생각하지만, 상대방이 배당금지급청구권에 대한 가압류와 동시에 사해행위로 인한 가등기 말소청구소송을 진행해서 가등기를 말소할 수도 있고, 설령 말소하지 못한다고 해도 손해 볼 것은 없다. 상대방 지분에 공탁된 배당금을 수령하고 본등기권자와 똑 같은 공유자로 남기 때문이다. 그러나 가등기가 사해행위로 말소된다면 손해배상책임과 형사책임까지 발생할 수 있기 때문에 주의해야 한다. 가등기나 가처분을 말소하는 방법은 Part 12의 06번 선순위로 가등기나 가처분이 있는 물건에 투자하는 방법을 참고하면 되므로 생략했다. 그리고 Part 1의 06 공유물분할 경매에서 일부지분에 가등기가 있는 경우에 대응 방법처럼 가등기의 매매예약 증거금까지 포함해서 다음 〈알아두면 좋은 내용〉처럼 배당하게 되므로 손실을 볼 수 있다.

> **알아두면 좋은 내용**
>
> **형식적 경매에서 일부지분에 가등기가 있을 때 배당방법**
> 집행법원은 2011. 4. 28. 구정미가 과거 매매예약증거금으로 수령한 1,500만원이 공유물 대금분할에서 반영되어야 한다는 전제 하에, 실제 배당금액(매각대금 – 집행비용) 222,510,066원에 구정미가 매매예약증거금으로 수령한 1,500만원을 더한 금액에다가 구정미의 지분비율을 곱하여 구정미의 4/23 지분의 가치를 산정한 다음 여기에서 구정미가 수령한 매매예약증거금 1,500만원을 빼는 방법으로 구정미 채권양수인 이ㅇㅇ에게 먼저 배당하고, 구현미에게는 실제 배당할 금액 222,510,066원에서 이ㅇㅇ의 배당액을 빼는 방법으로 구현미의 배당액을 산출하는 방법으로 배당표를 작성해야 한다. 자세한 계산 방법은 Part 1의 06번 사례를 참고하면 된다.

지인이 떨어지고 나서 필자를 찾아와 해결책을 알려 달란다. 이런 분들을 만날 때 답답하다. 쓰라는 가격은 안 쓰고 제멋대로 싸게만 사고 싶은 마음으로 입찰에 참여했지만, 다른 사람에게 매각되어 닭 쫓던 신세가 되어 버리고 만다. 그러려고 지분을 낙찰 받아 1년간 소송과 경매신청기간을 기다려 온 것도 아닐 것이다. 어쨌든 낙찰자를 만나서 3,000만원 주고 복등기로 소유권을 넘겨받을 테니 소유권을 넘기라고 의사타진을 해보라고 충고했다. 지인이 또 돈을 아끼려고 1,000만원으로 협상을 했는데 그렇게는 못하겠다고 했단다. 이미 배당금지급정지가처분과 사해행위로 인한 가등기 말소청구소송과 형사까지 고려하고 있으니, 얼른 가등기를 말소하라는 주장만 들었다고 한다. 독자 분들도 이러한 상황에 부딪히게 된다면 어떻게 하겠는가? 본인의 자만이 수억의 돈은 잊어버리는 판단을 하게 되지는 않을까? 뛰는 사람위에 나는 사람이 있기 마련이다. 독자 분들도 이러한 생각에서 벗어나라고 이 내용을 기술해 놓았다(항상 고비의 문턱에서는 조금 더 쓸 수 있는 여유가 필요하다).

# PART 4

## 경매 배당에서 채권자 간에 우선순위는 어떻게 결정하나?

01 배당에서 우선순위는 어떻게 결정 되나?
02 임차주택이 소재하는 지역에 따라 배당방법이 다르다
03 상가건물에서 임차인과 다른 채권자 간에 배당하는 방법은?

# 01. 배당에서 우선순위는 어떻게 결정 되나?

매각대금으로 배당에 참여한 각 채권자들을 만족하게 할 수 없을 때에 법원은 민법, 상법 그 밖의 법률에 의한 우선순위에 따라 배당한다(민사집행법 제 145조). 여기서 배당하여야 할 매각대금이란 매각대금 중에서 경매 및 공매 절차비용(집행비용)을 공제한 금액이 된다.

주택가액이란 낙찰대금(매각대금)에서 입찰보증금에 대한 배당기일까지의 이자와 몰수된 입찰보증금 등을 포함한 금액에서 집행비용을 공제한 실제 배당할 금액이다(대법원 2001다8974).

### ◆ 제0순위: 경매집행비용

강제집행에 필요한 비용은 채무자가 부담하고 그 집행에 의하여 우선적으로 변제 받는다(민사집행법 제53조 제1항).

따라서 경매·공매 집행비용은 배당금[매각대금 + 배당기일까지 이자 + 몰수된 보증금]에서 0순위로 변제 받을 수 있는 권리로, 별도의 집행권원 없이도 배당재단으로부터 우선해서 배당 받을 수 있다.

## ◈ 제1순위: 제3취득자와 임차인 등의 필요비, 유익비상환청구권

저당물의 제3취득자나 임차권, 점유권, 유치권자가 그 부동산에 보존(필요비)이나 개량을 위하여 지출한 비용(유익비) 등으로 경매절차에서 배당요구해서 매각대금에서 1순위로 변제 받을 수 있다(민법 제367조).

필요비나 유익비 지출은 건물에 관하여 지출된 비용이므로 유치권이 인정 된다. 그래서 경매절차에서 우선변제 받지 못한 경우 매수인에 유치권을 행사할 수 있다.

## ◈ 제2순위: 주택과 상가임차인, 근로자의 최우선변제금

### (1) 주택임차인의 소액보증금 중 일정액

① 주택임대차보호법 제8조 제1항 임차인은 보증금 중 일정액을 다른 담보 물권자보다 우선하여 변제받을 권리가 있다. 이 경우 임차인은 주택에 대한 경매신청의 등기 전에 제3조 제1항의 요건을 갖추어야 한다.
② 주택임대차보호법 제8조 제3항 제1항에 따라 우선변제를 받을 임차인 및 보증금 중 일정액의 범위와 기준은 제8조의2에 따른 주택임대차위원회의 심의를 거쳐 대통령령으로 정한다. 다만, 보증금 중 일정액의 범위와 기준은 주택가액(대지의 가액을 포함한다)의 2분의 1을 넘지 못한다.

### (2) 상가임차인의 소액보증금 중 일정액

① 상가임대차보호법 제14조 제1항 임차인은 보증금 중 일정액을 다른 담보물권자보다 우선하여 변제받을 권리가 있다. 이 경우 임차인은 건물에 대한 경매신청의 등기 전에 제3조 제1항의 요건을 갖추어야 한다.
② 상가임대차보호법 제14조 제3항 제1항에 따라 우선변제를 받을 임차인 및 보증금 중 일정액의 범위와 기준은 임대건물가액(임대인 소유의 대지가 액을 포함한다)의 2분의 1 범위에서 해당 지역의 경제 여건, 보증금 및 차임 등을 고려하여

대통령령으로 정한다.

### (3) 근로자의 최종 3월분 임금 · 최종 3년분의 퇴직금 · 재해보상금

① 근로자의 최종 3개월분 임금(근로기준법 제38조제2항)(2010. 06.10. 개정) (1987.11.28.부터 저당권보다 우선 배당 시행)

사용자의 총 재산에서 질권 또는 저당권에 의하여 담보된 채권, 조세, 공과금 및 다른 채권에 우선하여 변제되어야 한다. 여기에 해당되는 것은 ㉠ 최종 3개월분의 임금, ㉡ 재해보상금에 해당한다.

② 근로자의 최종 3년간 퇴직금(근로자 퇴직급여 보장법 제11조제2항)(2010.06.10.개정)(1989.03.29. 근로기준법 개정 시행)

최종 3년간의 퇴직금은 사용자의 총 재산에 대하여 질권 또는 저당권에 의하여 담보된 채권, 조세채권, 공과금채권 및 다른 채권에 의하여 우선 변제되어야 한다.

③ 재해보상금(산업재해보상보험법 제36조제1항의 보험급여종류는 요양급여, 휴업급여, 장해급여, 간병급여, 유족급여, 상병보상연금, 장의비, 직업재활급여) (2010.05.20.개정)(1989.03.29. 기준마련)

위 (1)에서 (3) 번은 동순위로 안분 배당한다.

## ◆ 제3순위: 국세와 지방세 중 당해세

당해세는 매각부동산 자체에 대하여 부과된 국세와 지방세 그리고 그 가산 금을 말한다. 예를 들어 경매에 붙여진 부동산 그 자체에 부과된 재산세 등만이 당해세가 된다.

### (1) 국세 중 당해세에 해당하는 세금

국세 중 당해세의 종류는 상속세, 증여세, 종합부동산세를 말한다(국세기본법 제35조 제5항).

### (2) 지방세 중 당해세에 해당하는 세금

지방세 중 당해세로 "그 재산에 대하여 부과된 지방세"란 재산세(재산세와 도시계획세 통합) 자동차세(자동차 소유에 대한 자동차세만 해당한다) 지역자원시설세(특정부동산에 대한 지역자원시설세만 해당한다)(공동시설세와 지역개발세통합) 및 지방교육세 (재산세와 자동차세에 부가되는 지방교육세만 해당한다)를 말한다(지방세기본법 제99조 제5항)(2011.01.01.시행).

### ◈ 제4순위: 일반조세채권(저당권부 채권보다 법정기일이 빠른 경우)

조세채권 등(당해세 제외한 일반세금)은 압류를 기준으로 하는 것이 아니라 조세채권 등의 법정기일과 저당권부 채권(저당권, 담보가등기, 전세권, 확정일자임차 권, 임차권등기 등) 등의 우선변제 효력발생일과 비교하여 우선순위에 따라 배당되고, 조세채권 등의 법정기일이 저당권부 채권과 같은 일자에 발생하면 조세채권이 우선한다. 조세채권 간에는 법정기일 선후와 관계없이 동순위가 원칙이지만, 당해세나 납세 담보된 조세채권, 압류한 조세채권 등은 참가압류나 교부청구한 조세보다 우선한다.

#### ■ 조세채권과 저당권부 채권이 혼합해 있을 때 배당방법은

① 1차적으로 조세채권과 저당권부 채권과는 법정기일과 설정등기일을 가지고, 1등 당해세 ⇒ 2등 저당권부 채권보다 법정기일이 빠르거나 같은 조세 채권 3등 저당권부 채권 ⇒ 4등 법정기일이 늦은 조세채권 순으로 배당하게 된다. 그리고,

② 2차적으로 조세채권 중에서 당해세를 제외하고 ①에서와 같이 최초 압류한 조세채권자, 참가 압류한 조세채권자, 교부 청구한 조세채권자 등이 저당권부 채권과 법

정기일에 따라 1차에서 배당받은 금액에서 1순위로 납세담보 된 채권이 채권 부족분을 흡수하고(납세담보 된 조세채권은 압류선착주의를 적용 받지 않고 우선배당), 2순위로 압류권자(최초압류권자=기 압류권자)가 채권 부족 분을 압류선착주의에 따라 흡수하고, 나머지 금액에 대해서 3순위로 참가압 류권자와 교부청구권자가 동순위로 안분 배당한다.

따라서 1등 납세담보 된 조세채권 ⇒ 2등 최초로 압류한 조세채권자(압류권 자) ⇒ 3등 참가 압류한 조세채권자와 교부 청구한 조세채권자 순으로 배당하면 된다.

법원경매에서는 이와 같이 최초압류권자(기 압류권자)에게만 압류선착주의가 적용되고 참가압류권자와 교부청구권자는 동순위로 안분 배당한다. 그러나 국세징수법상 진행되는 공매에서는 배분 실무 예에 따라서 참가압류권자가 기 압류권자에 우선하지 못하지만, 참가압류권자 상호 간에는 참가 압류한 순위에 따라 압류선착주의를 적용하여 우선변제 받고, 교부청구권자 상호 간에는 우선순위가 없어서 동순위로서 안분 배분하게 된다는 점이 차이가 있다.

### ◈ 제5순위 공과금채권(저당권부 채권보다 납부기한이 빠른 경우)

공과금이란 체납처분에 의하여 징수할 수 있는 채권 중 국세·관세·임시 수입부가세·지방세와 이에 관계되는 가산세 및 체납처분비 이외의 것을 말한다. 즉 조세·가산금 및 체납처분비 이외의 채권이면서 국세징수법상 체납 처분 예에 의하여 징수할 수 있는 채권을 말한다.

이러한 공과금에는 우선변제 특권이 있는 공과금으로 국민건강보험료, 국민연금보험료, 고용·산재보험료 등이 여기에 해당되고, 우선변제 특권이 없는 것으로 일반채권과 동순위인 과태료와 재산형 등의 공과금은 다음 제 10 순위 일반채권에 해당된다.

## ◈ 제6순위: 저당권부 채권(근저당권, 전세권, 담보가등기, 확정일자부 임차권, 등기된 임차권)

① 담보물권(근저당권, 전세권, 담보가등기)의 기준일은 등기일이고 이들 상호 간의 순위는 설정등기 된 순위이다. 같은 날인 경우에는 접수번호로 순위가 정해진다.

② 확정일자부 임차권은 대항요건(주택인도와 주민등록)을 먼저 갖추고 나서 계약서에 확정일자를 받으면 그 당일 주간에 우선변제권이 발생한다. 그러나 대항요건과 확정일자를 같은 날에 부여 받았다면 다음날 오전 0시에 확정일자부 우선변제권이 발생한다(∵ 대항력이 발생하기 전에는 우선변제권이 발생하지 않기 때문이다).

담보물권과 우선순위는 등기일과 확정일자부 우선변제권 효력발생 일시에 의해 우선순위가 결정된다.

③ 등기된 임차권에는 주임법(제3조의3)과 상임법(제6조)상 임차권등기명령에 의한 임차권등기와 민법 제621조에 의한 임대차등기가 있다.

㉮ 임차권등기명령에 의한 임차권등기를 마치면 대항력과 우선변제권을 갖는다. 이때 대항력과 우선변제권의 효력은 등기한 시점이 아니라 그 전의 대항요건과 확정일자를 갖춘 시기이다.

㉯ 민법 제621조에 기한 임대차등기가 주택임대차(제3조의4)와 상가건물임대차(제7조)의 경우 대항력과 우선변제권이 있다. 이때 대항요건을 갖추기 전에 임대차등기를 했다면 임대차등기일에 대항력과 우선변제권이 발생한다. 그러나 임대차등기 전에 대항 요건과 확정일자를 갖추었다면 그 시기에 대항력과 우선변제권의 효력이 발생한다.

담보물권과 우선순위는 등기일과 등기된 임차권의 효력발생 일시에 의해 우선순위가 결정된다.

④ 조세채권과 저당권, 전세권, 확정일자부 임차권, 등기된 임차권 사이의 배당은 조세(당해세 제외)는 법정기일이고, 담보물권은 설정등기일이고, 확정 일자부 임차권과 등기된 임차권은 우선변제권 효력발생일을 기준으로 우선순위를 결정하게 된다.

⑤ 공과금채권과 저당권부 채권 간의 우선순위는 공과금의 납부기한과 담보물권등

기일 등이 기준이 되고, 그 우선순위에 따라 배당하게 된다.

⑥ 일반임금채권과 저당권부 채권 간의 우선순위는 저당권부 채권이 우선 하는 것이 원칙이지만, 일반임금채권이 선순위로 압류한 경우 처분금지 효과가 있어서 동순위로 안분 배당하게 된다.

⑦ 일반채권과 저당권부 채권 간의 우선순위는 저당권부 채권이 우선하는 것이 원칙이지만, 일반채권이 선순위로 가압류 또는 압류를 한 경우 처분금지 효과가 있어서 동순위가 될 수 있다.

## ◆ 제7순위: 일반임금채권(최우선변제금 제외한 금액)

### (1) 임금채권의 우선변제(근로기준법 제38조)

임금, 재해보상금, 그 밖에 근로관계로 인한 채권은 사용자의 총 재산에 대하여 질권 또는 저당권에 따라 담보된 채권 외에는 조세, 공과금 및 다른 채권에 우선하여 변제되어야 한다. 다만, 저당권에 우선하는 조세, 공과금에 대하여는 그러하지 아니한다(1항).

### (2) 퇴직금의 우선변제(근로자 퇴직급여보장법 제11조)

퇴직금은 사용자의 총재산에 의하여 질권 또는 저당권에 담보된 채권을 제외하고는 조세, 공과금 및 다른 채권에 우선하여 변제한다. 다만 질권 또는 저당권에 우선하는 조세, 공과금에 대하여는 그리하지 아니한다(1항).

### (3) 일반임금채권자의 배당에서 우선순위

일반임금채권자는 저당권부 채권보다는 후순위이고, 조세채권과 공과금채권보다는 선순위가 원칙이지만, 조세채권과 공과금채권이 저당권부 채권에 우선하면 조세 등보다 후순위가 된다. 확정일자부 임차인도 일반임금채권보다 항상 선순위로 배당받고 경매개시 이후(최초 공매공고등기일 이후)에 대항요건과 확정일자를 받아서 배당요구한 임차인도 그 임차인이 진실한 이상 일반 임금채권에 우선한다.

① 일반임금채권과 저당권부 채권 간의 우선순위는 저당권부채권이 우선하는 것이 원칙이지만, 일반임금채권이 선순위로 압류한 경우 처분금지 효과가 있어서 동순위로 안분 배당하게 된다.

② 일반임금채권자와 조세채권과의 우선순위

일반조세채권(당해세 포함)은 항상 일반임금채권(임금최우선변제대상을 제외한 것)에 뒤지는 것이 원칙이나 그 법정기일이 담보물권(저당권, 전세권, 담보가등기, 확정일자임차권, 임차권등기)보다 앞서는 경우나 같은 경우에는 일반조세채권(당해세 제외, ∵당해세는 항상 저당권부 채권에 우선하기 때문이다)이 우선순위이다.

③ 일반임금채권과 공과금채권과의 우선순위

공과금도 마찬가지로 항상 일반임금채권에 뒤지는 것이 원칙이나 그 납부 기한 후에 설정된 담보물권이 있는 경우 공과금(건강보험료, 국민연금, 고용·산재 보험료 등)이 일반임금채권에 우선순위가 될 수 있다.

④ 일반임금채권과 일반채권 간의 우선순위는 항상 일반 임금채권이 우선 하게 된다.

그래서 가압류등기 ⇒ 근저당권 ⇒ 일반 임금채권으로 배당요구한 경우라 면, 가압류는 근저당과 동순위, 근저당은 일반임금을 이기고, 일반임금은 가압류를 이기게 되므로, 순위가 상호모순관계에 놓이게 되므로 순환흡수배당 절차를 진행해야 한다.

### ◆ 제8순위: 일반조세채권(저당권부 채권보다 법정기일이 늦은 경우)

국세, 지방세 등의 징수금의 법정기일이 저당권부 채권보다 늦은 경우이 다. 이때 저당권부 채권보다 후순위로 일반임금채권보다 후순위가 된다.

### ◈ 제9순위: 공과금채권(저당권부 채권보다 납부기한이 늦은 경우)

 국세, 지방세 다음으로 징수되는 공과금(국민건강보험료, 연금보험료, 고용보험 료, 산재보험료 등)의 납부기한이 저당권부 채권보다 늦은 경우이다. 이때 저당권부 채권보다 후순위로 일반임금채권보다 후순위가 된다.


### ◈ 제10순위: 일반채권(일반채권자들은 동순위로 안분배당)

 일반채권에는 강제경매신청채권, 배당요구채권(확정판결에 의해서 금액이 확정된 채권, 공증 받은 약속어음채권 등), 가압류채권, 근저당에 의한 담보채권 중 채권최고액을 초과하는 금액, 법원의 과태료, 행정청의 과태료, 국유재산의 사용료, 대부료 등이 있다.
 이들 모두가 채권 발생시기와 배당요구 시기의 전후와 상관없이 모두가 동순위로 안분배당하게 된다.

# 02 임차주택이 소재하는 지역에 따라 배당방법이 다르다

◆ **소액임차보증금과 최우선변제금의 기간별, 지역별의 변화**

| 담보물권설정일 | 주택소액임차인 최우선변제금 | | |
|---|---|---|---|
| | 지역 | 보증금 범위 | 최우선변제액 |
| 생략 : | 생략 : | 생략 : | 생략 : |
| 2010.7.26.~ 2013.12.31. | ① 서울특별시 | 7,500만원 이하 | 2,500만원까지 |
| | ② 수도권 과밀억제권역(서울시 제외) | 6,500만원 이하 | 2,200만원까지 |
| | ③ 광역시(과밀억제권역, 군지역은 제외), 안산시, 용인시, 김포시, 광주시(경기) | 5,500만원 이하 | 1,900만원까지 |
| | ④ 그 밖의 지역 | 4,000만원 이하 | 1,400만원까지 |
| 2014.01.01.~ 2016.03.30. | ① 서울특별시 | 9,500만원 이하 | 3,200만원까지 |
| | ② 수도권 과밀억제권역(서울시 제외) | 8,000만원 이하 | 2,700만원까지 |
| | ③ 광역시(과밀억제권역, 군지역은 제외), 안산시, 용인시, 김포시, 광주시(경기) | 6,000만원 이하 | 2,000만원까지 |
| | ④ 그 밖의 지역 | 4,500만원 이하 | 1,500만원까지 |
| 2016.03.31.~ 현재 | ① 서울특별시 | 1억원 이하 | 3,400만원까지 |
| | ② 수도권 과밀억제권역(서울시 제외) | 8,000만원 이하 | 2,700만원까지 |
| | ③ 광역시(과밀억제권역, 군지역은 제외), 세종특별시, 안산시, 용인시, 김포시, 광주시 | 6,000만원 이하 | 2,000만원까지 |
| | ④ 그 밖의 지역 | 5,000만원 이하 | 1,700만원까지 |

◆ **서울특별시 영등포구의 주택에서 임차인과 다른 채권간의 배당사례**

서울특별시 영등포구 대림동 000번지 2층 다가구주택에 거주하고 있는 임차인 현황과 등기부 현황, 경매절차에서 배당요구한 채권자, 그리고 매각대 금에서 경매비용 등은 다음과 같다.

| 주소 | 면적 | 경 매 진행과정 | 1) 임차인조사내역<br>2) 기타청구 | 등기부상의 권리관계 |
|---|---|---|---|---|
| 서울시 영등포구 대림동 000번지 2층 다가구 주택 | 대지 154㎡ 건물 1층 88㎡ 2층 87㎡ 지하 75㎡ | 감정가 500,000,000원<br><br>배당요구종기일 (2014. 05. 30.)<br><br>최저가 1차 500,000,000원 유찰<br><br>2차(20% 저감) 400,000,000원<br><br>낙찰 2015. 04. 22. 478,230,000원 경매비용 553만원 | 1) 임차인<br>① 김국진(지하01호)<br>전입 2005.07.30. 확정 없음<br>보증 6,000만원 배당 2014.08.18.<br>② 김소현(1층101호)<br>전입 2008.12.20. 확정 2008.12.20.<br>배당 2014.08.25. 보증 7,800만원<br>③ 박승철(1층102호)<br>전입 2014.01.10. 확정 2014.01.10.<br>배당 2014.08.23. 보증 7,500만원<br>④ 정철수(2층전체)<br>전입 2010.12.15. 확정 2010.12.15.<br>배당 2014.08.15. 보증1억2,000만원 | 소유자 이민국<br>근저당 신한은행<br>2005.12.10.<br>(1억2,000만원)<br>근저당 HK상호저축<br>2009.03.20.<br>(8,400만원)<br>가압류 이소설<br>2012.02.25.<br>(5,000만원)<br>압류 국민건강보험<br>2013.06.25.<br>압류 영등포구청<br>2013.09.10.<br><br>임의경매 신한은행<br>청구 1억3,500만원<br>〈2014.05.20.〉 |
| | | | 2) 기타청구<br>① 압류 영등포구청: ■ 재산세 120만원(당해세),<br>　■ 취득세 350만원(법정기일: 13.04.21.)<br>② 압류 국민건강보험:<br>　380만원(납부기한 2012.01.10.~13.04.10.) | |

이 경매사건에서 말소기준권리는 신한은행 근저당권으로 김국진을 제외하고는 대항력 있는 임차인이 없다.

그리고 배당에서 신한은행 근저당권에 우선하는 소액임차인(최우선변제금)이있는가를 분석해야 한다.

신한은행 근저당권이 2005. 12. 10.에 설정되었으므로 이 기간(2001.09.15.~08.08.20.)에 해당하는 소액임차인 되려면 4,000만원 이하여야 최우선변제금 1,600만원을 신한은행 근저당권 보다 우선해서 변제받을 수 있는데, 그런 소액임차인이 없다. 그렇지만 신한은행보다 우선하는 영등포구청 당해세가 존재하므로 1순위로 당해세, 2순위로 신한은행, 3순위로 그 다음 2008. 08. 21 ~ 2010. 07. 25. 기간에 설정된 담보물권이 있는 가를 확인해야 하는데 김소현 확정일자부 임차권과 HK상호저축은행 근저당권이 있으므로, 이 담보물권에 우선하는 소액임차인(6,000만원/2,000만원)을 기준으로 결정해서 배당하는 순서로 배당하면 된다.

그러면 매각대금 478,230,000원에서 경매비용 553만원을 빼면 실제 배당할 금액이 472,700,000원이므로 다음과 같이 배당하면 된다.

1순위 : 영등포구청 재산세 120만원(당해세 우선변제금)
2순위 : 신한은행 근저당권 1억2,000만원(근저당권 우선변제금)
3순위 : 김국진 임차인 2,000만원(최우선변제금 1) – 1차적 소액임차인 결정 기준

### 미리알아두면 좋은 내용

#### 소액임차인은 어떻게 결정되나?

① 소액임차인을 결정하는 기준은 원칙적으로 배당 시점으로 현행 주임법상 소액 임차인이면 일정액을 최우선변제금으로 배당 받을 수 있다.
대구지방법원 2003가단134010판결은 "부칙 제1조(시행일)이 영은 공포한 날부터 시행한다. 즉 시행시기는 공포한 날부터 적용받게 되어 배당 시점을 기준으로 시행한다"고 판단하고 있다.

② 그런데 예외적으로 ㉠ 주임법 부칙 제4항(소액보증금의 보호에 관한 경과조치) 제 8조의 개정규정은 이 법 시행 전에 임차주택에 대하여 담보물권을 취득한 자에 대하여는 이를 적용하지 아니한다. ㉡ 주임법 시행령 부칙 제4조(소액보증금의 범위변경에 따른 경과조치) 이 영 시행 전에 임차주택에 대하여 담보물권을 취득한 자에 대하 여는 종전의 규정을 적용한다. 는 예외 조항을 두었기 때문이다.
즉 현행법이 개정되기 전 설정된 담보물권 등이 있을 때 개정 후 소액임차인은 그 담보물권에 우선하지 못한다. 이 규정으로 보호받는 담보물권은 근저당과 전세권, 담보가등기, 확정일자부 임차권, 등기된 임차권만을 의미한다. 그러니 이들을 제외한 특별우선채권 중 당해세와 우선특권이 있는 조세·공과금·임금채권, 그리고 일반채권에 대해서는 현행법상 소액임차보증금 중 일정액에 항상 후순위가 된다.
그러니 앞에서 거론한 담보물권 등이 없거나 있어도 담보물권자가 배당받고 나서는 배당 시점으로 현행법상 소액임차인을 결정하게 된다는 사실을 알고 있어야 한다.

김소현 확정일자부 임차권과 HK상호저축은행(6,000만 원/2,000만원)
4순위 : 김소현 임차인 7,800만원(확정일자부 우선변제금)
5순위 : HK상호저축은행 근저당권 8,400만원(근저당권 우선변제금)
6순위 : ① 김국진 500만원(법 개정에 따른 소액보증금중 일정액 증가분) + ② 박승철 2,500만원(최우선변제금 2) − 2차적 소액임차인 결정기준 정철수 확정일자부 임차권(7,500만원/2,500만원)
7순위 : 정철수 임차인 1억2,000만원(확정일자부 우선변제금)
8순위 : ① 김국진 700만원 + ② 박승철 700만원(법 개정에 따른 소액보증금중 일정액 증가분) − 현행주택임대차보호법상 소액임차인(2014.01.01. ~ 현재, 9,500만원/3,200만원)에 우선하는 담보물권이 없으므로 3차적으로 최우선변제금을 배당한다.
9순위 : 영등포구청 취득세 350만원(조세채권 우선변제금)
10순위 : 국민건강보험 200만원(공과금 우선변제금)으로 배당이 종결된다.
그러나 대항력 있는 김국진 임차인이 2,800만원을 배당받지 못해서 매수인이 인수해야 한다.

> **여기서 잠깐만!**
>
> **배당순위가 순환관계에 있음도 알아야 한다**
> 배당순위에서 3순위와 8순위의 최우선변제금은 1순위의 당해세보다 항상 우선해서, 순환배당을 해야 하나 당해세가 소액이고, 8순위까지 전액 배당받게 되므로 앞에서와 같은 순서로 배당한 것이다. 그러나 8순위의 소액임차인들이 최우선변제금을 적게 받게 된다면 순환흡수배당 절차로 배당해야 한다.

# 03 상가건물에서 임차인과 다른 채권자 간에 배당하는 방법은?

## ◈ 상가임차인이 최우선변제금을 받으려면 어떻게 해야 하나?

### (1) 소액임차인으로 최우선변제금을 받으려면?

임차인은 보증금 중 일정액을 다른 담보권자보다 우선하여 변제받을 권리가 있다. 이 경우 임차인은 건물에 대한 경매신청의 등기 전에 상임법 제3조 제1항의 대항요건(사업자등록과 건물인도)을 갖추어야 한다(상임법 제14조 1항).

경매신청등기 전에 대항요건을 갖춘 상가임차인은 전세의 경우 보증금을, 월세일 경우 보증금+(월세×100)으로 환산하여 그 보증금액이 다음 **소액보증금과 최우선변제금 기간별 지역별 변천사**의 보증금 범위 내에 있는 경우는 일정액을 담보물권자보다 우선하여 변제받을 수 있다.

이때 유의할 점은 보증금중 일정액의 합산 액이 상가건물(대지포함)의 가액의 2분의 1(2014.1.1.부터 개정됨, 개정 전 2013. 12. 31. 까지는 3분의 1)을 초과하는 경우에는 각 임차인의 보증금중 일정액의 비율로 그 상가건물의 가액의 2분의 1에 해당하는 금액을 분할한 금액을 각 임차인의 보증금중 일정액으로 본다.

최우선변제금액은 아래 ①, ②, ③, ④권역에서 환산보증금이 소액보증금액에 해당할 때에 소액보증금 중 일정액을 우선하여 변제받을 수 있는 금액이다.

| 개정 전 | | | 개정 후 | | | | |
|---|---|---|---|---|---|---|---|
| 권역별 | 2002.11.1.부터~2010.7.25.까지 | | 권역별 | 1차개정 2010.7.26.~2013.12.31. | | 2차 개정 2014.1.1.~이후부터 현재까지 | |
| | 보증금 | 최우선변제금 | | 보증금 | 최우선변제금 | 보증금 | 최우선변제금 |
| ① 서울특별시 | 4,500만원 | 1,350만원 | ① 서울특별시 | 5,000만원 | 1,500만원 | 6,500만원 | 2,200만원 |
| ② 수도권 과밀억제권역(서울 제외) | 3,900만원 | 1,170만원 | ② 수도권 과밀억제권역(서울 제외) | 4,500만원 | 1,350만원 | 5,500만원 | 1,900만원 |
| ③ 광역시(인천, 군지역 제외) | 3,000만원 | 900만원 | ③ 광역시(수도권 과밀억제권역과 군지역은 제외), 안산, 용인, 김포, 광주(경기) | 3,000만원 | 900만원 | 3,800만원 | 1,300만원 |
| ④ 그 밖의 지역 | 2,500만원 | 750만원 | ④ 그 밖의 지역 | 2,500만원 | 750만원 | 3,000만원 | 1,000만원 |
| 환산보증금 | | | 환산보증금 | | | | |

 김선생의 한마디

**환산보증금 계산법 : 임대보증금 + (월세×100)**

2차 개정 이후인 2014.1.1. 이후부터 현재까지를 기준으로 계산하면,
① 서울소재 보증금 1,000만원에 월세 50만원이라면
1,000만원+(50만원×100)5,000만원=6,000만원으로 소액임차인에 해당되어 저당권 등에 우선하여 최우선변제금 2,200만원을 받을 수 있다.
② 보증금 3,000만원에 월세 40만원이라면
3,000만원+(40만원×100)4,000만원=7,000만원으로 소액임차인에 해당되지 못 하므로 최우선변제 대상이 아니다.

**(2) 현행법상 소액임차인이면 누구나 최우선변제금을 받을 수 있나?**

첫 번째로 매각물건에 등기된 담보물건이 없다면 현행법에 따라 서울의 경우 6,500만원 이하인 임차인이 상가건물가액의 2분의 1 범위 내에서 2,200만원 까지 1순위로 배당 받을 수 있다.

두 번째로 담보물권(근저당권, 담보가등기, 전세권, 확정일자부 임차권, 등기된 임차권)

이 있고 그 담보물권 등이 상임법 시행일 이전에 설정되었다면 상임법 적용대상이 아니어서 최우선변제권이 인정되지 않으므로 1순위로 담보물권이 배당 받게 되고, 2순위로 최우선변제금 순으로 배당하게 된다.

세 번째로 담보물권이 상임법 시행일 이후에 설정되었다면, 소액보증금이 각 지역별에 해당되는 금액 이하인 경우만 최우선변제금을 받을 수 있다. 그런데 유의할 점은 현행상임법상 환산보증금이 소액임차인에 해당되어도, 그 이전에 담보물권이 설정되어 있다면 그 담보물권 설정당시에 해당하는 구간에 소액임차보증금이어야 그 담보물권보다 우선해서 최우선변제금을 받을 수 있다.

담보물권자가 예측하지 못하는 손실을 막고자 상임법 시행령 부칙 제4조(소액보증금 보호에 관한 적용례) 이 영 시행 전에 담보물권을 취득한 자에 대해서는 종전의 규정에 따른다는 예외 조항을 두었기 때문이다. 그래서 이 예외조항에 근거해서 우리의 귀에 익숙한 소액임차인의 결정기준이 탄생하게 되었고, 담보물권자를 보호하기 위해 담보물권이 설정된 시기에 해당하는 소액임차인만 담보물권 보다 우선해서 변제받을 수 있지만 그 구간에서 소액임차인에 해당하지 못하면 담보물권보다 우선하지 못하게 된 것이다.

## ◆ 확정일자부 우선변제권의 성립요건과 우선변제권은?

### (1) 확정일자부 우선변제권은 어떠한 요건을 갖추고 있어야?

상임법 제5조제2항 상가임차인이 제3조제1항의 대항요건을 갖추고 관할세무서장으로부터 임대차 계약서상 확정일자를 받으면 경매에서 임차건물(임대인소유의 대지를 포함)의 매각대금에서 후순위권리 그 밖의 채권자보다 우선하여 임차보증금을 변제 받을 권리가 있다.

#### ① 상가임대차보호법의 적용대상은 어떻게 되는가!

상가임대차는 영세상인을 보호하기 위한 것이므로 다음 ②번과 같이 4개의 권역별

기간별에 해당하는 환산보증금 이하인 임차인만 대항요건과 확정일자를 갖춘 경우 확정일자에 의해 후순위채권자 보다 우선해서 변제 받을 수 있다. 그러나 환산보증금이 법 적용 기준금액을 초과한다면 상임법상 보호대상이 아니어서 대항력과 우선변제권이 없는 일반채권자의 지위에 놓이게 된다.

② 상임법 적용대상 환산보증금의 권역별 기간별 변천사

| 권 역 별 | 2002.11.1.~ 2008.8.20.까지 | 2008.8.21.~ 2010.7.25.까지 | 권 역 별 | 2010.7.26~ 2013.12.31. | 2014.1.1.~2018.1.25. | 2018.1.26.~현재까지 |
|---|---|---|---|---|---|---|
| ① 서울특별시 | 2억4천만원 이하 | 2억6천만원 이하 | ① 서울특별시 | 3억원 이하 | 4억원 이하 | 6억 1천만원 이하 |
| ② 수도권 과밀억제권역(서울시 제외) | 1억9천만원 이하 | 2억1천만원 이하 | ② 수도권 과밀억제권역(서울 제외) 2018.1.26.부터 부산시 포함 | 2억 5천만 원 이하 | 3억원 이하 | 5억원 이하 |
| ③ 광역시(인천, 군지역 제외) | 1억5천만원 이하 | 1억6천만원 이하 | ③ 광역시(수도권 과밀억제권역과 군 지역은 제외), 안산, 용인, 김포, 광주(경기) 2018.1.26.부터 파주, 화성, 세종시 포함 | 1억 8천만 원 이하 | 3억원 이하 | 3억 9천만원 이하 |
| ④ 그 밖의 지역 | 1억4천만원 이하 | 1억5천만원 이하 | ④ 그 밖의 지역 | 1억 5천만 원 이하 | 1억8천만원 이하 | 2억 7천만원 이하 |
| 비 고 | 환산보증금 | 환산보증금 | | 환산보증금 | | |

### (2) 상가임차인이 대항요건과 확정일자를 받았다면 그 효력은?

상가 임차인에 대한 대항력과 우선변제권은 이렇게 알고 있으면 된다.

① 상임법 시행 전인 2002년 05월 10일 사업자등록/건물인도 ➡ 2002년 11월 01일 확정일자를 받았다면 : 대항력과 확정일자 우선변제권은 2002년 11월 02일 오전 0시에 발생(기존임대차는 상임법 시행 후에 상임법적용대상이 되므로 그때 비로소 대항요건을 갖춘 것)

② 상가임차인이 2005년 05월 01일 사업자등록/건물인도 ➡ 05월 10일 확정일자

를 받았다면 : 대항력은 05월 02일 오전 0시, 확정일자부 우선변제권은 05월 10일 당일주간에 발생하게 된다.

③ 상가임차인이 2005년 05월 01일 확정일자를 받고 ➡ 5월 10일 사업자등록/건물인도를 받았다면 : 대항력은 05월 11일 오전 0시, 확정일자부 우선변제권은 05월 11일 오전 0시에 발생.

④ 상가임차인이 2005년 05월 01일 사업자등록/건물인도와 확정일자를 받았다면 대항력과 우선변제권은 05월 02일 오전 0시에 발생하게 된다.

### ◈ 서울시 문래동의 상가건물에서 임차인과 다른 채권자 간의 배당사례

이 물건은 상가건물이므로 상임법 시행 전, 시행 후의 근저당권이 있는 경우와 소액보증금 합계가 낙찰가의 2분의 1(2014.1.1.부터 현재)(개정 전 2013. 12. 31. 까지는 3분의 1)을 초과하는 경우에 어떻게 권리분석과 배당표를 작성하는 지를 분석해야 한다.

| 주 소 | 면 적 | 경매가 진행과정 | 법원임차조사내역 | 등기부상 권리관계 |
|---|---|---|---|---|
| 서울시 영등포구 문래동 480번지 | 대지 181㎡ (54.75평) 건물 1층 108㎡ 2층 108㎡ 3층 54㎡ 지층 54㎡ | 감정가 4억6,000만원 대지 3억1,600만원 건물 1억4,400만원 경매진행과정 최저가 1차 4억6,000만원 유찰 2차 3억6,800만원 유찰 3차 2억9,400만원 낙찰 (3억1,800만원) | ① 김종권 2,000/20만원 사업자등록 01.10.10. 확정일자 02.12.10. 배당요구 14.03.20. ② 김수철 5,000/50만원 사업자등록 10.12.10. 확정일자 10.12.10. 배당요구 14.03.16. ③ 심동준 2,000/15만원 사업자등록 11.07.10. 배당요구 14.03.20. ④ 이기철 1억/300만원 사업자등록 12.10.10. 확정일자 14.03.10 배당요구 14.03.10. ⑤ 최성식 4,500/20만원 사업자등록 12.03.10. 확정일자 12.08.15. 배당요구 14.03.15. | 소유권자 김정숙 2001.10.01. 근저당권 기업은행 2001.12.10. (4,800만원) 근저당권 새마을금고 2008.05.10. (8,400만원) 가압류 이순신 2011. 05.25 (3,500만원) 압류 영등포구청 2013.10.05. (취득세 1,500만원) (법정기일: 12.04.10) 새마을금고 임의경매 2014. 01. 15. (청구금액 8,400만원) |

### (1) 등기부상의 권리와 부동산상의 권리를 분석해 보자

첫째, 말소기준권리인 기업은행 근저당권의 등기일이 2001. 12. 10. 이므로, 상임법 시행일 2002. 11. 1. 전에 설정되어 이 법의 적용대상이 아니다.

둘째, 최우선 변제받을 수 있는 임차보증금의 범위 내에 있는 경우 즉 보증금이 4,500만원(개정전)이냐, 1차 개정후 ~ 2차 개정전(5,000만원), 2차 개정후(6,500만원)이냐로 구분해 소액임차인을 판단해서 최우선변제금을 계산해야 한다. 유의할 점은 주택과 달리 보증금 + 월세 × 100으로 하는 환산보증금이 소액임차보증금 범위 내에 있어야 한다.

셋째, 소액임차인이 아니면, 상임법의 적용대상에 해당되는 환산보증금이어야 상임법상 대항력과 우선변제권이 인정되지, 초과하면 선순위임차인만 대항력이 인정되고, 후순위는 대항력과 우선변제권이 없는 일반채권자에 불과하다.

이때 상임법의 적용기준도 개정 전이냐, 1차 개정 후냐, 2차 개정 후냐에 따라 적용대상금액이 달라지는데, 상임법적용기준 이하인 경우만 상임법을 적용받을 수 있어서 대항요건을 갖추고 확정일자를 받으면 확정일자에 의해 후순위채권자보다 우선변제권이 발생한다.

### (2) 배당순서와 금액은 다음과 같이 계산하면 된다

매각금액 3억1,800만원 - 경매비용 300만원으로 배당금액은 3억1,500만원이므로,

1순위 : 기업은행 4,800만원(근저당권 우선변제금) - 상임법 시행이전.

2순위 : ① 김종권 1,350만원[환산보증금:2,000+(20×100)=4,000만원] + ② 심동준 1,350만원[환산보증금:2,000+(15×100)= 3,500만원] (최우선변제금) - 소액임차인 결정기준 : 새마을금고 근저당권(4,500만원 이하/1,350만원).

3순위 : 김종권 650만원(확정일자 한정설에 따른 우선변제금)

4순위 : 새마을금고 8,400만원(근저당권 우선변제금) 그리고 5순위부터는 더 이상 담보물권이 없어서 배당 시점(2014. 01. 01. 이후가 되므로 6,500만원 이하/2,200만원)을 기준으로 현행법상 소액임차보증금을 계산하고 한도도 3분의 1이 아닌 2분의 1(2014년부터 개정됨)로 배당해야 한다.

5순위 : ① 심동준 650만원 + ② 최성식 2,200만원(최우선변제금 2)
6순위 : 김수철 5,000만원(확정일자부 우선변제금)
7순위 : 영등포구청 1,500만원(조세채권 우선변제금)

8순위에서는 배당잔여금 5,600만원을 가지고 ① 가압류 3,500원 ⇨ ② 최성식 2,300만원(확정일자) ⇨ ③ 이기철 1억(확정일자)이므로 동순위로 1차 안분배당하고 2차로 최성식 확정일자부 우선변제권이 후순위 이기철 1차 안분배당금을 흡수하면 된다.

**1차 안분배당**

① 가압류 = 5,600만원 × 3,500/15,800 = 12,405,063원(종결)
② 최성식 = 5,600만원 × 2,300/15,800 = 8,151,899원
③ 이기철 = 5,600만원 × 10,000/15,800 = 35,443,038원

**2차 흡수배당**

② 최성식 = 8,151,899원(1차안분액) + 14,848,101원(③을 흡수) = 2,300만원(종결)
③ 이기철 = 35,443,038원(1차안분액) - 14,848,101원(②에 흡수당함) = 20,594,937원(종결)으로 배당이 끝난다.

그리고 대항력 있는 임차인 등이 없어서 낙찰자 인수금액이 없다.

이기철 임차인을 제외하고 모두 전액 배당받는다. 이기철만 보증금의 상당부분 손실이 발생하지만 배당금 20,594,937원을 받으려면 낙찰자의 명도확인서가 필요하기 때문에 명도에 어려움은 없을 것으로 예상된다.

# 5 PART

## 공동담보물이 동시에 매각될 때 배당하는 방법

01 공동저당이란?
02 공동담보물이 동시에 매각되면 어떻게 배당하게 되나?
03 공동담보물을 전부 채무자가 소유한 경우 동시배당한 사례
04 A 부동산은 채무자, B 부동산은 물상 보증인 소유에서 동시배당한 사례

# 01 공동저당이란?

    동일한 채권의 담보를 위하여 수개의 부동산 위에 설정된 저당권을 말한다 (민법 제368조). 각각의 부동산마다 1개의 저당권이 성립하고 각 부동산을 등기된 채권전액에 대하여 책임지며 채권자가 어느 부동산에 의하여 채권전액을 변제받은 경우에는 다른 저당권은 목적의 도달로 인하여 소멸한다.

    이런 공동저당권은 공동담보물인 각 부동산에 관하여 저당권설정의 등기를 요한다. 이때 각 저당권의 등기에 있어서 다른 부동산과 함께 1개의 채권의 공동담보로 되어 있다는 것을 아울러 기재해야 한다(부등기법 제149조~제152조). 이는 수개의 부동산이 공동저당관계에 있음을 공시하기 위한 것이다. 그리고 일정한 경우에는 절차의 번거로움을 피하기 위하여 등기신청서에 '공동담보목록'을 첨부함으로써 공동저당관계를 공시한다(부등기법 제145조~제147조, 제149조~제152조). 이 공동담보목록은 등기부의 일부로 간주된다(부등기법 제151조).

# 02 공동담보물이 동시에 매각되면 어떻게 배당하게 되나?

    여러 개의 공동저당권부 목적부동산을 동시에 경매하여 동시에 배당하는 경우는 1순위 공동저당권자가 그의 채권액 만족을 위해서 선택적으로 우선변제 받는 것이 아니라 후순위 권리자를 보호하기 위하여 각각의 부동산 경매 가액(=경매대가)에 비례하여 그 채권액의 부담액을 정한다. 여기서 남는 배당금은 후순위저당권자(=차순위저당권자) 등에게 배당되는 것이다(민법 제368조 제1 항). 그래서 동시배당의 경우 어느 특정부동산의 경매대가에서만 선택적으로 우선변제 받는 것은 인정되지 않는다.

### ◆ 공동담보물의 소유자가 모두 동일인일 때 동시배당

    채무자이건, 물상보증인이건 공동저당부동산의 소유자가 동일인인 경우에는 위 민법 제368조 제1항이 적용된다.

    공동담보물의 소유자가 2인 이상의 물상보증인 소유인 경우에도 그들 사이에 구상관계를 고려할 때 위 민법 제368조 제1항이 적용된다.

> **미리 알아두면 좋은 법률 Refer**
>
> **민법 제368조 (공동저당과 대가의 배당, 차순위자의 대위)**
> ① 동일한 채권의 담보로 수개의 부동산에 저당권을 설정한 경우에 그 부동산의 경매대가를 동시에 배당하는 때에는 각 부동산의 경매대가에 비례하여 그 채권의 분담을 정한다(1항).
> ② 전항의 저당부동산 중 일부의 경매대가를 먼저 배당하는 경우에는 그 대가에서 그 채권 전부의 변제를 받을 수 있다. 이 경우 그 경매한 부동산의 차순위저당권자는 선순위저당권자가 전항의 규정에 의하여 다른 부동산의 경매대가에서 변제를 받을 수 있는 금액의 한도에서 선순위자를 대위하여 저당권을 행사할 수 있다(2항).

① 민법 제368조 1항에서 공동저당권의 의미는 공동저당권 뿐만 아니라 전세권과 가등기담보권 등의 담보물권, 그리고 임금채권, 임차보증금반환채권, 조세채권 등과 같은 법정담보물권부 채권에 대해서도 유추 적용되고 있다.

② 여기서 경매대가란 매각대금에서 매각부동산이 부담할 경매비용을 공제한 금액을 말한다.

> **경매대가를 어떻게 계산하면 되나?**
> ① 일괄매각된 경우 경매비용은 각 부동산의 최저매각비율에 의하여 안분산출한다(민집268조, 101조2항).
> ② 선순위채권에 해당하는 조세채권, 공과금채권도 당해세를 제외하고는 공동담보물의 소유자가 같으면 경매비용과 같이 안분하면 된다.
> ③ 공동저당권보다 선순위 저당권이 있다면 각 부동산의 경매비용과 선순위저당권자의 채권을 공제한 나머지가 그 부동산에서 공동저당권자의 경매대가가 된다.

◆ **공동담보물의 일부가 채무자, 일부가 물상보증인 소유인 경우에 배당하는 방법은?**

동시 배당 시에 물상보증인이 민법 제481조, 제482조의 규정에 의한 변제자대위에 의하여 채무자 소유 부동산에 대하여 담보권을 행사할 수 있는 지위에 있는 점 등을 고려할 때, ~ 민법 제368조 제1항은 적용되지 아니한다고 봄이 상당하다. 이 경우 경매법원으로서는 채무자 소유 부동산의 경매대가에서 공동저당권자에게 우선적으로 배당을 하고, 부족분이 있는 경우에 한하여 물상보증인 소유 부동산의 경매대가에서 추가로 배당해야 한다(대법원 2008다 41475 판결).

즉 동시배당에 있어서 변제자대위가 우선하는 전제 하에서 채무자 소유의 경매대가에서 먼저 배당하고 부족액이 있는 경우 물상보증인소유의 경매대가에서 배당하면 된다.

이러한 법리는 이시배당에서도 그대로 적용하여 ① 채무자 부동산이 먼저 매각되는 경우에는 법정대위권이 없지만, ② 물상보증인 소유부동산이 먼저 매각되는 경우에는 후순위저당권자(민법 제368조 제2항)와 물상보증인(민법제 481조, 482조에 따른 변제자대위)이 채무자 소유부동산의 매각절차에서 선순위공동저당권자를 대위하여 청구할 수 있다.

# 03 공동담보물을 전부 채무자가 소유한 경우 동시배당한 사례

| A 부동산<br>(배당금 4,000만원) | B 부동산<br>(배당금 3,000만원) | C 부동산<br>(배당금 2,000만원) |
|---|---|---|
| 2015.02.10.<br>갑 공동저당권 3,000만원<br>2015.03.10.<br>을 근저당권 3,000만원 | 2015.02.10.<br>갑 공동저당권 3,000만원<br>2015.04.10.<br>병 근저당권 1,500만원 | 2015.01.10.<br>정 근저당권 1,000만원<br>2015.02.10.<br>갑 공동저당권 3,000만원 |

 A, B, C 부동산이 동시에 경매절차로 매각되어 동시에 배당되면(배당금은 경매비용 공제 후 금액이므로 A, B, C 부동산에서 경매대가는 A = 4,000만원이고, B = 3,000원, C = 2,000원이다).

### (1) C 부동산에서 정의 배당금액
 정 근저당권은 C부동산의 경매대가 2,000만원(배당금) 중에서 1순위로 1,000 만원을 배당 받는다.

### (2) A와 B, C 부동산에서 갑 공동저당권자의 배당금액
 갑 공동저당권자는 A, B, C 부동산에서 경매대가를 계산하면 A=4,000만 원, B=3,000만원, C=2,000만원−1,000만원(선순위 정 배당금) =1,000만원이 된다. 따라서 갑의 배당금은

① A로부터 채권안분액 = 3,000만원 × $\dfrac{4,000만}{4,000만+3,000만+1,000만}$
　15,000,000원

② B로부터 채권안분액 = 3,000만원 × $\dfrac{3,000만}{4,000만+3,000만+1,000만}$
　11,250,000원

③ C로부터 채권안분액 = 3,000만원 × $\dfrac{1,000만}{4,000만+3,000만+1,000만}$
　3,750,000원

### (3) A 부동산에서 을의 배당금액

을은 A 부동산 = 4,000만원 − 갑 배당금 1,500만원 = 2,500만원으로 이금액 배당 받고, 채권을 회수하지 못한 금액은 500만원이 된다.

### (4) B 부동산에서 병의 배당금액

병은 B 부동산 = 3,000만원 − 갑 배당금 11,250,000원 = 18,750,000원 으로 배당금 1,500만원 모두 충족하고도 배당금이 3,750,000원이 남는다. 이배당잉여금은 소유자에게 돌아간다.

### (5) C 부동산에서 정의 배당금액

C 부동산 6,250,000원의 배당잉여금이 남는데 이는 소유자(채무자)에게 배당하게 된다.

# 04 A 부동산은 채무자, B 부동산은 물상 보증인 소유에서 동시배당한 사례

| 김갑돌 부동산<br>(채무자 소유로 배당금이 5,000만원) | 홍길동 부동산<br>(물상보증인 소유로 배당금이 4,000만원) |
|---|---|
| 2014.04.15.<br>　국민은행 공동저당권 4,000만원<br>2014.10.10.<br>　기업은행 저당권 2,000만원 | 2014.04.15.<br>　국민은행 공동저당권 4,000만원<br>2014.12.10.<br>　새마을금고 저당권 3,500만원 |

　동시배당에 있어서 변제자대위가 우선하는 전제 하에서 채무자 소유의 경매대가에서 먼저 배당하고 부족액이 있는 경우 물상보증인소유의 경매대가에서 배당하면 된다. 이는 이시배당 시 물상보증인의 변제자대위와 후순위저당권자의 대위 중에서 변제자대위를 우선시키는 경우 즉 채무자소유 부동산이 먼저 매각되고, 그 후 물상보증인소유가 매각된 경우, 후순위저당권자가 선순위공동저당권자를 대위(368조2항)하여 행사할 수 없는 것과 같은 법리이다.

　따라서 채무자 소유부동산과 물상보증인 소유부동산이 동시에 매각된 경우에 배당은 채무자 주택의 실제 배당할 금액이 5,000만원이고, 물상보증인의 실제 배당할 금액은 4,000만원이므로 동시 배당표를 작성하면 다음과 같이 작성하면 된다.

## PART 5 공동담보물이 동시에 매각될 때 배당하는 방법

| 순위 | 깁갑돌 부동산(채무자 소유)<br>(배당금 5,000만원) | 홍길동 부동산(물상보증인)<br>(배당금액 4,000만원) |
|---|---|---|
| 1순위 | 국민은행 공동저당권 : 40,000,000원 | 〈배당금 없음〉 |
| 2순위 | 기업은행 저당권 : 10,000,000원 | 새마을금고 저당권 : 35,000,000원 |
| 배당잉여 | 배당잉여금 : 0원 | 배당잉여금 500만원 홍길동에 배당. |

# PART 6

## 이시에 매각될 때 배당방법과 후순위저당권자 등의 법정대위

01 공동담보물의 이시배당절차에서 배당 하는 방법은?
02 후순위저당권자 등이 법정대위를 할수 있는 경우와 없는 사례
03 후순위저당권자 등의 대위권 발생 시기와 우선순위
04 피대위권자와 대위권자는 누가 되고, 그 대위의 범위는?
05 공동담보물 중에서 A 부동산이 먼저 매각되고, B 부동산이 매각된 사례
06 물상보증인 소유가 먼저 매각되고, 채무자 소유부동산이 매각된 경우 배당은?

# 01
## 공동담보물의 이시배당절차에서 배당 하는 방법은?

　공동담보물 중 일부가 먼저 매각될 때에는 공동저당권자는 그 경매대가로 부터 채권 전액을 우선해서 변제 받을 수 있다. 그리고 2순위로 배당잔여금을 가지고 후순위저당권자 등이 배당 받으므로 동시에 매각되어 배당할 때 보다 적게 배당 받는 상황이 발생한다.

　이러한 이시배당은 공동담보물 수개가 동일한 경매절차에 의해 매각이 진행 되던 중 그 일부가 먼저 매각되는 경우, 다른 공동저당 부동산이 매각될 때까지 기다리지 않고 매각된 부동산을 먼저 배당을 실시하는 경우에도 발생한다.

　이러한 문제점을 개선하고자 민법 제368조 제2항의 규정을 두어 먼저 매각된 부동산의 후순위저당권자 등은 동시에 배당했다면 다른 부동산에서 공동 저당권을 부담하게 될 금액만큼 후순위저당권자 등이 공동저당권자를 대위할수 있도록 한 제도이다.

김선생 핵심체크

### 선순위조세채권자가 배당받았다가 압류선착주의로 흡수당한 경우도 법정대위가 인정된 사례

납세의무자 소유의 일부 부동산에 관한 선행 공매절차의 매각대금 배분과정에서 저당권자에 우선하는 조세채권자에 대하여 저당권자에 우선하여 배분절차를 진행한 이상, 비록 조세채권자에게 배분된 금액이 압류선착주의에 따라 압류일이 빠른 다른 조세채권에 흡수됨으로써 실제로는 그 금액을 배분받지 못하는 결과가 되었다 하더라도 실질적으로는 선순위 조세채권자의 우선변제권 행사에 의한 배분이 이루어진 것으로 보아야 하고, 납세의무자 소유의 다른 부동산에 관한 후행 경매절차 등에서 저당권자에 대하여 선순위 조세채권자에게 그와 같은 배분이 이루어지지 아니 하였다고 주장할 수 없다(대법원 2011다47534 판결)

# 02
## 후순위저당권자 등이 법정대위를 할수 있는 경우와 없는 사례

◆ **후순위저당권자 등이 법정대위를 할 수 있는 사례와 그 범위**

① A 부동산과 B 부동산 소유자가 같을 경우에는 이시(異時) 배당에 따른 후순위저당권자가 동시에 배당하였을 경우의 채권안분액의 금액한도 내에서 선순위 공동저당권자를 대위하여 행사할 수 있다.

② A 부동산과 B 부동산 모두 물상보증인 소유인데 A 부동산이 먼저 매각 되는 경우라면 이들 물상보증인 간에도 민법제481조, 482조에 기한 채권자를 대위한자는 자기의 권리에 의하여 구상할 수 있는 범위에서 채권 및 그 담보에 관한 권리를 취득할 수 있어서 각 부동산의 가액에 비례해서 대위의 범위가 결정된다.

③ A 부동산은 채무자소유, B 부동산은 물상보증인소유에서 물상보증인 소유 B 부동산이 먼저 매각되는 경우에는 B 부동산 후순위저당권자와 물상보증인이 A부동산(채무자소유)의 매각절차에서 선순위 공동저당권자를 대위하여 청구할 수 있다. 이때 대위행사청구 순위는 B 부동산 후순위 저당권자가 먼저이고 그 후에 B 부동산 소유자 즉 물상보증인이 행사한다. 이때 변제자대위는 물상보증인이 대위변제한 금액 전액에 대해서 채무자 부동산에 등기되어 있는 선순위 갑 공동저당권을 대위할 수 있다.

이러한 법리는 동시배당에서도 그대로 적용되어 변제자대위가 우선하는 전제 하에서 채무자 소유 부동산의 경매대가에서 공동저당권자에게 우선적으로 배당을 하고, 부족분이 있는 경우에 한하여 물상보증인 소유 부동산의 경매 대가에서 추가로 배당을 하여야 한다(대법원 2008다41475 판결).

　이와 같이 동시 배당 시와 이시 배당 시에도 다를 바 없이 적용되어야 한다. 물상보증인은 타인의 채무를 위하여 자신의 부동산 위에 저당권을 설정한 자이다. 이러한 물상보증인은 채무자가 제공한 담보물의 담보력을 신뢰하고 변제자대위에 관한 규정에 의하여 최종적인 책임을 채무자에게 귀속 시킬수 있다는 기대 하에 담보를 제공하는 것이므로, 그 후에 채무자 소유부동산에 후순위저당권이 설정되었다고 하더라도 그 기대이익을 박탈할 수 없는 것이고, 채무자 소유부동산에 후순위저당권자가 설정되고 나서 물상보증인 소유부동산에 공동저당권이 추가되었다고 하더라도 애당초 후순위저당권자가 민법 제368조 제2항에 따른 차순위저당권자의 대위를 기대하지 않고 설정한 것이므로 보호할 필요가 없다는 것으로 후순위저당권자보다는 물상보증인의 변제자대위가 우선하게 된다.

　④ 같은 담보를 위해서 보증인(이소령)과 A부동산(물상보증인 홍길동소유)과 B 부동산(물상보증인 강감찬소유)이 있는 경우에는 물상보증인 홍길동 소유부동산이 먼저 매각되어 공동담보물이 변제된 경우, 보증인 이소령과 물상보증인 강감찬에 대하여 채권자의 권리를 대위할 수 있다. 이 경우 물상보증인 사이에는 각 재산의 가액에 비례하여 대위의 범위가 정해지고, 보증인과 물상 보증인 사이에는 그 인원수에 비례하여 채권자의 권리를 취득하고, 다만 보증인 이외에 물상보증인이 수인인 경우 물상보증인 사이에서는 보증인의 부담부분을 제외하고 그 잔액에 대해서 각 재산 가액에 비례하여 대위를 하면 된다.

　채무를 변제한 물상보증인이 다른 물상보증인에 대해서 채권자를 대위하는 경우, 미리 대위등기를 부기등기를 해 두지 않고서는 다른 물상보증인으로부터 양도받은 제3취득자에 대하여 채권자를 대위할 수 없다.

### ◈ 다음은 후순위저당권자 등이 법정대위를 할 수 없는 사례다

　① A 부동산은 채무자소유, B 부동산은 물상보증인소유에서 A 부동산(채무자소유)

이 먼저 매각된 경우라면 A 부동산 후순위저당권자는 B 부동산 매각절차에서 A 부동산의 선순위공동저당권자를 대위하여 물상보증인 소유 B 부동산에 대하여 대위 행사할 수 없다는 것이 대법원 판례이다(대법원 95마500 판결). 부연하자면, 물상보증인의 변제자대위와 후순위저당권자의 대위 중에서 변제자대위를 우선시키는 경우 즉 채무자소유 부동산이 먼저 매각되고 그 후 물상보증인소유가 매각된 경우 후순위저당권자가 선순위공동저당권자를 대위(368조 2항)하여 행사할 수 없다. 이러한 판단은 동시배당에 있어서 변제자 대위가 우선하는 전제 하에서 채무자 소유의 경매대가에서 먼저 배당하고 부족액이 있는 경우 물상보증인소유의 경매대가에서 배당하는 방법과 같은 법리다.

② 물상보증인이 채무를 변제하거나 저당권의 실행으로 인하여 저당물의 소유권을 잃었더라도 다른 사정에 의하여 채무자에 대하여 구상권이 없는 경우에는 채권자를 대위하여 채권자의 채권 및 그 담보에 관한 권리를 행사할수 없다(대법원 2013다80429,80436 판결 참조).

따라서 실질적인 채무자와 실질적인 물상보증인이 공동으로 담보를 제공하여 대출을 받으면서 실질적인 물상보증인이 저당권설정등기에 자신을 채무자로 등기하도록 한 경우, 실질적 물상보증인인 채무자는 채권자에 대하여 채무자로서의 책임을 지는지와 관계없이 내부관계에서는 실질적 채무자인 물상보증인이 변제를 하였더라도 그에 대하여 구상의무가 없으므로, 실질적 채무자인 물상보증인이 채권자를 대위하여 실질적 물상보증인인 채무자에 대한 담보권을 취득한다고 할 수 없다.

이와 같이 물상보증인이 채무자에 대한 구상권이 없어 변제자대위에 의하여 채무자 소유의 부동산에 대한 선순위공동저당권자의 저당권을 대위 취득할 수 없는 경우에는 물상보증인 소유의 부동산에 대한 후순위저당권자는 물상 대위할 대상이 없으므로 채무자 소유의 부동산에 대한 선순위공동저당권자의 저당권에 대하여 물상대위를 할 수 없다(대법원 2013다41097 판결).

## 미리 알아두면 좋은 법률 Refer

### 부부 공동 소유 아파트에서 후순위저당권자의 법정대위 범위

❶ 공동채무자인 경우인 경우에는 구상권을 청구할 수 있는 범위 즉 동시배당 시에 배당받을 수 있는 범위 내에서 민법 제368조 제2항에 따라 법정대위가 가능하다.

❷ 대법원 2013다41097 판결를 확대해석하면 아파트가 부부 공동소유이고 형식적으로만 지분 경매물건이 채무자소유이고 다른 배우자 지분이 물상보증인인 관계에 있을 때에도 공동채무자로 판단하고 구상권을 청구할 수 있는 범위를 한도로 민법 제368조 제2항에 따라 후순위저당권자의 대위행사를 할 수 있을 것이다. 다만 실질적으로 대출금의 전액이 채무자인 경우에 해당하면 그러하지 않는다.

### 변제자의 법정대위, 법정대위의 효과와 대위자간의 관계

❶ 민법 제481조(변제자의 법정대위) 변제할 정당한 이익이 있는 자는 변제로 당연히 채권자를 대위한다.

❷ 민법 제482조 (변제자대위의 효과, 대위자간의 관계) ① 전2조의 규정에 의하여 채권자를 대위한 자는 자기의 권리에 의하여 구상할 수 있는 범위에서 채권 및 그 담보에 관한 권리를 행사할 수 있다. ②전항의 권리행사는 다음 각호의 규정에 의하여야 한다.
1. 보증인은 미리 전세권이나 저당권의 등기에 그 대위를 부기하지 아니하면 전세물이나 저당물에 권리를 취득한 제삼자에 대하여 채권자를 대위하지 못한다.
2. 제3취득자는 보증인에 대하여 채권자를 대위하지 못한다.
3. 제3취득자중의 1인은 각 부동산의 가액에 비례하여 다른 제3취득자에 대하여 채권자를 대위한다.
4. 자기의 재산을 타인의 채무의 담보로 제공한 자가 수인인 경우에는 전호의 규정을 준용한다.
5. 자기의 재산을 타인의 채무의 담보로 제공한 자와 보증인간에는 그 인원수에 비례하여 채권자를 대위한다. 그러나 자기의 재산을 타인의 채무의 담보로 제공한 자가 수인인 때에는 보증인의 부담부분을 제외하고 그 잔액에 대하여 각재산의 가액에 비례하여 대위한다. 이 경우에 그 재산이 부동산인 때에는 제1호의 규정을 준용한다.

# 03 후순위저당권자 등의 대위권 발생 시기와 우선순위

◆ **후순위저당권자 등의 법정대위권은 언제 발생하나?**

① 후순위저당권자 등의 법정대위권은 공동저당권자의 채권이 완제된 때에 발생한다. 차순위저당권자의 대위권은 일단 배당기일에 그 배당표에 따라 배당이 실시되어 배당기일이 종료되었을 때 발생하는 것이지 배당이의 소송의 확정 등 그 배당표가 확정되는 것을 기다려 그때에 비로소 발생하는 것은 아니라고 할 것이다(대법원 2003다18418 판결).

② 후순위저당권자가 법정대위를 하려면 공동저당권자가 배당에 의하여 채권전액의 변제 받을 것을 필요로 하는가, 아니면 일부 변제를 받는 경우라도 가능한가에 대하여 일반적으로 일부변제로도 후순위 저당권자의 대위권이 발생한다고 보고 있다. 대위권의 발생 시기는 공동저당권자의 채권이 완제된 때이고, 공동저당권자가 가지고 있던 저당권이 후순위저당권자에게 이전한 다. 이때 이전등기 없이 효력이 발생한다. 이렇듯 동시배당에 비해 이시배당 절차에서 채권자의 선·후에 따라서 채권자의 지위가 크게 달라지는 경매 상의 모순점을 보완하기 위해서 후순위저당권자의 대위 행사를 보장하고 있다.

공동저당에서 후순위저당권자의 대위는 선순위저당권의 미실행저당권이 이미 경매된 부동산의 후순위저당권자에게 법률상 당연히 이전되는 것을 의미하는 것으로 등기 없이도 그 효력이 발생하게 된다.

### ◈ 후순위저당권자 등의 대위행사에서 우선순위

① 선순위공동저당권자가 선행매각절차에서 일부만 배당받은 경우에는 후순위저당권자 등의 대위행사청구금액은 선순위공동저당권자가 동시배당 시배당 받을 수 있는 금액을 한도로 하여 선순위공동저당권자의 미배당금을 우선공제 후 나머지 금액에서만 대위행사가 가능하다.

② 물상보증인 변제자 대위와 물상보증인 소유 부동산의 후순위저당권 등과 우선순위는 물상보증인 부동산의 채권자 등의 대위가 우선하고 그 다음 잔액에 대해서 물상보증인이 대위로 배당받는다.

③ 후순위 저당권자 사이의 우선순위는 동일 부동산에서는 그 저당권 등의 우선순위에 따라서 대위행사의 우선순위가 결정되고, 서로 다른 부동산의 후순위 저당권자 등의 대위행사청구 채권자가 수인일 경우 동순위로 채권액에 안분하여 대위행사청구가 가능하다.

④ 변제자 대위(물상보증인 변제자 대위)와 후순위 저당권자의 대위가 충돌하는 경우에는 변제자 대위가 우선한다.

그러나 공동저당권 설정 등기 후에 공동저당물건 중 일부가 제3자가 취득 하게 됨에 따라 제3자(물상보증인이 되는 경우) 부동산이 먼저 매각된 경우에는 제3취득자의 물상보증인 변제자 대위보다 후순위 저당권자의 대위가 우선한 다.

# 04 피대위권자와 대위권자는 누가 되고, 그 대위의 범위는?

① 피대위권인 선순위공동저당자와의 범위는 공동저당권뿐만 아니라 담보 가등기와 전세권 등의 담보물권과 임금채권, 주임법상 임차보증금반환채권, 조세채권 등과 같은 법정담보물권부 채권에 대해서도 유추 적용되고 있다.

그러나 일반채권자 등은 후순위 저당권자와 평등한 지위에 있으므로 대위행사가 불가능하다.

② 후순위저당권자의 범위에는 선순위공동저당권자보다 후순위 근저당권자·가등기담보권자·전세권자뿐만 아니라 후순위 법정담보물권자로 우선변제권을 가지고 있는 주임법상 임차보증금반환채권·조세채권·공과금채권·임금채권 등의 법정담보물권부 채권에 대해서도 유추 적용되고 있다.

근저당권에 기한 물상대위권을 갖는 채권자가 그 물상대위권을 행사하여 우선변제를 받음에 있어, 그 권리 실행방법은 민사소송법 제733조에 의하여 채권에 대한 강제집행절차를 준용하여 채권의 압류 및 전부명령을 신청할 수있다고 할 것이나, 이는 어디까지나 담보권의 실행절차이므로 그 요건으로서 담보권의 존재를 증명하는 서류를 제출하여 개시하면 되는 것이고, 일반채권자로서 강제집행을 하는 것이 아니므로 채무명의를 필요로 하지 않는다(대법원 92마380,381 결정).

그러나 우선변제권이 없는 후순위 일반채권자 즉 가압류채권자, 집행권원에 의한 배당요구 참가 채권자 등은 이 규정에서의 차순위저당권에 포함된다고 볼 수 없다.

왜냐하면 일반채권자들은 먼저 매각된 부동산에서 배당을 받지 못하더라도, 후에 매각되는 부동산에 대해서 물상보증인이 구상권을 취득함과 동시에 변제자대위에 의하여 채무자 소유부동산의 1순위공동저당권을 취득하게 되므로 이 권리에 대한 가압류 또는 압류하여 그로부터 배당받을 수 있고, 이와 같은 논리를 구성한다하여 일반채권자에 특히 불리하게 되는 것도 아니고, 만일 대위행사를 인정하게 된다면 일반채권을 물권으로 전환시켜주는 것이 되어 부당한 결과를 초래하게 되기 때문이다. 따라서 일반채권자로 집행권원이 없는 경우에는 선순위공동저당권을 채권자대위에 기한 근저당권부 채권가압류하고, 채무자를 상대로 본안소송을 제기하여 가압류를 본압류로 전이하는 채권압류 및 전부명령이나 채권압류 및 추심명령 등을 진행하면 된다. 근저당권에 대하여 추심 또는 전부명령을 얻은 때에는 근저당권이 압류채권자에게로 이전되므로 압류채권자가 근저당권을 실행(임의경매) 할 수 있다.

다만 근저당권부 채권의 이행기가 도래하지 않았다면 이행기가 도래하기를 기다려 임의경매절차를 진행해야 한다.

### 김선생 핵심체크

**채권자대위권의 행사요건은?**
❶ 채권자가 자기의 채권을 보전할 필요가 있을 것.
❷ 채무자가 스스로 그의 권리를 행사하지 않을 것.
❸ 채권자의 채권이 이행기에 있을 것 등이 요구되며, 위 요건 중 '채권을 보전할 필요'라 함은 채권자가 채무자의 권리를 행사하지 않으면 자기의 채권이 완전한 만족을 얻지 못하게 될 위험이 있는 것, 즉 채무자의 무자력을 말한다.

# 05 공동담보물 중에서 A 부동산이 먼저 매각되고, B 부동산이 매각된 사례

| A 부동산<br>(배당금 4,000만원) | B 부동산<br>(배당금액 3,500만원) |
|---|---|
| 2015.03.10. 갑 공동근저당권 5,000만원<br>2015.07.10. 을 근저당권 3,000만원 | 2015.03.10. 갑 공동근저당권 5,000만원<br>2015.05.10. 병 근저당권 1,500만원 |

 (A, B 부동산 모두 채무자가 소유, 또는 모두 물상보증인 소유인 경우이고, 배당금은 경매비용을 공제한 금액이다).

### (1) 공동담보물 A와 B 중 A가 먼저 매각돼 이시 배당한 사례

 ① 갑은 A 부동산에서 4,000만원 배당 받고, 채권을 회수하지 못한 금액은 1,000만원이다.

 그리고 후순위 을 근저당권은 배당금액이 없다. 따라서 을은 B 부동산에서 동시배당 시에 갑 공동저당권자가 배당받을 수 있는 범위 내에서 후순위저당권자로서 대위청구를 할 수 있다.

 ② A 부동산 후순위저당권자 을 근저당권자와 A 부동산 소유자가 B 부동산에서 대위청구금액을 확인하기 위해서는 갑 공동근저당권자가 A, B 부동산이 동시에 매각되어 동시배당할 때 각 경매대가에서 안분배당 받을 금액을 알 수 있어야 한다.

 갑이 A, B 부동산의 각 경매대가에 따라 안분배당하면

 ① 갑은 A로부터 채권안분액 = 갑의 채권액 × $\dfrac{A배당금액}{(A+B)\ 배당금액}$ =

$$5{,}000만원 \times \frac{4{,}000만}{4{,}000만 + 3{,}500만} = 26{,}666{,}667원이고,$$

② 갑은 B로부터 채권안분액 = $5{,}000만원 \times \dfrac{3{,}500만}{7{,}500만} = 23{,}333{,}333원$이 된다.

## (2) A 부동산이 먼저 배당되고 나서, B 부동산이 배당되는 경우

① 갑 공동저당권자는 B 부동산 채권안분액 23,333,333원(동시배당시 B 부동산에서 갑의 배당액) 중에서 A 부동산에서 배당부족분 1,000만원을 먼저 배당 받는다.

② 을은 갑의 B 부동산 채권안분액 23,333,333원 - 1,000만원(갑 배당금)
= 13,333,333원을 갑 공동저당권자를 대위행사하여 배당받는다.

③ B 부동산의 후순위 병 근저당권자는 B 부동산 매각대금 3,500만원 - 23,333,333원(갑 1,000만원+을 13,333,333원) = 11,666,667원을 배당 받으면서 종료된다.

## 06 물상보증인 소유가 먼저 매각되고, 채무자 소유부동산이 매각된 경우 배당은?

| A 부동산(채무자 소유)<br>(배당금 4,000만원) | B 부동산(물상보증인)<br>(배당금액 5,000만원) |
|---|---|
| 2014.04.15. 갑 공동근저당권 4,000만원<br>2015.10.10. 을 근저당권 2,000만원 | 2014.04.15. 갑 공동근저당권 4,000만원<br>2015.12.10. 병 근저당권 2,500만원 |

### (1) 물상보증인 소유의 B 부동산이 먼저 경매로 매각된 경우

갑 공동근저당권자는 B 부동산으로부터 1순위 : 4,000만원 전액 배당 받고, 병이 2순위로 1,000만원을 배당 받아 병에게 미배당금 1,500만원이 발생한 다. 이와 같이 갑 공동저당권자로서는 공동담보물 중 일부가 먼저 매각되면 그 배당금에서 채권 전액을 회수하게 되므로 손해 보는 일은 발생하지 않는다. 하지만, 그 부동산의 후순위 저당권자 등은 그 만큼 손실이 발생하게 된다. 이때 그 손해에 대해서 청구할 수 있는 권리는 다음 알아두면 좋은 내용 으로 이해하면 될 것이다.

### (2) 물상보증인 소유가 먼저 매각되고, 채무자 소유부동산이 매각된 경우의 배당은?

공동근저당권자 갑은 A, B 부동산의 1번 공동근저당권 4,000만원으로 B 부동산에서 전액 배당 받아서 A 부동산에서 배당금액이 남아 있지 않아서 B 부동산 후순위 근저당권자(민법 제368조 제2항)와 물상보증인(민법제 481조, 482조에 따른 변제자대위)이 A 부동산(채무자소유)의 매각절차에서 물상보증인이 선순위공동근저당권자를 대위하여 대위변제한 4,000만원 전액에 대해서 채무자 소유의 갑 공동근저당권을 대위할 수 있다. 이때 공동근저당권을 부기 등기로 이전받은 후순위근저당권자 또는 물상보증인은 공동근저당권자와 같은 방법으로 그 권리를 행사할 수 있어서 임의경매를 신청할 수 있고, 그 매각대금에 대해서 선순위로 우선변제 받을 수도 있다.

> **미리 알아두면 좋은 법률 Refer**
>
> **A 부동산은 채무자, B 부동산은 물상보증인 소유일 때 배당방법**
> ❶ A 부동산과 B 부동산이 동시에 매각되어 배당하는 방법은?
> 동시배당에 있어서 변제자대위가 우선하는 전제 하에서 채무자 소유의 경매대가에서 먼저 배당하고 부족액이 있는 경우 물상보증인소유의 경매대가에서 배당하면 된다.
> ❷ A 부동산과 B 부동산이 이시에 매각되어 배당하는 방법은?
> ㉮ 물상보증인 소유 B 부동산이 먼저 매각되는 경우에는 B 부동산 의 후순위저당권자(민법 제368조 제2항) 와 물상보증인(민법제 481조, 482조에 따른 변제자대위) 이 A 부동산(채무자소유)의 매각절차에서 선순위공동저당권자를 대위하여 청구할 수 있다.
> 이때 대위할 수 있는 금액은 물상보증인이 대위변제한 금액 전액에 대해서 채무자 부동산에 등기되어 있는 선순위 갑 공동저당권을 대위할 수 있다.

### (3) 그러나 채무자소유가 먼저 매각되고 물상보증인소유 부동산이 매각되 었다면?

A 부동산(채무자 소유)이 먼저 경매가 이루어진 후에 B 부동산(물상보증인 소유)이 경매로 매각되는 경우의 배당에서는 A 부동산(채무자 소유)의 후순위근저당권자 등은 B 부동산(물상보증인 소유) 매각절차에서 후순위근저당권자로서 선순위 공동근저당권자를 대위해서 대위권을 행사할 수 없다.

# 7 PART

## 지분경매에서 후순위 채권을 NPL로 매입해 고수익을 올리는 투자비법

01 아파트와 농지가 채무자 소유인데 그 중 일부가 먼저 매각되면?
02 공동담보물이 채무자와 물상보증인 소유인데 채무자소유 부동산이 먼저 매각되면
03 공동담보물이 채무자와 물상보증인 소유인데 물상보증인 소유부동산이 먼저 매각되면
04 선행된 물상보증인 소유 후순위채권에서 숨은 진주 NPL(부실채권)을 찾아라.
05 선행된 물상보증인의 매각대금에서 공동저당권이 변제받고 채무자 소유에서 말소한 경우
06 채무자와 물상보증인 소유부동산이 동시에 매각될때 잘못된 배당에 대한 이의소송

# 01 아파트와 농지가 채무자 소유인데 그 중 일부가 먼저 매각되면?

　채무자가 자신의 채권을 담보하기 위해서 공동담보로 아파트와 농지에 공동근저당권을 설정하고 대출을 받은 경우인데 아파트의 후순위채권자 신한은행의 임의경매신청으로 아파트가 먼저 매각된 경우 이시매각절차로 이시배당 절차를 거치게 되는데 이때 선순위 공동근저당권자 국민은행은 선행된 아파트 매각대금에서 전액 우선변제 받게 되고 그에 따라 배당받지 못한 후순위 근저당권자 신한은행은 민법 제368조 제2항에 따라 농지만으로 변경 등기된 국민은행근저당권을 대위하게 되는데, 농지가 경매가 진행된다면 후순위근저당권자로 국민은행 근저당권을 물상대위해서 배당요구하고, 경매가 진행되지 않으면 부기등기해서 물상대위하게 된다.

| 아파트(배당금 4,000만원)<br>(채무자 소유) | 농지(배당금액 3,500만원)<br>(채무자 소유) |
|---|---|
| 11. 03. 10. 국민은행 공동근저당권<br>5,000만원<br>11. 07. 10. 신한은행 근저당권<br>3,000만원 | 11. 03. 10. 국민은행 공동근저당권<br>5,000만원<br>11. 05. 10. 새마을금고 근저당권<br>1,500만원 |

### ◆ 아파트가 먼저 경매로 매각된 경우 배당은

아파트 후순위근저당권자 신한은행이 농지에서 대위권은 국민은행 공동근저당권자의 아파트와 농지가 동시매각시 배당받게 되는 채권안분액을 알아야만 농지에 대해서 그 채권안분액 만큼 대위하여 행사할 수 있다.

따라서 국민은행의 아파트, 농지의 채권안분액을 계산하여 보면

1) 국민은행은 아파트에서 채권안분액 = 갑의 채권액 × $\dfrac{\text{아파트 배당금액}}{(\text{아파트}+\text{농지})\text{배당금액}}$

   = 5,000만 × $\dfrac{4,000만}{4,000만+3,500만}$ = 26,666,667원

2) 국민은행은 농지에서 채권안분액 = 5,000만 × $\dfrac{3,500만}{7,500만}$ = 23,333,333.
   = 23,333,333원

따라서 아파트에서 국민은행이 26,666,667원을 초과하여 배당받은 13,333,333원을 국민은행 근저당권자를 물상대위할 수 있는 신한은행의 대위권이 인정된다.

### ◆ 아파트가 먼저 경매로 매각되고 나서 농지가 매각되는 경우

부기등기 없이도 농지가 매각되면 민법 제368조 제2항에 따라 후순위저당권자 신한은행은 농지로 변경등기된 공동저당권자를 물상대위해서 배당요구 하면,

1) 국민은행은 농지의 채권안분액 23,333,333원 중에서 아파트에서 배당부족분 1,000만원을 먼저 배당받는다.

2) 신한은행은 국민은행의 농지의 채권안분액 23,333,333원 – 1,000만원(국민은행 배당금) = 13,333,333원을 국민은행 근저당권자를 대위행사하여 배당받는다.

3) 농지의 후순위 새마을금고 근저당권자는 농지매각대금 3,500만원 – 23,333,333원(국민은행 1,000만원 + 신한은행 13,333,333원) = 11,666,667원을 배당받게 된다.

### ◆ 아파트만 매각되고 농지가 장기간 매각되지 않는 다면 부기등기를 해 둬라!

이 경우 신속하게 농지의 선순위공동저당권에 대해서 민법 제368조 제2항의 후순위저당권자의 대위에 기한 부기등기를 다음과 같이 하면 동시배당시 배당받을 금액의 범위 내에서 국민은행 근저당권을 물상대위하게 되는데,

| 【을 구】(소유권 이외의 권리에 관한 사항) −채무자 소유 농지 | | | | |
|---|---|---|---|---|
| 순위번호 | 등기목적 | 접수 | 등기원인 | 권리자 및 기타사항 |
| 1 | 근저당권 | 2011년 3월 10일 제13501호 | 2011년 3월 9일 설정계약 | 채권최고액 금 50,000,000원 채무자 ㅇㅇㅇ 서울시 송파구 방이동 ㅇㅇㅇ번지 근저당권자 국민은행 700407-1234567 서울특별시 종로구 혜화동 ㅇㅇㅇ번지 공동담보 서울시 강서구 화곡동 ㅇㅇ번지 ㅇㅇ아파트 ㅇㅇ동 ㅇㅇㅇ호 |
| 1-1 | 1번 근저당권 대위 | 2011년 11월 7일 제13673호 | 2011년 11월 4일 민법 제368조 제2항에 의한 대위 | 매각부동산 서울시 강서구 화곡동 ㅇㅇ번지 ㅇㅇ아파트 ㅇㅇ동 ㅇㅇㅇ호 매각대금 금41,000,000원(경매비용포함) 변 제 액 금40,000,000원 채권최고액 금30,000,000원 채무자 ㅇㅇㅇ 서울시 송파구 방이동 ㅇㅇㅇ번지 대위자 근저당권자 신한은행 740104-2000000 서울시 송파구 가락동 ㅇㅇ번지 |

부기등기에 대한 자세한 내용은 다음 [쉼터 김동희 특강] 공동저당 대위등기에 관한 업무처리지침 (제정 2011.10.12 등기예규 제1407호)을 참고해서 부기등기 하면 된다.

다음으로 국민은행 근저당권을 물상대위해서 임의경매절차를 진행하면 되는데, 채무자의 채무이행의 지체가 있어야지 존속기간 내에서는 할 수 없지만 채권확보차원에서는 문제가 없을 것이다.

### 미리 알아두면 좋은 법률 Refer

#### 민법 368조에 의한 공동저당에서 차순위저당권자에 의한 경매신청

차순위 저당권자가 경매신청을 하려면 공동저당권자가 그 채권을 완제받은 경우라야 하므로 그 사실을 소명하여야 한다. 담보권이전의 부기등기 없이도 법률의 규정에 의하여 당연히 담보권이 이전되므로 경매를 신청할 수 있다. 따라서 대위변제 사실을 증명하는 공정증서 또는 차순위저 당권자로 기입된 등기부등본과 배당표등본을 첨부하여 경매신청을 할 수 있지만, 실무상으로는 담보권이전의 부기등기를 거쳐 경매를 신청하는 것이 관례로 되어 있다.

〈질의 & 응답〉

(질문) 후순위 근저당권자입니다. 선순위 공동 근저당권자의 일부 담보부동산에 대한 경매실행으로 배당금은 한푼도 받지 못하고 근저당권만 말소되었습니다. 본인이 구제받을 수 있는 방법은 있는지?

(답변) 공동근저당권의 경매에서 동시 배당하는 경우 각 부동산의 경매대가에 비례하여 그 채권의 분담을 하는데, 저당부동산중 일부의 경매대가를 먼저 배당하게 되면 차순위 근저당권자가 불이익을 당하게 되는 데, 이러한 경우 차순위 근저당권자는 동시 배당하는 경우 변제받을 수 있는 금액의 한도로 다른 부동산의 경매대가에서 선순위를 대위하여 저당권을 행사할 수 있으므로 차순위 저당권자로 기입된 등기부등본, 배당표등본, 공동근저당권자가 채권을 완제받은 사실을 소명하여 임의 경매를 신청할 수 있습니다

## ◆ 선행된 채무자의 후순위 채권에서 숨은 진주 NPL(부실채권)을 찾아라.

앞의 사례에서 신한은행은 채무자를 대신해서 납부한 경매신청비용만 0순위로 배당받고 나머지 채권은 배당받지 못했다. 이러한 경우 아파트에서 후순위 채권자들은 소멸되고 채무자의 농지에 대해서 변경등기된 국민은행 근저당권을 물상대위할 수 있는데, 절차가 복잡하다는 이유로 또는 하는 방법을 몰라서 포기해 버리는 경우가 허다하다. 이 후순위채권을 양도받아 대위권을 행사하게 된다면 독자 분들은 NPL 시장에서 고수가 될 수 있다.

왜냐하면 이보다 고수익을 만드는 NPL을 찾기란 쉽지 않기 때문이다.

**김동희 핵심체크**

### 민법 제368조 2항에서 대위가 가능한 차순위저당권자

① 차순위저당권자란 공동저당권자보다 후순위저당권자 뿐만 아니라 후순위담보권자로 매각으로 그 권리가 소멸되는 자 전부를 포함한다.
차순위저당권자를 후순위저당권자 또는 후순위담보권자라 칭하기도 한다. 그리고 후순위권리자로 표현하기도 하나 이는 우선변제권이 없는 일반채권자까지 포함하는 개념이므로 일반채권자는 이 규정에 의한 보호를 받지 못하므로 적절치 못한 표현 이다.
즉 우선변제권이 없는 후순위 일반채권자 즉 가압류채권자, 집행권원에 의한 배당요구 참가채권자 등은 이 규정에서의 차순위저당권에 포함된다고 볼 수 없다.
② 후순위저당권자의 범위에는 (근) 저당권자, 가등기담보권자, 전세권자, 확정일자부 임차권 등의 우선변제권을 가지고 있는 저당권부 채권자로 매각으로 소멸되는자 전부가 후순위로서 이시배당시 선순위 공동저당권자가 전액 우선변제받음으로 배당받지 못한 채권액을 다른 공동저당물건 매각시 대위행사를 청구할 수 있다.
③ 근저당권에 기한 물상대위권을 갖는 채권자가 그 물상대위권을 행사하여 우선 변제를 받음에 있어, 그 권리실행방법은 민사소송법 제733조에 의하여 채권에 대한 강제집행절차를 준용하여 채권의 압류 및 전부명령을 신청할 수 있다고 할 것이나, 이는 어디까지나 담보권의 실행절차이므로 그 요건으로서 담보권의 존재를 증명하는 서류를 제출하여 개시하면 되는 것이고, 일반채권자로서 강제집행을 하는 것이 아니므로 채무명의를 필요로 하지 않는다.[대법92마380,381 결정]

**아파트가 먼저 매각되고 나서 농지가 매각된 경우 채권자들의 운명은 어떻게 달라질까!**

| 아파트<br>(배당금 4,000만원) (채무자 소유) | 농지<br>(배당금액 3,500만원) (채무자 소유) |
|---|---|
| 11.03.10. 갑 공동근저당권        5,000만원<br>11.07.10. 을 근저당권    3,000만원<br>11.10.10. 정 가압류 채권3,000만원 | 11.03.10. 갑 공동근저당권        5,000만원<br>11.05.10. 병 근저당권    1,500만원 |

### (1) 을 근저당권자의 입장에서 살펴보면

을 근저당권은 동시매각시 배당받을 수 있는 금액을 한도로 민법 제368조 제2항에 따른 후순위저당권자의 대위가 부기등기를 통한 대위가 가능하다.

그에 대한 권리에 대해서는 이미 앞에서 설명한대로 대위권의 권리를 갖게 된다.

### (2) 정 가압류권자는 일반채권자로 대위가 불가하게 되는데 어쩌란 말인가,

정 가압류권자는 일반채권자로 대위가 불가하지만 매각되지 않은 농지가 채무자소유이므로 농지를 별도로 채권 가압류 등의 보전조치를 하면 되지만 순위 싸움에서 밀리게 되어 채권회수가 어렵고 간혹 가압류 비용만 날리게되는 경우를 필자는 볼 수 있었다.

# 02 공동담보물이 채무자와 물상보증인 소유인데 채무자소유 부동산이 먼저 매각되면

◆ 공동담보물에서 채무자 소유 아파트가 먼저 매각되고 나서 물상보증인 소유농지가 매각시

공동담보물인 아파트와 농지에서 채무자 소유 아파트가 먼저 매각되면 후순위 저당권자와 채무자가 대위행사를 할 수 없다.

| 아파트<br>(배당금 4,000만원) (채무자 소유) | 농지<br>(배당금액 5,000만원) (물상보증인) |
|---|---|
| 11. 04.15. 국민은행 공동근저당권<br>4,000만원<br>11. 07.10. 신한은행 근저당권<br>2,000만원 | 11. 04.15. 국민은행 공동근저당권<br>4,000만원<br>11. 12.10. 대우캐피탈 근저당권<br>2,500만원 |

국민은행은 아파트 매각대금에서 1순위 : 4,000만원 배당받고, 신한은행은 배당금이 없어서 배당받지 못하고 소멸하게 되는데 물상보증인 소유 농지에 대해서 선순위 국민은행 공동근저당권자를 대위해서 대위권을 행사할 수 없다.

이러한 이유는 채무자의 후순위저당권자와 물상보증인의 변제자대위가 충돌하면 물상보증인의 변제자대위가 우선하기 때문이다.

## ◈ 선행된 채무자의 후순위 채권에서 NPL(부실채권)을 찾으면 정말로 부실채권이 된다

신한은행 근저당권은 동시매각시 배당받을 수 있는 금액을 한도로 민법 제368조 제2항에 따른 후순위저당권자의 대위가 인정되지 못하므로 이 근저당권을 양도받으면 양수받은 채권은 채무자를 상대로 한 무담보채권이 되기 때문에 회수가 거의 불가한 실정이다. 왜냐하면 한번 경매당한 사람이 다른 부동산이 존재하기란 어려워서 채권추심이 불가하기 때문이다.

# 03 공동담보물이 채무자와 물상보증인 소유인데 물상보증인 소유부동산이 먼저 매각되면

공동담보물인 아파트(채무자소유)와 농지(물상보증인소유)에서 물상보증인 소유 농지가 먼저 매각되면 후순위 저당권자와 물상보증인의 대위행사가 가능하다.

| 아파트<br>(배당금 4,000만원) (채무자 소유) | 농지<br>(배당금액 5,000만원) (물상보증인) |
|---|---|
| 11. 04.15. 국민은행 공동근저당권<br>4,000만원<br>11. 07.10. 신한은행 근저당권<br>2,000만원 | 11. 04.15. 국민은행 공동근저당권<br>4,000만원<br>11. 12.10. 대우캐피탈 근저당권<br>2,500만원 |

◈ 물상보증인 소유의 농지가 먼저 경매로 매각된 경우는?

국민은행은 농지 매각대금에서 1순위 : 4,000만원 배당받고, 대우캐피탈이 2순위로 1,000만원을 받아서 대우캐피탈은 미배당금 1,500만원이 있다.

◈ 농지(물상보증인 소유)가 먼저 매각되고 아파트가 매각되는 경우

국민은행은 아파트와 농지에 공동으로 설정된 공동근저당권 4,000만원인 데, 농지에서 먼저 전액 배당받아서 아파트에서 채권이 남아있지 않아서, 농지의 후순위저당

권자 대우캐피탈(민법 제368조 제2항)과 농지의 소유자(물상보증인)(민법 제481조, 482조에 따른 변제자대위)가 아파트(채무자 소유)의 매각절차에서 농지의 소유자(물상보증인)가 대위변제한 4,000만원 전액에 대해서 아파트의 국민은행 공동근저당권을 대위할 수 있다.

1) 부기등기 없이도 효력이 발생하므로 다음과 같이 민법 제368조 제2항에 기한 선순위 국민은행 공동근저당권자를 후순위 대우캐피탈 근저당권자가 물상대위할 수 있는데 그 범위는 물상보증인이 대위변제한 4,000만원 중에서 미배당금 1,500만원을 대위해서 배당요구하면 된다.

2) 앞에서와 같이 민법 제368조 제2항의 후순위저당권자의 물상대위로 배당요구하는 방법과 같이 물상보증인도 민법 제481조, 482조에 기한 변제자대위를 할 수 있는데 그 범위는 대위변제한 금액 4,000만원중에서 후순위 대우 캐피탈 근저당권자의 대위금액을 제외한 2,5000만원을 선순위 국민은행 공동 근저당권자를 물상대위해서 배당요구하면 된다.

## ◆ 후순위저당권자가 선순위공동저당권자를 대위해서 배당요구한 사례

### 배 당 요 구 신 청

인지 500원
(붙임)

사건번호 : 2012타경○○○○호
채 권 자 : ○○○(경매신청채권자)    서울시 양천구 신정동 ○○○번지
채 무 자 : ○○○                      서울시 송파구 방이동 ○○○번지
배당요구채권자 : 대우캐피탈(물상대위자)  서울시 종로구 혜화동 ○○○번지

**배당요구채권**

1. 금 15,000,000원정

 선행된 ○○지방법원 2011타경○○○○호 부동산경매사건의 물상보증인 소유 농지의 매각절차에서에서 선순위공동저당권자 국민은행이 전액우선변제받음으로 인해서 배당받지 못하게 된 대우캐피탈 근저당권이 민법 제368조 제2항에 따라 국민

은행 근저당권을 물상대위하여 채권액 15,000,000원, 1. 위 원금에 대한 년 월 일(배당기일)이후 완제일까지 연 20%의 지연손해금을 청구하는 바입니다.

### 신 청 원 인

　위 물상대위권자인 대우캐피탈 근저당권자는 선행된 ○○지방법원 2011타경 ○○○○호 부동산경매사건에서 선순위공동저당권자 국민은행이 자신의 채권전액을 우선변제 받음으로 인하여 동시매각 시보다 배당금이 적어지는 결과가 발생하게 되었고, 그에 따라 후순위 대우캐피탈 근저당권자는 민법 제368조 제2항에 기한 국민은행 근저당권을 물상대위한 채권자입니다.
　따라서 동시배당절차에서 배당받을 수 있는 금액을 한도로 2012타경○○○○호 배당절차에서 차순위저당권자의 물상대위권을 행사하기 위해서 배당요구신청을 합니다.
　본인의 주장과 근거는 첨부된 내용을 참조해 주시고, 이 배당절차에서 국민은행 근저당권자를 물상대위해서 배당받을 수 있어서 동시매각절차보다 불리한 채권의 손실이 발생되지 않도록 해 주시기 바랍니다.

〈첨부내용〉
1. 대우캐피탈의 물상대위청구금액에 대한 계산서 1부
2. 후순위저당권자가 물상대위할 수 있는 근거 법률 및 판례사례 1부.
3. 선행된 매각절차의 배당표 사본 1부.

2011년 08월 17일

위 배당요구채권자　대우캐피탈 (인)
연락처(☎)

### 지방법원　○○　귀중

## 미리 알아두면 좋은 법률 Refer

### 후순위저당권자가 선순위공동저당권을 물상대위 할 수 있는 시기

민법제368조 제2항에 따라 후순위저당권자가 선순위공동저당권자를 물상대위하는 경우에는 배당기일 전까지만 그 원인 서류를 제출함으로 배당에 참여가 가능하지만, 선순위공동저당권이 불법으로 말소되었거나 등기되지 않은 법정담보물권 등은 배당요구종기시 까지 그 원인서류와 함께 배당요구종기시까지 배당요구를 해야 참여가 가능하다.

민법 제370조, 제342조에 의한 저당권자의 물상대위권의 행사는 구 민사소송법 제733조에 의하여 담보권의 존재를 증명하는 서류를 집행법원에 제출하여 채권압류 및 전부명령을 신청하거나 구 민사소송법 제580조에 의하여 배당요구를 하는 방법에 의하여 하는 것이고, 이는 늦어도 배당요구의 종기까지 하여야 하는 것으로 그이후에는 물상대위권자로서의 우선변제권을 행사할 수 없다.

배당요구의 종기가 지난 후에 물상대위에 기한 채권압류 및 전부명령이 제3채무자에게 송달되었을 경우에는, 물상대위권자는 배당절차에서 우선변제를 받을 수 없다[대법2002다13539]

### 김동희 핵심체크

### 물상보증인의 변제자 대위와 후순위저당권자의 대위,

공동저당의 목적인 채무자 소유의 부동산과 물상보증인 소유의 부동산에 각각 채권자를 달리하는 후순위저당권이 설정되어 있는 경우에 있어서, 물상보증인 소유의 부동산에 대하여 먼저 경매가 이루어져 그 경매대금의 교부에 의하여 1번저당권자가 변제를 받은 때에는 물상보증인은 채무자에 대하여 구상권을 취득함과 동시에, 민법 제481조, 제482조의 규정에 의한 변제자대위에 의하여 채무자 소유의 부동산에 대한 1번저당권을 취득한다고 봄이 상당한바, 이는 물상보증인은 다른 공동담보 물인 채무자 소유의 부동산의 담보력을 기대하고 자기의 부동산을 담보로 제공하였 으므로, 그 후에 채무자 소유의 부동산에 후순위저당권이 설정되었다는 사정에 의하여 그 기대이익을 박탈할 수 없기 때문이라 할 것이다.

이 경우 물상보증인 소유의 부동산에 대한 후순위저당권자는 물상보증인에게 이전한 위 1번저당권으로부터 우선하여 변제를 받을 수 있다고 봄이 상당한바, 이는 물상보증인 소유의 부동산에 대한 후순위저당권자으로서는 공동저당의 목적물 중 채무자 소유의 부동산의 담보가치 뿐만 아니라, 물상보증인 소유의 부동산의 담보 가치도 고려하여 저당권을 설정했기 때문이다. 따라서 그 1번저당권설정등기는 말소등기가 경료될 것이 아니라 위 물상보증인 앞으로 대위에 의한 저당권이전의 부기등기(부동산등기법 제148조) 가 경료되어야 할 성질의 것이며, 따라서 아직 경매되지 아니한 공동저당물의 소유자로서는 위 1번저당권자에 대한 피담보채무가 소멸하였 다는 사정만으로는 그 말소등기를 청구할 수 없다고 보아야 할 것이다[대법2001다21854].
 위와 같이 말소된 소외 회사 명의의 1순위 근저당권설정등기의 회복을 구할 수 있다고 판단하였다. 이러한 원심의 사실인정과 판단은 정당하다(대법93다 25417판결 참조).

## ◈ 농지만 매각되고 아파트(채무자소유)가 장기간 매각되지 않는다면 부기등기하자!

 농지의 후순위저당권자 대우캐피탈은 다른 부동산의 공동근저당권에 부기 등기해 놓아하며, 농지의 소유자 역시 부기등기(민법 제368조 제2항)(등기의 목적 은 "ㅇ번 저당권 대위"로, 등기원인은 "「민법」제368조 제2항에 의한 대위"로, 그 연 월일은 "선순위근저당권자에 대한 경매대가의 배당기일"로 표시) (물상보증인)(민법 제481조, 482조에 따른 변제자대위) (등기의 목적은 "ㅇ번 저당권 대위"로, 등기원인은 "「민법」제481조, 482조에 의한 대위"로, 그 연월일은 "선순위저당권자에 대한 경매대가의 배당기 일"로 표시)해 두는 것이 제3취득자에 대해서도 대항력을 갖게 된다.
 이때 공동저당권을 부기등기로 이전받은 후순위저당권자 또는 물상보증인은 공동저당권자와 같은 방법으로 그 권리를 행사할 수 있어서 임의경매를 신청할 수 있고 그 매각대금에 대해서 선순위로 우선변제 받으면 된다.

PART 7  지분경매에서 후순위 채권을 NPL로 매입해 고수익을 올리는 투자비법   219

| 【을구】(소유권 이외의 권리에 관한 사항) – 채무자 소유 아파트 | | | | |
|---|---|---|---|---|
| 순위번호 | 등기목적 | 접수 | 등기원인 | 권리자 및 기타사항 |
| 1 | 근저당권 설정 | 2011년 4월 15일 제 13603 호 | 2011년 4월 14일 설정계약 | 채권최고액 금 40,000,000원<br>채무자 ○○○<br>서울시 송파구 방이동 ○○○번지<br>근저당권자 국민은행 700407-1234567<br>서울특별시 종로구 혜화동 ○○○번지<br>공동담보 토지<br>경기도 이천시 모발면 ○○번지 |
| 1-1 | 1번 근저당권 대위 | 2012년 7월 20일 제13774호 | 2012년 7월 10일 민법 제368조 제2항에 의한 대위 | 매각부동산<br>경기도 이천시 모발면 ○○번지<br>매각대금 금 51,000,000원(경매비용포함)<br>변 제 액 금 40,000,000원<br>채권최고액 금25,000,000원<br>채무자 ○○○<br>서울시 송파구 방이동 ○○○번지<br>대위자 근저당권자 대우캐피탈740104- 2000000<br>서울시 송파구 가락동 ○○번지 |
| 1-2 | 1번 근저당권 대위 | 2012년 7월 25일 제13775호 | 2012년 7월 10일 민법 제481조, 482조에 의한 대위 | 매각부동산<br>경기도 이천시 모발면 ○○번지<br>매각대금 금 51,000,000원(경매비용포함)<br>변 제 액 금 40,000,000원<br>채무자 ○○○<br>서울시 송파구 방이동 ○○○번지<br>대위자 물상보증인 정다운 550211-1000000<br>서울시 송파구 가락동 ○○번지 |

## 04 선행된 물상보증인 소유 후순위채권에서 숨은 진주 NPL(부실채권)을 찾아라!

◆ 물상보증인 소유와 채무자 소유중 물상보증인 것이 먼저 매각되면 후순위 채권자는?

(1) 공동담보물인 물상보증인 소유 아파트와 채무자 소유 농지 중에서
 1) 물상보증인 소유 아파트가 먼저 매각시 아파트의 후순위채권자들은 어떻게 대처하면 될 것인가!

| 아파트<br>(물상보증인 소유) (배당금 1억원) | | 농지<br>(채무자 소유) (배당금액 5,000만원) | |
|---|---|---|---|
| 10.04.15. 갑 공동근저당권 | 6,000만원 | 10.04.15. 갑 공동근저당권 | 6,000만원 |
| 10.10.10. 을 근저당권 | 2,000만원 | | |
| 10.10.15. 홍길동 전입/확정 | 5,000만원 | | |
| 10.10.25. 병 가압류채권 | 2,000만원 | 10.12.10. 정 근저당권 | 2,500만원 |
| 11.01.17. 강서 세무서 압류 | 500만원 | 11.01.21. 마포세무서 압류 | 1,000만원 |
| 11.02.20. 을의 임의경매신청 | | 11.03.10. 국민건강 압류 | 650만원 |
| 11.04.10. 무 배당요구(집행권원) | 1,500만원 | | |

조세와 공과금은 압류일자를 법정기일(납부기한)과 동일한 것으로 가정하고 배당하면 다음과 같다.
 1순위로 홍길동 2,000만원(최우선변제금 1),
 2순위로 갑 공동근저당권 6,000만원(우선변제금 1),
 3순위로 을 근저당권 2,000만원(우선변제금 2)으로 배당이 종결된다.

그런데 선순위 갑 공동근저당권이 물상보증인 소유 아파트에서 전액 변제 받으므로 인해서 아파트의 후순위 채권자와 소유자가 동시매각시 보다 적게 배당받게 되므로 동시배당시 배당받을 수 있는 금액에 대해서 채무자 소유 농지의 갑 공동근저당권자를 물상대위할 수 있는데 유의할 점은 물상보증인인 경우 동시배당시 채권안분액에 의해서 물상대위하는 것이 아니고 물상보증인이 채무자를 대신해서 변제한 것이므로 변제한 6,000만원 전액에 대해서갑 공동근저당권을 물상대위할 수 있다.

2) 물상대위는 농지가 경매절차가 진행된다면 부기등기 없이도 갑 공동근저당권자를 대위한 배당요구로 배당받을 수 있지만, 경매가 진행되지 않는다면 부기등기하여 물상대위하는 방법이 좋은데,

부기등기로 물상대위를 할 수 있는 채권자는 담보물권(근저당권, 담보가등기, 전세권)과 법정담보물권(주임법 및 상임법상 임차인의 우선변제권, 조세, 공과금, 임금 채권 등)이므로 홍길동 임차인의 미배당금 확정일자부 우선변제권 3,000만원과 강서 세무서 500만원은 민법 제368조 제2항에 기한 후순위저당권자의 대위로 부기 등기를 해서 물상대위할 수 있고, 다음 나머지 금액에 대해서는 물상보증인의 민법 제481조, 제482조에 기한 변제자대위로 부기등기를 해서 물상대위할 수 있다.

3) 우선변제권이 없는 후순위 일반채권자 즉 가압류채권자, 집행권원에 의한 배당요구 참가 채권자 등은 이 규정에서의 차순위저당권에 포함되지 못해서 대위권을 갖지 못하고 물상보증인 앞으로 부기등기된 갑 공동저당권에 채권가압류 또는 압류 및 전부명령, 압류 및 추심명령을 해야만 채권을 보장받게 된다.

### ◆ 물상보증인 소유 후순위채권에서 숨은 진주 NPL (부실채권) 찾기 게임

공동담보물중에서 물상보증인 소유 아파트가 먼저 매각되고 채무자 소유 농지가 남아 있으므로 민법 제368조 제2항의 후순위저당권자의 대위와 민법 제481조, 482조에 기한 물상보증인의 변제자대위가 있는데 그 대위금액은 변제자대위이기 때문에 대위변제한 금액 6,000만원 전액에 대해서 갑 공동근저당권을 물상대위할 수 있다. 이들

간의 우선순위는 후순위근저당권자가 물상 보증인 보다 우선해서 대위할 수 있다.

### (1) 담보물권자의 민법 제368조에 기한 차순위저당권자의 대위
① 홍길동 임차인의 확정일자부 우선변제권 3,000만원(법정담보물권자)
② 강서 세무서 500만원(법정담보물권자)

이들은 민법 제368조 제2항에 기한 후순위저당권자의 대위로 부기등기를 해서 물상대위할 수 있는데, 따라서 이들 채권을 낮은 가격으로 양도받아 대위권을 행사하게 된다면 많은 수익이 예상된다.

### (2) 물상보증인의 민법 제481조, 482조에 기한 변제자대위
변제자 대위할 수 있는 금액은 6,000만원에서 법정담보물권자의 대위금액을 제외한 2,500만원이 된다. 물상보증인 역시 농지에서 갑 공동근저당권자를 부기등기로 물상대위할 수 있고 그에 따라 구상권 및 임의경매신청도 가능하게 된다.

따라서 물상보증인의 변제자 대위 채권을 양도받아 그 권리행사를 해서 수익의 증가를 얻을 수 있다.

### (3) 병 가압류권자와 무 집행권원에 의한 배당요구한 채권자는 일반채권자로 대위가 불가하다.
병 가압류권자와 무 집행권원에 의한 배당요구한 채권자는 일반채권자로 대위가 불가하지만 매각되지 않은 농지에서 물상보증인이 변제자대위에 기한 갑 근저당권을 부기등기로 물상대위하면 그 다음 부기등기로 채권가압류 또는 채권압류 및 전부, 채권압류 및 추심명령이 가능하다.

그러나 물상보증인이 대위행사를 하지 않을 경우 채권자대위에 기한 갑 근저당권을 부기등기로 물상대위하고 그 다음 부기등기로 가압류 또는 압류 및 전부, 압류 및 추심명령절차를 진행해서 회수하면 되는데 그 범위는 물상보증인의 변제자대위금액을 한도로 하므로 2,500만원을 가지고 병 가압류권자와 무 배당요구권자가 동순위로 안분하게 된다.

따라서 이와 같이 후순위의 일반채권자도 예상배당표를 작성하고 수익이 발생할 수 있다면 양도받으므로 해서 또 다른 NPL(부실채권)에 접근하게 되는 것이다.

### 핵심 포인트

**일반채권자가 대위권을 가지지 못하는 이유**

일반채권자들은 먼저 매각된 부동산에서 배당을 받지 못하더라도, 후에 매각되는 부동산에 대해서 물상보증인이 구상권을 취득함과 동시에 변제자대위에 의하여 채무자 소유부동산의 1순위공동저당권을 취득하게 되므로 이 권리에 대한 가압류 또는 압류하여 그로부터 배당받을 수 있고, 이와 같은 논리를 구성한다하여 일반채권자에 특히 불리하게 되는 것도 아니고 만일 대위행사를 인정하게 된다면 일반채권을 물권으로 전환시켜주는 것이 되어 부당한 결과를 초래하게 되기 때문이다.

### 미리 알아두면 좋은 법률 Refer

**물상보증인이 부기등기를 하지 않는다면 일반채권자가 직접 채권자대위를 해라.**

물상보증인이 민법 제481조, 482조에 기한 변제자대위로서 채무자 소유 농지의 갑 공동저당권에 부기등기를 하지 않고 있다면 일반채권자가 직접 채권자대위를 통해서 물상보증인 앞으로 공동저당권을 부기로 대위등기하고 그 부기등기된 공동저당권에 보전조치를 하면 되는데,

① 일반채권자로서는 집행권원이 없는 경우에는 채무자가 다른 사람에게 근저당권 양도를 할 염려가 있으므로 양도하지 못하도록 부기등기된 근저당권에 근저당권부 채권 가압류하고 본안소송을 제기하여 승소판결이 있을 경우 위 가압류를 본 압류로 전이하는 채권압류 및 전부명령이나 추심명령 신청을 하면 되고,

② 집행권원이 있는 경우에는 부기등기된 근저당권에 근저당권부 채권압류 및 전부명령 또는 압류 및 추심명령을 통해서 채권을 추심하면 되는데, 전부명령을 얻은 때에는 근저당권이 압류채권자에게로 이전되므로 압류채권자가 근저당권자로서 근저당권을 실행(임의경매)할 수 있다.

③ 경매절차에서 근저당권부 채권 가압류채권자 또는 집행권원을 가지고 있는 채권자가 근저당권자에게 배당된 배당금을 지급 받으려면 압류 및 추심명령이나 압류및 전부명령을 통해서 집행법원에 청구해야 하며, 추심명령이나 전부명령이 없이 확정판결 등 집행권원만을 제출하여서는 배당금을 수령할 수 없다

김동희 핵심체크

### 채권자 대위와 채권자대위소송

채권자가 자신의 채권을 보전하기 위해서 채무자에게 속한 권리를 대신 행사할수 있는 권리를 채권자대위권이라 하며 이에 기한 소송을 채권자 대위소송이라 한다.

민법 제404조의 채권자대위권은 채권자가 채무자에 대한 자기의 채권을 보전하기 위하여 필요한 경우에 채무자의 제3자에 대한 권리를 대위행사할 수 있는 권리를 말하므로 그 보전되는 채권은 보전의 필요성이 인정되고 이행기가 도래한 것이면 되고, 채권의 발생 원인이 어떠하든 대위권을 행사함에는 아무런 방해가 되지 아니하며 채무자에 대한 채권이 제3채무자에게 대항할 수 있는 것임을 요하는 것도 아니므로, 채권자대위권을 재판상 행사함에 있어서도 채권자인 원고는 그 채권의 존재와 보전의 필요성, 기한의 도래 등을 입증하면 충분하고 채권의 발생 원인이나 그 채권이 제3채무자인 피고에게 대항할 수 있는 채권이라는 사실까지 입증할 필요는 없다. 따라서 채권자가 채무자를 상대로 그 보전되는 청구권에 기한 이행청구의 소를 제기하여 승소판결이 확정되고 채권자가 그 확정판결에 기한 청구권을 피보전 채권으로 하여 제3채무자를 상대로 채권자대위소송을 제기한 경우, 제3채무자는 채권자와 채무자 사이에 확정된 그 청구권의 존재를 다툴 수 없다(대법2010다43597 판결)

# 05 선행된 물상보증인의 매각대금에서 공동저당권이 변제받고 채무자 소유에서 말소한 경우

◆ 물상보증인의 채무자에 대한 구상권 및 물상대위, 후순위저당권자의 물상대위

 공동저당의 목적인 채무자 소유 부동산과 물상보증인 소유 부동산에 각각 채권자를 달리하는 후순위저당권이 설정되어 있는 경우, 물상보증인 소유 부동산에 먼저 경매가 이루어져 경매대금의 교부에 의하여 1번저당권자가 변제를 받은 때에는 물상보증인은 채무자에 대하여 구상권을 취득함과 동시에 민법 제481조, 제482조의 규정에 의한 변제자대위에 의하여 채무자 소유 부동산에 대한 1번저당권을 취득하고, 이 경우 물상보증인 소유 부동산에 대한 후순위저당권자는 물상보증인에게 이전한 1번저당권으로부터 우선하여 변제를 받을 수 있으며, 자기 소유 부동산이 먼저 경매되어 1번저당권자에게 대위변제를 한 물상보증인은 1번저당권을 대위취득하고, 물상보증인 소유 부동산의 후순위저당권자는 1번저당권에 대하여 물상대위를 할 수 있다.
 1번저당권자가 물상보증인 소유부동산에서 채권의 만족을 얻었다고 하더라도 1번저당권자의 미실행저당권을 포기하고 말소해주려면 물상보증인 소유 부동산의 후순위저당권자와 물상보증인의 동의를 얻어서 말소해야지 그렇지 않은 경우에는 불법 말소에 해당되어 손해배상책임의 대상이 될 수 있다([대법2011다30666,30673).

### (1) 물상보증인 소유 주택이 먼저 경매된 물건정보내역과 배당관계를 살펴 보자.
① 물상보증인 소유물건의 경매정보내역

◆ 2006타경 00000 의정부 지법 본원 매각기일: 2007.07.12(木) (10:30) 경매 16계(전화:031-828-0336)

| 소재지 | 경기도 가평군 청평면 상천리 ○○○ 도로명  주소검색 | | | | | | |
|---|---|---|---|---|---|---|---|
| 물건종별 | 농지 | 감정가 | 844,800,000원 | 기일입찰 | 【입찰진행내용】 | | |
| 대지권 | 2816m² (851.84평) | 최저가 | (64%) 540,672,000원 | 구분 | 입찰기일 | 최저매각가격 | 결과 |
| 건물면적 | | 보증금 | (10%) 54,070,000원 | 1차 | 2007-05-03 | 844,800,000원 | 유찰 |
| | | | | 2차 | 2007-06-07 | 675,840,000원 | 유찰 |
| 매각물건 | 토지 매각 | 소유자 | 배구왕 | 3차 | 2007-06-07 | 540,672,000원 | |
| 사건접수 | 2006-07-05 | 채무자 | 배구왕 | 낙찰 : 612,350,000원 (72.4%) 입찰 4명, 낙찰 : 성도령 매각결정기일 : 2007.07.19-매각허가결정 대금납부  2007.08.20/배당기일 2007.09.2 | | | |
| 사건명 | 임의경매 | 채권자 | 하철수 | | | | |

◆ 등기부현황(채권액합계 : 263,500,000원)

| NO | 접수 | 권리의 종류 | 권리자 | 채권금액 | 비고 | 소멸여부 |
|---|---|---|---|---|---|---|
| 1 | 2003. 06. 24 | 근저당 | 국민은행 후곡지점 | 318,500,000원 | 말소기준등기 | |
| 2 | 2003. 06. 24 | 지상권(토지의 전부) | 국민은행 | | 존속기간 : 2003.06.24~ 2033.06.24 30년 | 소멸 |
| 3 | 2003. 07. 02 | 소유권이전(매매) | 배구왕 | | | 소멸 |
| 4 | 2004. 10. 30 | 근저당 | 김한구 | 450,000,000원 | 채무자 : 백기선 물상보증인 : 배구왕 | 소멸 |
| 5 | 2006. 03. 08 | 근저당 | 하철수 | 100,000,000원 | | 소멸 |
| 6 | 2006. 07. 13 | 임의경매 | 하철수 | 청구금액 : 100,000,000원 | 2006타경00000 | |
| 7 | 2006. 07. 13 | 가압류 | 하철수 | 50,000,000원 | | |
| 8 | 2006. 12. 18 | 임의경매 | 국민은행 | 청구금액 : 257,702,106원 | 2006타경00000 | |

② 물상보증인 소유부동산이 먼저 경매되는 과정에서 배당관계는 다음과 같이 배당되었다

매각대금 612,350,000원 + 매각대금이자 180,000원에서 집행비용을 빼고 나서 실제 배당할 금액은 608,507,142원이다.

1순위 : 국민은행 296,768,627원(경매신청채권액 257,702,106원+이자 39,066,521원)

2순위 : 김한구 근저당권 311,738,515원

3순위 : 하철수 근저당권 0원으로 종결 되었다.

③ 민법 제368조 2항의 차순위 저당권자의 대위와 민법 제481조에 기한 변제자대위의 범위

민법 제368조 2항의 차순위 저당권자의 대위의 범위는 물상보증인이 채무자를 대위해서 선순위 저당권자의 채무를 변제한 것이므로 변제금액 전액에 대해서 채무자에게 구상권을 취득함과 동시에 선순위 저당권자에 대해서 물상 대위할 수 있는 권리를 갖게 되므로 물상보증인의 차순위 저당권자 역시 그 범위 내에서 민법제368조 제2항에 따라서 선순위 저당권의 대위가 가능하고 이때 부기등기의 형식으로 등기가 가능하도록 공동저당 대위등기에 관한 업무처리지침(제정 2011.10.12 등기예규 제1407호)이 제정되었다. 어쨌든 후순위 저당권자인 하철수는 자기 채권액 1억원에 대해서 민법제 368조 제2항에 따른 물상대위가 가능하므로 부기등기를 할 수 있다.

④ 다른 후순위 담보물권자가 없으므로

나머지 대위변제금액 211,738,515원은 물상보증인 배구왕은 민법제481조, 482조에 기한 변제자대위가 가능하므로 부기등기를 할 수 있다.

## (2) 채무자 소유 주택이 나중에 경매된 물건정보내역과 배당관계를 살펴보 자.

### ① 채무자 소유물건의 경매정보내역

◆ 2009타경 00000 의정부 지법 고양지원 매각기일: 2009.12.17(木) (10:00) 경매 6계(전화:031-920-6316)

| 소재지 | 경기도 고양시 일산동구 장항동 000　　도로명 주소검색 | | | | | |
|---|---|---|---|---|---|---|
| 물건종별 | 주 택 | 감정가 | 931,813,750원 | 기일입찰 | 【입찰진행내용】 | |
| 대지권 | 217.7m² (65.854평) | 최저가 | (64%) 596,361,000원 | 구분 | 입찰기일 | 최저매각가격 | 결과 |
| 건물면적 | 303.61m² (91.8 42평) | 보증금 | (10%) 59,640,000원 | 1차 | 2009-10-15 | 931,813,750원 | 유찰 |
| | | | | 2차 | 2009-11-19 | 745,451,000원 | 유찰 |
| | | | | 3차 | 2009-12-17 | 596,361,000원 | |
| 매각물건 | 토지, 건물 일괄 매각 | 소유자 | 백기선 | 낙찰 : 728,999,000원(78.23%) 입찰 7명, 낙찰 : 이정기 매각결정기일 : 2009.12.24-매각허가결정 대금납부 2010.01.27/배당기일 2010.02.26 | | |
| 사건접수 | 2009-06-09 | 채무자 | 조남선 | | | |
| 사건명 | 임의경매 | 채권자 | 한국자산관리공사 | | | |

◆ 임차인현황(말소기준권리 : 2008. 09. 10/배당요구종기일 : 2009. 08. 11)

| 임차인 | 점유부분 | 전입/확정/배당 | 보증금/차임 | 대항력 | 배당예상금액 | 기타 |
|---|---|---|---|---|---|---|
| 배철수 | 주거용 미상 | 전입일 : 2009.04.03 확정일 : 미상 배당요구일 : 없음 | 미상 | | 배당금 없음 | |
| 백수진 | 주거용 1층 (방2칸) | 전입일 : 2009. 01.29 확정일 : 2009. 02.03 배당요구일 : 2009. 08.04 | 보35,000,000원 | 없음 | 소액임차임 | |
| 송골매 | 주거용 2층 (방2칸) | 전입일 : 2009. 04.23 확정일 : 2009. 04.23 배당요구일 : 2009. 08.04 | 배구왕 | 없음 | 소액임차임 | |
| 조수미 | 주거용 미상 | 전입일 : 2009. 05.07 확정일 : 미상 배당요구일 : 없음 | 김한구 | | 배당금 없음 | |
| 기타참고 | 임차인수 : 4명, 임차보증금 합계 : 70,000,000원 ▶ 조남선은 채무자인데 임차인인가가 의심스러우나 일단 만나지를 못했기 때문에 임차인으로 등재하고, 각 점유, 보증금관계 미상, 채무자의 부인인 김정민의 전화통화에 의하면 자기는 잘 모르고 소유자와 통화만 해보라고 함. | | | | | |

| NO | 접수 | 권리의 종류 | 권리자 | 채권금액 | 비고 | 소멸여부 |
|---|---|---|---|---|---|---|
| 1 | 2002. 04. 30 | 소유권보존 | 백기선 | | | |
| 2 | 2004. 11. 1 | 근저당 | 김한구 | 450,000,000원<br>공동담보 경기도 고양시 일산구<br>장항동 000 | 채무자 : 백기선 | |
| 3 | 2008. 09. 10 | 근저당 | 한국자산관리공사 | 910,000,000원 | 채무자 : 조남선<br>물상보증인 : 백기선 | 소멸 |
| 4 | 2008. 09. 12 | 근저당 | 차기정 | 120,000,000원 | 채무자 : 백기선 | 소멸 |
| 5 | 2009. 06. 10 | 임의경매 | 한국자산관리공사 | 청구금액 :<br>748,961,643원 | 2009타경00000 | |
| 6 | 2009. 06. 18 | 근저당 | 고양시 일산 동구 | 청구금액 :<br>100,000,000원 | 세무과-12309 소멸 | 소멸 |

② 소유부동산이 나중에 경매된 경우 배당관계는 다음과 같이 배당 되었다.

매각대금 728,999,000원 + 매각대금이자 180,000원에서 집행비용을 빼고 나서 실제 배당할 금액은 723,000,764원이다.

1순위 : 백수진 2,000만원 + 송골매 2,000만원(최우선변제금 1)

-소액임차인 결정기준은 한국자산관리공사 근저당권으로 6,000만원이하인 경우 일정액 2,000만원을 최우선변제금으로 배당받게 된다.

2순위 : 고양시 일산 동구청 재산세 75만원(당해세 우선변제금 1)

3순위 : 자산관리공사 근저당권 682,250,764원이 된다.

여기서 유의할 점은 물상보증인 배구왕과 채무자 백기선을 공동담보한 선순위 김한구 근저당권이 불법 말소(김한구가 백기선으로 부터 나머지 채권을 변제 받고 말소)되고 새로운 근저당권이 설정됨에 따라 배당은 이와 같이 배당되었지만 실제로 물상대위의 권리를 가진 자가 김한구 근저당권에 대해서 말소되기 전에 또는 배당금이 지급되기 전에 대위행사를 통해서 그 권리를 행사하였다면 다음 ③과 같이 된다.

③ 민법 제368조 2항의 차순위 저당권자의 대위와 민법 제481조에 기한 변제자 대위의 범위

김한구 근저당권이 말소되지 않은 경우에는 다음과 같이 배당하게 된다.

실제 배당할 금액이 723,000,764원이므로

1순위 : 백수진 1,600만원 + 송골매 1,600만원(최우선변제금 1)
　　　　 김한구 근저당권을 기준으로 하는 소액보증금중 일정액(4,000/1,600)
2순위 : 김한구 근저당 4억5천만원(우선변제금 1)
3순위 : 백수진 400만원 + 송골매 400만원(최우선변제금 2)
　　　　 자산관리공사를 기준으로 하는 소액보증금중 일정액(6,000/2,000)
4순위 : 자산관리공사 근저당권 682,250,764원이 된다.

　따라서 2순위에서 김한구 근저당에 배당된 금액 4억5천만원은 김한구 근저당이 선행됨 물상보증인 배구왕 소유 부동산에서 이미 311,738,515원을 배당 받아 미배당금 138,261,485원 만을 먼저 배당받고 나머지 배당금액은 물상보증인의 대위변제금액이 되는데 이 대위변제금액에 대해서 후순위 저당권자인 하철수가 민법제 368조 제2항에 따라 후순위 저당권자의 대위가 가능한 데 그 금액은 1억원이고, 나머지 대위변제금액 211,738,515원은 물상보증인 배구왕이 민법제481조, 482조에 기한 변제자대위금액이 된다.

　그러나 이 선순위 김한구 공동저당권이 불법으로 말소되어 후순위 저당권자와 물상보증인이 배당받지 못하는 손해가 발생하게 되었다.

### ◆ 불법행위로 인한 손해배상책임의 발생

　물상보증인 배구왕 소유 부동산이 먼저 경매가 이루어져 공동근저당권자인 김한구가 우선변제를 받았는데, 배구왕 소유 후순위저당권자 하철수가 배구왕(물상보증인) 명의로 대위의 부기등기를 하지 않고 있는 동안 공동저당권자인 김한구가 임의로 채무자 백기선 소유 부동산에 설정되어 있던 공동근저당권을 말소하였고, 그 후 채무자 백기선 소유 부동산에 한국자산관리공사(전모아상호저축은행 근저당권양도) 명의의 근저당권이 설정되었다가 경매로 그 부동산이 제3자에게 매각되어 대금이 완납된 사안에서, 후순위저당권자 하철수가 매각대금 완납으로 더 이상 배구왕의 권리를 대위하여 공동근저당권설정 등기의 회복등기절차 이행을 구하거나 경매절차에서 실제로 배당받은 자에 대하여 부당이득반환청구로서 배당금 한도 내에서 공동근저당권설정등기가 말소되지 않았더라면 배상받았을 금액의 지급을 구할 여지가 없으므로, 매각대금이 완납된 날 김한구의 공동근저당권 불법말소로 인한 하철수의 손해가 확정적으로 발생하였고, 배구왕(물상보증인) 소유 부동산의 매각대금으로 김한구가 배당을 받은 날과 공동근저당권이 말소된 날 사이에 하철수가 대위의 부기등기를 마치지 않은 사정만으로 김한구의 불법행위와 하철수의 손해 사이에 존재하는 인과관계가 단절된 다고 할 수 없다고 한 사례.

배구왕 소유 부동산의 후순위 저당권자 하철수가 민법 제368조 제2항에 따라 김한구 근저당권에 부기등기로 물상대위를 하지 않고 있는 동안 김한구가 임의로 채무자 백기선 소유부동산에 설정된 공동저당권을 말소 하였고 그 후 백기선 소유 부동산에 자산관리공사 명의로 근저당권이 설정되었다가 경매로 매각된 사안에서 백기선과 하철수는 자산관리공사에 대항할 수 없다고 한 사례.

이 사건은 다시 심리판단하게 하기 위하여 원심법원에 환송된 사건으로 환송심사건 판결내용(2011. 2. 24. 서울고등법원 201나21308, 2010나30673)은 다음과 같다.

### (1) 책임의 근거

앞에서 인정한 사실관계에 따라 물상보증인 배구왕 소유의 가평 논이 먼저 경매로 매각되어 그 매각대금에서 우선변제받은 근저당권자 김한구가 2007. 9. 21. 배당금 311,738,515원을 지급받은 때에 배구왕은 피고(채무자 백기선)에대하여 구상권을 취득함과 동시에 민법 제481조, 482조의 규정에 의한 변제자대위에 기한 선순위 김한구 근저당권을 취득하고, 후순위 저당권자인 원고 (하철수)는 이 근저당권에 대하여 물상대위할 수 있다.

원고가 미쳐 물상보증인 명의로 선순위 근저당권에 관한 부기등기를 마치지 못한 사이에 선순위근저당권을 말소할 권한이 없는 선순위공동저당권자 김한구와 피고인 채무자백기선이 이를 말소 하였는바, 이는 원고에 대한 불법행위에 해당한다고 할 것이고, 새로이 권리를 취득한 제3취득자인 자산관리공사 근저당권과 차기정의 각 근저당권설정등기를 경료할 때 까지 원고가 물상보증인 배구왕 명의로 선순위저당권에 관하여 대위의 부기등기를 마치지 아니하여 자산관리공사 근저당권에 대항할 수 없는 상태에서 또다시 경매가 진행되어 2010. 1. 27. 이정기가 낙찰받고 대금을 완납하였으므로, 원고는 더이상 물상보증인 배구왕의 권리를 대위하여 근저당권설정등기의 회복등기 절차를 구하거나 그 경매절차에서 배당받은 자에 대해서 그 배당금의 한도 내에서 근저당권이 말소되지 않았다면 배당받았을 금액 상당을 부당이득반환으로 구할 여지가 없게 되었다 할 것이어서, 같은 날 피고와 김한구의 이 사건 근저당권에 대한 불법말소로 인한 원고의 손해는 확정적으로 발생하였으므로 원고가 부기등기를 경료하지 않은 사정만으로 피고와 김한구의 위 불법행위와 원고의 손해사이에 존재하는 인과관계가 단절된다고 할 수 없다.

### (2) 책임의 제한

다만 법률전문가가 아닌 피고가 이 사건 근저당권이 말소됨으로 물상보증인인 배구왕의 변제자 대위 및 후순위저당권자인 원고의 물상대위에 기한 권리가 침해된다는 사실을 알고서 이를 말소하였다고 보기는 어렵고, 원고로서도 상당기간 선순위근저당권에 관한 부기등기를 경료하지 아니하는 등 스스로 자신의 권리보호를 위한 조치를 게을리 하였는바, 제반 사정을 모두 참작 하면 피고의 책임을 공평의 원칙에 따라 원고의 손해액의 60%로 제한함이 상당하다.

### (3) 손해배상책임의 범위

피고의 이 사건 근저당권 말소로 인한 원고의 손해액은 위 물상대위 한도액인 1억원 이라 할 것이므로 6,000만원(1억원×60/100) 및 이에 대하여 원고가 구하는 바에 따라 2010. 12. 21자 청구취지 및 청구원인변경신청서 부본 송달 다음날임이 기록상 분명한 2011. 1. 1.부터 당심 판결 선고일인 2011. 12. 6.까지 민법에 정한 연 5%, 그 다음날로부터 다 갚는 날까지는 연 20%의 비율에 의한 금액을 지급할 의무가 있다 할 것이다.

◆ 채무자 소유부동산과 물상보증인 소유부동산이 동시에 매각된 경우에 배당은

채무자 주택의 실제 배당할 금액이 723,000,764원이고, 물상보증인의 실제 배당할 금액은 608,507,142원이므로 동시 배당표를 작성하면 다음과 같이 된다.

여기서 유의할 점은 채무자와 물상보증인을 담보로 하는 공동저당권자에 대한 배당방법은 공동채무자에 대한 배당방법과 같이 경매대가를 기준으로 안분하는 것이 아니라 채무자의 배당금에서 우선 변제하고 부족한 경우만 물상보증인의 배당금에서 배당하게 된 다는 사실이다.

| 순위 | 채무자 백기선 주택(723,000,764원) | 물상보증인 배구왕 논(608,507,142원) |
|---|---|---|
| 1순위 | ① 백수진 : 16,000,000원<br>② 송골매 : 16,000,000원 | 국민은행 근저당: 296,768,627원 |
| 2순위 | 김한구 : 311,738,515원 | 김한구 근저당: 138,261,485원 |
| 3순위 | ① 백수진 : 4,000,000원<br>② 송골매 : 4,000,000원 | 하철수 근저당: 100,000,000원 |
| 4순위 | 자산관리공사 : 371,262,249원 | 하철수 가압류: 50,000,000원 |
| 5순위 | 배당잉여금 : 0원 | 배당잉여금 : 23,477,030원<br>배구왕에 배당한다. |

◆ 불법 말소된 근저당권의 손해배상청구에서 숨은 진주 NPL을 찾아라.

1) 이 재판은 후순위 저당권자 하철수만 불법말소로 인한 손해배상을 청구 하여 원고 과실 40%를 제외한 6,000만원을 손해배상으로 판결 받았는데,

2) 물상보증인 배구왕 역시 선순위공동저당권자 김한구와 피고인 채무자 백기선을 상대로 하철수 근저당권자와 같이 손해배상청구 소송을 진행하였다면 127,043,109원(211,738,515원×60%) 정도는 손해배상액으로 판결 받았을 것 이라

고 생각되는데 청구소송이 없어서 후순위 저당권자인 하철수만 보상을 받게 되었으므로 법에서는 자신의 권리를 주장하지 않으면 법원에서 알아서 해결하여 주지 못하니 스스로 자신의 권리를 찾도록 해야 한다는 교훈을 얻게 하는 판결 내용이다.

  3) 다음으로 유의할 점은 하철수 근저당권이 채권최고액 1억을 초과하는 채권을 보전하기위해서 2006. 7. 13. 5,000만원을 채권 가압류했는데 이 금액에 대해서 청구하는 것을 간과한 부분이 있다.

물론 우선변제권이 없는 후순위 일반채권자 즉 가압류채권자, 집행권원에 의한 배당요구 참가 채권자 등은 민법 제368조의 차순위 저당권에 포함된다고 볼 수가 없어서 후순위저당권자위 대위가 불가하겠지만, 상기에서 지적한 바와 같이 물상보증인이 변제자대위로서 대위권을 행사하지 않는 경우에는 물상보증인의 민법 제481조, 제482조의 규정에 의한 변제자대위에 기한 물상 대위를 채권자대위로 통해서 할 수 있고 이 경우127,043,109원(211,738,515원× 60%)에서 5,000만원은 하철수가압류권자가 보장받고 나머지 77,043,109원은 물상보증인 배구왕이 받을 수 있었을 것이다.

  4) 불법 말소된 김한구 근저당권에 대한 손해배상청구권의 권리를 양도 받으면

  ① 물상보증인의 후순위 하철수 근저당권자의 손해배상청구권 1억원을 낮은 가격으로 양도 받아서 소송을 진행하게 된다면

  ② 물상보증인 배구왕의 변제자대위에 기한 손해배상청구권 211,738,515 원을 낮은 가격으로 양도 받아서 소송을 진행하게 된다면 높은 수익이 예상 된다.

  ③ 불법 말소된 김한구 근저당권을 새로운 소유자에게 변경 되기 전까지만 말소회복청구를 통해서 회복시키고 물상대위가 이루어졌다면 311,738,515 원의 범위 내에서 선순위 김한구 근저당권을 대위할 수 있으므로 하철수 후순위 저당권 대위 또는 배구왕의 변제자대위를 양도받는 경우 많은 수익이 예상된다.

경매의 핵심체크 포인트

### 담보권의 실행으로 부동산소유권을 상실한 물상보증인의 구상권

〈질문〉

저는 甲이 乙은행으로부터 대출을 받을 때, 저의 부동산에 乙은행을 채권자로 하는 근저당권을 설정하고 보증을 서주었습니다. 그런데 甲이 대출금을 갚지 않아 근저당권이 실행되면서 시가의 2/3의 가격으로 위 부동산이 경매처분 되었습니다. 그래서 저는 甲에게 구상권을 행사하려고 하는데, 그 범위를 위 대출금에 한정해야 하는지, 아니면 부동산시가대로 구상할 수도 있는지요.

〈답변〉

판례도 "경매목적물의 소유자가 경매로 인하여 입게 된 손해의 범위는 소유권을 상실할 당시의 그 목적물의 객관적인 교환가치이며, 비록 그 경매절차에서 경매신고인이 없어 2차에 걸쳐 최저경매가격이 저감된 후에야 경락되었다고 하더라도 제1차 경매기일에서의 평가액(최저경매가격)이 그 객관적인 교환가치이다."라고 하였습 니다(대법원1996. 4. 23. 선고 95다42621 판결).

따라서 귀하는 甲으로부터 매각당시의 시가(제1차 매각기일에서의 최저매각가격)와 매각대금 간의 차액금과 매각대금 중 채권자 乙의 청구로 인한 변제금액 및 변제로 인하여 면책된 날 이후의 총 변제금액에 대한 법정이자, 그리고 피할 수 없는 비용(집행 비용 등) 기타의 손해배상 등을 청구할 수 있다고 할 것입니다(민법 제441조 제2항, 제425조 제2항).

### 김선생 특강

**- 민법368조제2항에 따른 후순위저당권의 대위행사범위 및 청구금액에 관한 판례**

(1) 대법원 2006.5.26. 선고 2003다18401 판결 【배당이의】
  1) 납세의무자 소유의 여러 부동산에 대하여 조세우선변제권이 행사된 경우, 공동 저당권에 관한 민법 제368조가 유추 적용되는지 여부(적극)
  2) 공동저당의 목적인 여러 부동산이 동시에 경매된 경우, 차순위 저당권자의 대위권의 발생시기(=배당기일의 종료시)

(2) 납세의무자 소유의 수 개의 부동산 중 일부가 먼저 경매되어 과세관청이 조세를 우선 변제 받은 결과 그 경매부동산의 저당권자가 동시배당의 경우에 비하여 불이익을 받은 경우, 민법 제368조 제2항 후문을 유추 적용하여 저당권자가 조세채권자를 대위할 수 있는지 여부(적극) 및 그 대위권의 내용 대법99다22311]

(3) 대법원 2000. 9. 29. 선고 2000다32475 판결
  1) 사용자 소유의 수 개의 부동산 중 일부가 먼저 경매되어 그 경매대가에서 선순위임금채권자들이 우선 변제를 받은 결과 그 경매 부동산의 저당권자가 임금채권이 동시 배당되는 경우보다 불이익을 받은 경우, 저당권자에게 민법 제 368조 제2항 후문이 유추 적용되는지 여부(적극)
  2) 저당권자가 민법 제368조 제2항 후문에 의하여 선순위임금채권자를 대위하여 배당을 받기 위해서는 경락기일까지 배당요구를 하여야 하는지 여부(적극) 및그러한 배당요구를 하지 아니하여 저당권자에게 배당되지 아니한 금원이 후순위채권자에게 배당된 경우, 그것이 법률상 원인이 없는 것인지 여부
  3) 임금채권자를 대위하는 저당권자가 경매절차에서 경락기일까지 배당 요구를 하지 아니한 경우에도 경매목적 부동산에 대하여 임금채권자가 가압류를 한 경우 그 가압류채권액 한도 안에서 배당을 받을 수 있는지 여부(적극)[대법2005 다34391].

(4) 주택임대차보호법 제8조에 규정된 소액보증금반환청구권은 임차목적 주택에 대하여 저당권에 의하여 담보된 채권, 조세 등에 우선하여 변제 받을 수 있는 이른바 법정담보물권으로서, 주택임차인이 대지와 건물 모두로부터 배당을 받는 경우에는 마치 그 대지와 건물 전부에 대한 공동저당권자와 유사한 지위에 서게 되므로 대지와 건물이 동시에 매각되어 주택임차인에게 그 경매대가를 동시에 배당하는 때에는 민법 제368조 제1항을 유추 적용하여 대지와 건물의 경매대가에 비례하여 그채권의 분담을 정하여야 한다[대법2001다66291].

## 미리 알아두면 좋은 법률 Refer

### - 근로복지공단의 임금채권보장법에 의한 체당금 지급과 변제자 대위

① 노동부장관은 사업주가 파산 등 대통령령이 정하는 사유에 해당하는 경우에 퇴직한 근로자가 지급받지 못한 임금 등에 대하여 지급을 청구하는 경우에는 민법 469조의 규정에 불구하고 그 근로자의 미지급임금 중 근로기준법 38조2항1호의 규정에 의한 최종 3개월분의 임금, 근로자퇴직급여보장법 11조2항의 규정에 의한 퇴직금 및 근로기준법 46조의 규정에 의한 휴업수당(최종 3월분에 한한다)을 사업주를 대신하여 지급하여야 하는데, 다만, 대통령령이 정하는 바에 따라 근로자의 퇴직 당시의 연령 등을 고려하여 그 상한액을 제한할 수 있다.

② 이 임금채권보장법 제6조에 따라 노동부장관이 대신 지급한 임금(체당금)에 대하여는 노동부장관이 당해 사업주에 대한 당해 근로자의 미지급임금 등의 청구권을 대위하고, 근로기준법 제38조2항의 규정에 의한 임금채권우선변제권 및 근로자퇴직 급여 보장법 제11조2항의 규정에 의한 퇴직금채권우선변제권은 1항의 규정에 의하여 대위되는 권리에 존속한다.

③ 한편 임금채권보장법 제6조의 규정에 의한 체당금의 지급과 같은 법 7조의 규정에 의한 청구권대위와 관련된 권한의 행사의 권한은 근로복지공단에 위탁되어 있으므로 현재 체당금의 지급 및 그 지급에 의한 미지급임금 등의 청구권대위는 근로 복지공단의 업무로 되어 있다.

## 김선생 특강

### 공동저당 대위등기에 관한 업무처리지침(제정 2011.10.12 등기예규 제1407호)

① 신청인(제2조)

공동저당 대위등기는 선순위저당권자가 등기의무자로 되고 대위자가 등기권리자로 되어 공동으로 신청하여야 한다.

② 신청정보(제3조)

㉠ 공동저당의 대위등기를 신청할 때에는 규칙 제43조에서 정한 일반적인 신청정보 외에 매각부동산, 매각대금, 선순위저당권자가 변제받은 금액 및 매각 부동산 위에 존재하는 차순위저당권자의 피담보채권에 관한 사항을 신청정보의 내용으로 등기소에 제공하여야 한다.

㉡ 등기의 목적은 "ㅇ번 저당권 대위"로, 등기원인은 「민법」제368조 제2항에 의한 대위"로, 그 연월일은 "선순위저당권자에 대한 경매대가의 배당기일"로 표시한다.

③ 첨부정보(제4조)

공동저당의 대위등기를 신청하는 경우에는 규칙 제46조에서 정한 일반적인 첨부 정보 외에 집행법원에서 작성한 배당표 정보를 첨부정보로서 등기소에 제공하여야 한다.

④ 등록면허세(제5조)

공동저당의 대위등기를 신청할 때에는 매 1건당 3천 원에 해당하는 등록면허세를 납부하고, 매 부동산별로 3천 원에 해당하는 등기신청수수료를 납부하여야 한다. 공동저당의 대위등기를 신청하는 경우에는 국민주택채권을 매입하지 아니한다.

⑤ 등기실행절차(제6조)

㉠ 공동저당 대위등기는 대위등기의 목적이 된 저당권등기에 부기등기로 한다.

㉡ 등기관이 공동저당 대위등기를 할 때에는 법 제48조의 일반적인 등기사항 외에 매각부동산 위에 존재하는 차순위 저당권자의 피담보채권에 관한 내용과 매각부동산, 매각대금, 선순위 저당권자가 변제받은 금액을 기록하여야 한다.

⑥ 공동저당의 대위등기에 따른 등기 기록 례

| 【을 구】(소유권 이외의 권리에 관한 사항) −채무자 소유 농지 ||||||
|---|---|---|---|---|
| 순위 번호 | 등기목적 | 접수 | 등기원인 | 권리자 및 기타사항 |
| 1 | 근저당권 설정 | 2009년 10월 12일 제13578호 | 2011년 3월 9일 설정계약 | 채권최고액 금 300,000,000원<br>채무자 장동군<br>서울특별시 송파구 방이동 45<br>근저당권자 이병한 700407−1234567<br>서울특별시 종로구 혜화동 45<br>공동담보 토지 서울시 서초구 서초동 123 |
| 1−1 | 1번 근저당권 대위 | 2011년 11월 7일 제13673호 | 2011년 11월 4일 민법 제368조 제2항에 의한 대위 | 매각부동산 토지 서울시 서초구 서초동 123<br>매각대금 금700,000,000원<br>변 제 액 금250,000,000원<br>채권최고액 금 200,000,000원<br>채무자 장동군<br>서울특별시 송파구 올림픽대로 45(방이 동)<br>대위자 김희선 740104−2012345<br>서울특별시 송파구 송파대로 345(송파 동) |

## PART 7 지분경매에서 후순위 채권을 NPL로 매입해 고수익을 올리는 투자비법

핵심체크 포인트

### 공동저당의 대위등기 (부동산등기법 제80조)
등기관이 「민법」 제368조제2항 후단의 대위등기를 할 때에는 제48조에서 규정한 사항 외에 다음 각 호의 사항을 기록하여야 한다.
1. 매각 부동산(소유권 외의 권리가 저당권의 목적일 때에는 그 권리를 말한다)
2. 매각대금
3. 선순위 저당권자가 변제받은 금액

# 06

## 채무자와 물상보증인 소유부동산이 동시에 매각될때 잘못된 배당에 대한 이의소송

 채무자 소유 부동산과 물상보증인 소유 부동산이 동시에 매각되는 실제사례를 통해서 알아보자.

◈ **1심, 2심, 대법원의 판결 내용을 살펴보면 다음과 같다**

 채권자 백마강은 채무자 김소라의 파주시 교하읍 교하리 100-39, 100-44 각 토지에 근저당권을 설정하면서 동시에 물상보증인 이만기 소유의 파주시 교하읍 100-8, 100-43 각 토지에 공동근저당권을 설정하였는데(한편, 이사건 각 부동산상에는 금촌농업협동조합 명의의 선순위근저당권이 개별적으로 설정되어 있었다), 그리고 채무자 김소라의 부동산에는 그 피고 1 명의의 근저당권설정 등기 및 피고 파주시 명의의 압류등기, 나머지 피고들 명의의 각 가압류등기가 경료되어 있었는데, 그 후 채권자 백마강에 의하여 의정부지방법원 고양 지원 2005타경28088호로 임의경매절차가 진행되었고 채무자 김소라의 부동산과 물상보증인 이만기의 부동산이 매각되었는데, 경매법원이 이 사건 각부동산의 경매대가에 비례하여 안분한 금액을 공동근저당권자인 백마강 근저당권자에게 배당한 후, 채무자 김소라의 부동산의 나머지 경매대가를 위 부동산에 관한 후순위권리자들인 피고들에게 순차로 배당하는 내용으로 배당표를 작성하게 되었다.

이에 원고 이만기(물상보증인)는 배당이의소송을 진행하게 되었는데, 제1심과 제2심에서는 원고는 근저당권자 백마강에게 대위변제된 345,920,840원이 민법 제481조, 제482조의 규정에 따라 물상보증인으로 대위변제한 원고에게 배당하여야 한다고 주장. 제1심법원은 수개의 부동산에 대해 함께 경매가 이루어져 동시배당되는 경우에 아직 물상보증인 소유부동산의 경매대금에 의거 1번 저당권자가 변제받은 것이 아니어서 물상보증인은 채무자에 대해서 구상권을 취득하는 것도 아니고, 민법 제481조, 제482조의 변제자대위의 법리도 적용될 여지가 없고, 이러한 경우 민법 제368조 제1항에 따라 각 부동산의 경매대가에 비례하여 배당하면 족하다는 이유로 원고의 청구를 기각하였고, 제 2심법원 역시 제1심법원판결을 그대로 인용하여 원고의 항소를 기각하였다.

그러나 대법원의 판단은 다음과 같이 달라서 원심판결을 파기하고 원심법원으로 환송하게 되어 원심법원이 다시 판결하게 되었는데 그 내용은 다음과 같았다. 동시배당시 물상보증인이 민법 제481조, 제482조의 규정에 의한 변제자대위에 의하여 채무자 소유 부동산에 대하여 담보권을 행사할 수 있는 지위에 있는 점 등을 고려할 때, ~ 민법 제368조 제1항은 적용되지 아니한다고 봄이 상당하다. 이 경우 경매법원으로서는 채무자 소유 부동산의 경매대가에서 공동저당권자에게 우선적으로 배당을 하고, 부족분이 있는 경우에 한하여 물상보증인 소유 부동산의 경매대가에서 추가로 배당을 하여야 한다([대 법2008다41475 판결]).

## ◈ 경매로 매각되기 전에 등기부상의 등기내용은

### (1) 물상보증인 이만기 소유 토지등기부등본 현황
(파주시 교하동 100-8번과 100-43번지 등기내역이 동일)

【을구】 (소유권 이외의 권리에 관한 사항)
 - 경기도 파주시 교하동 100-8번지 등기부내역

| 순위번호 | 등기목적 | 접수 | 등기원인 | 권리자 및 기타사항 |
|---|---|---|---|---|
| 9 | 갑구5번 이만기 지분 전부 근저당권 설정 | 2003년 4월 25일 제 22874호 | 2003년 4월 25일 설정계약 | 채권최고액 금 980,000,000원<br>채무자 이만기<br>　파주시 조리읍 대원리 ㅇㅇㅇ-ㅇㅇㅇ<br>근저당권자 금촌농협 ㅇㅇㅇㅇㅇ-ㅇㅇㅇㅇ<br>　파주시 금촌동 ㅇㅇㅇ-ㅇㅇㅇ<br>공동담보<br>　토지 경기도 파주시 교하동 100-43 |
| 14 | 근저당권 설정 | 2004년 10월 25일 제 77271호 | 2004년 10월 25일 설정계약 | 채권최고액 금 750,000,000원<br>채무자 김소라<br>　파주시 교화읍 동패리 ㅇㅇㅇ-ㅇㅇㅇ<br>근저당권자 백마강 ㅇㅇㅇㅇㅇ-ㅇㅇㅇㅇ<br>　경기도 부천시 원미구 중동 ㅇㅇㅇ-ㅇㅇㅇ<br>공동담보<br>　토지 경기도 파주시 교하동 100-43<br>　토지 경기도 파주시 교하동 100-39<br>　토지 경기도 파주시 교하동 100-44 |

## (2) 채무자 김소라 소유 토지등기부등본 현황
(파주시 교하동 100-39번과 100-44번지 등기내역이 동일함)

| 【갑구】(소유권에 관한 사항) | | | | |
|---|---|---|---|---|
| - 경기도 파주시 교하동 100-39번지 등기부내역 | | | | |
| 순위번호 | 등기목적 | 접수 | 등기원인 | 권리자 및 기타사항 |
| 6 | 가처분 | 2005년 6월 8일 제48803호 | 2005년5월3일 의정부지원 가처분결정 (2005카단3713) | 피보전권리 소유권이전등기청구권<br>채권자 금촌 에너지 주식회사<br>경기도 파주시 교하읍 교하리 ○○○ |
| 7 | 가압류 | 2005년 7월 19일 | | 청구금액 금 456,672,893원<br>채권자 주식회사국민은행 ××××× |
| 8 | 가압류 | 2005년 7월 28일 | | 청구금액 금 420,810,073원<br>채권자 농업협동조합중앙회 ××××× |
| 9 | 가압류 | 2005년 7월 29일 | | 청구금액 금 110,000,000원<br>채권자 신용보증기금 ××××× |
| 10 | 가압류 | 2005년 8월 10일 | | 청구금액 금 138,200,000원<br>채권자 대우캐피탈 ××××× |
| 11 | 가압류 | 2005년 9월 5일 | | 청구금액 금 390,300,000원<br>채권자 김철민 ××××× |
| 12 | 가압류 | 2005년 9월14일 | | 청구금액 금 232,000,000원<br>채권자 기술신용보증기금 ××××× |
| 14 | 가압류 | 2005년 9월14일 | | 청구금액 금 27,000,000원<br>채권자 박미숙 |
| 15 | 임의경매 개시결정 | 2005년 11월24일 제98684호 | 2005년11월 21일 고양지원 (2005=타경 ○○○○호) | 채권자 백마강 ×××××<br>경기도 부천시 원미구 중동 ○○○-○○○ |
| 16 ⋮ | 압류 ⋮ | 2006년1월 23일 제11540호 | | 권리자 국<br>처분청 파주세무서<br>: |

| 【을구】(소유권 이외의 권리에 관한 사항) – 경기도 파주시 교하동 100-39번지 등기부내역 ||||| 
|---|---|---|---|---|
| 순위번호 | 등기목적 | 접수 | 등기원인 | 권리자 및 기타사항 |
| 1 | 갑구1번 김소라지분 전부 근저당권 설정 | 2003년 4월 25일 제22873호 | 2003년 4월 25일 설정계약 | 채권최고액 금 910,000,000원<br>채무자 김소라<br>파주시 조리읍 대원리 ㅇㅇㅇ<br>근저당권자 금촌농협 ㅇㅇㅇㅇㅇ-ㅇㅇㅇㅇ 파주시 금촌동 ㅇㅇㅇ-ㅇㅇㅇ<br>공동담보<br>토지 경기도 파주시 교하동 100-8 |
| 2 | 갑구2번 이만수지분 전부 근저당권 설정 | 2003년 4월 25일 제22874호 | 2003년 4월 25일 설정계약 | 채권최고액 금 980,000,000원<br>채무자 이만기<br>파주시 조리읍 대원리 ㅇㅇㅇ<br>근저당권자 금촌농협 ㅇㅇㅇㅇㅇ-ㅇㅇㅇㅇ 파주시 금촌동 ㅇㅇㅇ-ㅇㅇㅇ<br>공동담보<br>토지 경기도 파주시 교하동 100-8 |
| 3 | 근저당권 설정 | 2004년 10월 25일 제77271호 | 2004년 10월 25일 설정계약 | 채권최고액 금 750,000,000원<br>채무자 김소라<br>파주시 교화읍 동패리 ㅇㅇㅇ<br>근저당권자 백마강 ㅇㅇㅇㅇㅇ-ㅇㅇㅇㅇ<br>경기도 부천시 원미구 중동 ㅇㅇㅇ-ㅇㅇㅇ 공동담보<br>토지 경기도 파주시 교하동 100-44<br>토지 경기도 파주시 교하동 100-08<br>토지 경기도 파주시 교하동 100-43 |

PART 7   지분경매에서 후순위 채권을 NPL로 매입해 고수익을 올리는 투자비법   245

## ◆ 이 사건의 경매 진행내역을 살펴보면 다음과 같다

◆ 2005타경 00000 -의정부지법 고양지원 -매각기일: 2006.11.07(火) (10:00) -경매 1계(전화:031-920-6311)

| 소재지 | 소재지 경기도 파주시 교하읍 교하리0000   도로명 주소검색 ||||||
|---|---|---|---|---|---|---|
| 물건종별 | 농지 | 감정가 | 1,547,500,000원 | 기일입찰 | 【입찰진행내용】 ||
| 토지면적 | 4270m² (1291.675평) | 최저가 | (100%) 1,547,500,000원 | 구분 | 입찰기일 | 최저매각가격 | 결과 |
| 건물면적 | | 보증금 | (10%) 154,750,000원 | 1차 | 2009-10-15 | 1,547,500,000원 | 유찰 |
| | | | | 2차 | 2009-11-19 | 1,547,500,000원 | 유찰 |
| | | | | 3차 | 2009-12-17 | 596,361,000원 | |
| 매각물건 | 토지매각 | 소유자 | 이만기 | 낙찰 : 2,755,050,000원(178.03%) 매각결정기일 : 2006.11.14-매각허가결정 대금지급기한 : 2006.12.20 대금납부 : 2006.12.07 배당기일 : 2007.01.24 ||||
| 사건접수 | 2005-11-17 | 채무자 | 이만기 |  ||||
| 사건명 | 임의경매 | 채권자 | 백마강 |  ||||

◆ 임차인현황(말소기준권리 : 2008. 09. 10/배당요구종기일 : 2009. 08. 11)

| 목록 | 지 번 | 용도/구조/면적/토지이용계획 | | m²당 | 감정가 | 기타 |
|---|---|---|---|---|---|---|
| 토지 1 | 교하리 100-8 (이만기 소유) | 관리지역, 토지거래허가구역 | 전1,000m² (302.5평) | 430,000원 | 430,000,000원 | 표준지 공시지가 : (m²) 140,000원 |
| 2 | 교하리 100-39 (김소라 소유) | 관리지역, 토지거래허가구역 | 전1,000m² (302.5평) | 550,000원 | 550,000,000원 | 표준지 공시지가 : (m²) 140,000원 |
| 3 | 교하리 100-43 (이만기 소유) | 관리지역, 토지거래허가구역 | 전1,135m² (343.338평) | 250,000원 | 238,750,000원 | 표준지 공시지가 : (m²) 140,000원 |
| 4 | 교하리 100-44 (김소라 소유) | 관리지역, 토지거래허가구역 | 전1,135m² (343.338평) | 250,000원 | 238,750,000원 | 표준지 공시지가 : (m²) 140,000원 |
| | 면적소계 : 4270m² (1291.675평) | | | 소계 : 1,547,500,000원 | | |
| 감정가 | 토지 : 4270m²(1291.675평) | | | 합계 | 1,547,500,000원 | 토지매각 |

◆ 등기부현황(채권액합계 : 263,500,000원)

| NO | 접수 | 권리의 종류 | 권리자 | 채권금액 | 비고 | 소멸여부 |
|---|---|---|---|---|---|---|
| 1 | 2003. 04. 25 | 이만기 지분 전부 근저당 | 금촌농협 | 980,000,000원 | 말소기준등기 | 소멸 |
| 2 | 2003. 04. 25 | 지상권(토지전부) | 금촌농협 | | 존속기간 : 2003.04.25~ 2032.04.25 만30년 | 소멸 |
| 3 | 2004. 03. 15 | 공유자 전원 지분이전 | 이만기 | | 공유물 분할 | |
| 4 | 2004. 10. 25 | 근저당 | 백마강 | 750,000,000원 | 소멸 | 소멸 |
| 5 | 2005. 11. 24 | 임의경매 | 백마강 | 청구금액 : 640,200,000원 | 2005타경00000 | 소멸 |

## ◆ 이 매각절차에 배당표는 다음과 같이 작성되었다

**의정부고양지방법원 배당표**

2005타경28○○○ 부동산임의경매

|  | |  |
|---|---|---|
| 배당할 금액 | 금 | 2,761,395,832원 |
| 매 각 대 금 | 금 | 2,755,050,000원 |
| 지 연 이 자 | 금 | 0원 |
| 전경매보증금 | 금 | 0원 |
| 항 고 보증금 | 금 | 0원 |
| 매각대금이자 | 금 | 6,345,832원 |
| 집행비용 | 금 | 7,947,000원 |
| 실제 배당할 금액 | 금 | 2,753,448,832원 |
| 매각부동산 | | 경기도 파주시 교하동 100-8번지 외 3필지 |

| 채권자 | | 파주시 | 금촌농협(제22873) | 금촌농협(제22874) | 백마강 | 황소리 | 파주시 |
|---|---|---|---|---|---|---|---|
| 채권금액 | 원금 | 430,500원 | 749,946,122원 | 799,997,522원 | 500,000,000원 | 150,000,000원 | 14,116,760원 |
| | 이자 | 0원 | 79,842,383원 | 36,231,603원 | 461,250,000원 | 17,638,430원 | 0원 |
| | 비용 | 0원 | 0원 | 0원 | 0원 | 0원 | 0원 |
| | 계 | 430,500원 | 829,788,505원 | 836,229,125원 | 961,250,000원 | 167,638,430원 | 14,116,760원 |
| 배당순위 | | 1 | 2 | 3 | 4 | 5 | 6 |
| 이유 | | 당해세 | 근저당권자 | 근저당권자 | 경매신청 근저당권 | 근저당권자 | 교부권자 |
| 채권최고액 | | 430,500원 | 910,000,000원 | 980,000,000원 | 750,000,000원 | 150,000,000원 | 14,116,760원 |
| 배당액 | | 430,500원 | 741,624,890원 | 634,884,276원 | 750,000,000원 | 150,000,000원 | 14,116,760원 |
| 잔여액 | | 2,753,018,332원 | 2,011,393,442원 | 1,376,509,166원 | 626,509,166원 | 476,509,166원 | 462,392,406원 |
| 배당비율 | | 100.00% | 89.37% | 75.92% | 100.00% | 100.00% | 100.00% |
| 공탁번호 (공탁일) | | 금제 호 ( . . ) | 금제 호 ( . . ) | 금제 호 ( . . ) | 금제 호 ( . . ) | 금제 호 ( . . ) | 금제 호 ( . . ) |

→ 당해세 배당후 이만기 1,269,769,139원 + 김소라 1,483,249,193원

| 채권자 | | 국민은행 | 농협협동조합중앙회 | 신용보증기금 | 기술신용보증기금 | 박미숙 | 금촌농업협동조합 |
|---|---|---|---|---|---|---|---|
| 채권금액 | 원금 | 456,672,893원 | 429,810,973원 | 111,943,986원 | 232,000,000원 | 27,000,000원 | |
| | 이자 | 0원 | 0원 | 20,241,926원 | 0원 | 0원 | |
| | 비용 | 0원 | 0원 | 0원 | 0원 | 0원 | |
| | 계 | 456,672,893원 | 429,810,973원 | 132,185,912원 | 232,000,000원 | 27,000,000원 | |
| 배당순위 | | 7 | 7 | 7 | 7 | 7 | 8 |
| 이유 | | 가압류권자 | 가압류권자 | 가압류권자 | 가압류권자 | 가압류권자 | 근저당권자 |
| 채권최고액 | | 456,672,893원 | 429,810,973원 | 110,000,000원 | 232,000,000원 | 27,000,000원 | |
| 배당액 | | 65,467,622원 | 61,616,757원 | 15,769,358원 | 33,259,011원 | 3,827,264원 | 282,452,394원 |
| 잔여액 | | 396,924,784원 | 335,308,027원 | 319,538,669원 | 286,279,658원 | 282,452,394원 | 0원 |
| 배당비율 | | 14.33% | 14.33% | 14.33% | 14.33% | 14.17% | |
| 공탁번호 (공탁일) | | 금제 호 ( . . ) | 금제 호 ( . . ) | 금제 호 ( . . ) | 금제 호 ( . . ) | 금제 호 ( . . ) | 금제 호 ( . . ) |

## ◈ 원고(물상보증인) 이만기의 배당이의 소송에서 승소 하여 배당표는 다음과 같이 변경 되었다.

　대법2008다41475 판결 원심판결을 파기하고 원심법원으로 환송하게 되어 원심법원이 다시 2010. 10. 20.(서울고등법원 2010나41418) 판결하게 되었는데 그 내용은 다음과 같다.

　수개의 부동산 중 일부는 채무자의 소유이고 일부는 물상보증인의 소유인 경우에는, 물상보증인이 민법 제481조, 제482조의 규정에 의한 변제자대위에 의하여 채무자 소유의 부동산에 대하여 담보권을 행사할 수 있는 지위에 있는 점 등을 고려할 때, 채무자 소유의 부동산에 관한 피담보채권액은 공동저당권의 피담보채권액 전액으로 봄이 상당하다(대법2007다78234).

　따라서 경매법원은 채무자 소유 부동산의 경매대가에서 공동저당권자에게 우선배당하고 부족분이 있으면 물상보증인 소유 부동산의 경매대가에서 추가로 배당하여야 한다 그러므로 경매법원은 채무자 김소라 소유 토지 경매대가 중 배당잔액 741,663,139원에서 2순위 공동저당권자 백마강에게 우선배당하고 부족분 8,336,861원(=750,000,000원-741,663,139원)에 한해서 물상보증인의 소유 토지의 경매대가에서 추가로 배당하여야 할 것이다. 즉 4순위 백마강 배당금을 채무자 지분에서 741,663,139원을 배당하고 부족분 8,336,861원만 물상보증인 이만기 지분에서 배당해야 한다.

　따라서 황소리 배당액 150,000,000원, 파주시 배당액 14,116,760원, 국민 은행배당액 65,467,622원, 농업협동조합 배당액 61,616,757원, 신용보증기금 배당액 15,769,358원, 기술신용보증기금 배당액 33,259,011원, 박미숙 배당액 3,827,264원을 각 삭제하고, 삭제된 배당금 344,056,772원을 원고 이만기(물상보증인)에게 배당하는 것으로 경정한다.

# 돈 되는 숨은 진주
# NPL(부실채권)투자 비법의 진실게임

**PART 8**

01  물상보증인지분이 매각시 채무자지분에서 공동저당권은 말소되면 안 된다
02  물상보증인지분이 매각시 채무자지분에서 후순위채권자의 대위행사방법은
03  아파트와 농지가 채무자소유인데 그 중 일부가 먼저 매각되면
04  아파트가 두 사람의 공유물로서 공동 채무자로 되어 있는 경우의 지분경매
05  공동담보물이 채무자와 물상보증인 소유인 경우 어떻게 하면 되는가?
06  아파트가 공유물로서 채무자와 물상보증인 소유에서 채무자 소유의 아파트경매
07  공동담보물이 채무자와 물상보증인 소유인데 물상보증인 소유부동산이 먼저 매각되면
08  물상보증인 지분이 먼저 매각시 후순위 채권자에서 숨은 NPL을 찾아라!
09  선행된 물상보증인의 매각대금에서 공동저당권이 변제받고 채무자 소유에서 말소한 경우

# 01 물상보증인지분이 매각시 채무자지분에서 공동저당권은 말소되면 안 된다

### ◆ 채무자지분에서 근저당권이 불법 말소되면 어떻게 대처하게 되는가!

선순위 공동저당권자가 공동저당의 목적인 채무자와 물상보증인의 공유지분 중 '물상보증인의 공유지분'에 대하여 먼저 경매가 실행되어 그 경매대금 배당 및 임의변제로 피담보채무가 소멸하자 '채무자의 공유지분'에 대한 저당권설정등기의 말소등기를 한 사안에서, 그 말소등기는 아무런 권원 없이 마쳐져 무효이므로 '물상보증인의 공유지분'에 대한 후순위저당권자는 물상보증인을 대위하여 채무자에게 말소된 선순위 저당권설정등기의 회복등기 절차 이행을 구할 수 있다고 한 사례(부산지방법원2008가단165261)

### ◆ 이 사건에 대한 입찰정보 내역

원고(박철수)는 이 사건 소외 1(유미란)의 1/4지분에 대하여 부산지방법원 2007타경 51535호로 근저당권실행을 위한 경매를 신청하여 2007. 11. 21. 경매절차가 개시되어 2008. 6. 10. 매각이 이루어졌는데, 매각대금에서 집행비용을 제외한 116,733,747원이 1순위 근저당권자인 신한은행에 배당되었고, 원고(박철수)는 전혀 배당을 받지 못하였고, 임의경매로 인한 매각을 원인으로 말소되었다.

PART 8 돈 되는 숨은 진주 NPL(부실채권)투자 비법의 진실게임    251

임차인은 확정일자가 없고 소액임차인이 아니어서 배당요구를 하지 못한 것으로 판단된다.

◆ 2007타경 00000 부산지방법원 본원 매각기일: 2008.05.21(水) (10:00) 경매 11계(전화:051-590-1827)

| 소재지 | 부산광역시 동구 초량동 000-0    도로명 주소검색 | | | | | |
|---|---|---|---|---|---|---|
| 물건종별 | 근린주택 | 감정가 | 174,593,680원 | 기일입찰 | 【입찰진행내용】 | |
| 토지면적 | 43.8m² (13.25평) | 최저가 | (51%) 89,392,000원 | 구분 | 입찰기일 | 최저매각가격 | 결과 |
| 건물면적 | 167.6m² (50.699평) | 보증금 | (10%) 8,940,000원 | 1차 | 2008-03-06 | 174,593,680원 | 유찰 |
| | | | | 2차 | 2008-03-28 | 139,675,000원 | 유찰 |
| | | | | 3차 | 2008-04-25 | 111,740,000원 | 유찰 |
| | | | | 4차 | 2008-05-21 | 89,392,000원 | |
| 매각물건 | 토지 및 건물 지분매각 | 소유자 | 유미란 | 낙찰 : 118,800,000원 (68.04%) 입찰 1명, 낙찰 : 서울시 광진구, 박기순 매각결정기일 : 2008.05.28-매각허가결정 대금납부 2008.06.10/배당기일 2008.07.24 | | |
| 사건접수 | 2007-11-21 | 채무자 | 유미란 | | | |
| 사건명 | 임의경매 | 채권자 | 박철수 | | | |

◆ 임차인현황(말소기준권리 : 2003. 08. 01 / 배당요구종기일 : 2008. 01. 26)

| 임차인 | 점유부분 | 전입/확정/배당 | 보증금/차임 | 대항력 | 배당예상금액 | 기타 |
|---|---|---|---|---|---|---|
| 곡00 | 점포 2층 (노래주점) | 사업자등록 : 미등록 확정일 : 미상 배당요구일 : 없음 | 보 20,000,000원 월 1,300,000원 환산15,000만원 | 없음 | 배당금 없음 | 2007.11.01~, 배당요구 없음 |
| 기타참고 | ▶조사외 소유자(지하 1,3,4층 전부)점유 | | | | | |

◆ 건물등기부(채권액합계 : 265,800,000원)

| NO | 접수 | 권리의 종류 | 권리자 | 채권금액 | 비고 | 소멸여부 |
|---|---|---|---|---|---|---|
| 1 | 1993. 11. 03 | 소유권보존 | 유미란 외 3인 공유 | | 각1/4) 송종국, 유용준, 유정기, 유미란 | |
| 2 | 2003. 08. 01 | 근저당 | 신한은행(영주동지점) | 195,000,000원 | 채무자 유용준 | 소멸 |
| 3 | 2005. 04. 08 | 근저당 | 신한은행 | 39,000,000원 | 채무자 유정기 | 소멸 |
| 4 | 2005. 11. 15 | 유미란 지분 전부 근저당 | 박철수 | 24,000,000원 | | 소멸 |
| 5 | 2005. 12. 06 | 유미란 지분 임의경매 | 장미희 | 7,800,000원 | | 소멸 |
| 6 | 2007. 11. 22 | 유미란 지분 가압류 | 박철수 | 청구금액 : 24,000,000원 | 2007타경00000 | 소멸 |
| 7 | 2007. 12. 04 | 유미란 지분 압류 | 부산광역시 동구 | | 세무과-11829 | 소멸 |

피고 2(신한은행)는 1순위 근저당권의 채무자인 피고 1(유용준)로부터 나머지 피담보채무액을, 2순위 채무자인 소외 3(유정기)으로부터 피담보채무액을 각 변제받고서 2008. 9. 12. 이 사건 부동산에 관한 1, 2순위 근저당권설정계약을 모두 해지하고서 각 근저당권설정등기를 말소하였다.

   이후 피고 3 주식회사(새롭게 설정한 외환은행)는 2008. 9. 12. 이 사건 부동산중 각 공유지분 전부에 관하여 채무자 소외 4(전체지분 강소라 취득), 채권최고액 2억 3,400만원으로 하는 근저당권설정등기를 경료 받았다.

### ◆ 위 사건은 다음과 같은 판결이 나왔다

   피고 1(유용준)은 피고 2(신한은행)에게 이 사건 부동산 중 피고 1의 1/4지분에 관하여 말소된 피고 2(신한은행) 명의의 근저당권설정등기의 회복등기절차를 이행할 의무가 있고, 피고 3 주식회사(새롭게 설정한 외환은행)는 피고 2(신한 은행)에게 위 근저당권설정등기의 회복등기에 대하여 승낙의 의사표시를 할 의무가 있으며, 피고 2(신한은행)는 소외 1에게 위 근저당권설정등기에 대하여 소외 1을 대위하는 원고(박철수)가 소외 1의 1/4지분에 관하여 당초 갖던 근저당권의 채권최고액 2,400만원의 범위 내에서 근저당권이전등기절차를 이행할 의무가 있으므로, 원고의 피고들에 대한 청구는 모두 이유 있어 이를 인용 하기로 하여 주문과 같이 판결한다.

   이와 같이 공유물의 지분경매절차에서도 공동저당물과 다를 바 없이 공동 저당권자가 선행된 지분경매절차에서 전액우선변제 받을 수 있고 그에 따라 배당받지 못한 후순위저당권자는 민법 제368조 제2항에 따라 차순위대위권이 인정된다.

   선순위저당권이 4분의 1지분에 대해서 전액 우선변제 받아서 3순위에서 5 순위가 배당받지 못하므로 이 금액을 한도로 다른 지분매각시 또는 선순위저당권자를 대위하여 청구가 대위행사가 가능하다. 그런데 이 사건과 같이 선순위저당권이 소멸된 경우 물상보증인과 후순위저당권권자는 채무자에게 말소된 선순위 저당권설정등기의 회복등기절차 이행을 구할 수 있다.

물상보증인 앞으로 대위에 의한 저당권이전의 부기등기가 경료 되면 후순 위저당권자는 이 저당권을 대위하여 우선 변제받고 잔여가 있는 경우에 한하여 물상보증인에게 배당하게 된다. 따라서 아직 경매되지 아니한 공동저당물의 소유자로서는 위 1번 저당권자에 대한 피담보채무가 소멸 하였다는 사정만으로는 그 말소등기를 청구할 수 없다고 보아야 할 것이다.

### ◆ 불법 말소된 등기 내역과 대위에 기한 근저당권설정등기 회복 내역

【을구】(소유권에 관한 사항)

| 순위번호 | 등기목적 | 접수 | 등기원인 | 권리자 및 기타사항 |
|---|---|---|---|---|
| 20 | 17번 유용준 지분 가처분 | 2008년 12월 23일 제61608호 | 2008년12월22일 부산지법의 가처분결정 (2008카단 24045) | 피보전권리 근저당권설정등기말소등기의 회복 등기 청구권<br>채권자 박철수 ○○○○○○- *******<br>　부산시 서구 이미동2가 ○○○-○○○<br>금지사항 매매, 증여, 전세권, 저당권, 임차권의 설정, 기타 일체의 처분행위금지 |
| 21 | 1번 유용준 지분 임의경매 개시결정 | 2009년 6월 22일 제28856호 | 2009년 6월 19일 부산지방법원 경매개시결정 (2009 타경27246) | 채권자 (물상대위자) 박철수 ○○○○○○ - *******<br>부산시 서구 이미동2가 ○○○-○○○ |
| 21 | 임의경매 개시결정 등기말소 | 2009년 6월25일 제29700호 | 2009년 6월23일 취하 | |
| 23 | 20번 가처분 등기말소 | 2009년 6월26일 제30004호 | 2009년 6월23일 해제 | |

| 【을구】(소유권 이외의 권리에 관한 사항) | | | | |
|---|---|---|---|---|
| 순위번호 | 등기목적 | 접수 | 등기원인 | 권리자 및 기타사항 |
| 3 | 근저당권설정 | 2003년 8월1일 제52700호 | 2003년 8월1일 설정계약 | 채권최고액 금195,000,000원<br>채무자 유용준 부산시 동구 초량동 ○○○<br>근저당권자 신한은행 ○○○○○-○○○○<br>서울 중구 남대문로1가 14<br>공동담보 토지 부산시 동구 초량동 607-1 |
| 3-1 | 3번근저당권변경 | 2008년 7월3일 제33839호 | 2008년6월10일 임의경매로 인한 매각 | 목적 갑구1번 송종국지분전부 및 유용준지분전부 및 유정기지분전부 근저당권설정 |
| 8 | 근저당권설정 | 2008년 9월12일 제45704호 | 2008년 9월12일 설정계약 | 채권최고액 금234,000,000원<br>채무자 강소라 부산광역시 연제구 연산동 ○○○-○○○<br>근저당권자 주식회사외환은행 ○○○○○-○○○○<br>서울 중구 을지로2가 181 |
| 9 | 3번근저당권회복예고등기 | 2008년 12월22일 제61436호 | 2008년 12월16일 근저당권말소등기회복등기 의소제기(2008가단165261) | |
| 10 | 3번 근저당권설정등기 회복 | 2009년 6월11일 제27174호 | 2009년 5월14일 부산지방법원 확정판결 (2008가단165261) | 대위자 박철수<br>부산 동구 초량동 ○○○-○○○<br>대위원인 부산지방법원 2008가단165261호 근저당권말소회복등기 판결에 의한 회복등 기청구권 |
| 3 | 갑구1번 송종국 지분전부 및 유용준 지분 전부 및 유정기 지분 전부 근저당권설정 | 2003년 8월1일 제52700호 | 2003년 8월 1일 설정계약 | 채권최고액 금195,000,000원<br>채무자 유용준<br>부산시 동구 초량동 ○○○<br>근저당권자 신한은행 ○○○○○-○○○○<br>서울 중구 남대문로1가 14<br>공동담보 토지 부산시 동구 초량동 607-1<br>2009년6월11일 등기 |
| 3-2 | 3번 근저당권 변경 | | | 목적 갑구1번유용준지분전부근저당권설정<br>부산지법의 2008가단165261 확정판결로 인하여 2009년6월11일 부기 |
| 11 | 9번 예고등기 말소 | | | 3번 근저당권설정등기 회복으로 인하여 2009년6월11일 등기 |

위 등기부와 같이 물상보증인 지분이 먼저 경매되고 나서 채무자 지분의 선순위유사공동저당권(신한은행)이 말소되었는데 후순위저당권자(박철수)가 말소된 근저당권 회복을 위해서 가처분하고 그에 따라 예고등기가 이루어 졌다.

박철수가 근저당권회복등기소송을 거쳐서 승소로 말소 등기된 근저당권을 회복등기후 합의를 거쳐서 말소해준 것으로 많은 것을 한 번에 배울 수 있는 좋은 사례이다.

### ◆ 불법 말소된 신한은행 근저당권에 대한 대위권을 가진 박철수 근저당권을 양도 받으면

공동담보물을 물상보증인과 채무자가 공유지분으로 소유하고 있는데 물상 보증인(유미란) 소유지분(1/4)이 먼저 경매되어 그 매각대금에서 선순위공동저당권자 신한은행이 195,000,000원을 전액 우선 변제받으므로 물상보증인은 채무자를 대신해서 변제한 변제자대위권을 가지고 있어서 채무자지분으로 변경 등기된 신한은행 근저당권 195,000,000원은 말소되는 것이 아니고 물상보증인과 후순위저당권자의 대위를 위해서 남겨두어야하며 불법말소하였다고 하더라도 물상보증인의 변제자대위행사에는 전혀 영향을 미치지 아니한다.

이 사건에서 신한은행이 4분의 1지분에 대해서 전액 우선변제 받아서 3순 위에서 5순위와 물상보증인이 배당받지 못하므로 이 금액을 한도로 채무자소유 지분매각시 또는 다른 물상보증인 지분 매각시 선순위저당권자를 대위하여 대위행사가 가능하다.

그런데 이 사건과 같이 선순위저당권이 소멸된 경우 물상보증인과 후순위저당권자는 채무자에게 말소된 선순위 저당권설정등기의 회복등기절차 이행을 구할 수 있다.

채무자 앞으로 신한은행 근저당권을 회복시키고 회복된 신한은행 근저당권에 물상보증인 또는 후순위저당권자 앞으로 대위에 의한 저당권이전의 부기등기(부동산등기법 제148조)가 경료 되면 후순위저당권자는 이 저당권을 대위하여 우선 변제받고 잔여가 있는 경우에 한하여 물상보증인에게 배당하게 된다.

  따라서 이렇게 불법 말소된 신한은행 근저당권 195,000,000원을 양도받아 새로운 소유자에게 변경 되기 전까지만 말소회복청구를 통해서 회복시키고 물상대위가 이루어졌다면 195,000,000원의 범위 내에서 후순위저당권자와 물상보증인은 대위권의 권리를 가지게 되므로 이러한 채권을 양도받는 경우 많은 수익이 예상된다.

# 02 물상보증인지분이 매각시 채무자지분에서 후순위채권자의 대위행사방법은

### ◆ 공유물에서 채무자지분이 1/2, 물상보증인지분이 1/2일 때 대위행사방법은?

공유물이 채무자 소유지분이 1/2, 물상보증인 소유지분이 1/2에서 물상보증인 소유지분이 먼저 매각되고 그 과정에서 선순위유사공동저당권자가 전액 우선변제 받아감으로서 변제받지 못한 후순위근저당권자 김수민과 후순위가 압류권자 김철수가 부당이득반환청구소송을 제기하는 과정에서 청구취지를 잘못해서 재판에서 패소한 사건이지만 실무에서 어떻게 대처하면 자신의 권리를 보장받을 수 있는 가를 알 수 있는 좋은 판례의 내용이다.

### ◆ 울산지법 2010가합4277, 8279, 판결 내용을 살펴보자

#### (1) 청구취지

피고는 원고 김철수(가압류권자)에게 361,738,608원, 원고 김수민(3순위 근저당권자)에게 40,527,980원 및 위 각 금원에 대한 이 사건 소장 부본 송달 다음 날부터 다 갚는 날까지 연 20%의 비율에 의한 금원을 지급하라.

#### (2) 사건내역

경상남도 양산시 하북면 용연리 답 ○○○외 4필지는 피고(이한국)와 소외 박○○

이 1/2 지분씩 공동으로 소유하고 있던 부동산인데, 원고 김철수는 박해리에 대한 울산지방법원2008가합890 약정금 청구사건의 집행력 있는 판결 정본에 기하여 2009.1.경 같은 법원2009타경1186호로 이 사건 각 부동산 중 박해리의 1/2지분에 대한 강제경매를 신청하여 같은 달 19. 강제경매개시결정이 되었다.

채권최고액 13억원, 채무자 피고(이한국), 근저당권자 울산축산업협동조합 으로 된 선순위 근저당권설정등기가 되어 있어, 박해리는 피고를 위한 물상 보증인으로서 이 사건 각 부동산 중 자신의 1/2지분을 물상담보로 제공한 셈이었다. 즉 이 부동산에 1순위로 울산축협 채권최고액 13억원을 채무자 피고 이한국(2분의 1지분권자)로 하고 박해리(2분의 1지분권자)를 물상보증인으로 하는 근저당권이 설정된 것이다.

다음으로 박해리 소유 1/2지분에 관하여는 원고 김철수의 가압류채권과 원고 김수민의 근저당권 채권최고액 3억5,000만원이 설정되어있다.

◆ 2009타경 00000 울산지방법원 본원 매각기일: 2010.01.19(火) (10:00) 경매 1계(전화:052-228-0261)

| 소재지 | 경상남도 양산시 하복면 용연리 000 | | 도로명 주소검색 | | | |
|---|---|---|---|---|---|---|
| 물건종별 | 농지 | 감정가 | 458,707,500원 | 기일입찰 【입찰진행내용】 | | |
| 대지권 | 2479.5m² (750.049평) | 최저가 | (64%) 293,573,000원 | 구분 | 입찰기일 | 최저매각가격 | 결과 |
| 건물면적 | 303.61m² (91.8 42평) | 보증금 | (10%) 29,360,000원 | | 2009-09-22 | 272,745,000원 | 변경 |
| | | | | 1차 | 2009-11-24 | 458,707,500원 | 유찰 |
| | | | | 2차 | 2009-12-22 | 366,966,000 | 유찰 |
| | | | | 3차 | 2010-01-19 | 293,573,000원 | |
| 매각물건 | 토지 지분매각 | 소유자 | 박해리 | 낙찰 : 337,000,000원 (73.47%) 입찰 1명, 낙찰 : 울산구 신정동 이한국 매각결정기일 : 2010.01.26-매각허가결정 대금납부 : 2010. 02. 22 | | |
| 사건접수 | 2009-01-16 | 채무자 | 박해리 | | | |
| 사건명 | 강제경매 | 채권자 | 김철수 | | | |

◆ 토지등기부(채권액합계 : 3,455,421,000원)

| NO | 접수 | 권리의 종류 | 권리자 | 채권금액 | 비고 | 소멸여부 |
|---|---|---|---|---|---|---|
| 1 | 2004. 06. 25 | 소유권 일부 이전 | 박해리 | | 매매, 지분 2분의1 이한국과 박해리 | |
| 2 | 2004. 06. 25 | **근저당** | 울산 축협 (대현지점) | 1,300,000,000원 | 채무자 : 이한국 물상보증인 : 박해리 | |
| 3 | 2004. 06. 25 | 지상권(토지 전부) | 울산 축협 | | 존속기간 : 만 2004.06.25~2034.06.25 | 소멸 |
| 4 | 2008. 01. 24 | 박해리 지분 가압류 | 김철수 | 405,421,000원 | | 소멸 |
| 5 | 2008. 01. 24 | 박해리 지분 전부 근저당 | 김수민 | 350,000,000원 | | 소멸 |
| 6 | 2008. 01. 29 | 박해리 지분 가압류 | 김철수 | 400,000,000원 | 2006타경00000 | |
| 7 | 2009. 01. 19 | 박해리 지분 전부 근저당 | 박인수 | 1,000,000,000원 | | |
| 8 | 2008. 12. 16 | 박해리 지분 강제경매 | 김철수 | 청구금액 : 776,438,356원 | 2006타경00000 | |

| 등기부 분석 주의사항 | ▶전체 면적 4,959m² 중 박해리 지분 1/2전부 매각주의<br>▶2009.08.27 공유자 박혜리 공유자 우선매수신고서 제출 |
|---|---|

이 2009타경1186호 강제경매절차에서 이 사건 각 부동산 중 박해리의 각 1/2지분이 공유자우선매수신고를 통하여 피고에게 매각되자 집행법원은 그배당절차에서 2010.5.19. 2순위로 선순위 근저당권자로서 피고에 대한 채권 전액에 대하여 채권계산서를 제출한 울산축협에게 그 채권 전액인 723,477,216원을 배당하는 한편(배당표상에는 울산축협에게 962,752,183원을 배당한 것으로 되어 있으나, 이는 이 사건 각 부동산 외에 설정된 근저당권에 기한 채권액 239,274,967원이 합해진 금액이다), 3순위로 후순위 근저당권자인 원고 김수민에게 그 채권금액 350,000,000원 중 309,472,020원을 배당하고, 신청채권자 겸가압류권자인 원고 김철수에게는 그 배당요구채권액 881,697,973원 중 291,684,544원만을 배당하였다.

### (3) 원고 김철수 의 청구에 대한 판단
① 청구원인 주장

원고 김철수(가압류권자)는, 박해리 소유 1/2지분에 대한 이 사건 경매절차에서 이 사건 각 부동산 전체의 근저당권자인 울산축협이 그 피담보채권 전액을 배당받음으로써 울산축협에 대하여 부담하고 있던 피고의 대출금채무가 변제로 모두 소멸되었는바, 이로 인하여 원고 김철수로서는 피고 소유 1/2지분에 대하여도 동시에 경매가 진행되었다면 배당받을 수 있었을 361,738,608 원 상당의 손해를 입게 된 반면, 피고로서는 박해리 소유 1/2지분에 대한 경매절차에서 그 채무 전액이 소멸하게 되는 이득을 얻게 되었으므로, 피고는 원고 김철수에게 위 361,738,608원을 부당이득으로 반환할 의무가 있다고 주장한다.

② 판단

살피건대, 이 사건 경매절차에서 원고가 채권의 만족을 얻지 못한 것은 선순위 근저당권자인 울산축협이 채권 전액을 배당받았기 때문일 뿐이고, 그반사적 효과로서 피고의 울산축협에 대한 채무가 모두 변제된 결과가 되었다고 하여 피고의 채무 소멸로 인한 이익과 원고의 손실 사이에 직접적으로 인과관계가 있다고 보기도 어려울 뿐만 아니라 피고로서는 주 채무자로서 자신의 채무를 면한 대신 물상보증인인 박해리에 대하여 구상채무를 부담하게 되고, 원고 김철수로서도 이 사건 경매절차에서 자신의 채권을 전액 배당받지 못하였다고 하여 박해리에 대한 채권이 소멸되는 것이 아님이 명백하므로, 그로 인하여 위 원고와 피고에 어떠한 이익이나 손해가 발생하였다고 할수도 없다. 따라서 이 사건 경매절차에서 울산축협에게 그 채권 전액이 배당 됨으로 인하여 피고에게 어떠한 이득이 있었다거나 그 이득과 위 원고의 손해와 사이에 직접적인 인과관계가 있음을 전제로 한 원고 김철수의 이 사건 청구는 이유가 없다(위 원고는 차순위자대위의 법리를 청구원인에서 언급하고 있으나, 이 사건 청구는 피고에 대한 직접 청구일 뿐 박해리에 대한 채권자의 지위에서 대위 청구하는 것이 아님을 원고 스스로 명백히 하고 있으므로, 이 부분은 더 나아가 판단하지 않는다)

### (4) 원고 김수민(근저당권자)의 청구에 대한 판단
① 청구원인 주장

원고 김수민(근저당권자)은, 박해리 소유 1/2지분에 대한 이 사건 경매절차에서 울산축협이 그 근저당권의 피담보채권 전액을 배당받음으로써 울산축협에 대한 피고의 대출금채무가 모두 소멸하게 된 반면, 그로 인하여 위 원고로서는 피고 소유 1/2지분에 대하여도 동시에 경매가 진행되거나 울산축협이 채권액 전액의 배당요구를 하지 않았다면 배당받을 수 있었던 40,527,980원(350,000,000원-309,472,020원)을 배당받지 못하는 손해를 입게 되었으므로, 피고는 원고 김철민에게 민법 제368조 제2항의 차순위자대위 내지 민법 제481조의 변제자대위의 법리에 따라 원고가 배당받았어야 할 40,527,980원을 부당이득으로 반환할 의무가 있다고 주장한다.

② 판단

살피건대, 민법 제368조 제2항의 차순위자대위 규정은 선순위저당권자의 미실행 저당권이 이미 경매된 부동산의 후순위저당권자에게 법률상 당연히 이전하는 것을 의미할 뿐 그 피담보채권까지 이전하는 것을 의미하지는 않는다는 점에서 원고가 피고에 대하여 직접 부당이득반환 청구를 할 수 있는 근거가 될 수 없고, 민법 제481조의 변제자대위 규정이 적용되기 위해서는 원고가 피고를 대신하여 대출금채무를 변제하였음이 인정되어야 하는데 원고는 울산축협이 채권 전액을 배당받아 가는 바람에 결과적으로 박해리의 책임재산에서 자기 몫을 다 배당받지 못한 자에 불과하여 변제자에 해당한다고 볼수 없을 뿐만 아니라, 피고로서는 주 채무자로서 자신의 채무를 면한 대신 물상보증인인 박해리에 대하여 구상채무를 부담하게 되었으므로, 그로 인하여 실질적인 이익을 얻었다고 할 수도 없다.

### (5) 결론
그렇다면, 원고들의 청구는 모두 이유 없어 이를 기각하기로 하여 주문과 같이 판결한다.

### ◈ 위 사건에서 김선생의 올바른 조언

박해리 지분경매절차에서 선순위유사공동저당권자 울산축협이 전액 변제 받음으로서 후순위저당권자인 김수민과 물상보증인이 박해리 채무자가 배당 받지 못한 금액에 대해서 김수민은 민법 제368조 제2항에 따라 채무자지분에 변경 등기되어 있는 선순위 울산축협 근저당권에 차순위저당권자의 대위가 가능하고, 물상보증인 역시 민법제 481조, 482조에 기한 변제자대위로서 선순위 울산축협 근저당권을 물상대위가 가능하다.

그러나 김철수 가압류권자와 같은 일반채권자는 담보물권자가 아니어서 직접 대위가 불가하므로 물상보증인인 박해리를 대위해서 즉 채권자 대위에 기한 근저당권부 압류 및 전부명령 또는 추심명령을 할 수 있다.

그러나 이와 같은 방법으로 대위한 것이 아니라 김수민 근저당권자와 김철수가 압류권자가 직접 채무자 이한국에게 청구하는 것은 이유가 없다고 판결한 것이다.

### ◈ 이 사건에서 패소한 김수민과 김철수 채권을 양도 받으면?

김 선생의 조언처럼 청구취지를 변경해서 청구하게 된다면 승소가 가능하게 될 것이므로 이들 채권을 양도받으면 많은 기대수익이 예상된다.

# 03 아파트와 농지가 채무자소유인데 그 중 일부가 먼저 매각되면

| 아파트<br>(채무자 소유)(배당금 4,000만원) | | 농지<br>(채무자 소유)(배당금액 3,500만원) | |
|---|---|---|---|
| 11. 03. 10. | 국민은행 공동근저당권<br>5,000만원 | 11. 03. 10. | 국민은행 공동근저당권<br>5,000만원 |
| 11. 07. 10. | 신한은행 근저당권<br>3,000만원 | 11. 05. 10. | 새마을금고 근저당권<br>1,500만원 |

◈ **아파트가 먼저 경매로 매각된 경우 배당 방법은?**

국민은행은 아파트에서 4,000만원 배당받고 1,000만원의 채권은 남아있고 신한은행은 배당금액이 없다. 이 사건에서 배당금은 경매비용을 공제한 금액이다.

◈ **아파트 후순위근저당권자 신한은행이 농지에서 법정대위행사 권한은?**

국민은행 공동근저당권자의 아파트와 농지가 동시매각시 배당받게 되는 채권안분액을 알아야만 농지에 대해서 그 채권안분액 만큼 대위하여 행사할 수 있다. 따라서 국민은행의 아파트, 농지의 채권안분액을 계산하여 보면

1) 국민은행은 아파트에서 채권안분액 = 갑의 채권액 × $\frac{\text{아파트 배당금액}}{\text{(아파트+농지)배당금액}}$

= 5,000만 × $\frac{4,000만}{4,000만+3,500만}$ = 26,666,667원

2) 국민은행은 농지에서 채권안분액 = 5,000만 × $\frac{3,500만}{7,500만}$ = 23,333,333.

= 23,333,333원

따라서 아파트에서 국민은행이 26,666,667원을 초과하여 배당받은 13,333,333원을 국민은행 근저당권자를 물상대위할 수 있는 신한은행의 대위권이 인정된다.

### ◆ 아파트가 먼저 경매로 매각되고 나서 농지가 매각되는 경우

부기등기 없이도 농지가 매각되면 민법 제368조 제2항에 따라 후순위저당권자 신한은행은 농지로 변경 등기된 공동저당권자를 물상대위해서 배당요구하면,

1) 국민은행은 농지의 채권안분액 23,333,333원 중에서 아파트에서 배당부족분 1,000만원을 먼저 배당받는다.

2) 신한은행은 국민은행의 농지의 채권안분액 23,333,333원 - 1,000만원 (국민은행 배당금) = 13,333,333원을 국민은행 근저당권자를 대위 행사하여 배당받 는다.

3) 농지의 후순위 새마을금고 근저당권자는 농지매각대금 3,500만원 - 23,333,333원(국민은행 1,000만원 + 신한은행 13,333,333원) = 11,666,667원을 배당받게 된다.

### ◆ 아파트만 매각되고 농지가 장기간 매각되지 않는다면 부기등기를 해 둬라!

이 경우 신속하게 농지의 선순위공동저당권에 대해서 민법 제368조 제2항의 후순

위저당권자의 대위에 기한 부기등기를 다음과 같이 하면 동시배당시 배당받을 금액의 범위 내에서 국민은행 근저당권을 물상대위하게 되는데,

| 【을 구】(소유권 이외의 권리에 관한 사항) –채무자 소유 농지 ||||| 
|---|---|---|---|---|
| 순위번호 | 등기목적 | 접수 | 등기원인 | 권리자 및 기타사항 |
| 1 | 근저당권설정 | 2011년 3월 10일 제13501호 | 2011년 3월 9일 설정계약 | 채권최고액 금 50,000,000원<br>채무자 ㅇㅇㅇ<br>서울시 송파구 방이동 ㅇㅇㅇ번지<br>근저당권자 국민은행 700407-1234567<br>서울특별시 종로구 혜화동 ㅇㅇㅇ번지<br>공동담보 서울시 강서구 화곡동<br>ㅇㅇ번지 ㅇㅇ아파트 ㅇㅇ동 ㅇㅇㅇㅇ호 |
| 1-1 | 1번 근저당권 대위 | 2011년 11월 7일 제13673호 | 2011년 11월 4일 민법 제368조 제2항에 의한 대위 | 매각부동산 서울시 강서구 화곡동<br>ㅇㅇ번지 ㅇㅇ아파트 ㅇㅇ동 ㅇㅇㅇ호<br>매각대금 금41,000,000원(경매비용포함)<br>변 제 액 금40,000,000원<br>채권최고액 금30,000,000원<br>채무자 ㅇㅇㅇ<br>서울시 송파구 방이동 ㅇㅇㅇ번지<br>대위자 근저당권자 신한은행 740104-2000000<br>서울시 송파구 가락동 ㅇㅇ번지 |

 부기등기에 대한 자세한 내용은 다음 [쉼터 김동희 특강] 공동저당 대위등 기에 관한 업무처리지침(제정 2011.10.12 등기예규 제1407호)을 참고해서 부기등 기하면 된다.
 다음으로 국민은행 근저당권을 물상대위해서 임의경매절차를 진행하면 되는데, 채무자의 채무이행의 지체가 있어야 지 존속기간 내에서는 할 수 없지만 채권확보차원에서는 문제가 없을 것이다.

### ◈ 선행된 채무자의 후순위 채권에서 숨은 진주NPL (부실채권)을 찾아라

 앞의 사례에서 신한은행은 채무자를 대신해서 납부한 경매신청비용만 0순위로 배당받고 나머지 채권은 배당받지 못했다.

이러한 경우 아파트에서 후순위 채권자들은 소멸되고 채무자의 농지에 대해서 변경등기된 국민은행 근저당권을 물상대위할 수 있는데, 절차가 복잡하 다는 이유로 또는 하는 방법을 몰라서 포기해 버리는 경우가 허다하다.

이 후순위채권을 양도받아 대위권을 행사하게 된다면 독자 분들은 NPL 시장에서 고수가 될 수 있다.

왜냐하면 이보다 고수익을 만드는 NPL을 찾기란 쉽지 않기 때문이다.

**아파트가 먼저 매각되고 나서 농지가 매각된 경우 채권자들의 운명은 어떻게 달라질까**

| 아파트<br>(배당금 4,000만원) (채무자 소유) | | 농지<br>(배당금 5,000만원) (물상보증인) | |
|---|---|---|---|
| 11. 03. 10. | 갑 공동근저당권<br>5,000만원 | 11. 03. 10. | 갑 공동근저당권<br>5,000만원 |
| 11. 07. 10. | 을 근저당권<br>1,000만원 | 11. 05. 10. | 병 근저당권<br>1,500만원 |
| 11. 10. 10. | 정 가압류채권<br>4,000만원 | | |

### (1) 을 근저당권자의 입장에서 살펴보면

을 근저당권은 동시매각시 배당받을 수 있는 금액을 한도로 민법 제368조 제2항에 따른 후순위저당권자의 대위가 부기등기를 통한 대위가 가능하다.

그에 대한 권리에 대해서는 이미 앞에서 설명한대로 대위권의 권리를 갖게 된다.

### (2) 정 가압류권자는 일반채권자로 대위가 불가하게 되는데 어쩌란 말인가,

정 가압류권자는 일반채권자로 대위가 불가하지만 매각되지 않은 농지가 채무자소유이므로 농지를 별도로 채권 가압류 등의 보전조치를 하면 되지만 순위에서 밀리게 되어 채권회수가 어렵고 간혹 가압류 비용만 날리게 되는 경우를 필자는 볼 수 있었다.

# 04 아파트가 두 사람의 공유물로서 공동 채무자로 되어 있는 경우의 지분경매

| 아파트<br>(홍길동 소유)(배당금 4,000만원) | | 농지<br>(이도령 1/2 소유) (배당금 3,500만원) | |
|---|---|---|---|
| 11. 03. 10. | 국민은행 공동근저당권<br>5,000만원 | 11. 03. 10. | 국민은행 공동근저당권<br>5,000만원 |
| 11. 07. 10. | 신한은행 근저당권<br>3,000만원 | 11. 05. 10. | 새마을금고 근저당권<br>1,500만원 |

  이러한 경우도 1번과 같은 배당과 대위권이 똑같이 적용되므로 각 지분권자 입장에서 살펴보면 국민은행 공동저당권자는 유사공동저당권자의 지위를 갖게 된다.

  그러므로 선행된 지분매각절차에서 후순위저당권자와 채무자는 민법 제368조 제2항에 기한 대위권과 민법 제481조에 기한 변제자대위권이 인정되는데 그 대위금액은 동시매각시 배당받을 수 있는 금액을 한도가 되므로 이러한 권리를 양도받아서 1번과 같이 권리를 행사해서 높은 투자수익의 증가를 가져 올수 있다.

# 05 공동담보물이 채무자와 물상보증인 소유인 경우 어떻게 하면 되는가?

◆ **공동담보물이 채무자와 물상보증인 소유인데 채무자 소유부동산이 먼저 매각되면**

공동담보물인 아파트(채무자소유)와 농지(물상보증인소유)에서 채무자소유 아파트가 먼저 매각되면 후순위 저당권자와 채무자가 대위행사를 할 수 없다.

| 아파트<br>(홍길동 소유)(배당금 4,000만원) | | 농지<br>(배당금 5,000만원) (물상보증인) | |
|---|---|---|---|
| 11. 04. 15. | 국민은행 공동근저당권<br>4,000만원 | 11. 04. 15. | 국민은행 공동근저당권<br>4,000만원 |
| 11. 10. 10. | 신한은행 근저당권<br>3,000만원 | 11. 12. 10. | 대우캐피탈 근저당권<br>2,500만원 |

**(1) 채무자 소유 아파트가 먼저 매각되고 나서 물상보증인 소유지가 매각시**

국민은행은 아파트 매각대금에서 1순위 : 4,000만원 배당받고, 신한은행은 배당금이 없어서 배당받지 못하고 소멸하게 되는데 물상보증인 소유 농지에 대해서 선순위 국민은행 공동근저당권자를 대위해서 대위권을 행사할 수 없다.

이러한 이유는 채무자의 후순위저당권자와 물상보증인의 변제자대위가 충돌하면 물상보증인의 변제자대위가 우선하기 때문이다.

**(2) 선행된 채무자의 후순위 채권에서 NPL(부실채권)을 찾으면 정말로 부실 채권이 된다.**

신한은행 근저당권은 동시매각시 배당받을 수 있는 금액을 한도로 민법 제368조 제2항에 따른 후순위저당권자의 대위가 인정되지 못하므로 이 근저당권을 양도받으면 양수받은 채권은 채무자를 상대로 한 무담보채권이 되기 때문에 회수가 거의 불가한 실정이다.

# 06 아파트가 공유물로서 채무자와 물상보증인 소유에서 채무자 소유의 아파트경매

아파트가 채무자 홍길동과 물상보증인 이도령의 공동소유인데 홍길동 소유 아파트가 먼저 경매가 진행된 경우

| 아파트 (홍길동 소유)(배당금 4,000만원) | | 농지 (이도령 1/2 소유) (배당금 3,500만원) | |
|---|---|---|---|
| 11. 03. 10. | 국민은행 공동근저당권 5,000만원 | 11. 03. 10. | 국민은행 공동근저당권 4,000만원 |
| 11. 03. 10. | 신한은행 근저당권 3,000만원 | 11. 05. 10. | 새마을금고 근저당권 1,500만원 |

이러한 경우도 3번과 같이 채무자 홍길동 소유 아파트 먼저 매각되고 나서 물상보증인 이도령 소유 농지에 대해서 후순위 저당권자와 채무자가 대위행사를 할 수 없다.

따라서 선행된 부동산의 채무자나 후순위 채권에서 NPL(부실채권)을 찾으면 정말로 부실채권이 된다.

# 07 공동담보물이 채무자와 물상보증인 소유인데 물상보증인 소유부동산이 먼저 매각되면

공동담보물인 아파트(채무자소유)와 농지(물상보증인소유)에서 물상보증인 소유 농지가 먼저 매각되면 후순위 저당권자와 물상보증인의 대위행사가 가능하다.

| 아파트 (채무자 소유) (배당금 4,000만원) | | 농지 (배당금 5,000만원) (물상보증인) | |
|---|---|---|---|
| 11. 04. 15. | 국민은행 공동근저당권 4,000만원 | 11. 04. 15. | 국민은행 공동근저당권 4,000만원 |
| 11. 10. 10. | 신한은행 근저당권 2,000만원 | 11. 12. 10. | 대우캐피탈 근저당권 2,500만원 |

◆ 물상보증인 소유의 농지가 먼저 매각된 경우

국민은행은 농지 매각대금에서 1순위 : 4,000만원 배당받고, 대우캐피탈이 2순위로 1,000만원을 받아서 대우캐피탈은 미배당금 1,500만원이 있다.

◆ 농지(물상보증인 소유)가 먼저 매각되고 아파트(채무자 소유)가 매각되는 경우

국민은행은 아파트와 농지에 공동으로 설정된 공동근저당권 4,000만원인데, 농지

에서 먼저 전액 배당받아서 아파트에서 채권이 남아있지 않아서, 농지의 후순위저당권자 대우캐피탈(민법 제368조 제2항)과 농지의 소유자(물상보증 인)(민법 제481조, 482조에 따른 변제자대위)가 아파트(채무자소유)의 매각절차에서 농지의 소유자(물상보증인)가 대위변제한 4,000만원 전액에 대해서 아파트의 국민은행 공동근저당권을 대위할 수 있다.

1) 부기등기 없이도 효력이 발생하므로 다음과 같이 민법 제368조 제2항에 기한 선순위 국민은행 공동근저당권자를 후순위 대우캐피탈 근저당권자가 물상대위할 수 있는데 그 범위는 물상보증인이 대위변제한 4,000만원 중에서 미배당금 1,500만원을 대위해서 배당요구하면 된다.

2) 앞에서와 같이 민법 제368조 제2항의 후순위저당권자의 물상대위로 배당요구하는 방법과 같이 물상보증인도 민법 제481조, 482조에 기한 변제자대 위를 할 수 있는데 그 범위는 대위변제한 금액 4,000만원중에서 후순위 대우 캐피탈 근저당권자의 대위금액을 제외한 2,500만원을 선순위 국민은행 공동 근저당권자를 물상대위해서 배당요구하면 된다.

### ◆ 농지가 먼저 매각되고 아파트(채무자 소유)가 장기간 매각되지 않는다면 부기등기를 하자!

농지의 후순위저당권자 대우캐피탈(민법 제368조 제2항)은 다른 부동산의 공동근저당권에 부기등기(등기의 목적은 "O번 저당권 대위"로, 등기원인은 "「민법」 제 368조 제2항에 의한 대위"로, 그 연월일은 "선순위근저당권자에 대한 경매대가의 배당기 일"로 표시)해 놓아하며, 농지의 소유자(물상보증인)(민법 제481조, 482조에 따른 변제자대위) 역시 부기등기(등기의 목적은 "O번 저당권 대위"로, 등기원인은 "「민법」 제 481조, 482조에 의한 대위"로, 그 연월일은"선순위저당권자에 대한 경매대가의 배당기 일" 로 표시)해 두는 것이 제3취득자에 대해서도 대항력을 갖게 된다.

이때 공동저당권을 부기등기로 이전받은 후순위저당권자 또는 물상보증인 은 공동저당권자와 같은 방법으로 그 권리를 행사할 수 있어서 임의경매를 신청할 수 있고 그 매각대금에 대해서 선순위로 우선변제 받으면 된다.

### ◈ 선행된 물상보증인 소유 후순위채권에서 숨은 진주 NPL(부실채권)을 찾아라!

**(1) 물상보증인 소유와 채무자 소유중 물상보증인 것이 먼저 매각되면 후순위채권자는**

① 공동담보물인 물상보증인 소유 아파트와 채무자 소유 농지 중에서 물상 보증인 소유 아파트가 먼저 매각시 아파트의 후순위채권자들은 어떻게 대처 하면 될 것인가?

| 아 파 트<br>(물상보증인 소유) (배당금 1억원) | | 농 지<br>(채무자 소유) (배당금액 5,000만원) | |
|---|---|---|---|
| 10. 04. 15. | 갑 공동근저당권<br>6,000만원 | 10. 04. 15. | 갑 공동근저당권<br>6,000만원 |
| 10. 10. 10. | 을 근저당권<br>2,000만원 | | |
| 10. 10. 15 | 홍길동 전입 / 확정<br>5,000만원 | | |
| 10. 10. 25. | 병 가압류채권<br>2,000만원 | 10. 12. 10. | 정 근저당권<br>2,500만원 |
| 11. 01. 17. | 강서 세무서 압류<br>500만원 | 11. 01. 21. | 마포세무서 압류<br>1,000만원 |
| 11. 02. 20. | 을의 임의경매신청 | 11. 03. 10. | 국민건강 압류<br>650만원 |
| 11. 04. 10. | 무 배당요구(집행권원)<br>1,500만원 | | |

조세와 공과금은 압류일자를 법정기일(납부기한)과 동일한 것으로 가정하고 배당하면 다음과 같다.

1순위로 홍길동 2,000만원(최우선변제금 1), 2순위로 갑 공동근저당권 6,000만원(우선변제금 1), 3순위로 을 근저당권 2,000만원(우선변제금 2)으로 배당이 종결된다.

  그런데 선순위 갑 공동근저당권이 물상보증인 소유 아파트에서 전액 변제 받으므로 인해서 아파트의 후순위 채권자와 소유자가 동시매각시 보다 적게 배당받게 되므로 동시배당시 배당받을 수 있는 금액에 대해서 채무자 소유농 지의 갑 공동근저당권자를 물상대위 할 수 있는데 유의할 점은 물상보증인 소유가 먼저 매각이 되는 경우 동시배당시 채권안분액에 의해서 물상대위하는 것이 아니고 물상보증인이 채무자를 대신해서 변제한 것이므로 변제한 6,000만원 전액에 대해서 갑공동근저당권을 물상대위할 수 있다.

  ② 물상대위는 농지가 경매절차가 진행된다면 부기등기 없이도 갑 공동근 저당권자를 대위한 배당요구로 배당받을 수 있지만, 경매가 진행되지 않는다면 부기등기하여 물상대위하는 방법이 좋은데, 부기등기로 물상대위를 할 수있는 채권자는 담보물권(근저당권, 담보가등기, 전세권)과 법정담보물권(주임법 및 상임법상 임차인의 우선변제권, 조세, 공과금, 임금채권 등)이므로 홍길동 임차인의 확정일자부 우선변제권 3,000만원과 강서 세무서 500만원은 민법 제368조 제 2항에 기한 후순위저당권자의 대위로 부기등기를 해서 물상대위할 수 있고, 다음 나머지 금액에 대해서는 물상보증인의 민법 제481조, 제482조에 기한 변제자대위로 부기등기를 해서 물상대위 할 수 있다.

  ③ 우선변제권이 없는 후순위 일반채권자 즉 가압류채권자, 집행권원에 의한 배당요구 참가 채권자 등은 이 규정에서의 차순위저당권에 포함되지 못해서 대위권을 갖지 못하고 물상보증인 앞으로 부기 등기된 갑 공동저당권에 채권가압류 또는 압류 및 전부명령, 압류 및 추심명령을 해야만 채권을 보장 받게 된다.

### (2) 물상보증인 소유 후순위채권에서 숨은 진주 NPL(부실채권) 찾기 게임

  공동담보물중에서 물상보증인 소유 아파트가 먼저 매각되고 채무자 소유 농지가 남아 있으므로 민법 제368조 제2항의 후순위저당권자의 대위와 민법 제481조, 482조에 기한 물상보증인의 변제자대위가 있는데 그 대위금액은 변제자대위이기 때문에 대위변제한 금액 6,000만원 전액에 대해서 갑 공동근저당권을 물상대위할 수 있다.

이들 간의 우선순위는 후순위근저당권자가 물상보증인보다 우선해서 대위할 수 있다.

① 담보물권자의 민법 제368조에 기한 차순위저당권자의 대위
㉠ 홍길동 임차인의 확정일자부 우선변제권 3,000만원(법정담보물권자)
㉡ 강서 세무서 500만원(법정담보물권자)

이들은 민법 제368조 제2항에 기한 후순위저당권자의 대위로 부기등기를 해서 물상대위할 수 있는데, 따라서 이들 채권을 낮은 가격으로 양도받아 대위권을 행사하게 된다면 많은 수익이 예상된다.

② 물상보증인의 민법 제481조, 482조에 기한 변제자대위

변제자대위할 수 있는 금액은 6,000만원에서 법정담보물권자의 대위금액을 제외한 2,500만원이 된다. 물상보증인 역시 농지에서 갑 공동근저당권자를 부기등기로 물상대위할 수 있고 그에 따라 구상권 및 임의경매신청도 가능하게 된다.

따라서 물상보증인의 변제자 대위 채권을 양도받아 그 권리행사를 해서 수익의 증가를 얻을 수 있다.

③ 병 가압류권자와 무 집행권원에 의한 배당요구한 채권자는 일반채권자로 대위가 불가하다. 병 가압류권자와 무 집행권원에 의한 배당요구한 채권 자는 일반채권자로 대위가 불가하지만 매각되지 않은 농지에서 물상보증인이 변제자대위에 기한 국민은행 근저당권을 부기등기로 물상대위하면 그 다음 부기등기로 채권가압류 또는 채권압류 및 전부, 채권압류 및 추심명령이 가능하다.

그러나 물상보증인이 대위행사를 하지 않을 경우 채권자대위에 기한 국민 은행 근저당권을 부기등기로 물상대위하고 그 다음 부기등기로 가압류 또는 압류 및 전부, 압류 및 추심명령절차를 진행해서 회수하면 되는데 그 범위는 물상보증인의 변제자 대위금액을 한도로 하므로 2,500만원을 가지고 병 가압 류권자와 무 배당요구권자가 동순위로 안분하게 된다.

따라서 이와 같이 후순위의 일반채권자도 예상배당표를 작성하고 수익이 발생할 수 있다면 양도받으므로 해서 또 다른 NPL(부실채권)에 접근하게 되는 것이다.

# 08 물상보증인 지분이 먼저 매각시 후순위 채권자에서 숨은 NPL을 찾아라!

◆ 물상보증인 소유지분 후순위채권과 물상보증인에서 숨은 진주 NPL (부실채권)을 찾기 게임

| 아 파 트<br>(물상보증인 소유) (배당금 1억원) | | 농 지<br>(채무자 소유) (배당금액 5,000만원) | |
|---|---|---|---|
| 10. 04. 15. | 갑 공동근저당권<br>6,000만원 | 10. 04. 15. | 갑 공동근저당권<br>6,000만원 |
| 10. 10. 10. | 을 근저당권<br>2,000만원 | | |
| 10. 10. 15 홍길동 전입 / 확정 | 5,000만원 | | |
| 10. 10. 25. | 병 가압류채권<br>2,000만원 | 10. 12. 10. | 정 근저당권<br>2,500만원 |
| 11. 01. 17. | 강서 세무서 압류<br>500만원 | 11. 01. 21. | 마포세무서 압류<br>1,000만원 |
| 11. 02. 20.<br>11. 04. 10. | 을의 임의경매신청<br>무 배당요구(집행권원)<br>1,500만원 | 11. 03. 10. | 국민건강 압류<br>650만원 |

### 물상보증인 소유 아파트와 채무자 소유 농지에 대한 공동저당권

물상보증인 소유 아파트가 먼저 매각되고 채무자 소유 농지가 남아 있는 경우 민법 제368조 제2항의 후순위저당권자의 대위와 민법 제481조, 482조에 기한 물상보증인의 변제자대위가 있는데 그 대위금액은 변제자 대위이기 때문에 대위변제한 금액 6,000만원 전액에 대해서 채무자 지분에서 갑 공동근저당권을 물상대위할 수 있다.

이들 간의 우선순위는 후순위근저당권자가 물상보증인 보다 우선해서 대위할 수 있다.

① 담보물권자의 민법 제368조에 기한 차순위저당권자의 대위
㉠ 홍길동 임차인의 확정일자부 우선변제권 3,000만원(법정담보물권자)
㉡ 강서 세무서 500만원(법정담보물권자)

이들은 민법 제368조 제2항에 기한 후순위저당권자의 대위로 부기등기를 해서 물상대위할 수 있는데, 따라서 이들 채권을 낮은 가격으로 양도받아 대위권을 행사하게 된다면 많은 수익이 예상된다.

② 물상보증인의 민법 제481조, 482조에 기한 변제자대위

변제자대위할 수 있는 금액은 6,000만원에서 법정담보물권자의 대위금액을 제외한 2,500만원이 된다. 물상보증인 역시 농지에서 갑 공동근저당권자를 부기등기로 변제자 대위할 수 있고 그에 따라 구상권 및 임의경매신청도 가능하게 된다.

따라서 물상보증인의 변제자 대위 채권을 양도받아 그 권리행사를 해서 수익의 증가를 얻을 수 있다.

③ 병 가압류권자와 무 집행권원에 의한 배당요구한 채권자는 일반채권자로 대위가 불가하다.

병 가압류권자와 무 집행권원에 의한 배당요구한 채권자는 일반채권자로 대위가 불가하지만 매각되지 않은 채무자 소유 농지에서 물상보증인이 변제자대위에 기한 갑 근저당권을 부기등기로 물상대위하면 그 다음 부기등기로 채권가압류 또는 채권압류 및 전부, 채권압류 및 추심명령이 가능하다.

따라서 이와 같이 후순위의 일반채권자도 예상배당표를 작성하고 수익이 발생할 수 있다면 양도받으므로 해서 또 다른 NPL(부실채권)에 접근하게 되는 것이다.

# 09 선행된 물상보증인의 매각대금에서 공동저당권이 변제받고 채무자 소유에서 말소한 경우

◆ 물상보증인의 채무자에 대한 구상권 및 변제자대위, 후순위저당권자의 물상대위

　공동저당의 목적인 채무자 소유 부동산과 물상보증인 소유 부동산에 각각 채권자를 달리하는 후순위저당권이 설정되어 있는 경우, 물상보증인 소유 부동산에 먼저 경매가 이루어져 경매대금의 교부에 의하여 1번저당권자가 변제를 받은 때에는 물상보증인은 채무자에 대하여 구상권을 취득함과 동시에 민법 제481조, 제482조의 규정에 의한 변제자대위에 의하여 채무자 소유 부동 산에 대한 1번저당권을 취득하고, 이 경우 물상보증인 소유 부동산에 대한 후순위저당권자는 물상보증인에게 이전한 1번저당권으로부터 우선하여 변제를 받을 수 있으며, 자기 소유 부동산이 먼저 경매되어 1번저당권자에게 대위변 제를 한 물상보증인은 1번저당권을 대위취득하고, 물상보증인 소유 부동산의 후순위저당권자는 1번저당권에 대하여 물상대위를 할 수 있다.

　1번저당권자가 물상보증인 소유부동산에서 채권의 만족을 얻었다고 하더 라도 1번저당권자의 미실행저당권을 포기하고 말소해주려면 물상보증인 소유부동산의 후순위저당권자와 물상보증인의 동의를 얻어서 말소해야지 그렇지 않은 경우에는 불법말소에 해당되어 손해배상책임의 대상이 될 수 있다([대법2011다30666,30673]).

◆ **불법 말소된 근저당권의 손해배상청구에서 숨은 진주 NPL(부실채권)을 찾아라!**

1) 이 재판은 후순위 저당권자 하철수만 불법말소로 인한 손해배상을 청구 하여 원고 과실 40%를 제외한 6,000만원을 손해배상으로 판결 받았는데, 2) 물상보증인 배구왕 역시 선순위공동저당권자 김한구와 피고인 채무자 백기선을 상대로 하철수 근저당권자와 같이 손해배상청구 소송을 진행하였다면 127,043,109원(211,738,515원×60%) 정도는 손해배상액으로 판결 받았을 것이라고 생각되는데 청구소송이 없어서 후순위 저당권자인 하철수만 보상을 받게 되었으므로 법에서는 자신의 권리를 주장하지 않으면 법원에서 알아서 해결하지 주지 못하니 스스로 자신의 권리를 찾도록 해야 한다는 교훈을 얻게 하는 판결 내용이다.

3) 다음으로 유의할 점은 하철수 근저당권이 채권최고액 1억을 초과하는 채권을 보전하기위해서 2006. 7. 13. 5,000만원을 채권 가압류했는데 이 금액에 대해서 청구하는 것을 간과한 부분이 있다.

물론 우선변제권이 없는 후순위 일반채권자 즉 가압류채권자, 집행권원에 의한 배당요구 참가 채권자 등은 민법 제368조의 차순위저당권에 포함된다고볼 수가 없어서 후순위저당권자의 대위가 불가하겠지만, 상기에서 지적한 바와 같이 물상보증인이 변제자대위로서 대위권을 행사하지 않는 경우에는 물상보증인의 민법 제481조, 제482조의 규정에 의한 변제자대위에 기한 물상대 위를 채권자대위로 통해서 할 수 있고 이 경우127,043,109원(211,738,515원× 60%)에서 5,000만원은 하철수가압류권자가 보장받고 나머지 77,043,109원은 물상보증인 배구왕이 받을 수 있었을 것이다.

4) 불법 말소된 김한구 근저당권에 대한 손해배상청구권의 권리를 양도 받으면

① 물상보증인의 후순위 하철수 근저당권자의 손해배상청구권 1억원을 낮은 가격으로 양도 받아서 소송을 진행하게 된다면

② 물상보증인 배구왕의 변제자대위에 기한 손해배상청구권 211,738,515 원을 낮은 가격으로 양도 받아서 소송을 진행하게 된다면 높은 수익이 예상 된다.

③ 불법 말소된 김한구 근저당권을 새로운 소유자에게 변경 되기 전까지만 말소회

복청구를 통해서 회복시키고 물상대위가 이루어졌다면 311,738,515원의 범위 내에서 선순위 김한구 근저당권을 대위할 수 있으므로 하철수 후순위 저당권 대위 또는 배구왕의 변제자대위를 양도받는 경우 많은 수익이 예상된다.

# PART 9

# 후순위채권에 투자해서 실제로 고수익을 올렸던 사례와 소장작성방법

01 아파트 2분의 1을 경매신청해서 미배당금을 다른 지분권자에게 법정대위한 사례
02 공동담보물의 일부가 매각되고, 나머지가 매각될 때 대위로 배당요구한 사례
03 정사장이 후순위저당권을 매입하고, 물상대위로 배당요구해 성공한 사례
04 이순신이 물상대위로 부기등기와 근저당권처분금지 가처분한 사례
05 후순위채권을 사서 구상대위로 근저당권 변경등기 등을 청구해 성공한 사례
06 권소령이 지분경매에서 후순위근저당권을 양도받아 성공한 사례

# 01

## 아파트 2분의 1을 경매신청해서 미배당금을 다른 지분권자에게 법정대위한 사례

◆ 김 소령이 목동 현대 하이페리온 아파트 2분의 1을 경매신청

김 소령은 채무자 손○○가 서울시 목동 현대 하이페리온 아파트를 2분의 1 지분을 가지고 있는 것을 확인하고, 채무자 지분 2분의 1에 대해서만 강제경매를 신청했다.

| 2014타경3686 | | ●서울남부지방법원 본원 | ●매각기일 : 2014.06.24(火) (10:00) | ●경매 3계 (전화:02-2192-1333) |
|---|---|---|---|---|
| 소재지 | 서울특별시 양천구 목동 961 외 1필지, 목동현대 하이페리온2 204동 14층 0000호 도로명주소검색 | | | |
| 물건종별 | 아파트 | 감정가 | 560,000,000원 | 오늘조회: 1  2주누적: 0  2주평균: 0  조회동향 |
| 대지권 | 14.753㎡(4.463평) | 최저가 | (100%) 560,000,000원 | 구분 / 입찰기일 / 최저매각가격 / 결과 |
| 건물면적 | 77.79㎡(23.531평) | 보증금 | (10%) 66,000,000원 | 1차 / 2014-06-24 / 660,000,000원 |
| 매각물건 | 토지및건물 지분 매각 | 소유자 | 손○○ | 낙찰:660,000,000원 (입찰1명, 낙찰자 :공유자 정○) |
| 개시결정 | 2014-02-18 | 채무자 | 손○○ | 매각결정기일 : 2014.07.01 - 매각허가결정 대금지급기한 : 2014.08.07 |
| 사건명 | 강제경매 | 채권자 | 박영민 (선행경매 신청) 김소령과 김병장 (중복경매) | 대금납부 2014.07.25 / 배당기일 2014.09.04 배당종결 2014.09.04 |
| 관련사건 | 2014타경10493(중복) | | | |

PART 9 후순위채권에 투자해서 실제로 고수익을 올렸던 사례와 소장작성방법   285

• 매각물건현황 ( 감정원 : 원중감정평가 / 가격시점 : 2014.03.14 / 보존등기일 : 2006.12.19 )

| 목록 | 구분 | 사용승인 | 면적 | 이용상태 | 감정가격 | 기타 |
|---|---|---|---|---|---|---|
| 건1 | 목동 961<br>(41층중14층) | 06.11.30 | 77.79㎡<br>(23.53평) | 상4, 욕실2등 | 376,200,000원 | ☞ 전체면적 155.586㎡중<br>손OO 지분 2분의 1 매각<br>* 열병합발전에 의한 난방 |
| 토1 | 대지권 |  | 23889.6㎡ 중 14.7525㎡ |  | 283,800,000원 | ☞ 전체면적 29.505㎡중<br>손OO 지분 2분의 1 매각 |

• 임차인현황 ( 말소기준권리 : 2007.02.14 / 배당요구종기일 : 2014.05.01 )

===== 임차인이 없으며 전부를 소유자가 점유 사용합니다. =====

기타사항 ☞소유자의 처, 소유자 가족이 점유 사용하고 있으며 다른 임차인 없다고 설명

• 등기부현황 ( 채권액합계 : 876,800,000원 )

| No | 접수 | 권리종류 | 권리자 | 채권금액 | 비고 | 소멸여부 |
|---|---|---|---|---|---|---|
| 1(갑1) | 2007.02.14 | 소유권이전(매매) | 손OO, 정O |  | 가 지분 1/2 |  |
| 2(을3) | 2007.02.14 | 근저당 | 국민은행<br>(대림동지점) | 636,800,000원 | 말소기준등기 | 소멸 |
| 3(을4) | 2008.07.10 | 근저당 | 덕양새마을금고 | 240,000,000원 |  | 소멸 |
| 4(갑23) | 2014.02.18 | 손재량지분강제경매 | 박영민 | 청구금액:<br>87,182,465원 | 2014타경3686 | 소멸 |
| 5(갑24) | 2014.05.01 | 손재량지분강제경매 | 김소령과 김병장 | 청구금액:<br>227,013,442원 | 2014타경10493 | 소멸 |

그런데 채무자 지분 2분의 1이 매각대금 660,000,000원에 매각되고 경매비용 600만원을 제외하면 실제 배당할 금액은 654,000,000원 정도로 예상된다. 이 배당할 금액을 가지고 1순위로 국민은행 근저당권(유사공동저당권) 636,800,000(등기부등본상 채권최고액), 2순위로 덕양새마을금고 240,000,000원(등기부등본상 채권최고액), 3순위로 경매신청 채권자들인 김소령과 김병장에게는 배당금이 없을 것으로 예상되었다.

### ◆ 강제경매신청자가 후순위로 배당 받지 못하게 되자 필자를 찾아 왔다

강제경매신청채권자 들은 필자를 찾아와 다른 지분권자에 대해서 청구할 수 없느냐를 상담하게 되었다. 공동소유 아파트 중 2분의 1지분이 먼저 매각 되는 사례에서 선순위 국민은행 근저당권과 덕양새마을금고가 각 지분 비율에 해당하는 채권을 배당 받는 것이 아니라 전체 채권을 배당 받게 되므로 인해서 강제경매신청채권자들이 적게 배당 받게 되는 것임은 분명하다.

그런데 이러한 사례에서는 두 가지의 문제점이 발생한다.

첫 번째로 강제경매신청채권자는 일반채권자로 민법 제368조 제2항에 따른 후순위저당권자의 법정대위권이 없다.

두 번째로 등기부를 확인해 본 결과 선순위 유사공동저당권에서 채무자가 손ㅇㅇ, 물상보증인이 정ㅇ이므로 채무자 지분이 경매가 진행되므로 물상보증인에게 구상권을 청구할 수 없다는 사실이다.

그러나 자세히 분석해 보니 선순위 국민은행 근저당권 6억3,680만원이 아파트 구입자금이라는 것을 확인할 수 있었고, 공동채무자로 판단해도 무리가 없다고 판단했다. 그리고 일반채권자로 직접 민법 제368조 제2항에 따른 법정대위권은 없지만, 물상보증인이 구상권을 청구할 수 있는 범위를 한도로 민법 제481조, 482조에 따른 물상보증인의 변제자대위를 할 수 있는 법정대위권이 있다는 판단으로 다음과 같이 채권자대위를 통해서 채권가압류와 근저당권말소금지 가처분을 하게 되었다.

이런 판단은 다음 〈김선생의 알아두면 좋은 판례〉를 참고하면 될 것이다.

그래도 다음과 같은 문제가 예상되었다.

채권자대위에 기한 물상보증인의 변제자 대위는 선행 지분이 매각되고 선순위공동저당권자가 배당 받은 시점에 발생하게 된다. 그런데 그때 가서 채권자대위를 통한 물상보증인의 변제자 대위로 부기등기를 하더라도 때를 놓칠 것이 분명하다. 채무자나 공유자들이 마음만 먹으면 공유자우선매수하고 경락 잔금으로 1순위 대출을 받아 잔금을 납부하고, 제3자에게 소유권을 넘겨 버리면 채권자대위를 통한 법정대위권은 물 건너가게 된다. 왜냐하면 공동저당의 목적부동산 중 먼저 경매된 부동산의 후순위저당권자가 다른 부동산에 공동저당의 대위등기를 하지 아니하고 있는 사이에 선순위저당권자 등에 의해 그 부동산에 관한 저당권등기가 말소된 경우, 그 상태에서 그 부동산에 관하여 소유권이나 저당권 등 새로 이해관계를 취득한 제3취득자에 대하여 후순위저당권자가 민법 제368조 제2항에 따른 대위를 주장할 수 없기 때문이다(대법원 2012다99341 판결).

### 김선생의 알아두면 좋은 판례

변제자대위에 관한 민법 제481조, 제482조의 규정에 의하면 물상보증인은 자기의 권리에 의하여 구상할 수 있는 범위에서 채권 및 그 담보에 관한 권리를 행사할 수있는 것이므로, 물상보증인이 채무를 변제하거나 저당권의 실행으로 인하여 저당물의 소유권을 잃었더라도 다른 사정에 의하여 채무자에 대하여 구상권이 없는 경우에는 채권자를 대위하여 채권자의 채권 및 그 담보에 관한 권리를 행사할 수 없다(대법원 2014. 4. 30. 선고 2013다80429,80436 판결 참조). 따라서 실질적인 채무자와 실질적인 물상보증인이 공동으로 담보를 제공하여 대출을 받으면서 실질적인 물상보증인이 저당권설정등기에 자신을 채무자로 등기하도록 한 경우, 실질적 물상보증인인 채무자는 채권자에 대하여 채무자로서의 책임을 지는지와 관계없이 내부관계에 서는 실질적 채무자인 물상보증인이 변제를 하였더라도 그에 대하여 구상의무가 없으므로, 실질적 채무자인 물상보증인이 채권자를 대위하여 실질적 물상보증인인 채무자에 대한 담보권을 취득한다고 할 수 없다. 그리고 이러한 법리는 실질적 물상보 증인인 채무자와 실질적 채무자인 물상보증인 소유의 각 부동산에 공동저당이 설정된 후에 실질적 채무자인 물상보증인 소유의 부동산에 후순위저당권이 설정되었다고 하더라도 다르지 아니하다.

이와 같이 물상보증인이 채무자에 대한 구상권이 없어 변제자대위에 의하여 채무자 소유의 부동산에 대한 선순위공동저당권자의 저당권을 대위취득할 수 없는 경우에는 물상보증인 소유의 부동산에 대한 후순위저당권자는 물상대위할 대상이 없으므로 채무자 소유의 부동산에 대한 선순위공동저당권자의 저당권에 대하여 물상대위를 할 수 없다고 보아야 한다(대법원 2013다41097(본소), 41103(반소) 근저당권말소 판결).

## ◆ 잔금 납부하기 전에 공유자 지분에 가압류한 이유와 그 신청서 작성

### (1) 잔금 납부하기 전에 공유자 지분에 가압류한 이유는?

공유자가 잔금을 납부하기 전에 앞에서 거론한 위험성을 없애면서 채권을 보전하기 위해서 다음과 같이 보전처분을 하게 되었고 법원이 받아 들여서 공유자 지분에 채권가압류를 할 수 있었다. 공유자지분에 채권가압류가 이루어지고 나서 공유자가 경락 잔금 대출을 목적으로 가압류금액을 법원에 공탁하고 말소해서 소송을 통해서 그 금액으로 채권을 성공적으로 회수 할 수 있었다.

## (2) 채권을 보전하기위해 실제로 작성했던 가압류신청서

**부동산 가압류 명령 신청서**

채권자  1. 김 소 령
        2. 김 병 장
채무자  정 ○

| | |
|---|---|
| 청구금액 | 318,400,000원 |
| 첨용인지액 | 110,000원 |
| 송달료 | 24850원 |

### 서울남부지방법원 부천지원 귀중

---

**부동산 가압류 명령 신청서**

채권자  1. 김소령(500000-1000000)
        서울시 서초구 잠원동 OO-O 롯데캐슬 아파트 207동 제0000호
        (도로명주소) 서울특별시 서초구 잠원로14길 OO, 207동 제0000호
        (잠원동, 롯데캐슬갤러시)
        (전화번호 010-0000-0000)
        2. 김 병 장(800000 - 2000000)
        경기도 안양시 동안구 평촌동 OOO-O, 제000호
        (도로명주소) 경기도 안양시 동안구 관평로 OO번길 O, 제000호
        (전화번호 010-0000-0000)
채무자  정 ○
        서울시 양천구 목동 OOO-O, 목동 현대하이페리온2 204동 제0000호

1. 청구금액 : 318,400,000원 정
   채권자 1. 김소령의 청구금액 159,200,000원
   채권자 2. 김병장의 청구금액 159,200,000원
1. 피보전권리의 요지 : 신청외 손OOO의 구상금 대위청구권
1. 가압류할 부동산의 표시 : 별지목록 기재와 같음

### 신청취지

채권자들은 신청외 손OO을 대위하여 손재량의 채무자에 대한 위 채권의 집행을 보전하기 위하여 채무자 소유의 별지 목록 기재 부동산을 가압류한다. 라는 재판을 구합니다.

### 신청원인

1. 채권자들의 채무자 및 채무자의 남편 신청외 손OO에 대한 각 1억원 및 이행의 제공일 익일부터 완제일까지 연 20%의 비율에 대한 채권

   가. 별첨 서울남부지방법원 2012가합14211호 사해행위취소 등 청구사건의 집행력 있는 조정조서정본(갑제1호증)에서 보는 바와 같이,

   나. 채권자들은 채무자 및 채무자의 남편 신청외 손OO(500000 -1000000)에 대하여 각 1억원의 채권을 가지고 있으며, 이에 대한 동시이행조건으로 채권자1 김소령은 서울 서대문구 홍은동 산 1 지상 무허가건물(무허가 건물번호 11410-9804)에 관하여 소유자 명의 이전절차를 이행하고, 채권자2 김병장은 서울 동대문구 제기동 OOO, 지상 무허가 건물(무허가 건물번호 11230-2528)에 관하여 소유자 명의 이전 절차를 이행하는 조건과 함께,

   다. 채무자 정O은 위 손OO에게 2013. 5. 31까지 별지목록기재 부동산(이 사건 가압류할 부동산) 중 1/2 지분에 관하여 서울남부지방법원 2008. 12. 18 접수 제65956 호로 마친 지분 소유권이전등기의 말소등기절차를 이행하거나, 또는 채무자 정O은위 손OO에게 2013. 5. 31까지 별지목록 기재 부동산 중 1/2지분에 관하여 사해행위 취소의 원상회복에 따른 진정명의회복을 원인으로 한 소유권이전등기절차를 이행하는 조건의 조정조서가 작성, 확정되었음에도 불구하고,

   라. 채권자들은 위 조정조서에 따른 위 각 무허가건물에 대한 소유자명의이전 절차를 이행하였으나, 채무자 및 위 손OO은 위 각 반대급부 동시이행조건(각 1억원 지급 및 지분소유권이전등기 및 진정명의회복에 따른 소유권이전등기)을 전혀 이행치 않고 있는 실정입니다.

2. 채권자들의 위 1억원 및 지연손해금에 대한 위 손OO 지분 강제경매 및 채무자의 공유자우선매수

가. 위와 같이 채권자들은 위 손OO에게 위 각 무허가 건물에 대한 소유자명의이전 절차를 각 이행해주었음에도 위 손OO은 동시이행 반대급부 조항인 각 1억원 지급 및 지분소유권이전등기 및 진정명의회복에 따른 소유권이전등기를 이행치 아니하므로,

나. 채권자들은 선행경매(2014타경3686호)가 진행되는 상황에서 별첨 서울남부지방법원 2014타경10493호 부동산 강제경매신청사건 대법원 경매사건검색표(갑제2 호증)와 같이 청구금액을 227,013,442원으로 중복해서 강제경매를 신청한 바 있자,

다. 채무자 정O은 동 부동산(서울시 양천구 목동 OOO외 O필지 목동현대하이페리온2 204동 14층 0000호)의 1/2 지분권자로서 공유자우선매수신고를 하여 채권자 들이 신청한 위 강제경매(2014타경10493)는 선순위 담보권자인 주식회사 국민은행의 우선변제로 인해 채권자들에게 배당금이 다음 라와 같이 배당금이 적게 배당표가 작성될 것이 명백한 실정입니다.

라. 서울남부지방법원 2014타경3686호 경매사건에서 매각대금과 예상배당표는 다음과 같이 예상됩니다.
① 매각대금 660,000,000원에서 경매비용을 600만원으로 가정하면 실제배당할 금액은 654,000,000원 정도로 예상됩니다.
② 위 배당할 금액 654,000,000원에서 1순위로 국민은행 근저당권(유사공동저당권) 636,800,000(등기부등본상 채권최고액), 2순위로 덕양새마을금고 240,000,000원(등기부등본상 채권최고액), 3순위로 경매신청 채권자들인 김소령, 김병장에게는 배당금이 없을 것으로 예상됩니다.

3. 이 사건 채권자들의 채무자에 대한 피보전권리인 구상대위채권 318,400,000원
가. 그런데, 이 사건 부동산등기부등본을 보면 채무자 및 남편인 위 손OO이 2007.2.14 접수 제12938호 각1/2 지분의 소유권이전등기를 경료하면서, 을구 제3번에서와 같이 동일자인 2007.2.14 접수 제12973호 원인 2007.2.12 근저당권 설정계약을 채무자를 손OO으로만 하여 채권최고액 636,800,000원으로 주식회사 국민은행에 근저당권설정계약을 하였음을 확인할 수 있습니다.
나. 그렇다면, 각 1/2 공유인 채무자 정O과 남편인 손OO이 위와 같이 국민은행에서 636,800,000원을 채권최고액으로 한 근저당권 설정계약을 하면서 채무자를 정O, 손OO으로 하지 않고 손OO으로만 한 것이 명백하고, 이후 위 국민은행은 채권자들이 신청한 위 2014타경10493호 부동산 강제경매에서 근저당권자로서 낙찰금 660,000,000원을 사실상 전액 배당받아 갈 것이 분명하므로,
다. 이는 결국 채무자가 부담할 근저당권 채무를 318,400,000원(채권최고액 636,800,000원의 1/2)을 위 손OO이 대위변제한 결과이므로 법률상 손OO이 채무자에게 구상금 채권을 가지고 있다고 봄이 상당하다 할 것입니다.
라. 구체적으로 아파트 구입시 구입자금으로 국민은행에서 대출 받아 분양대금을

납부하였고 형식상 남편 손OO을 채무자로하고 배우자인 정금을 담보제공자로 하고 있으나 실질적으로는 정O이 분양대금을 납부한바 없이 국민은행 대출금으로 분양 대금을 납부하였으므로 다음 참조 판례와 같이 실질적으로 공동채무자로 봐야 할 것입니다.

<U>〈**참조판례** : 변제자대위에 관한 민법 제481조, 제482조의 규정에 의하면 물상보증인은 자기의 권리에 의하여 구상할 수 있는 범위에서 채권 및 그 담보에 관한 권리를 행사할 수 있는 것이므로, 물상보증인이 채무를 변제하거나 저당권의 실행으로 인하여 저당물의 소유권을 잃었더라도 다른 사정에 의하여 채무자에 대하여 구상권이 없는 경우에는 채권자를 대위하여 채권자의 채권 및 그 담보에 관한 권리를 행사할 수 없다</U>(대법원 2013다80429,80436 판결).

따라서, 남편 손OO 지분에 대해서 강제경매를 신청한 김소령이 정O에 대해서 구상권을 청구할 수 있는 지위를 대위해서 청구할 수 있는 권리가 있습니다. 그런데 정O이 채무면탈을 목적으로 서울시 양천구 신정동 OOO외 O필지 목동신시가지아 파트 제0000동 제2층 제000호를 2014. 3. 7 매매했고 서울시 양천구 목동 OOO번지 제19층 제102동 제0000호로 2014. 4. 30 매도한 바 있으므로 현재 매각되어 배당금을 받게 되는 서울시 양천구 목동 OOO외 O필지 목동 현대하이페리온 2 제204 동 14층 제0000호 정O 1/2지분에 대해서 보전처분을 하게 된 것입니다.

마. 국민은행이 배당받고 나서 그 배당결과에 대한 1/2에 대해서 손OO을 대위해서 정O에게 청구하는 것이 옳을 것입니다. 정O이 경락잔금대출을 받아 등기를 이전하고 나면 손OO 대위청구권이 후순위가 되므로 남을 것이 없을 것으로 사료되어 배당기일 전에 정O 지분에 대해서 보전처분을 하게 된 것입니다.

4. 이 사건 채권자들의 채무자에 대한 구상대위채권 318,400,000원 및 이 사건 가압류의 긴급성

가. 이 사건의 경우 위에서 살펴본 바와 같이 채권자대위권, 공유물분할청구권등기신청서, 채권자취소권 등은 채무자의 일반재산을 이루는 재산권은 모두 채권자대위권은 목적이 되고

나. 채권자대위권은 채권자가 자기의 채권을 보전하기 위해 자기의 이름으로 채무자의 제3자에 대한 권리를 행사하는 권리(민법 제404조 1항)이고,

다. 이 사건 채무자의 남편 위 손OO은 이미 무자력자 내지 손OO의 일반재산이 대위권을 행사하는 채권자들을 비롯한 총채권자의 채권을 변제하기에 부족한 채무초과상태에 있는 것이 분명하므로, 채권자들의 이 사건 대위권의 목적이 넉넉히 짐작되고도 남는다 할 것입니다.

라. 사정이 이러하므로 채권자는 채무자를 상대로 위 손OO의 구상채권 318,000,000원을 대위 할 수 있고 이에 대한 채권보전을 위해 가압류 할 수 있다 할 것입니다.

마. 단지, 현재 위 경매사건(서울 남부지방법원 2014타경10493호 부동산 강제경매)의 잔금납부기일 및 배당기일이 지정되지 않았으니 채무자가 이사건 공유자우선 매수신고에 따른 잔금납부를 위해 낙찰 받은 이 사건 부동산을 담보대출 담보제공할 것이 분명하고 이 경우 채권자들은 영원히 위 손OO에 대한 각 1억원 및 이에 대한 이자채권을 전혀 변제 받지 못할 것임은,

바. 채무자가 위와 같은 채권자들의 추급을 피하고자 별첨 채무자가 2014. 4. 30자에 매각처분한 서울 양천구 목동 OOOO 19층 제0000호 부동산등기부등본(갑제3호증) 및 2014. 3. 7자에 매각처분한 서울시 양천구 신정동 OOO외 O필지 목동신시 가지아파트 OO동 OO호 부동산등기부등본(갑제4호증)에 의해서도 분명하다 할 것입니다.

사. 다만, 이 건 가압류 신청에 따른 담보제공방법은 채무자 및 남편인 손OO으로 인해 다대한 피해 속에 있는 채권자들의 어려운 실정을 감안하시어 보증보험과의 계약을 체결한 증권으로 대체할 수 있도록 허락하여 주시기 바랍니다.

### 입증 및 첨부서류

1. 서울남부지방법원 2012가합14211 사해행위취소등 청구사건의 집행력 있는 조정 조서 정본(갑제1호증)　　　　　1부
1. 서울남부지방법원 2014타경10493호 부동산강제경매 신청사건 대법원 사건검색표(갑제2호증)　　　　　1부
1. 채무자가 2014.4.30자에 매각처분한 서울 양천구 목동 916 OO층 OO호 부동산등기부등본(갑제3호증)　　　　　1부
1. 채무자가 2014. 3. 17자에 매각처분한 서울 양천구 신정동 310외 2 필지 목동신시가지 아파트 1012동 제000호 부동산등기부등본(갑제4호증 1부
1. 부동산등기부등본　　　　　1부
1. 가압류 할 부동산 목록　　　　　9부
1. 가압류 진술서　　　　　1부

2014. 7.

위 채권자
1. 김 소 령
2. 김 병 장

## 서울남부지방법원 귀중

PART 9  후순위채권에 투자해서 실제로 고수익을 올렸던 사례와 소장작성방법

〈부동산 목록〉

1동의 건물의 표시
  서울특별시 양천구 목동 OOO, OOO-O 목동현대 하이페리온2 제204동
  [도로명주소] 서울특별시 양천구 오목로 OOO (목동, 현대하이페리온2)

전유부분 건물의 표시
  건물번호 : 14-0000
  구 조 : 철근콘크리트조 면 적 : 제14층 제0000호 155.586㎡

대지권의 표시
  토지의 표시 : 1. 서울특별시 양천구 목동 OOO 대 10184.6㎡
              2. 서울특별시 양천구 목동 OOO-O 대 13705㎡

대지권 종류 : 소유권 대지권
  대지권 비율 : 23,889.6분의 29.505
  (가압류 할 지분 - 정 O 지분 전부)
                                    - 이 상 -

◆ 잔금 납부하기 전에 공유자 지분에 가압류된 등기부 내역

[집합건물] 서울특별시 양천구 목동000외 1필지 목동현대 하이페리온2 제204동 제14층 제0000호    고유번호 2501-2006-003785

| 순위번호 | 등 기 목 적 | 접 수 | 등 기 원 인 | 권 리 자 및 기 타 사 항 |
|---|---|---|---|---|
| | | 제5588호 | 사해행위취소 | |
| 23 | 4번손OO 지분강제경매개시결정 | 2014년2월18일 제7131호 | 2014년2월18일 서울남부지방법원의 강제경매개시결정(2014 타경3686) | 채권자 박정수 440101-******* 인천광역시 중구 영종대로278번길 50, 141-0000 (운서동,영종1단지웰에이치) |
| 24 | 4번손OO 지분강제경매개시결정 | 2014년5월1일 제21387호 | 2014년5월1일 서울남부지방법원의 강제경매개시결정(2014 타경10493) | 채권자 김소형 500707-******* 서울특별시 서초구 강원동 50-1 롯데캐슬아파트 207동 제0000호 김병장 831115-******* 경기도 안양시 동안구 편평로79번길 6, 제000호 (평촌동) |

| 25 | 4번 정O 지분가압류 | 2014년7월16일 제32526호 | 2014년7월16일 서울남부지방법원의 가압류 결정(2014카단70559) | 청구금액 금318,400,000 원 채권자 김소형 500707-******* 서울특별시 서초구 감원로14길 23, 207동 제0000호 (잠원동, 롯데캐슬갤러시) 김병장 831115-******* 경기도 안양시 동안구 관평로79번길 6, 제0000호 채권자 별 청구금액 1.김수훈 금159,200,000원, 2.김민자 금159,200,000원 |
| --- | --- | --- | --- | --- |
| | *****〈 이렇게 채권가압류가 등기 되었으나 채무자 정O이 현금 공탁을 하고 말소한 사례이다. 〉***** | | | |
| 26 | 4번 손OO지분전부이전 | 2014년7월25일 제33974호 | 2014년7월25일 강제경매로 인한 매각 | 공유자 지분 2분의 1 정O 620410-******* 서울특별시 양천구 오목로 300, 204동제0000호(목동, 목동현대하이페리온2) |

열람일시 : 2016년02월20일 16시26분12초

등기부에 등기된 내용과 같이 다른 지분권자(정O)가 공유자우선매수신청해서 잔금 납부하기 전에 정O 지분에 채권가압류가 이루어 졌고 그로 인해 경락잔금 대출을 받을 수 없었던 정O(낙찰자)가 현금 공탁하고 말소 후 대출을 받을 수 있었던 사례이다. 가압류권자들 역시 본안소송을 통해서 공탁금으로 부터 채권을 회수할 수 있었다.

# 02

## 공동담보물의 일부가 매각되고, 나머지가 매각될 때 대위로 배당요구한 사례

◈ **후순위임차인이 물상대위로 배당요구하게 된 사연**

　이 사건은 대구시 효목동에 소재하고 있는 다세대주택 5개 호수에 대한 경매이다. 근로복지공단이 근로자에게 최우선변제금에 해당하는 체당금을 채무자를 대위하여 지급한 경우에는 그 채권을 원인으로 채무자의 재산을 압류 후에 공매를 진행하게 된다. 그러나 근로복지공단이 압류공매를 진행하지 않고 경매를 진행하게 된 이유는 신용보증기금이 효목동에 위치하고 있는 효목 그랜드빌 다세대주택 101호, 102호, 202호, 501호, 502호 등의 5개 호수 전체를 채권 가압류하고 그에 따른 판결문을 득해서 선행 강제경매를 신청해서 매각절차가 진행되고 있으므로 그에 따라 근로복지공단이 후행으로 강제경매를 신청하게 되었다.

신용보증기금의 선행 강제경매가 근로복지공단보다 후순위로 남을 가망이 없어서 근로복지공단의 후행 강제경매 절차로 진행하게 된 사건이다. 이러한 경우 근로복지공단의 채권은 근로자의 최우선변제금을 대위로 청구하게 되는 것으로 1순위로 배당 받게 되는데 이 과정에서 후순위 채권자 등이 동시에 매각 시 배당 받을 경우 보다 배당금이 적어지게 되므로 민법 제368조 제2항에 따라 차순위저당권자의 대위권이 인정된다. 이러한 판례는 다음 〈김동희 강의노트〉에 자세히 기술했으므로 이를 참고하면 될 것이다.

이 5개 호수의 경매 절차는 세 번으로 나누어 매각 및 배당까지 종결된 사건이다.

첫 번째로 501호와 502호가 동시 매각 및 동시 배당되고, 두 번째로 101호와 102호가 동시 매각 및 동시 배당되고, 마지막으로 202호가 매각되어 배당 되었다. 이 과정에서 필자가 502호를 낙찰 받은 소유자와 임차인의 의뢰를 받아서 임차보증금채권을 101호와 102호 그리고 202호의 배당금에서 순차적으로 후순위채권자의 대위행사로 배당 받게 한 사건이다.

## ◆ 501호와 502호에 대한 동시 배당절차와 대위청구

### (1) 다세대주택 501호 경매물건 입찰정보 내역과 매각결과

**2009타경24385 (1)** • 대구지방법원 본원 • 매각기일 : 2011.02.23(水) (10:00) • 경매 4계 (전화:053-757-6774)

| 소재지 | 대구광역시 동구 효목동 370, 효목그랜드빌 5층 501호 도로명주소검색 | | | | | | |
|---|---|---|---|---|---|---|---|
| | | | | 오늘조회: 1 2주누적: 0 2주평균: 0 조회동향 | | | |
| 물건종별 | 다세대(빌라) | 감정가 | 82,000,000원 | 구분 | 입찰기일 | 최저매각가격 | 결과 |
| | | | | 1차 | 2010-06-23 | 82,000,000원 | 유찰 |
| 대지권 | 35.038㎡(10.614평) | 최저가 | (12%) 9,647,000원 | 2차 | 2010-07-22 | 57,400,000원 | 유찰 |
| | | | | 3차 | 2010-08-24 | 40,180,000원 | 유찰 |
| | | | | 4차 | 2010-09-28 | 28,126,000원 | 유찰 |
| 건물면적 | 74.615㎡(22.571평) | 보증금 | (20%) 1,930,000원 | 5차 | 2010-10-22 | 19,688,000원 | 유찰 |
| | | | | 6차 | 2010-11-19 | 13,782,000원 | 낙찰 |
| | | | | 낙찰 21,000,000원(25.61%) / 1명 / 미납 | | | |
| 매각물건 | 토지·건물 일괄매각 | 소유자 | 한국엔지어링(주) | 7차 | 2011-01-20 | 13,782,000원 | 유찰 |
| | | | | 8차 | 2011-02-23 | 9,647,000원 | |

PART 9  후순위채권에 투자해서 실제로 고수익을 올렸던 사례와 소장작성방법   297

| 개시결정 | 2009-07-30 | 채 무 자 | 한국엔지어링(주) | 낙찰 : 12,118,000원 (14.78%) |
|---|---|---|---|---|
| | | | | (입찰2명,낙찰:대구진천동 주)터 / 2등입찰가 10,118,000원) |
| | | | | 매각결정기일 : 2011.03.02 - 매각허가결정 |
| 사 건 명 | 강제경매 | 채 권 자 | 근로복지공단 | 대금지급기한 : 2011.03.30 |
| | | | | 대금납부 2011.03.30 / 배당종결 2011.06.03 |

● 임차인현황 ( 말소기준권리 : 2004.02.16 / 배당요구종기일 : 2009.10.08 )

| 임차인 | 점유부분 | 진입/확장/배당 | 보증금/차임 | 대항력 | 배당예상금액 | 기타 |
|---|---|---|---|---|---|---|
| 이미숙 | 주거용 전부 | 전 입 일: 2003.07.21<br>확 정 일: 2003.07.21<br>배당요구일: 2009.09.08 | 보65,000,000원 | 있음 | 배당순위있음 | |

● 등기부현황 ( 채권액합계 : 5,870,610,423원 )

| No | 접수 | 권리종류 | 권리자 | 채권금액 | 비고 | 소멸여부 |
|---|---|---|---|---|---|---|
| 1 | 2003.02.12 | 소유권보존 | 한국엔지어링(주) | | | |
| 2 | 2004.02.16 | 압류 | 성동세무서 | | 말소기준등기 | 소멸 |
| 3 | 2004.04.03 | 가압류 | 기보삼차유동화전문유한회사,기보사차유동화전문유한회사 | 3,300,000,000원 | | 소멸 |
| 4 | 2004.04.22 | 가압류 | 신용보증기금 | 12,316,500원 | | 소멸 |
| 5 | 2004.05.19 | 가압류 | 신용보증기금 | 833,000,000원 | | 소멸 |
| 6 | 2004.05.22 | 가압류 | 기술신용보증기금 | 1,007,556,000원 | | 소멸 |
| 7 | 2004.10.15 | 가압류 | 중소기업은행 | 685,666,443원 | | 소멸 |
| 8 | 2004.10.21 | 압류 | 근로복지공단 | | | 소멸 |
| 9 | 2008.01.30 | 가압류 | 근로복지공단 | 32,071,480원 | | 소멸 |
| 10 | 2008.03.24 | 압류 | 대구광역시동구 | | 세무과-4440 | 소멸 |
| 11 | 2008.04.15 | 강제경매 | 신용보증기금<br>(광진지점) | 청구금액:<br>12,925,576원 | 2008타경10082 | 소멸 |
| 12 | 2009.01.08 | 압류 | 서울특별시광진구 | | 세무2과-3317 | 소멸 |
| 13 | 2009.02.12 | 압류 | 서울특별시광진구 | | 세무1과-16896 | 소멸 |
| 14 | 2009.07.30 | 강제경매 | 근로복지공단 | 청구금액:<br>32,071,480원 | 2009타경24385 | 소멸 |

## (2) 다세대주택 502호 경매물건 입찰정보 내역과 매각결과

**2009타경24385 (2)**  ● 대구지방법원 본원  ● 매각기일 : 2011.02.23(水) (10:00)  ● 경매 4계(전화:053-757-6774)

| 소 재 지 | 대구광역시 동구 효목동 370, 효목그랜드빌 5층 502호 도로명주소검색 | | | | | |
|---|---|---|---|---|---|---|
| | | | | 오늘조회: 1  2주누적: 0  2주평균: 0  조회동향 | | |
| 물건종별 | 다세대(빌라) | 감 정 가 | 82,000,000원 | 구분 | 입찰기일 | 최저매각가격 | 결과 |
| | | | | 1차 | 2010-06-23 | 82,000,000원 | 유찰 |
| 대 지 권 | 35.088㎡(10.614평) | 최 저 가 | (12%) 9,647,000원 | 2차 | 2010-07-22 | 57,400,000원 | 유찰 |
| | | | | 3차 | 2010-08-24 | 40,180,000원 | 유찰 |
| | | | | 4차 | 2010-09-28 | 28,126,000원 | 유찰 |
| 건물면적 | 74.615㎡(22.571평) | 보 증 금 | (20%) 1,930,000원 | 5차 | 2010-10-22 | 19,688,000원 | 낙찰 |
| | | | | 낙찰 20,500,000원(25%) / 1명 / 미납 | | |
| | | | | 6차 | 2010-12-16 | 19,688,000원 | 유찰 |
| 매각물건 | 토지·건물 일괄매각 | 소 유 자 | 한국엔지어링(주) | 7차 | 2011-01-20 | 13,782,000원 | 유찰 |
| | | | | 8차 | 2011-02-23 | 9,647,000원 | |
| | | | | 낙찰: 12,558,000원 (15.31%) | | |
| 개시결정 | 2009-07-30 | 채 무 자 | 한국엔지어링(주) | (2등입찰가 12,118,000원) | | |
| | | | | 매각결정기일 : 2011.03.02 - 매각허가결정 | | |

| 개시결정 | 2009-07-30 | 채 무 자 | 한국엔지어링(주) | 낙찰 : 12,558,000원 (15.31%) |
|---|---|---|---|---|
| | | | | (2등입찰가 12,118,000원) |
| | | | | 매각결정기일 : 2011.03.02 - 매각허가결정 |
| | | | | 대금지급기한 : 2011.03.30 - 기한후납부 |
| 사 건 명 | 강제경매 | 채 권 자 | 근로복지공단 | 배당기일 : 2011.06.03 |
| | | | | 배당종결 2011.06.03 |

● 임차인현황 ( 말소기준권리 : 2004.02.16 / 배당요구종기일 : 2009.10.08 )

| 임차인 | 점유부분 | 전입/확정/배당 | 보증금/차임 | 대항력 | 배당예상금액 | 기타 |
|---|---|---|---|---|---|---|
| 정민국 | 주거용 전부 (방3칸) | 전 입 일: 2003.06.13<br>확 정 일: 2003.06.13<br>배당요구일: 2009.08.18 | 보65,000,000원 | 있음 | 예상배당표참조 | |

● 등기부현황 ( 채권액합계 : 5,870,610,423원 )

| No | 접수 | 권리종류 | 권리자 | 채권금액 | 비고 | 소멸여부 |
|---|---|---|---|---|---|---|
| 1 | 2003.02.12 | 소유권보존 | 한국엔지어링(주) | | | |
| 2 | 2004.02.16 | 압류 | 성동세무서 | | 말소기준등기 | 소멸 |
| 3 | 2004.04.03 | 가압류 | 기보삼차유동화전문유한회사,기보사차유동화전문유한회사 | 3,300,000,000원 | | 소멸 |
| 4 | 2004.04.22 | 가압류 | 신용보증기금 | 12,316,500원 | | 소멸 |
| 5 | 2004.05.19 | 가압류 | 신용보증기금 | 833,000,000원 | | 소멸 |
| 6 | 2004.05.22 | 가압류 | 기술신용보증기금 | 1,007,556,000원 | | 소멸 |
| 7 | 2004.10.15 | 가압류 | 중소기업은행 | 685,666,443원 | | 소멸 |
| 8 | 2004.10.21 | 압류 | 근로복지공단 | | | 소멸 |
| 9 | 2008.01.30 | 가압류 | 근로복지공단 | 32,071,480원 | | 소멸 |
| 10 | 2008.03.24 | 압류 | 대구광역시동구 | | 세무과-4440 | 소멸 |
| 11 | 2008.04.15 | 강제경매 | 신용보증기금 (광진지점) | 청구금액:<br>12,925,576원 | 2008타경10082 | 소멸 |
| 12 | 2009.01.08 | 압류 | 서울특별시광진구 | | 세무2과-3317 | 소멸 |
| 13 | 2009.07.30 | 강제경매 | 근로복지공단 | 청구금액:<br>32,071,480원 | 2009타경24385 | 소멸 |

### (3) 501호와 502호의 동시 배당절차와 후순위채권자의 대위청구 금액

2011년 2월 23일에 501호는 12,118,000원, 502호는 12,558,000원에 매각되어 이 금액에서 경매비용을 제외한 금액으로 배당하면 될 것 같으나 배당금이 증가된 이유는 501호가 2010년 11월 19일 2,100만원에 낙찰 되었으나 대금미납으로 입찰보증금 1,378,200원과 이자 275,640원이 배당재단에 포함되었고, 502호 역시 2010년 10월 22일 20,500,000원에 낙찰 되었으나 대금미납으로 입찰보증금 1,968,800원과 이자 492,200원이 배당재단에 포함되었기 때문이다.

전 매수인들이 모두 대금을 미납하게 된 이유를 살펴보면 501호와 502호 모두 대항력이 있는 임차인이고 임차보증금은 각 6,500만원으로 미배당금이 발생되면 낙찰자가 인수해야 되는 것인데 예상배당표를 잘못 작성하여 인수금액이 적을 것으로 예상했다가 증가되어 대금을 미납한 것 같다. 이 같이 동시매각 절차와 이시매각절차에서 예상배당표를 작성할 줄 알아야 한다.

따라서 501호 배당금은 12,118,000원+1,378,200원+275,640원=13,771,840원-905,900원(경매비용)=12,865,940원이고, 502호 배당금은 12,558,000원+1,968,800원+492,200원=15,019,000원-927,900원(경매비용)=14,091,100원이 된다.

| 효목그랜드빌 501호(배당금 12,865,940원) | | 효목그랜드빌 502호(배당금 14,091,100원) | |
|---|---|---|---|
| 1순위 근로복지공단 | 32,071,480원 | 1순위 근로복지공단 | 32,071,480원 |
| 2순위 동구청 재산세 | 45,000원 | 2순위 동구청 재산세 | 45,000원 |
| 3순위 이미숙 임차인 (대항력있음, 미배당금 낙찰자 인수) | 6,500만원 | 3순위 정민국 임차인 (대항력있음, 미배당금 낙찰자 인수) | 6,500만원 |
| 4순위 성동세무서 | 1,500만원 | 4순위 성동세무서 | 1,500만원 |
| 5순위 광진구청 | 2,500만원 | 5순위 광진구청 | 2,500만원 |
| 6순위 가압류채권자 3명 채권금액 합계 1,706,148,019원 | | 6순위 가압류채권자 3명 채권금액 합계 1,706,148,019원 | |

상기 매각절차에서 동시배당표는 간단하게 정리된다. 왜냐하면 근로복지공단이 근로자의 최우선변제권을 체당금으로 대위 지급 후 배당요구한 것이므로 1순위로 근로복지공단이 배당받게 되는데(소액임차인이 없기 때문에) 501호와 502호 배당금 전액을 배당받고도 미배당금이 발생되기 때문이다.

근로복지공단은 상기 501호와 502호 이외에도 101호와 102호, 그리고 202호를 공동으로 압류한 공동채권자 이면서 5개 호수 모두에서 1순위로 배당받을 수 있는 채권자의 지위에 있다.

따라서 미배당금은 두 번째로 매각되는 매각절차 101호와 102호 배당금에서 우선변제 받게 된다. 이와 같이 공동채권자가 선행된 경매절차(501호, 502호)에서 채권전액을 우선변제 받으므로 인해서 후순위 채권자인 동구청 재산세와 이미숙 임차인 6,500만원, 정민국 임차인 6,500만원이 배당받지 못하게 된다. 이러한 경우 후순위

채권자 등은 선순위 공동채권자가 동시배당 시 배당 받게 되는 금액을 한도로 다른 호수 배당절차에서 민법 제368조 제2항에 따라 근로복지공단을 대위로 배당요구하면 배당 받을 수 있다. 이때 우선순위는 근로복지공단의 미배당금이 우선하고 그 다음 동구청 재산세 그리고 이미숙 임차인과 정민국 임차인의 순서가 된다.

그런데 대부분의 경우 이러한 권리를 알지 못해서 채권의 손실을 가져오게 된다. 중요한 점은 채권의 손실을 보게 된다면 임차인이 보게 되는 것인데도 불구하고 매수인이 보고 있다는 것이다. 매수인 역시 모르기 때문일 것이다.

동시배당과 이시배당방법은 다수 물건이 물건번호별로 매각되어 배당되는 경우뿐만 아니라 공유물의 일부가 지분경매로 매각 시에도 똑같이 알고 있어야 한다.

### ◈ 501호, 502호, 101호, 102호, 202호 전체가 동시 배당절차로 진행되면

후순위채권자의 대위청구 금액을 확인하기 위해서 5개 호수가 동시매각절차로 동시배당 시 근로복지공단이 각 호수별로 배당받을 수 있는 금액을 확인하고 그 금액에 대해서 각 호수별(101호 102호, 202호)로 후순위채권자가 대위하여 청구하면 될 것이므로 5개 호수에 대한 사설경매정보 사이트상의 입찰정보내역과 동시배당표를 작성해 보면 다음과 같다.

PART 9  후순위채권에 투자해서 실제로 고수익을 올렸던 사례와 소장작성방법    301

(1) 다세대주택 501호와 502호 경매물건 입찰정보내역과 매각결과는 앞의 내용 참고하면 된다

(2) 다세대주택 101호 경매물건 입찰정보내역과 매각결과

| 2011타경924 (1) | | ● 대구지방법원 본원 | ● 매각기일 : 2011.06.14(火) (10:00) | ● 경매 1계(전화:053-757-6771) | | | |
|---|---|---|---|---|---|---|---|
| 소 재 지 | 대구광역시 동구 효목동 370, 효목그랜드빌 2층 101호 도로명주소검색 | | | | | | |
| 물건종별 | 다세대(빌라) | 감 정 가 | 81,000,000원 | 오늘조회: 1  2주누적: 0  2주평균: 0  조회동향 | | | |
| 대 지 권 | 35.088㎡(10.614평) | 최 저 가 | (70%) 56,700,000원 | 구분 | 입찰기일 | 최저매각가격 | 결과 |
| | | | | 1차 | 2011-05-17 | 81,000,000원 | 유찰 |
| 건물면적 | 74.615㎡(22.571평) | 보 증 금 | (10%) 5,670,000원 | 2차 | 2011-06-14 | 56,700,000원 | |
| | | | | 낙찰 : 74,328,000원 (91.76%) | | | |
| 매각물건 | 토지·건물 일괄매각 | 소 유 자 | 한국엔지어링(주) | (입찰2명, 낙찰:칠산동 주)이조 / 2등입찰가 64,928,000원) | | | |
| 개시결정 | 2011-01-14 | 채 무 자 | 한국엔지어링(주) | 매각결정기일 : 2011.06.21 - 매각허가결정 | | | |
| | | | | 대금지급기한 : 2011.07.19 | | | |
| 사 건 명 | 강제경매 | 채 권 자 | 근로복지공단 | 대금납부 2011.07.19 / 배당종결 2011.08.25 | | | |

● 임차인현황 ( 말소기준권리 : 2004.02.16 / 배당요구종기일 : 2011.03.25 )

| 임차인 | 점유부분 | 전입/확정/배당 | 보증금/차임 | 대항력 | 배당예상금액 | 기타 |
|---|---|---|---|---|---|---|
| 김대중 | 주거용 전부 | 전 입 일: 2003.08.02<br>확 정 일: 2003.08.19<br>배당요구일: 2011.01.24 | 보60,000,000원 | 있음 | 배당순위있음 | 010-2271-2213 |
| 임차인분석 | ☞101호 임차인 김대중이 본인은 배우자의 직장관계로 잠시 이곳을 떠나 있고, 이곳에는 본인의 친척인 박광식 가족이 임시로 거주하고 있다고 하였으며, 주민등록 전입된 강동호는 누군지 모른다고 하였음<br>☞김대중 : 임차인 본인의 친척인 박광식(2010.6.25.) 가족이 임시거주 - 부동산현황조사서상 임차인 주장<br>▶매수인에게 대항할 수 있는 임차인 있으며, 보증금이 전액 변제되지 아니하면 잔액을 매수인이 인수함 | | | | | |

● 등기부현황 ( 채권액합계 : 5,870,610,423원 ) (등기부 내역은 앞의 501호와 502호와 같은 내용이므로 생략함)

| No | 접수 | 권리종류 | 권리자 | 채권금액 | 비고 | 소멸여부 |
|---|---|---|---|---|---|---|

※ 등기부의 내역은 앞의 ◆번 501호와 502호에 대한 동시 배당절차와 대위청구내역과 동일하다. 따라서 그 내용을 참고하면 된다.

### (3) 다세대주택 102호 경매물건 입찰정보내역과 매각결과

| 2011타경924 (2) | | | • 대구지방법원 본원 | • 매각기일 : 2011.06.14 (火) (10:00) | | • 경매 1계 (전화:053-757-6771) | | |
|---|---|---|---|---|---|---|---|---|
| 소재지 | 대구광역시 등구 효목동 370, 효목그랜드빌 2동 102호 토지명주소검색 | | | | | | | |
| 물건종별 | 다세대(빌라) | 감정가 | | 81,000,000원 | 오늘조회: 1 2주누적: 0 2주평균: 0 조회동향 | | | |
| | | | | | 구분 | 입찰기일 | 최저매각가격 | 결과 |
| 대지권 | 35.088㎡(10.614평) | 최저가 | | (70%) 56,700,000원 | 1차 | 2011-05-17 | 81,000,000원 | 유찰 |
| | | | | | 2차 | 2011-06-14 | 56,700,000원 | |
| 건물면적 | 74.615㎡(22.571평) | 보증금 | | (10%) 5,670,000원 | 낙찰: 74,328,000원 (91.76%) | | | |
| 매각물건 | 토지·건물 일괄매각 | 소유자 | | 한국엔지어링(주) | (입찰3명,낙찰:최산동 주)이조 / 2등입찰가 73,028,000원) | | | |
| | | | | | 매각결정기일 : 2011.06.21 - 매각허가결정 | | | |
| 사건접수 | 2011-01-20 | 채무자 | | 한국엔지어링(주) | 대금지급기한 : 2011.07.19 | | | |
| | | | | | 대금납부 2011.07.19 / 배당기일 2011.08.25 | | | |
| 사건명 | 강제경매 | 채권자 | | 근로복지공단 | 배당종결 2011.08.25 | | | |

• 임차인현황 ( 말소기준권리 : 2004.02.16 / 배당요구종기일 : 2011.03.25 )

| 임차인 | 점유부분 | 전입/확정/배당 | 보증금/차임 | 대항력 | 배당예상금액 | 기타 |
|---|---|---|---|---|---|---|
| 이대주 | 주거용 전부 | 전입일:2004.01.27<br>확정일:2004.01.27<br>배당요구일:2011.01.25 | 보60,000,000원 | 있음 | 배당순위있음 | 010-2380-1660 |

• 등기부현황 ( 채권액합계 : 5,870,610,423원 ) (등기부내역은 앞의 501호와 502호 등기부에 등기된 내용과 같으므로 생략함)

| No | 접수 | 권리종류 | 권리자 | 채권금액 | 비고 | 소멸여부 |
|---|---|---|---|---|---|---|

※ 등기부의 내역은 앞의 1)번 내역과 동일하다. 따라서 그 내용을 참조하면 된다.

### (4) 다세대주택 202호 경매물건 입찰정보내역과 매각결과

| 2009타경26572 | | | • 대구지방법원 본원 | • 매각기일 : 2011.07.26 (火) (10:00) | | • 경매 3계 (전화:053-757-6773) | | |
|---|---|---|---|---|---|---|---|---|
| 소재지 | 대구광역시 등구 효목동 370, 효목그랜드빌 3동 202호 토지명주소검색 | | | | | | | |
| 물건종별 | 다세대(빌라) | 감정가 | | 84,000,000원 | 오늘조회: 1 2주누적: 0 2주평균: 0 조회동향 | | | |
| | | | | | 구분 | 입찰기일 | 최저매각가격 | 결과 |
| 대지권 | 35.088㎡(10.614평) | 최저가 | | (70%) 58,800,000원 | 1차 | 2010-02-26 | 84,000,000원 | 유찰 |
| | | | | | 2차 | 2010-03-23 | 58,800,000원 | |
| 건물면적 | 74.615㎡(22.571평) | 보증금 | | (10%) 5,880,000원 | 낙찰 75,611,000원(90.01%) / 0명 / 불허가 | | | |
| | | | | | (2등입찰가:74,211,000원) | | | |
| | | | | | 2010-04-22 | 58,800,000원 | 변경 | |
| | | | | | 3차 | 2011-07-26 | 58,800,000원 | |
| 매각물건 | 토지·건물 일괄매각 | 소유자 | | 한국엔지어링(주) | 낙찰 : 80,066,600원 (95.32%) | | | |
| | | | | | (입찰4명,낙찰:왜권용 000 / 2등입찰가 77,500,000원) | | | |
| 개시결정 | 2009-08-19 | 채무자 | | 한국엔지어링(주) | 매각결정기일 : 2011.08.02 - 매각허가결정 | | | |
| | | | | | 대금지급기한 : 2011.08.29 | | | |
| 사건명 | 강제경매 | 채권자 | | 최대식,신봉부승기금 | 대금납부 2011.08.29 / 배당기일 2011.10.07 | | | |
| | | | | | 배당종결 2011.10.07 | | | |

• 임차인현황 ( 말소기준권리 : 2004.02.16 / 배당요구종기일 : 2009.10.28 )

| 임차인 | 점유부분 | 전입/확정/배당 | 보증금/차임 | 대항력 | 배당예상금액 | 기타 |
|---|---|---|---|---|---|---|
| 송길자 | 주거용 전부 | 전입일:2003.05.22<br>확정일:2003.05.22<br>배당요구일:2009.09.09 | 보65,000,000원 | 있음 | 배당순위있음 | 010-5237-2760 |

• 등기부현황 ( 채권액합계 : 5,870,610,423원 ) (등기부내역은 앞의 501호와 502호 등기부에 등기된 내역과 같으므로 생략함)

| No | 접수 | 권리종류 | 권리자 | 채권금액 | 비고 | 소멸여부 |
|---|---|---|---|---|---|---|

PART 9  후순위채권에 투자해서 실제로 고수익을 올렸던 사례와 소장작성방법   **303**

※ 등기부의 내역은 앞의 1)번 내역과 동일하다. 따라서 그 내용을 참조하면 된다.

## (5) 501호, 502호, 101호, 102호, 202호에 대한 동시배당표 작성

근로복지공단은 근로자의 최우선변제금을 체당금으로 대위변제한 채권자로서 채권을 추심하기 위해서 채무자의 다세대주택 5개 호수 전체에 대해서 압류한 공동채권자이다.

채권 자체가 근로자의 최우선변제금이므로 5개 호수 전체에 대해서 1순위로 배당받을 수 있는 공동채권자가 되므로(5개 호수 모두 소액임차인이 없다) 각호수별로 경매대가를 계산하고 그에 따라 동시배당하면 다음과 같다(괄호안의 숫자가 실제 배당받게 되는 금액이다).

| 채권자 배당순위 | 501호<br>(12,865,940원) | 502호<br>(14,091,100원) | 101호<br>(73,213,080원) | 102호<br>(73,213,080원) | 202호<br>(78,865,600원) |
|---|---|---|---|---|---|
| 1순위 근로복지공단<br>(각 경매대가별<br>채권안분액) | 32,071,480원<br>(1,635,804원) | 32,071,480원<br>(1,791,574원) | 32,071,480원<br>(9,308,476원) | 32,071,480원<br>(9,308,476원) | 32,071,480원<br>(10,027,150원) |
| 2순위 동구청 재산세 | 45,000원<br>(45,000원) | 45,000원<br>(45,000원) | 44,000원<br>(44,000원) | 44,000원<br>(44,000원) | 45,000원<br>(45,000원) |
| 3순위 임차인 | 65,000,000원<br>(이미숙 임차인<br>대항력있음,<br>미배당금<br>낙찰자 인수)<br>(11,185,136원) | 65,000,000원<br>(정민국 임차인<br>대항력있음,<br>미배당금<br>낙찰자 인수)<br>(12,254,526원) | 60,000,000원<br>(김대중 임차인<br>대항력있음,<br>미배당금<br>낙찰자 인수)<br>(60,000,000원) | 60,000,000원<br>(이대주 임차인<br>대항력있음,<br>미배당금<br>낙찰자 인수)<br>(60,000,000원) | 65,000,000원<br>(송길자 임차인<br>대항력있음,<br>미배당금<br>낙찰자 인수)<br>(65,000,000원) |
| 4순위 성동세무서 | 15,000,000원 | 15,000,000원 | 15,000,000원<br>(3,860,604원) | 15,000,000원<br>(3,860,604원) | 15,000,000원<br>(3,793,450원) |
| 5순위 광진구청<br>6순위 국민건강보험<br>7순위<br>① 기보 가압류<br>② 신용보증 가압류<br>③ 기술신용 가압류<br>④ 중소기업 가압류 | 25,000,000원<br>×<br><br>3,300,000,000원<br>845,316,500원<br>1,007,556,000원<br>685,666,443원 | 25,000,000원<br>×<br><br>3,300,000,000원<br>845,316,500원<br>1,007,556,000원<br>685,666,443원 | 25,000,000원<br>954,000원<br><br>3,300,000,000원<br>845,316,500원<br>1,007,556,000원<br>685,666,443원 | 25,000,000원<br>954,000원<br><br>3,300,000,000원<br>845,316,500원<br>1,007,556,000원<br>685,666,443원 | 25,000,000원<br>954,000원<br><br>3,300,000,000원<br>845,316,500원<br>1,007,556,000원<br>685,666,443원 |

경매사건번호 2009타경24385호에서 501호에 대한 경매대가는 12,865,940원, 502호에 대한 경매대가는 14,091,100원이다.

그리고 2011타경924호에서 101호에 대한 경매대가는 73,213,080원(74,328,000원-1,114,920원), 102호에 대한 경매대가는 73,213,080원(74,328,000 원-1,114,920원) 이다.

2009타경26572호에서 202호에 대한 경매대가는 78,865,600원(80,066,600원-1,201,000원)이다.

① 근로복지공단은 501호로부터 채권안분액 = 32,071,480원 ×

$$\frac{12,865,940원}{252,248,800원(경매대가합계)} = 1,635,804원$$

② 근로복지공단은 502호로부터 채권안분액 = 32,071,480원 ×

$$\frac{14,091,100원}{252,248,800원(경매대가합계)} = 1,791,574.15 = 1,791,574원$$

③ 근로복지공단은 101호로부터 채권안분액 = 32,071,480원 ×

$$\frac{73,213,080원}{252,248,800원(경매대가합계)} = 9,308,475.72 = 9,308,476원$$

④ 근로복지공단은 102호로부터 채권안분액 = 32,071,480원 ×

$$\frac{73,213,080원}{252,248,800원(경매대가합계)} = 9,308,475.72 = 9,308,476원$$

⑤ 근로복지공단은 202호로부터 채권안분액 = 32,071,480원 ×

$$\frac{78,865,600원}{252,248,800원(경매대가합계)} = 10,027,149.83 = 10,027,150원이 된다.$$

그런데 다음 사례와 같이 501호와 502호가 먼저 매각되고, 그 다음 101호와 102호가 매각되고, 마지막으로 202호가 매각되면 다음과 같이 후순위저당권자 등의 법정대위를 통해서 배당요구하면 된다.

◈ **501호와 502호 ▷ 101호와 102호 ▷ 202호 순서로 매각 시 후순위저당권자의 대위**

**(1) 101호와 102호가 먼저 매각되었으므로 501호, 502호의 후순위 채권자의 대위 행사 방법**

대위행사를 할 수 있는 후순위 채권자는 동구청의 재산세와 이미숙 임차인의 확정일자 우선변제권, 정민국 임차인의 확정일자 우선변제권 등이 있다.

따라서 이들의 대위청구금액을 계산하면 다음과 같다.

① 동시배당 시 501호에서 1순위로 근로복지공단이 1,635,804원(12,865,940원-1,635,804원)을 받고나서 11,230,136원이 남게 되므로 2순위 동구청의 재산세 45,000원과 3순위 이미숙 임차인 11,185,136원을 배당받게 되므로 이 금액에 대해서 근로복지공단을 대위하면 된다.

② 동시배당 시 502호에서 1순위로 근로복지공단이 1,791,574원(14,091,100원-1,791,574원)을 받고나서 12,299,526원이 남게 되므로 2순위 동구청의 재산세 45,000원과 3순위 정민국 임차인 12,254,526원을 배당받게 되므로 이 금액에 대해서 근로복지공단을 대위하면 된다.

③ 따라서 101호와 102호에서 근로복지공단의 채권안분액(9,308,476원 +9,308,476원)에서 근로복지공단의 미배당금 5,114,440원(501호와 502호에서 미배당금=32,071,480원-12,865,940원-14,091,100원)을 먼저 배당받고 나머지 금액 13,502,512원은 동구청 재산세가 선순위 이므로 501호 재산세 45,000원과 502호 재산세 45,000원을 공제하고 남은 배당금 13,412,512원을 이미숙 임차인과 정민국 임차인이 후순위 채권자의 대위행사를 할 수 있는데 이들은 동순위로 채권액에 따라 동순위로서 안분배당받게 된다.

㉠ 이미숙의 대위행사금액 = $13,412,512원 \times \dfrac{11,185,136원}{23,439,662원} = 6,400,296원$

㉡ 정민구의 대위행사금액 = $13,412,512원 \times \dfrac{12,254,526원}{23,439,662원} = 7,012,216원$

### (2) 마지막으로 202호의 매각절차에서 후순위 채권자의 대위행사와 매수인의 인수금액

202호에 대한 근로복지공단의 채권안분액 10,193,431원에 대해서 이미숙 임차인과 정민국 임차인이 후순위 채권자의 대위행사로 채권액에 따라 안분하여 배당받게 된다.

① 이미숙의 대위행사금액 = $10,027,150원 \times \dfrac{11,185,136원}{23,439,662원}$ = 4,784,840원

② 정민국의 대위행사금액 = $10,027,150원 \times \dfrac{12,254,526원}{23,439,662원}$ = 5,242,310원

으로 후순위 채권자의 대위행사가 모두 정리된다.

따라서 이미숙 임차인이 대위청구금액은 11,185,136원이 되고 정민국 임차인은 12,254,526원이 된다. 그러므로 501호 낙찰자의 인수금액은 53,814,864 원이고, 502호 낙찰자의 인수금액은 52,745,474원이 된다.

### (3) 실무에서 후순위 채권자 모두가 대위행사를 하는 것은 아니다

후순위 채권자의 대위는 법원에서 알아서 배당해 주는 것이 아니라 대위청구가 있어야만 배당하게 되고 대위청구가 없으면 법원도 이러한 사실 등을 확인할 수가 없어서 배당에서 배제된다.

이미숙과 정민국은 모두 대항력이 있는 임차인으로 미배당금은 낙찰자의 부담으로 남게 된다. 그런데 매수인의 인수금액은 배당표가 올바르게 작성되는 것을 전제로 하기 때문에 배당표가 잘못 작성되었는데도 불구하고 임차인이 배당이의 또는 후순위 채권자의 대위행사를 하지 못해서 배당받지 못하게 되는 것 까지 매수인의 부담이 되는 것이 아니라 그 부분에 대해서는 그로 인해서 부당이득을 보게 되는 후순위 채권자에게 부당이득 반환청구권을 갖게 되는 것이다. 즉 매수인이 부담할 사항이 아니라 임차인의 책임 하에 후순위 채권자에게 부당이득에 대해서 반환을 청구하든가 아니면 임차인이 손실을 볼 수밖에 없다.

이에 관한 판례를 살펴보면 대항력과 우선변제권을 겸유하고 있는 임차인이 보증

금 전액을 배당받지 못한 경우 경락인에게 대항할 수 있는 보증금 잔액의 범위(=보증금에서 올바른 배당순위에 따른 배당이 실시될 경우의 배당액을 공제한 나머지 금액) [대법 2000다30165 판결]

 어쨌든 이러한 사실을 자세하게 알지 못한 501호 이미숙 임차인은 후순위 채권자의 대위권을 행사하지 못 했고 그에 따라 손실은 보아야 마땅한 데도 501호 매수인 역시 후순위 채권자의 대위권을 인식하지 못하므로 인해서 미배당금 6,500만원 전액 501호 매수인이 부담하고 명도 했다고 한다. 물론 그들은 매수 당시부터 당연하게 인수할 것으로 인식하고 입찰에 참여했을 가능성이 높다. 따라서 마음의 상처는 없을 것이나 후순위 채권자가 대위행사할 수 있는 제도를 알 수만 있었다면 502호 매수인처럼 인수금액을 줄일 수있었을 것이다.

 501호와 비교하면 502호 정민국 임차인과 매수인은 얼마나 현명한 사람들 인가!

 필자가 502호 정민국 임차인에 대해서만 근로복지공단을 대위해서 배당요구 하였고 그 결과 정민국은 12,254,526원을 배당 받았으나 이미숙 임차인은 대위권을 행사하지 않아서 배당받지 못하고 매수인이 인수하여 명도 했다.

### 김선생의 한마디

**후순위저당권자가 선순위공동저당권자를 대위해서 배당요구한 사례**

사례들은 9장 03번의 ◆ 후순위저당권자가 선순위공동저당권자를 물상대위해서 배당요구한 사례와 다음 03번 물상대위해서 배당요구한 사례를 참고해서 작성하면 되므로 생략했다.

# 03. 정사장이 후순위저당권을 매입하고, 물상대위로 배당요구해 성공한 사례

◆ **공동담보물 중 일부가 먼저 매각된 입찰물건과 매각 결과**

    공동담보물건은 농지 5개 필지로 구성하고 있다. 이 중 농지 3개 필지는 물건번호 (1)번으로, 농지 2개는 물건번호 (2)번으로 해서 전체 면적 중 김선수 지분 702/2106이 각각 다음과 같이 먼저 매각되었다.

    그 과정에서 선순위공동저당권이 먼저 배당 받으므로 인해서 후순위저당권자 장소령이 일부만 배당 받았다.

### (1) 화성시 안녕동 OOO-2외 2필지, 입찰물건 및 매각결과

| 2012타경 12404 (2) | | | ▪ 수원지방법원 본원 ▪ 매각기일 : 2013.11.13(水) (10:30) ▪ 경매 15계(전화:031-210-1375) | | | | |
|---|---|---|---|---|---|---|---|
| 소재지 | 경기도 화성시 안녕동 OOO-33 외 1필지 [도로명주소검색] | | | | | | |
| 물건종별 | 농지 | 감정가 | 236,250,000원 | 구분 | 입찰기일 | 최저매각가격 | 결과 |
| 토지면적 | 875㎡(264.688평) | 최저가 | (29%) 67,738,000원 | 1차 | 2013-03-21 | 236,250,000원 | 유찰 |
| | | | | | 2013-04-18 | 189,000,000원 | 변경 |
| | | | | 2차 | 2013-05-21 | 189,000,000원 | 유찰 |
| 건물면적 | | 보증금 | (10%) 6,780,000원 | 3차 | 2013-06-20 | 151,200,000원 | 유찰 |
| | | | | 4차 | 2013-07-24 | 120,960,000원 | 유찰 |
| | | | | 5차 | 2013-09-06 | 96,768,000원 | 유찰 |
| 매각물건 | 토지지분매각 | 소유자 | 김선수 | 6차 | 2013-11-13 | 67,738,000원 | |
| | | | | 낙찰 : 70,321,000원 (29.77%) | | | |
| 개시결정 | 2012-03-12 | 채무자 | 최민자 | (입찰2명, 낙찰: **권영민** / 2등입찰가 69,200,000원) | | | |
| | | | | 매각결정기일 : 2013.11.20 - 매각허가결정 | | | |
| | | | | 대금지급기한 : 2013.12.26 | | | |
| 사건명 | 임의경매 | 채권자 | 동탄농협외1 | 대금납부 2013.12.23 / 배당기일 2014.01.24 | | | |
| | | | | 배당종결 2014.01.24 | | | |

## PART 9 후순위채권에 투자해서 실제로 고수익을 올렸던 사례와 소장작성방법  309

• 매각토지.건물현황 ( 감정원 : 해성감정평가 / 가격시점 : 2013.11.21 )

| 목록 | | 지번 | 용도/구조/면적/토지이용계획 | m²당 단가 (공시지가) | 감정가 | 비고 |
|---|---|---|---|---|---|---|
| 토지 | 1 | 안녕동 OOO-2 | 생산녹지지역, 자연녹지역, 비행안전제6구역(전술)<군사기지 및 및... | 답 323.67m² (97.91평) | 285,000원 (141,800원) | 92,245,950원 | ☞ 전체면적 971m²중 김시민 지분 702/2106 매각 ▶표준지공시지가:자연녹지 201,000, 생산녹지 112,000(m²당)원 |
| | 2 | 안녕동 OOO-7 | 생산녹지지역, 비행안전제6구역(전술)<군사기지 및 군사시설 보호법>,... | 답 125.66m² (38.012평) | 277,000원 (118,000원) | 34,807,820원 | 표준지공시지가: (m²당)112,000원 ☞ 전체면적 377m²중 김시민 지분 125.66/377 매각 * 현 "전" |
| | 3 | 안녕동 OOO-33 | 생산녹지지역, 자연녹지역, 비행안전제6구역(전술)<군사기지 및 및... | 답 867m² (262.268평) | 277,000원 (118,000원) | 240,159,000원 | 표준지공시지가: (m²당)112,000원 ☞ 전체면적 2601m²중 김시민 지분 1256.34/3769 매각 |
| | 4 | 안녕동 OOO-334 | 자연녹지역, 비행안전제6구역(전술)<군사기지 및 군사시설 보호법>,... | 답 10m² (3.025평) | 101,000원 (177,300원) | 1,010,000원 | 표준지공시지가: (m²당)201,000원 ☞ 전체면적 30m²중 김시민 지분 702/2106 매각 * 현 "구거" |
| | 5 | 안녕동 OOO-341 | 생산녹지지역, 자연녹지역, 비행안전제6구역(전술)<군사기지 및 및... | 답 8m² (2.42평) | 92,000원 (118,000원) | 736,000원 | 표준지공시지가: (m²당)112,000원 ☞ 전체면적 24m²중 김시민 지분 1256.34/3769 매각 * 현 "구거" |
| | | | 면적소계 1334.33m²(403.635평) | | | 소계 368,958,770원 | |

• 토지등기부 ( 채권액합계 : 1,317,695,622원 )

| No | 접수 | 권리종류 | 권리자 | 채권금액 | 비고 | 소멸여부 |
|---|---|---|---|---|---|---|
| 1(갑2) | 2002.07.22 | 소유권이전(매매) | 최민자 외 2명 | | 최민자, 김선수, 김시민 각 지분 702/2106 | |
| 2(을3) | 2002.07.22 | 최민자, 김시민 지분 전부 근저당설정 | 동탄농협 | 501,000,000원 | 말소기준등기 | 소멸 |
| 3(을6) | 2012.03.05 | 김시민 지분전부근저당 | 동탄농협 | 195,000,000원 | | 소멸 |
| 4(을9) | 2012.09.21 | 김시민 지분전부근저당 | 남OO | 140,000,000원 | | 소멸 |
| 5(갑15) | 2012.12.04 | 김시민 지분가압류 | 김OO | 481,695,622원 | 2012카단102916 | 소멸 |
| 6(갑17) | 2013.11.08 | 김시민 지분임의경매 | 동탄농협 | 청구금액: 159,799,563원 | 2013타경60295 | 소멸 |
| 기타사항 | ☞안녕동 OOO-2, 토지등기부등본 등기 내역 입. | | | | | |

## (2) 화성시 안녕동 OOO-33외 1필지 입찰물건 및 매각결과

| 2012타경 12404 (2) | | | | 수원지방법원 본원 | 매각기일 : 2013.11.13(水) (10:30) | 경매 15계 (전화:031-210-1375) |
|---|---|---|---|---|---|---|
| 소재지 | 경기도 화성시 안녕동 OOO-33 외 1필지 도로명주소검색 | | | | | |
| | | | | 오늘조회: 1  2주누적: 0  2주평균: 0  조회동향 | | |
| 물건종별 | 농지 | 감정가 | 236,250,000원 | 구분 | 입찰기일 | 최저매각가격 | 결과 |
| | | | | 1차 | 2013-03-21 | 236,250,000원 | 유찰 |
| 토지면적 | 875㎡(264.688평) | 최저가 | (29%) 67,738,000원 | | 2013-04-18 | 189,000,000원 | 변경 |
| | | | | 2차 | 2013-05-21 | 189,000,000원 | 유찰 |
| | | | | 3차 | 2013-06-20 | 151,200,000원 | 유찰 |
| 건물면적 | | 보증금 | (10%) 6,780,000원 | 4차 | 2013-07-24 | 120,960,000원 | 유찰 |
| | | | | 5차 | 2013-09-06 | 96,768,000원 | 유찰 |
| | | | | 6차 | 2013-11-13 | 67,738,000원 | |
| 매각물건 | 토지지분매각 | 소유자 | 김선수 | 낙찰 : 70,321,000원 (29.77%) | | | |
| | | | | (입찰2명, 낙찰: 권영민 / 2등입찰가 69,200,000원) | | | |
| 개시결정 | 2012-03-12 | 채무자 | 최민자 | 매각결정기일 : 2013.11.20 - 매각허가결정 | | | |
| | | | | 대금지급기한 : 2013.12.26 | | | |
| 사건명 | 임의경매 | 채권자 | 동탄농협외1 | 대금납부 2013.12.23 / 배당기일 2014.01.24 | | | |
| | | | | 배당종결 2014.01.24 | | | |
| 관련사건 | 2012타경20214(중복) | | | | | | |

● 매각토지.건물현황 (감정원 : 경림감정평가 / 가격시점 : 2012.03.26 )

| 목록 | 지번 | 용도/구조/면적/토지이용계획 | ㎡당 단가 | 감정가 | 비고 |
|---|---|---|---|---|---|
| 토지 | 1 | 안녕동 OOO-33 | 도시지역,생산녹지지역,자연녹지지역,비행안전제6구역,성장관리권역,... 답 867㎡ (262.268평) | 270,000원 | 234,090,000원 | 표준지공시지가: (㎡당)111,000원 ☞ 전체면적 2601㎡중 김선수 지분1256.34 / 3769 매각 |
| | 2 | 안녕동 OOO-341 | 위와같음 답 8㎡ (2.42평) | 270,000원 | 2,160,000원 | ☞ 전체면적 24㎡중 김선수 지분 1256.34 / 3769 매각 |
| | | 면적소계 875㎡(264.688평) | | 소계 236,250,000원 | |

참고사항 ▶ 1. 토지 OOO-33번지와 2. 토지 OOO-341번지 등기부등본상 등기 내용은 앞의 등기 내용과 동일하므로 지면상 생략하였음.

◆ **공동담보물 중 일부가 매각되고, 김시민지분 일부가 추가로 매각된 경우**

공동담보물건 농지 5개 필지 중 김선수 지분 702/2106이 앞의 사례와 같이 먼저 매각되었다. 그리고 나서 다음과 같이 농지 5개 필지 중 김시민 지분 702/2106이 126,553,000원에 매각되었다.

PART 9  후순위채권에 투자해서 실제로 고수익을 올렸던 사례와 소장작성방법  311

**2013타경60295**   • 수원지방법원 본원  • 매각기일 : 2014.10.14(火) (10:30)  • 경매 15계(전화:031-210-1375)

| 소재지 | 경기도 화성시 안녕동000-2 외 4필지 도로명주소검색 | | | | | | |
|---|---|---|---|---|---|---|---|
| 물건종별 | 농지 | 감정가 | 368,958,770원 | 오늘조회: 1 2주누적: 1 2주평균: 0 조회동향 | | | |
| | | | | 구분 | 입찰기일 | 최저매각가격 | 결과 |
| 토지면적 | 1334.33㎡(403.635평) | 최저가 | (34%) 126,553,000원 | 1차 | 2014-06-10 | 368,958,770원 | 유찰 |
| | | | | 2차 | 2014-07-15 | 258,271,000원 | 유찰 |
| 건물면적 | | 보증금 | (10%) 12,660,000원 | 3차 | 2014-08-29 | 180,790,000원 | 유찰 |
| | | | | 4차 | 2014-10-14 | 126,553,000원 | |
| 매각물건 | 토지지분매각 | 소유자 | 김시민 | 낙찰 : 126,553,000원 (34.3%) | | | |
| | | | | (입찰1명,낙찰:최민자) | | | |
| 개시결정 | 2013-11-08 | 채무자 | 김시민 | 매각결정기일 : 2014.10.21 - 매각허가결정 | | | |
| | | | | 대금지급기한 : 2014.11.20 | | | |
| 사건명 | 임의경매 | 채권자 | 동탄농협 | 대금납부 2014.11.14 / 배당기일 2014.12.19 | | | |
| | | | | 배당종결 2014.12.19 | | | |

• 매각토지.건물현황 (감정원 : 해성감정평가 / 가격시점 : 2013.11.21 )

| 목록 | | 지번 | 용도/구조/면적/토지이용계획 | ㎡당 단가 (공시지가) | 감정가 | 비고 |
|---|---|---|---|---|---|---|
| 토지 | 1 | 안녕동000-2 | 생산녹지지역, 자연녹지지역, 비행안전제6구역(전술)<군사기지 및 ... | 답 323.67㎡ (97.91평) | 285,000원 (141,800원) | 92,245,950원 | 전체면적 971㎡중 김시민 지분 702/2106 매각 ▶표준지공시지가:자연녹지 201,000, 생산녹지 112,000(㎡당)원 |
| | 2 | 안녕동000-7 | 생산녹지지역, 비행안전제6구역(전술)<군사기지 및 군사시설 보호법>, ... | 답 125.66㎡ (38.012평) | 277,000원 (118,000원) | 34,807,820원 | 표준지공시지가: (㎡당)112,000원 전체면적 377㎡중 김시민 지분 125.66/377 매각 * 현 "전" |
| | 3 | 안녕동000-33 | 생산녹지지역, 자연녹지지역, 비행안전제6구역(전술)<군사기지 및 ... | 답 867㎡ (262.268평) | 277,000원 (118,000원) | 240,159,000원 | 표준지공시지가: (㎡당)112,000원 전체면적 2601㎡중 김시민 지분 1256.34/3769 매각 |
| | 4 | 안녕동000-334 | 자연녹지지역, 비행안전제6구역(전술)<군사기지 및 군사시설 보호법>, ... | 답 10㎡ (3.025평) | 101,000원 (177,300원) | 1,010,000원 | 표준지공시지가: (㎡당)201,000원 전체면적 30㎡중 김시민 지분 702/2106 매각 * 현 "구거" |
| | 5 | 안녕동000-341 | 생산녹지지역, 자연녹지지역, 비행안전제6구역(전술)<군사기지 및 ... | 답 8㎡ (2.42평) | 92,000원 (118,000원) | 736,000원 | 표준지공시지가: (㎡당)112,000원 전체면적 24㎡중 김시민 지분 1256.34/3769 매각 * 현 "구거" |
| | | | 면적소계 1334.33㎡(403.635평) | | 소계 368,958,770원 | |

• 토지등기부 ( 채권액합계 : 1,317,695,622원 )

| No | 접수 | 권리종류 | 권리자 | 채권금액 | 비고 | 소멸여부 |
|---|---|---|---|---|---|---|
| 1(갑2) | 2002.07.22 | 소유권이전(매매) | 최민자 외 2명 | | 최민자, 김선수, 김시민 각 지분 702/2106 | |
| 2(을3) | 2002.07.22 | 최민자, 김시민 지분 전부 근저당설정 | 동탄농협 | 501,000,000원 | 말소기준등기 | 소멸 |
| 3(을6) | 2012.03.05 | 김시민 지분전부근저당 | 동탄농협 | 195,000,000원 | | 소멸 |
| 4(을9) | 2012.09.21 | 김시민 지분전부근저당 | 남OO | 140,000,000원 | | 소멸 |
| 5(갑15) | 2012.12.04 | 김시민 지분가압류 | 김OO | 481,695,622원 | 2012카단102916 | 소멸 |
| 6(갑17) | 2013.11.08 | 김시민 지분임의경매 | 동탄농협 | 청구금액: 159,799,563원 | 2013타경60295 | 소멸 |
| 기타사항 | 안녕동 000-2, 토지등기부등본 등기 내역 임. | | | | | |

이 과정에서 정 사장이 선행경매절차에서 일부만 배당 받고 소멸된 장 소령의 후순위저당권을 매입해서 민법 제386조 제2항에 따른 물상대위로 다음과 같이 배당요구해서 전액 배당받고 성공할 수 있었던 사례이다. 이 사례에서 장 소령 후순위근저당권 양도·양수계약서는 생략하고 물상대위로 배당 요구한 사례만 기술 했다. 필요하다면 다음 6번을 참고 해서 작성하거나 Chapter16 채권양도, 양수 시 유의사항과 채권양도양수계약서 작성 및 대항 요건을 참고하면 될 것이다.

## ◈ 정 사장이 장 소령의 후순위저당권을 매입하고 물상대위로 배당요구를 신청한 사례

### (1) 정 사장이 민법 제368조에 의한 물상대위로 배당요구한 신청서

**배당요구신청**

사건번호 : 2013타경60295호
채권자 :     동탄농업협동조합(경매신청채권자)
　　　　　　경기도 화성시 동탄면 오산리 OOO-3
채무자 :     김시민
　　　　　　경기도 용인시 수지구 진산로 OO, 104동 0000호(상현동 성원아파트)
배당요구채권자 :     장소령(민법 제368조 제2항에 따른 물상대위권자)
　　　　　　주민번호 500000 - 1000000(전화: 010-0000-0000)
　　　　　　경상북도 경주시 강동면 왕신숲골안길 OO-89
장소령 근저당권 양수인 정 사 장(400000-1000000)
　　　　　　서울시 서초구 사평대로 28길 OO, 4동 000호(반포동, 한신서래아파트)
　　　　　　전화: 010 - 0000 - 0000

**배당요구채권**

1. 금 50,575,136원정
　선행된 수원지방법원 2012타경12404호 부동산임의경매사건의 물상보증인 소유 농지 지분(1256.34/3769)의 매각절차에서에서 선순위공동저당권자 동탄농업협동조합이 선순위 전액 우선변제 받음으로 인해서 배당 받지 못하게 된 장소령 근저당권

(근저당권 양수인 정사장)이 민법 제368조 제2항에 따라 동탄농업협동조합 근저당권을 물상대위하여 채권액 50,575,136원,
2. 위 원금에 대한 2014년 01월 24일(선행 배당기일) 이후 완제일까지 연 20%의 지연손해금을 청구하는 바입니다.

### 신청 원인

1. 위 물상대위권자인 장소령 근저당권자(근저당권 양수해 배당요구한 정사장)는 선행된 수원지방법원 2012타경 12404호 부동산임의경매사건에서 선순위공동저당권자 동탄농업협동조합이 자신의 채권 전액을 우선 변제받음으로 인하여 동시매각시보다 배당금이 적어 지는 결과가 발생하게 되었고, 그에 따라 후순위 장소령 근저 당권자(근저당권 양수해 배당요구한 정사장)는 민법 제368조 제2항에 기한 동탄농 업협동조합 근저당권을 물상대위한 채권자입니다.

따라서 동시배당절차에서 배당받을 수 있는 금액을 한도로 2013타경60295호 배당절차에서 차순위 저당권자의 물상대위권을 행사하기 위해서 배당요구신청을 합니다.

2. 대법원 2011다30666,30673 판결과 부산지방법원2008가단165261 판결을 근거로 채무자지분의 경매절차에서 후순위저당권자의 지위를 양수한 정사장이 물상대위로 배당요구한 것입니다.

(1) 대법원 2011다30666,30673 판결에서는 공동저당의 목적인 채무자 소유 부동산과 물상보증인 소유 부동산에 각각 채권자를 달리하는 후순위저당권이 설정되어 있는 경우, 물상보증인 소유 부동산에 먼저 경매가 이루어져 경매대금의 교부에 의하여 1번저당권자가 변제를 받은 때에는 물상보증인은 채무자에 대하여 구상권을 취득함과 동시에 민법 제481조, 제482조의 규정에 의한 변제자대위에 의하여 채무자 소유 부동산에 대한 1번저당권을 취득하고, 이 경우 물상보증인 소유 부동산에 대한 후순위저당권자는 물상보증인에게 이전한 1번저당권으로부터 우선하여 변제를 받을 수 있으며, 자기 소유 부동산이 먼저 경매되어 1번저당권자에게 대위변제를 한 물상보증인은 1번저당권을 대위취득하고, 물상보증인 소유 부동산의 후순위저당권자는 1번저당권에 대하여 물상대위를 할 수 있다. 1번저당권자가 물상보증인 소유부동산에서 채권의 만족을 얻었다고 하더라도 1번저당권자의 미실행저당권을 포기하고 말소해주려면 물상보증인 소유부동산의 후순위저당권자와 물상보증인의 동의를 얻어서 말소해야지 그렇지 않은 경우에는 불법 말소에 해당되어 손해배상책임의 대상이 될 수 있다

(2) 부산지방법원2008가단165261 판결에서 선순위 공동저당권자가 공동저당의 목적인 채무자와 물상보증인의 공유지분 중 물상보증인의 공유지분에 대하여 먼저

경매가 실행되어 그 경매대금배당 및 임의변제로 피담보채무가 소멸하자 '채무자의 공유지분'에 대한 저당권설정등기의 말소등기를 한 사안에서, 그 말소등기는 아무런 권원 없이 마쳐져 무효이므로 '물상보증인의 공유지분'에 대한 후순위저당권자는 물상보증인을 대위하여 채무자에게 말소된 선순위 저당권설정등기의 회복등기 절차 이행을 구할 수 있다고 한 사례입니다.

본인의 주장과 근거는 첨부된 내용을 참조해 주시고, 이 배당절차에서 동탄농업협동조합 근저당권자를 물상대위해서 배당받을 수 있어서 동시매각절차보다 불리한 채권의 손실이 발생되지 않도록 해 주시기 바랍니다.

〈첨부내용〉
1. 동탄농협 근저당 물상대위 청구금액 계산과 청구 취지 1부
2. 선행된 수원지방법원 2012타경12404호 매각절차에서 배당표 사본 1부.
3. 물상대위권자인 장소령의 근저당권 양도·양수계약서 사본 1부.
4. 후순위저당권자가 물상대위할 수 있는 근거 법률 및 판례사례 1부.

2014년 06월 09일
위 배당요구채권자 정 사 장 (인)
연락처(☎) 010 - 0000 - 0000

## 수원지방법원 ○ ○ 귀중

### (2) 별첨한 동탄농협 근저당 물상대위 청구금액 계산과 청구 취지

후순위저당권자가 앞에서와 같이 민법 제368조 제2항에 따라 물상대위로 배당요구하려면 다음과 같이 동시배당 시 배당 받을 수 있었던 상황을 구분 하기 위해서 동시 배당표와 그로 인해서 물상대위할 수 있는 권리 내역을 알기 쉽게 분석해서 첨부해야 한다.

PART 9  후순위채권에 투자해서 실제로 고수익을 올렸던 사례와 소장작성방법    315

〈별첨1. 동탄농협 근저당 물상대위 청구금액 계산과 청구 취지〉

1. 수원지방법원 2012타경12404호 부동산임의경매 배당표 분석현황

2012타경12404호 경매사건은 물건번호 1번과 2번으로 나누어 매각되었고 그 물건 매각내역은 다음과 같습니다.

| 2012타경12404호 물건번호 1번 | 2012타경12404호 물건번호 2번 |
| --- | --- |
| (1) 물건번호 1번 내역은<br>① 경기도 화성시 안녕동 OOO-2 답 323.67㎡<br>{전체면적 971㎡×702/2106}, (1) 물건번호 1번 내역은<br>② 경기도 화성시 안녕동 OOO-7 답 125.66㎡<br>{전체면적 377㎡×125.66/377},<br>③ 경기도 화성시 안녕동 OOO-334 답 10㎡<br>{전체면적 30㎡×702/2106}. | (1) 물건번호 2번 내역은<br>④ 경기도 화성시 안녕동 OOO-33 답 867㎡<br>{전체면적 2601㎡×1253.34/3769},<br>⑤ 경기도 화성시 안녕동 OOO-341 답 8㎡<br>{전체면적 24㎡×1256.34/3769}. |
| (2) 실제 배당금계산배당순위와 배당금계산<br>① 매각금액 41,110,000원<br>② 매각대금이자: 38,228원<br>{108,851원×3,670,000원(입찰보증금)/10,450,000원(입찰보증금합계)}<br>③ 경매비용: 1,322,459원<br>{3,584,600×41,110,000원(낙찰금액)/111,431,000원(낙찰금액합계)<br>④ 실제배당할 금액: 39,825,769원{①+②-③} | (2) 실제 배당금계산배당순위와 배당금계산<br>① 매각금액 70,321,000원<br>② 매각대금이자: 70,623원<br>{108,851원×6,780,000원(입찰보증금)/10,450,000원(입찰보증금합계)}<br>③ 경매비용: 2,262,141원<br>{3,584,600×70,321,000원(낙찰금액)/111,431,000원(낙찰금액합계)<br>④ 실제배당할 금액: 68,129,482원{①+②-③} |
| (3) 배당순위와 각 채권자의 배당금계산<br>1순위: 동탄농업협동조합 18,657,672원<br>{50,575,136원×39,825,769원/107,955,251원} | (3) 배당순위와 각 채권자의 배당금계산<br>1순위: 동탄농업협동조합 31,917,464원<br>{50,575,136원×68,129,482원/107,955,251원} |

다음 2순위부터는 물건번호 1번과 2번에서 혼재되어 있어서 또다시 근저당권이 설정되어 있는 물건으로 분류해서 경매대가를 구하고 그에 따라 장소령 근저당권과 홍OO 근저당권에 배당하면 됩니다. 장소령 근저당권은 상기 물건내역중 ① 안녕동 OOO-2, 감정가 90,627,600원 + ② 안녕동 OOO-7, 33,928,200원 + ④ 안녕동 OOO-33, 감정가 234,090,000원으로 감정가 합계 =358,645,800원

홍OO 근저당권은 상기 물건내역중 ③ 안녕동 OOO-334, 감정가 3,100,000원 + ⑤ 안녕동 OOO-341, 감정가 2,160,000원으로 감정가 합계=5,260,000원임을 확인할 수 있습니다. 따라서 다음 2순위와 같이 배당하면될 것입니다.

| 2순위 : 장소령 근저당 56,550,762원<br>{57,380,115원(배당잔여금)×358,645,800원/363,905,800원}<br>그런데 실제 배당표는 **56,534,365원**으로 배당함 | 2순위 : 홍OO 근저당 829,389원<br>{57,380,115원(배당잔여금)×5,260,000원/363,905,800원}<br>그런데 실제 배당표는 **845,750원**으로 배당함 |
| --- | --- |

2. 대위청구는 다음과 같은 이유로 청구하게 되었습니다.

상기 1번 도표에서 1순위로 배당 받은 동탄농업협동조합 근저당권자 50,575,136원은 2002년 7월 22일자 채권최고액 501,000,000원으로 설정된 근저당권은 상기 도표 ①, ②, ③, ④, ⑤번 물건 전부에 공동으로 설정한 공동저당권인데 주채무자 최민자(1256.32/3769 지분)이고, 김소령(구김OO 개명)(1256.34/3769 지분)과 김시민(1256.34/3769 지분)들은 주채무자 최민자를 위해 담보제공한 물상보증인 관계에 있습니다. 이러한 상황에서 선행된 경매 사건번호 2012타경12404호 즉 물상보증인 소유 김소령(1256.34/3769) 지분이 먼저 매각됨에 따라 공동저당권자인 동탄농협이 앞에서와 같이 또는 별첨한 배당표와 같이 1순위로 채권잔액 50,575,136원(근저당권자의 채권미회수금)을 배당받게 되었고 그로 인해 후순위 저당권자인 장소령 근저당권(2006년 11월 29일 접수번호 제166123호)이 채권최고액 264,000,000원(배당 요구한 채권 361,170,000원)중 56,534,365원 밖에 배당받지 못하는 결과를 초래하게 되었습니다.

민법 제368조 제1항은 동시매각 시 공동채무자 간에는 각 경매대가에 비례하여 그 채권의 분담을 정하여 배당해야 한다. 그러나 채무자와 물상보증인 간에는 물상보증인의 변제자대위를 고려해서 채무자 담보물에서 우선변제하고 부족함이 있을 때 물상보증인의 담보물에서 배당해야한다.

<u>대법원 2008다41475 판결</u>에서 동시배당 시 물상보증인이 민법 제481조, 제482조의 규정에 의한 변제자대위에 의하여 채무자 소유 부동산에 대하여 담보권을 행사할 수 있는 지위에 있는 점 등을 고려할 때, ~ 민법 제368조 제1항은 적용되지 아니 한다고 봄이 상당하다.

이 경우 경매법원으로서는 <u>채무자 소유 부동산의 경매대가에서 공동저당권자에게 우선적으로 배당을 하고, 부족분이 있는 경우에 한하여 물상보증인 소유 부동산의 경매대가에서 추가로 배당을 하여야 한다.</u>

이와 같이 동시배당 시와 이시배당 시에도 다를 바 없이 적용되어야 한다.

물상보증인은 타인의 채무를 위하여 자신의 부동산 위에 저당권을 설정한 자이다.

이러한 물상보증인은 채무자가 제공한 담보물의 담보력을 신뢰하고 변제자대위에 관한 규정에 의하여 최종적인 책임을 채무자에게 귀속 시킬 수 있다는 기대하에 담보를 제공하는 것이므로, 그 후에 채무자 소유부동산에 후순위저당권이 설정되었다고 하더라도 그 기대이익을 박탈할 수 없는 없는 것이고, 채무자 소유부동산에 후순위저당권자가 설정되고 나서 물상보증인 소유부동산에 공동저당권이 추가되었다고 하더라도 애당초 후순위저당권자가 민법제368조 제2항에 따른 차순위저당권자의 대위를 기대하지 않고 설정한 것이므로 보호할 필요가 없다는 것으로 후순위저당권자보다는 물상보증인의 변제자대위가 우선하게 된다.

3. 민법 제368조 제2항에 따른 차순위 저당권자의 대위청구금액은 다음과 같습니다.

민법 제368조 제2항에서 물상보증인 소유부동산 또는 물상보증인 소유지분이 먼저 매각되므로 인해서 물상보증인 지분에서 선순위 공동저당권자(이 사건에서 동탄 농업협동조합: 채무자 최민자, 담보제공자 김소령과 담보제공자 김시민)가 1순위로 배당 받음으로 인해 후순위저당권자인 장소령 근저당권자가 동시 매각하여 동시 배당 받게 되는 경우 보다 적게 배당 받게 되는 결과를 초래하게 됩니다. 이 때 민법 제368조 제2항에서는 후순위 저당권자의 대위금액을 정함에 있어서 물상보증인이 구상권을 청구할 수 있는 범위 즉 민법 제481조와 482조에서 물상보증인 변제자대위를 할 수 있는 범위 내에서 대위행사를 할 수 있는 권리를 가지됨을 다음과 같은 대법원 판례로 알 수 있을 것입니다.

(1) 대법원 2011다30666, 30673 판결에서는 공동저당의 목적인 채무자 소유 부동산과 물상보증인 소유 부동산에 각각 채권자를 달리하는 후순위저당권이 설정되어 있는 경우, <u>물상보증인 소유 부동산에 먼저 경매가 이루어져 경매대금의 교부에 의하여 1번저당권자가 변제를 받은 때에는 물상보증인은 채무자에 대하여 구상권을 취득함과 동시에 민법 제481조, 제482조의 규정에 의한 변제자대위에 의하여 채무자 소유 부동산에 대한 1번저당권을 취득하고,</u> 이 경우 물상보증인 소유 부동산에 대한 후순위저당권자는 물상보증인에게 이전한 1번저당권으로부터 우선하여 변제를 받을 수 있으며, 자기 소유 부동산이 먼저 경매되어 1번저당권자에게 대위변제를 한 물상보증인은 1번저당권을 대위취득하고, <u>물상보증인 소유 부동산의 후순위저당권자는 1번저당권에 대하여 물상대위를 할 수 있다.</u> 1번저당권자가 물상보증인 소유부동산에서 채권의 만족을 얻었다고 하더라도 1번저당권자의 미실행 저당권을 포기하고 말소해주려면 물상보증인 소유부동산의 후순위저당권자와 물상보증인의 동의를 얻어서 말소해야지 그렇지 않은 경우에는 불법 말소에 해당되어 손해배상책임의 대상이 될 수 있다

(2) 선순위 공동저당권자가 공동저당의 목적인 채무자와 물상보증인의 공유지분 중 '물상보증인의 공유지분'에 대하여 먼저 경매가 실행되어 그 경매대금배당 및 임의변제로 피담보채무가 소멸하자 '채무자의 공유지분'에 대한 저당권설정등기의 말소등기를 한 사안에서, 그 말소등기는 아무런 권원 없이 마쳐져 무효이므로 '물상보증인의 공유지분'에 대한 후순위저당권자는 물상보증인을 대위하여 채무자에게 말소된 선순위 저당권설정등기의 회복등기절차 이행을 구할 수 있다고 한 사례 (부산지방법원2008가단165261) 그렇다면 물상보증인의 구상권청구범위는 대위변제한 금액 전액 즉 50,575,136원이 될것이고, 이 범위 내에서 후순위 저당권자인 장소령 근저당권자 역시 그 대위할 권리를 가진다고 볼 수 있습니다.

따라서 이러한 법리는 후순위 근저당권자인 장소령의 근저당권을 양도·양수계약에 의해 양도받은 정사장(주민번호 400000 - 1000000)에게도 똑같이 승계돼야 마땅할 것입니다. 그러한 사유로 후순위저당권을 양수받은 정사장이 후행으로 매각되는 채무자 지분에 대해서 민법 제368조 제2항에 따라 후순위 저당권자의 대위를 하게 이르렀고 그러한 사실을 증명하기 위해서 선행된 배당표와 후순위저당권자와 맺은 근저당권양도양수계약서를 첨부하고 그 보충설명을 위해서 이와 같은 내용을 첨부해서 그 권리를 주장하게 되었습니다.

2014년 06월 00일

후순위 저당권자로 대위배당요구권자 정사장(인)

# 04 이 순신이 물상대위로 부기등기와 근저당권처분금지 가처분한 사례

◆ 공동담보물 중 일부가 먼저 매각된 입찰물건과 매각 결과

공동담보 된 주택의 2분의 1지분이 먼저 다음과 같이 경매되었고, 그 과정에서 선순위유사공동저당권자인 대형선망수협이 전액 배당 받으므로 인해서 그 만큼 후순위 근저당권자 이순신이 동시 배당 시보다 적게 배당받게 되는 결과를 가져 왔다.

| 2015타경10218 | | ■ 부산지방법원 본원 ■ 매각기일 : 2015.10.07(水) (10:00) ■ 경매 10계 (전화:051-590-1822) | | | | | |
|---|---|---|---|---|---|---|---|
| 소재지 | 부산광역시 서구 동대신동3가○○-117 도로명주소검색 | | | | 오늘조회: 1 2주누적: 1 2주평균: 0 조회동향 | | | |
| 물건종별 | 주택 | 감정가 | 124,014,030원 | 구분 | 입찰기일 | 최저매각가격 | 결과 |
| 토지면적 | 89㎡(26.923평) | 최저가 | (80%) 99,211,000원 | 1차 | 2015-09-02 | 124,014,030원 | 유찰 |
| 건물면적 | 80.93㎡(24.481평) | 보증금 | (10%) 9,930,000원 | 2차 | 2015-10-07 | 99,211,000원 | |
| 매각물건 | 토지및건물 지분 매각 | 소유자 | 김영수 | 낙찰 : 99,300,000원 (80.07%) | | | |
| | | | | (입찰1명,낙찰:부산시 서구 김정철 공유자우선매수신청) | | | |
| 개시결정 | 2015-04-24 | 채무자 | 김영수 | 매각결정기일 : 2015.10.14 - 매각허가결정 | | | |
| | | | | 대금지급기한 : 2015.11.10 | | | |
| 사건명 | 강제경매 | 채권자 | 박미정 | 대금납부 2015.10.29 / 배당기일 2015.12.10 | | | |
| | | | | 배당종결 2015.12.10 | | | |

| 토지 | 동대신동3가 OO-117 | | 제3종일반주거지역, 중로3류(폭 12M~15M)(2015.05-20)(중도3-232(12~1... | 대 89m² (26.923평) | 1,100,000원 (711,900원) | 97,900,000원 | ☞ 전체면적 178m²중 김영수 지분 1/2 매각 |
|---|---|---|---|---|---|---|---|
| 건물 | 1 | 망양루111번길 31 [동대신동3가 OO-117] 시멘트 블록조 슬래브및 스레트 지붕 | 1층 | 주택 | 49.23m²(14.892평) | 346,000원 | 17,033,580원 | * 사용승인: 1983.09.03 * 유류보일러 △ 조표27694내 조표제2 7694호 ☞ 전체면적 98.46m²중 김영수 지분 1/2 매각 * 현황은 슬래브지붕 |
| | 2 | | 2층 | 주택 | 19.1m²(5.778평) | 346,000원 | 6,608,600원 | * 사용승인: 1983.09.03 * 유류보일러 △ 조표27694내 조표제2 7694호 ☞ 전체면적 38.20m²중 김영수 지분 1/2 매각 △ 현황은 슬래브지붕 |
| | 3 | | 지하 | 창고 | 6.75m²(2.042평) | 140,000원 | 945,000원 | * 사용승인: 1983.09.03 ☞ 전체면적 13.50m²중 김영수 지분 1/2 매각 * 현황은 슬래브지붕 |
| | | | | 면적소계 75.08m²(22.712평) | | 소계 24,587,180원 | |
| 제시외 건물 | 망양도111번길 31 [동대신동3가 OO-117] 조적조 파넬지붕 | | 2층 | 수택일부 | 5.85m²(1.77평) | 261,000원 | 1,526,850원 | 매각포함 |
| 감정가 | 토지:89m²(26.923평) / 건물:80.93m²(24.481평) | | | | 합계 | 124,014,030원 | 지분 매각 |

● 임차인현황 ( 말소기준권리 : 2006.06.12 / 배당요구종기일 : 2015.07.07 )

| 임차인 | 점유부분 | 전입/확정/배당 | 보증금/차임 | 대항력 | 배당예상금액 | 기타 |
|---|---|---|---|---|---|---|
| 박서영 | 주거용 | 전 입 일: 2012.11.01 확 정 일: 미상 배당요구일: 없음 | 미상 | | 배당금 없음 | 점유자. 현황서상임차인 |
| 박미정 | 주거용 2층 | 전 입 일: 2012.08.03 확 정 일: 2012.08.03 배당요구일: 2015.06.22 | 보25,600,000원 | 없음 | 소액임차인 | |
| 이현숙 | 수거용 2층 일부 | 전 입 일: 2013.00.27 확 정 일: 2013.11.14 배당요구일: 2015.06.11 | 보30,000,000원 | 없음 | 소액임차인 | |

● 건물등기부 ( 채권액합계 : 200,500,000원 )

| No | 접수 | 권리종류 | 권리자 | 채권금액 | 비고 | 소멸여부 |
|---|---|---|---|---|---|---|
| 1(갑4) | 2006.06.12 | 소유권이전(매각) | 김영수, 김정철 | | 임의경매로 인한 매각, 2004타경 78430, 각 지분 1/2 | |
| 2(을5) | 2006.06.12 | 근저당 | 대형선방수협 (토곡지점) | 97,500,000원 | 채무자 김정철 물상보증인 김영수 | 소멸 |
| 3(갑10) | 2011.12.15 | 김영수 지분압류 | 수연세무서 | | | 소멸 |
| 4(을6) | 2013.07.31 | 김영수 지분전부 근저당 | 이순신 | 63,000,000원 | | 소멸 |
| 5(을7) | 2014.01.10 | 김영수 지분전부 근저당 | 홍지혜 | 40,000,000원 | | 소멸 |
| 6(갑12) | 2015.04.24 | 김영수 지분 강제경매 | 박미정 | 청구금액: 18,500,000원 | 2015타경10218 | 소멸 |

● 토지등기부 ( 채권액합계 : 200,500,000원 )

| No | 접수 | 권리종류 | 권리자 | 채권금액 | 비고 | 소멸여부 |
|---|---|---|---|---|---|---|
| 1(갑8) | 2006.06.12 | 소유권이전(매각) | 김영수, 김정철 | | 임의경매로 인한 매각, 2004타경 78430, 각 지분 1/2 | |
| 2(을5) | 2006.06.12 | 근저당 | 대형선방수협 (토곡지점) | 97,500,000원 | 말소기준등기 | 소멸 |
| 3(갑16) | 2010.09.24 | 김영수 지분압류 | 부산광역시서구 | | | 소멸 |
| 4(갑18) | 2011.12.15 | 김영수 지분압류 | 수영세무서 | | | 소멸 |
| 5(갑19) | 2012.05.09 | 김영수 지분압류 | 부산광역시사상구 | | | 소멸 |
| 6(을6) | 2013.07.12 | 김영수 지분전부 근저당 | 이순신 | 63,000,000원 | | 소멸 |
| 7(갑20) | 2013.11.29 | 김영수 지분압류 | 부산광역시동구 | | | 소멸 |
| 8(을7) | 2014.01.10 | 김영수 지분전부 근저당 | 홍지혜 | 40,000,000원 | | 소멸 |
| 9(갑22) | 2014.07.14 | 김영수 지분압류 | 부산광역시남구 | | | 소멸 |
| 10(갑23) | 2015.04.24 | 김영수 지분 강제경매 | 박미정 | 청구금액: 18,500,000원 | 2015타경10218 | 소멸 |

PART 9  후순위채권에 투자해서 실제로 고수익을 올렸던 사례와 소장작성방법

## ◆ 지분경매에서 적게 배당받은 이순신이 필자를 방문했다

　방문 당시에 이순신은 이해가 안 된다는 표정을 하고 있었다. 왜냐하면 선순위공동저당권자 대형선망수협은 주택 전체에 설정된 저당권이고 그 근저당에서 채무자는 다른 지분권자이고, 지분경매에서 채무자 김학영은 담보만 제공한 물상보증인이기 때문이다. 그래서 선순위공동저당권자가 주택 지분비율에 따라 배당 받고 나머지 금액에 대해서 본인(이순신)이 배당 받았어야 한다고 경매법원에 주장했으나 받아들여지지 않아서 그 해결책을 얻고자 방문했다고 한다.

　필자가 이 사건을 분석해 본 결과 채무자 지분이 매각되는 것이 아니라 물상보증인 지분이 매각되므로 동시 배당 시 배당 받을 수 있는 범위 내에서 민법 제368조 제2항에 따른 후순위저당권자의 물상대위가 가능하다. 이때 물상 대위 범위는 대위변제한 전체에 대해서 청구할 수 있다고 볼 수 있지만, 실제로 청구할 수 있는 범위는 2분의 1로 봐야 한다. 형식적으로는 김영수가 물상 보증인(지분경매에서 채무자)이고, 김정철이 채무자이지만 실질적으로는 공동채무자이기 때문이다. 왜냐하면 대출자금이 주택 구입자금이고 단지 형식적으로만 김정철이 채무자이고 김영수가 물상보증인이기 때문에 실질적으로 공동채무자로 봐야 한다.

　그러나 필자는 실제로 소장을 쓸 때에는 물상보증인으로 대위변제한 전체 금액에 대해서 청구할 수 있도록 자문을 했다. 하지만 소송과정에서 앞에서와 같은 문제로 절반 정도 판결이 날 가능성이 높다는 사실도 이순신에게 알려 주었다. 어쨌든 물상보증인의 변제자 대위로 대위변제한 전체금액에 대해서 보전하기 위해 다음과 같이 부기등기 절차와 선순위유사공동저당권 말소 금지 가처분을 하게 되었다.

## ◈ 변제자 대위에 의한 근저당권 부기등기 절차 이행 청구의 소장 작성의 소에 따른 소장

소 장

**채권자**   이 순 신
**채무자**   대형선망수산업협동조합

|  |  |
|---|---|
| 목적물가액 | 66,212,140원 |
| 첨용인지액 | 302,900원 |
| 송달료 | 106,500원 |

변제자 대위에 의한 근저당권 부기등기 절차 이행 청구의 소

## 부산지방법원 귀중

〈과표 계산서〉

1. 건 물
  공시지가 : 711,900원          건축연도 : 1983년
  구    조 : 시멘트블록조        용   도 : 주 택
  $m^2$당가격 : 38,000원          면   적 : 150.16$m^2$
  $m^2$당가격 : 38,000원 × 면적150.16$m^2$ × 0.5 = 2,853,040원

2. 토 지
  공시지가 711,900원 × 면적178$m^2$ × 0.5 = 63,359,100원

3. 합계료 : 1 + 2 = 66,212,140원

## 소 장

원 고  이순신(600000 - 0000000)
　　　 부산시 부산진구 동광로 OOO. 107동 0000호(양정동, 현대아파트) 전화
피 고  대형선망수산업협동조합(100000-0000000)
　　　 부산시 서구 남부민동 OOO-3(토곡지점) 조합장 임준택

변제자 대위에 의한 근저당권 부기등기 절차 이행 청구의 소

### 청구취지

1. 피고는 원고에게 별지목록기재부동산에 대한 부산지방법원 중부산등기소 2006년 6월 12일 접수 제21691호, 원인 2006년 6월 12일 설정계약, 채권최고액 금 97,500,000원 채무자 김정철(부산시 사상구 주례동 OOO 주례한일유엔아이아파트 108동 0000호)으로 마친 근저당권설정등기의 부기등기 절차를 이행하라.
2. 소송비용은 피고의 부담으로 한다. 라는 판결을 구합니다.

### 청구원인

1. 당사자 관계
　가. 원고는 별첨 토지, 건물 부동산등기부등본(갑제1호증의 1-2)과 같은 부산시 서구 동대신동 3가 OO-117 토지, 건물 내제도표 27649호에 대한 소외 김영수와 김정철이 각 지분 1/2씩 지분을 가지고 있는 상태에서,
　나. 김영수 지분 1/2이 별첨 부산지방법원 2015타경10218호 부동산강제경매 경매정보지(갑제2호증)와 같이 경매신청채권자 소외 박미정의 경매신청으로 낙찰되기에 이르러, 위 김경철이 원고에 대하여 부담하고 있는 2006년 6월 12일 제21691호로 마친 채권최고액 97,500,000원이 거의 전부 근저당권자인 피고에게 배당되기에 이르러,
　다. 결국, 위 김영수가 김영수의 원고에 대한 근저당권 채무를 물상보증인으로 변제한 결과가 되어 구상권을 취득한 결과이고,
　라. 이에 위 김영수 지분 1/2에 대해 2013년 7월 31일 접수 제24636호로 채권최고액 63,000,000원의 민법 제368조 제2항에 따라 차순위근저당권을 가지고 있는 원고는 위 변제자 김영수의 구상대위의 범위 내에서 피고에게 근저당권이전청구권을 가지고 있는 자이고,
　마. 피고는 위와 같이 김정철 지분 1/2에 대해 근저당권을 가지고 있으나, 위와 같이 경매를 통해 김영수가 자신의 지분 1/2로 김정철의 근저당권피담보채무를 전부 변제하였음에도 민법 제368조 제2항에 따라 차순위근저당권자인 원고에게 근저

당권을 이전해 주지 않고 있는 자입니다.

2. 이 사건 원고의 김정철에 대한 김영수의 구상대위채권 97,500,000원

가. 결과적으로 위 김영수가 원고의 김정철에 대한 피담보채권인 근저당권 채권 97,500,000원을 물상보증인으로서 김영수의 지분 1/2을 매각(경매)하여 전액 대위변제한 것이고, 따라서 물상보증인은 대위변제한 범위 내에서 구상권을 청구할 지위에 있고, 그 구상권을 청구할 범위를 한도로 민법 제 481조, 제482조에 정한 변제자 대위에 의하여 선순위 공동저당권자의 저당권을 취득한다 할 것입니다.

나. 원고 역시 위 김영수의 후순위근저당권자로서 물상보증인이 구상권을 청구할수 있는 범위인 위 97,500,000원의 범위 내에서 민법 제368조 제2항에 따라 차순위 저당권자의 물상대위권을 가진 자에 해당되므로 피고에게 근저당권의 이전등기를 청구할 권리를 가진다할 것입니다.

다. 구상권이 타인이 부담하여야 할 것을 자기의 출재로서 변제하여 타인에게 재산상의 이익을 부여한 경우, 그 타인에게 상환을 청구할 수 있는 권리임에 비추어 피고는 원고에게 이 사건 근저당권을 부기등기방식으로 이전해 줄 의무가 있습니다.

3. 결 론

따라서, 원고는 피고에게 청구 취지와 같은 판결을 구하기 위하여 부득이 이 건 청구에 이른 것입니다.

**입증 및 첨부서류**

1. 이 사건 부동산등기부등본(갑제1호증의 1-2)　　　　　　　　　　　각 1부
1. 부산지방법원 2015타경10218호부동산 강제경매 경매정보지(갑제2호증)　각 1부
1. 토지대장　　　　　　　　　　　　　　　　　　　　　　　　　　　각 1부
1. 건축물관리대장　　　　　　　　　　　　　　　　　　　　　　　　각 1부
1. 법인등기부등본　　　　　　　　　　　　　　　　　　　　　　　　1부
1. 소장 부본　　　　　　　　　　　　　　　　　　　　　　　　　　1부

2015년 12월 일

위 원 고 이 순 신

## 부산지방법원 귀 중

## ◆ 변제자 대위에 의한 근저당권처분금지 가처분신청서

**근저당권처분금지가처분신청서**

채권자   이 순 신
채무자   대형선망수산업협동조합

목적물가액        66,212,140원
첨용인지액             1,000원
송달료               21,400원

2015년 12월 일

위 원고 이 순 신

## 부산지방법원 귀중

〈과표 계산서〉

1. 건 물
   공시지가 : 711,900원            건축연도 : 1983년
   구    조 : 시멘트블록조          용    도 : 주 택
   $m^2$당가격 : 38,000원           면    적 : 150.16$m^2$
   $m^2$당가격 : 38,000원 × 면적150.16$m^2$ × 0.5 = 2,853,040원

2. 토 지
   공시지가 711,900원 × 면적178$m^2$ × 0.5 = 63,359,100원

3. 합계료 : 1 + 2 = 66,212,140원

## 근저당권처분금지가처분신청서

채권자 : 이 순 신(600000 - 0000000)
　　　　 부산시 부산진구 동광로 OOO. 107동 0000호(양정동, 현대아파트)
　　　　 전화 000 - 0000 - 0000

채무자 : 대형선망수산업협동조합 (100000 - 0000000)
　　　　 부산시 서구 남부민동 OOO-3 (토곡지점)
　　　　 조합장 임준택

1. 목적물의 가액 : 금 66,212,140원
1. 피보전권리의 요지 : 신청외 김영수의 구상금대위청구권에 기한 채권자의 차순위 근저당권자로서의 근저당권 부기등기청구권
1. 가처분할 근저당권의 표시 : 별지목록 기재와 같음

### 신청취지

1. 채무자는 별지목록기재부동산에 대한 부산지방법원 중부산등기소 2006년 6월 12일 접수 제21691호, 원인 2006년 6월 12일 설정계약, 채권최고액 금97,500,000원 채무자 김정철(부산시 사상구 주례동 OOO 주례한일유엔아이아파트 108동 0000호) 으로 마친 근저당권설정등기의 근저당권자로서 말소등기를 채권자의 동의 없이 이행하거나, 양도 기타 일체의 처분행위를 하여서는 아니 된다라는 재판을 구합니다.

### 신청원인

1. 당사자 관계
　가. 채권자는 별첨 토지, 건물 부동산등기부등본(갑제1호증의 1-2)과 같은 부산시 서구 동대신동 3가 OO-117 토지, 건물 내제도표 27649호에 대한 신청외 김영수와 김정철이 각 지분 1/2씩 지분을 가지고 있는 상태에서,
　나. 채권자 지분 1/2이 별첨 부산지방법원 2015타경10218호 부동산강제경매 경매정보지(갑제2호증)와 같이 경매신청재권자 신청외 박미정의 경매신청으로 낙찰되기에 이르러, 위 김정철이 채무자에 대하여 부담하고 있는 2006년 6월 12일 제21691호로 마친 채권최고액 97,500,000원이 거의 전부 근저당권자인 채무자에게 배당되기에 이르러,
　다. 결국, 위 김영수가 김정철의 채무자에 대한 근저당권 채무를 물상보증인으로 변제한 결과가 되어 구상권을 취득한 결과이고,
　라. 이에 위 김영수 지분 1/2에 대해 2013년 7월 31일 접수 제24636호로 채권최고액 63,000,000원의 민법 제368조 제2항에 따라 차순위근저당권을 가지고 있는 채권자는 위 변제자 김영수의 구상대위의 범위 내에서 채무자에게 근저당권이전청구

권을 가지고 있는 자이고,

마. 채무자는 위와 같이 김정철 지분 1/2에 대해 근저당권을 가지고 있으나, 위와 같이 경매를 통해 김영수가 자신의 지분 1/2로 김정철의 근저당권피담보채무를 전부 변제하였음에도 민법 제368조 제2항에 따라 차순위근저당권자인 채권자에게 근저당권을 이전해 주지 않고 있는 자입니다.

## 2. 이 사건 채권자의 김정철에 대한 김영수의 구상대위채권 97,500,000원

가. 결과적으로 위 김영수가 채권자의 김정철에 대한 피담보채권인 근저당권 채권 97,500,000원을 물상보증인으로서 전액 김영수의 지분 1/2을 매각(경매)하여 대위변제한 것이고, 따라서 물상보증인은 대위변제한 범위 내에서 구상권을 청구할 지위에 있고, 그 구상권을 청구할 범위를 한도로 민법 제 481조, 제482조에 정한 변제자 대위에 의하여 선순위 공동저당권자의 저당권를 취득한다 할 것입니다.

나. 원고 역시 위 김영수의 후순위근저당권자로서 물상보증인이 구상권을 청구할 범위인 위 97,500,000원의 범위 내에서 민법 재368조 제2항에 따라 차순위저당권자의 물상대위권을 가진 자에 해당되므로 피고에게 근저당권의 이전등기를 구할 수있다할 것입니다.

다. 구상권이 타인이 부담하여야 할 것을 자기의 출재로서 변제하여 타인에게 재산상의 이익을 부여한 경우, 그 타인에게 상환을 청구할 수 있는 권리임에 비추어 채무자는 채권자에게 이 사건 근저당권을 부기등기방식으로 이전해 줄 의무가 있습니다.

## 3. 이 사건 가처분의 긴급성

가. 따라서, 채권자는 채무자를 상대로 위 김영수의 차순위근저당권자로서 구상대위에 의한 근저당권 부기등기 청구의 소를 준비 중에 있으나,

나. 동 소송은 채무자의 저 간의 사정으로 보아 장시간을 요할 것으로 예상되는 반면, 그 안에 채무자가 위 김정철의 근저당권 채권을 전부 변제 받았음을 기화로 위 김정철에 대한 근저당권을 타에 양도, 말소 등을 할 시, 채권자는 회복할 수 없는 다대한 손해에 직면할 것임이 분명하므로 본안소송의 집행보전을 위하여 시급히 이건 가처분 신청에 이른 것입니다.

다. 단지, 이건 가처분 신청에 따른 담보제공방법은 보증보험과의 계약을 체결한 증권으로 대체할 수 있도록 허락하여 주시기 바랍니다.

### 입증 및 첨부서류

1. 이 사건 부동산등기부등본(갑제1호증의 1-2)  각 1부
1. 부산지방법원 2015타경10218호부동산 강제경매 경매정보지(갑제2호증
   각 1부

1. 토지대장                                    각 1부
1. 건축물관리대장                                각 1부
1. 가처분할 근저당권목록                          각 6부
1. 법인등기부등본                                각 1부

2015년 12월 일

위 원고 이 순 신

## 부산지방법원 귀 중

## ◆ 근저당권처분금지 가처분된 등기부 내역

[건물] 부산광역시 서구 동대신동3가 00-117 내제조표27694호          고유번호 1801-1996-112174

| 순위번호 | 등 기 목 적 | 접 수 | 등 기 원 인 | 권 리 자 및 기 타 사 항 |
|---|---|---|---|---|
| 5 | 근저당권설정 | 2006년6월12일<br>제21691호 | 2006년6월12일<br>설정계약 | 채권최고액 금97,500,000원<br>채무자 김정철<br>  부산 사상구 주례동 239 주례한일유앤아이아파트<br>  108동 제0000호<br>근저당권자 대형선망수산업협동조합 180171-0003486<br>  부산 서구 남부민동 691-3<br>  (토곡지점)<br>공동담보 토지 부산광역시 서구 동대신동3가 00-117 |
| 5-1 | 5번근저당권변경 | 2015년10월29일<br>제41225호 | 2015년10월29일<br>강제경매로 인한 매각 | 목적 갑구4번 김정철지분전부근저당권설정 |
| 5-2 | 5번근저당권가처분 | 2015년12월28일<br>제48836호 | 2015년12월28일<br>부산지방법원의<br>가처분결정(2015카단933<br>3) | 금지사항 양도, 담보권설정 기타 일체의 처분행위의 금지<br>피보전권리 채권자의 차순위 근저당권자로서의 근저당권<br>  부기등기청구권<br>채권자 이순신<br>  부산 부산진구 동광로 352, 107동 제0000호<br>  (양정동, 현대아파트) |
| 8 | 6번근저당권설정,<br>7번근저당권설정 등기말소 | 2015년10월29일<br>제41225호 | 2015년10월29일<br>강제경매로 인한 매각 | |
| 9 | 근저당권설정 | 2015년10월29일<br>제41227호 | 2015년10월29일<br>설정계약 | 채권최고액 금156,000,000원<br>채무자 김정철<br>  부산광역시 서구 망양로111번길 00 (동대신동3가)<br>근저당권자 구덕신용협동조합 180141-0001186<br>  부산광역시 서구 대영로74번길 17(동대신동1가)<br>공동담보 토지 부산광역시 서구 동대신동3가 00-117 |

앞에서와 같이 부기등기청구 소송과 근저당권처분금지 가처분 신청서에 따라 먼저 위 등기부등본에서 볼 수 있듯이 근저당에 대한 가처분등기가 이루어 졌다. 그러나 그 이전에 경락잔금 대출을 받은 구덕신용협동조합은 선행된 지분경매 절차에서 후순위저당권자의 물상대위보다 후순위가 되어 잘못하다간 손실이 예상된다.

그리고 근저당권부기등기 청구는 채무자들이 이의를 제기하여 본안 소송이 진행되고 있어서 그 결과를 기다리고 있는 중이다.

# 05 후순위채권을 사서 구상대위로 근저당권 변경등기 등을 청구해 성공한 사례

## ◆ 공동담보물 중 백영민 지분이 먼저 매각된 물건 현황과 매각 결과

공동담보된 근린주택에서 백영민의 7분의 2지분이 먼저 다음과 같이 경매 되었고, 그 과정에서 선순위유사공동저당권자인 장흥농협이 전액 배당 받으므로 인해서 그만큼 후순위 채권자들이 전체물건이 동시 배당 시보다 적게 배당 받게 되는 결과를 가져 왔다.

| 2011타경35718 | | | | ● 의정부지법 본원 ● 매각기일 : 2012.07.24(火) (10:30) ● 경매 4계 (전화:031-828-0324) | | | |
|---|---|---|---|---|---|---|---|
| 소재지 | 경기도 양주시 장흥면 삼상리000-4 도로명주소검색 | | | | | | |
| 물건종별 | 근린주택 | 감정가 | 204,629,550원 | 오늘조회: 1  2주누적: 1  2주평균: 0  조회동향 | | | |
| | | | | 구분 | 입찰기일 | 최저매각가격 | 결과 |
| 토지면적 | 100.57㎡(30.422평) | 최저가 | (41%) 83,816,000원 | 1차 | 2012-03-06 | 204,629,550원 | 유찰 |
| | | | | 2차 | 2012-04-10 | 163,704,000원 | 유찰 |
| 건물면적 | 75.85㎡(22.945평) | 보증금 | (10%) 8,390,000원 | 3차 | 2012-05-15 | 130,963,000원 | 유찰 |
| | | | | 4차 | 2012-06-19 | 104,770,000원 | 유찰 |
| | | | | 5차 | 2012-07-24 | 83,816,000원 | |
| 매각물건 | 토지및건물 지분 매각 | 소유자 | 백영민 | 낙찰: 91,100,000원 (44.52%) | | | |
| | | | | (입찰 명, 낙찰: (주)성신 ) | | | |
| 개시결정 | 2011-09-19 | 채무자 | 백영민 | 매각결정기일 : 2012.07.31 - 매각허가결정 | | | |
| | | | | 대금지급기한 : 2012.09.07 | | | |
| 사건명 | 강제경매 | 채권자 | 김현정 | 대금납부 2012.09.07 / 배당기일 2012.10.17 | | | |
| | | | | 배당종결 2012.10.17 | | | |

PART 9 후순위채권에 투자해서 실제로 고수익을 올렸던 사례와 소장작성방법    331

● **매각토지.건물현황** (감정원 : 신우감정평가 / 가격시점 : 2011.09.28 / 보존등기일 : 2001.04.04 )

| 목록 | | 지번 | 용도/구조/면적/토지이용계획 | | ㎡당 단가 | 감정가 | 비고 |
|---|---|---|---|---|---|---|---|
| 토지 | | 삼상리 000-4 | *제1종일반주거지역, 제1종지구단위계획구역, 소로2류(폭8M-10M)(국지... | 대 100.57㎡ (30.422평) | 1,640,000원 | 164,934,800원 | 표준지공시지가:(㎡당)650,000원 ☞ 전체면적 352㎡중 **백영민** 지분2/7 매각 |
| 건물 | 1 | 위지상 철근콘크리트조 및 조적조 철근콘크리트 슬라브지붕 | 1층 | 근린생활시설(홀, 주방, 방) | 32.77㎡(9.913평) | 645,000원 | 21,136,650원 | * 사용승인:1999.00.00 * 전기보일러 ☞ 전체면적 114.70㎡중 **백영민** 지분2/7 매각 |
| | 2 | | 2층 | 주택(방3, 거실, 주방, 욕실2) | 24.02㎡(7.266평) | 645,000원 | 15,492,900원 | * 사용승인:1999.00.00 * 전기보일러 ☞ 전체면적 84.07㎡중 **백영민** 지분2/7 매각 |
| | | | 면적소계 56.79㎡(17.179평) | | 소계 36,629,550원 | | |
| 감정가 | | 토지:100.57㎡(30.422평) / 건물:75.85㎡(22.945평) | | | 합계 | 204,629,550원 | 지분 매각 |
| 참고사항 | | ▶세시외건물:전 소유권중 **백영민** 시분2// 매각 | | | | | |

● **임차인현황** ( 말소기준권리 : 2002.09.26 / 배당요구종기일 : 2011.12.12 )

| 임차인 | 점유부분 | 전입/확정/배당 | 보증금/차임 | 대항력 | 배당예상금액 | 기타 |
|---|---|---|---|---|---|---|
| 박지혜 | 점포 1층 전부 (일영식당) | 사업자등록 : 2007.11.06 확 정 일 : 2007.11.06 배당요구일 : 없음 | 보50,000,000원 월500,000원 | 없음 | 배당금 없음 | |

● **건물등기부** ( 채권액합계 : 276,000,000원 )

| No | 접수 | 권리종류 | 권리자 | 채권금액 | 비고 | 소멸여부 |
|---|---|---|---|---|---|---|
| 1 | 2002.03.13 | 소유권이전(상속) | 김미숙 외 2형 | | 김미숙 지분 3/7, 백영민과 백성우 지분은 각 2/7 | |
| 2 | 2002.09.26 | 근저당 | 장흥농협 | 126,000,000원 | 말소기준등기 | 소멸 |
| 3 | 2009.11.30 | 백영민지분가압류 | 임OO | 40,000,000원 | | 소멸 |
| 4 | 2010.07.26 | 백영민지분가압류 | 김현정 | 50,000,000원 | | 소멸 |
| 5 | 2010.12.31 | 백영민지분가압류 | (주)나눔파이낸스 | 60,000,000원 | | 소멸 |
| 6 | 2011.02.18 | 백영민지분입류 | 양주시 | | | 소멸 |
| 7 | 2011.09.19 | 백영민지분강제경매 | 김현정 | 청구금액: 50,000,000원 | 2011타경35718 | 소멸 |
| 8 | 2011.12.02 | 백영민 지분압류 | 국민건강보험공단 | | | 소멸 |

● **토지등기부** ( 채권액합계 : 276,000,000원 ) - 토지등기부 내역은 위 건물등기부와 동일하므로 생략함.

◆ **지분경매에서 적게 배당 받은 후순위채권을 김정민과 이은수가 매입했다**

선행된 백영민 지분 2/7에서 매각대금 91,100,000원 + 매각대금이자 93,251원으로 배당할 금액은 91,193,251원이고 여기서 경매비용 2,395,660 원을 공제하면 실제로 배당할 금액은 88,797,591원이다.

이 금액에서 1순위로 양주시청 당해세 886,130원, 2순위 장흥농협 근저당권 42,354,783원, 3순위 국민건강보험 교부청구 1,090,960원, 4순위 ① 김현 정

17,639,292원(강제경매신청채권자 5,000만원) + ② (주) 나눔파이낸스 16,095,856원) + ③ 임OO 10,730,570원(가압류권자 4,000만원)으로 다음 〈알아 두면 좋은 내용〉의 배당표와 같이 작성되어 배당금이 지급되었다. 따라서 김미숙을 채무자로, 백영민과 백성우가 물상보증인으로 하는 장흥농협 근저당권이 백영민(물상보증인) 지분 경매절차에서 전액 배당 받았으므로 백영민은 ① 김미숙에게 채무자로 대위변제한 금액 전액을, ② 백성우에게는 공동물상보증인으로 담보책임을 물을 수 있는 범위 내에서 구상권을 청구할 수 있고, 그범위 내에서 백영민은 민법 제481조와 482조에 따른 물상보증인의 변제자대위권을 갖는다.

이 범위 내에서 후순위저당권자 역시 민법 제368조 제2항에 따라 물상대위를 할 수 있다. 그러나 일반채권자는 후순위저당권자로서 물상대위가 불가하다는 사실을 앞에서 수차례 설명한 바 있듯이 직접 물상대위권이 없다. 그런 데도 일반채권자에 불과한 김현정 채권과 (주) 나눔파이낸스 채권을 어떤 이유로 김정민과 이은수가 양도 받았을까?

김현정 채권 양수인 김정민과 (주) 나눔파이낸스 채권 양수인 이은수는 일반 채권을 양도 받아 민법 제368조 제2항에 따라 후순위저당권자의 물상대위는 불가하지만, 채권자대위를 통해서 물상보증인이 민법 제481조, 482조로 물상 대위할 수 있는 권리를 대위할 수 있다. 이렇게 그 권리를 채권자대위로 청구 하는 것이 올바른 청구이나 실무에서는 다음과 같이 직접 구상대위로 근저당권 변경등기 및 구상대위 채권확인 등 청구의 소를 많이 이용하고 있어서 이 방법으로 소장을 작성한 것이다.

그렇게 되면 법원의 조정절차에서 합의가 이루어져 쉽게 해결의 실마리를 찾을 수 있기 때문이다.

PART 9 후순위채권에 투자해서 실제로 고수익을 올렸던 사례와 소장작성방법

### 미리 알아두면 좋은 법률 Refer

**의정부지방법원 2011타경35718호 경매사건에서 작성한 배당표**

| 명세 | 배당할금액 | 금 91,193,251 | | |
|---|---|---|---|---|
| | 매각대금 | 금 91,100,000 | | |
| | 지연이자 및 절차비용 | 금 0 | | |
| | 전경매보증금 | 금 0 | | |
| | 매각대금이자 | 금 93,251 | | |
| | 항고보증금 | 금 0 | | |
| | 집행비용 | 금 2,395,660 | | |
| | 실제배당할 금액 | 금 88,797,591 | | |
| | 매각부동산 | 별지와 같음 | | |
| | 채권자 | 양주시 | 장흥농업협동조합 | 국민건강보험공단양주지사 |
| 채권금액 | 원금 | 886,130 | 40,902,705 | 1,090,960 |
| | 이자 | 0 | 1,452,078 | 0 |
| | 비용 | 0 | 0 | 0 |
| | 계 | 886,130 | 42,354,783 | 1,090,960 |
| | 배당순위 | 1 | 2 | 3 |
| | 이유 | 교부권자(당해세) | 근저당권자 | 교부권자 |
| | 채권최고액 | 0 | 126,000,000 | 0 |
| | 배당액 | 886,130 | 42,354,783 | 1,090,960 |
| | 잔여액 | 87,911,461 | 45,556,678 | 44,465,718 |
| | 배당비율 | 100.00% | 100.00% | 100.00% |
| | 공탁번호 (공탁일) | 금제 호 ( . . . ) | 금제 호 ( . . . ) | 금제 호 ( . . . ) |

◈ **구상대위로 인한 근저당권 변경등기 및 구상대위 채권확인 등 청구의 소에 따른 소장**

소 장

원고 : 1. 김 정 민
       2. 이 은 수
피고 : 장흥농업협동조합

구상대위로 인한 근저당권 변경등기 및 구상대위 채권확인 등 청구의소
         목적물가액        원
         원첨용인지액     원
         원송달료          원

## 의정부지방법원 귀중

소 장

원고 1. 김 정 민 (700000 - 1000000)
      인천시 남구 용현동 OO-23, 형우빌리지 2동 000호
    2. 이 은 수 (700000 - 2000000)
      인천시 남구 용현동 OO-23, 형우빌리지 2동 000호
원고들 송달받을 장소 : 인천시 남구 학익동 OO-12, 석목빌딩 000호

피고 1. 장흥농협협동조합 (111536-0000000)
      경기도 양주시..... 조합장
    2. 김 미 숙 경기도 양주시 장흥면 삼상리 OOO-4
    3. 백 성 우 경기도 양주시 장흥면 삼상리 OOO-4

구상대위로 인한 근저당권 변경등기 및 구상대위 채권확인등 청구의소

## 청구취지

1. 주위적으로 피고1. 장흥농업협동조합은 원고 1, 2 김정민과 이은수에게 별지목록 기재 부동산에 관하여 의정부지방법원 의정부등기소 2002. 9. 26. 접수 제106859호로 마친 근저당권 설정등기에 대하여 근저당권자를 원고 1, 2 김정민, 이은수로 변경하는 부기등기 절차를 이행하라.
2. 피고 2, 3 김미숙 백성우는 원고 1, 2 김정민과 이은수에 대하여 2013. . . 채권자 대위권에 기한 구상채무금 42,354,783원을 부담하고 있음을 확인한다.
3. 피고 2, 3 김미숙, 백성우는 위 근저당권 변경등기에 대하여 승낙의 의사표시를 하라.
4. 예비적으로 피고 2, 3 김미숙, 백성우는 연대하여 원고 1, 2 김정민과 이은수에게 2013. . .부터 본 소장 송달일까지는 연 5%, 그 다음날부터 완제일까지는 연 15%의 각 비율에 의한 금원을 지급하라.
5. 소송 비용은 피고들의 부담으로 한다.
6. 위 제4항은 가집행할 수 있다.
   라는 판결을 구합니다.

## 청구원인

1. 당사자 관계

   가. 원고 1. 김정민은 소외 김현정의 채권을 별첨 채권양도양수계약서 (갑제1-1호증)및 채권양도통지서(갑제1-2호증)와 같이 2013. 1. 30일에 민법 제450조에 의거하여 적법하게 양도 받은 자로 소외 김현정은 별첨 집행력 있는 집행권원(갑제2호증)과 같이 피고들과 같은 상속인인 소외 백영민(등기부상 상속지분 백영민 7분의2, 김미숙 7분의3, 백성우 7분의2)에 대하여 금 50,000,000원 및 이에 대한 201 . . .부터 다 갚는 날까지 연 20%의 비율에 의한 대여금 채권을 가지고 있는 자이고,

   나. 원고 2. 이은수는 소외 (주)나눔파이낸스의 채권을 별첨 채권양 도 양수계약서(갑제3-1호증)및 채권양도통지서(갑제3-2호증)와 같이 2013. 1. 28일에 민법 제450조에 의거하여 적법히 양도 받은 자로 소외 (주)나눔파이낸스는 백영민에 대하여 가지고 있는 채권 금 60,000,000원을 근거로 이 사건 부동산에 가압류를 한 채권자 이고,

   다. 피고 1. 장흥농업협동조합은 이 사건 부동산 등기부등본(갑제4호 증)과 같은 경기도 양주시 장흥면 삼상리 OOO-4번지 소재 토지 및 건물(이하 이 사건 부동산 이라고 합니다.)에 대하여 채권최고액 126,000,000원, 2002. 9. 26. 의정부지방법원 등기과 접수 제106859호, 원인 2002. 9. 26. 근저당권 설정계약으로 된 1순위 근저당권자이고,

   라. 피고2. 김미숙은 위와 같이 이 사건 부동산의 상속지분 7분의3, 피고3. 백

성우는 이 사건 부동산의 7분의 2 상속지분을 가지고 있던 중 이 사건 부동산에 대하여 소외 김현정의 의정부지방법원 2011타경35718호 부동산 강제경매 신청에 따른 백영민지분(7분의2) 경매에 따라 선순위근저당권자인 위 피고1. 장흥농업협동조 합의 근저당권 잔존 채무금 42,354,783이 위 백영민 지분 경매로 채권이 모두 충족 됨으로 인해 (별첨 경매사건 대법원 사건검색)(갑제5호증 1-2 경매 배당표) 원고들이 동 경매에서 배당받을 배당금을 전부 배당받지 못해 소외 김현정은 50,000,000 원 중 겨우 17,639,292원을, 소외 (주)나눔파이낸스는 60,000,000원의 채권중 겨우 16,095,856원만을 배당 받게 됨에 따라, 이에 따른 부족채권이 발생되어, 결국 채권자 대위로 인한 원고들의 구상채권 변제로 인해 피고 2, 3은 원고들에 대하여 구상 채무를 부담하고 있는 자들입니다.

## 2. 원고들의 구상채권으로 인한 채권자 대위권

가. 채권자가 채권자 대위권을 행사하는 방법으로 제3채무자를 상대로 소송을 제기하고 그 판결을 받을 경우에 그 채권자 대위권에 의한 소송이 제기된 사실을 채무자가 알았을 경우에도 그 판결의 효력이 채무자에게 미치는 것이므로(대법원 1975. 5. 13 선고 74다1664 판결참조)

나. 이 사건 소외 김현정의 채권 양수인 원고1 김정민이 위 확정판결(갑제2호증)에 의해 이 사건 피고2,3 김미숙, 백성우에 대해서도 역시 그 판결의 효력이 미치는 것임은 일단 변론으로 하더라도,

다. 그렇다면 피고2,3 김미숙, 백성우는 원고들의 위 양수채권(소외 김현정, (주)나눔파이낸스 구상대위)에 대하여 변제할 의무가 있고, 위 피고1. 장흥농업협동조합은 채권자 대위에 의해 위 근저당권(장흥농업협동조합은 백영민 지분 7분의2 경매만을 통해서, 잔존 피담보채권액 금 42,354,783원을 전부 변제받았으므로 결국 이는 원고들의 양도인인 소외 김현정과 (주)나눔파이낸스가 동 경매에서 배당받은 배당채권을 근저당권 우선변제에 의해 변제받은 것이므로 이 자체로써 소외 김현정, (주)나눔파이낸스는 구상대위 채권을 획득하고 순차적으로 원고들은 소외 김현정, (주)나눔파이낸스로부터 각 채권을 양수받은 것이므로 근저당권을 이전받을 법률상 권한이 있다 할 것임)을 소외 김현정의 양수인 원고1. 김정민과 (주)나눔파이낸스의 양수인 원고2. 이은수에게 양도, 이전해야 마땅할 것임에도,

라. 피고1. 장흥농업협동조합은 위 근저당권을 원고1. 김정민과 원 고2. 이은수에게 고의로 이전하지 않고 있는 것은 부당하며, 피고2.3. 김미숙, 백성우는 위 근저당권 이전에 승낙의 의사표시를 할 의무가 있고,

마. 또한 가압류권자인 소외 (주)나눔파이낸스의 채권 양수인 원고 이은수에 대해서는 아직 집행권을 얻지 못하여 본안소송 중에 있으므로 구상채무 금 42,354,783 원을 부담하고 있음을 확인할 소의 이익이 있다 할 것입니다.

3. 결 론

따라서 원고들은 피고들에 대하여 청구취지와 같은 판결을 구하기 위해 부득이 이건 청구에 이른 것입니다.

**입증 및 서류첨부**

1. 원고1. 김정민과 소외 김현정의 채권양도양수계약서 및 채권양도 통지서
  (갑제1호증의 1-2) 각 1부
1. 소외 김현정의 소외 백영민에 대한 집행권원(갑제2호증) 1부
1. 원고2. 이은수와 소외 김현정의 채권양도양수계약서 및 채권양도통지서
  (갑제3호 증의 1-2) 각 1부
1. 이 사건 부동산 등기부 등본(갑제4호증의 1-2) 1부
1. 의정부지방법원 2011타경35718호 강제경매사건 1부
1. 2011타경35718호 사건 배당표 1부
1. 소장 부본 3부
1. 장흥농업협동조합 등기부등본 1부
1. 소외 (주)나눔파이낸스 등기부등본 1부

2013. 2.

위 원고   1. 김 정 민 (인)
         2. 이 은 수 (인)

## 의정부지방법원 귀중

◆ **등기부상 공동저당권은 다음과 같이 변경되었다가 다른 지분권자와 합의로 성공한 사례**

백영민 지분이 먼저 매각되어 선순위공동저당권 장흥농협은 다음과 같이 김미숙 지분 3/7과 백성우 지분 2/7에 변경등기 되었다가 앞에서와 같이 구상대위로 인한

근저당권 변경등기 및 구상대위 채권확인 등 청구의 소가 법원에 제출하고 나서 그 서류가 채무자들에게 송달이 이루어지자마자, 합의를 요청해와 더 이상 소송절차 없이 마무리가 된 성공적인 사례이다.

| 순위번호 | 등기목적 | 접수 | 등기원인 | 권리자 및 기타사항 |
|---|---|---|---|---|
| 1 | 근저당권설정 | 2002년9월26일 제106859호 | 2002년9월26일 설정계약 | 채권최고액 금126,000,000원 채무자 김미숙 양주군 장흥면 삼상리 000-4 근저당권자 장흥농업협동조합 111536-0001637 양주군 장흥면 일영리 155 공동담보 토지 경기도 양주군 장흥면 삼상리000-4 |
| 1-1 | 1번근저당권변경 | 2012년9월19일 제87950호 | 2012년9월7일 강제경매로 인한 매각 | 목적 갑구2번 김미숙지분전부 및 백성우지분전부근저당권설정 |
| 4 | 1번근저당권설정등기말소 | 2013년4월24일 제34531호 | 2013년4월24일 해지 | |
| 5 | 근저당권설정 | 2013년4월24일 제34532호 | 2013년4월24일 설정계약 | 채권최고액 금195,000,000원 채무자 김OO 경기도 양주시 장흥면 일영로 000 근저당권자 장흥농업협동조합 111536-0001637 경기도 양주시 장흥면 일영리 155 공동담보 토지 경기도 양주시 장흥면 삼상리 000-4 |

그러나 그러한 마무리 없이 소송절차가 진행되더라도 법원에서 조정절차로 마무리가 가능한 사례를 종종 찾아볼 수 있다.

# 06 권소령이 지분경매에서 후순위근저당권을 양도받아 성공한 사례

◆ 공동담보물 중 물상보증인 지분이 먼저 매각된 물건 현황과 매각 결과

　공동담보된 아파트에서 장영민의 2분의 1지분이 먼저 다음과 같이 경매되었고, 그 과정에서 선순위유사공동저당권자인 한국스탠더드제일은행이 전액 배당 받으므로 인해서 그 만큼 후순위 채권자들은 전체물건이 동시 배당 시보다 적게 배당 받게 되는 결과를 가져 왔다.

| 2013타경7730 | | | | 인천지방법원 본원 ・ 매각기일 : 2013.06.03(月)(10:00) ・ 경매 14계 (전화:032-860-1614) | |
|---|---|---|---|---|---|
| 소재지 | 인천광역시 계양구 계산동 1084-2, 은행마을삼보아파트 405동 9층○○○호 도로명주소검색 | | | | |
| 물건종별 | 아파트 | 감정가 | 145,000,000원 | 오늘조회: 1  2주누적: 0  2주평균: 0  조회동향 | |
| 대지권 | 20.131㎡(6.09평) | 최저가 | (70%) 101,500,000원 | 구분 | 입찰기일 | 최저매각가격 | 결과 |
| 건물면적 | 45.03㎡(13.64평) | 보증금 | (10%) 10,150,000원 | 1차 | 2013-05-01 | 145,000,000원 | 유찰 |
| | | | | 2차 | 2013-06-03 | 101,500,000원 | |
| 매각물건 | 토지및건물 지분 매각 | 소유자 | 장영민 | 낙찰 : 102,100,000원 (70.41%) (입찰2명,낙찰: 권소령/ 2등입찰가 : 102,010,000원) | |
| 개시결정 | 2013-01-24 | 채무자 | 장영민 | 매각결정기일 : 2013.06.10 - 매각허가결정 대금지급기한 : 2013.07.04 | |
| 사건명 | 임의경매 | 채권자 | (주)○○스마트대부 | 대금납부 2013.06.26 / 배당기일 2013.08.13 배당종결 2013.08.13 | |

● 매각물건현황 ( 감정원 : 경화감정평가 / 가격시점 : 2013.01.28 )

| 목록 | 구분 | 사용승인 | 면적 | 이용상태 | 감정가격 | 기타 |
|---|---|---|---|---|---|---|
| 건1 | 계산동 1084-2 (22층중9층) | 97.07.25 | 45.03㎡ (13.64평) | 주거용 | 101,500,000원 | ☞ 전체면적 90.18㎡중 장영민 지분 1/2 매각 * 계단식, 남향 * 열병합 지역난방 |
| 토1 | 대지권 | | 31334.7㎡ 중 20.131㎡ | | 43,500,000원 | ☞ 전체면적 40.2621㎡중 장영민 지분 1/2 매각 |

● 임차인현황 ( 말소기준권리 : 2005.06.03 / 배당요구종기일 : 2013.04.01 )

===== 조사된 임차내역 없음 =====

● 등기부현황 ( 채권액합계 : 186,800,000원 )

| No | 접수 | 권리종류 | 권리자 | 채권금액 | 비고 | 소멸여부 |
|---|---|---|---|---|---|---|
| 1 | 2005.06.03 | 소유권이전(매매) | 임기자, 장영민 | | 각 2분의1지분 소유 | |
| 2 | 2005.06.03 | 근저당 | 한국스탠다드차타드제일은행 (개인여신팀) | 76,800,000원 | 채무자:임기자 담보제공자:장영민 | 소멸 |
| 3 | 2011.11.04 | 장영민지분전부근저당 | (주)OO스마트대부 | 110,000,000원 | | 소멸 |
| 4 | 2013.01.24 | 장영민 지분임의경매 | (주)OO스마트대부 | 청구금액: 110,000,000원 | 2013타경7730 | 소멸 |

## ◆ 지분경매에서 적게 배당 받은 후순위근저당권을 권소령이 매입했다

선행된 장영민 지분 2분의 1에서 매각대금 102,100,000원에서 경매 비용 등을 공제하고 배당할 금액은 100,208,313원이다.

이 금액에서 1순위로 계양구청 당해세 348,000원, 2순위 한국스탠다드차타드제일은행(채무자 임기자, 담보제공자 장영민)이 채권전액 40,222,849원을 배당 받으므로 후순위 근저당권자인 (주)OO스마트(양도인)가 3순위로 59,637,464원(별첨 배당표참조)만을 배당 받아 회수하지 못한 채권금액이 50,362,536원 남아 있다. 따라서 (주)OO스마트(양도인) 전체지분이 동시 매각해서 동시 배당하는 경우보다 적게 배당 받은 결과를 낳게 되었다. 이 범위 내에서 물상보증인인 장영민이 채무자 지분으로 변경등기된 한국스탠다드차타드제일은행 근저당권을 민법 제481조와 482조에 따라 변제자대위할 수 있고, 후순위저당권자 역시 민법 제368조 제2항에 따라 물상대위를 할 수 있다. 이들 물상대위중 항상 후순위저당권자가 우선하게 된다. 이때 물상대위의 범위는 물상보증인이 채무자에게 구상권을 청구할 수 있는 범위 즉 2순위로 한국스탠다드차타드제일은행(채무자 임기자, 담보제공자 장영민)이 배당 받은 40,222,849원 전부가 된다.

이러한 사실을 알게 된 권소령은 후순위 근저당권자인 (주) OO스마트(양도인)가 3순위로 59,637,464원(별첨 배당표참조)만을 배당 받고 회수하지 못한 채권 금액 50,362,536원을 다음과 같은 채권양도·양수계약서로 매입하게 되었다.

## ◆ 후순위 (주)OO스마트 근저당권을 매입할 때 작성했던 채권양도·양수계약서

채권양도·양수계약서

양도인 성 명 : 주식회사 OO스마트 대표 이 소 령
　　　　주 소 : 서울시 광진구 OOO로4길 OO, OOO(구의동)
　　　　연락처 : 02-000-0000
양수인 성 명 : 권 소 령
　　　　주 소 : 서울시 강남구 OO동 65, OO아파트 OO동 OOO호
　　　　연락처 : 010-000-0000
채무자 성 명 : 장 영 민(선행된 매각절차에서 물상보증인)
　　　　주 소 : 인천시 계양구 OO동 OOOO-OOOOO아파트OOO호
　　　　연락처 : 010-000-000

양도인 (주) OO스마트는 양수인 겸 채권자 권소령에게 채무자 장영민에 대하여 가지고 있는 채권을 양도하기로 하고, 다음과 같이 채권양도·양수 계약을 체결한다.

- 다 음 -

제1조(양도대상)
인천시 계양구 OO동 OOOO-OO OOOO아파트 OOO호의 장영민 2분의 1 지분 전부에 2011년 11월 04일에 접수번호 제53873호로 설정된 (주) OO스마트 근저당권(채권최고액 1억1,000만원, 채무자 장영민)과 피담보채권을 상기 양수인에게 양도하기로 하는 계약이다.

### 제2조(양도대상 채권금액)

(주) ○○스마트(양도인)는 장영민 2분의 1지분 전부가 2013타경7730호 매각절차에서 배당요구한 채권 1억1천만원 중 59,637,464원(별첨 배당표참조)만을 배당 받아 회수하지 못한 채권금액이 50,362,536원 남아 있다. 상기 양도인과 양수인은 이 금액을 양도하는 계약이다.

### 제3조(양도하는 방법과 양도대상 채권금액)

가. 위 2조에서 양도 받은 채권 50,362,536원은 물상보증인(담보제공자 장영민 2분의 1) 지분이 먼저 매각되므로 인해서 선순위 공동저당권자인 한국스탠다드차타드제일은행(채무자 ○○○, 담보제공자 장영민)이 채권전액 40,222,849원을 1순위로 배당 받으므로 후순위 근저당권자인 (주) ○○스마트(양도인)가 전체지분이 동시 매각해서 동시 배당하는 경우보다 적게 배당 받은 결과를 낳게 되었다. 따라서 양도인은 이 적게 받은 금액에 대해서 민법 제368조 제2항에 따라 차순위저당권자가 선순위 공동저당권자를 물상대위할 수 있는 권리가 있다. 양도인은 이 채권과 권리를 양수인에게 양도하기로 하는 계약이다. 그런데 후순위저당권자가 민법 제368조 제2항에 따라 물상 대위할 권리를 양도 받는 것이므로 차후 분쟁을 방지하고자 다음과 같은 조건으로 양도하기로 한다.

(1) 양도·양수계약 후 계약금을 지급하고 양도인 명의로 선순위 공동저당권(한국 스탠다드차타드제일은행)에 대해서 처분금지가처분과 채권가압류 등을 한 다음 양도하는 계약을 완료하는 계약이다.

(2) 따라서 양도인은 양수인이 양도인 명의로 근저당권 처분금지가처분과 채권가압류, 근저당권에 대한 부기등기, 채무자 '병'에게 채권양도 통지 등 일체의 권리를 완료할 때까지 양도인 명의로 진행하는 절차에 대해서 적극 협조해야 한다.

(3) 근저당권 양도·양수 대금 1,200만원은 2015. 08. 13. 양도·양수계약서를 작성하고, 계약금으로 120만원을 지급하고(또는 20%로 해서 240만원), 잔금 1,080만원은 2015. 08. 20. 까지 양도인 명의로 근저당권 처분금지가처분과 채권 가압류신청서를 법원에 제출하고, 채무자 장영민의 승낙 또는 양도통지가 확정일자 있는 증서로 송달된 사실을 확인하고 지급하기로 한다. 다만 이 시기까지 가처분과 가압류, 부기등기, 채권양도통지가 완료되지 않으면 계약은 완료된 것으로 보고 잔금을 지급하게 되지만, 양도인은 위와 같은 절차가 마무리될 때까지 적극 협력해야 한다.

(4) 위와 같은 과정에서 양도인이 협조(서류제출 및 위임장 등)하지 못해서 위 절차 등이 원만하게 이루어지지 못해서 손해가 발생하게 되면 그에 대한 책임은 양도인에게 있다. 이때 계약은 무효로 하고 다음 제8조에 따라 양도인은 매매대금과 계약위반에 따른 위약금으로 계약금의 3배 금액의 손해배상책임을 지기로 한다.

나. 위 2조에서 양도 받은 채권 50,362,536원 중 위 가항의 민법 제368조 제2항에 따라 차순위저당권자의 물상대위로 청구할 수 있는 40,222,849원을 제외하고 10,139,687원은 채무자 병에 대해 청구할 수 있는 채권을 양도하는 것이다.

제4조(채권양수도)
　양도인 주식회사 ○○스마트는 위 양도채권을 양수인 권소령에 양도한 이상 채무자에 대한 청구권은 양도 시점에서 소멸되고, 그 권리는 양수인 권소령에게 이전된다.

제5조(채권양도 통지권한 부여)
　양도인 주식회사 ○○스마트는 채무자에 대한 채권양도 통지권한을 양수인 권소령에게 부여하고, 양수인 권소령은 양도인 주식회사 ○○스마트를 대리하여 확정일자 있는 증서로 채무자 장영민에게 채권양도 통지를 하기로 한다.

제6조(채권보증과 신의성실)
　가. 양도인 '주식회사 ○○스마트는 대상채권이 양수인 권소령 이외 제3자에게 양도되거나, 가압류, 압류 등으로 권리의 하자가 없음을 보증한다.
　나. 양도인 주식회사 ○○스마트는 채무자 장영민에 대하여 상계적상에 있는 반대채무를 가지고 있지 않음을 확인한다.
　다. 양도인과 양수인은 위 각 조항을 신의성실의 원칙에 따라 이행을 준수하여야 하므로 채무자에게 양도통지 후 채무자 장영민으로부터 양도채권에 대해서 이의가 있을 때 그에 대한 민·형사상의 담보책임을 진다.

제7조(권리와 의무)
　양도인은 상기 채권을 양도하면서 매매대금 1,200만원을 받고, 그에 대한 대가로 채권이 양도됨과 동시에 근저당권 처분금지가처분, 채권가압류, 선순위공동저당권에 대한 부기등기 절차가 원만하게 이루어 질 수 있도록 그에 필요한 서류제출 일체에 관하여 적극 협력해야 한다. 필요한 서류는 소송이나 보전처분 등의 경우 위임장및 소송 등에 필요한 서류 일체를 말한다.

제8조(계약해제 및 손해배상책임)
　위 7조에 따라 서류 등의 제출 요청에 협조하지 않아서 손해가 발생하거나 또는 위 6조의 채권보증의 내용에 대하여 양수인에게 대항할 수 있는 사유가 발생하면 양수인의 선택에 따라 채권양도계약 해제 절차를 밟을 수 있다. 이때 별도 손해에 대한 협의 없어도 당연히 위약금으로 계약금의 3배 금액에 대한 손해배상책임을 지기로 한다. 따라서 양도인은 손해배상금으로 계약금의 3배 금액과 매매대금을 반환해야 한다.

제9조(전속관할)
본 계약으로 인하여 분쟁이 발생하는 경우 서울중앙지방법원을 전속 관할로 한다.

위와 같이 양도인과 양수인간의 계약이 성립되었으므로 그 증거로써 본 계약서 2통을 작성하고, '갑'과 '을'이 기명날인하여 각 1통씩 보관한다.

2015년 08월 13일

양도인 : 주식회사 ○○스마트 대표 이소령(인)

양수인 : 권소령 (인)

### ◈ 후순위근저당권을 매입하고 채무자에게 변경등기된 공동저당권을 물상대위해 성공한 사례

이 사례는 앞에서와 같은 권리를 알게 된 권소령이 필자를 찾아와 도움을 줄 수 있었던 사례다. 채권양도·양수계약서를 작성하고 그 권리를 행사하기 위해 양도인 앞으로 근저당권처분금지 가처분과 채권가압류 등을 하게 되었는데 한국스탠다드차타드제일은행(채무자 임기자, 담보제공자 장영민)이 채무자(임기자)에게 해결하지 않으면 말소하지 못한다고 연락을 취하는 등의 조치만으로, 양수인 권소령과 채무자 임기자간에 원만한 해결을 볼 수 있었고, 그런 과정을 통해서 양수인은 높은 투자수익을 올릴 수 있었다.

# 10 PART
## 부실채권(NPL)을 제대로 알고 투자하자

01 부실채권(NPL)의 의미와 발생하게 되는 과정
02 NPL은 담보부 NPL과 무담보부 NPL로도 구분 할 수 있다
03 부실채권 매각 방식에 대해 알아 보자!
04 부실채권은 어디에 가면 구입할 수 있나?
05 부실채권을 매각하는 방법
06 부실채권을 매입하려면 어떠한 요건을 갖추고 있어야 하나?

# 01
# 부실채권(NPL)의 의미와 발생하게 되는 과정

◈ **NPL(무수익여신=Non Performing Loan =)이란?**

금융기관 등에서 채무자 소유 또는 물상보증인 소유물건에 대해서 근저당권(대출채권원금의 120~130%를 채권최고액) 등을 설정하고 채무자에게 금전을 대출하게 된다. 그 과정에서 대출원금 및 이자 등이 회수되지 않을 때 금융기관의 부실 대출금액과 부실 지급보증금액을 합친 금액으로 수익이 발생하지 않기 때문에 붙여진 이름이다. 일정 기간 이상 이자가 연체된 대출금이나 부도 등으로 법정관리에 들어간 기업에 대한 대출금이 NPL로 분류된다.

 **김선생 도움말**

NPL(Non Performing Loan)은 3개월 이상 된 금융권의 무수익여신, 미회수채권, 또는 부실채권으로 은행은 원리금 회수가 어려운 이들 부동산담보대출 권리를 매도하며 이렇게 3개월 이상 이자가 연체된 채권을 부실채권이라 말한다.

금융회사의 대출 건전성을 나누는 기준은 ① 정상, ② 요주의(1개월에서 3개 월미만 연체), ③ 고정(3개월 이상 연체), ④ 회수의문(3개월 이상 12개월 미만 연체) ⑤ 추정손실(12개월 이상 연체)의 5단계로 분류되는데 이중에서 3개월 이상 연체된 여신을 '고정' 이하로 분류한다. 은행업 감독규정에서는 '고정' 이하의 여신을 부실여신

즉 NPL로 간주 한다.

### 미리 알아두면 좋은 법률 Refer

은행업 감독규정 제27조(자산건전성 분류 등)은행은 정기적으로 차주의 상환 능력과 금융 거래내용 등을 감안하여 보유자산 등의 건전성을 "정상" "요주의" "고정" "회수의문" "추정손실"의 5단계로 분류하고, 적정한 수준의 대손충당금 등(지급보 증충당금, 미사용약정금충당금 및 대손준비금을 포함한다. 이하 "대손충당금 등"이라 한다)을 적립 · 유지하여야 한다(제1항).

## ◆ 부실채권(NPL)이 발생하게 되는 과정

금융기관 등은 부실채권이 발생하게 되면 담보된 저당권으로 직접 경매를 신청해서 채권을 회수할 수도 있지만, 자산 건전성과 대외 신용도를 유지하기 위해 부실채권 비율을 낮추는 방법으로 금융기관이 보유한 부실채권(NPL)을 KAMCO(한국자산관리공사) 등에 매각하거나 유동화전문유한회사, 신용정보 회사나 여신전문금융회사, 저축은행 등의 제2 금융권에 입찰 등을 통하여 매각하고, 이를 매입한 회사는 채권의 추심이나 재매각을 통해 수익을 올리기도 한다.

### 미리 알아두면 좋은 법률 Refer

**KAMCO의 부실채권정리기금으로 금융기관 부실채권 매입후 매각방법**

① 1997년 11월 금융권 부실채권을 인수해 정리할 목적으로 한국자산관리공사(KAMCO)가 금융기관(33개 은행, 30개 종금사, 2개 보증보험사) 및 정부의 출연금, 한국 자산관리공사로부터의 전입금, 기금채권으로 발행한 자금, 한국은행 및 기타의 자로부터의 차입금, 기금운용 수익 및 그 밖의 수입금으로 조성한 기금이다. '금융기관 부실자산 등의 효율적 처리 및 한국자산관리공사의 설립에 관한 법률(자산관리공사 법)'을 근거로 해 설치됐다.

② 정부는 부실채권정리기금을 만들어 1997~2002년까지 5년간 39조 2000억 원을 투입해 180여 개 금융회사의 부실채권 111조 6000억 원을 인수했다. 캠코는 이후 자산유동화증

권(ABS) 발행, 국제입찰, 인수합병(M&A) 매각 등을 통해 46조 8000억 원을 회수했다. 이는 투입금액에 비해 7조6000억 원을 초과 회수한 것이다.

③ 한편 캠코는 2013년 2월 22일자로 부실채권정리기금을 청산하고, 기금이 보유한 대우조선해양 등 잔여재산 약 1조 원을 공적자금상환기금 등 24개 출연기관에 모두 반환한다고 밝혔다.

# 02
## NPL은 담보부 NPL과 무담보부 NPL로도 구분 할 수 있다

### ◆ 금융기관 또는 개인 등의 담보부 NPL

① 금융기관 등에서 채무자 소유 또는 물상보증인 소유물건에 대해서 근저당권(대출채권금액의 120~130%를 채권최고액) 등을 설정하고 채무자에게 금전을 대출하는 방식이 대표적인 방법이다. 이 방법 이외에도 담보신탁을 통해서 대출하는 방법이 있는데 현행 저당제도를 대신할 수 있는 선진 담보기법으로 부동산소유자(위탁자)가 자신 또는 타인의 채무 내지는 책임의 이행을 보장하기 위해 소유권을 신탁회사에 이전하고 신탁회사로부터 수익권증서를 교부받아 그 수익권증서를 담보로 금융기관에서 대출을 받을 수 있는 제도로 현행 저당제도 보다 신속하고 비용도 저렴하다.

② 개인 간 또는 법인 간에도 금전거래가 다음과 같은 방법으로 이루어 지고 있다.

㉠ 금융기관과 같이 근저당권을 설정하고 대출을 실행하는 경우

㉡ 가등기(매매예약 가등기와 담보가등기)를 설정하고 대출을 실행하는 경우 가등기담보는 소비대차계약으로 돈을 빌려주고 그 채권을 담보하기 위해서 대물변제 예약을 한 후 가등기를 경료하는 방법의 담보권을 말한다. 이 경우에도 앞에서 설명한 채권 원금과 이자, 손해배상 및 저당권의 실행비용만을 담보로 하고 있다. 가등기담보 설정계약서를 작성하면 그에 따라 등기부상으로 매매예약가등기 또는 담보가등기를 할 수 있지만 실무에서는 대부분이 매매 예약가등기로 등기되므로 등기부만으로 그 자세한 상황을 파악할 수 없다.

ⓒ 매도담보와 양도담보 등의 담보형식으로 금전대출을 하는 경우

매도담보는 채무자가 매매형식을 이용하여 소유권을 채권자에게 이전하고 환매 또는 재매매 예약을 하여 추후에 대금을 변제하고 소유권을 찾아오는 담보형식을 말한다. 매도담보계약서를 작성후 그에 따라 등기를 신청하게 된다.

이에 반해서 양도담보는 채권담보의 목적으로 물건의 소유권(또는 기타의 재산권)을 채권자에게 이전하고, 채무자가 채무를 이행하지 아니할 경우에는 채권자가 그 목적물로부터 우선변제를 받게 되지만, 채무자가 이행을 하는 경우에는 목적물을 다시 원소유자에게 반환함으로써 채권을 담보하는 비전형담보이다.

위 담보물권 중에서 3개월 이상 된 금융권 등의 무수익여신, 미회수채권, 또는 부실채권으로 은행 등은 원리금 회수가 어려운 이들 부동산담보대출 권리를 자산유동화회사에 매도하며 이렇게 유동화 된 부실채권을 담보부 NPL 이라 한다.

 **김선생 도움말**

홍길동이 경기도 안양에 있는 대림 아파트를 3억5천만원에 매수당시 자금이 부족한 관계로 국민은행에서 2억원을 대출받고 채권최고액 2억4,000만원으로 하는 근저 당권을 설정했다.

그런데 자금 사정이 악화돼 이자를 3개월 이상 연체하고 있었다면, 국민은행은 직접 임의경매를 신청해서 근저당권으로 우선변제 받는 방법과 담보부 부실채권으로 분류해 매각하는 방법을 선택할 수 있다.

### ◆ 금융기관 또는 개인 등의 무담보부 NPL

① 무담보부 NPL이란 금융기관이 근저당권을 설정하고 대출을 실행한 것이 아니라 신용대출 (신용으로 대출하는 마이너스통장)과 신용카드대출, 그리고 근저당권을 설정했으나 그 채권최고액을 초과하는 채권(근저당권으로 우선 변제받지 못하는 일반채권에 불과하다) 등이 있다.

② 개인 등이 담보물권을 설정하고 대출을 실행하는 것이 아니라

㉠ 공증사무실에서 약속어음공정증서를 받고 금전을 대출하는 경우로 공증된 약속어음은 집행권원으로 지급일시가 기재되고 이 시기에 채권이 회수가 불가능 시 공증사무실에서 집행문을 부여받아 채무자의 재산을 압류 또는 강제경매를 신청하면 된다.

㉡ 차용증서만을 받고 금전을 대출하는 경우로 채권자와 채무자 간의 관계가 혈연, 지연 관계로 잘 알고 있는 경우에 채무자를 신뢰하여 대출하는 금전 대출 방법이다. 그런데 차용증서만으로 금전대출을 할 때에는 별도 보전 (가압 류) 조치 후 본안소송을 통한 판결문으로 채무자의 재산을 강제경매를 신청하면 된다.

위 무담보채권 중에서 3개월 이상 된 금융권 등의 무수익여신, 미회수채권, 또는 부실채권으로 은행 등은 원리금 회수가 어려운 이들 무담보대출 권리를 자산유동화회사에 매도하며 이렇게 유동화 된 부실채권을 무담보부 NPL이라 한다.

### ◆ 금융기관이 부실채권을 매각하게 되는 이유

① 부실채권비율이란 은행의 총여신 중 고정 이하의 여신(3개월 이상 연체된 대출금)이 차지하는 비율을 말하며, 부실채권 비율이 높아지면 금융기관의 자산 건전성과 대외 신용도에 영향을 주게 되므로 금융감독원이 금융권에 일정한 가이드라인 목표치를 주고 부실대출비율을 감독하고 있다.

$$\text{부실채권비율} = \frac{\text{고정이하 여신}}{\text{총 여신}} \times 100 \text{(고정, 회수의문, 추정손실에 해당하는 채권)}$$

② BIS 자기자본 비율과 경영개선 조치
㉠ 국내은행의 BIS 자기자본 비율
시중은행의 최소 자기자본 비율 8% 이상이고, 저축은행 등의 최소 자기자본 비율 5% 이상이다.
㉡ 경영개선조치
경영개선 조치란 금융감독 당국이 부실해질 우려가 있는 금융기관에 경영을 정상화하기 위한 조치를 내리는 것으로 금융기관의 부실정도에 따라 경영 개선 권고, 경영개선 요구, 경영개선 명령을 순차적으로 내리게 된다.

**예) 저축은행 퇴출과정에서 금융감독원의 경영개선 조치를 내리게 되는 절차**

| | |
|---|---|
| 경영개선 권고 | 저축은행 등의 BIS 자기자본비율이 5% 미만일 경우에 내려진다. |
| 경영개선 요구 | 경영개선 권고보다 더 강화된 자기자본 기준이 적용되어 BIS 자기자본비율이 3% 미만일 때 취하는 조치다. |
| 경영개선 명령 | * 경영개선 명령은 부실 저축은행에 내리는 경영개선 조치 중 가장 강력한 조치로 자본을 확충할 것을 요구하는 경영개선계획제출 명령과 영업을 정지시키는 영업정지 명령으로 나누어진다.<br>* BIS 자기자본비율이 5% 미만이거나 부채가 자산보다 많을 때 내려진다.<br>* 금융감독원은 부실 저축은행이 제출한 경영개선 계획을 검토해 실현 가능성이 있다고 판단하면 영업을 재개하도록 하지만, 실현 가능성이 없다고 판단하면 해당 저축은행을 파산 시키고 예금자를 보호하는 조치에 들어간다.<br>* 경영개선 명령이 내려지면 해당 저축은행이 영업정지가 되어 예금을 인출하지 못 하거나 예금보호한도(1인당 5,000만원) 이상은 돌려받지 못하게 될 수도 있다. |

③ BIS 자기자본 비율을 높이는 방법

$$\text{BIS 자기자본 비율} = \frac{\text{자기자본}}{\text{위험 가중자산}} \times 100$$

BIS 자기자본 비율을 높이기 위해서는 분자 부분인 자기 자본을 늘리거나 분모 부분인 위험 가중자산을 줄이는 방법이 있다. 그런데 분자 부분인 자기 자본을 늘리는 방법은 시장 상황 등으로 어려움이 많다. 그래서 분모 부분을 줄이게 되는 선택을 하게 되는데, 분모 부분인 위험 가중자산을 줄이기 위해 서는 위험 가치가 높은 주식매각, 서민 대출 회수와 부실채권을 매각하는 방법이 있는데 이 과정에서 대부분의 금융기관 등이 BIS 자기자본 비율을 높이는 방법으로 부실채권을 매각하게 되는데 이 과정에서 NPL이 태동하게 된다.

### ◆ 부실채권은 어느 정도에 거래되고 있을까?

금융기관 등의 담보부 부실채권은 채권자가 근저당권으로 우선변제 받을수 있어서 그 담보물(부동산의 종류)에 따라 채권원금의 70~90% 선에서 거래되고 있는데 반해서 무담보부 부실채권은 채권회수가 어려운 관계로 채권원금의 3~5% 이하로 거래되고 있다.

그렇다면 무담보부 부실채권을 사서 채권회수만 할 수 있다면 수익률은 더높지 않을까 생각할 수도 있겠지만 그 방법이 그리 만만하지 않다는 것을 다음 김선생 특강을 정독하면 알 수 있다.

김선생 특강

**무담보부 채권으로 대출하는 경우와 무담보부 부실채권을 매입하게 되면?**

어쨌든 담보물권을 설정하지 못하고 대출을 하는 경우에는 채권이 회수되지 못해서 상당한 어려움에 직면하게 되는 경우를 많이 볼 수 있다.

이에 따라 사회적인 비용도 많이 발생한다. 금전을 대출하고 있는 개인 간에서 가장 많이 회자되는 말이 돈을 빌려줄 때는 앉아서 주고 돈을 받을 때는 서서 받는다는 이 말은 단적인 표현이지만 돈을 받기가 쉽지 않다는 것을 한마디로 표현한 것으로 볼 수 있다.

왜 이러한 현상이 발생될까!

담보물권을 설정하고 금전대출을 하였다면 그런 현상은 발생되지 않았을 것인데 반대로 담보 없이 돈을 빌려준 사람은 담보를 가지고 빌려준 사람보다 얼마나 고마운 경우인가!

그러나 실무에서는 고마움보다 담보가 우선하는 것이 현실이다.

금전을 대출 시 사람보다 담보를 믿는 것이 금전채권의 손실을 그 만큼 줄일 수있다. 신용대출은 채권자를 두 번 힘들게 한다.

채권이 회수되지 못하여 채무자의 재산에 채권 가압류해도 그 물건이 경매로 매각되면 우선변제적 효력이 없어서 배당금이 소액 또는 없는 경우가 대부분이고, 후순위 물권이 생성되면 동순위가 되어 안분배당하게 되므로 종국에는 가압류 비용도 감당하지 못하는 경우가 발생한다.

가압류에 대한 처분금지효도 제3자 처분 시(가압류금액에 대해서 처분금지효가 발생 되어 현소유자 보다 우선변제)와 같이 담보물권으로 처분 시에도 적용할 수 있도록 법이 개정되어야 한다고 필자는 주장한다.

그러나 채무자가 재산이 없는 경우라면 채권 가압류조차 할 수 없고 채권회수는더 어려워질 수밖에 없다.

# 03 부실채권 매각 방식에 대해 알아 보자!

부실채권 매각 방법은 국제입찰방식으로 매각하게 되는데 그 방법에는 다음과 같이 두 가지 방식이 있다.

### ◆ 투자자 앞으로 직접 매각하는 방법(민법상 채권양도)

투자자가 매각대금을 지급하고 투자자 명의로 저당권을 이전등기하는 방법으로 가장 많이 이용되는 직접 매각방법이다. 그래서 매각단위도 1개씩 또는 수십 개씩 POOL구성(OPB기준 최대 50억~300억원 정도)을 하여 국제입찰방식으로 일괄 매각한다.

### ◆ 투자자가 주도하여 설립하는 SPC에 매각하는 방식 (ABS법 방식)

간접 매각방식은 금융기관이 NPL을 유동화전문회사(SPC)로 양도하고 낙찰투자자가 SPC가 발행하는 자산유동화증권(ABS)을 사모인수하는 방법을 말한다.

이 방법이 자산유동화법의 채권양도특례 및 저당권등기특례 등에 힘입어 NPL 시장의 주 매각방식으로 되어 있다.

매각단위는 1개씩이 아닌 POOL구성(OPB기준 500억~2,000억원 정도, 수량 기준100

개~300개)을 하여 국제입찰방식으로 일괄 매각한다.

### ◈ 채권양도 형태 및 매각대금 지급 방법의 차이점

① 채권양도 형태에 따른 차이

| 채권매각방식 | 매각자산보유사 | 낙찰투자자 | 채권양수인 | 대금납부 및 차입방법 |
|---|---|---|---|---|
| 직접매각방식 | 우리은행 | 대신F&I | 대신F&I | 자기자본 또는 질권대출 |
| 간접매각방식 | 우리은행 | 대신F&I | 우리이에이제2차 유동화 전문유한회사 | 자기자본 또는 ABS발행 |

② 매각대금 지급 방법의 차이

| 채권매각방식 | 근거법률 | 입찰보증금 | 잔금납부방법 | 차입기관 |
|---|---|---|---|---|
| 직접매각방식 | 민법 | 일반적 10% | 질권대(80~90%) | 저축은행 등의 제2금융기관 |
| 간접매각방식 | ABS법 | 일반적 10% | ABS발행(ABS방식) | 낙찰투자자, 기관투자자 (ABS인수) |

# 04 부실채권은 어디에 가면 구입할 수 있나?

개인이 부실채권을 직접 매입 할 수 있는 곳은 유동화전문유한회사, 신협, 새마을금고, 농협자산관리회사 등이 있다.

### ◆ 유동화전문유한회사에서 부실채권을 매입하는 방법

#### (1) 유동화전문유한회사(SPC)란

금융기관에서 부실채권을 매입하기 위해 일시적으로 설립되는 특수목적회사(Special Purpose company)로 채권 매입과 회수. 원리금 상환 등 계획한 유동화 업무가 끝나면 자동으로 해산하는 일종의 페이퍼 컴퍼니이다. 즉 SPC는 제1 금융기관과 제2 금융기관(저축은행, 농협, 수협 등)의 부실채권을 국제입찰 방식으로 낙찰받은 기관투자자가 설립한 유동화전문유한회사다. SPC는 명목 상의 회사이므로 유동화자산 관리, 업무, 자산관리 등을 위탁해야 한다. SPC 는 설립 조건이 까다롭고 금융감독위원회의 감독을 받기 때문에 주로 대규모 자본이 있거나 금융기관이 자회사 형태로 설립하는 경우가 대부분이다.

따라서 SPC는 부실채권을 직접 관리하지 않고 대부분 부실채권을 전문적으로 관리하는 AMC(자산관리회사)에 맡겨 위탁관리하게 되니까, SPC는 부실 채권을 매입하고 AMC는 부실채권의 관리 및 운영으로 역할을 분담하고 있는 셈이다.

### (2) 부실채권을 매입하는 방법

부실채권을 사려면 SPC에 문의하는 것이 아니고 해당 물건을 관리하고 있는 AMC(자산관리회사)에 전화를 걸어 그 물건 담당자와 매수의사와 매각조건을 협의하면 된다. 따라서 부실채권을 매입하기 위해서 대신에이엠씨, 유암코, 한신평, 제이원, 미래에셋, 농협자산관리, 메이트플러스, 베리타스자산, 파인트리파트너스 등과 협의하면 된다.

① 유동화전문유한회사는 부실채권을 정리할 목적으로 한시적으로 만들어진 페이퍼컴퍼니로 보유한 부실채권 매각에 적극적일 수밖에 없다.

② 채권 매각형태에도 특별한 제한이 없어서 개별매각 또는 여러 개를 묶어서 일괄매각도 가능하다.

③ 채권 매입주체 조건에도 특별한 제한이 있다. 개인투자자는 론세일로 채권을 못 사고 금융감독원에 등록한 대부법인만 매입이 가능하지 만, 사후정산 방식과, 채무인수 방식으로는 개인투자자도 매입이 가능하다.

다만, 채권 관리계획에 따라서 채권 매각예정가격이 있어서 그 이하로 채권매각을 하지 않는다. 채권 매각예정가격 이상으로 제시한 매입자가 여러 명인 경우 최고 매입가격 제시자에게 매각하게 된다.

④ 유동화전문유한회사에서 부실채권을 매입하는 방법은 첫 번째로 유동화 회사 홈페이지를 방문해서 부실채권을 선정한 다음 담당자에게 전화를 걸어 매입의사와 매각조건에 대한 협의 절차를 진행하면 된다.

두 번째로 경매가 진행되는 물건 중에서 찾는 방법으로 등기부를 확인해서 경매를 신청한 채권이나 배당요구한 채권 등의 채권자가 유동화회사로 변경 되어 있다면 그 유동화회사에 전화를 걸어서 매입의사와 매각조건을 타진해서 매입하면 된다.

⑤ 이러한 채권양도방식은 론세일 방식과 채무인수 방식, 사후정산부 방식이 있는데 유동화회사가 양도방식으로 선호하는 순위는 론세일 방식 → 사후 정산부 방식 → 채무인수 방식 순이다. 이 중에서 론세일 방식이 가장 많이 이용되고 있다(이영준 NPL의 정석에서 일부 발췌한 내용임).

### 미리 알아두면 좋은 법률 Refer

**국제입찰방식과 POOL구성과 OPB의 용어 정리**

① 국제입찰이란, 응찰자의 국적에 제한을 두지 않는 입찰이다. 내국인에게 혜택을 주거나 유리한 조건을 따로 적용하지 않는다. 국내입찰로는 낙찰될 가능성이 희박하거나 낙찰돼도 특혜시비가 예상될 경우 국제입찰에 부치게 된다. 외국인은 국내 사정에 밝지 못하므로 내국인과 함께 컨소시엄을 구성하여 응찰하는 경우도 많다.

한편 부실채권정리기금을 이용하여 국내 금융기관의 부실채권을 인수하여 정리하고 있는 경우(한국자산관리공사 등) 국제입찰은, 각 금융기관으로부터 인수한 다량의 부실채권과 담보부동산 등의 자산을 조기에 현금화하여, 공적자금의 회수와 조달을 원활히 하기 위해 이를 몇 개의 군(群)으로 묶거나 혹은 일괄하여 경쟁입찰의 방식을 통하여 제3자에게 직접 매각하는 것을 말한다.

② POOL구성은 금융기관이 보유하고 있는 매각대상 부실채권을 선정하여 특성에 따라 분류하여 몇 개의 군으로 묶거나 일괄하여 부실채권거래시장에서 국제입찰에 붙여서 매각하는 방법이다.

③ OPB(Outstanding Principle Balance : 현재 원금액)란 매각대상자산이 상환되지 아니한 원금잔액의 합계액을 의미한다.

## ◈ 제1금융기관 등과 유동화전문유한회사

① 제1금융기관 즉 일반 시중은행(예컨대, 국민은행, 신한은행, 우리은행, 하나은행, 기업은행 등)의 지점에서 보유하고 있는 부실채권은 지점별로 매각여부를 판단하는 것이 아니라 본점 채권 관리부서에서 전체지점이 보유하고 있는 부실채권 규모를 파악하고 '부실채권비율' 이나 'BIS 자기자본비율' 등을 고려 하여 채권 매각규모와 매각 시기를 결정한다.

② 매각단위는 1개씩이 아닌 POOL구성(OPB기준 500억~2,000억원 정도, 수량 기준 100개~300개)을 하여 국제입찰방식으로 일괄 매각한다. 따라서 은행지점에서 필요한 채권을 1개씩 매입하는 것은 어렵다. 결론적으로 은행지점이 가지고 있는 부실채권은 1개씩 직접 매입 할 수는 없으며, 매입을 원하는 경우 입찰시장에 참여하여 POOL

형태로 국제입찰을 통해 매입해야 한다. 하지만 매각규모가 너무 커서 개인투자자가 참여하기에는 쉽지 않고 유암코, 대신F&I, KB자산운용, 유진자산운용 등의 유동화회사가 제1금융기관의 부실채권을 국제입찰방식으로 매입해서 개인에게 매각하게 되므로 이러한 유동화회사에서 개인투자자가 매입할 수 있다.

유동화회사는 앞에서 거론한 유동화회사 뿐만 아니라 수백 개의 중소 회사 들이 있으며 이들 유동화회사에서 부실채권을 매입하려는 개인투자자들은 유동화회사의 홈페이지를 방문해서 매각물건을 선정한 다음 담당자에게 전화를 걸어 매입의사와 매각조건에 대한 협의 절차를 진행하면 된다.

이 밖에도 다음과 같이 제2 금융기관으로 저축은행, 농협, 수협 등의 부실 채권도 유동화회사를 통해 매입할 수도 있고, 개별적으로 저당권을 민법적 채권양도(론세일) 방식으로 매입할 수도 있다.

### ◆ 저축은행

① 지점에서 부실채권이 발생하는 경우 일정시점이 지나면 본점 채권관리 부서로 채권 관리주체가 변경된다. 또한 채권매각 여부의 판단도 본점에서 결정하게 된다.

② 시중은행의 경우 대부분 부실채권을 매각하는데 반하여 저축은행의 경우 매각하지 않는 저축은행이 매각하는 저축은행 보다 많다.

③ 매각을 하지 않는 사유로는 지점 수가 적고 여신금액이 적은 저축은행의 경우 POOL구성을 하여 매각하기에는 부실채권 물량이 적거나 채권매각 시

장을 통하여 부실채권을 매각한 경험이 없는 경우, 부실채권 시장을 통하여 매각의 필요성을 못 느끼는 경우 등으로 부실채권을 법원경매 또는 KAMCO에 매각을 통하여 채권회수하고 있다.

④ 저축은행이 부실채권을 매각하는 경우 매각형태는 두 가지로 분류된다.

POOL구성(OPB기준 50억~300억원 정도, 수량기준 30개~100개)을 하여 국제입찰방식으로 일괄 매각하는 방법과 1개씩 채권 구입자에게 개별 매각하는 방법이 있다. 개

별 매각하는 경우 매입의 주체에 대한 조건은 저축은행별로 약간의 차이가 있다.

부실채권을 매입, 매각을 업으로 하는 법인이 매각하는 경우에도, 부실채권매입은 대부업으로 등록한 법인만 매입이 가능하다.

따라서 이러한 저축은행의 채권을 개인이 매입하려는 경우 직접 매입은 어렵고 조건을 갖춘 법인 앞으로 채권양도 후 다시 채권양도 받는 방법을 이용하여야 한다. 채권양도에 따른 비용부담이 두 배로 들지만 일반부동산 취득세율과 달리 근저당권 이전비용은 채권최고액의 약 0.5% 정도로 많은 부담이 되는 것은 아니다.

### ◈ 신협

단위신협이 보유하고 있는 부실채권은 농협, 수협, 축협과 달리 채권을 직접 대부법인이 개별 매입이 가능하다. 그러나 모든 신협이 부실채권을 매각하는 것은 아니고 저축은행의 사례와 같이 일부 신협만이 부실채권을 매각하고 있다.

### ◈ 새마을금고

① 새마을금고는 금융감독원의 관리감독을 받는 은행과 달리 안전행정부의 관리감독을 받는다.

② 부실채권을 매각하는 경우 채권 매입주체의 조건은 저축은행과 같으나, 차이점은 POOL구성을 할 만큼의 부실채권을 보유하고 있는 새마을금고는 거의 없는 관계로 개별매각을 위주로 하며, 50억 이상 자본금을 가지고 있는 대부법인에게 직접 매각하는 경우도 많다.

### 김선생 도움말

**저축은행, 신협, 새마을금고 등에서 부실채권을 매입하는 방법(민법적 채권양도)**

저축은행, 신협, 새마을금고의 경우 부실채권을 매각하는 은행도 있지만 매각하지 않는 은행도 있으므로 직접 은행에 전화를 걸어 채권매각 여부를 확인하여 볼 수밖에 없다.

채권매각을 하는 경우 담당자와 가격협상을 통하여 채권 매입여부를 최종 판단하면 된다. 채권양도방식은 채무인수 방식이나, 사후정산부 방식은 사실상 불가능하고 론세일 만이 가능하다.

## ◆ 농협, 수협

① 단위농협, 수협에서 부실채권을 매각하려하는 경우 중앙회에서 단위조합에서 발생한 부실채권을 모아서 POOL을 구성하여 국제입찰방식으로 일괄 매각하고 있다. 따라서 단위조합에서 개별적으로 부실채권을 매입하는 것은 어렵다.

② 농협의 경우 농협중앙회 산하에 부실채권 정리회사인 농협자산관리회사가 있어서 단위조합의 부실채권을 위탁 받아서 관리하고 있다. 따라서 단위 조합의 채권이 농협자산관리회사에서 관리하는 경우 저축은행과 동일하게 대부법인 채권 매입이 가능하다.

### 김선생 도움말

**농협자산관리회사에서 부실채권을 매입하는 방법**

단위농협의 부실채권을 관리하는 농협자산관리회사는 유동화전문유한회사의 채권을 위탁관리하는 기존 자산관리회사와 같다고 생각하면 된다. 따라서 대부법인에게만 가격조건만 맞으면 채권을 매각한다. 차이점은 기존 자산관리회사는 채권양도방식으로 론세일방식, 채무인수방식, 사후정산부방식 즉 3방식 모두를 사용하지만 농협자산관리회사는 론세일방식으로만 채권매각을 한다.

### ◈ 외국계 은행

① 외국계 시중은행의 경우 채권을 개별 매각하지는 않고 POOL구성을 하여 국제 입찰방식으로 일괄 매각한다. 외국계 S은행의 경우 완전 공개입찰 방식이 아니라 몇 개의 업체만을 선정하여 입찰에 참여시키는 제한적 경쟁입찰 방식을 취하고 있다.

② 채권 매각규모는 C 은행의 경우 OPB기준 100억~200억원 규모로 부실 채권을 정리하고 있다. 따라서 일반개인투자자가 개별적으로 부실채권을 직접 구입할 수는 없다.

# 05 부실채권을 매각하는 방법

부실채권 거래시장에서 유동화전문유한회사 등이 부실채권을 매각하는 방식에는 론세일 방식, 채무인수 방식, 사후정산부 방식, 유입부동산 방식, 입찰이행 방식, 벌크세일 방식, 프리세일 방식 등이 있으나 실무에서 가장 많이 사용하는 채권매각방식은 론세일 방식(론세일=Loan Sale)과 채무인수 방식(Assumption of debt), 사후정산부 방식이 있는데 이중 유동화 회사가 양도방식 으로 선호하는 순위는 론세일 방식(65%) → 사후정산부 방식(25%) → 채무인수 방식(10%) 순이다.

### ◆ NPL 투자로 근저당권 매입(론세일=Loan Sale)방식

근저당권 등의 부실채권을 원리금기준으로 할인해서 매입하게 되므로 근저당권이 매수인에게 부기등기로 이전된다. 매수인은 근저당권의 순위를 확보후 본인이 경매를 신청하거나 제3자의 경매절차에서 직접 낙찰 받는 방법(유 입), 또는 배당요구해서 근저당권의 우선변제 순위에 따라 배당받는 방법을 선택할 수도 있다. 근저당권 매입금액은 채권최고액으로 거래되는 것이 아니라 금융기관의 대출원금을 기준으로 협의에 의하여 대출원금 또는 할인해서 매입하게 되는데 부동산의 가치를 기준으로 담보력의 크기에 따라 할인 폭이 결정된다.

따라서 론세일방식에서 채권매각 시에 채권자의 권리(지위)가 채권양수인으로 바뀌게 되고 등기부에서도 근저당권의 권리자가 매수인 명의로 부기등기로 변경되는 가장 보편화된 민법적 채권양도 · 양수 방법이다.

### (1) 론세일로 부실채권 매입후 투자자금 회수방법
① 투자자가 경매절차에서 배당받는 방법

채권투자자가 부실채권을 매입 후 본인이 직접 경매를 신청 또는 제3자의 경매절차에서 입찰에 참여하지 않고 배당요구만 하고, 제3자가 낙찰받으면그 매각대금으로 근저당권의 채권최고액 범위 내에서 우선변제권을 행사하여 배당받는 방법이다. 이때 유의할 점은 채권최고액의 범위 내에서 전액 배당 요구해서 우선변제받을 권리를 가지고 있지만, 실제 배당은 채권원금과 이자, 연체이자(2018년 4월 30일부터 3% 적용)만을 배당받게 된다. 그런데 간혹이 금액을 초과해 채권최고액으로 배당요구를 하는 채권자가 있는데, 이때 이해관계인 등의 배당이의가 예상되고 그 배당이의소송을 하게 된다면 앞에 서와 같은 금액으로 배당받게 될 수밖에 없을 것이다.

② 투자자가 경매절차에서 입찰에 참여해서 유입하는 방법

투자자 유입이란 채권투자자가 부실채권을 매입하고 그 채권을 이용하여 경매를 신청하고 그 매각절차에서 직접 자기 명의로 낙찰받아 부동산소유권을 취득하는 것을 유입이라 한다. 이러한 유입자산은 KAMCO가 부실채권정리기금으로 근저당권을 매입해서 경매를 신청하게 되는데 그 매각절차에서 매입한 금액보다 저감될 때 KAMCO 명의로 유입해서 유입자산공매로 매각 하기도 한다. 이밖에도 금융기관 역시 경매절차에서 대출원금 보다 저감될 때 금융기관 명의로 낙찰받아 소유권을 취득하고 KAMCO에 수탁재산공매로 매각을 의뢰하거나 직접 매수자를 선택해서 부실채권을 회수하는 방법으로 널리 이용되고 있는 제도다.

부실채권을 매입한 투자자 역시 배당받는 방법만으로 투자이익을 달성할 수 있다면 배당방법을 선택할 가능성이 높다. 그렇지 못한 상황에서 또는 부동산을 유입해서 양도차익이 많이 발생할 수 있는 물건을 양도소득세를 절감 하는 방법 즉 근저당권으로 상계처리하는 부분만큼 취득으로 보게 되므로 양도세를 내지 않아도 되기 때문이다.

### (2) 론세일의 장·단점

#### ① 장점

㉠ 대부법인 배당의 경우 부동산을 낙찰 받아 재매각하여야 하는 부담감이 없고, 낙찰예상가격만 잘 예측하여 간편하게 투자수익을 올릴 수 있는 투자방법이다.

㉡ 대부법인 유입의 경우 다른 입찰참가자에 비하여 유리한 위치에서 경매에 참여할 수 있을 뿐만 아니라, 추후 매각 시 양도소득세에서 많은 혜택을 받을수 있다. 저당권을 싸게 매입해서 즉 채권최고액 6억 짜리 근저당권을 5억에 사서 채권원금과 연체이자 등으로 5억7천만원을 배당요구해서 상계신청하면 5억7천만원이 취득원가가 되어 훗날 5억7천만원에 팔아도 양도차익이 없어서 양도세를 절감 할 수 있다.

#### ② 단점

㉠ 채권 가치평가를 잘못 하는 경우 손해를 볼 수도 있다.

㉡ 채권양도 후 경매낙찰 전 예상치 못한 문제발생 시 위험부담을 양수인이 부담하여야 하는 단점이 있다.

㉢ 일반경매에 비하여 근저당권이전비용이 발생하고, 저당권이전절차, 법원에 채권자 변경절차, 채권양도통지절차 등 절차적 번거로움이 있다.

㉣ 채권매입 시 초기에 많은 자금을 조달하여야 하는 부담이 있다.

### (3) 론세일방식의 계약방법

#### ① 가격협상과 채권매입의향서 제출

㉠ 채권담당 AM과 가격협상이 어느 정도 이루어지면 채권매입의향서를 제출한다. 매입의향서에는 채권매입가격, 채권양도계약방식, 대금결제시기, 선순위채권의 인수여부 등을 적는다.

㉡ 채권담당 AM은 상부의 결재와 (기관)투자자의 결재를 받아서 채권양도 계약 여부를 대부법인에게 통지한다.

② 채권양수도 계약과 그 대금 지급

㉠ 계약금은 10%로 하며 계약 시 지급한다. 채권계약 당사자 명의로 유동화회사 계좌에 입금한다(타인명의 입금 또는 현금, 자기앞수표로 납부하는 것은 원칙적으로 안 된다).

㉡ 중도금 규정은 특별한 경우를 제외하고는 생략하는 것이 일반적이다.

㉢ 잔금납부는 보통 계약일로부터 7일~30일 정도로 한다. 잔금납부 시 질권대출을 이용하는 경우 미리 질권 대출은행과 협의를 하여 잔금납부에 착오가 없도록 해야 한다.

③ 채권양도 통지

민법상의 지명채권양도의 절차에 따라 대항요건 등을 갖추어야 한다. 채권 양도인(유동화회사)이 채무자에게 채권양도통지를 하게 되는데 실무적으로 내용증명서 등으로 통지하게 된다. 채권양도통지를 하는 이유는 채무자에게 채권에 관한 모든 권리가 채권양수인에게 이전 되었으므로 앞으로 채무변제 및 당해 채무에 관하여 협의할 내용이 있는 경우 협의 당사자가 신채권자로 바뀌었음을 알려주는 것이다.

채권양도가 다수에게 이루어진 경우 먼저 채무자에게 통지한 사람이 채권을 취득하게 된다. 나머지 양도받은 사람들은 원인 무효가 될 수밖에 없다.

④ 근저당권이전

저당권은 그 담보채권과 분리하여 타인에게 양도하거나 다른 채권의 담보로 하지 못한다(민법 제361조).

따라서 론세일방식으로 채권양도 시 근저당권은 민법상 부종성과 수반성의 원리에 따라 신채권자인 채권양수인에게 이전되는 것이 원칙이나 채권만 양도받고 근저당권을 이전등기하지 않은 상태에서 근저당권이 말소되거나 제3자에게 이전되면 근저당권의 우선변제권이 소멸되고 일반채권자의 지위에 놓이게 될 수도 있다. 분리 양도되면 그 근저당권은 채권이 존재하지 않게 되어 무효가 되기 때문에 말소되고, 근저당권이 분리되므로 인해서 채권양수인은 그야 말로 피담보채권만 매입하게 되므로 반드시 근저당권과 함께 이전받고 채무자에게 양도통지를 하거나 승낙(확인)을 얻는 일을 간과해서는 안 된다.

부기등기가 이루어져 있더라도 채무자에게 양도통지가 이루어지지 않으면 채무자에게 대항력을 행사할 수 없다. 그런데 더 심각한 것은 근저당권 양도를 여러 사람에게 했다고 가정해 보자. 홍길동이 양도통지를 하고 나서 근저당권을 이전등기하지 않고 있는 상태에서 이도령이 근저당권만 이전등기했다면 누가 우선하게 되나? 채무자에게 양도통지를 먼저 한 사람이 그 채권의 소유자가 된다. 물론 이러한 경우에는 근저당권이 분리 매각되었으므로 채무자에게 담보물권자가 아닌 일반채권자가 될 수밖에 없다.

⑤ 질권설정 시 질권설정 통지

채권양수인이 채권매입대금을 지급하기 위해 질권대출을 받은 경우 질권설정자인 채권양수인이 채무자에게 질권설정통지서를 보내야 한다. 그 이유는 채무자가 채무변제를 하고자 하는 경우 질권자에게 질권설정금액 만큼을 우선변제하여야 한다는 내용을 고지하는 의미다.

⑥ 론파일 이전

채권양수인이 본건 계약을 체결 후 양도대상채권 및 담보권의 양도에 대한 대금 전부를 양도인에게 지급하는 경우에 양도인은 지체 없이 양도대상 채권및 담보권이전 관련 서류의 원본을 양수인에게 교부한다. 담보권 관련 서류를 론파일이라 한다.

⑦ 법원에 채권자 변경신고

법원에 채권자 변경신고는 추후 경매진행과 관련하여 이해당사자로서 채권자가 변경되었음을 신고하고 문서송달, 경매배당 등 경매절차상 진행과정을 신채권자에 알려줄 것을 요청하는 의미를 가진다.

⑧ 비용부담

각 당사자는 본건 계약의 협상을 위하여 지출한 변호사보수 기타 일체의 비용을 각자 부담을 원칙으로 한다.

⑨ 이행지체, 계약해지, 손해배상에 관한 규정

⑩ 양도인 면책규정

양수인은 본건 계약 체결과 동시에 양도대상채권 및 담보권의 양수 및 보유와 관련하여 양도인에게 발생하는 모든 조치, 소송, 채무, 청구, 약정, 손해 또는 기타 청구로부터 양도인을 영구하게 면책 시킨다.

⑪ 위험부담의 이전

채무자의 재무상태 및 변제자력, 양도대상채권 및 담보권과 관련된 조건, 집행 가능성, 대항요건, 양도대상채권 및 담보권관련 문서의 정확성, 명도책임 등에 관하여 양도인이 보증 또는 담보책임이 없음을 규정, 즉 채권양도계약 이후 담보권과 관련한 위험부담의 책임이 채권양수인에게 이전한다.

### (5) 론세일방식과 질권대출

① 질권이란

채권자가 그의 채권의 담보로서 채무자 또는 제3자(물상보증인)로부터 받은 물건 또는 재산권을 채무의 변제가 있을 때까지 유치함으로써 채무의 변제를 간접적으로 강제하는 동시에 채무의 변제가 없을 때에는 그 목적물로부터 우선적으로 변제받는 권리다.

② 론세일과 질권대출

㉠ 론세일 방법으로 부실채권을 매입하려는 양수인은 일시에 목돈이 들어 가야 하므로 자금 압박을 받을 수 있다. 부동산의 소유자는 아직 채무자이므로 근저당권 대출을 받을 수는 없다. 이러한 경우 질권을 이용하면 자금 부담을 줄일 수 있다.

㉡ 질권설정 통지와 채무자에 대한 대항력 채권양수인이 채권양도대금 지급을 위

하여 질권 대출을 받은 경우 질권설정자인 채권양수인이 채무자에게 질권설정 통지서를 보내야 한다. 그 이유는 채무자가 채무 변제를 하고자 하는 경우 질권자에게 질권 설정금액을 우선변제 하여야 한다는 내용을 고지하는 의미다.

질권설정통지를 하지 않은 상태에서 채무자가 채권양수인(근저당권자)에게 채무변제를 하더라도 질권설정한 사실만을 가지고 채무자에게 대항할 수 없기 때문이다. 그리고 질권자에게 질권설정을 통지한 내용증명서가 있으면 경매절차에서 질권자가 배당요구 시 첨부해서 배당요구하면 별도의 첨부 서류 없이 배당참여가 가능하다.

③ **지명채권의 질권설정**

㉠ 지명채권이란 채권자가 특정되어 있는 채권을 말한다.

㉡ 채권증서가 있는 경우 이를 질권자에게 교부하고, 제3채무자 및 기타 이해관계인에 대한 대항요건을 갖추어야 한다.

㉢ 채권을 담보하기 위하여 저당권이 설정되어 있는 경우 저당권설정등기에 저당권으로 담보되는 채권이 질권설정 되어 있음을 등기할 수 있으며, 등기를 하면 질권의 효력이 저당권에도 미치게 되므로 채무이행이 없는 경우 질권자는 질권에 의하여 압류 및 전부 또는 추심명령을 얻어 저당권을 행사할 수 있다.

④ **질권자의 우선변제권**

㉠ 질권자는 질물을 유치할 권리와 함께, 채무자가 기한 내에 변제하지 않을 때에는 질물로부터 우선변제를 받을 권리를 가진다. 우선변제를 받으려면 원칙적으로 민사소송법에 따라 경매절차를 거쳐야 하나, 감정인의 평가에 따라 간이변제충당을 할 수도 있다(민법 제338조).

㉡ 질권은 원본·이자·위약금, 질권 실행의 비용, 질물보존의 비용 및 채무불이행 또는 질물의 하자로 인한 손해배상의 채권을 담보한다. 질권자는 질물에 의하여 변제를 받지 못한 부분의 채권에 한하여 채무자의 다른 재산으로부터 변제를 받을 수 있다.

⑤ 질권설정 방법

| 순위번호 | 등기목적 | 접수 | 등기원인 | 권리자 및 기타사항 |
|---|---|---|---|---|
| 1 | 근저당권설정 | 2009.5.20. 제12003호 | 2009.5.19. 설정계약 | 채권최고액 금 360,000,000원<br>채무자 강감찬<br>서울시 마포구 아현동 110-10<br>근저당권자 (주) 신한은행<br>서울시 중구 태평로 2가 120(도곡지점) |
| 1-1 | 1번 근저당권이전 | 2012.7.10. 제113004호 | 2011.12.10. 계약양도 | 근저당권자 OO 제십이차유동화전문유한 회사<br>000000-0000000 |
| 1-2 | 1번 근저당권이전 | 2012.7.10. 제113005호 | 2012.5.10. 계약양도 | 근저당권자 이순신<br>000000-0000000 |
| 1-3 | 1번 근저당부질권 | 제113006호 2012.7.10. | 2012.7.10. 설정계약 | 채권액 : 금 200,000,000<br>원변제기 : 2013년 7월 12일<br>이자 : 연 8퍼센트<br>채무자 : 이순신<br>채권자 : OO 새마을금고 |

㉠ 위 내용은 2009. 5. 19. 신한은행과 강감찬이 근저당권설정계약을 하고 2009. 5. 20. 3억원을 대출을 실행하면서 강감찬 소유부동산에 채권최고액 3억6,000만원으로 하는 근저당권 설정등기를 했다.

㉡ 신한은행의 부실채권을 2011. 12. 10. OO제십이차유동화전문유한회사가 국제입찰방식으로 낙찰받아 2012. 7. 10. 이순신에게 양도했다.

㉢ 2012. 7. 10. 유동화전문유한회사로부터 이순신이 채권을 구입하고 잔금 납부시 부족액 2억원을 OO새마을금고에서 질권 대출로 대출을 받아 잔금을 납부하고 같은 날 근저당권이전등기와 질권 설정등기를 하였다.

㉣ 1-1에서 1-3의 등기접수일은 2012년 7월 10일로 모두 같고, 등기원인 일만 1-1가 다르다. 이는 1-1에서 OO유동화회사는 2011년 12월 10일에 등기접수를 하여야 했으나 자산유동화에관한 법률(ABS법) 제8조 제1항 특례규정에 따라 생략하고 있던 등기를 채권 매각하기 위하여 2012년 7월 10일에 접수한 내용이다.

### 미리 알아두면 좋은 법률 Refer

**근저당권에 질권이 설정된 경우 근저당권자가 또는 질권자가 채권회수하는 방법**

1. 근저당권에 질권이 설정되어 있으면 단독적으로 경매신청할 수 없다

근저당권에 질권이 설정되어 있으면 근저당권자는 단독적으로 채권 추심을 위한 경매신청을 할 수 없다. 왜냐하면 근저당권으로 담보한 채권을 질권의 목적으로 하고 그 근저당권에 부기등기로 질권을 설정한 경우에는 그 효력이 근저당권에 미치게 되므로 질권자의 동의 없이 질권의 목적이 된 권리를 소멸케 하거나 질권자의 이익을 변경할 수 없기 때문이다(민법 352조). 따라서 근저당권부채권에 질권이 설정된 경우에는 근저당권자가 임의경매를 신청하기 위해서는 경매신청서에 질권자의 동의서를 첨부해야 한다. 만일 질권자의 동의서를 누락하고 경매를 신청한 경우라도 추후에 질권자의 동의서를 첨부해서 보정하면 하자가 치유된다.

2. 질권자는 질권의 행사로서 저당권을 실행하여 경매신청이 가능하다

근저당권으로 담보한 채권을 질권의 목적으로 한때에는 그 근저당권 등기에 질권의 부기등기를 하여야 그 효력이 근저당권에 미치게 된다(민법 제348조).

질권자가 제3채무자에 대하여 대항하기 위해서는 질권설정자가 제3채무자에게 질권설정사실을 확정일자 있는 증서로 통지하거나, 제3채무자의 질권설정에 대한 승낙이 있어야 하고, 제3채무자 이외의 제3자에 대하여 질권의 설정을 대항하기 위해서는, 통지 또는 승낙을 확정일자 있는 증서로 해야 한다(민법 제349조). 저당권등기에 질권의 부기등기를 마쳐도 채권양도에 관한 소명자료가 없으면 임의경매신청을 할 수 없다 따라서 질권자가 경매를 신청하기 위해서는 근저당권에 질권의 부기등기와 확정 일자 있는 증서로 통지한 소명자료를 첨부해서 경매를 신청해야 한다.

3. 질권자가 제3자의 경매절차에서 배당요구 방법

질권자가 질권설정의 등기를 하면서 제3채무자에 대한 대항요건을 갖추지 못하였다면, 질권의 부기등기가 경료되어 있어도 질권자는 배당요구할 수 없고, 배당금은 저당권자에 지급되어야 하고, 질권자는 저당권자가 배당받을 배당금에 대하여 압류및 전부명령 또는 압류 및 추심명령으로 청구할 수밖에 없게 된다. 따라서 질권자가 배당요구하고 배당금을 수령하기 위하여는 대항요건을 구비하였음을 소명하는 자료를 함께 제출해서 배당요구해야 한다.

김선생 도움말

### 론세일방식과 채무인수, 사후정산부방식의 차이점 분석

① 론세일 방식은 가장 보편화된 민법적 채권양도·양수 방법으로 근저당권 등을 NPL로 사서 그 대금을 약정한 대로 전액 지급하고 근저당권을 이전받는 방법이다.

따라서 매수후 기대수익이 높은 방향으로 본인이 낙찰받거나(유입) 또는 배당받는 방법을 자유롭게 선택할 수 있다.

② 채무인수 방법은 채무자의 지위를 인수 받으면서도 채무자가 가지고 있는 모든 채무를 인수하는 것이 아니며 유동화회사와 채권매각계약 시약정에 의하여 일부 탕감조건으로 채무를 인수하는 계약이다.

따라서 계약 시 계약금 10%와 입찰보증금 10%(채권 매입금액의 중도금 처리)

⇒ 경매물건의 매각대금 납부는 채권을 매입한 근저당권을 채무인수하는 방법[채권최고액의 범위 내에서 행사할 수 있는 금액 (예) 6억원으로 납부하고 부동산 소유권 취득 ⇒ 소유권취득 후 대출을 받아 채무인수한 금액(채권매입금액 5억원)을 상환 처리하면서 근저당권을 말소 시키는 계약이다.

그런데 이 방법은 채권양도·양수계약서에 조건부 차액보전 규정을 삽입해서 계약하는 경우가 종종 있다. 이 차액보전 규정은 경매입찰일에 차순위 입찰자의 입찰 가격을 보고 채권 매각가격과 비교하여 그 차액 부분을 추후에 양도인에게 보전하여 주는 제도로 채권 양도·양수계약에서 채권을 5억에 매도하기로 계약을 하고 차순위 입찰자의 입찰가격이 5억5천만원이 되면 5천만원 전액 보전(완전 차액보전계약)

하거나 일부 3천만원만을 보전(조건부 차액보전계약) 하기로 하는 계약이다.

③ 사후정산부 방식은 유동화회사와 채권 매각계약 시 약정한 금액으로 채권을 구입하는 계약으로 계약 시 계약금 10%를 지급하고 입찰에 참여해서 입찰보증금을 지급 후 낙찰받으면 잔금지급은 경락잔금 대출을 받아 소유권을 취득하고 채권양도인은 법원의 배당절차에서 배당받고 1주일 이내에 채권양도인과 채권양수인이 채권 매각과 관련한 대금을 정산하고 채권양도를 하는 방식이다. 예를 들어서 채권매입 금액이 5억원인데 배당금액이 5억5천만원이면 5천만원을 매수인에게 지급하는 방식이다. 이 방식도 채무인수 방법과 마찬 가지로 채권양도·양수계약서에 단서조항 으로 차액보전 규정을 두고 계약하는 경우도 종종 있으므로 계약 내용을 자세히 확인해 보고 계약해야 한다.

## ◆ NPL 투자로 채무인수 방식

### (1) 채무인수 방식이란

채무의 동일성을 유지하면서 그 채무를 그대로 양수인에게 이전하는 것을 목적으로 하는 계약을 말한다. 채무인수 방식은 채무자의 지위를 인수하는 형태로 채권양도를 받는 방법으로 채권자지위를 양도받는 방법인 론세일 방식과 차이가 있다. 따라서 채무인수 방식에서는 채무자변경이 이루어지나 론세일방식에서는 채권자변경이 이루어진다.

채무인수 방식에서 채무자의 지위를 인수 받으면서도 채무자가 가지고 있는 모든 채무를 인수하는 것이 아니며 유동화회사와 채권 매각계약 시 약정에 의하여 일부 탕감조건으로 채무를 인수하게 된다.

예컨대 채무자의 채무액이 7억원 인 채권을 유동화회사와 가격협상을 통하여 5억원에 채권매입을 하면 채권 매입자는 채무자의 지위를 승계하지만 채권자인 유동화회사에 5억원만 변제하는 경우 근저당권을 말소하여 주는 것으로 일부 탕감 특약을 하는 것으로 생각하면 된다.

채무인수 방식으로 부실채권을 매입하면 투자자에게 배당을 인정하지 않기에 투자자가 직접 경매로 낙찰받아야 한다. 만약 투자자가 입찰에 참여했으나 제3자가 낙찰받게 되면 계약은 해제 된다. 따라서 채권 매입조건부 계약은 무효가 되고 채무인수 계약금은 투자자에게 반환한다.

론세일 방식의 경우에는 해당 채권의 전체금액을 매입하고 채권자 명의 까지 투자자 명의로 변경하게 되는 데 반해서 채무인수 방식은 계약금만 내고 채권에 대한 권리만 조건부로 양도받기 때문에 조건부 채권이라 할 수 있다.

채무인수 방식의 경우 물건이 대부분 고가의 물건이 많아서 투자자의 입장에서는 매각대금 전부를 지급하기 어려운 부분이 있을 수 있으며 매도자 입장에서도 고가 물건에 가격적인 부담을 느낀 투자자를 쉽게 찾을 수 없는 경우에 채무인수 방법을 선택하기도 한다.

### 알아두면 좋은 법률 TIPS

**채무인수의 법적근거로 민사집행법 제143조(특별한 지급방법)**

① 매수인은 매각조건에 따라 부동산의 부담을 인수하는 외에 배당표의 실시에 관하여 매각대금의 한도에서 관계채권자의 승낙이 있으면 대금의 지급에 갈음하여 채무를 인수할 수 있다(1항).

② 제1항 및 제2항의 경우에 매수인이 인수한 채무나 배당받아야 할 금액에 대하여 이의가 제기된 때에는 매수인은 배당기일이 끝날 때까지 이에 해당하는 대금을 내야 한다(3항).

위 1항에서 관계채권자라 함은 NPL에서는 유동화전문유한회사라고 이해하면 된다. 그리고 3항에서 배당이의가 있는 경우에 내야할 대금은 현금만을 납부하여야 하고, 대금을 납부하지 않으면 입찰보증금은 몰수되고 재매각하게 된다.

### (2) 채무인수 방식의 장·단점

① 장점

㉠ 론세일방식과 달리 계약금 10%만 있으면 채권매입 계약을 할 수 있어서 초기 자금부담을 줄일 수 있다.

㉡ 근저당권이전등기, 법원에 채권자변경신고, 채권양도통지, 질권대출 등을 하지 않아도 되어 절차적으로 간단하고 비용도 절약이 된다.

㉢ 경매낙찰 잔금을 채무인수승낙서로 대금의 지급을 갈음할 수 있으며, 소유권이전 등기 후 금융권으로부터 경매잔금대출을 받아 유동화회사와 채권 양도 잔금을 처리하면 되므로 자금흐름이 간편하다.

② 단점 ㉠ 경매입찰일에 양수인이 최고가신고인이 되지 못하면 계약은 무효가 되므로 시간과 경비를 낭비하게 될 수도 있다.

㉡ 인수할 채무에 관하여 적법한 이의가 있으면 매수인은 배당기일이 끝날 때까지 이에 해당하는 대금을 전액 현금납부를 하여야 한다. 따라서 자금 수요에 대한 예측이 잘못되는 경우 큰 손실을 볼 수도 있다.

### (3) 채무인수 방식으로 계약하는 방법과 낙찰받고 나서 대금납부

① 가격협상과 채권매입의향서 제출

㉠ 채권담당 AM과 가격협상이 어느 정도 이루어지면 채권매입의향서를 제출한다. 매입의향서에는 채권매입가격, 채권양도계약방식, 입찰희망예정가격, 선순위채권의 인수여부 등을 적는다.

㉡ 채권담당 AM은 상부의 결재와 투자자의 결재를 받아서 채권계약 여부 를매수인에게 통지한다.

② **채권계약일**

㉠ 계약금은 일반적으로 10%로 하며 계약 시 지급한다. 채권계약자 명의로 유동화회사 계좌에 입금한다.

㉡ 잔금납부는 배당일 이후에 이루어진다. 채권양수인 권리(10%)보다 채권 양도인이 권리(90%)를 더 많이 가지고 있다.

③ **경매입찰일**

㉠ 경매입찰일에 입찰에 참여하여 채권양수인이 최고가신고인이 되어야 한다. 계약일에 채권양도계약은 성립요건이고, 입찰일에 최고가신고인이 되어야 효력 발생요건이 충족되는 것이다. 따라서 채무인수방식의 계약의 성질은 정지조건부 채권양도계약이라 할 수 있다.

㉡ 경매입찰일에 채권양수인은 반드시 입찰에 참여하여 최고가신고인이 되어야 계약의 효력이 발생하므로 유입투자만 가능하고 배당투자는 되지 않는 이유이다.

㉢ 채권 매각금액 이상으로 양수인은 경매입찰일에 입찰한다. 계약서 단서 조항으로 몇 월 몇 일, 제 몇 차 입찰일에 얼마 이상의 금액으로 입찰에 참여 하여야 한다고 최저 경매입찰가 규정을 명시하는 경우도 있다.

㉣ 채권양수인이 낙찰을 받지 못하는 경우 계약은 무효가 되고, 계약금은 채권양수인에게 반환한다.

㉤ 최저 경매입찰가 규정을 위반하는 경우 계약금은 위약금으로 보고 몰수 한다.

㉥ 경매입찰일에 입찰에 참여하여 채권양수인이 최고가신고인이 되는 경우 입찰보증금을 중도금으로 본다.

단, 입찰보증금으로 제1순위 근저당권 보다 선순위채권(최우선변제금, 당해세 등)을 배당하기에 부족한 경우 부족한 금액만큼은 채무인수가 되지 않고 잔금 일까지 추가 납부하여야 한다. 물론 그 추가 납부한 금액은 채권매입금액 잔금납부 시에 공제하고 지급하게 된다.

④ 매각허부결정일

㉠ 유동화회사로부터 채무인수승낙서를 받아서 매각허가결정 전까지 경매 법원에 채무인수허가신청서를 제출한다. 채무인수승낙 여부 결정은 경매에서 채권상계 절차와 같고 채무인수가 받아들여지면 잔금납부기일과 배당기일이 동시에 열리게 되고 잔금납부를 채무인수로 대신하게 된다.

㉡ "매수인이 인수한 채무나 배당받아야할 금액에 대하여 이의가 제기되고"(민사집행법 제143조 제3항) 그 사유가 이유 적법하다고 경매법원에서 인정하는 경우 채무인수가 거부되고 전액 현금납부를 하여야 한다.

이 경우 양도인(유동화회사)은 양도대금을 초과하는 배당금액에 해당하는 금액을 배당기일 이후 양수인에게 환급한다. 법원에서 허가한 대금납부 방법에 따라 대금을 납부하지 못하면 집행법원은 재매각을 명한다.

㉢ 채무인수신청서는 보정명령 등에 대비하여 가능한 빨리 제출하는 것이 좋다.

⑤ 채무를 인수할 때 법원에 신청 방법과 대금납부

㉠ 매수인은 매각조건에 따른 부동산의 부담을 인수하는 외에 배당표의 실시에 관하여 매각대금의 한도에서 관계된 채권자의 승낙이 있으면 대금지급에 갈음하여 관계채권자에 대한 채무자의 금전채무를 인수함으로써 인수한 채무상당액에 대한 것은 매각대금의 지급의무를 면할 수 있다(법 143조1항).

㉡ 채무를 인수하기 위해서는 채권자와 협의하여 채무인수에 대한 승낙서를 법원에 채무인수신청서와 함께 제출해야 한다. 채무인수에 따른 대금지급의 경우 차액지급과 같은 신고(매각결정이 확정될 때 까지 차액지급신청)의 종기가 없다.

채무인수의 신청이 받아들여지는 경우에 매각허가결정이 확정된 이후이면 바로 대금지급기한과 배당기일을 차액지급의 경우와 같이 함께 같은 날로 정하게 된다.

ⓒ 매수인은 매각대금과 채무인수금액과의 차액을 납부하면 되는데 이를 위해서 법원사무관 등은 배당기일 3일 전에 배당표원안이 작성되면 매수인에게 배당기일에 지급하게 될 예상납부액을 전화나 팩스 등으로 통지하게 되는데 통지가 없는 경우 직접 방문 또는 전화로 납부예상금액을 확인하여 준비 하고 차액을 배당기일에 지급해야 한다.

ⓔ 이와 같이 매각대금의 지급에 갈음하여 채무를 인수한 경우에 채권최고액 전액에 대해서 매각대금 지급으로 상계처리 되는 것이 아니라 경매법원이 배당표를 작성하여 선순위채권을 제외하고 실제로 배당받을 수 있는 금액을 한도로 해서 채무인수방식으로 대금지급을 하게 되고 부족한 경우 현금 납부해야 한다.

ⓜ 민사집행법 143조 1항에 의하여 매수인이 매각대금의 지급에 갈음하여 채무를 인수한 경우에는 그 인수한 채무와 관계된 해당 권리를 위하여 등기된 부담도 존속시켜야 하고 말소촉탁 하여서는 아니 된다. 따라서 인수할 근저당권, 전세권 등은 말소되지 아니한다.

ⓑ 채무인수승낙서가 거부되면 잔금 지급일자와 별도로 배당기일이 정해진다. 채무인수승낙서가 법원에서 거부 되는 경우 잔금 지급후 30일 이내에 배당기일을 정하게 된다.

### (4) 채무인수로 낙찰받고 나서 유동화회사와 정산 방법

① 채권양수인은 채무인수로 잔금을 납부하고 낙찰받은 부동산을 담보로 은행에서 대출을 받아서 유동화회사에 나머지 채권대금을 정산한다. 은행 대출금은 법원에 납부하는 것이 아니라 유동화회사에 납부하게 되는데, 유동화 회사와 협의에 따라 약간의 차이는 있지만 보통 배당일로부터 15일~30일 정도이다.

경매신청 시 지급한 경매집행비용 환급금은 지급한 자가 받게 되는 것이 원칙이므로 채무인수방식에서는 양도인이, 론세일방식에서는 양수인이 배당받게 된다.

② 유동화회사에 채권양수 잔금을 정산하지 못하면 근저당권변경(채무자변 경) 등기를 한다, 양수인은 양도인의 요청 시 변경등기에 필요한 서류 일체를 교부하여야 한다.

유동화회사는 채무인수계약 시 소유권이전등기 후 근저당권변경(채무자변경)을 이행하겠다는 각서 및 등기서류(위임장 및 계약서, 확인서면, 신분증)등 등기 시 필요서류를 미리 받아 놓는다.

### (5) 채무인수 방식과 단서조항

① 채무인수승낙서 거부와 유입부동산 방식으로 보완규정

㉠ 매수인은 인수한 채무금액(채무인수한 근저당권)으로 매각대금을 납부하고 부족한 금액만 납부할 것으로 예상하고 자금계획을 세운다. 그런데 다른 채권자나 채무자 등의 배당이의가 제기되면 뜻하지 않게 현금으로 전액 납부해야 한다. 이러한 경우 현금으로 전액 납부하는 것이 어려워서 재매각 절차에 들어가는 경우가 종종 발생한다. 이때 채권양수인은 채권계약금과 입찰보증금을 몰수당하여 커다란 금전적 손실이 발생하게 된다. 이러한 문제점을 해결하기 위해서 유입부동산 매각방식의 보완규정을 만들었다. 즉 양수인의 채무인수 신청이 거부되고 그에 따른 대금납부를 하지 못하여, 동 경매사건의 경매기일이 재지정 되었을 시, 양도인(유동화회사)이 동 경매사건을 낙찰 받아 양수인에게 소유권이전을 해준다. 이와 관련한 소유권 이전 비용은 양수인이 부담하며 추후에 부동산 매매계약서를 작성하게 된다.

㉡ 그러나 이 보완규정도 채권양도 방식으로 사후정산부 방식이 개발되면서 사실상 존재이유가 감소되고 있다. 채무인수승낙서가 거부 시 진행과정이 사후정산부 방식과 유사하기 때문이다.


② 차액보전 제도

㉠ 차액보전 제도란 채권양도인과 채권양수인 사이에 가격협상 과정에서 채권매각금액에 관하여 차이가 있는 경우 경매입찰일에 차순위 입찰자의 입찰가격을 보고 채권 매각가격과 비교하여 그 차액 부분을 추후에 양도인에게 보전하여주는 제도를 말한다. 차순위자의 가격을 보고 차액보전금액을 정하는 이유는 최고가신고인은 채권양수인이므로 채권양수인을 제외한 차순위자를 기준으로 판단하는 것이다.

㉡ 이 제도는 양도인과 양수인 간에 채권 가치평가에 대한 주관적 차이가 있어 계

약이 무산되는 것을 방지하고 채권 가치를 경매입찰일에 제3자의 입찰가격을 보고 객관적으로 평가하고자 도입된 취지의 제도이지만 최근에는 유동화회사에서 채권회수 금액을 높이고자 종종 채무인수 방식과 사후정산부 방식의 채권계약에 단서조항으로 삽입하고 있다.

ⓒ 따라서 차액보전의 취지와 범위를 정확히 이해하고 가격협상을 하는 것이 금전적 손실을 줄일 수 있는 방법이다. 이러한 차액보전 제도는 채무인수 방식과 사후정산부 방식에 적용되는 제도이고 론세일방식에서는 차액보전 제도를 사용하지 않고 있다.

③ 차액보전 계약의 종류

㉠ 완전 차액보전 계약은 채권매각가격과 차순위자의 입찰가격 차이만큼 전부 보전해주는 방법이다. 예) 채권매각가격 4억원, 완전차액보전 계약의 단서조항이 있다. 차순위자의 입찰가격이 4억5,000만원인 경우 채권양수인이 유동화전문회사에 추가로 보전할 금액은 5,000만원이 된다.

㉡ 조건부차액보전 제도는 채권매각가격과 차순위자의 입찰가격 차이를 기준으로 조건의 한도 내에서 보전해 주는 방법이다.

예) 채권매각가격 4억원, 3,000만원의 조건부 차액보전계약의 단서조항이 있다. 차순위자의 입찰가격이 4억5,000만원인 경우 채권양수인이 유동화전문 회사에 추가로 보전할 금액은 3,000만원이 된다. 그러나 4억1,500만원이라면 추가로 보전할 금액은 1,500만원이 된다.

김선생 도움말

### 채권 양도·양수계약에서 특약으로 조건부 차액보전 단서조항을 삽입하게 되는 이유

① 양도인과 양수인 간에 채권가격을 두고 양도인은 4억5천만원을 요구하였고 양수인은 4억원을 제시하였다. 5천만원이라는 차이를 극복하지 못하여 가격협상이 무산될 위기에서 양도인과 양수인 간에 합의에 의하여 조건부 차액보전 계약에 합의 했다.

채권매각방식은 채무인수방식. 채권매각가격은 4억원. 조건부 차액보전금액은 5천 만이고 이 채권의 채권최고액은 6억원이다.

② 이 계약에 합의를 한 가장 큰 이유는 채권양수인이 이 물건에 대한 자세한 현장조사와 권리분석을 통하여 경매낙찰예상가격이 4억원을 넘지 않을 것이라는 확신을 가지고 있었기 때문에 양수인이 6억까지 입찰에 참여하더라도 차순위 입찰자가 4억 이상은 되지 않을 것이라는 판단이고, 양도인은 그와 반대로 4억5천만원 이상 으로 매각될 수 있는 물건으로 보았기 때문에 차순위 입찰가가 4억5,000만원이 되면 5,000만원을 양수인에게 보상받기 위한 전략이다. 그런데 이 부동산이 경매절차에서 4억2,000만원에 매각되어 양도인은 양수인으로부터 2,000만원을 추가로 보전 받을 수 있게 되었다.

## ◈ NPL 투자로 사후정산부 방식

### (1) 사후정산부 방식 이란

① 법원의 경매배당절차가 종료된 이후에 채권양도인과 채권양수인이 채권 매각과 관련한 대금을 정산하고 채권양도를 하는 방식이다.

사후정산부 방식은 법적 성질은 론세일방식으로 채권양도는 있지만 등기부에 근저당권 이전행위는 없다. 그 이유는 경매배당일 이후에 잔금 지급과 채권양도가 이루어지기 때문이다.

그리고 사후정산부 방식은 유입목적 채권매입은 가능하나 배당목적 채권매입은 원칙적으로 불가하다.

② 사후정산부 방식은 유동화회사와 채권매각계약 시 약정한 금액으로 채권을 구입하는 계약으로 계약 시 계약금 10%를 지급하고 입찰에 참여해서 입찰보증금을 지급후 낙찰받으면 잔금지금은 경락잔금 대출을 받아 지급하고 소유권을 취득하고 채

권양도인은 법원의 배당절차에서 배당받고 1주일 이후에 채권양도인과 채권양수인이 채권매각과 관련한 대금을 정산하고 채권양도를 하는 방식이다. 예를 들어서 채권매입금액이 5억원 인데 배당금액이 5억5 천만원이면 5천만원을 매수인에게 지급하는 방식이다. 이 방식도 채무인수 방법과 마찬 가지로 차액보전 방식으로 계약하는 방법이 일반화 되어 있다.

③ 유동화전문유한회사의 사후정산부 방식과 캠코의 사후정산부 방식과는 차이가 있다. 전자는 부실채권매각 목적의 채권양도 방법이지만 후자는 금융 기관의 유동성 지원을 목적으로 하는 채권양도 방법이다. 또한 전자는 채권 매각가격이 정하여져 있지만 후자는 채권매각가격이 경매낙찰 이후에 정하여 진다는 점에서 차이가 있다.

### (2) 사후정산부방식의 장·단점

① 장점

㉠ 론세일방식과 달리 계약금 10%만 있으면 채권매입계약을 할 수 있어서 초기 자금 부담을 줄일 수 있다.

㉡ 근저당권이전행위, 법원에 채권자변경신고, 질권대출 등을 하지 않아도 되어 절차적으로 간단하고 비용적으로도 절약이 된다. 단 채권양도통지는 잔금지급 시에 확정일자 있는 증서로 한다.


② 단점

㉠ 경매입찰일에 양수인이 최고가신고인이 되지 못하면 계약은 해제가 되고, 시간과 경비만 낭비한 결과가 된다.

㉡ 론세일 방식과 같이 낙찰금액 전부를 경매 잔금일에 대금납부 하여야 하는 부담감이 있다.

# 06 부실채권을 매입하려면 어떠한 요건을 갖추고 있어야 하나?

◆ **부실채권을 매입하려면 대통령으로 정한 매입추심업자만 가능**

(1) 자본금이 3억원 이상이어야 한다
(2) 금융위원회에 등록하고(금융감독원 등록하고 인허가 받아야 한다)
(3) 5천만원 이상의 보증금을 별도로 예탁(서울보증보험, 공제가입)
(4) 총 자산한도는 자기자본의 10배 이내로 제한

즉 자본금 3억이면 채권 30억까지 매입가능하다

 **김선생 도움말**

**미등록대부업자로부터의 채권양수·추심 금지 등**

　대부업법 제9조의4(미등록대부업자로부터의 채권양수·추심 금지 등) 1항 대부업자는 제3조에 따른 대부업의 등록 또는 제3조의2에 따른 등록갱신을 하지 아니하고 사실상 대부업을 하는 자로부터 대부계약에 따른 채권을 양도받아 이를 추심하는 행위를 하여서는 아니 된다.
　3항 대부업자 또는 여신금융기관은 제3조 제2항 제2호에 따라 등록한 대부업자, 여신금융기관 등 대통령령으로 정한 자가 아닌 자에게 대부계약에 따른 채권을 양도해서는 아니 된다.

## ◆ 대부업 법인설립 절차는 어떻게 하면 되나?

### (1) 대부업 교육

- 대부업협회에서 1일 8시간 교육 받는다(비용 10만원)

### (2) 법인 설립
- 자본금 3억 이상 준비
- 주식회사, 유한회사 사업자 준비
- 법인설립비용 (서울 약 480만원)
- 정관 및 서류 준비해서 법무사에 위임 진행
- 기존법인은 자본증자 및 정관을 변경해서 금융에 등록

### (3) 보증보험가입 또는 5천만원 예탁
- 서울보증보험, 보통 98만원 정도 준비

### (4) 금융위 등록 신청
- 등록까지 약 2달 이상 소요 (등록요청 폭주 관계로 일정 매우 유동적)
- 업무영역 선택 (대부업, 대부중개업, 채권추심업)
- 비용 30만원

## ◆ 개인이 부실채권에 투자하는 방법은?

### (1) 임의대위변제 방법

민법 제480조(변제자의 임의대위)의 임의대위변제란 채권과 이해관계가 없는 제3자가 채무자의 사전 승낙을 얻고 채권자를 찾아가서 채권자의 동의를 얻어 대위로 변제

하는 것을 말한다.

채권자는 정당한 이유 없이는 승낙을 거절할 수 없다. 임의대위변제를 하기 위해서는 제3자(변제자)는 채권자(금융기관)에게 대위변제신청서를 작성 제출하고, 채권자는 변제자에게 대위변제확인서를 발급해 주는데 이를 첨부하여 근저당권에 대한 이전등기를 함으로써 임의대위변제를 완료하는 것이다. 임의대위변제는 채무자의 승낙이 필요한데, 그 이유는 대위변제자(제3자)가 채권자의 승낙을 받고 대위로 변제를 하였더라도 채무자의 승낙이 없으면 대위변제자(제3자)는 채무자에게 대항을 할 수 없기 때문이다. 그러므로 실무적으로는 임의대위변제를 하려면 채무자와 먼저 협의를 한 후에 채권자를 만나 임의대위변제를 하는 것이 순서이다.

### (2) 법정대위 방법

민법 제481조(변제자의 법정대위)의 법정대위란 임의대위변제와는 다르게 이해관계인으로서 변제할 정당한 이익이 있는 자가 채권자의 동의 없이 변제하는 것을 말한다. 여기서 이해관계인이라 하면 후순위 담보권자, 보증인, 물상보증인, 공동채무자, 임차인, 담보물 매수인 등을 말한다.

법정대위변제는 임의대위변제와는 다르게 채무자, 채권자 양쪽의 승낙은 필요없다. 간단하게 말해서 후순위의 채권자나 이해관계인이 자신의 손실을 막기 위해서 선순위 채권을 매입하는 것이다. 이러한 법정대위변제는 후순위 담보권자나 임차인 관계에서 자주 발생한다. 즉 후순위 담보권자는 선순위 담보권자의 채권을 하루라도 빨리 법정대위변제함으로써 연체이자의 추가발생을 중단(대위변제하는 순간부터 대위자의 수익)시켜서 본인의 재산상의 불이익을 제거할 수 있고, 후순위 임차인은 선순위 담보권 금액이 적을 경우 이를 법정대위 함으로써 본인이 선순위 임차인이 되어 대항력을 가질 수도 있습니다. 보증인도 마찬가지로 채무자를 대신하여 법정대위변제함으로써 자신의 재산이나 신용의 피해를 최소화할 수 있다. 특히 경매 입찰시 이러한 대위변제로 인해 후순위 임차인이 갑자기 선순위로 바뀔 수도 있으니 항상 주의하여야 한다.

### (3) 근저당권에 질권을 설정하는 방법으로 투자

채권 추심업에서 매입한 근저당권에 대해서 개인 투자자는 근저당권부 질권을 설정하고 투자하는 방법이다.

### (4) 유동화회사로부터 채권을 매입하는 방법

유동화회사로부터 사후 정산부 채무인수 방식으로 채권을 매입하는 방법으로 투자할 수 있다.

# PART 11

## 금융기관의 **직접경매**와 **부실채권**을 매입해서 성공과 실패?

- 01 금융기관 등이 직접 경매를 통해 부실채권을 회수하는 방법
- 02 부실채권을 론세일 방식으로 매입해서 성공과 실패한 사례
- 03 부실채권을 채무인수 방식으로 낙찰받아 성공과 실패?
- 04 부실채권을 사후정산 방식으로 낙찰받아 성공과 실패?
- 05 무담보채권을 매입해서 손해 본 황당한 이야기다
- 06 NPL이 각광 받는 이유를 7가지로 정리해 본다

# 01 금융기관 등이 직접 경매를 통해 부실채권을 회수하는 방법

금융기관 등은 금전채권으로 새로운 채권(이자채권)을 만들고 그로 인해서 투자 수익을 증가시키고 있다.

채권 만들기는 잘하는 모습이지만 그 속을 들여다 보면 모두가 성공하는 것은 아니고 다음 사례들과 같이 성공하는 사례가 있는 반면에, 투자손실(원금과 이자)

이 발생하는 사례가 더 많이 발생하고 있어서 대출 심사할 때부터 이러한 손실에 대비한 분석이 선행되어야 한다.

첫 번째 사례는 국민은행이 대출을 실행했다가 부실채권이 발생하자 경매를 신청해서 배당기일까지 지연이자 18%까지 전액 회수했다. 그렇다면 국민은행 입장에서 성공한 투자로 볼 수 있다.

◆ **국민은행이 직접 경매를 신청해서 채권회수에 성공하다**

### (1) 경매가 진행된 물건 현황 및 매각결과

| 2013타경 **21745** | | ● 서울동부지방법원 본원 ● 매각기일 : 2014.05.26(月)(10:00) ● 경매 1계(전화:02-2204-2405) | | | | | |
|---|---|---|---|---|---|---|---|
| 소 재 지 | 서울특별시 성동구 성수동2가 279-50, 성수1차대우아파트 17층 0000호 도로명주소검색 | | | | | | |
| 물건종별 | 아파트 | 감 정 가 | 260,000,000원 | 구분 | 입찰기일 | 최저매각가격 | 결과 |
| 대 지 권 | 15.95m²(4.825평) | 최 저 가 | (80%) 208,000,000원 | 1차 | 2014-04-14 | 260,000,000원 | 유찰 |
| 건물면적 | 59.49m²(17.996평) | 보 증 금 | (10%) 20,800,000원 | 2차 | 2014-05-26 | 208,000,000원 | |
| 매각물건 | 토지·건물 일괄매각 | 소 유 자 | 홍길동 | 낙찰 : 245,800,000원 (94.54%) | | | |
| | | | | (입찰5명, 낙찰:**강소형**) | | | |
| 개시결정 | 2013-11-28 | 채 무 자 | 홍길동 | 매각결정기일 : 2014.06.02 - 매각허가결정 | | | |
| | | | | 대금지급기한 : 2014.07.02 | | | |
| 사 건 명 | 임의경매 | 채 권 자 | 국민은행 | 대금납부 2014.06.18 / 배당기일 2018.08.04 | | | |

- 매각물건현황 ( 감정원 : 유진감정평가 / 가격시점 : 2013.12.13 / 보존등기일 : 1999.06.29 )

| 목록 | 구분 | 사용승인 | 면적 | 이용상태 | 감정가격 | 기타 |
|---|---|---|---|---|---|---|
| 건물 | 18층중 17층 | 99.04.30 | 59.49㎡ (18평) | 방2, 주방및식당, 거실, 옥실 겸화장실, 발코니 등 | 130,000,000원 | * 도시가스 개별난방 * 지하주차장 |
| 토지 | 대지권 | | 3434.7㎡ 중 15.95㎡ | | 130,000,000원 | |

- 임차인현황 ( 말소기준권리 : 2009.09.09 / 배당요구종기일 : 2014.02.17 )

| 임차인 | 점유부분 | 전입/확정/배당 | 보증금/차임 | 대항력 | 배당예상금액 | 기타 |
|---|---|---|---|---|---|---|
| 홍길수 | 주거용 | 진 입 일 : 2011.03.21<br>확 정 일 : 미상<br>배당요구일 : 없음 | 미상 | | 배당금 없음 | |

- 등기부현황 ( 채권액합계 : 669,400,000원 )

| No | 접수 | 권리종류 | 권리자 | 채권금액 | 비고 | 소멸여부 |
|---|---|---|---|---|---|---|
| 1(갑8) | 2008.02.25 | 소유권이전(매매) | 홍길동 | | 거래가액:210,000,000 | |
| 2(을6) | 2009.09.09 | 근저당 | 국민은행 (성수동지점) | 44,400,000원 | 말소기준등기 | 소멸 |
| 3(을7) | 2010.02.26 | 근저당 | 국민은행 | 36,000,000원 | | 소멸 |
| 4(을8) | 2010.07.28 | 근저당 | 국민은행 | 84,000,000원 | | 소멸 |
| 5(을9) | 2011.02.11 | 근저당 | (주)스카이인베스트먼트대부 | 105,000,000원 | | 소멸 |
| 6(을12) | 2011.07.06 | 근저당 | 신유월 | 400,000,000원 | | 소멸 |
| 7(갑9) | 2013.06.11 | 압류 | 이천세무서 | | | 소멸 |
| 8(갑10) | 2013.11.28 | 임의경매 | 국민은행 (여신관리집중센터) | 청구금액: 138,493,101원 | 2013타경21745 | 소멸 |

## (2) 경매를 신청한 국민은행은 성공할 수 있었을까?

이 경매사건은 서울 성동구 성수동에 있는 성수 1차 대우 아파트를 담보로 국민은행이 대출을 심사하는 단계에서 대항력이 예상되는 홍길수 전입세대원을 확인할 수 있었다. 그래서 그 원인관계를 확인하는 과정에서 소유자의 동생으로 밝혀졌고, 그렇다고 하더라도 형제 간에도 임대차관계가 발생할 수 있어서 홍길수로 부터 무상거주확인서를 받고 3번에 거쳐 채권최고액 4,440 만원, 3,600만원, 8,400만원으로 근저당권을 설정하고 대출원금 합계 1억 3,700만원을 대출을 실행했다. 그런데 채권이 회수되지 않게 되자 국민은행이 경매를 신청하게 되었고 그 과정에서 최초 2억6,000만원으로 매각절차가 진행되어 2억4,580만원에 강소령이 낙찰받았다.

이 매각대금에서 0순위로 경매비용 250만원을 제외하면 실제 배당할 금액은 2억 4,300만원이다.

이 금액을 가지고 배당하게 되는데 채무자 가족만 거주하고 있어서 1순위로 성동구청 재산세 65만원(당해세 우선변제금), 2순위로 국민은행이 경매신청 금액 138,493,101원(경매 신청할 때까지 대출원금과 지연이자 포함)과 지연이자 17,006,202원[2013년 11월 28일 경매 신청후 2014년 8월 04일 배당기일까지 249일 간의 지연이자](연 지연이자 18%= 24,928,758원/365일=1일당 지연이자 68,298원)으로 155,499,303원을 배당받게 된다.

이때 유의할 점은 국민은행의 우선변제권은 채권최고액의 1억6,440만원 내에서 배당금이 남아 있는 한 배당받을 수 있지만 채권최고액을 초과하면 우선변제권이 없어서 배당받지 못하게 되므로 적정한 시기에 경매를 신청 하는 것도 필요하다. 나머지 배당금 86,850,697원은 3순위로 (주) 스카이인베 스트먼트대부가 배당받게 된다.

어쨌든 국민은행은 대출원금을 회수하는 것은 물론이고 경매신청하기 전에도 일정 시점까지 지연이자 18%가 포함된 이자와 경매신청 후에도 배당기일 까지 지연이자 18%를 포함한 채권 전액을 배당받을 수 있어서 성공적인 투자로 볼 수 있다. 이러한 성공은 대출심사 단계부터 부동산 가치분석과 선순위 채권 즉 국세완납증명서, 지방세완납증명서를 통해 선순위 조세채권이 없다는 것과 전입세대열람 등을 통해서 대항력이 예상되는 홍길수로부터 부상거 주확인서를 받아서 소액임차인과 선순위 임차인이 없다는 것까지 확인하고 대출을 실행한 결과로 얻게 되는 것이지 그냥 얻어진 것이 아니다. 이러한 분석능력은 부실채권을 매입하는 분들도 마찬가지로 채권 손실에 대비해서 분석하고 투자해야 성공할 수 있다.

### 미리 알아두면 좋은 법률 Refer

**연체일수와 연체금액을 계산하는 방법**

① 경매 신청할 때 신청금액은 대출원금과 지연이자가 포함된다.

② 경매 신청후 지연이자 계산은 보통 1금융권은 18%, 2금융권은 21%로 계산하면 크게 다르지 않다. 그리고 연체기간은 경매를 신청한 날로부터 낙찰받고 7일후에 매각허각결정, 7일 후에 매각결정이 확정되고, 그 후 30일 이내 대금납부, 대금납부 이후 30일 이내 배당기일이 정해지게 되므로 경매신청한 날부터 낙찰받을 때까지의 기간과 낙찰받고 나서 배당기일까지 74일을 합해서 연체일수를 계산하면 된다.

③ 따라서 연체금액은 경매신청금액에 18%을 곱해서 연 지연이자를 계산하고 다시 365일로 나누게 되면 1일당 지연이자를 계산할 수 있다. 이 1일당 지연이자에 연체일수를 곱하게 되면 연체금액을 계산할 수 있다. 근저당권의 채권최고액을 초과하지 않는 범위 내에서 경매신청 금액과 이 연체금액을 더하면 근저당권자가 배당 기일에 배당받는 금액이 된다.

  필자는 예상배당표를 작성하거나 작성된 배당표를 확인하는 과정에서 금융 기관 등이 1순위 근저당권을 설정하고도 지연이자는 물론이고 대출원금의 상당부분도 손실을 보는 경우를 발견할 수 있었다.

  이들 금융기관 등은 자신의 채권이 손실이 발생할 것이라는 사실을 알고 있었다면 대출을 실행하지 않았을 것이다.

  그래서 두 번째로 이번엔 우리은행이 경매를 신청했지만 채권회수에 성공 하지 못한 사례를 가지고 분석하기로 하자

## ◆ 우리은행이 직접 경매를 신청한 사례를 분석해 보자

### (1) 경매가 진행된 물건 현황 및 매각결과

**2013타경00000**  • 서울남부지방법원 본원  • 매각기일 : **2014.05.21(水) (10:00)**  • 경매 3계(전화:02-2192-1333)

| 소재지 | 서울특별시 강서구 가양동 1459, 동신아파트 103동 14층 0000호 도로명주소검색 | | | | | |
|---|---|---|---|---|---|---|
| 물건종별 | 아파트 | 감정가 | 600,000,000원 | 오늘조회: 1 2주누적: 0 2주평균: 0 조회동향 | | |
| 대지권 | 66.305㎡(20.057평) | 최저가 | (80%) 480,000,000원 | 구분 | 입찰기일 | 최저매각가격 | 결과 |
| 건물면적 | 134.88㎡(40.801평) | 보증금 | (10%) 48,000,000원 | 1차 | 2014-04-09 | 600,000,000원 | 유찰 |
| 매각물건 | 토지·건물 일괄매각 | 소유자 | 우OO | 2차 | 2014-05-21 | 480,000,000원 | |
| 개시결정 | 2013-11-26 | 채무자 | 우OO | 낙찰 : 480,336,000원 (80.06%) (입찰1명, 낙찰:양천구 김OO) 매각결정기일 : 2014.05.28 - 매각허가결정 대금지급기한 : 2014.07.04 대금납부 2014.07.04 / 배당기일 2014.08.12 배당종결 2014.08.12 | | |
| 사건명 | 임의경매 | 채권자 | 우리은행 | | | |

• 임차인현황 ( 말소기준권리 : 2006.11.16 / 배당요구종기일 : 2014.02.27 )

| 임차인 | 점유부분 | 전입/확정/배당 | 보증금/차임 | 대항력 | 배당예상금액 | 기타 |
|---|---|---|---|---|---|---|
| 최OO | 주거용 | 전 입 일: 2012.05.25<br>확 정 일: 미상<br>배당요구일: 없음 | 미상 | 없음 | 배당금 없음 | |
| 기타사항 | ☞조사외 소유자 점유 | | | | | |

• 등기부현황 ( 채권액합계 : **750,000,000원** )

| No | 접수 | 권리종류 | 권리자 | 채권금액 | 비고 | 소멸여부 |
|---|---|---|---|---|---|---|
| 1(갑1) | 1993.08.26 | 소유권이전(매매) | 우OO | | | |
| 2(을5) | 2006.11.16 | 근저당 | 우리은행<br>(삼성역지점) | 300,000,000원 | 말소기준등기 | 소멸 |
| 3(을8) | 2008.01.14 | 근저당 | 우리은행 | 180,000,000원 | | 소멸 |
| 4(을9) | 2009.01.09 | 근저당 | 우리은행 | 150,000,000원 | | 소멸 |
| 5(을10) | 2010.12.21 | 근저당 | 우리은행 | 120,000,000원 | | 소멸 |
| 6(갑5) | 2013.11.26 | 임의경매 | 우리은행 | 청구금액:<br>750,000,000원 | 2013타경00000호 | 소멸 |

### (2) 경매 신청한 우리은행은 채권회수에 성공할 수 있었을까?

이 매각대금 4억8,033만원에서 0순위로 경매비용 500만원을 공제하고 나면 실제 배당할 금액은 4억7,533만원이 된다.

따라서 1순위로 우리은행이 4억7,533만원을 전액 배당받게 되지만 경매신청채권 금액인 7억5,000만원에 한참 못 미치는 금액을 배당받을 수밖에 없다.

그야 말로 2억7,467만원을 손해 보게 된다. 경매신청 후 지연이자를 계산 하면 그 폭은 더 커질 수밖에 없다.

독자분들이 이러한 부실채권을 NPL로 매입했다고 가정해 보자! 그렇다면그 손실은 우리은행이 아닌 독자(매수자)들이 그대로 떠안게 되는 상황이 발생 하게 된다.

그러면 왜 우리은행에서 부실채권이 발생하게 된 것 일까? 그 원인은 계속적인 아파트의 가격 하락으로 대출할 당시 금액 보다 2억 이상 떨어진 가격에서 찾아 볼 수 있다. 그래서 대출심사 단계부터 ① 부동산 현재가치 뿐만 아니라 미래가치 분석(경매가 진행되었을 때 낙찰가), ② 등기된 선순위 채권 ③ 등기되어 있지 않으나 선순위 채권이 될 수 있는 조세채권과 임차권 등을 확인 해야 한다. 조세채권은 국세완납증명서와 지방세완납증명서를 통해서, 임차인은 전입세대 열람 및 주택 현장을 방문해서 소액임차인과 확정일자부 우선 변제권 등의 선순위 채권을 확인하고 이상이 없을 때 또는 그 채권을 감안하고 대출을 실행해야만 손실을 줄일 수 있고, 앞의 국민은행처럼 채권투자로 수익을 높일 수 있다.

이러한 부실채권으로 근저당권을 매입하는 경우도 마찬가지이다. 아파트 시세를 정확하게 분석해서 매각되는 낙찰가를 예상하고, 선순위 채권을 앞에서와 같이 분석해서 예상배당표 작성을 통해 경매절차에서 배당을 받거나 유입하는 전략이 전개되어야 NPL로 성공할 수 있다. 그런데 근저당권이 매입한 금액 보다 낮은 금액으로 떨어지면 내가 낙찰 받는(유입) 방법을 선택하겠다는 생각으로 앞에서와 같은 상황 분석을 게을리 해서는 자기 곳간의 재물을 축낼 수밖에 없다.

## ◆ 제2 금융권이 직접 경매를 신청한 사례를 분석해 보자

### (1) 제2 금융권 등은 1금융권 보다 더 과감한 대출을 실행한다.

제2금융권 등이 1금융권 보다 더 과감하게 대출을 실현하고, 심지어 2순위 대출도 하게 되는데 그 이유는 간단하다. 이자를 높게 받을 수 있고 대출 수요가 많다는 점이다. 이런 점에서 2금융권 등이 채권을 손해 보게 되는 사례가 많이 발생하곤 한다. 그런데 더 심각한 사례는 대부업체와 개인들이 저당권을 설정하고 대출하는 사례에서 발생하고 있다. 이들 기관 등은 물권분석 능력이나 배당에 관해서 금융기관과 같이 전문적이지 못하다. 그래서 예측하지 못한 손실로 성공률은 더 떨어지고 있다. 대출을 실행할 때 부실채권을 예방하려면 그 만큼 분석능력이 필요하고, 부실채권에 투자해서 높은 수익을 올리려는 투자자도 그 손실을 떠 앉지 않으려면 철저한 준비가 필요한 것이다.

### (2) OOO(주)캐피탈이 경매를 신청해서 손해를 보게 된 사례이다.

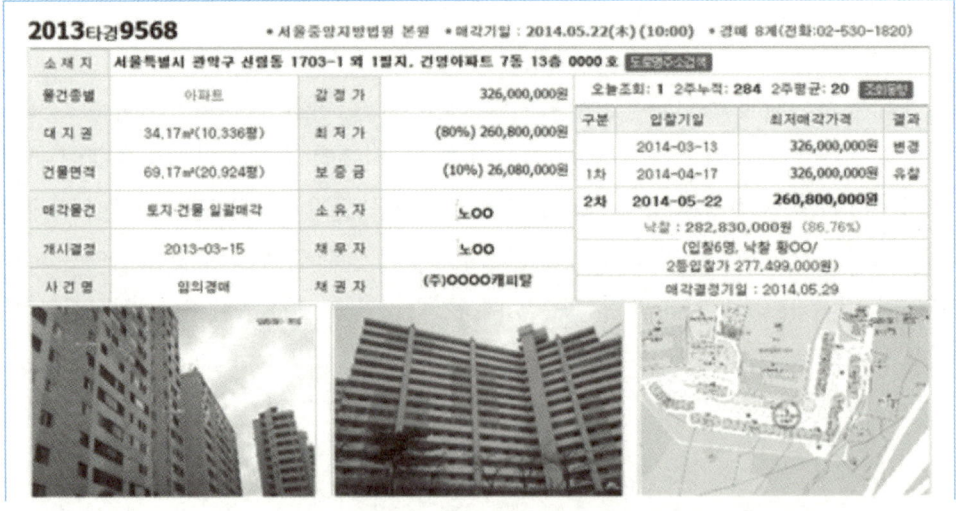

### PART 11  금융기관의 직접경매와 부실채권을 매입해서 성공과 실패?

• 임차인현황 ( 말소기준권리 : 2011.11.23 / 배당요구종기일 : 2013.05.28 )

| 임차인 | 점유부분 | 전입/확정/배당 | 보증금/차임 | 대항력 | 배당예상금액 | 기타 |
|---|---|---|---|---|---|---|
| 정미영 | 주거용 전부 | 전 입 일: 2012.11.14<br>확 정 일: 2010.06.23<br>배당요구일: 2013.04.23 | 보70,000,000원 | 없음 | 소액임차인 | |

• 등기부현황 ( 채권액합계 : 433,311,182원 )

| No | 접수 | 권리종류 | 권리자 | 채권금액 | 비고 | 소멸여부 |
|---|---|---|---|---|---|---|
| 1(갑1) | 1996.09.05 | 소유권이전(매매) | 노OO | | | |
| 2(을6) | 2011.11.23 | 근저당 | (주)OOOO캐피탈 | 418,600,000원 | 말소기준등기 | 소멸 |
| 3(갑2) | 2013.01.15 | 가압류 | 한국외환은행 | 14,711,182원 | 2013카단31500 | 소멸 |
| 4(갑3) | 2013.03.18 | 임의경매 | (주)OOOO캐피탈 | 청구금액:<br>336,533,473원 | 2013타경9568 | 소멸 |

이 경매사건은 매각대금 2억8,283만원에서 0순위로 경매비용 360만원을 공제하고 나면 실제 배당할 금액은 2억7,923만원이 된다.

따라서 1순위로 정미영 임차인 2,500만원(최우선변제금 1), 2순위로 (주)OOOO캐피탈이 2억5,423만원을 배당받게 돼 8,230만원을 손실을 보게 된다.

경매신청 이후부터 추가되는 지연이자 21% 정도를 감안하면 그 손실액은 더커질 수밖에 없다. 그러나 필자는 다음 사례와 같이 문소령(문OO)이 2순위로 근저당권 9,000만원을 설정하고 6,000만원을 대출한 것과 비교하면 이 정도 손해는 크지 않다고 생각한다.

### (3) 문소령은 2순위 근저당권으로 경매를 신청했으나 배당금이 없다

**2012타경14507**  • 서울남부지방법원 본원  • 매각기일 : 2014.05.20(火) (10:00)  • 경매 1계(전화:02-2192-1331)

| 소 재 지 | 서울특별시 금천구 시흥동 5-13 외 1필지, 삼익아파트 105동 18층 0000호 도로명주소검색 | | | | | |
|---|---|---|---|---|---|---|
| 물건종별 | 아파트 | 감 정 가 | 410,000,000원 | 오늘조회: 1  2주누적: 641  2주평균: 46  조회동향 | | |
| 대 지 권 | 미등기감정가격포함 | 최 저 가 | (51%) 209,920,000원 | 구분 | 입찰기일 | 최저매각가격 | 결과 |
| | | | | 1차 | 2013-04-17 | 410,000,000원 | 유찰 |
| 건물면적 | 114.48㎡(34.63평) | 보 증 금 | (20%) 41,990,000원 | 2차 | 2013-05-28 | 328,000,000원 | 유찰 |
| | | | | | 2013-06-26 | 262,400,000원 | 변경 |
| | | | | 3차 | 2013-11-14 | 262,400,000원 | 유찰 |
| 매각물건 | 토지·건물 일괄매각 | 소 유 자 | 김OO | 4차 | 2013-12-19 | 209,920,000원 | 낙찰 |
| | | | | 낙찰 298,888,000원(72.9%) / 3명 / 미납<br>(2등입찰가:272,000,000원) | | | |
| 개시결정 | 2012-05-31 | 채 무 자 | 김OO | 5차 | 2014-05-20 | 209,920,000원 | |
| | | | | 낙찰 : 243,010,000원 (59.27%) | | | |
| 사 건 명 | 임의경매 | 채 권 자 | 문OO | (입찰4명,낙찰:영등포구 윤OO 외1/<br>2등입찰가 236,980,000원) | | | |
| | | | | 매각결정기일 : 2014.05.27 | | | |

문소령(문OO)은 시흥동에 있는 삼익 아파트가 근저당권 설정당시 4억5,000 만원 정도 가고 있어서 경매로 매각되더라도 3억5,000만원 이상은 될 것이라고 판단했다. 왜냐하면 1순위 교보생명 근저당권이 채권원금이 2억3,000만원 이고, 그 다음순위로 9,000만원을 한도로 배당받을 수 있다는 판단을 하고 6,000만원을 대출하게 되었다. 그런데 문소령이 간과한 부분이 있었다. 아파트 시세가 계속 오르거나 그 시세를 유지하는 것이 아니라 가격이 떨어질 수도 있고, 소액임차인과 당해세 등의 조세채권이 선순위로 우선 배당받을 수있다는 점이다. 어쨌든 임차인과 조세채권을 고려하지 않아도 이 아파트는 2억4,301만원에 매각되었다. 그러니 경매비용을 빼고 나면 실제 배당할 금액은 2억4,000만원이다.

따라서 교보생명이 1순위로 2억4,000만원을 전액 배당받게 된다. ∵경매 당하게 되면 채무자가 이자를 부담하지 않게 되므로 채권최고액의 범위에 근접하게 되는데 배당금이 부족해서 1순위 교보생명 근저당권도 지연이자 부분을 손해보게 돼 성공한 채권자가 아니다. 그러니 2순위 문소령 근저당권은 배당받을 금액이 없고 경매 신청 비용만 0순위로 배당받고 소멸하게 된다.

**경매비용만을 수령하고 나서 문소령은 두 가지 후회를 하고 있다.**

문소령 집사람이 NPL 공부를 하고 있었는데 아무래도 아파트가 높은 가격으로 매각되지 않을 것 같으니 조금 손해를 보더라도 NPL로 팔자는 것이었다. 그때 문소령은 군인으로서 그럴 수는 없다는 것과 아무리 그래도 3억 5,000만원 이상으로 매각될 것이라는 주장을 했기 때문이다. 경매신청 비용만 수령하고 나서 집사람 볼 면목이 없었지만 집사람은 좋은 경험했다고 문소령을 달래고 있다. 돈은 다시 벌면 된다고... ㅎ, ㅎ,

**어떻게 하면 투자손실을 줄일 수 있을까?**

이에 대한 해답은 투자 전에 올바른 채권투자가 이루어져야 한다.

올바른 투자는 대출하기 전 또는 채권을 양도받기 전에 그 부동산의 가치평가와 선순위채권을 고려해서 예상배당표를 작성하고 그 담보물에서 내 채권을 안전하게 지킬 수 있는 가를 먼저 판단하고 대출을 실행해야 한다. 그런데 이자소득과 매매차익에 눈이 어두워져 현명하게 대처하지 못하고 있다.

**만일 부실채권이 발생된다면 이를 이용해 돈 버는 방법은**

금융기관 등에서 부실채권이 발생한다면 이를 이용해서 돈을 벌수 있는 방법은 없을까, 최근에 이에 대한 높은 관심이 불고 있는 것이 NPL 시장이다.

필자는 금전채권을 통해서 돈을 벌수 있는 길은 금전채권을 이용한 투자수익의 증가를 이루는 방법 이외에도 부실채권을 양도받아 경매를 신청해서 그매각대금으로 채권을 회수하는(배당받는) 방법도 있다고 생각한다.

그런데 가끔씩 채권투자로 손실을 보게 되는 사례가 발생하게 되는데 그 이유는 채무자로 부터 받을 높은 이자소득만 또는 배당소득만을 생각하고, 원금 및 이자채권의 회수 가능성을 판단하는데 게을리 하고 있기 때문이다. 이자소득과 투자이익의 증가를 먼저 생각하기 보다는 원금 및 이자채권의 회수 가능성을 먼저 판단하는 지혜가 필요하다.

## ◆ 금융권의 부실채권을 KAMCO가 인수해 경매를 신청한 사례

### (1) KAMCO의 부실채권정리기금으로 금융기관 부실채권 매입후 매각방법

정부는 부실채권정리기금을 만들어 1997~2002년까지 5년간 39조 2000억 원을 투입해 180여 개 금융회사의 부실채권 111조 6000억 원을 인수했다. 캠코는 이후 자산유동화증권(ABS) 발행, 국제입찰, 인수합병(M&A) 매각 등을 통해 46조 8000억 원을 회수했다. 이는 투입금액에 비해 7조 6000억 원을 초과 회수한 것이다.

한편 캠코는 2013년 2월 22일자로 부실채권정리기금을 청산하고, 기금이 보유한 대우조선해양 등 잔여재산 약 1조 원을 공적자금상환기금 등 24개 출연기관에 모두 반환했다. 그래서 이 기금으로 금융기관 등의 부실채권을 매입하는 업무는 하지 않고 있다.

### (2) KAMCO가 금융기관 부실채권을 사후정산 방식으로 매입

이 방식은 2003년~2012년 말까지는 KAMCO 자산을 활용해 사후정산 방식으로 금융기관 등의 부실채권을 매입해서 일단 금융기관 등을 정상화 시키고, 매수한 근저당권을 가지고 경매 등으로 매각해서 그 배당금을 가지고 사후정산 방식으로 정리하게 된다. 예를 들어 1억에 사온 근저당권을 경매로 매각해서 1억2,000만원을 배당받았다면 110%인 1억1,000만원 까지는 KAMCO 가 수입으로 잡고 그 금액을 초과하는 1,000만원을 양도한 금융기관에 반환 해주는 방식이다. 그러니 KAMCO입장에서는 손해 보는 장사가 아니었다. 이방식은 국내기업 회계기준에 따른 방식이었으나 2012년 중순부터 국제적으로 인정되는 국제회계기준(IFRS)으로는 부실채권을 매각한 것으로 볼 수 없다는 논란에 빠지게 되어 2012년 말까지 10년 동안 운영되었다가 폐지되어 현재는 운영하지 않고 있다.

### (3) 현재 KAMCO가 금융기관의 부실채권을 정리하고 있는 방식

2013년 1월 1일 부터는 국제회계기준(IFRS)에 따라 사후정산 방식으로 부실 채권을 매입하지 못하게 되어 현재 부실채권매입방법은 3가지만 운영하고 있다고 생각하면 된다.

첫 번째로 확정가 방식이다. 이 방식은 KAMCO 자산을 활용해 차주별로 매입하는 방식이 아니라 금융기관이 보유하고 있는 매각대상 부실채권을 특성에 따라 분류하여 몇 개의 군으로 묶어서 일괄매입하는 방식으로 KAMCO 채권인수부에서 담당하고 있다. 이 방식은 매입당시 가격이 확정되므로 경매로 매각해서 이익이 발생하거나 손실이 발생해도 그 이익 또는 손실이 KAMCO에 귀속하게 된다.

두 번째로 잔여이익배분 방식이 있는데 이 방식은 금융기관 등의 부실채권을 매입하고 경매로 매각해서 일정금액을 초과하면 초과된 금액을 금융기관에 반환하지만 손해가 발생하면 금융기관에 청구하지 못한다는 것이 특징이 다. 어쨌든 첫 번째와 두 번째 사례에서 사온 부실채권을 경매로 매각하는 부서는 금융자산관리부서에서 담당하고 있다. 따라서 사온 금액 보다 떨어지면 방어 입찰을 하게 되고 그 과정에서 KAMCO가 낙찰받게 되면 배당받을 채권으로 상계처리 해서 대금납부하고 소유권을 취득하게 된다. 이 물건은 유입 자산 공매로 온비드를 통해 매각하고 있다.

세 번째로 금융기관 등으로부터 위탁받아 매각하는 방식이 있다.

금융기관의 부실채권을 위탁받아 수수료 1%만 수수하고 경매로 매각해서 배당금 수령까지 대행하는 수탁방식인데 확정가 방식과 잔여이익배분 방식 보다 활성화 되어 있는 제도는 아니다.

## (4) KAMCO가 금융기관의 부실채권을 매입하고 경매를 신청한 사례

① 경매 입찰대상물건과 매각결과

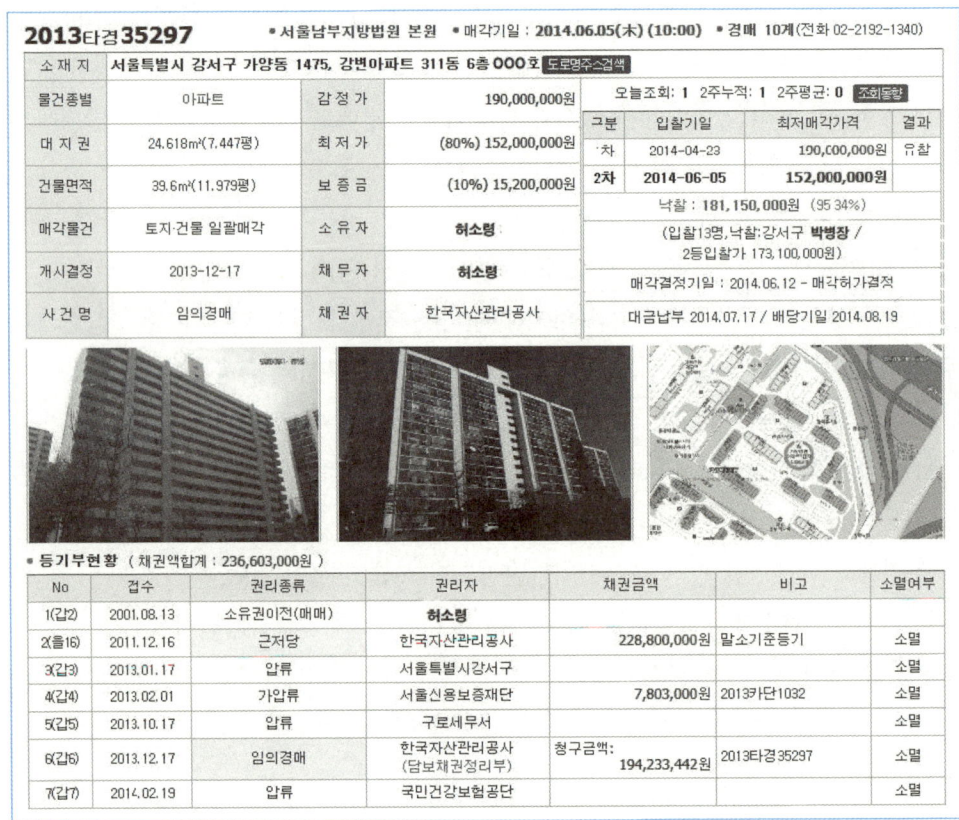

② KAMCO가 매각대금을 가지고 다음과 같이 정산하게 된다.

KAMCO가 2013년 11월 13일 주식회사 아이비케이캐피탈로부터 부실채권을 확정가 방식으로 일괄 매수해서 경매를 신청했는데 그중 일부인 강변아파트가 먼저 매각되었다. 이 근저당권을 1억8천만원에 매입했는데 배당금이 1억8천만원 이하면 그 차액만큼 KAMCO가 손해 볼 수밖에 없지만, 그 반대로 초과되는 금액은 KAMCO가 이익을 보게 된다. 그런데 이 아파트는 181,150,000원에 박병장에게 매각되어 이 매각대금에서 경매비용 200만원을 제외하고 179,150,000원이다.

따라서 이 배당금 전액 KAMCO에 배당되어 상계처리해 대금을 납부하면 되지만 이 물건이 투자 이익을 가져다주지는 못했다.

③ KAMCO가 경매를 신청했다가 직접 유입하게 되는 사례

KAMCO가 금융기관의 부실채권을 확정가 방식 또는 잔여이익배분 방식으로 매입하고 있다. 부실채권을 사서 경매를 신청해서 그 매각대금으로 배당 받음으로써 투자이익을 얻게 된다. 그런데 손실이 예상되면 손해를 보지 않는 선에서 방어 입찰에 참여하게 되고 그 과정에서 낙찰받게 될 수도 있다.

KAMCO는 낙찰받은 물건을 또 다시 공매로 매각해서 투자금을 회수하게 되는데 이러한 공매를 유입자산 공매라 한다.

# 02 부실채권을 론세일 방식으로 매입해서 성공과 실패한 사례

 **김선생 말풍선**

**부실채권은 채권 매입후 경매 시장에서 정리하는 파생상품이다.**
① 부실채권 등을 매입해서 경매절차에서 배당받거나 부동산을 저렴하게 낙찰(유입)받게 된다는 점에서 경매시장의 파생상품 중 하나다.
② 일반경매 입찰자와 차이가 있다면 채권을 미리 매입하고 그 채권을 통해서 경매시장에서 배당 또는 유입으로 수익을 올리게 된다는 점에서 NPL은 경매를 기본으로 하고 있다.
③ NPL을 올바르게 이해하기 위해선 경매에 대한 기본 지식과 채권이 배당받는 방법에 대한 지식이 필요하다.

◈ **홍길동이 근저당권을 매입후 경매를 신청해서 성공한 사례**

### (1) OOO유동화전문유한회사에서 홍길동이 근저당권을 매입했다

하나은행 근저당권을 부실채권 시장에서 OOO유동화전문유한회사가 낙찰 받아 소유권을 취득후 경매가 진행 중인 상태에서 홍길동이 부실채권양도·양수계약으로 3억4,000만원에 매입해서 그 매매대금 전액 지급후 근저당권을 이전받고(론세일 방식) 법원에 경매신청채권자 명의변경도 했다. 이 과정에서 홍길동은 자금이 부족해서 OO새마을금고로 부터 채권매매대금의 70%인 2억3,800만원(채권최고액 2억8,560만원)을 질권대출 받아 잔금을 납부했다. 그 다음 홍길동은 경매 절차에서 배당받는 방법과 그 담보부동산을 낙찰받는 방법을 이익이 되는 방향으로 선택할 수 있다. 그런데 홍길동은 배당받는 전략이 더 유리하다는 판단 하에 다음과 같이 경매절차에서 배당받기로 했다.

## (2) 경매가 진행 중인 채권을 홍길동이 사서 매각하고 있는 물건

① 경매 물건 현황 및 매각결과

**2013타경5880**   • 서울동부지방법원 본원   • 매각기일 : 2014.03.24.(月) (10:00)   • 경매 7계 (전화: 02-2204-2443)

| 소 재 지 | 서울특별시 송파구 거여동 0-00 도로명주소검색 | | | | | | | |
|---|---|---|---|---|---|---|---|---|
| | | | | | 오늘조회: 1  2주누적: 1  2주평균: 0  조회동향 | | | |
| 물건종별 | 다가구(원룸등) | 감 정 가 | | 1,010,493,000원 | 구분 | 입찰기일 | 최저매각가격 | 결과 |
| 토지면적 | 141.5㎡(42.804평) | 최 저 가 | | (51%) 517,372,000원 | 1차 | 2013-08-26 | 1,010,493,000원 | 유찰 |
| | | | | | 2차 | 2013-10-14 | 808,394,000원 | 유찰 |
| | | | | | 3차 | 2013.11.25 | 646,715,000원 | 낙찰 |
| 건물면적 | 279.2㎡(04.450평) | 보 증 금 | | (20%) 103,480,000원 | 낙찰 721,200,000원(71.37%) / 1명 / 미납 | | | |
| 매각물건 | 토지·건물 일괄매각 | 소 유 자 | | 이소령 | 4차 | 2014-02-17 | 646,715,000원 | 유찰 |
| | | | | | 5차 | 2014-03-24 | 517,372,000원 | |
| 개시결정 | 2013-03-27 | 채 무 자 | | 이소령 | 낙찰: 631,111,000원 (62.46%) | | | |
| | | | | | (입찰2명, 낙찰:유병장) | | | |
| | | | | | 매각결정기일 : 2014.03.31 - 매각허가결정 | | | |
| 사 건 명 | 임의경매 | 채 권 자 | | OOO유동화전문회사 (채권양수인 홍길동) | 대금지급기한 : 2014.05.00 | | | |
| | | | | | 대금납부 2014.05.08 / 배당기일 2014.06.20 | | | |
| | | | | | 배당종결 2014.06.20 | | | |

• 임차인현황 ( 말소기준권리 : 2012.07.16 / 배당요구종기일 : 2013.06.19 )

| 임차인 | 점유부분 | 전입/확정/배당 | 보증금/차임 | 대항력 | 배당예상금액 | 기타 |
|---|---|---|---|---|---|---|
| 강소위 | 주거용 3층 302호 | 전입일: 2012.09.17<br>확정일: 2012.09.17<br>배당요구일: 2013.04.29 | 보60,000,000원 | 없음 | 소액임차인 | 주민등록등재자, 현황서상전: 2012.9.7 |
| 김병장 | 주거용 옥탑1층 전부 | 전입일: 2012.09.21<br>확정일: 2012.09.21<br>배당요구일: 2013.04.29 | 보55,000,000원 | 없음 | 소액임차인 | 주민등록등재자 |
| 노상병 | 주거용 201호 | 전입일: 2012.08.27<br>확정일: 2012.08.27<br>배당요구일: 2013.04.11 | 보150,000,000원 | 없음 | 배당순위있음 | 세대주는 노광의 |
| 신대령 | 주거용 101호 (방3칸) | 전입일: 2012.06.04<br>확정일: 2012.06.04<br>배당요구일: 2013.04.12 | 보140,000,000원 | 있음 | 배당순위있음 | 주민등록등재자 |
| 이일병 | 주거용 301호 | 전입일: 2012.05.15<br>확정일: 2012.05.15<br>배당요구일: 2013.04.10 | 보70,000,000원 | 있음 | 소액임차인 | 주민등록등재자 |

● 건물등기부 ( 채권액합계 : 136,973,058원 )

| No | 접수 | 권리종류 | 권리자 | 채권금액 | 비고 |
|---|---|---|---|---|---|
| 1 | 2012.05.30 | 소유권보존 | 이소령 | | |
| 2 | 2012.07.16 | 근저당 | 하나은행 (마두역지점) | 384,000,000원 | 말소기준등기 |
| 3 | 2012.10.10 | 가압류 | 전이병 | 45,000,000원 | |
| 4 | 2012.11.09 | 소유권이전 청구권가등기 | 장소위 | | 매매예약 |
| 5 | 2013.01.07 | 가압류 | 한국외환은행 | 7,973,058원 | |
| 2-1 | 2013.02.05. | 2번 근저당권이전 | ○○○유동화전문회사 | | 하나은행근저당이전 |
| 6 | 2013.03.27. | 임의경매 | ○○○유동화전문회사 | 청구금액: 327,850,827원 | |
| 2-2 | 2013.09.20. | 2번 근저당권이전 | 홍길동 | | ○○○유동화회사근저당이전 |
| 2-3 | 2013.09.20. | 2번 근저당권부 질권설정 | ○○새마을금고 | 285,600,000원 | |

● 토지등기부 ( 채권액합계 : 556,973,058원 )

| No | 접수 | 권리종류 | 권리자 | 채권금액 | 비고 |
|---|---|---|---|---|---|
| 1 | 1986.11.14 | 소유권이전(매매) | 이소령 | | |
| 2 | 2008.03.14 | 근저당 | 하나은행 (마두역지점) | 384,000,000원 | 말소기준등기 |
| 3 | 2008.03.14 | 지상권(전부) | 하나은행 | | 존속기간: 2008.03.14~2038.03.14 30년 |
| 4 | 2010.05.28 | 근저당 | 우리은행 | 120,000,000원 | |
| 5 | 2012.10.10 | 가압류 | 전이병 | 45,000,000원 | |
| 6 | 2012.11.09 | 소유권이전 청구권가등기 | 장소위 | | 매매예약 |
| 7 | 2013.01.07 | 가압류 | 한국외환은행 | 7,973,058원 | |
| 2-1 | 2013.02.05. | 2번 근저당권이전 | ○○○유동화전문회사 | | 하나은행근저당이전 |
| 6 | 2013.03.27. | 임의경매 | ○○○유동화전문회사 | 청구금액: 327,850,827원 | |
| 2-2 | 2013.09.20. | 2번 근저당권이전 | 홍길동 | | ○○○유동화회사근저당이전 |
| 2-3 | 2013.09.20. | 2번 근저당권부 질권설정 | ○○새마을금고 | 285,600,000원 | |

② 경매신청채권자 명의변경 및 권리신청 내역

■ 문건처리내역

| 접수일 | 접수내역 |
|---|---|
| 2013.03.28 | 등기소 송파등기소 등기필증 제출 |
| 2013.04.10 | 삼성인 삼상삼성생가사사부수 삼성생가시 제출 |
| 2013.04.10 | 임차인 이일병 권리신고및배당요구신청 제출 |
| 2013.04.11 | 임차인 노상병 권리신고및배당요구신청 제출 |
| 2013.04.12 | 임차인 신대명 권리신고및배당요구신청 제출 |
| 2013.04.17 | 배당요구권사 한국외환은행 권리신고및배당요구신청 제출 |
| 2013.04.17 | 기타 집행권 박권위 현황조사서 제출 |
| 2013.04.29 | 임차인 강소위(주민등록등재자) 권리신고및배당요구신청 제출 |
| 2013.04.29 | 임차인 김병창(주민등록등재자) 권리신고및배당요구신청 제출 |
| 2013.06.03 | 가등기권자 장소위 권리신고및배당요구신청 제출 |
| 2013.06.14 | 교부신자 송파구 교부정구 제출 |
| 2013.06.14 | 가압류권자 전이병 배당신청서 제출 |
| 2013.08.30 | 배당요구권시 (주)스비구레너누내부 배당요구신청 제출 |
| **2013.09.20.** | **채권자 홍길동 채권명의변경신청서 제출** |
| **2013.09.20** | **근저당권부 질권자 ○○새마을금고 채권계산서 제출** |
| 2014.05.20 | 가압류권자 주식회사 한국외환은행 채권계산서 제출 |

### (3) 홍길동이 근저당권을 매입해서 채권회수에 성공할 수 있을까?

이 경매사건은 감정가 10억1,000만원으로 매각절차가 진행 되었는데 5차 에서 유병장이 631,111,000원에 낙찰 받았다. 그런데 2013. 11. 25. 낙찰자가 대금을 납부하지 않아 몰수된 보증금 64,671,500원과 이자 175만원으로 배당할 금액이 697,532,500원이다.

이 배당할 금액에서 0순위로 경매비용 5,002,500원을 제외하면 실제로 배당할 금액은 692,530,000원이다. 그런데 이 물건에서 특이한 점은 토지와 건물의 말소기준권리가 다르고 이러한 경우 건물임차인의 대항력은 건물 말소 기준을 가지고 대항력 유무를 결정하게 된다는 사실과 토지에 저당권 설정당시에 건물이 존재하지 않았기 때문에 소액임차인이 토지저당권자 보다 우선해서 최우선변제금을 배당받지 못하게 된다는 사실이다. 따라서 배당할 금액에 토지(7억7,259만원/10억1,049만원=76.45697%)와 건물(2억3,790만원/10억1,049만 원=23.54303%) 감정평가 비율을 곱해서 토지배당금(529,487,454원)과 건물배당금(163,042,546원)을 계산하고 토지배당금에서 토지저당권자가 우선해서 배당 받고 나머지 토지배당금과 건물배당금에서 소액임차인이 먼저 배당받고 순위 배당하면 다음과 같이 된다.

따라서 1순위로 토지배당금 529,487,454원에서 토지저당권자 홍길동(하나 은행 근저당권 매수인)이 경매신청금액 327,850,827원과 지연이자 72,756,000 원[2013년 3월 27일 경매신청후 2014년 6월 20일 배당기일까지 450일 간의 지연이자(연 지연이자 18%= 59,013,149원/365일=1일당 지연이자 161,680원×450일)] 으로 합계금액이 400,606,827원이지만 채권최고액이 3억8,400만원이므로 이금액에 대해서만 배당받고 나머지 토지배당금 145,487,454원과 건물배당금 163,042,546원을 가지고 순위배당하게 된다. 그런데 유의할 점은 하나은행 근저당권은 토지와 건물에 대해서 공동저당권이므로 공동저당물 중 토지배당금에서 전액배당받아서 건물에서 추가로 배당받지 못하고 소멸하게 된다.

따라서 2순위: ① 강소위 3,200만원 + ② 김병장 3,200만원 ③ 이일병 3,200만원 (담보물권이 없어서 배당시점을 기준 9,500만원 이하/3,200만원 최우선변제금)

3순위: 신대령 1억4,000만원(확정일자부 우선변제금),

4순위: 이일병 3,800만원(확정일자부 우선변제금),

5순위: 노상병 3,453만원 순으로 배당이 종결되므로 대항력 있는 임차인이 전액 배당받아 낙찰자가 인수할 금액이 없다.

어쨌든 하나은행 근저당권을 양수한 홍길동은 경매절차가 장기간 진행됨에 따라 지연이자가 채권최고액을 초과하게 돼 일부 이자를 받지 못하게 된 부분은 있지만 이만하면 성공적인 채권 만들기를 한 셈이다.

### (4) 홍길동이 근저당권을 매입해서 얼마나 수익을 얻게 될까

홍길동은 ○○○유동화전문유한회사로부터 하나은행 근저당권을 3억4,000만원에 매입하고 질권대출 2억3,800만원을 받아 매입대금을 지급하고 배당을 받게 되었다면 얼마나 수익을 얻게 될까?

일단 근저당권 매입금액 3억4,000만원의 70%를 ○○새마을금고에서 질권대출로 2억3,800만원을 연6%를 대출받아 매입대금을 지급했다면 현금 1억200만원을 투자해서 배당금 3억8,400만원을 받게 되므로 33,319,421원[저당권 매도차익 4,400만원 - 10,680,579원(질권대출이자 39,123원×27일)]의 수익이 발생하게 된다. 따라서 현금투자 대비 32%의 수익이 발생하게 된다.

### ◆ 이순신이 근저당권을 매입후 경매를 신청해서 손실을 보다

### (1) 농협자산관리회사에서 이순신이 근저당권을 매입했다

농협의 경우 농협중앙회 산하에 부실채권 정리회사인 농협자산관리회사가 있어서 단위조합의 부실채권을 위탁 받아서 관리하고 있다. 따라서 단위조합의 채권이 농협자산관리회사에서 관리하는 경우 저축은행과 달리 개인인 경우에도 채권을 매입할 수 있다.

이러한 사실을 알고 있는 이순신이 경매물건 검색을 하다가 서울시 성동구 성수동에 있는 현대 아파트가 농협자산관리회사에 의해 경매가 진행되고 있는 것을 발견했다. 위치가 좋고 거주요건도 좋아서 농협자산관리회사를 방문해 협의를 해본 결과 근저당권을 경매 신청채권액에다 지연이자 일부를 합한 4억5,500만원에 매입하기로 합의하고 근저당권 양도·양수계약서를 작성하고 부족한 자금은 HK상호저축에서 연 6%의 이자로 80%인 3억6,400만원(채권최고액 4억3,680만원)을 질권 대출받아 잔금을 납부하고 근저당권을 매입하였다.

이순신은 이 아파트가 위치가 좋아서 5억 이상 매각될 것이라는 판단을 하고 설사 그 이하가 되더라도 단 시일 내에 경매절차에서 배당받는 방법으로 3,000만원에서 4,000만원의 소득을 얻을 수 있고 세금도 발생하지 않는다는 사실까지 감안한 결과였다. 어쨌든 농협자산관리회사에 의해 경매가 진행되던 것이 근저당권과 경매신청 채권자 명의변경을 해서 다음과 같이 매각 되었다.

## (2) 경매가 진행 중인 채권을 이순신이 사서 매각하고 있는 물건

### ① 경매 물건 현황 및 매각결과

**2013타경15160**  • 서울동부지방법원 본원  • 매각기일 : 2014.05.26.(月) (10:00)  • 경매 1계(전화:02-2204-2405)

| 소재지 | 서울특별시 성동구 성수동1가 676-5 외 3필지, 현대아파트 102동 5층 000호 도로명주소검색 | | | | | |
|---|---|---|---|---|---|---|
| 물건종별 | 아파트 | 감정가 | 530,000,000원 | 오늘조회: 1  2주누적: 0  2주평균: 0 조회동향 | | |
| 대지권 | 39.68㎡(12.003평) | 최저가 | (80%) 424,000,000원 | 구분 | 입찰기일 | 최저매각가격 | 결과 |
| 건물면적 | 84.73㎡(25.631평) | 보증금 | (10%) 42,400,000원 | 1차 | 2014-02-03 | 530,000,000원 | 유찰 |
| 매각물건 | 토지·건물 일괄매각 | 소유자 | 박소령 | | 2014-03-10 | 424,000,000원 | 변경 |
| 개시결정 | 2013-08-12 | 채무자 | 박소령 | 2차 | 2014-05-26 | 424,000,000원 | |
| 사건명 | 임의경매 | 채권자 | 이순신(변경전 농협자산관리공사) | 낙찰 : 439,999,000원 (입찰 2명, 낙찰 신병장) 매각결정기일 : 2014.06.02 - 매각허가결정 대금납부 2014.06.30 / 배당기일 2014.07.25 | | | |

• 임차인현황 ( 말소기준권리 : 2006.12.22 / 배당요구종기일 : 2013.11.04 )

===== 조사된 임차내역 없음 =====

| 기타사항 | ☞ 본건 목적물 소재지에 출장한 바, 문이 잠겨있고 거주자가 부재중이어서 조사하지 못 하였음, 관할 동사무소에 주민등록등재자를 조사한 바, 소유자 박소령 세대만 등재 되어 있음. |
|---|---|

• 등기부현황 ( 채권액합계 : 810,000,000원 )

| No | 접수 | 권리종류 | 권리자 | 채권금액 | 비고 | 소멸여부 |
|---|---|---|---|---|---|---|
| 1(갑1) | 1992.07.03 | 소유권이전(매매) | 박소령 | | | |
| 2(을9) | 2006.12.22 | 근저당 | 농협자산관리 회사 | 510,000,000원 | 말소기준등기 | 소멸 |
| 3(을18) | 2009.12.29 | 근저당 | 김병장 | 300,000,000원 | | 소멸 |
| 4(갑4) | 2013.08.12 | 임의경매 | 농협자산관리 회사 | 청구금액: 445,153,545원 | 2013타경15160, 변경전: 관악농협 | 소멸 |
| 5(을9-1) | 2014.02.20. | 9번 근저당권 이전 | 이순신 | | 농협자산관리공사에서 이전 | 소멸 |
| 5(을9-2) | 2014.02.20. | 9번 근저당권부 질권 | HK 상호저축은행 | 436,800,000원 | | 소멸 |

② 경매신청채권자 명의변경 및 권리신청 내역

● 문건처리내역

| 접수일 | 접수내역 |
|---|---|
| 2013.08.13 | 등기소 서울동부지방법원 등기과 등기필증 제출 |
| 2013.08.26 | 기타 집행관 박의수 현황조사서 제출 |
| 2013.09.02 | 감정인 시대감정평가사사무소 감정평가서 제출 |
| 2013.10.28 | 교부권자 성동구 교부청구 제출 |
| 2013.11.14 | 채권자 관악농업협동조합 열람및복사신청 제출 |
| 2013.12.31 | 채권자 농업협동조합자산관리회사 계좌변경신청서 제출 |
| 2013.12.31 | 채권자 농업협동조합자산관리회사 채권명의변경신고서 제출 |
| 2014.02.18. | 채권자 농업협동조합자산관리회사 (변경전:관악농업협동조합) 매각기일변경신청 제출 |
| 2014.02.20. | **채권자 이순신 채권명의변경신청서 제출** |
| 2014.02.25. | **근저당권부 질권자 HK상호저축은행 채권계산서 제출** |
| 2014.06.11. | 최고가매수신고인 열람및복사신청 제출 |
| 2014.06.30. | 최고가매수신고인 소유권이전등기촉탁신청 제출 |

### (3) 이순신이 근저당권을 매입해서 채권회수에 성공할 수 있을까

이 경매사건은 감정가 5억3,000만원으로 매각절차가 진행 되었는데 2차에서 신병장이 439,999,000원에 낙찰 받았다. 이 금액에 이자 55만원이 붙어서 배당할 금액이 440,549,000원이다.

이 배당할 금액에서 0순위로 경매비용 4,049,000원을 제외하면 실제로 배당할 금액은 436,500,000원이다.

따라서 1순위로 성동구청이 교부청구한 재산세 68만원(당해세 우선변제금), 2 순위로 농협자산관리회사 근저당권을 양수한 이순신이 4억3,582만원을 배당 받게 된다. 이순신이 이 금액을 배당받게 되는 근거는 농협자산관리회사가 경매 신청채권액 445,153,545원과 지연이자 90,408,595원[2013년 8월 12일 경매신청후 2014년 7월 31일 배당기일까지 353일 간의 지연이자(연 지연이자 21%=93,482,244원 /365일=1일 당 지연이자 256,115원×353일)]으로 합 계 금 액 이 535,562,140원 인데 채권최고액이 5억1,000만원이므로 이 금액의 범위 내에서 배당받을 수 있지만 배당잔여금이 4억3,582만원 밖에 없어서 이 금액만 배당받고 소멸하게 된다.

그리고 유의할 점은 경매신청비용을 누가 가지고 가게 되는가의 문제가 남게 되는데 근저당권 양도·양수계약에서 특별한 약정이 없었다면 경매 신청 채권자의 지위를 승계한 이순신이 0순위로 배당받게 된다.

경매비용은 채무자를 대신해서 부담하고 경매 매각대금에서 우선변제받게 되는 비용이므로 부담한 자가 지급받게 되는 것이 원칙이다. 그래서 경매가 진행되는 부실채권을 매입하는 경우 경매신청비용도 함께 양도받는 조건으로 계약해야 한다.

### (4) 이순신이 근저당권을 매입해서 얼마나 손해를 보게 되었나

이순신은 농협자산관리회사로부터 근저당권을 4억5,500만원에 매입하고 질권대출 3억6,400만원을 받아 매입대금을 지급하고 배당을 받게 되었다면 얼마나 수익을 얻게 될까?

일단 근저당권 매입금액 4억5,500만원의 80%를 HK상호저축은행에서 질권 대출로 3억6,400만원을 연 6%를 대출받아 매입대금을 지급했다면 현금 9,100만원을 투자해서 배당금 4억3,582만원을 받게 되었으므로 이순신은 근저당권 매입대금 보다 1,918만원을 손실보게 된 셈이다.

그러나 손실은 여기서 끝나는 것이 아니라 HK상호저축은행 질권대출이자로 지급한 금액 10,231,785원 더하면 손실보게 된 금액은 29,411,785원이 된다. 부실채권을 매입해서 배당받아 이익을 보려던 꿈이 사라지는 모습이다.

### ◆ 이순신이 낙찰받아 매각하면 손실도 줄이고 이익도 볼 수 있다

앞의 (4)번 사례에서 이순신이 근저당권을 매입해서 손실을 보게 된 금액에 대해서 분석해 보았다. 이번에 손실을 최소화하기 위해서 아파트를 직접 낙찰받아 매각하는 방법을 선택했다.

#### (1) 이순신이 낙찰받고 대금납부는 매입한 근저당권으로 상계처리

이 경매사건에서 손실을 줄이고 양도소득세 절감 효과를 톡톡히 누리기 위해서 439,999,000원에 낙찰받을 수 있는 아파트를 5억1,000만원에 낙찰받았다. 왜냐하면 매각대금에서 경매비용과 선순위 당해세를 제외하면 505,271,000원을 배당받을 수 있어서 배당받을 채권과 대금납부를 상계처리 해서 납부하면 된다. 그런데 상계처리 할 근저당권에 HK상호저축은행의 질권 대출 3억6,400만원이 있어서 상계신청 서류에 HK상호저축은행의 상계처리 동의서가 첨부되어야만 하므로 동의서를 받아서 다음과 같이 상계처리 방법으로 대금을 납부하면 된다.

■ 문건처리내역

| 접수일 | 접수내역 |
| --- | --- |
| 2014.02.18. | 채권자 농업협동조합자산관리회사 (변경전:관악농업협동조합) 매각기일변경신청 제출 |
| 2014.02.20. | 채권자 이순신 채권명의변경신청서 제출 |
| 2014.02.25. | 근저당권부 질권자 HK상호저축은행 채권계산서 제출 |
| 2014.06.11. | 최고가매수신고인 열람 및 복사 신청서 제출 |
| 2014.06.12. | 이순신 근저당권자 배당금 상계신청서 제출 |
| 2014.06.12. | 근저당권부 질권자 HK상호저축은행 채권상계동의서 제출 |

#### (2) 이순신이 대금납부가 상계처리가 어려워 경락잔금 대출로 납부

이순신이 아파트를 낙찰받고 대금납부를 매입한 근저당권으로 상계처리 하려 했으나 질권자가 동의를 해주지 않아서 경락잔금 대출을 받아서 잔금을 납부했다. 실무에서도 질권자의 동의가 없으면 상계처리가 불가하기 때문에 경락 잔금으로 납부하는 방식이 일반화 되어 있다.

### 문건처리내역

| 접수일 | 접수내역 |
|---|---|
| 2014.02.18. | 채권자 농업협동조합자산관리회사 (변경전:관악농업협동조합) 매각기일변경신청 제출 |
| 2014.02.20. | 채권자 이순신 채권명의변경신청서 제출 |
| 2014.02.25. | 근저당권부 질권자 HK상호저축은행 채권계산서 제출 |
| 2014.06.11. | 최고가매수신고인 열람 및 복사 신청서 제출 |
| 2014.06.11. | 최고가매수신고인 매각허가결정등본교부 제출 |
| 2014.06.30. | 최고가매수신고인 소유권이전등기촉탁신청서 제출 |

그리고 대출금으로 부족한 금액은 현금으로 납부해서 소유권을 취득하면 된다. 이렇게 직접 낙찰받으면 아파트를 5억1,000만원까지 팔더라도 양도차익이 없어서 양도소득세가 없다는 것이 장점이다.

아파트를 5억1,000만원에 낙찰받았다고 하면 439,999,000원에 낙찰받을수 있는 물건을 비싸게 낙찰받았다고 생각할 수 있지만 실제로 취득한 금액은 근저당권을 매입한 4억5,500만원이다. 근저당권을 싸게 사서 채권 최고액을 한도로 권리를 행사할 수 있는 범위 내에서는 추가 부담없이 대금납부를 상계 처리할 수 있고, 경락잔금을 받아 대금을 납부할 수도 있으므로 1등으로 낙찰받을 수 있는 확률도 높이면서 양도세도 절감하는 두 마리 토끼를 잡는 방법이다.

그렇다고 성공한 것이라 단정하기 보다는 본전 정도로 봐야 한다.

왜냐하면 이 조건은 5억1,000만원에 쉽게 팔 수 있다는 가정이 붙어 있어야 하는데 장기간 보유하게 되거나 또는 5억1,000만원 이하로 팔게 되면 그만큼 그 효과는 줄어들 수 있기 때문이다.

김선생 도움말

### 농협자산관리회사에서 부실채권을 매각하는 방법과 유입자산 공매

① 단위농협 등이 부실채권을 회수하는 방법으로는 부실채권을 가지고 직접 경매를 신청하는 방법과 단위농협의 부실채권을 관리하는 농협자산관리회사에 넘겨 회수하는 방법이 있다. 이때 농협자산관리회사는 유동화전문유한회사의 채권을 위탁 관리하는 기존 자산관리회사와 같다고 생각하면 된다. 따라서 개인이든 법인이든 상관없이 가격조건만 맞으면 채권을 매각한다. 차이점은 기존 자산관리회사는 채권 양도방식으로 론세일방식, 채무인수방식, 사후정산부방식 즉 3방식 모두를 사용하지만 농협자산관리회사는 론세일방식으로만 채권매각을 한다.

② 단위농협 등이 부실채권을 회수할 목적으로 경매를 신청했으나 유찰되어 채권 원금을 보전하기 어려울 때 직접 낙찰받아 소유권을 취득하게 된 물건(유입자산)과 비업무용자산으로 보유하고 있는 물건 등을 처분할 때도 농협자산관리회사에 위탁해서 농업협동조합보유자산 부동산공매 절차로 유입자산을 매각해서 회수할 수도 있다.

### ◆ 1번 사례에서 우리은행과 제2 금융권 근저당권 등을 매입한 경우

앞의 1. 금융기관이 직접 경매를 통해 부실채권을 회수하는 방법에서
◆우리은행이 직접 경매를 신청한 사례를 분석해 보자와 ◆제2 금융권이 직접 경매를 신청한 사례를 분석해 보자에서 우리은행 근저당권을 매입한 경우와 ○○○○(주)캐피탈 근저당권과 문소령의 2순위 근저당권을 부실채권으로 매입했다면 직접 낙찰을 받든 배당을 받든 부실채권을 매입해서 이익을 보지 못하게 된다. 따라서 부실채권을 매입할 때 다음과 같은 생각을 하면서 매입 하는 지혜가 필요하다.

### ◆ 부실채권을 매입할 때 이러한 판단으로 매입해야 한다

아파트 시세를 정확하게 분석하고 매각되는 낙찰가를 예상해서 매수해야만 NPL로 성공할 수 있다. 그런데 근저당권을 매입한 금액 보다 낮은 금액으로 떨어지게 될 때

내가 낙찰 받는(유입) 방법을 고려해서 분석하는 것을 게을리 하면 자기 곳간의 재물을 축을 낼 수밖에 없다.

어떤 사람은 의도적으로 이러한 근저당권을 사서 4억8,000만원에 낙찰받을 수 있는 물건을 6억원에 낙찰받아 1등의 목적을 달성하고 매매대금을 배당받을 채권으로 상계 처리하는 방법으로 NPL을 매수하기도 한다. 물론 이 방법도 경쟁이 치열한 물건에서 1등을 하고 상계처리하면서 하나의 목적은 달성할 수 있어 되짚어 살펴보면 1등을 할 수 있고 대금도 상계처리 하니 특별히 자기 돈을 많이 들이지 않게 돼 성공한 것 같아 보이지만 간혹 그 결과가 의도된 계산과 달라지는 것을 많이 볼 수 있다.

### (1) 유입하는 방법으로 성공하려면 어떻게 해야 하나?

근저당권은 경매절차에서 낙찰받을 금액 이하로 매입하고 그 낙찰가로 다시 팔아서 매도차익이 발생할 수 있는 금액이어야 수익도 발생하고 양도소득세도 절감할 수 있는 두 마리 토끼를 잡을 수 있어 NPL 투자로 성공할 수 있다.

### (2) 그 다음 주의할 점이 선순위채권을

앞에서와 같이 근저당권을 부동산 시세 이하로 매입해서 배당받는 방법을 선택하든, 유입하는 방법을 선택하든 선순위 채권이 있다면 그 만큼 예측하지 못한 손실이 발생하게 된다. 이러한 문제는 채무인수 방식으로 부실채권을 매수한 자가 그 부동산을 낙찰받는 방법이나 사후정산 방식으로 낙찰받는 경우도 달라지지 않는다.

### (3) 경매가 진행되지 않은 부동산의 부실채권을 매입하게 된다면

첫 번째로 등기부를 확인해서 선순위로 등기된 채권을 확인하고, 두 번째로 그 주택에서 선순위 임차인과 소액임차인 등을 확인하기 위해 전입세대열람과 임차인에 대한 직접 조사가 필요하다. 세 번째로 등기부에 등기되지 않은 조세채권 등을 확인하기 위해 국세완납증명서와 지방세완납증명세 등을 확인하고 나서 이상이 없다면 앞에서와 같이 판단하고 부실채권을 매입하면될 것이다.

### (4) 경매가 진행중에 채권을 매입하는 상황이라면

부실채권을 양도·양수계약하기 전에 선순위채권을 정확하게 파악하고 계약해야 한다. 계약하기 전에 확인하지 못한 상황이라면 채권양도·양수계약서에 선순위채권이 있다면 그만큼 매입가격에서 제외하고 매매대금을 지급한다는 단서조항이 필요하다. 어쨌든 경매가 진행되는 물건이라면 배당요구종기시까지 채권신고 내역을 열람 복사 해서 확인하면 된다. 그래서 기본적으로 등기부에 등기된 채권과 주택에 거주하는 임대차 내역을 조사하고, 채권 매도인 등이 법원에서 채권신고 내역을 열람해서 선순위 채권을 다시 한 번 정확하게 조사하면 기본적으로 누락되었던 등기되지 않은 임차인이나 조세 채권 등을 정확하게 확인할 수 있어서 선순위 채권 등으로 손실이 발생하는 것을 예방할 수 있다.

### ◆ OOO상호저축 근저당권을 매입해서 손해를 보게된 이박사

이박사가 OOO상호저축 근저당권을 매입하고 필자를 찾아 왔다.

OOO상호저축 근저당권 9억6,000만원 짜리를 5억원으로 질권 대출을 받아 매입하고 법원에 경매를 신청했는데 잘 샀는지 모르겠다며 문의를 해 왔다.

친구들과 모임하는 과정에서 근저당권을 매입해서 경매를 신청했다고 하니까 서류와 등기부를 보면서 세금이 선순위가 되면 자네가 배당받을 금액이 적어진다는 친구와 그렇지 않고 근저당권이 1순위로 전액 배당받고 세금은 소멸되는 채권에 불과하다는 주장이 팽팽해서 얼굴이 상기된 채로 달려온 모양이다.

이 사례 줄거리는 다음과 같다.

이소령 소유아파트(시세 12억 정도) ⇒ 등기부를 확인하니 2006년 08월20일 OOO상호저축 근저당 9억6,000만원이 설정되어 있고 ⇒ 2007년 01월 20일 OO세무서 압류가 있어서 ⇒ 채무자 이소령을 통해서 확인해 보니 세금이 10억 정도 된다고 하면서 어차피 경매로 빚 잔치할 수밖에 없다고 했단다. 그래서 OOO상호저축 근저당 9억6,000만원을 5억원에 매입해서 경매를 신청했고 경매절차에서 배당받기만 기다리고 있는 중이라고 했다.

"이 박사님 한 가지 묻겠습니다. 세금은 압류 날짜로 근저당권과 비교해서 우선순위를 정하게 되나요?" "그런 것 아닌가요" 다들 그렇게 얘기들 하시 던데요. "아닙니다. 세금은 당해세이면 항상 근저당권 보다 우선해서 배당받게 되고 당해세가 아닌 일반세금도 압류 날짜를 기준으로 비교하는 것이 아니라 법정기일을 가지고 근저당권이 설정된 날짜와 비교해서 같거나 이전이면 세금이 선순위가 되어 우선변제 받게 됩니다." 이 박사는 놀라면서 이렇게 대답했다. "그래도 5개월이 빠르니 법정기일 보다 근저당권이 빠르지 않을까요" 그래서 말씀해 드렸다. 세금이 압류하는 경우에는 최소한 1년이 돼야 압류하게 되므로 압류 이전에 임차인과 근저당권 등이 있으면 세금이 선순위가 되어 인수하게 되거나 후순위로 배당받게 되므로 손해가 발생할 수 있으니 확인해 보시라" 했다.

어떻게 확인하면 되느냐 물어 경매신청채권자이니 법원에서 채권신고 및 배당요구 내역을 확인하면 알 수 있으니 열람복사 신청해서 확인해 보라고 했다.

그후 얼마 있다가 만났는데 확인해 보니 세금의 법정기일이 빠르다는 얘기를 했다. 그래서 은행에서 질권 대출은 얼마를 받았는지를 묻고 해결 책을 귓속말로 조용하게 말해 주었다.

# 03 부실채권을 채무인수 방식으로 낙찰받아 성공과 실패?

## ◆ 이병장이 채무인수 방식으로 낙찰받아 성공한 사례

### (1) 이병장이 채무인수 방식으로 근저당권을 매입했다

신한은행이 경매를 신청한 근저당권을 부실채권으로 2013. 09. 20. ○○○○ 제삼차유동화전문유한회사가 국제입찰방식으로 5억7천만원에 낙찰받아 소유권을 취득했으나 근저당권 이전등기를 하지 않은 상태에서(ABS법 제8조 1항 특례규정에 따라 생략) 경매신청채권자 명의만 변경한 사례다. 그러던 중 2014. 04. 30. 이병장에게 채무인수 방식으로 매각하면서 매각가격은 5억8,000만원으로 하고 계약서에 특약으로 2,000만원의 조건부 차액보전계약의 단서조항을 삽입했다. 그래서 ○○○○제삼차유동화전문유한회사 명의로 근저당권 명의 변경되지 않고 신한으로 남겨져 있지만 실질적으로 근저당권 소유권과 경매신청 채권자의 명의가 변경된 상태이다.

채무인수 방법은 채무자의 지위를 인수 받으면서도 채무자가 가지고 있는 모든 채무를 인수하는 것이 아니며 유동화회사와 채권매각계약 시 약정에 의하여 일부 탕감 조건으로 채무를 인수하는 계약이다.

따라서 계약 시 계약금 10%(채권 매입금액의 중도금 처리)와 입찰보증금 10% 경매물건의 매각대금 납부는 채권을 매입한 근저당권을 채무인수하는 방법 [채권최고액의 범위 내에서 행사할 수 있는 금액은 경매신청채권액 5억6,780만원 + 경매신청후 지연이자 18%로 136,924,890원(1일당 280,010원×489일) 704,724,890원이지만 채권최고액을 초과해서 채권최고액 범위 내에서 배당 받게 되므로 6억6,000만원까지만 채무인수가 가능]으로 대금을 상계처리해 납부하고 부동산 소유권 취득 소유권취득 후 낙찰받은 부동산을 담보로 대출 받아 채무인수한 금액(채권매입금액 5억8천만원 +차액보전 2,000만원)을 상환처리 하면서 근저당권을 말소시키는 계약이다.

### ◆ 유동화전문유한회사와 채권 양도·양수계약을 하면서 진통도 있었다

　유동화회사는 7억원에 거래되는 아파트로 경매로 최소한 6억원에 매각될 것이라는 점을 들어 최소한 6억원 이하로 매각할 수 없다고 주장했고, 이병장은 요즘 부동산 경기가 좋지 않아서 그 가격으로 매각되지 않을 것이라는 주장을 하면서 팽팽하게 맞서서 합의점으로서 계약서에 특약으로 2,000만원을 조건부로 차액보전하기로 하고 그 내용을 삽입했다. 그래서 채권 매각방식은 채무인수 방식, 채권 매각가격은 5억 8,000만원, 조건부 차액보전 금액은 2천 만이고 이 채권의 채권최고액은 6억6,000만원이다. 이렇게 협의를 하게 된 이유는 양수인이 6억6천만원 까지 입찰에 참여하더라도 차순위자의 입찰가격이 5억8천만원이 넘지 않을 것이라는 판단이고, 양도인은 그와 반대로 6억원 이상으로 매각될 수 있는 물건으로 보았기 때문에 차순위자의 입찰가격이 5 억8천만원 이상이 되면 2,000만원을 한도로 양수인에게 보전받기 위한 전략이다.

## (1) 이병장이 채무인수방식으로 입찰에 참여해서 낙찰받았다

**2013타경7338** • 서울서부지방법원 본원 • 매각기일 : 2014.06.03(火)(10:00) • 경매 5계(전화:02-3271-1325)

| 소재지 | 서울특별시 은평구 진관동 135, 은평뉴타운폭포동 427동 7층 OOO호 도로명주소검색 | | | | | | |
|---|---|---|---|---|---|---|---|
| 물건종별 | 아파트 | 감정가 | 700,000,000원 | 오늘조회: 1 2주누적: 0 2주평균: 0 조회동향 | | | |
| 대지권 | 대지권미등기 | 최저가 | (80%) 560,000,000원 | 구분 | 입찰기일 | 최저매각가격 | 결과 |
| 건물면적 | 134.87㎡(40.798평) | 보증금 | (10%) 56,000,000원 | 1차 | 2014-04-29 | 700,000,000원 | 유찰 |
| 매각물건 | 토지·건물 일괄매각 | 소유자 | 정소령 | 2차 | 2014-06-03 | 560,000,000원 | |
| 개시결정 | 2013-04-08 | 채무자 | 황병장 | 낙찰 : 661,200,000원 | | | |
| 사건명 | 임의경매 | 채권자 | OOO제삼차유동화전문유한 회사(신한은행의 양수인) | (낙찰자 : 이병장 ) 2등입찰가 597,967,000원) 대금납부 2014.07.08 / 배당기일 2014.08.12 | | | |

• 임차인현황 ( 말소기준권리 : 2010.09.15 / 배당요구종기일 : 2013.06.21 )

| 임차인 | 점유부분 | 전입/확정/배당 | 보증금/차임 | 대항력 | 배당예상금액 | 기타 |
|---|---|---|---|---|---|---|
| 김상병 | 주거용 전부 (방4칸) | 전 입 일: 2012.12.26<br>확 정 일: 2012.12.24<br>배당요구일: 2013.06.14 | 보430,000,000원 | 없음 | 배당순위있음 | |

• 등기부현황 ( 채권액합계 : 1,013,301,084원 )

| No | 접수 | 권리종류 | 권리자 | 채권금액 | 비고 | 소멸여부 |
|---|---|---|---|---|---|---|
| 1(갑2) | 2010.09.15 | 소유권이전(매매) | 황병장 | | | |
| 2(을1) | 2010.09.15 | 근저당 | 신한은행 (은평지점) | 504,000,000원 | 말소기준등기 | 소멸 |
| 3(갑3) | 2010.11.22 | 소유권이전(매매) | 정소령 | | 거래가액 금692,000,000원 | |
| 4(갑4) | 2012.06.14 | 가압류 | 고OO | 36,960,000원 | | 소멸 |
| 5(갑5) | 2012.11.16 | 가압류 | 모아저축은행 | 24,313,668원 | | 소멸 |
| 6(을2) | 2013.01.02 | 근저당 | 김OO | 200,000,000원 | | 소멸 |
| 7(갑6) | 2013.02.08 | 가압류 | 한국주택금융공사 | 216,229,304원 | | 소멸 |
| 8(갑8) | 2013.02.12 | 가압류 | 국민은행 | 31,798,112원 | | 소멸 |
| 9(갑9) | 2013.04.09 | 임의경매 | 신한은행 | 경매신청채권 : 567,800,000원 | | 소멸 |

## (2) 이병장이 채무인수 방식으로 근저당권을 매입해서 성공했을까?

OOOO제삼차유동화전문유한회사와 이병장이 계약서에 특약으로 2,000만원 조건부 차액보전 규정을 삽입해서 계약을 했다. 그런데 차순위자의 입찰 참가금액이 597,967,000원이므로 OOOO제삼차유동화전문유한회사는 이병장에게 매각금액 5억8천만원을 넘는 금액에 대해서 정산할 때 추가로 차액17,967,000원을 보전받을 수 있게 되었다.

이병장은 낙찰받고 나서 유동화회사로부터 채무인수승낙서를 받아서 매각 허가결정 전까지 경매법원에 채무인수허가신청서를 제출했다. 이러한 경우 법원은 대금납부와 배당 기일을 같은 날 정하고 상계처리할 금액과 함께 통지하게 된다. 따라서 이병장은 낙찰금액 6억6,120만원에서 입찰보증금 5,600 만원과 6억520만원은 채무인수 방식으로 상계처리해서 추가로 납부할 금액 없이 대금납부하고 소유권을 취득했다.

그런데 유의할 점은 상계처리할 근저당권에 배당이의가 있거나 선순위채권이 발생하게 돼 대금납부 금액이 부족하게 되면 이병장은 추가로 현금납부해야 한다. 이때 제3자의 배당이의로 대금납부가 어려워지면 경매법원은 대금납부 일자를 연기해서 다시 정하여 통지하게 된다.

이병장은 채무인수로 낙찰받은 아파트를 담보로 은행에서 대출을 받아서 유동화전문유한회사에 나머지 채권대금과 차액보전금 2,000만원을 정산하면서 인수한 근저당권을 말소 시키는 절차로 유동화회사와 정산절차가 마무리가 되었다. 이병장은 7억짜리 아파트를 6억6,120만원에 낙찰받았으니 1차적으로 시세보다 3,880만원을 싸게 산 셈이다. 그리고 유동화전문유한회사 소유 근저당권을 채무인수로 597,967,000원(차액보전금액 포함)에 매입해서 상계 처리 했으니 실제적으로 6,204만원(6억6천만원-5억9,796만원)은 근저당권을 싸게 사서 대금납부한 셈이니 그 만큼 아파트를 싸게 산 셈이다. 다시 말하면 실제 취득가는 597,967,000만원 이지만 장부상 매입가격은 6억6,120만원으로 양도세 계산할 때 6억6,120만원에 달할 때까지는 양도차익이 없으니 6,204만원 만큼 양도세 절세 효과가 발생하게 된다.

### ◆ 이 사례에서 차순위자의 입찰금액이 5억원 이하면 이병장은 실패

이 아파트가 52평형으로 입찰자들이 꺼리고 있는 평형대라 다음 3차에서 매각절차가 진행되어 이병장이 6억6,120만원에 낙찰받았으나 차순위자의 입찰금액이 이병장이 매입한 근저당권보다 적은 5억원이면 조금 다르게 생각해야 한다. 5억원에 살 수 있는 아파트를 5억8,000만원(차액보전금액이 없음)에 산셈이 되니 그만큼 아파트를 비싸게 사서 손해를 보게 된 셈이다. 이 논리가 모두 맞는 것은 아니지만 보는 관점을 이렇게 보고 분석하라는 의미다. 물론 그 아파트를 비싸게 팔아서 양도세를 절감할 수 있다고 항변할 수도 있겠지만 그러한 경우는 일반 입찰자들이 아파트를 싸게 사서 매각하는 것과 차이가 없다. 부실채권을 8,000만원 만큼 비싸게 사서 8,000만원(6억6천만원-5억8천만원) 만큼 양도 차이가 없어서 양도세가 절감된다고 해도 주택을 1년 미만에 팔아도 기본 공제후 40%의 양도세율에 불과해서 3,100만원을 절감하나 8,000만원을 비싸게 샀으니 일반 경매로 5억에 취득해서 이 금액을 양도세로 납부하고도 4,650만원이 남게 되기 때문에 잘못된 투자로 볼 수 있다.

왜 이렇게 장황하게 설명하느냐 하면 이러한 내용을 이해하고 부실채권을 접근해야 부실채권 투자로 이익을 낼 수 있기 때문이다.

# 04 부실채권을 사후정산 방식으로 낙찰받아 성공과 실패?

◆ **박소령이 사후정산 방식으로 낙찰받아 성공한 사례**

### (1) 박소령이 사후정산 방식으로 근저당권을 매입했다

우리은행이 경매를 신청한 근저당권을 부실채권으로 2013. 10. 10. OOOO 제 삼차유동화전문유한회사가 국제입찰방식으로 1억7,500만원에 낙찰받아 소유권을 취득했으나 근저당권 이전등기를 하지 않은 상태에서(ABS법 제8조 1항 특례규정에 따라 생략) 경매신청채권자 명의만 변경한 사례다. 그러던 중2014.05. 15. 박소령에게 사후정산 방식으로 매각하면서 매각가격은 1억 9,000만원으로 하고 계약서에 특약으로 3,000만원의 조건부 차액보전계약의 단서조항을 삽입했다. 배당금이 2억8,000만원을 초과하게 되면 3,000만원을 한도로 보전해주기로 하는 계약이다. 그래서 OOOO제삼차유동화전문유한회사 명의로 근저당권 명의 변경되지 않고 우리은행으로 남겨져 있지만 실질적 으로 근저당권 소유권과 경매신청 채권자의 명의가 변경된 상태이다.

### 김선생 도움말

**부실채권을 사후정산부 방식으로 매각하는 방법**

유동화회사와 채권 매각계약 시 약정한 금액으로 채권을 구입하는 계약으로 계약시 계약금 10%을 지급하고 입찰에 참여해서 입찰보증금을 지급후 낙찰받으면 잔금 지급은 경락잔금 대출을 받아 소유권을 취득하고 ⇒ 채권양도인은 법원의 배당절차에서 배당받고 1주일 이내에 채권양도인과 채권양수인이 채권 매각과 관련한 대금을 정산하고 채권양도를 하는 방식이다. 예를 들어서 채권매입금액이 5억원인데 배당금액이 5억5천만원이면 5천만원을 매수인에게 지급하는 방식이다. 이 방식도 채무인수 방법과 마찬 가지로 채권양도·양수계약서에 단서조항으로 차액보전 규정을 두고 계약하는 경우가 일반화되어 있으니 계약내용을 자세히 확인해 보고 계약해야 한다.

### (2) 박소령이 사후정산 방식으로 입찰에 참여해서 낙찰받았다

PART 11   금융기관의 직접경매와 부실채권을 매입해서 성공과 실패?   423

* 건물등기부등본( 채권액합계 : 540,000,000원 )

| No | 접수 | 권리종류 | 권리자 | 채권금액 | 비고 | 소멸여부 |
|---|---|---|---|---|---|---|
| 1(갑1) | 2013.01.23 | 소유권보존 | 장소위 | | | |
| 2(을1) | 2013.01.23 | 근저당 | 우리은행<br>(금호동지점) | 274,800,000원 | 말소기준등기 | 소멸 |
| 3(을2) | 2013.01.23 | 근저당 | 우리은행 | 265,200,000원 | | 소멸 |
| 4(갑4) | 2013.07.16 | 임의경매 | 우리은행<br>(여신관리부) | 청구금액:<br>490,611,670원 | 2013타경13416 | 소멸 |
| 5(갑5) | 2014.04.03 | 압류 | 서울특별시성동구 | | | 소멸 |

* 토지등기부등본( 채권액합계 : 540,000,000원 )

| No | 접수 | 권리종류 | 권리자 | 채권금액 | 비고 | 소멸여부 |
|---|---|---|---|---|---|---|
| 1 | 2011.01.23. | 소유권보존 | 장소위 | | | |
| 2 | 2012.09.27. | 근저당 | 우리은행<br>(금호동지점) | 274,800,000원 | 말소기준등기 | 소멸 |
| 3 | 2012.09.27. | 근저당 | 우리은행 | 265,200,000원 | | 소멸 |

### (3) 박소령이 사후정산 방식으로 근저당권을 매입해서 성공했을까?

박소령이 사후정산으로 매입한 근저당권이 배당받게 되는 금액에 따라 박소령이 매입한 근저당권으로 성공 여부를 판단해야 한다.

아파트의 매각금액 7억1,000만원이고 입찰보증금과 대금납부하고 나서 이자가 50만원 붙고, 경매비용은 1,000만원이다. 따라서 실제 배당할 금액 6억 9,950만원을 가지고 배당하면 되는데 1순위로 누가 어떻게 배당받는가를 정하려 보니 토지와 건물에 등기된 채권이 다르므로 배당방법을 다르게 해야 한다는 판단이 섰다.

이 사례 처럼 토지에 근저당권이 설정되고 나서 건물에 공동저당권이 등기된 경우 임차인은 소액임차인으로 최우선변제금과 확정일자부 우선변제금을 우선변제 받지 못하고 토지 만에 설정된 근저당권이 우선변제 받고나서 그배당잔여금과 건물배당금에 대해서만 우선변제 받을 수밖에 없다. 이렇게 배당하게 되는 이유는 토지에 근저당권이 설정당시에 건물이 존재하지 않았기 때문에 소액임차인이 발생할 것을 근저당권자가 예측하지 못하고 설정한 것이므로 예측하지 못한 손실을 보지 않게 하기 위한 법리에서 나온 결과다.

그래서 먼저 토지 배당금과 건물배당금을 정해야 하므로 실제 배당할 금액을 가지고 토지 배당비율과 건물 배당비율을 정해서 곱하면 되는데 이때 기준은 감정평가금액을 가지고 비율을 정해서 실제 배당할 금액에 곱해서 정하면 다음과 같이 계산 된다.

토지 감정가 비율은 35%(2억4,500만원/7억원), 건물 감정가 비율은

65%(4억5,500만원/7억원)이므로 토지배당금은 6억9,950만원×35%=244,825,000원이고 건물 배당금은 6억9,950만원×65%=454,675,000원이 된다.

따라서 1순위로 토지배당금을 가지고 토지 근저당권자인 OOOO제삼차유동화전문유한회사가 토지배당금 244,825,000원 전액 우선변제 받고도 부족하다. 부족한 금액은 건물에 설정된 공동저당권 우선순위에 따라 배당받으면 된다.

이때 유의할 점은 채권최고액의 범위 내에서 배당받을 수 있는 금액을 한도로 즉 경매신청금액과 그 다음 지연이자 18%가 추가로 배당받을 금액에 보태지지만 채권최고액을 초과해서는 배당받지 못한다는 사실을 항상 기억해라!

그래서 경매로 매각되는 기간이 길면 지연 이자 18%를 노리고 부실채권을 매입한 투자자가 손해를 볼 수밖에 없는 제도다.

3순위에서는 토지배당금 없이 건물 배당금 454,675,000원만 가지고 배당하게 되므로 건물에서 1순위 인 박병장 임차인이 확정일자부 우선변제금으로 4억3천만원을 전액 배당받게 된다. 그리고 4순위로 OOOO제삼차유동화전문 유한회사가 24,675,000원을 배당받고 배당절차가 마무리 된다. 그러니 박소령이 사후정산방식으로 매입한 근저당권의 가치가 채권최고액인 5억4,000만 원이 아닌 2억6,950만원이 되는 순간이다.

이러한 근거로 우리은행은 이 아파트가 5억 이하로 매각될 것을 염려해서 5억 4,000만원 짜리 근저당권을 1억7,500만원에 유동화회사에 팔게 되었다. 5억원에 매각되면 토지배당금이 1억7,500만원으로 이 금액만 배당받게 되고 나머지 건물배당금 3억2,500만원은 임차인 박병장이 전액 배당받게 되고 미배당금 1억500만원은 낙찰자가 인수하게 된다.

낙찰자 입장에서는 아파트 평형대가 45평형이라 부동산 경기가 불황인 현시점에서 선호하는 평형대가 아니라는 점과 1억500만원을 추가로 인수하게돼 아파트 취득가격이 6억500만원이 되기 때문에 5억 이상 입찰가를 쓰지 않는 다는 판단을 하고 1억7,500만원에 유동화회사에 매각했다. 유동화회사 역시 같은 이유로 박소령에게 1억9,000만원에 매각한 것이다.

박소령은 사후정산 방식으로 낙찰받았기 때문에 국민은행에서 경락잔금70%인 4억

9,700만원을 연 3.7%로 대출받고 나머지 1억4,300만원(임찰보증금 7,000만원 제외)은 현금으로 납부했다. 그리고 ○○○○제삼차유동화전문유한회사가 배당기일에 2억 6,950만원을 배당받고 1주일 있다가 정산을 하면서 박소령이 산 금액 1억9,000만원을 제외하고 7,950만원을 ○○○○제삼차유동화전문유한회사로부터 반환받으면서 정산절차를 마무리 했다. 왜냐하면 차액보전을 하려면 최소한 배당금이 2억8,000만원이 넘어야 하기 때문이다.

어쨌든 박소령은 2억6,950만원 짜리 저당권을 1억9,000만원에 산 셈이니 7,950만원의 이득과 아파트를 팔 때 양도차익에서 그만큼 양도세 절세효과를 얻을 수 있어서 성공했다고 볼 수 있다.

그런데 잊지 말아야 할 것이 두 가지가 있는데 7억1,000만원에 매각할 수있다는 가정과 일반 경매로 낙찰받아서 양도세를 납부하는 것 보다 이득이 발생해야 한다는 사실이다.

### ◆ 박소령이 사후정산 방식으로 낙찰받아 실패한 사례

앞의 사례에서 우리은행이 7억에 매각될 것으로 판단하거나 배당금액에 관해서 모르고 또는 알면서 ○○○○제삼차유동화전문유한회사에 국제입찰방식 으로 2억7,000만원에 매각 했다고 생각해 보자, 그리고 이 부실채권을 낙찰 받은 ○○○○제삼차유동화전문유한회사가 근저당권을 취득하고 근저당권 이전 등기를 하지 않은 상태에서 (ABS법 제8조 1항 특례규정에 따라 생략) 경매신청채권자 명의만 변경하고 박소령에게 사후정산 방식으로 매각하면서 매각가격은 2억9,000만원으로 하고 계약서에 특약으로 3,000만원의 조건부 차액보전계약의 단서조항을 삽입했다. 배당금이 2억9,000만원을 초과하게 되면 3,000만원 을 한도로 보전해주기로 하는 계약을 했다고 가정해 보자.

그리고 박소령이 7억1,000만원에 낙찰받고 경락잔금 70% 대출을 받아 잔금을 납부하고 나면 배당기일에 ○○○○제삼차유동화전문유한회사가 2억 6,950만원을 배당받고 1주일 있다가 박소령이 산 금액 2억9,000만원과 정산을 하면 되지만 근저당권을 산 금액보다 배당을 적게 받게 되어 손해가 2,050 만원이 발생해 반환받을 금액이 없게 된다. 따라서 차액보전할 금액도 없다.

결국 누가 이득을 보게 된 것일까?

박소령이 손해 본 2,050만원에서 ○○○○제삼차유동화전문유한회사가 2,000 만원을, 그리고 우리은행이 50만원을 가져간 상황이 된다. 그래서 부실채권을 매입할 때 배당관계를 정확하게 이해하지 못하면 손실을 볼 수밖에 없다.

# 05 무담보채권을 매입해서 손해 본 황당한 이야기다

### ◈ 박사장은 장사만 열심히 하면 부자가 되는 줄 알았다

상가임차인인 박사장은 서울시 마포구에 있는 상가건물 1층을 보증금 2억에 월세 500만원으로 임차하고, 인테리어 비용으로 8,000만원을 투자해서 음식점을 차렸다. 손님들에게 성실하게 대하고 음식 맛이 좋아서 장사도 곧잘 되었다. 그러던 어느 날 박사장 영업 장소인 상가건물이 경매에 들어 갔다.

### ◈ 박사장의 상가건물이 경매에 넘어가다

## (1) 경매입찰대상물건분석표

| 2011타경11456 | | | | ●서울서부지방법원 본원 ●매각기일 : 2012.04.26(木)(10:00) ●경매 4계 (전화 02-3271-1324) | | | | |
|---|---|---|---|---|---|---|---|---|
| 소재지 | 서울특별시 마포구 염리동 000-00 도로명주소검색 | | | | | | | |
| 물건종별 | 근린시설 | 감정가 | 6,207,510,100원 | 구분 | 입찰기일 | 초저매각가격 | | 결과 |
| 토지면적 | 582.4㎡(176.176평) | 최저가 | (80%) 4,966,008,000원 | 1차 | 2012-03-22 | 6,207,510,100원 | | 유찰 |
| 건물면적 | 1312.7㎡(397.092평) | 보증금 | (10%) 496,600,000원 | 2차 | 2012-04-26 | 4,966,008,000원 | | |
| 매각물건 | 토지·건물 일괄매각 | 소유자 | (주) OO 출판사 | 낙찰 : 5,440,010,000원 (입찰6명,낙찰:부천구 주)포즈 / 2등입찰가 5,116,000,030원) | | | | |
| 개시결정 | 2011-07-14 | 채무자 | (주) OO 출판사 | | | | | |
| 사건명 | 임의 경매 | 채권자 | 우리이에이저12차유동화 전문 유한회사 | 매각결정기일 : 2012.05.03 - 대각허가결정 대금납부 2012.05.21 / 배당기일 2012.06.20 | | | | |

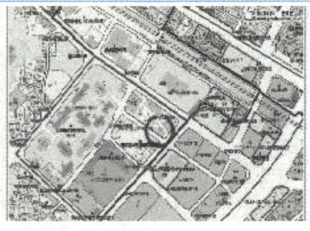

■ 임차인현황 (말소기준권리 : 2005.06.14 / 배당요구종기일 : 2011.09.28 )

| 임차인 | 점유부분 | 전입/확정/배당 | 보증금/차임 | 대항력 | 배당예상금액 | 기타 |
|---|---|---|---|---|---|---|
| (주)OO 염하은 | 점포 2층일부 | 사업자등록: 미상<br>확 정 일: 미상<br>배당요구일: 없음 | 미상 | | 배당금 없음 | |
| (주)OO 디자인 | 점포 3층일부 | 사업자등록: 2005.05.06<br>확 정 일: 미상<br>배당요구일: 없음 | 보10,000,000원<br>월600,000원<br>환산7,000만원 | 있음 | 전액낙찰자인수 | 대표자: 김진우 |
| (주)OO 디에스 | 점포 3층일부 | 사업자등록: 2006.09.05<br>확 정 일: 미상<br>배당요구일: 없음 | 보10,000,000원<br>월550,000원<br>환산6,500만원 | 없음 | 배당금 없음 | 내표자: 김진우 |
| 강OO | 점포 4층일부<br>(세이투비솔루션) | 사업자등록: 미상<br>확 정 일: 미상<br>배당요구일: 2011.09.20 | 보2,100,000원<br>월700,000원<br>환산7,210만원 | | 배당금 없음 | 2011.07.20~ |
| 박OO | 점포 지층 전부 | 사업자등록: 미상<br>확 정 일: 미상<br>배당요구일: 없음 | 보10,000,000원<br>월600,000원<br>환산7,000만원 | | 배당금 없음 | 2011.05~ |
| 서OO | 섬포 2층 일무 | 사업자등록: 미상<br>확 정 일: 미상<br>배당요구일: 2011.04.22 | 보7,500,000원<br>월2,500,000원<br>환산25,750만원 | | 배당금 없음 | 보증금: 3개월분 |
| 박사장 | 주거용 1층전부<br>(부교농녹지) | 전 입 일: 2004.04.28<br>확 정 일: 미상<br>배당요구일: 2011.09.20 | 보200,000,000원<br>월5,000,000원 | 있음 | 예상배당표참조 | 현황서상 섬포, 보: 2억550만원, 임차권등기자 |
| OOOO 정도개발 | 점포 2층일부 | 사업자등록: 미상<br>확 정 일: 미상<br>배당요구일: 없음 | 미상 | | 배당금 없음 | 2011.05~ |
| 전OO | 점포 2층일부<br>(사난법인 아시아더자 인센터) | 사업자등록: 2010.04.02<br>확 정 일: 미상<br>배당요구일: 없음 | 미상<br>월3,300,000원 | | 배당금 없음 | |

● 건물등기부 ( 채권액합계 : 11,054,523,373원 )

| No | 접수 | 권리종류 | 권리자 | 채권금액 | 비고 | 소멸여부 |
|---|---|---|---|---|---|---|
| 1 | 1999.04.04 | 소유권이전 | (주) OO 출판사 | | 현블쏠지 | |
| 2 | 2005.06.14 | 근저당 | 하나은행<br>(마푸종앙시섬) | 3,000,000,000원 | 말소기준등기 | 소멸 |
| 3 | 2006.12.14 | 근저당 | 이소영 | 3,000,000,000원 | | 소멸 |
| 4 | 2009.05.18 | 임차권설정(복도와 컴미실 등 제외한 1층선무) | 박사장 | 200,000,000원 | 2009.02.19~2011.05.31 차임 금5,000,000원 | 소멸 |
| 5 | 2009.10.27 | 근저당 | 하나은행 | 650,000,000원 | | 소멸 |
| 6 | 2010.12.23 | 근저당 | 미래저축은행 | 91,000,000원 | | 소멸 |
| 7 | 2011.03.30 | 근저당 | (주)동아일누사 | 3,000,000,000원 | | 소멸 |
| 8 | 2011.04.20 | 근저당 | 신용누증기금 | 410,000,000원 | | 소멸 |
| 9 | 2011.04.20 | 근저당 | 국민은행 | 432,000,000원 | | 소멸 |
| 10 | 2011.04.29 | 가압류 | 김민선 | 8,490,000원 | | 소멸 |
| 11 | 2011.05.18 | 압류 | 서울특별시마푸구 | | | 소멸 |
| 12 | 2011.06.30 | 가압류 | 이OO외 5명 | 65,984,221원 | | 소멸 |
| 13 | 2011.06.30 | 가압류 | 김OO외 2명 | 19,854,740원 | | 소멸 |
| 14 | 2011.07.07 | 가압류 | (주)스팀도 | 74,800,000원 | | 소멸 |
| 15 | 2011.07.14 | 임의경매 | 하나은행<br>(어신관리무) | 청구금액:<br>3,650,000,000원 | 2011타경11456 | 소멸 |
| 16 | 2011.07.18 | 가압류 | 한국외환은행 | 19,511,748원 | | 소멸 |
| 17 | 2011.07.29 | 가압류 | 김영민 | 10,511,760원 | | 소멸 |
| 18 | 2011.09.02 | 압류 | 서울특별시마푸구 | | | 소멸 |
| 19 | 2011.09.07 | 가압류 | 이수미 | 17,263,380원 | | 소멸 |
| 20 | 2011.09.09 | 압류 | 마포세무서 | | | 소멸 |
| 21 | 2011.09.22 | 가압류 | 강영구, 용영섭 | 35,408,510원 | | 소멸 |
| 22 | 2011.09.27 | 압류 | 마포세무서 | | | 소멸 |
| 23 | 2011.10.18 | 가압류 | 한시민 | 19,699,014원 | | 소멸 |

## (2) 이 상가건물이 매각되어 다음과 같이 배당되었다

이 상가는 6,207,510,100원으로 감정평가가 이루어 졌고, 5,440,010,000 원에 매각되었다. 상가건물에 소액임차인, 다시 말해 최우선변제금의 우선변제권자가 없어서 배당은 다음과 같다.

0순위 : 경매집행비용 4,000만원

1순위 : 마포구청 재산세 1,500만원(당해세 우선변제금 1)

2순위 : 마포세무서 종합부동산세 3,500만원(당해세 우선변제금 2) (1~2순위는 당해세로 동순위가 원칙이지만 당해세끼리도 압류를 한 경우 압류선착주의를 적용해야 되므로 1순위와 2순위로 나누었다)

3순위 : 하나은행 30억원(근저당 우선변제금 3)

4순위 : 이소령 근저당 23억5천1만원(근저당 우선변제금 4)으로 배당이 종결 되었다.

## (3) 임차권등기까지 한 박사장이 왜 보증금을 배당받지 못 했을까

경매가 들어가자 박사장은 배당요구종기 이전에 배당요구를 하러 법원을 방문했다.

〈박사장〉 여기 배당요구신청서와 임대차계약서가 있습니다.

〈법원공무원〉 어?! 선생님께서는 배당요구를 하실 수 없습니다.

〈박사장〉 네? 무슨 문제라도 제가 배당요구신청서를 잘못 작성하거나 서류가 미비한 것이 있나요?

〈법원공무원〉 아니오. 서류는 제대로 작성했지만, 선생님께서는 상가건물임대차보호법의 적용대상이 아니라서 배당요구를 할 수 있는 권리가 없는 일반 채권자입니다. 배당요구를 하려면 배당요구종기 시까지 임차보증금반환채권에 의한 채권가압류를 한 다음 배당요구하면 되는데, 걱정이네요. 제가 보기에는 선순위채권이 많아서 가압류하는 비용만 낭비할 것 같은 데, 어쩌면 좋겠습니까? 안타깝네요.

〈박사장〉 제가 그런 문제 때문에 임대인의 동의를 얻어 임대차등기를 미리 해 놓았는데요. 그러면 배당에 참여할 수 있고 미배당금이 있으면 낙찰자가 인수하게 되는 것이 아닌가요?

〈법원공무원〉 선생님께서 하신 민법 제621조에 의한 임대차등기는 우선변제권은 없고 오로지 대항력만 인정되므로, 임대차등기 이후에 소유자가 바뀌면 대항력이 있어서 새로운 소유자에게 그 임차권의 권리를 주장할 수 있는 게 맞습니다. 그런데 이는 일반거래(매매, 상속, 증여 등)로 소유자가 변경될 때만 임차권등기가 선순위이든, 후순위 이든 모든 임대차등기가 대항력이 인정되는 거란 말입니다. 경매나 공매로 소유자가 바뀌면 말소기준권리보다 먼저 임대차등기를 한 경우는 대항력이 있지만 선생님처럼 후순위임대차등기는 대항력이 없어서 소멸하게 됩니다.

〈박사장〉 선생님 말씀을 듣고 나니 선순위 근저당으로 인해서 대항력이 없는 것은 이해가 되지만, 후순위에 등기된 채권자보다 우선해서 변제받을 권리는 있지 않나요?

〈법원공무원〉 임대차등기는 대항력만 있는 것이 원칙이고, 예외적으로 주임법 또는 상임법의 보호를 받는 주택이거나 상가건물인 경우에 한해서만 우선 변제권이 인정됩니다. 선생님 처럼 상임법에서 보호받을 수 있는 환산보증금의 범위를 초과해 버리면, 그 임대차등기는 대항력만 대상이 되는데 경매절차에서는 말소기준 이전에 임대차등기를 해야 대항력이 있습니다. 선생님은 어디에도 해당되지 않아 우선변제권도 없고, 대항력도 없어서 보증금을 채무자에게만 청구가 가능한 일반채권자가 되는 것입니다.

〈박사장〉 어휴, 그러면 저는 어떻게 해야 하나요? 임대인은 어디 갔는지 연락도 안되는데…….

### ◈ 박사장의 임차권을 매입하겠다고 법무법인에서 연락이 왔다

이 사례는 필자가 실제 상담해 준 사례를 가지고 기술한 것이다.

어느 날 박사장에게 법무법인에서 임차권을 팔라는 것이었다. 박사장은 법원에서도 대항력이 없어서 배당에 참여 시켜 주지도 않았는데 사겠다는 사람이 나타나서 믿기지가 않았지만 만나 보기로 하고 다음 날 약속 장소로 나갔다.

그리고 임차권을 1억에 팔라고 해서 그 자리에서 계약하고 계약금으로 3,000만원 받고 나머지는 30일 있다가 받는 조건이었다.

박사장은 예측하지 못했던 횡재라 기분이 좋았다.

그러던 어느 날 법무법인에서 필자에게 전화가 왔다. 선생님 저희들이 상가 임차권을 양도받아서 대항력을 행사하려고 하는데 낙찰자도 대항력이 없다고 하고 주변 사람들도 상가임차인이 대항력이 없다고 하는데 권리를 좀분석해 주세요. 이 상가임차인은 환산보증금이 상임법상 보호대상 금액을 초과해서 우선변제권은 없지만 사업자등록이 말소기준권리 보다 빨라서 대항력은 인정되지 않나요? 상임법상 보호대상금액을 초과해서 우선변제권은 없지만 대항력은 인정되는 거 맞지요 그래서 경매 사건기록을 확인하면서 대항력도 없고 우선변제권도 없다는 얘기를 전해 주었더니 한 동안 전화기에서 말이 없었고 한 참 후에야 말을 해왔다. 왜 그렇게 되느냐는 반문 이었다.

상가임차인은 환산보증금이 상임법상 보호대상금액 이하여야 하는데 이 상가임차인은 보증금 2억원에다 월세 500만원으로 월세에 100을 곱하면 환산 보증금이 7억이 되므로 상임법상 보호대상이 아닌 일반 채권자에 불과하게 되므로 대항력도 없고 대항력이 없으니 우선변제권도 없게 된다고 설명해준 사례가 있다. 그리고 주택이나 상가건물에서 대항력과 우선변제권을 가지고 있는 임차인이더라도 그 임차권을 양도받을 때 임차보증금반환 채권만 양도받고 대항요건(입주와 주민등록)을 이전받지 못하면 임차보증금 반환채권만 반환받게 돼 주임법 및 상임법으로 보호되는 대항력과 우선변제권이 없는 일반채권자에 불과하게 된다는 사실도 함께 이해하고 있으라고 이 내용을 기술 했다.

# 06
## NPL이 각광 받는 이유를 7가지로 정리해 본다

첫째 '배당금 효과'가 있다. 여기서 말하는 배당금이란 경매 물건이 매각 된 후 매각대금에서 일정 기준에 따라 채권자들이 받는 돈이다. 투자자가 초보라 해도 걱정할 필요가 없다. 법원에서 알아서 매각대금을 지급해 주기 때문이다.

둘째 '직접 낙찰받을 수 있는 효과'다. 경매란 쉽게 말해 제일 높은 가격으로 입찰하는 사람이 물건을 낙찰받아 취득하게 되는데 매입한 근저당권 채권최고액의 범위 내에서 높게 입찰할 수 있어서 일반 입찰자보다 낙찰 받을 가능성이 매우 높다.

셋째 소액 투자가 가능하다는 것이다. 은행에서 매입자금의 최대 90%까지 대출해 주고, 채무인수방식으로 구입할 경우 매입금액의 20% 정도만 있으면 계약금 및 입찰보증금으로 낙찰 받을 수 있다.

넷째 '절세의 효과'다. 배당을 목적으로 경매 중인 부실채권에 투자했다면 보통 6개월에서 10개월 후면 투자금을 회수할 수 있다. 직접 낙찰 받는 것이 목적이라도 10개월이면 명도까지 깔끔하게 정리해 매매할 수 있다. 그리고 매입한 근저당권의 채권최고액의 범위 내에서 배당받게 되는 금액을 한도로 양도세를 절세할 수 있다. 일반 경매로 낙찰받고 1년 이내에 팔면 주택은 40%의 양도세와 주민세를 납부해야 하는 현실 속에서 세금을 절세할 수 있어서 매력적이다.

다섯째 '상계처리 효과'다. 부실채권을 매입한 투자자가 직접 낙찰 받는 경우 배당받을 금액의 범위 내에서 매각대금을 내지 않고 상계신청으로 대신 할 수 있다.

여섯 번째로 '특수물건을 매입하면 그 이익이 배가되는 효과를 누릴 수 있다'는 것이다. 특수물건은 '권리적 하자 또는 흠결이 있는 물건' 이다. 위험 부담이 커 보이지만 반대로 그만큼 저렴하게 구입할 수 있다는 장점이 있다. 하자가 사라지는 순간 일반 경매 보다 높은 수익을 얻을 수 있고 근저당권으로 배당받을 수 있는 범위까지 양도차익이 발생하지 않게 돼 또 하나의 보너스가 주어진다. 이러한 내용은 제12장에서 찾아볼 수 있다.

일곱 번째로 지분경매에서 선순위 저당권 또는 후순위 저당권을 매입해서 꿩먹고 황금알을 낳게 만드는 비법이다. 이러한 내용은 제12장에서 찾아볼수 있다.

### 미리 알아두면 좋은 법률 Refer

**론세일방식에 의한 매매는 무조건 세금이 없다는 말이 사실일까?**

① NPL로 부동산투자할 때 법인명의로 취득하는 경우에는 차익에 대한 세금을 법인세로 납부해야 한다.

② 부실채권매매를 업으로 하지 아니하는 개인이 민법상 채권양도의 방식으로 부실채권을 매입했다가 매각함에 따라 발생한 처분이익은 과세대상소득에 해당되지 않는다(서울행정법원 2006구합32702).

그러나 론세일방식에 의한 개인명의 투자로 차익을 올린 경우에도 과세관청인 세무서에서 NPL 매매를 전문으로 하는 사업자로 판단하게 되면 사업소득세 6~38% 의 세율로 세금을 부과할 수도 있다. 사업자등록이 없어도 사업성 있다고 판단하면 사업소득세를 부과할 수 있다는 말이다.

다만 양도소득세는 열거주의로 과세대상에 포함되지 않으므로 실제 이익이 나도 세금을 부과하지 못한다. 이 조항 때문에 세금이 없는 부동산 투자라고 얘기하지만 환매조건부라는 꼬투리를 잡으면 이자소득세로 세금을 부과할 수도 있다.

양도소득세가 아닌 이자소득세나 사업소득세, 법인소득세 등으로 부과하게 되면 NPL 론세일도 부과대상이 될 수도 있으니 이러한 내용에 유의해야 한다.

③ NPL 상담사례

1억3천만원 짜리 근저당권을 1억에 사서 직접 입찰을 하지 않고 배당을 받는다면 1억 2천이든 1억3천이든 누군가 입찰을 하게 되면 그 차액을 받게 되는데 이러한 경우 경우 양도소득세

사실상 세법상으로는 배당이익이 아니기 때문에 배당소득세 원천징수를 하지 않아도 된다. 소득세법은 열거주의 원칙으로 아래 조항에 열거되지 않은 매매소득은 아무리 많아도 양도소득세 과세대상이 아니므로 채권 자체의 매매에 의한 수익에 대해서 개인명의로 투자한 경우에는 양도세가 부과되지 않는다. 다만 법인은 포괄 주의 원칙으로 매매차익에 대하여 법인세로 납부할 의무가 있다.

# PART 12

## 경매 절차에서 특수 물건으로 부실채권을 매입하면 대박이다

01 선순위 전입세대원이 있는 주택을 공매로 낙찰받은 사례
02 선순위가 있는 주택에서 근저당을 매입하고 어떻게 하면 되나
03 유치권이 있는 주택의 근저당권을 매입해서 성공과 실패?
04 집합건물에서 건물만, 또는 대지만 낙찰받았다면 누가 성공했을까?
05 대지만에 설정된 저당권을 사서 경매를 신청하면 성공과 실패?
06 선순위로 가등기나 가처분이 있는 물건에 투자하는 방법
07 세금과 가압류채권 가볍게 생각하면 큰코 다친다

# 01 선순위 전입세대원이 있는 주택을 공매로 낙찰받은 사례

◆ 일반 공매로 입찰에 참여해서 낙찰받고 매각한 사례다

(1) 다가구주택의 공매물건 온비드 입찰대상정보와 매각결과

| 캠코공매물건 | | | | | | 상담전화 : 1588-5321 | |
|---|---|---|---|---|---|---|---|
| [물건명/소재지] : 서울 마포구 상수동 331-19 | | | | | | | |
| **기본정보** | | | | **기관정보** | | | |
| 물건종류 | 부동산 | | | 입찰집행기관 : 한국자산관리공사 | | | |
| 처분방식 | 매각 | | | 담당자 : 조세정리부 / 공매1팀 | | | |
| 물건상태 | 낙찰 | | | 연락처 : 02-3420-5130 / | | | |
| 조회수 | 843 | | | | | | |

| 물건정보 | | | | | |
|---|---|---|---|---|---|
| 소재지(지번) | 서울 마포구 상수동 331-19 | | | | |
| 소재지(도로명) | | | | | |
| 물건관리번호 | 2011-05061-003 | | 재산종류 | 압류재산 | |
| 위임기관 | 마포세무서 | | | | |
| 물건용도/세부용도 | 단독주택 | | 입찰방식 | 일반경쟁 | |
| 면적 | 대지 152㎡, 건물 122.99㎡, 미등기건물 26.5㎡ | | | | |
| 처분요구등기 | | | 최초공고일자 | 2011/07/20 | |

| 감정정보 | | | | | | |
|---|---|---|---|---|---|---|
| 감정평가금액 | 753,207,500 원 | 감정평가일자 | 2011/06/30 | 감정평가기관 | (주)정일감정평가법인 | [감정평가서 >] |
| 위치 및 부근현황 | 마포구 상수동 소재 "상수역" 남동측 인근에 위치하여, 기존주택지대로서 버스정류장 및 지하철역이 소재하여 대중교통사정은 보통임. | | | | | |
| 이용현황 | 남측으로 소로개함. | | | | | |
| 기타사항 | 해당사항 없음. | | | | | |

| 임대차정보 | | | | | | | |
|---|---|---|---|---|---|---|---|
| 임대차내용 | 이 름 | 보증금 | 차임(월세) | 환산보증금 | 확정(설정)일 | 전입일 | |
| 임차인 | 박대희 | 25,000,000 원 | 0 원 | 25,000,000 원 | 2009/09/14 | 2009/09/11 | |
| 임차권 | 서순향 | 60,000,000 원 | 0 원 | 60,000,000 원 | 2010/10/18 | 2010/10/18 | |
| 전입세대주 | 여강만 | 0 원 | 0 원 | 0 원 | | 1995/06/30 | |

## 등기사항증명서 주요 정보

| 순번 | 권리종류 | 권리자 및 기타사항 | 등기일 | 설정액(원) |
|---|---|---|---|---|
| 1 | 소유자 | 이한구 | 1995년3월28일 | |
| 2 | 근저당권 | 북부천 새마을금고 | 2010년5월26일 | 481,000,000원(배분요구 374,368,180원) |
| 3 | 근저당권 | 안미순 | 2010년5월27일 | 90,000,000원(배분요구 90,000,000원) |
| 4 | 압류 | 마포세무서 | 2010년6월30일(법정기일 2009년12월3일) | 체납세액 32,800,000원 |
| 5 | 임의경매개시결정 | 북부천 새마을금고 | 2011년8월19일(서부지원2011타경13537) | 청구 374,368,180원 |
| 6 | 가압류 | 여철민 | 2011년9월21일 | 50,000,000원 |

## 입찰정보

- 2회이상 입찰서 제출 가능합니다.

| 입찰번호 | 공고일 | 대금납부 | 인터넷입찰시작 | 개찰일시 | 개찰장소 | 최저입찰가 |
|---|---|---|---|---|---|---|
| 회차/차수 | 입찰방식 | 납부기한 | 인터넷입찰마감 | 매각결정일시 | | |
| 2011-05061-003 | 2011-07-20 | 일시불 | 2011/10/17 10:00 | 2011/10/20 11:00 | 전자자산처분시스템(www.onbid.co.kr) | 376,604,000 원 |
| 040 / 001 | | 낙찰금액별 구분 | 2011/10/19 17:00 | 2011/10/21 14:00 | | |

## 입찰이력정보

| 입찰번호 | 처분방식 | 물건관리번호 | 개찰일시 | 최저입찰가 | 낙찰가 | 낙찰율 | 입찰결과 | 입찰상세 |
|---|---|---|---|---|---|---|---|---|
| 201105061003 | 매각 | 2011-05061-003 | 2011/10/20 11:00 | 376,604,000 | 420,700,800 | 111.7% | 낙찰 | |

## 대금납부 및 배분기일 정보

| 대금납부기한 | 납부여부 | 납부최고일 | 납부여부 | 배분기일 |
|---|---|---|---|---|
| 2011-12-20 | 납부 | - | - | 2011-12-22 |

### (2) 이 주택에 대한 물건분석과 권리분석

이 공매물건은 자산관리공사의 압류공매와 북부천새마을금고의 임의경매가 중복하여 진행 중인 물건이다.

이 물건에서 유의할 점은 전입세대원 중 이강민(전입 95.06.30.)과 박미희(전입 09.09.11)는 말소기준권리인 북부천새마을금고의 2010년 5월 26일 근저당권 보다 먼저 대항요건을 갖추고 있어서 서류상으로는 대항력이 있었고, 주민센터를 방문해서 조사해본 결과도 체납자겸 소유자인 이한구와 관련이 없었다.

그런데 이강민의 전입일자가 이한구 소유자와 같은 날짜고, 대항력 있는 임차인이 있는 데도 북부천 새마을금고의 대출이 이루어 졌다는 점에서 임차인이 아닐 것이라는 판단 하에 등기부와 등기부상에 기재된 채권자 등을 통해서 원인 분석을 하게 되었고, 그 과정에서 임의경매를 신청한 북부천 새마을금고를 통해서 이강민이 체납자의 아들이고 대출시 무상거주확인서까지 첨부하여 대출이 실행 되었다는 말을 듣게 되었다.

특히 현장을 방문하여 물건을 조사 중에서 이 물건이 중개업소에 6개월 전에 6억 7,000만원 매물로 나온 적이 있고 그 매물을 내 놓은 사람이 1층에 살고 있는 아들이라는 말과 2층에 살고 있는 임차인 등은 두명으로 6,000만원과 2,500만원에 임차하여 거주하고 있다는 사실도 함께 들을 수 있었다. 이러한 정황을 분석해본 결과 이강민은 대항력 있는 임차인으로 볼 수 없었다. 그리고 현지 부동산중개업소에서 시세는 평당 1,700만원으로 46평이니 7억 8,200만원 정도 되나 불경기로 거래가 잘 안되고 있지만 6억5,000만원 정도 이면 팔 수 있다고 했다.

### (3) 이 공매물건을 420,700,800원에 입찰하면 어떻게 배당 될까!

420,700,800원에서 공매비용 7,880,800원(공매비용은 대략 3%정도)을 공제하면 실제로 배당할 금액은 407,820,000원이다.

따라서 1순위 ① 박미희 2,000만원 + ② 서순향 2,000만원(소액임차인 결정기준은 북부천 새마을금고로 서울의 경우 6,000만원 이하의 소액임차인은 2,000만원을 최우선변제금으로 우선변제받을 수 있다)

2순위 박미희 500만원(확정일자 우선변제금 1)

그런데 다음이 문제가 된다.

3순위에서 순위가 충돌되는 경우로 배당잔여금을 가지고 순환배당을 하게 된다는 점이다. 배당을 모르는 분들은 임차인이 최우선변제금으로 2,000만원만 받고 종결되는 것으로 생각하지만 이는 잘못된 판단이다.

① 마포세무서 3,280만원,

② 북부천새마을금고 근저당 401,150,320원[경매신청채권액 374,368,180 원+지연이자 27,139,140원(경매신청일 2011. 08. 19. ~ 배분기일 2011. 12. 22. 까지 126일 (374,368,180원×21%=78,617,317원÷365일=215,390원×126일) ]

③ 안미순 근저당 9,000만원

④ 서순향 500만원(배분시점을 기준으로 한 최우선변제금)

①은 ②와 ③보다 선순위이지만 ④보다는 후순위가 된다.

②는 ③과 ④보다는 선순위이지만 ①보다는 후순위가 된다.

③은 ④보다는 선순위이지만 ①과 ②보다는 후순위가 된다.

④는 ①보다는 선순위 이지만 ②와 ③보다는 후순위가 된다.

따라서 1차로 안분배당하고 2차로 흡수절차를 진행하는 순환배당을 하게 된다.

1차 안분배당

① 마포세무서=3억6,782만원×32,800,000원/528,950,320원=22,808,373원

② 북부천 근저당=3억6,782만원×401,150,320원/528,950,320원=278,950,792원

③ 안미순 근저당=3억6,782만원×90,000,000원/528,950,320원=62,583,949원

④ 서순향 최우선변제금=3억6,782만원×5,000,000원/528,950,320원=3,476,886원

2차 흡수절차

① 마포세무서=22,808,373원(1차안분액)+9,991,627원(③를 흡수)-1,523,114원(④에 흡수 당함)=31,276,886원(종결)

② 북부천=278,950,792원(1차안분액)+3,476,886원(④를 흡수)+52,592,322원(③을 흡수)=335,020,000원(종결)

③ 안미순=62,583,949원(1차안분액)-9,991,627원(①에 흡수당함)-52,592,322원(②에 흡수 당함)+0원=0원(종결)

④ 서순향=3,476,886원(1차안분액)-3,476,886원(②에 흡수당함)+1,523,114원(①을 흡수)=1,523,114원(종결)

따라서 총 배당금액은

가) 박미희=25,000,000원, 나) 서순향=21,523,114원, 다) 마포세무서 =31,276,886원,

라) 북부천 새마을금고=335,020,000원, 마) 안미순=0원이 된다.
대항력 있는 임차인 박미희가 전액 배당받게 되어 매수인의 인수금액은 없다.

### (4) 일반 공매로 낙찰받고 단기로 매각하면 양도소득세가 40%다

이 공매물건은 필자가 이 주택에 대한 물건분석과 권리분석을 통해서 선순위 전입세대원이 체납자의 아들이라는 사실과 무상거주확인서가 북부천 새마을금고에 제출되었다는 사실을 확인하고 입찰에 참여했기 때문에 낮은 금액으로 낙찰받을 수 있었다. 물론 공매물건이라 싸게 취득한 부분도 있는 것은 사실이다. 어쨌든 낙찰받고 나서 주택을 수선해서 바로 팔았으니 양도소득세 40%(2014년 변경된 세율로 계산)와 주민세 4%(양도세의 10%)를 납부해야 한다.

단순계산으로 낙찰받은 420,700,800원+등기 제비용 500만원을 취득원가는 425,700,800원이고 매매한 금액이 550,000,000원이면 양도차익은 124,299,200원으로 양도세는 기본공제 250만원을 공제한 금액의 40%니 48,719,680원이고 주민세 10%인 4,871,960원으로 총 납부해야할 세금은 53,591,640원이 된다. 따라서 매매이익은 70,707,560원이 된다.

### ◆ 1순위 근저당권을 매입하고 공매로 낙찰받으면 투자이익은?

북부천 새마을금고는 1순위 임에도 불구하고 선순위 조세채권과 소액임차인 등으로 인해서 공매 배당절차에서 335,020,000원을 배당받게 되어 경매신청시 청구한 374,368,180원+지연이자 27,139,140원을 포함해 401,150,320 원보다 66,130,320원을 적게 배당받게 되었다.

필자가 북부천 새마을금고가 배당받을 수 있는 금액 335,020,000원에10,000,000원을 보태서 345,020,000원으로 양도·양수하는 계약으로 근저당권을 매입하고 대금의 80%을 이자 6%로 질권대출을 받아 잔금납부하고 공매 절차에서 직접 낙찰받았다고 가정하면 어떻게 될까?

예를 들어서 공매비용 800만원 + 선순위채권 1순위와 2순위 4,500만원 3 순위 조세채권 3,280만원 + 4순위 북부천 새마을금고 401,150,320원을 한도로 486,950,320원에 입찰해서 낙찰받아서 5억5,000만원에 단기 매도했다면 매매 수익은 얼마가 될까?

486,950,320원에 낙찰받고 401,150,320원을 상계처리해서 대금납부하면 현금납부는 8,580만원(입찰보증금 포함)만 납부하면 된다.

486,950,320원+등기 제비용 550만원이면 취득금액은 492,450,320원이고 5억5,000만원에 매도했다면 양도차익은 57,549,680원이 되므로 기본공제 250만원을 공제하고 양도소득세율 40%와 주민세 10%를 계산하면 납부할 세금은 24,221,850원이 된다. 따라서 근저당권을 싸게 매입해서 근저당권이 배당받을 수 있는 금액을 한도로 해서 낙찰받으니 아파트 매매이익 33,327,830 원과 근저당권 매매이익 56,130,320원으로 89,458,150원의 수익이 발생하게 된다. 따라서 일반 공매로 낙찰받아 같은 금액 5억5천만원으로 매각하는 매매이익 70,707,560원 보다 18,750,590원이 더 높게 발생하게 된다.

그러면서도 입찰 경쟁 속에서 1등을 할 수 있다. 이 차액은 적은 것 같이 보이지만 이 공매물건이 공매로 매각되는 과정에서 기간이 짧아서 지연이자가 적었고, 매입한 근저당권 보다 선순위채권이 많아서 근저당권 매입으로 인한 양도세 절감 효과와 근저당권 매매차익이 적은 것이지 그렇지 않았다면 그차액은 더 커져 있을 것이다. 이러한 분석을 하고 나서 일반 공매로 입찰할 것인지 아니면 근저당권을 매입하고 배당만 받고 말 것인지, 또는 낙찰 받아서 양도세 절감효과까지 누려 그 효과를 더 높일 것인지를 판단해야 한다.

# 02

## 선순위가 있는 주택에서 근저당을 매입하고 어떻게 하면 되나

◆ 무상거주확인서를 제출한 세대원이 배당요구를 하지 않은 경우

### (1) 아파트 경매물건 입찰대상정보와 매각결과

| No | 접수 | 권리종류 | 권리자 | 채권금액 | 비고 | 소멸여부 |
|---|---|---|---|---|---|---|
| 1(갑7) | 2006.08.21 | 소유권이전(매매) | 양수형 | | 거래가액:485,000,000 | |
| 2(을9) | 2013.05.30 | 근저당 | 동대문중앙새마을금고 | 370,500,000원 | 말소기준등기 | 소멸 |
| 3(갑12) | 2013.10.14 | 강제경매 | (주)우리카드 (채권관리부) | 청구금액: 3,890,225원 | 2013타경28701 | 소멸 |
| 4(갑13) | 2013.11.05 | 임의경매 | 동대문중앙새마을금고 | 청구금액: 296,983,730원 | 2013타경31059 | 소멸 |

•등기부현황 ( 채권액합계 : 370,500,000원 )

### (2) 서병장이 새마을금고 근저당권을 매입하고 직접 낙찰받은 경우

무상거주확인서를 받은 은행이나 또는 그 권리를 승계받은 채권자가 직접 낙찰받은 경우 경매절차에서 임차인으로 권리 신고하여 임대차 사실이 있음을 주장하더라도 임차인으로 권리 주장은 신의칙에 위반된다고 볼 수 있어서 금융기관이 명도를 구함에서 거부할 수 없다(대법 87다카1708 판결).

### (3) 서병장이 새마을금고 근저당권을 매입하고 배당요구만 한 경우

무상거주확인서를 받은 은행이나 양도받은 채권자가 직접 낙찰 받지 않고 제3자가 낙찰 받은 경우라도 임차인이 경매절차에서 이를 번복하여 대항력 있는 임대차의 존재를 주장함과 동시에 근저당권자보다 우선적 지위를 가지는 확정일자부 임차인 임을 주장하여 그 임차보증금 반환채권에 대한 배당요구를 하는 것은 특별한 사정이 없는 한 금반언 및 신의칙에 위반되어 허용될수 없다(대법 97다12211 판결).

따라서 서병장이 새마을금고 근저당권을 매입하고 직접 낙찰받고 명도를 구할 때 대항력을 주장할 수 없어서 인도명령 신청대상이 되고, 제3자가 낙찰 받아 배당요구 한 때에도 임차인 보다 우선해서 배당받을 수 있다.

### (4) 제3자가 낙찰받은 경우, 무상거주확인서를 써준 임차인 간의 문제

무상거주확인서가 있다는 사실을 경매기록을 통해 확인할 수 있었는데 무상거주확인서를 써준 임차인이 경매절차가 끝날 때까지도 그 임대차관계를 밝히지 아니하여 낙찰자가 이를 알지 못하고 낙찰받았다면, 낙찰자가 소유권을 취득하고 명도청구할 때 태도를 번복하여 임대보증금 반환을 요구하며 명도를 거부하는 것은 특단의 사정이 없는 한 금반언 내지 신의칙에 위반(대법 87다카1738 판결)되어 인정될 수 없다.

그러나 권리신고 또는 배당요구한 경우에는 다음 (2) 사례와 같이 판단하면 된다.

◆ 무상거주확인서를 제출한 임차인이 배당요구를 한 경우

(1) 아파트 경매물건 입찰대상정보와 매각결과

(2) 서병장이 새마을금고 근저당권을 매입하고 직접 낙찰받은 경우

앞의 대법원 97다12211 판결과 같이 서병장이 새마을금고 근저당권을 매입하고 직

접 낙찰받고 명도를 구할 때 대항력을 주장할 수 없어서 인도명령 신청대상이 된다.

### (3) 서병장이 새마을금고 근저당권을 매입하고 배당요구만 한 경우

무상거주확인서를 받은 은행이나 양도받은 채권자가 직접 낙찰 받지 않고 제3자가 낙찰 받은 경우라도 임차인이 경매절차에서 이를 번복하여 대항력 있는 임대차의 존재를 주장함과 동시에 근저당권자보다 우선적 지위를 가지는 확정일자부 임차인 임을 주장하여 그 임차보증금 반환채권에 대한 배당요 구를 하는 것은 특별한 사정이 없는 한 금반언 및 신의칙에 위반되어 허용될수 없다(대법 97다12211 판결).

따라서 제3자가 낙찰받아 배당요구한 때에도 임차인 보다 우선해서 배당받을 수 있다.

### (4) 제3자가 낙찰받은 경우, 무상거주확인서를 써준 임차인 간의 문제

집행관의 현황조사 또는 법원에 임차인의 권리를 신고한 상태에서 경매가 진행되었다면 상황은 다르게 전개될 수도 있다. 왜냐하면 임차인이 은행직원에게 경매절차와는 아무런 관련도 없이 행한 임대차조사에서 자신의 임대차 사실을 숨겼다 해도 경매절차에서 이를 분명히 한 이상 즉 대항력만 주장하거나 권리신고 및 배당요구한 이상 낙찰자로 하여금 경매가격을 결정하게끔 신뢰를 준 것이라고는 할 수 없기 때문이다(대법 86다카1852 판례 인용).

따라서 입찰자는 위와 같이 진정한 임차인 여부를 판단하고 입찰에 참여해야지 무상거주확인서만 믿고 입찰에 참여 했다간 낭패를 볼 수 있고, 간혹 소유자가 임차인을 대위하여 무상거주확인서를 작성하고 은행이 이러한 사실을 확인하지 않고 대출이 실행된 경우도 발생할 수 있기 때문이다. 어쨌든 무상 거주확인서를 작성해준 임차인은 그 임차보증금의 손실이 예상되니 무조건 협조해서는 안 될 것이며, 경매에 입찰하는 분들도 무상거주확인서가 있다고 대항력이 없다고 단정해서는 안될 것이므로 세심한 조사후 입찰에 참여해야 된다.

◈ 선순위 전입세대원이 있다면 이렇게 분석하고 입찰해라?

(1) 선순위로 채무자의 부모나 자녀가 거주하고 있다면 대항력은?
① 아파트 경매물건 입찰대상정보와 매각결과

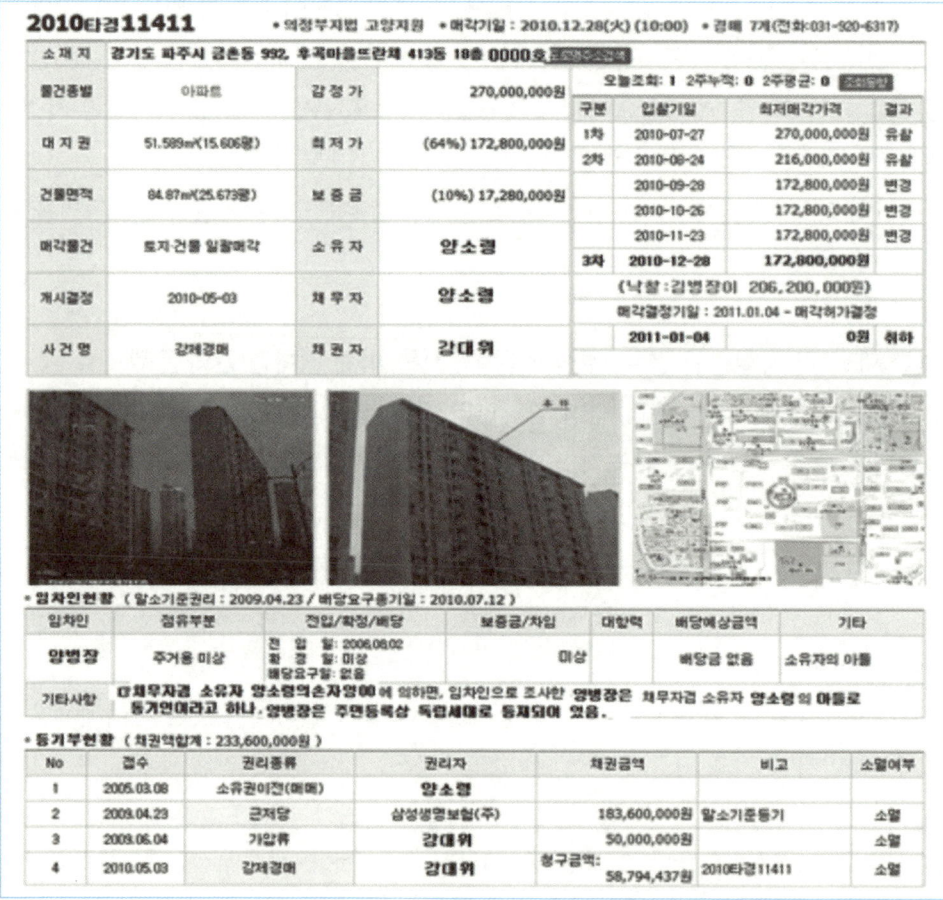

② 채무자겸 소유자의 아들이 거주하는 경우 대항력 유무에 대한 판단
㉠ 선순위 전입세대원이 있다면 일단 대항력이 있다고 판단하고 분석해라! 이 경매물건에서 서류상으로는 양병장은 독립된 세대주이므로 대항력 있는 임차인으로 일단 판단할 수 있다.

왜냐하면 부모나 자식 간에도 임대차계약을 할 수 있고 그에 따라 대항요건을 갖춘 경우라면 대항력이 인정되기 때문이다.

ⓒ 그러나 가족 간에 임대차계약을 하고 거주하는 경우는 드물다 선순위 독립된 전입세대원이 있는 상태에서 금융기관의 대출이 실행되지 않는 것이 원칙이다. 그런데도 불구하고 대출이 실행되었다면 투자자에게 기회가 될 수 있다. 이러한 상황에서 선순위 전입세대원이 무상거주확인서를 금융기관에 제출했는지와 그 세대원들이 부모나 형제 등의 가족관계인 가를 먼저 판단하고, 가족관계라면 자녀의 연령과 소득수준, 결혼 유무 등을 파악 하고, 자녀의 연령이 미성년자이거나 소득이 없는 경우, 미혼인 경우에는 대항력 있는 임차인으로 인정받기가 어렵다. 설사 임차인으로 권리신고 또는 배당요구를 한다고 하더라도 후순위채권자 등의 배당이의 소송절차에서 패소할 가능성이 높다. 그러나 성년이면서 일정한 소득이 있고 결혼한 경우에는 가족관계라는 이유만으로 임대차를 부인하면 추후 배당이의 소송에서 낙찰자가 패소하게 돼 인수하게 될 수도 있다.

왜냐하면 부모·형제자식 간의 계약관계는 사해행위로 간주하여 인정하지 않으려고 하는 추세가 대세이므로 진정한 임차인으로 인정받기 위해서는 독립세대로 임대차계약을 작성하고 계약서에 확정일자와 임차보증금을 지급한 계좌 이체내역 등이 확인되는 경우에 한해서 보호받을 수 있다. 달랑 계약서만 급조해서 만들었다고 대항력 있는 임차인으로 재 탄생하는 것은 아니다.

그럼에도 불구하고 이러한 위장임차인이 판치고 있는 것은 명도소송 또는 배당이의 소송 등으로 시간을 끌어 이사비용이나 한 몫 챙겨보려는 속셈이다.

ⓒ 이 사건에서는 삼성생명이 1순위로 근저당 채권최고액 1억8,360만원을 설정한 것을 보면 대출심사 당시 선순위 전입세대원을 확인하고 무상거주 확인서를 첨부해서 대출이 실행되었을 텐데 확인해 본 결과 그에 대한 답변을 들을 수 없었다. 이러한 경우는 임차인이 아닌 경우가 대부분이며 양병장이 임차인이었다면 삼성생명이 1순위로 대출하지 않았을 것이기 때문이다.

그러나 이에 대한 판단은 상당히 조심스러운 일이고 확률은 낮지만 양병장이 대항력 있는 임차인으로 인정될 수도 있다는 것을 전혀 배제해서는 안 될 것이다. 그래도

이 경매물건에서도 대항력 있는 보증금 인수는 그리 많지 않을 것이 예상된다. 부모와 함께 거주하면서 진정한 임차인이라도 주거 공간이 방1개 정도의 보증금이 될 것이기 때문이다.

③ 다음은 필자가 경험한 얘기다

필자도 이러한 물건에 투자한 경험이 있는데 어쩔 수 없이 약간의 위험을 감수하고 입찰에 참여할 수밖에 없었다. 이 과정에서 무상거주확인서가 있었다면 든든한 백이 되었을 텐데 그도 쉽게 확인할 수 없었다. 그래서 대항력 있는 임차인을 인수하고도 급매물 시세로 인수할 정도의 금액으로 입찰하였는데 이때 선순위 임차보증금은 말소기준 시점에 해당되는 보증금을 계산하면 된다. 말소기준권리가 되는 근저당권은 오래 전에 설정된 것이 대부분 이어서 인수금액은 그리 높지 않다.

중요한 점은 필자가 이러한 판단으로 즉 1순위로 금융기관의 근저당 설정 당시 부동산 시세의 70% 정도 설정되어 있다면 무상거주확인서가 작성되었는가를 확인하고, 없다고 하더라도 선순위 전입세대원이 가족 간이라면 설령 임차인이라도 그 전세보증금은 많지 않으므로 약간의 위험만 감수하고 입찰에 참여하면 뜻하지 않은 높은 수익을 얻을 수도 있다.

### (2) 선순위 전입세대원이 채무자와 무관한 제3자가 거주하면

① 선순위 전입세대원이 거주하고 있고 무상거주확인서를 작성하지 않았다면 일단 대항력이 있는 임차인으로 생각하고 그 임차보증금과 계약기간 등을 분석하고 입찰에 참여해야 한다. 그 과정에서 임차인이 아니고 전입신고만 또는 가족관계로 독립세대원을 구성하고 있는 경우를 알게 된다면 대박이다.

이러한 금융기관을 통해서도 알 수 있지만 쉽지 않다. 그래서 현장 답사를 통해서 그 주택 또는 주변 부동산사무소를 통해서 확인할 수밖에 없고 확인할 수 없다면 어느 정도 위험을 감수하고 입찰에 참여할 수밖에 없는 것이다.

② 선순위 전입세대원이 무상거주확인서를 작성했다면 다행이지만 그도 안전한 것은 아니다.

왜냐하면 집행관의 현황조사 또는 법원에 임차인의 권리를 신고한 상태에서 경매가 진행되었다면 상황은 다르게 전개될 수도 있다.

무상거주확인서를 써준 임차인이 경매절차가 끝날 때까지도 그 임대차관계를 밝히지 아니한 경우에 낙찰자가 명도를 청구할 때 태도를 번복하여 임대 보증금 반환을 요구하며 명도를 거부하는 것은 금반언 내지 신의칙에 위반(대 법87다카1738 판결)되어 인정되지 않는다.

그러나 임차인이 은행직원에게 경매절차와는 아무런 관련도 없이 행한 임대차조사에서 자신의 임대차 사실을 숨겼다 해도 경매절차에서 이를 분명히 한 이상 낙찰자로 하여금 경매가격을 결정하게끔 신뢰를 준 것이라고는 할수 없기 때문(대법 86다카1852 판례 인용)에 그 권리를 보호 받을 수가 있기 때문에 낙찰자가 인수해야 한다.

# 03 유치권이 있는 주택의 근저당권을 매입해서 성공과 실패?

◆ 유치권이 신고가 된 아파트에 입찰해서 성공하기

(1) 입찰대상물건 정보내역과 매각결과

| 2012타경22632 | • 서울중앙지방법원 본원 • 매각기일 : 2013.08.08(木) (10:00) • 경매 8계(전화:02-530-1820) | | | | | | |
|---|---|---|---|---|---|---|---|
| 소재지 | 서울특별시 동작구 본동 481, 본동신동아아파트 4동 3층 000호 도로명주소검색 | | | | | | |
| 물건종별 | 아파트 | 감 정 가 | 520,000,000원 | 오늘조회: 1  2주누적: 1  2주평균: 0 조회동향 | | | |
| | | | | 구분 | 입찰기일 | 최저매각가격 | 결과 |
| | | | | 1차 | 2012-12-06 | 520,000,000원 | 유찰 |
| 대지권 | 48.77㎡(14.753평) | 최 저 가 | (51%) 266,240,000원 | 2차 | 2013-01-10 | 416,000,000원 | 유찰 |
| | | | | 3차 | 2013-02-14 | 332,800,000원 | 낙찰 |
| 건물면적 | 104.7㎡(31.672평) | 보 증 금 | (20%) 53,250,000원 | 낙찰 395,700,000원(76.1%) / 4명 / 미납 (2등입찰가:374,410,000원) | | | |
| | | | | 4차 | 2013-07-04 | 332,800,000원 | 유찰 |
| 매각물건 | 토지·건물 일괄매각 | 소 유 자 | 정소령 | 5차 | 2013-08-08 | 266,240,000원 | |
| | | | | 낙찰 : 351,200,000원 (67.54%) | | | |
| 개시결정 | 2012-07-17 | 채 무 자 | 정소령 외1 | (입찰14명, 낙찰: 박소령/ 2등입찰가 345,000,000원) | | | |
| | | | | 매각결정기일 : 2013.08.14 - 매각허가결정 | | | |
| | | | | 대금지급기한 : 2013.09.17 | | | |
| 사 건 명 | 임의경매 | 채 권 자 | 한국스탠다드차타드은행외1 | 대금납부 2013.09.17 / 배당기일 2013.11.07 | | | |
| | | | | 배당종결 2013.11.07 | | | |
| 관련사건 | 유더블유제육차유동화회사(양도전 우리은행)의 2012타경28296호 2012. 09. 06. 중복경매 신청함 | | | | | | |

| No | 접수 | 권리종류 | 권리자 | 채권금액 | 비고 | 소멸여부 |
|---|---|---|---|---|---|---|
| 1 | 1998.05.08 | 소유권이전(매매) | 정소령 | | | |
| 2 | 2005.11.21 | 근저당 | 한국스탠다드차타드은행 | 264,000,000원 | 말소기준등기 구)한국스탠다드차타드 제일은행 | 소멸 |
| 3 | 2006.06.09 | 근저당 | 한국스탠다드차타드은행 | 60,000,000원 | | 소멸 |
| 4 | 2010.05.20 | 근저당 | 우리은행 | 60,000,000원 | | 소멸 |
| 5 | 2010.06.10 | 근저당 | 에이치케이상호저축은행 | 143,000,000원 | | 소멸 |
| 6 | 2011.09.28 | 압류 | 대전세무서 | | | 소멸 |
| 7 | 2011.12.26 | 가압류 | 삼성카드(주) | 16,770,515원 | | 소멸 |
| 8 | 2012.04.23 | 가압류 | 신용보증기금 | 56,000,000원 | | 소멸 |
| 9 | 2012.06.05 | 압류 | 국민건강보험공단 | | | 소멸 |
| 10 | 2012.07.17 | 임의경매 | 한국스탠다드차타드은행 (소매여신사후관리팀) | 청구금액: 270,477,938원 | 2012타경22632 | 소멸 |
| 11 | 2012.09.06 | 임의경매 | 우리은행 (여신관리부) | 청구금액: 51,561,081원 | 2012타경28296 | 소멸 |
| 주의사항 | ☞유치권신고 있음 - 2013.2.19.자 유치권신고인 (주)OO대성으로부터 (53,371,900원)에 대한 유치권신고가 있으나, 그 성립여부는 불분명함. ☞2013.03.13 채무자겸소유자 정소령이 유치권배제신청서 제출 ☞2013.06.21 근저당권자 우리은행 양수인 유더블유제육차유동화유한전문회사 유치권배제신청서 제출 | | | | | |

## (2) 경매 물건에 대한 권리분석과 배당표 작성

이 아파트는 한국스탠다드차타드은행의 선행경매(사건번호2012타경22632호)에 이어 유더블유제육차유동화전문유한회사(양도전 우리은행)의 후행경매가 진행중에 2013. 02. 14.에 395,700,000원에 낙찰받았다가 2013. 02. 19. 자로 (주) OO대성으로부터 유치권신고(채권금액 53,371,900원)가 있어서 잔금을 미납 하고 재매각절차가 진행된 물건이다. 유치권신고가 있자 채무자겸 소유자인 정소령이 2013. 03. 13. 자로 유치권 배제신청서를 법원에 제출했고, 우리은행 근저당권을 양수한 유더블유제육차유동화전문회사도 2013. 06. 21. 자로 유치권배제신청서를 제출했다.

이렇게 채무자와 채권자가 유치권배제신청서를 제출한 것은 드문 일이지만 아마도 우리은행이 대출을 실행할 때 유치권 포기각서를 제출하였거나 유치권자가 점유하고 있는 것이 아니라 채무자겸 소유자가 점유하고 있어서 유치권 배제신청을 하게 되었다는 판단을 할 수 있다. 어쨌든 유치권자가 유치권 포기각서를 제출하고 금융기관의 대출금으로 일부채권을 회수했다면 나머지 채권에 대해서 유치권을 주장할 수 없다. 그리고 공사대금 채권을 가진자라 해도 점유를 함으로써 유치권이 발생하게 되는데 채무자겸 소유자가 점유하고 있어서 유치권자로서 이 물건을 낙찰받은 낙찰자에게 대항력을 주장할 수없게 된다. 이러한 법리는 채무자가 경매가 들어가고 나서 점유를 이전해 주었다고 하더라도 경매개시결정기입등기(압류) 이후에 점유를 회복한 채권자는 압류효력에 저촉을 받게 돼 낙찰자에게 대항할 수 있는 유치권자가 아니다.

이 물건은 3억5,120만원에 매각되었는데 경매비용 320만원을 공제하고 나면 실제 배당할 금액은 3억4,800만원이다.

따라서 1순위로 한국스탠다드 차타드은행이 3억2,400만원[(경매신청채권액 270,477,938원+지연이자 63,758,508원(연 18%의 지연이자로 478일)], 2순위로 유더 블 유제육차유동화전문유한회사가 2,400만원을 배당받게 된다.

### (3) 유동화회사에서 근저당권을 매입해서 낙찰받는 방법을 선택

이 물건을 앞에서와 같은 분석을 통해서 유치권이 성립되지 않게 된다는 사실을 알 수 있다. 따라서 유동화회사 근저당권을 유동화회사가 배당받을 수 있는 금액 보다 조금 높게 론세일 방식으로 매입해서 배당을 받는 방법 또는 직접 낙찰받는 방법을 선택할 수 있다. 그런데 이 두 방법 중에 직접 낙찰받아 매각하게 되면 높은 가격으로 입찰에 참여할 수 있어서 낙찰받을 확률도 높이면서 대금납부도 매입한 근저당권 채권최고액 6,000만원 까지 상계처리가 가능하다. 그리고 그 만큼 양도세를 납부하지 않아도 되니 절세효과를 톡톡히 누릴 수 있는 좋은 방법이다.

참고로 채권자가 유치권을 깨트리는 방법은 일반 경매로 낙찰받은 사람과 비교하면 쉽다. 왜냐하면 유치권자를 대상으로 인도명령신청을 하거나 유치권부존재 소송을 하게 될 때에도 대출 심사할 때 받아두었던 서류 등이 빛을 발할 수 있고 그러한 자신감은 입찰가격을 높게 쓸 수 있는 자신감으로 연결 되기 때문이다.

PART 12 경매 절차에서 특수 물건으로 부실채권을 매입하면 대박이다    453

## ◈ 유치권이 신고가 된 아파트에 임차인이 배당요구한 사례

### (1) 입찰대상물건 정보내역과 매각결과

**2012타경22403**  • 서울중앙지방법원 본원  • 매각기일 : 2013.07.04(木) (10:00)  • 경매 8계(전화:02-530-1820)

| 소재지 | 서울특별시 동작구 신대방동 711, 보라매파크빌아파트 105동 9층 000호 도로명주소검색 | | | | | | |
|---|---|---|---|---|---|---|---|
| 물건종별 | 아파트 | 감정가 | 580,000,000원 | 오늘조회: 1  2주누적: 0  2주평균: 0  조회동향 | | | |
| 대지권 | 42.94㎡(12.989평) | 최저가 | (64%) 371,200,000원 | 구분 | 입찰기일 | 최저매각가격 | 결과 |
| | | | | 1차 | 2013-04-25 | 580,000,000원 | 유찰 |
| | | | | 2차 | 2013-05-30 | 464,000,000원 | 유찰 |
| 건물면적 | 84.73㎡(25.631평) | 보증금 | (10%) 37,120,000원 | 3차 | 2013-07-04 | 371,200,000원 | |
| 매각물건 | 토지·건물 일괄매각 | 소유자 | 임꺽정 | 낙찰: 458,999,000원 (79.14%) (입찰14명, 낙찰: 김병장 / 2등입찰가 455,700,000원) | | | |
| 개시결정 | 2012-07-16 | 채무자 | 최수령 | 매각결정기일 : 2013.07.11 - 매각허가결정 | | | |
| | | | | 대금지급기한 : 2013.08.20 | | | |
| 사건명 | 임의경매 | 채권자 | 유더블유제오차유동화전문유한회사 | 대금납부 2013.08.08 / 배당기일 2013.09.12 | | | |
| | | | | 배당종결 2013.09.12 | | | |

• 임차인현황 ( 말소기준권리 : 2006.05.04 / 배당요구종기일 : 2012.10.04 )

| 임차인 | 점유부분 | 전입/확정/배당 | 보증금/차임 | 대항력 | 배당예상금액 | 기타 |
|---|---|---|---|---|---|---|
| 이상병 | 주거용 1층 방1간 | 전 입 일: 2012.03.28<br>확 정 일: 2012.03.28<br>배당요구일: 2012.09.10 | 보25,000,000원 | 없음 | 소액임차인 | |
| 이소위 | 주거용 904호 | 전 입 일: 2012.04.02<br>확 정 일: 미상<br>배당요구일: 2012.09.19 | 보25,000,000원<br>월1,200,000원 | 없음 | 소액임차인 | |

• 등기부현황 ( 채권액합계 : 643,048,467원 )

| No | 접수 | 권리종류 | 권리자 | 채권금액 | 비고 | 소멸여부 |
|---|---|---|---|---|---|---|
| 1 | 2002.05.07 | 소유권이전(매매) | 이꺽정, 최수령 | | 각 지분1/2 | |
| 2 | 2003.07.09 | 최수령지분전부이전 | 임꺽정 | | 증여,지분1/2 | |
| 3 | 2006.05.04 | 근저당 | 우리은행<br>(강남대로지점) | 492,000,000원 | 말소기준등기 | 소멸 |
| 4 | 2008.03.20 | 근저당 | 우리은행 | 72,000,000원 | | 소멸 |
| 5 | 2012.07.18 | 임의경매 | 우리은행<br>(여신관리부) | 청구금액:<br>487,314,442원 | 2012타경22403 | 소멸 |
| 6 | 2012.07.18 | 가압류 | 신용보증기금 | 60,000,000원 | | 소멸 |
| 7 | 2012.09.07 | 가압류 | 우리은행 | 7,627,261원 | | 소멸 |
| 8 | 2012.11.27 | 가압류 | 삼성카드(주) | 11,421,206원 | | 소멸 |
| 9 | 2013.01.07 | 압류 | 서울특별시동작구 | | | 소멸 |

주의사항 : 1. 유치권신고인 (주)OO미성으로부터 2012.11.12.자 유치권신고가 있으나 그 성립여부는 불분명함.
2. 유치권신고자 (주)OO미성에 대한 유치권배제신청서 사본접수 [제보일:2013.1.11. 제보자:유더블유제사차유동화전문유한회사]

### (2) 경매 물건에 대한 권리분석과 유치권배제신청서 제출

① 경매 물건에 대한 권리분석과 배당

이 아파트는 우리은행이 2006. 05. 04. 설정한 근저당권 492,000,000원(채권최고액)과 2008. 03. 20. 설정한 근저당권 72,000,000원을 국제입찰 방식으로 유더블유제오차유동화전문회사가 낙찰받아 2012. 07. 18. 자로 경매를 신청했다.

경매가 진행되는 과정에서 (주) ○○미성이 2011. 11. 12. 자로 유치권 신고를 했고 부실채권을 매입해서 경매를 신청한 유더블유제오차유동화전문회사가 2013. 01. 11. 자로 유치권배제신청서를 경매법원에 제출했다. 그 이유는 유치권자가 점유하고 있는 것이 아니라 채무자겸 소유자와 임차인으로 권리 신고 및 배당요구한 이상병과 이소위가 점유하고 있어서 유치권배제신청을 하게 되었다는 판단을 할 수 있다.

어쨌든 공사대금 채권을 가진 자라 해도 점유를 함으로써 유치권이 발생하게 되는데 채무자겸 소유자가 점유하거나 임차인 등이 점유하고 있는 경우에는 유치권자로서 이 물건을 낙찰받은 낙찰자에게 대항력을 주장할 수 없게 된다는 사실을 다음『유치권자가 점유할 때와 임차인이 점유할 때 어떻게 다른가』를 참고하면 알 수 있다.

이 물건은 4억5,900만원에 매각되었는데 경매비용 450만원을 공제하고 나면 실제 배당할 금액은 4억5,450만원이다.

따라서 1순위로 유더블유제오차유동화전문회사가 4억5,450만원 전액 배당 받고 소멸하게 된다.

② 유더블유제오차유동화전문회사 유치권배제신청서 제출

## 유치권 배제 신청서

사건번호 : 2012타경22403 부동산임의경매
채 권 자 : 유더블유제오차유동화전문 유한회사
채 무 자 : **최 수 령**
소 유 자 : **임 꺽 정**

　　　상기 임의경매사건의 신청채권자인 유더블유제오차유동화전문 유한회사(우리은행의 채권 양수인)는 본 경매물건에 대하여 유치권 신고한 (주)OO에 대하여 아래의 내용으로 유치권배제를 요청하오니 검토 후 물건명세서 상 유치권자로서 해당 되지 않음을 기재하시어 채권자가 불측의 손해를 받지 않도록 조치하여 주시기 바랍니다.

- 아　　래 -

　　1. 상기 유치권신고인 (주)OO은 경매물건 아파트의 공사대금에 대하여 상환청구를 명목으로 유치권신고를 하였습니다.

　　2. 그러나 유치권이 성립하기 위해서는 해당 부동산을 점유하고 있어야 하나 경매사건 집행관의 현황조사를 볼 때 임차인 거주로 보이며 2차례 방문하였지만 아무도 만날 수가 없다고 하였습니다.

　　3. 또한 유치권신고서를 검토해보면 금액이 기재가 안되어 있고 증빙자료나 연락처가 전혀 없는 점을 볼 때 진정한 유치권자로 보기 어렵다 할 것입니다

　　4. 위와 같이 본건 경매사건에 관하여 유치권 신고가 되어 있으나, 채권자 조사결과 유치권자로 신고한 (주)OO의 유치권은 성립이 안되는 것으로 조사된 바, 이와 같이 허위의 유치권자들이 과다한 유치권을 주장함으로써 결과적으로 경매낙찰가의 하락에 따른 채권자의 피해가 예상되므로, 위 유치권자를 배제하여 주시기 바라오며, 허위의 유치권자를 배제하지 않고 부득이 경매절차를 진행하는 경우에는 최소한 위와 같은 사실을 조사한 채권자의 주장에 의하면 「채권자는 유치권 신고자들의 유치권이 허위의 유치권이라고 주장하고 있다」는 사실을 「매각물건명세서」에 명기하여 주실 것을 요청 드리는 바 입니다.

**첨 부 서 류**

1. 집행관 현황조서　　1부
2. 유치권신고서　　1부

### (3) 유동화회사에서 근저당권을 매입해서 낙찰받는 방법을 선택

이 물건을 앞에서와 같은 분석을 통해서 유치권이 성립되지 않게 된다는 사실을 다음 『유치권자가 점유할 때와 임차인이 점유할 때 어떻게 다른가』를 참고하면 알 수 있다. 따라서 유동화회사 근저당권을 유동화회사가 배당받을수 있는 금액 보다 조금 높게 론세일 방식으로 매입해서 배당을 받는 방법 또는 직접 낙찰받는 방법을 선택할 수 있다. 그런데 이 두 방법 중에 직법 낙찰 받아 매각하게 되면 높은 가격으로 입찰에 참여할 수 있어서 낙찰받을 확률도 높이면서 대금납부도 매입한 근저당권 채권최고액 5억6,400만원 까지 상계처리가 가능하다. 그리고 그 만큼 양도세를 납부하지 않아도 되니 절세효 과를 톡톡히 누릴 수 있는 좋은 방법이다.

## ◆ 유치권자가 점유할 때와 임차인이 점유할 때 어떻게 다른가!

### (1) 소유자의 동의 없이 유치권의 목적물을 임차한 자의 점유

유치권의 성립요건인 유치권자의 점유는 직접점유이든 간접점유이든 관계 없지만, 유치권자는 채무자의 승낙이 없는 이상 그 목적물을 타에 임대할 수 있는 처분권한이 없으므로(민법 제324조제2항 참조), 유치권자의 그러한 임대행위는 소유자의 처분권한을 침해하는 것으로서 소유자에게 그 임대의 효력을 주장할 수 없고, 따라서 소유자의 동의 없이 유치권자로부터 유치권의 목적물을 임차한 자의 점유는 구민사소송법 제647조제1항 단서에서 규정하는 경락인에게 대항할 수 있는 권원에 기한 것이라고 볼 수 없다(대법 2002마3516).

김선생 한마디

**소유자의 동의 없는 유치권자의 임대행위는 불법이다.**

소유자의 동의 없이 유치권자가 임대한 것은 불법이므로 소유자가 언제든지 무효화 시킬 수 있고, 소유자의 동의를 얻은 임차인이라도 주임 법상 대항력이 아니라 유치권자의 직접점유자에 해당되어 그 유치물이 경매당해도 배당요구할 수 없다(단지 유치권자의 대항력만 인정돼 낙찰자 부담으로 남는다). 유의할 점은 소유자가 변경되면 전소유자의 동의를 새로운 소유자에게 주장할 수 없어서 동의가 없는 임대행위로 변경될 수 있으니 조심해야 한다. 이와 같은 법리는 경매로 매수한 자에게도 인정되어 임차인은 당연히 낙찰자에게 대항하지 못하고 인도명령의 대상이 되므로 낙찰자는 유치권 주장을 배척하고 깨끗한 물건을 인도받을 수 있다.

### (2) 소유자의 동의를 얻어 유치권의 목적물을 임차한 자의 점유

소유자의 동의를 얻어 유치권자가 임대인으로 임대한 경우 그 임차인은 유치권자의 적법한 점유보조자가 될 수 있어서 유치권자는 임차인을 직접점유자로 하는 간접점유자가 될 수 있다. 유치채권이 회수될 때까지 점유를 이전 하지 않음으로 해서 유치채권을 회수할 수 있다.

임차인의 임차보증금은 유치권자의 채무가 되고 유치권자는 적법하게 유치권을 행사하게 되어 소유자(유치권의 채무자)로부터 채무를 변제 받아서 임차보증금을 상환하고 건물을 소유자에게 인도하는 순으로 진행하게 되는 것이지, 유치물건이 경매가 진행된다 해도 배당요구해서 우선변제받을 수 있는 권리는 아니다. 그러나 유의할 점이 있다. 소유자의 동의를 얻은 행위는 채권계약 이므로 제3취득자나 낙찰자에게 대항력을 주장할 수 없어서 제3자에게 소유권이 변경되면 이는 물권변동이 되므로, 종전 소유자의 동의는 물권우선주의 원칙에 따라 대항력을 잃게 되므로 제3자로 소유권이 변경되기 전에 유치권자가 반드시 직접점유를 하고 있어야 유치권자로서의 대항력을 제3자에게 주장할 수 있다.

### 판례 돋보기

**유치권자는 반드시 직접 점유를 하고 있어야 한다.**

유치권자 또는 임차권자가 소유권변동 사실을 알 수 없어 새로운 소유자의 승낙을 받을 수 있는 시간적 여유가 없었다거나 새로운 소유자의 소멸청구가 신의칙에 위반하여 권리남용에 해당된다는 특별한 사정이 없는 한 새로운 소유자에게 대항할 수 없다.

① 유치권은 법정담보물권으로서 채권담보를 위하여 목적물을 점유하는 권리에 불과하므로, 종전 소유자의 승낙이 있다고 하더라도 유치권의 물권적 성격이 변화 되는 것은 아니고, 다만 목적물을 '사용, 대여 또는 담보제공' 등을 할 수 있는 일종의 채권적 성격을 가지는 권리를 부여받은 것에 지나지 않는다.

② 새 소유자는 유치권이라는 물적부담을 안고 목적물의 소유권을 취득할 뿐이지 종전 소유자의 승낙에 따른 채권적 부담까지 그대로 승계한다고 볼 수 없다(서울고 등법원 2011나27983).

### (3) 유치권자의 동의를 얻어 소유자와 임차한 자의 점유

#### 1) 임차인 입장에서는

유치권의 목적물에 올바른 임대차계약 방법으로 주임법상 대항력이 인정되고 추후 경매가 진행될 때 대항력과 우선변제권을 보장받을 수 있다.

#### 2) 유치권자의 입장에서는

유치권자의 동의를 얻어 유치권의 목적물에서 소유자를 임대인으로 하여 임대한 경우, 임차인이 경제적, 사회적으로 독립한 주체로서 점유라고 봄이 타당하고, 설사 임차인이 유치권자의 점유보조자가 되겠다는 취지의 약정을 하였다고 하더라도 유치권자의 간접점유가 인정되지 못해서 유치권이 소멸하게 된다. 따라서 임차인은 점유보조자가 아니라 직접점유자로 봄이 상당 하므로 유치권자가 임차인을 직접점유자로 간접점유를 주장하여 유치권의 대항 력을 주장하는 것이 인정되지 못하게 되어 임차인은 매수인에게 그 점유부분을 인도할 의무가 있다[인천지법2011가단17597 판결].

실무에서는 소유자를 임대인으로 하는 임대차를 유치권자가 동의해주고 임차보증금으로 유치채권을 충당하게 되는 형식으로 임대차계약이 체결되고 있다.

### (4) 소유자에게 적법한 임대권한을 얻어서 임대차 계약한 경우

유치권자가 소유자로부터 적법한 임대권한을 얻어서 소유자 명의로 임대차 계약한 것이므로 임차인은 제3취득자에 대해서 주임법상 대항력을 주장할 수있다. 이 유치물건이 경매로 매각되는 경우에도 주임법상 대항력과 우선변제권이 인정된다. 실무에서는 유치권자가 채권액을 임차보증금에서 회수하게 되지만, 임차인이 독립적으로 소유자와 임차인으로서 직접점유자가 되므로 유치권자가 간접점유자가 되지 못하게 되므로 유치권은 소멸하게 된다.

 김선생 또 한마디

**소유자와 유치권자의 동의는 무조건 필수적이다.**

임차인 입장에서는 어떤 경우라도 소유자의 동의는 필수적이다. 만일 동의가 없다면 보증금의 손실이 뻔하기 때문이다. 동의가 있더라도 유치권자가 동의하고 유치권자는 임차보증금에서 채권액을 회수하면서 소유자와 자연스럽게 임대차계약서를 체결해야 된다는 것을 잊지 말아라!

# 04 집합건물에서 건물만, 또는 대지만 낙찰받았다면 누가 성공했을까?

◆ 대지권미등기(대지가 평가제외) 아파트가 경매로 매각 시

**(1) 전유부분만 낙찰받아 대지권 성립 전의 저당권까지 소멸된다**

　동일인의 소유에 속하는 전유부분과 토지공유지분(이하 '대지지분' 이라고 한다) 중 전유부분만에 관하여 설정된 저당권의 효력은 규약이나 공정증서로써 달리 정하는 등의 특별한 사정이 없는 한 종물 내지 종된 권리인 대지지분에 까지 미치므로, 전유부분에 관하여 설정된 저당권에 기한 경매절차에서 전유 부분을 매수한 매수인은 대지지분에 대한 소유권을 함께 취득하고, 그 경매 절차에서 대지에 관한 저당권을 존속시켜 매수인이 인수하게 한다는 특별매 각조건이 정하여져 있지 않았던 이상 설사 대지사용권의 성립 이전에 대지에 관하여 설정된 저당권이라고 하더라도 대지지분의 범위에서는 민사집행법 제 91조 제2항이 정한'매각부동산 위의 저당권'에 해당하여 매각으로 소멸하는 것이며, 이러한 대지지분에 대한 소유권의 취득이나 대지에 설정된 저당권의 소멸은 전유부분에 관한 경매절차에서 대지지분에 대한 평가액이 반영되지 않았다거나 대지의 저당권자가 배당받지 못하였다고 하더라도 달리 볼 것은 아니다(대법 2005다15048 판결 참조).

### 알아두면 좋은 내용

**대지권 평가 없이 전유부분만 매각돼도 대지권등기와 토지별도등기를 말소할 수도 있다.**

전유부분에 설정된 저당권으로 경매가 진행돼 전유부분을 매수한 매수인은 대지 지분에 대한 소유권을 함께 취득하고, 그 경매절차에서 대지에 관한 저당권을 존속 시켜 매수인이 인수하게 한다는 특별매각조건이 정하여져 있지 않았던 이상 설사 대지사용권의 성립 이전에 대지에 관하여 설정된 저당권이라고 하더라도 대지지분의 범위에서는 소멸하는 것이며, 전유부분에 관한 경매절차에서 대지지분에 대한 평가액이 반영되지 않았다거나 대지의 저당권자가 배당받지 못하였다고 하더라도 달리 볼 것은 아니다(대법원 2013. 11. 28. 선고 2012다103325 판결).

## (2) 이 사건에 대한 기본적인 사실

① 주식회사 OO개발은 2003. 8. 13. 그 소유의 부산 부산진구 양정동(지번 생략) 대 415.2㎡ 외 7필지에 관하여 근저당권자를 국민은행으로 하는 근저당권설정등기를 마쳤다.

② OO개발은 이 사건 대지 위에 15층 근린생활시설 및 공동주택 1동을 신축하였고, 2006. 2. 23. 가압류 기입등기 촉탁에 따라 이 사건 아파트의 각 구분건물에 관하여 OO개발 명의의 소유권보존등기가 마쳐졌으나 대지권등기는 마쳐지지 않았다.

③ 강감찬(소외1)은 OO개발로부터 이 사건 아파트 중 405호(전유부분)를 매수하여 2007. 9. 11. 그에 관한 소유권이전등기 및 국민은행을 근저당권자로 하는 근저당권설정등기를 마쳤다.

④ 근저당권자인 국민은행의 신청에 따라 이 사건 전유부분에 관하여 진행된 임의경매절차에서 주식회사 제이투시스템이 2009. 5. 20. 이 사건 전유부분을 매수하였는데, 위 임의경매절차에서는 대지지분을 제외한 채 이 사건 전유부분에 관하여만 감정평가가 실시되었고 최저매각가격에도 대지지분의평가액은 반영되지 아니하였으며 매각허가결정의 부동산 표시에도 전유부분만 표시되었다.

## (3) 제이트가 405호 아파트 전유부분만(대지권 매각제외) 낙찰받았다

① 제이트시스템이 낙찰받았던 아파트 405호 물건현황

**2008타경33657** · 부산지방법원 본원 · 매각기일 : 2009.04.14(火) (10:00) · 경매 7계(전화:051-590-1819)

| 소재지 | 부산광역시 부산진구 양정동 109-9 외 7필지, 가온누리 1동 4층 000호 도로명주소검색 | | | | | | |
|---|---|---|---|---|---|---|---|
| 물건종별 | 아파트 | 감정가 | 100,000,000원 | 오늘조회: 1 2주누적: 0 2주평균 0 조회동향 | | | |
| 대지권 | 대지권 매각제외 | 최저가 | (64%) 64,000,000원 | 구분 | 입찰기일 | 최저매각가격 | 결과 |
| 건물면적 | 84.87m²(25.673평) | 보증금 | (10%) 6,400,000원 | 1차 | 2009-02-03 | 100,000,000원 | 유찰 |
| 매각물건 | 건물만 매각 | 소유자 | 이OO | 2차 | 2009-03-10 | 80,000,000원 | 유찰 |
| 개시결정 | 2008-08-18 | 채무자 | 이OO | 3차 | 2009-04-14 | 64,000,000원 | |
| 사건명 | 임의경매 | 채권자 | 국민은행 | 낙찰 : 65,320,000원 (입찰2명, 낙찰:부산시 사상구 주례동 (주)J2시스템 / 2등입찰가 65,210,000원) | | | |

● 매각물건현황( 감정원 : 대한감정평가 / 가격시점 : 2008.09.01 )

| 목록 | 구분 | 사용승인 | 면적 | 이용상태 | 감정가격 | 기타 |
|---|---|---|---|---|---|---|
| 건물 | 15층중 4층 | | 84.87m²(25.67평) | 주거용 | 100,000,000원 | * 도시가스 난방 |
| 현황·위치 | * 양정초교 동측 인근 위치, 주위는 중, 소규모의 공동, 단독주택등 형성<br>* 인근 지하철1호선 양정역이 소재함 | | | | | |
| 참고사항 | 외필지 109-8,109-7,109-6,109-5,109-4,109-2,109-1번지 지상 소재<br>* 건축법상 사용승인 받지 않은 건물이며 대지권등기 없는 집합건물임(대지권취득여부 불분명함) | | | | | |

● 임차인현황 ( 말소기준권리 : 2007.09.11 / 배당요구종기일 : 2008.11.10 )

| 임차인 | 점유부분 | 전입/확정/배당 | 보증금/차임 | 대항력 | 배당예상금액 | 기타 |
|---|---|---|---|---|---|---|
| 김OO | 주거용 전부 | 전 입 일: 2007.01.29<br>확 정 일: 2007.06.12<br>배당요구일: 2008.08.22 | 보40,000,000원 | 있음 | 순위배당가능 | |
| 임차인분석 | ☞ 김OO 임대차계약서상 임대인 : 박OO(전소유자)<br>▶매수인에게 대항할 수 있는 임차인 있으며, 보증금이 전액 변제되지 아니하면 잔액을 매수인이 인수함 | | | | | |

● 등기부현황 ( 채권액합계 : 130,000,000원 )

| No | 접수 | 권리종류 | 권리자 | 채권금액 | 비고 | 소멸여부 |
|---|---|---|---|---|---|---|
| 1 | 2006.03.03 | 소유권이전(매매) | 이OO | | 2007년9월11일 가등기에 기한 본등기 0 행 | |
| 2 | 2007.09.11 | 근저당 | 국민은행<br>(부산여신관리센터) | 130,000,000원 | 말소기준등기 | 소멸 |
| 3 | 2008.08.18 | 임의경매 | 국민은행<br>(부산여신관리센터) | 청구금액:<br>103,877,260원 | 2008타경33657 | 소멸 |

② 박소령(피고)은 제이투시스템으로 부터 이 사건 전유부분을 매수하여 2010.2. 12. 전유부분만 소유권이전등기를 하고 대지권등기는 미등기로 남아 있었다.

PART 12   경매 절차에서 특수 물건으로 부실채권을 매입하면 대박이다

◈ **대지지분만 별도 경매가 진행돼 최선수가 낙찰받았다**

(1) 최선수가 낙찰받은 대지지분 물건현황

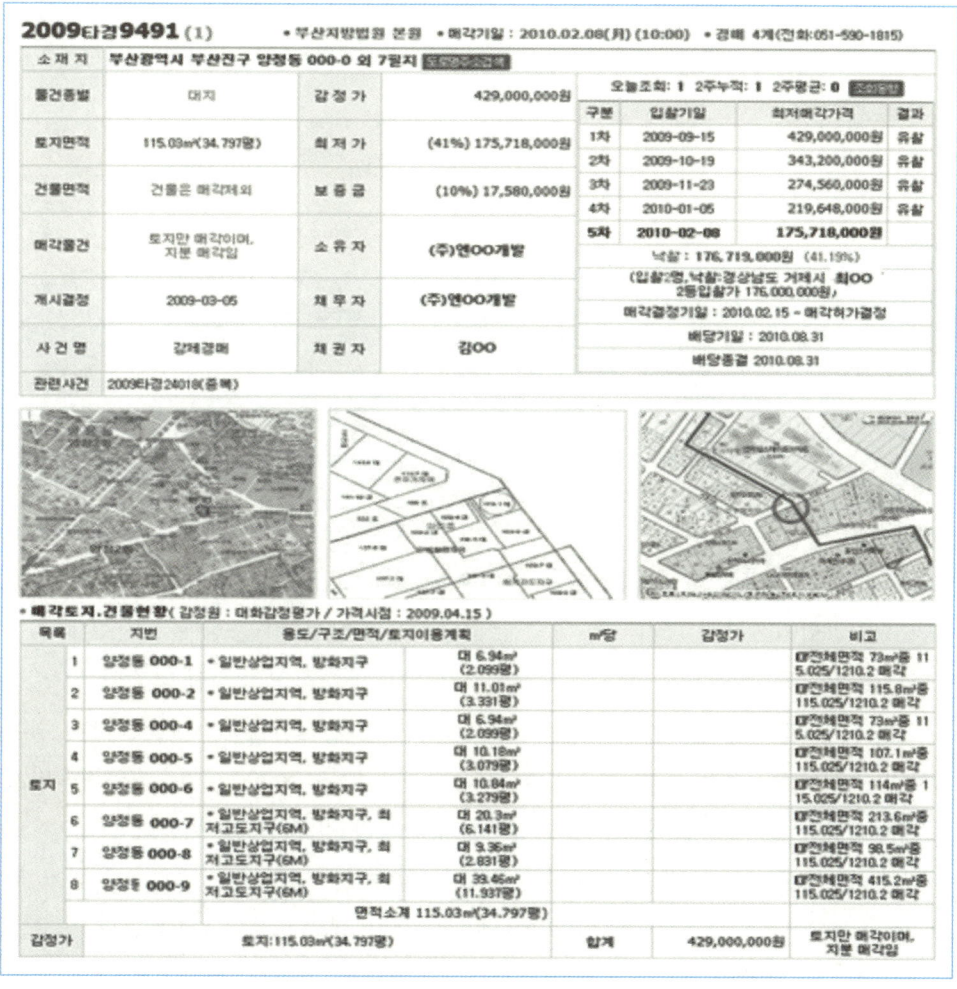

* 토지등기부 ( 채권액합계 : 8,184,910,832원 )

| No | 접수 | 권리종류 | 권리자 | 채권금액 | 비고 | 소멸여부 |
|---|---|---|---|---|---|---|
| 1 | 2002.11.26 | 소유권이전(매매) | (주)OO개발 | | | |
| 2 | 2003.08.13 | 근저당 | 국민은행(해운대기업금융팀) | 2,080,000,000원 | 말소기준등기 | 소멸 |
| 3 | 2004.08.23 | 소유권이전청구권가등기 | 김OO | | 매매예약 | 소멸 |
| 4 | 2004.08.23 | 근저당 | 김OO | 600,000,000원 | | 소멸 |
| 5 | 2005.08.02 | 근저당 | 이OO | 2,500,000,000원 | | 소멸 |
| 6 | 2005.08.05 | 압류 | 국민건강보험공단 | | | 소멸 |
| 7 | 2005.08.24 | 압류 | 동래세무서 | | | 소멸 |
| 8 | 2005.10.20 | 가압류 | 김OO | 443,844,000원 | | 소멸 |
| 9 | 2005.10.26 | 가압류 | 우OO | 50,000,000원 | | 소멸 |
| 10 | 2005.11.22 | 압류 | 부산광역시부산진구 | | 구세과14440 | 소멸 |
| 11 | 2005.12.21 | 압류 | 부산광역시연제구 | | 세무과15315 | 소멸 |
| 12 | 2006.01.19 | 가압류 | 윤OO | 101,459,198원 | | 소멸 |
| 13 | 2006.01.23 | 압류 | 국민연금관리공단 | | | 소멸 |
| 14 | 2006.05.01 | 가압류 | 이OO | 131,106,440원 | | 소멸 |
| 15 | 2007.04.13 | 가압류 | 한국주택금융공사 | 2,215,317,348원 | | 소멸 |
| 16 | 2007.06.08 | 압류 | 부산광역시부산진구 | | | 소멸 |
| 17 | 2008.12.11 | 가압류 | 한국주택금융공사 | 63,183,846원 | | 소멸 |
| 18 | 2009.03.06 | 강제경매 | 김OO | 청구금액:3,000,000,000원 | 2009타경9491 | 소멸 |
| 19 | 2009.06.01 | 임의경매 | 국민은행(부산여신관리센터) | 청구금액:2,080,000,000원 | 2009타경24018 | 소멸 |

등기부 분석: ①토지만 매각주의(건물은 매각제외) / ②토지⑥) 전체면적 415.2㎡중 115.025/1210.2 매각주의 / ③양정동 109-9 토지등기부 상

### (2) 최선수가 낙찰받았고 이소령은 최선수로 부터 그 지분을 매수

대지권 성립이전부터 등기되어 있던 근저당권에 의해 토지만 경매가 진행돼 최선수가 낙찰받았고 이소령은 최선수로 부터 그 지분을 매수하여 등기를 마쳤다.

① 이 사건 대지에 관하여, OO개발 채권자의 신청에 따라 2009. 3. 5. 강제 경매절차가 개시되고, 근저당권자인 국민은행의 신청에 따라 2009. 6. 1. 임의경매절차가 개시되었으며, 그중 선행하는 강제경매절차에 따라 경매가 진행되었다.

② 이 사건 대지에 관한 위 경매절차에서 최선수가 2010. 3. 31. 이 사건 대지 중 115.025/1,210.2 지분(그중 이 사건 전유부분에 해당하는 지분은 10.955/1,210.2지분이다. 이하 10.955/1,210.2지분을 '이 사건 대지지분'이라고 한다)을 매수하였고, 이소령은 최선수로 부터115.025/1,210.2 지분을 매수하여 2010. 4. 7. 그에 관한 소유권이전등기를 마쳤다.

### ◆ 이소령의 지료청구 및 부당이득반환청구소송

① 앞에서와 같은 사실관계에 따라, 대지사용권의 분리처분이 가능하도록 규약이나 공정증서로써 정하였다는 등의 특별한 사정을 찾아볼 수 없는 이사건에서, 제이투시스템은 이 사건 대지지분에 관하여 이전등기를 마치지는 아니하였으나 이 사건 대지의 소유자로서 대지사용권을 가지고 있던 OO개발로부터 이 사건 전유부분을 매수하여 그에 관한 소유권이전등기를 마침으로써 이 사건 대지지분에 대한 소유권도 취득하였고, 제이투시스템은 이 사건 전유부분에 관하여 설정된 근저당권에 기한 경매절차에서 전유부분을 매수함으로써, 박소령은 제이투시스템으로 부터 이 사건 전유부분을 매수하여 그에 관한 소유권이전등기를 마침으로써 각 이 사건 대지지분에 대한 소유권을 순차로 취득하였다고 할 것이다.

② 한편 이 사건 대지에 관하여 진행된 강제경매는 이 사건 대지지분의 소유권이 강감찬(405호 전유부분 수분양자)에게 이전된(대지권이 성립되고 나서 이므 로미등기라도 대지사용권을 취득했다) 후 집행채무자를 OO개발로 하여 개시된 것으로서 타인 소유의 물건에 대한 강제집행에 해당하므로, 그 강제경매절차에서의 매수인인 최선수(소외 2)는 이 사건 대지지분에 대한 소유권을 취득할 수 없다. 나아가 이 사건 대지에 관하여는 후행경매로서 근저당권자 국민은행에 의한 임의경매개시결정도 있었으나, 그에 앞서 진행되었던 이 사건 전유부분에 관한 경매절차에서 이 사건 대지에 대한 국민은행의 근저당권을 존속시켜 매수인이 인수하게 한다는 특별매각조건이 없었던 이상 제이투시스템(405호전 유부분 낙찰자)이 매각대금을 완납함으로써 국민은행의 위 근저당권은 이 사건 대지지분의 범위에서는 소멸하였다고 할 것이고, 소멸한 근저당권에 기한 경매절차에서는 매수인이 소유권을 취득할 수 없으므로, 최선수는 임의경매절차 에서의 매수인으로서도 이 사건 대지지분에 대한 소유권을 취득할 수 없다.

그럼에도 불구하고 원심은 그 판시와 같은 이유로, 최선수로 부터 이 사건 대지지분을 매수한 이소령(원고)이 이 사건 대지지분에 대한 소유자이고 박소령(피고)은 이 사건 대지지분에 대한 소유권을 취득하지 못하였음을 전제로 원고의 청구를 일부 인용하였는바, 이는 집합건물 전유부분의 취득, 처분 및 경매에 관한 법리를 오해하여 판단을 그르친 것이다.

③ 그러므로 원심판결을 파기하고, 사건을 다시 심리·판단하게 하기 위하여 원심법원에 환송하기로 하여, 관여 대법관의 일치된 의견으로 주문과 같이 판결한다.

## ◆ 집합건물 매수인과 대지 지분을 매수한자 중에 누가 성공했나

### (1) 집합건물 405호 낙찰자 제이투시스템으로부터 매수한 박소령

제이투시스템은 이 사건 전유부분에 관하여 설정된 근저당권에 기한 경매 절차에서 전유부분을 매수함으로써, 박소령은 제이투시스템으로 부터 이 사건 전유부분을 매수하여 그에 관한 소유권이전등기를 마침으로써 각 이 사건 대지지분에 대한 소유권을 순차로 취득하였다.

### (2) 대지 지분을 낙찰받은 최선수로부터 매수한 이소령

전유부분만 낙찰받은 사람은 최초분양권자가 대지권을 취득한 이상 대지권이 미등기상태로 매각되었다고 하더라도 대지권을 취득하게 되고, 설령 구분 소유권이 성립하기 전에 대지 만에 설정된 저당권이라 할지라도 전유부분의 매각절차에서 인수조건으로 매각하지 않는 한 소멸되는 것이 원칙이므로 소멸되었다고 판단한 것이다. 소멸된 저당권에 기해 경매가 진행되어 그 과정에서 대지 지분을 낙찰받은 낙찰자는 무효가 되므로 부당이득을 주장할 수 없다는 판결이다. 따라서 부실채권을 매입하는 과정에서 대지권 평가 없이 전유부분만 매각되는 물건에서 가격이 상당히 저감되었다면 그 과정에서 금융기관과 협상이 쉽게 될 수 있고, 그러한 근저당권을 사서 낙찰받아 되파는 방법으로 높은 수익을 얻을 수 있다. 그러나 대지 지분에 설정된 저당권을 사서 경매를 신청하고 낙찰받아 소송을 진행하는 과정에서 이번 사례와 같이 무효가 된다면 투자 이익은 커녕 투자 원금까지 날리게 된다는 사실에 유의 해야 한다.

# 05 대지만에 설정된 저당권을 사서 경매를 신청하면 성공과 실패?

◆ 경매절차에서 토지별도등기는 소멸되는 것이 원칙이다

아파트 등의 집합건물이 경매로 매각될 때 매각물건명세서에서 특별매각조건으로 토지별도등기를 인수조건 없이 매각되었다면 배당요구와 무관하게 토지별도등기 채권금액에 해당하는 금액을 공탁하고 말소시키는 것이 원칙이다. 그러나 돌다리도 두드려 가라는 선인의 말씀처럼 토지등기부를 확인해서 토지별도 등기된 채권자가 배당요구로 소멸되는 채권인지 확인해야 한다. 확인방법으로는 매각물건명세서에 토지별도등기채권자가 최선순위 설정일자에 기재되어 있고, 법원 경매사이트에서 문건/송달내역을 확인해서 토지별도등기채권자가 배당요구했으면 소멸되는 것이 원칙이다. 이것으로 확인이 안되거나 쉽게 찾고자 한다면 경매법원 담당공무원에게 확인하는 방법도 있다.

 김선생 도움말

**토지별도등기도 아파트가 경매로 매각 시 소멸되는 것이 원칙**

집합건물의 전유부분과 함께 그 대지사용권인 토지공유지분이 일체로서 경락되고그 대금이 완납되면, 설사 대지권 성립 전부터 토지만에 관하여 별도등기로 설정되어 있던 근저당권이라 할지라도 경매과정에서 이를 존속시켜 경락인이 인수하게 한다는 취지의 특별매각조건이 정하여져 있지 않았던 이상 위 토지공유지분에 대한 범위에서는 매각부동산 위의 저당권에

> 해당하여 소멸한다[대법 2005다15048].
>   만일 이러한 조건 없이 매각되었는데 소멸되지 않는 토지별도등기채권이 있다면 그 원인으로 매각결정을 취소 신청할 수 있다.

## ◆ 근저당권 설정당시 대지사용권이 성립되지 못한 경우

### (1) 제주지방법원 2010가단17931 판결의 기초 사실관계

① OO건설 주식회사는 이 사건 토지에 관하여 1997. 2. 13. 주식회사 OO 은행 근저당권설정등기를 경료하였다. ② 그 후 OO건설은 이 사건 토지 지상에 지하 5층, 지상 17층 연면적 27,483.6㎡의 콘도시설(이하 '집합건물' 이라 한다)을 신축하고 이 사건 토지에 관하여 2000. 6. 13.경 이 사건 집합건물에 대한 소유권대지권등기를 마쳤다. ③ 주식회사 OO은행은 2000. 4. 20.경 OO건설로부터 이 사건 집합건물 중 21평형 총 32개실을 분양받고 이에 대하여 2000. 5. 6. 각 소유권이전등기를 마쳤다. ④ OO은행은 1998. 6. 29. OO건설에 대하여 가지는 채권 일체를 OO공사에 양도하였고, OO공사는 1999. 12. 31. 회사 명칭을 한국자산관리공사(이하 '피고' 라 한다)로 변경하였다.

⑤ 피고는 2010. 8. 26. 채무자인 OO건설에 대한 채권에 대한 담보권의 실행을 위하여 2010. 8. 24. 이 사건 토지에 관하여 부동산임의경매신청(제주지방법원 2010타경11615호)을 하였고, 이 법원은 2010. 8. 25. 부동산 임의경매개시결정을 하였다.

## (2) 경매가 진행된 내역과 매각결과

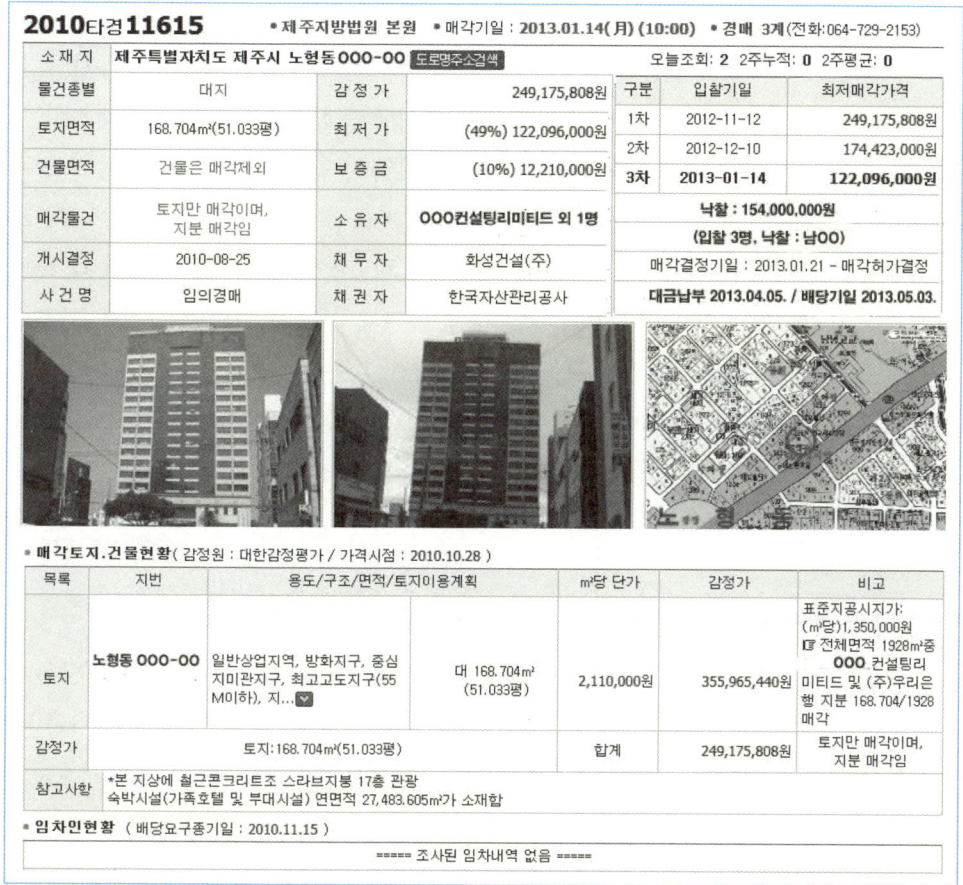

## (3) 이 사건 원고 주장에 대한 법원의 판단

① 원고는, 이 사건 근저당권이 설정될 당시 이 사건 집합건물은 이미 구조 상, 이용상 독립성을 갖추고 있어 이 사건 집합건물에 대한 대지사용권 및 대지권이 성립된 상태였고, 따라서 이 사건 근저당권은 집합건물법 제20조가 규정하는 분리처분금지에 반하는 것으로서 그 효력이 없다고 할 것이므로 이사건 근저당권에 기한 강제집행은 부적법하다고 주장했다. ② 이 사건 법원의 판단 집합건물법 제20조에 의하여 분리처분이 금지되는 같은 법상 대지사용권이란 구분소유자가 전유부분을 소유하기 위

하여 건물의 대지에 대하여 가지는 권리이므로(같은 법 제2조 제6호 참조), 구분소유자 아닌 자가 집합건물의 건축 전부터 전유부분의 소유와 무관하게 집합건물의 대지로 된 토지에 대하여 가지고 있던 권리는 같은 법 제20조에 규정된 분리처분금지의 제한을 받는다고 할 수 없다고 할 것인바(대법 2010다6017 참조), 이 법원의 현대건설 주식회사에 대한 사실조회결과에 변론 전체의 취지를 종합하면, 이 사건 집합건물은 1995. 12. 27. 착공하여 1999. 5. 31.완공되고 2000. 5. 6. 준공된 사실, 1997. 2. 13. 이 사건 근저당권이 설정될 무렵에는 이 사건 집합건물에 대한 공정률이 약 13%로 추정되고, 토공사 완료 후 지하골조공사 준비단계 상태에 있었던 사실을 인정할 수 있고, 위 인정사실에 의하면, 이 사건 집합 건물은 이 사건 근저당권이 설정될 1997. 2. 13. 경 집합건물로서의 구조상·이용상 독립성을 갖춘 상태였다고 보기는 어려우므로, 이와 다른 전제에 서있는 원고의 이 사건 청구는 더 나아가 살필 필요 없이 이유 없다고 판단했다.

### (4) 이 사례에서 근저당권을 매입해서 경매를 신청하면 성공이다

앞의 사례에서와 같이 집합건물에서 구분소유권이 성립하기 전에 설정된 저당권을 싸게 사서 경매를 신청해서 낙찰받게 되면 투자이익을 높일 수 있다. 그러나 다음 사례에서는 실패가 예상된다.

### ◆ 압류당시 대지사용권이 성립하지 않아 분리처분이 가능한 사례

### (1) 이 사건에 대한 기본적인 사실관계

① 피고들과 제1심 공동 피고들 46인은 이 사건 토지 및 서울 마포구 성산동 000번지 대 422㎡, 000번지 대 370㎡, 000번지 대 1,038㎡ 등 4필지 위에 오피스텔을 건축하기로 하고 마포구청장의 건축허가를 받아 건축공사를 시행했다.

② 당초 이 사건 토지의 400/814 지분을 피고 OOO가, 414/814 지분을 망 000가 각 소유하고 있었는데 000가 사망함에 따라 그 상속인들인 한OO, 이 OO, 이OO, 이

## PART 12 경매 절차에서 특수 물건으로 부실채권을 매입하면 대박이다

OO가 2007. 3. 6. 이 사건 토지 지분에 관하여 상속을 원인으로 소유권이전등기를 경료했다.

③ 그리고 이 사건 토지 지분에 관하여 다음과 같이 공매가 진행되자 원고가 2008. 1. 3. 에 낙찰받아 2008. 3. 19. 공매를 원인으로 하는 소유권이전등기를 마쳤다.

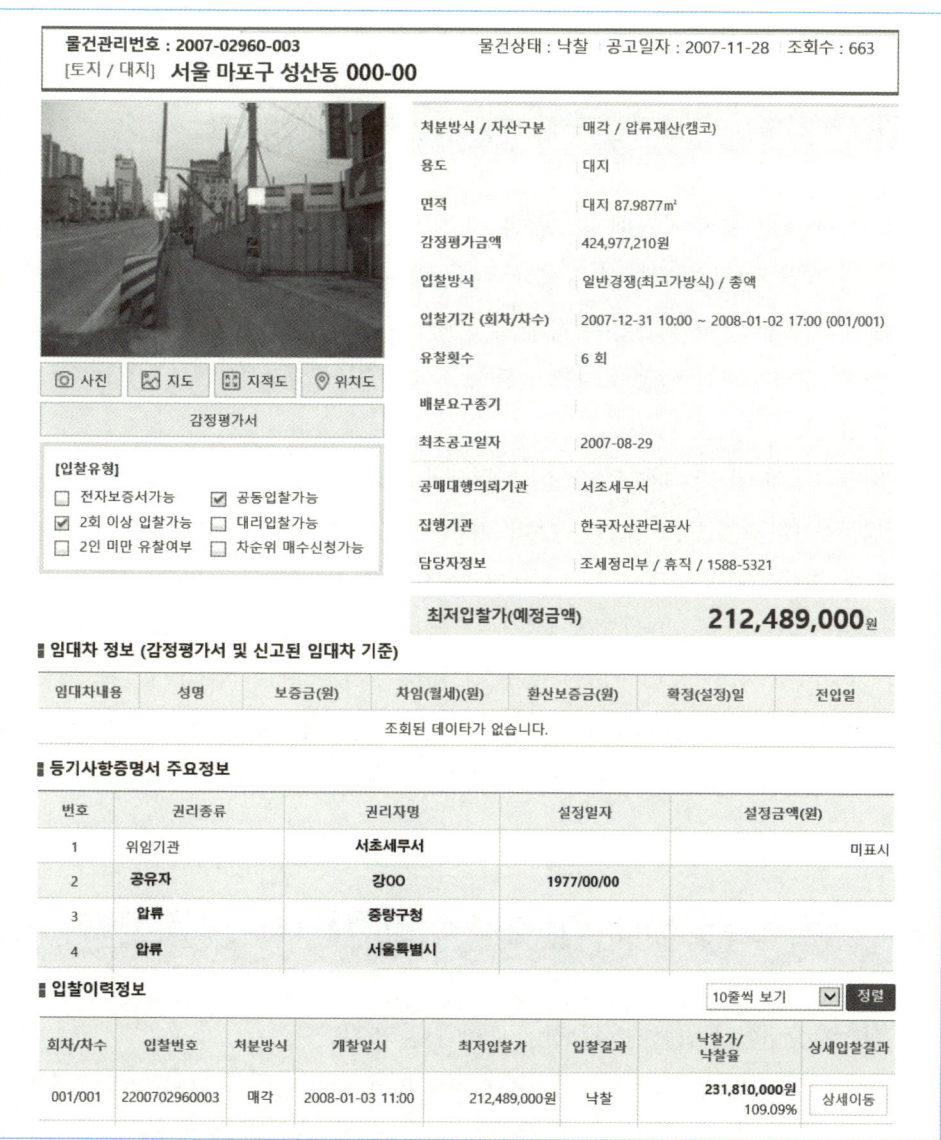

④ 이사건 토지 등 4필지 위에 건축된 10층 아파트의 각 전유부분에 관하여 2009. 4. 9. 가처분등기의 촉탁으로 피고들 및 제1심 공동 피고들 명의의 소유권보존등기가 마쳐졌다(한OO의 지분은 3/414, 이OO, 이OO, 이OO의 지분은 각 2/414이고, 피고들 및 나머지 제1심 공동 피고들 지분은 각 1/46이다).

### ◈ 원고의 건물철거, 토지인도 및 부당이득반환에 대한 판단

① 앞서 인정한 사실에 의해 피고들은 이 사건 토지 위에 건물을 소유함으로써 그 부지인 이 사건 토지 중 다툼이 발생하는 부분을 점유하고 있음을 알수 있다. 따라서 특별한 사정이 없는 한 피고들은 각자 원고에게 이 사건 다툼이 발생하는 부분 내 건물을 철거하고 이 사건 해당 토지를 인도하며. 위토지에 해당하는 부당이득을 반환할 의무가 있다.

② 부당이득의 액수는 제1심 감정인 OOO의 임료감정 결과에 의해 원고가 이 사건 토지 지분을 매수한 2008. 3. 14. 부터 2009. 8. 13. 까지의 이 사건 토지의 차임 합계액은 20,461,100원, 2009. 8. 14.부터 2010. 8. 13. 까지의 차임은 월 1,069,950원인 사실이 인정되고, 그 이후의 차임도 같은 액수일 것으로 추인된다. 그러므로 피고들이 반환하여야할 부당이득의 액수는 2008.3. 14. 부터 2010. 8. 13. 까지는 20,461,100원+7,489,650원(1,069,950원×7개월)이고, 그 다음날부터는 토지를 인도할 때까지 월 1,069,650원의 비율에 의한 금원이 된다.

### ◈ 피고들의 주장 및 항변에 대한 판단

① 법정지상권이 성립한다는 주장에 대한 법원의 판단
피고들은 이 사건 토지의 소유자이던 OOO가 이 사건 건물을 건축하여 그 소유권을 취득함으로써 토지와 건물이 동일인의 소유였는데, 그 후 원고가 OOO의 토지지

분을 취득하였으므로 관습상의 법정지상권이 성립한다고 주장 한다. 그러나 토지의 공유자중의 1인이 공유토지 위에 건물을 소유하고 있다가 토지지분만을 전매 함으로써 단순히 토지공유자의 1인에 대하여 관습상의 법정지상권이 성립된 것으로 볼 사유가 발생하였다고 하더라도 당해 토지 자체에 관하여 건물의 소유를 위한 관습상의 법정지상권이 성립된 것으로 보게 된다면 이는 마치 토지공유자의 1인으로 하여금 다른 공유자의 지분에 대하여서까지 지상권설정의 처분행위를 허용하는 셈이 되어 부당하다 할 것이므로 위와 같은 경우에 있어서는 당해 토지에 관하여 건물의 소유를 위한 관습 상의 법정지상권이 성립될 수 없다(대법 86다카2188 판결 참조).

따라서 설령 OOO가 이 사건 건물을 취득하였더라도 이 사건 토지의 공유자 중 1인인 OOO의 이 사건 토지 지분의 처분으로는 이 사건 건물의 소유를 위한 관습상의 법정지상권이 성립될 수 없다.

② 권리남용에 대한 판단
③ 대지 무상사용권 항변에 대한 판단
④ 이 사건 건물 각 전유부분의 소유자가 아니라는 주장에 대한 판단에서 모두 피고들의 주장이 이유 없다고 판결했다.

◆ **공매로 매수한 대지 지분이 또 다시 경매로 매각되고 있다.**

| 2013타경14701 | | | • 서울서부지방법원 본원 • 매각기일 : 2014.06.24(火) (10:00) • 경매 1계(전화:02-3271-1321) | | | | |
|---|---|---|---|---|---|---|---|
| 소 재 지 | 서울특별시 마포구 성산동 000-00 도로명주소검색 | | | | | | |
| 물건종별 | 대지 | 감 정 가 | 432,910,800원 | 오늘조회: 8 2주누적: 400 2주평균: 29 조회동향 | | | |
| 토지면적 | 87.99㎡(26.617평) | 최 저 가 | (41%) 177,320,000원 | 구분 | 입찰기일 | 최저매각가격 | 결과 |
| 건물면적 | 건물은 매각제외 | 보 증 금 | (10%) 17,740,000원 | 1차 | 2014-02-04 | 432,910,800원 | 유찰 |
| 매각물건 | 토지만 매각이며, 지분 매각임 | 소 유 자 | (주)OOO베스트 | 2차 | 2014-03-11 | 346,329,000원 | 유찰 |
| | | | | 3차 | 2014-04-15 | 277,063,000원 | 유찰 |
| 개시결정 | 2013-07-19 | 채 무 자 | (주)OOO베스트 | 4차 | 2014-05-20 | 221,650,000원 | 유찰 |
| 사 건 명 | 임의경매 | 채 권 자 | 이OO | 5차 | 2014-06-24 | 177,320,000원 | |

이러한 이유로 해서 집합건물에서 대지 지분이 경매로 매각될 때 가격만 싸다고 낙찰받을 것이 아니라 두 가지 관점에서 유의해야 한다.

첫 번째는 그 대지 지분에 해당하는 집합건물 소유자(구분소유자)가 누구인가(구분호수가 OOO호)를 정확하게 파악하고, 두 번째로 그 집합건물에 소유자가 거주하면서 등기부에 등기된 채권이 없는 지, 임차인이 거주하면서 등기된 채권 등이 많은 지를 분석해야 한다.

만일 대지지분에 해당하는 구분 호수를 알 수 없거나 알 수 있더라도 대항력 있는 임차인이 거주하고 등기부에 등기된 채권도 많다면 집합건물에서 건물철거가 어려운 점을 감안해서 경매를 신청할 수밖에 없는데 해봐야 무잉여가 되기 때문에 낭패를 볼 수밖에 없게 된다.

그렇다면 대지지분이 싸게 나온 물건에서 성공하려면 구분호수를 정확하게 파악하고 그 구분 호수에서 등기된 채권이나 임차인 등이 없는 물건을 선택 해야 건물소유자와 협의로 해결을 빨리볼 수 있고, 해결이 안 된다고 하더라도 부당이득을 원인으로 강제경매를 신청할 수 있어서 투자수익을 기대할 수있다.

부실채권을 매입할 때도 이러한 판단을 제대로 해서 투자하면 이익이 발생하게 되지만 이 사례와 같이 잘못 판단해서 근저당권을 사게 된다면 0000 근저당권이 손해 볼 금액을 대신 보게 된다.

# 06 선순위로 가등기나 가처분이 있는 물건에 투자하는 방법

◆ **선순위로 가등기나 가처분이 있을때 이렇게 투자해라!**

  선순위로 가등기나 가처분이 있는 경우 낙찰자가 잔금을 납부하고 소유권을 취득했더라도 소멸되지 않고 등기부에 그대로 남아 있어서 소유권을 잃게될 수도 있다. 그런데 선순위로 가등기나 가처분이 존재하는 경우도 그 권리들이 유효한 것인지, 순위보전을 위한 가등기인지, 아니면 담보가등기인지 여부가 명확하게 밝혀지지 못 한 채 경매가 진행되는 경우가 많다. 이러한 물건은 소유권을 잃게 되는 위험도 따르지만, 그 위험성 때문에 입찰자가 없어서 상당히 저감되고 있다. 따라서 다음과 같이 권리분석을 잘해서 입찰에 참여하거나 NPL을 사서 경매를 신청하게 되면 높은 수익을 얻을 수 있는 기회가 될 수 있다.

  **첫 번째**로 가등기나 가처분에 관한 본 재판이 있었는지, 그 결과 어떠한 판결이 나왔는지를 먼저 확인한다. 실무에서는 이미 그 권리관계가 확정되었음에도 불구하고 등기부나 경매절차에서 반영되지 못하고 진행되는 경우도 많다.

  **두 번째**로 첫 번째와 같이 조사를 했는데 그 권리관계가 명확하지 않다면 인수할 수도 있다는 위험성을 안고 입찰해야 한다.

  선순위 가등기나 가처분은 낙찰자가 잔금납부로 소유권을 취득해도 말소되지 않고 남아 있어서 낙찰자가 가등기 등을 말소하기 위한 재판을 제기하거나 또는 가등기권자 등으로부터 소송을 제기당할 수 있는데, 이 소송과정에서 승소하면 낙찰자가 소유권을 정상적으로 유지할 수 있지만, 패소하게 된 소유권을 잃게 된다. 이러한 경우 민법 578조에 따라 채무자나 배당받은 채권자를 상대로 담보책임을 추궁할 수 있는데, 채무자는 무자력인 경우가 적지 않아서 배당받을 채권자의 능력이나 지위를 고려해야 한다.

배당받을 채권자가 금융기관과 세무서 등과 같이 향후 담보책임을 부담하기에 충분한 능력이 있는 경우에는 취득한 부동산을 상실하는 경우에도 매각 대금 상당의 손해를 회복할 수 있어서 선순위가등기나 가처분이 있는 물건이라도 과감하게 입찰해도 되지만, 배당받을 채권자가 능력이 부족한 개인 등의 채권자라면 가등기 등을 말소할 수 있다는 정확한 판단 하에서만 입찰해야 하며 그렇지 않은 경우에는 입찰해선 안될 것이다.

### 김선생 특별과외 Ⅰ

#### 선순위 가등기의 본등기로 낙찰자가 소유권을 상실할 때 대응방법

선순위 가등기의 본등기로 낙찰자가 소유권을 상실하게 된 때에는 매각으로 인하여 소유권의 이전이 불가능하였던 것이 아니므로, 민사소송법 제613조에 따라 집행 법원으로부터 그 경매절차의 취소결정을 받아 납부한 낙찰대금을 반환받을 수는 없다고 할 것이나, 이는 매매의 목적 부동산에 설정된 저당권 또는 전세권의 행사로 인하여 매수인이 취득한 소유권을 상실한 경우와 유사하므로, 민법 제578조, 제576조를 유추적용하여 담보책임을 추급할 수는 있다고 할 것인바, 이러한 담보책임은 낙찰인이 경매절차 밖에서 별소에 의하여 채무자 또는 채권자를 상대로 추급하는 것이 원칙이라고 할 것이나, 아직 배당이 실시되기 전이라면, 이러한 때에도 낙찰인으로 하여금 배당이 실시되는 것을 기다렸다가 경매절차 밖에서 별소에 의하여 담보책임을 추급하게 하는 것은 가혹하므로, 이 경우 낙찰인은 민사소송법 제613조를 유추적용하여 집행법원에 대하여 경매에 의한 매매계약을 해제하고 납부한 낙찰대금의 반환을 청구하는 방법으로 담보책임을 추급할 수 있다(대법 96그64 결정).

세 번째로 10년 이상된 선순위 보전가등기가 있는 물건은 이미 상당한 시간이 지나 사실상 가등기된 원인관계가 어떤 식으로든 정리되지 않았는지(계약이 해제 또는 합의로 목적달성), 아니면 소멸시효나 제척기간이 도과하지 않았는지 여부를 살펴볼 필요가 있다.

먼저 선순위 가등기가 매매예약완결권을 피보전권리로 해 설정된 매매예약에 의한 가등기인지, 아니면 매매계약이 체결된 이후 소유권이전청구권을 보전하기 위해서 설정해 놓은 매매계약에 의한 가등기인지를 확인해야 한다.

이는 등기부상 가등기의 원인란을 살펴보면 매매예약 또는 매매계약으로 표시되어 있어서 쉽게 확인할 수 있다.

① **매매예약에 의한 가등기**는 매매예약의 단계에서는 완전한 계약이 성립되지는 않았기 때문에 예약 이후에 예약완결권이 제척기간 내에 제대로 행사되었는지를 살피는 것이 우선해야 한다.

**매매예약의 완결권**은 일종의 형성권으로서 당사자 사이에 그 행사기간을 약정한 때에는 그 기간 내에, 그러한 약정이 없는 때에는 그 예약이 성립한 때로부터 10년 내에 이를 행사하여야 하고, 그 기간을 지난 때에는 예약 완결권은 제척기간의 경과로 무조건 소멸되는 제도로 소멸시효와 같이 기간의 중단이 있을 수 없다.

그러므로 매매예약에 의한 가등기권자가 그 기간 내에 권리를 행사했을 수도 있어 그러한 사실을 확인하는 것도 중요하다.

매매예약이 완결권이 성립되었다면 계약이 체결된 것으로 가등기권자가 가등기에 기한 본등기 청구소송을 제기하게 되는데 이때 소유자를 변경하지 못하도록 처분금지가처분을 하고 소송을 진행하게 되므로 처분금지가처분이 등재되어 있다면 소송이 진행되고 있다고 판단하고 그 소송과정을 면밀하게 분석하고 나서 대응하면 된다.

그래서 매매예약에 의한 가등기를 분석할 때에 먼저 매매예약의 완결권이 성립되지 못했다면 제척기간을 가지고 말소를 구하고, 성립되었다면 계약의 효력이 발생한 것으로 본 계약의 해제여부, 소유권이전청구권의 소멸시효를가지고 판단해서 말소청구소송을 진행해야 한다.

② **매매계약에 의한 가등기**는 계약을 체결하고 나서 순위를 보전하기위해 행한 소유권이전등기청구권은 10년의 제척기간의 대상이 되는 형성권이 아니고 소멸시효의 대상이 되는 권리이므로 소멸시효의 중단이나 정지가 있을 수있고 또한 가등기권자가 혹시라도 목적물을 인도받아 사용하고 있다면 등기 청구권의 소멸시효가 중단될 수도 있다.

매매계약에 의한 가등기이후에 매매계약이 해제되었는지, 아니면 장기간에 걸쳐 권리행사를 하지 못해 소유권이전등기청구권이 10년의 소멸시효에 해당돼 가등기를 말소할 수 있는지 등으로 확인하고 입찰에 참여해야 한다.

### 김선생 특별과외 Ⅱ

#### 선순위 소유권청구권 보전가등기를 말소할 수 있는 방법

① 매매의 일방예약에서 예약자의 상대방이 매매예약 완결의 의사표시를 하여 매매의 효력을 생기게 하는 권리, 즉 매매예약의 완결권은 일종의 형성권으로서 당사자 사이에 그 행사기간을 약정한 때에는 그 기간 내에, 그러한 약정이 없는 때에는 그 예약이 성립한 때로부터 10년 내에 이를 행사하여야 하고, 그 기간을 지난 때에는 예약 완결권은 제척기간의 경과로 인하여 소멸하고, 제척기간에 있어서는 소멸 시효와 같이 기간의 중단이 있을 수 없다(대법2000다26425 판결).

② 소유권이전등기청구권을 행사하지 않아 10년의 소멸시효에 걸린 경우 매매예약을 원인으로 하는 가등기권자는 가등기의무자에게 일방행위로써 매매예약완결권을 행사하면 그 의사표시가 도달한 때, 또는 매매예약서에 예약완결권 행사시점을 특정한 경우에는 행사하지 않아도 그 시점에 매매계약으로 전환돼 소유권이전청구권을 취득하게 된다. 이러한 소유권이전등기청구권은 채권적 청구권으로 10년의 소멸시효 기간이 지나면 소멸하는 것인데, 만일 소유권이전청구권을 취득한 가등기권자가 목적물을 점유(직접점유, 간접점유 포함) 하고 있는 한 소멸시효에 걸리지 않는다 (대법 2000다12037 판결).

③ 소유권이전등기청구권은 채권적 청구권이므로 10년의 소멸시효에 걸리지만 매수인이 매매목적물인 부동산을 인도받아 점유하고 있는 이상 매매대금의 지급 여부와는 관계 없이 그 소멸시효가 진행되지 않는다(대법76다148 참조)(대법2009다73011 판결).

④ 부동산을 매수한 후 다른 사람에게 임대하는 등 점유를 하고 있는 것이라면 이 부동산에 대한 소유권이전등기청구권의 소멸시효는 진행되지 않는다(86다카2634 판결).

⑤ 매수인이 매매목적물을 인도받아 사용수익하고 있는 한 소유권이전등기청구권은 소멸시효에 걸리지 않으나, 매수인이 그 목적물의 점유를 상실하면 그 점유상실 시점부터 소멸시효가 진행한다(대법 91다40924 판결).

### 알아두면 좋은 내용

#### 매매예약 가등기권자 사망시 가등기 말소 방법

상속인들의 인적사항을 모르면 사망하신 분을 피고로 가등기말소청구소송을 제기하여 사실조회를 통해 상속인들의 인적사항을 알아낸 다음 당사자(피고)를 상속인들로 정정하면 된다. 대법원 판례는 채무자가 사망한 후에 채무자가 사망한 사실을 알면서도 채무자를 피고로 하여 소를 제기한 후 사실조회를 통하여 상속인을 알아낸 다음 당사자의 표시를 정정하는 것이 가능하다고 판시하고 있다. 아들의 인적사항을 알아내 당사자 표시를 정정을 한 다음에 주소보정명령이 나오면 주소를 보정하고 주민등록상 주소에 송달이 되지 않는다면 결국에 가서 공시송달을 통하여 소송을 진행하면 된다.

네 번째로 가압류나 가처분 등은 3년 동안 본안소송을 제기하지 않으면 보전처분 취소를 신청할 수 있는 방법이 다음 김선생의 특별과외 처럼 할 수 있다.

### 김선생 특별과외 Ⅲ

#### 가압류와 가처분 등의 보전처분 취소신청 도과기간이란

① 가처분집행 후 3년간 본안의 소를 제기하지 않으면 채권자의 보전의사가 상실 또는 포기된 것이라고 볼 수 있으므로 채무자 또는 이해관계인은 보전처분취소를 신청할 수 있다. 이 기간이 경과되면 취소요건이 완성되고 그 후에 채권자가 소를 제기해도 가압류·가처분의 취소를 배제하는 효력이 생기지 않게 된다(99다37887).

② 가처분의 경우 2002. 6. 30. 이전에 집행된 보전처분은 10년, 2002. 7.1.~2005 .7.27. 까지는 5년, 2005. 7. 28. 이후에 집행된 보전처분은 3년이 경과하면 취소신청이 가능하다.

PART 12 경매 절차에서 특수 물건으로 부실채권을 매입하면 대박이다

## ◈ 선순위 가등기를 채권자가 소송으로 말소하면서 경매를 진행한 사례

### (1) 선순위 가등기를 말소하고 경매를 진행한 입찰물건 내역

**2007타경3073** • 대전지방법원 홍성지원 • 매각기일 : 2009.11.23(月)(10:00) • 경매 4계 (전화:041-640-3237)

| 소재지 | 충청남도 예산군 예산읍 예산리 000-0외 3필지 [도로명주소검색] | | | | | | |
|---|---|---|---|---|---|---|---|
| 물건종별 | 대지 | 감정가 | 258,750,000원 | 구분 | 입찰기일 | 최저매각가격 | 결과 |
| 토지면적 | 575㎡(173.938평) | 최저가 | (49%) 126,812,000원 | 1차 | 2009-09-14 | 258,800,000원 | 유찰 |
| 건물면적 | 건물은 매각제외 | 보증금 | (10%) 12,690,000원 | 2차 | 2009-10-19 | 181,160,000원 | 유찰 |
| 매각물건 | 토지만 매각이며, 지분 매각임 | 소유자 | 김철수 | 3차 | 2009-11-23 | 126,812,000원 | |
| 개시결정 | 2007-03-22 | 채무자 | 김철수 | 낙찰 : 127,000,000원 (입찰1명, 낙찰:임OO) | | | |
| 사건명 | 강제경매 | 채권자 | 서울보증보험 | 매각결정기일 : 2009.11.30 - 매각허가결정 대금납부 2009.12.29 / 배당기일 2010.02.10 | | | |

  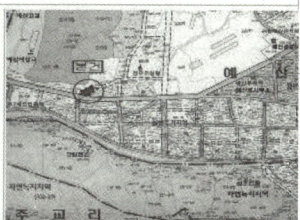

• 매각토지.건물현황 ( 감정원 : 대한감정평가 / 가격시점 : 2007.06.26 )

| 목록 | 지번 | 용도/구조/면적/토지이용계획 | ㎡당 단가 | 감정가 | 비고 |
|---|---|---|---|---|---|
| 토지 | 1 | 예산리 673-3 | *제1종일반주거지역, 제2종일반주거지역, 도시계획구역, 소로3류(저축)... | 대 135㎡ (40.838평) | 450,000원 | 50,750,000원 | 표준지공시지가: (㎡당)400,000원 ☞ 전체면적 270㎡중 김철수지분 1/2 매각 |
| | 2 | 예산리 676-20 | *제2종일반주거지역, 도시계획구역, 소로3류(저축), 국가지정문화재... | 대 155.5㎡ (47.039평) | 450,000원 | 69,975,000원 | ☞ 전체면적 311㎡중 김철수지분 1/2 매각 |
| | 3 | 예산리 676-21 | *제2종일반주거지역, 도시계획구역, 소로3류(저축), 국가지정문화재... | 대 75.5㎡ (22.839평) | 450,000원 | 33,975,000원 | ☞ 전체면적 151㎡중 김철수지분 1/2 매각 |
| | 4 | 예산리 676-22 | *제2종일반주거지역, 도시계획구역, 소로3류(저축), 국가지정문화재... | 대 209㎡ (63.223평) | 450,000원 | 94,050,000원 | ☞ 전체면적 418㎡중 김철수지분 1/2 매각 |
| | | | 면적소계 575㎡(173.938평) | | 소계 258,750,000원 | |

• 임차인현황 ( 배당요구종기일 : 2007.08.09 )

| 임차인 | 점유부분 | 전입/확정/배당 | 보증금/차임 | 대항력 | 배당예상금액 | 기타 |
|---|---|---|---|---|---|---|
| 한만국 | 공장 전부 | 사업자등록: 미상 확정일: 미상 배당요구일: 없음 | 보10,000,000원 월600,000원 | | | 331-3330, 배당요구없음 |

• 토지등기부 ( 채권액합계 : 290,864,100원 )

| No | 접수 | 권리종류 | 권리자 | 채권금액 | 비고 | 소멸여부 |
|---|---|---|---|---|---|---|
| 1 | 1982.11.03 | 소유권이전(경락) | 김지철, 김철수 | | 각1/2 | |
| 2 | 1988.05.04. | 김철수지분소유권이전청구권가등기 | 임OO | | 매매예약 | |
| 2-1 | 2007.09.28. | 2번 가등기소유권이전청구권가처분 | 서울보증보험(주) | | 소유권이전청구권 가등기말소청구권 | |
| 3 | 1989.05.09 | 김철수지분전부가압류 | 서울보증보험(주) | | 말소기준등기 | 소멸 |
| 4 | 1991.04.19 | 김철수지분전부압류 | 예산군 | | | 소멸 |
| 5 | 2007.03.09 | 1번 김철수지분전부가압류 | 서울보증보험(주) | 40,864,100원 | | 소멸 |
| 6 | 2007.03.23 | 1번 김철수지분강제경매 개시결정 | 서울보증보험(주) | 청구금액: 40,864,100원 | 2007타경3073,서울보증보험[주]가압류의본압류로의이행 | 소멸 |
| 7 | 2009.08.12 | 1번 김철수지분전부가압류 | | 100,000,000원 | | 소멸 |

### (2) 가등기를 말소하고 경매를 진행해 채권회수에 성공한 채권자

가) 가등기말소청구소송과 판결결과

제1심은 대전지방법원 홍성지원 2008. 1. 11. 선고 2007가단4080 판결 제2심은 대전고등법원 2008. 10. 09. 선고 2008나2188 가등기말소

① 원고측 주장

이 사건 가등기는 1988. 5. 2. 매매예약에 기한 것인데 그 매매예약 완결권이 10년의 제척기간이 경과하여 소멸하였다. 가사 이 사건 가등기가 망 임OO 의 대여금채권을 담보하기 위한 담보가등기라고 하더라도 피담보채권인 위 대여금채권이 10년의 소멸시효기간이 경과하여 소멸하였으므로 가등기권리도 소멸하였다. 따라서 피고들은 김철수에게 원인무효인 이 사건 가등기를 말소할 의무가 있으므로, 원고(서울보증보험)는 김철수의 채권자로서 김철수을 대위하여 피고들에게 이 사건 가등기의 말소를 구한다.

② 법원의 판단

㉠ 김철수의 가등기말소청구권의 존부

~생략, 이 사건 대여금채권에 대한 담보로 이 사건 가등기를 마친 사실을 인정할 수 있다. 이 사건 대여금채권은 10년이 경과되었으므로 시효로 소멸하였다. 따라서 담보가등기인 이 사건 가등기는 피담보채권인 대여금채권이 소멸하여 원인무효가 되었으므로, 망 임OO의 상속인들인 피고들은 김철수에게 가등기를 말소할 의무가 있다.

ⓛ 결론

그렇다면, 피고들은 김철수에게 가등기의 말소등기절차를 이행할 의무가 있고, 원고의 피고들에 대한 청구는 이유 있어 이를 모두 인용할 것인바, 제1 심판결은 이와 결론을 같이 하여 정당하므로, 이에 대한 피고들의 항소는 이유없어 이를 모두 기각하기로 판결한다.

나) 경매를 진행해 채권회수에 성공한 채권자

채권자가 경매를 신청과 동시에 선순위 가등기 말소청구소송으로 가등기를 말소시키고 경매를 진행해서 채권 손실을 줄일 수 있었던 사례. 만일 선순위 가등기가 있는 상태로 매각되었다면 더 떨어진 가격으로 낙찰받을 수 있었을 테고 그로 인해 서울보증보험(주)는 손실을 볼 수밖에 없었을 것이다.

왜냐하면 가등기된 부동산을 낙찰받더라도 가등기권자가 본등기하면 소유권을 잃게 될 수도 있기 때문에 입찰자들이 꺼리는 경향이 있기 때문이다.

그러나 대부분의 가등기가 채무면탈을 목적으로 설정되거나 채권을 담보하기 위해 설정되는 경우가 많으므로 선순위 가등기가 있다고 회피만 할 것이 아니라 일반물건에 비해 높은 수익을 올릴 수도 있기 때문에 적극적으로 대응할 필요가 있다. 그렇다고 무작정 입찰했다가 손실이 발생할 수 있다. 즉 앞에서 얘기한 바와 같이 낙찰 받고 나서도 가등기가 남아 있을 수 있으니 가등기가 사해행위에 해당되거나 제척기간, 소멸시효로 말소할 수 있다는 정확한 판단을 가지고 입찰하되 배당금이 지급되지 않도록 가처분을 하고 나서 가등기말소청구소송을 진행해 가등기를 말소하면 높은 기대수익을 올릴 수있다. 그러나 다음 판례와 같이 패소할 수도 있다는 사실을 염두에 두고 입찰에 참여해야 한다.

### (3) 가등기말소 청구소송에서 패소한 사례에서 배우는 실전투자요령

제1심 서울중앙법원 2007. 12. 18. 선고 2006가단313747 판결
제2심 서울고등법원 2008. 12. 02. 선고 2008나4260 가등기말소
설령 패소한다고 해도 공탁된 배당금에서 매각대금을 회수하면 된다.

① 원고측 주장

원고는, ① 이 사건 매매예약은 최○○이 원고에 대한 채무를 면탈하기 위하여 피고와 통모하여 형식적으로 체결된 것에 불과한바, 이는 통정허위표시로서 무효이므로 이에 기하여 마친 이 사건 가등기 또한 원인무효로서 말소되어야 하고, ② 그렇지 않다 하더라도 이 사건 매매예약에 따른 매매예약완결권은 그 제척기간인 10년이 도과함으로써 소멸하였으며, ③ 설령 1994. 9.29. 위 매매예약완결권이 행사된 것으로 본다고 하더라도 위 예약완결권 행사에 따른 소유권이전등기청구권은 그 소멸시효가 완성됨으로써 소멸하였으므로, 최○○을 대위하여 피고에 대하여 무효인 이 사건 가등기의 말소를 구한다고 주장한다.

② 법원의 판단

㉠ 이 사건 매매예약이 통정허위표시로서 무효인지 여부

이 부분 원고의 주장은 이유 없다.

㉡ 예약완결권이 제척기간 도과로 소멸하였는지 여부

이 부분 원고의 주장은 이유 없다.

㉢ 소유권이전등기청구권이 시효로 소멸하였는지 여부

피고의 이 사건 건물에 관한 소유권이전등기청구권은 이 사건 매매예약이 완결된 1994. 9. 29.부터 10년간 행사하지 아니하면 시효로 소멸한다고 할 것이나, 피고는 자신이 매수한 건물을 점유개정의 방법으로 처남인 최○○으로 부터 인도받아 최○○으로 하여금 사용·관리하게 함으로써 최○○의 점유를 매개로 이 사건 토지를 간접 점유하고 있음을 인정할 수 있으므로, 이에 따라 피고의 이 사건 건물에 관한 소유권이전등기청구권은 시효로 소멸하지 않아서 원고의 주장은 이유 없다.

㉣ 결론 원고의 이 사건 청구는 이유 없으므로 이를 기각하고, 이와 결론을 달리한 제1심 판결은 부당하므로 이를 취소하고 원고의 청구를 기각하는 판결을 한다.

# 07 세금과 가압류채권 가볍게 생각하면 큰코 다친다

◆ 조세채권을 몰라서 3번씩 임차보증금을 포기하게된 사례

### (1) 조세채권과 저당권부 채권이 혼재 시 우선순위 결정방법

1차적으로 1순위 필요비·유익비, 2순위 임차인과 근로자의 최우선변제금, 3순위로 당해세 등의 특별우선채권을 배당하고 나서, 2차적으로 저당권부 채권(근저당, 담보가등기, 전세권, 확정일자부 임차권. 등기한 임차권)보다 법정기일이 빠른 조세채권 ⇒ 저당권부 채권 ⇒ 저당권부 채권보다 법정기일이 늦은 조세채권 순으로 배당하고, 3차적으로 조세채권 중에서 2차에서 법정기일에 따라 배당받은 조세채권 합계금액에서 1등으로 납세담보된 조세채권이 흡수하고(납세담보된 채권은 압류된 채권 보다 우선하여 변제받게 되기 때문) ⇒ 납세담보된 조세채권을 몰라서 3번씩 임차보증금을 포기하게 된 사례권자에 흡수되고 ⇒ 남은 배당금을 가지고 참가압류권자와 교부청구권자가 동순위로 안분 배당받게 됨으로 배당절차가 종결하면 된다.

## (2) 온비드 사이트상의 공매 입찰정보내역

**캠코공매물건** 상담전화 : 1588-5321

**[물건명/소재지] : 경기 의정부시 신곡동 669 극동아파트105동 2층 OOO호**

### 기본정보
- 물건종류 : 부동산
- 처분방식 : 매각
- 물건상태 : 낙찰

### 기관정보
- 입찰집행기관 : 한국자산관리공사
- 담당자 : 조세정리부 / 공매1팀
- 연락처 : 1588-5321

### 물건정보

| | |
|---|---|
| 소재지(지번) | 경기 의정부시 신곡동 669 극동아파트105동 2층 OOO호 |
| 물건관리번호 | 2011-22794-001 |
| 재산종류 | 압류재산 |
| 위임기관 | 도봉세무서 |
| 물건용도/세부용도 | 아파트 |
| 입찰방식 | 일반경쟁 |
| 면적 | 대 26.09㎡ 지분(총면적 35,994.6㎡), 건물 47.88㎡ |
| 배분요구종기 | 2012/04/09 |
| 최초공고일자 | 2012/02/22 |

### 감정정보

| | |
|---|---|
| 감정평가금액 | 125,000,000 원 |
| 감정평가일자 | 2012/02/02 |
| 감정평가기관 | (주)경일감정평가법인 |
| 위치 및 부근현황 | 의정부시 신곡동 소재 "동오초등교" 북측 인근에 위치, 주위는 아파트단지 및 상가, 각종 근린생활시설 등이 혼재. |
| 이용현황 | 본건까지 차량 진,출입 및 주,정차가능하고 인근에 버스정류장 및 경전철(동오역:시험운행중)등이 소재. |

### 임대차정보

| 임대차내용 | 이름 | 보증금 | 차임(월세) | 환산보증금 | 확정(설정)일 | 전입일 |
|---|---|---|---|---|---|---|
| 임차인 | 고정연 | 70,000,000 원 | 0 원 | 70,000,000 원 | 2011/03/07 | 2011/03/07 |
| 전입세대주 | 고정연 | 0 원 | 0 원 | 0 원 | | 2011/03/07 |

### 등기사항증명서 주요 정보

| 순번 | 권리종류 | 권리자명 | 등기일 | 설정액(원) |
|---|---|---|---|---|
| 1 | 위임기관 | 도봉세무서 | | 미표시 |
| 2 | 압류 | 강북구청 | 2011/08/09 | 미표시 |

### 입찰이력정보

| 입찰번호 | 처분방식 | 물건관리번호 | 개찰일시 | 최저입찰가 | 낙찰가 | 낙찰가율 | 입찰결과 | 입찰상세 |
|---|---|---|---|---|---|---|---|---|
| 201122794001 | 매각 | 2011-22794-001 | 2013/12/19 11:00 | 62,500,000 | 62,510,000 | 100.0% | 낙찰 | 보기 |
| 201122794001 | 매각 | 2011-22794-001 | 2013/10/04 11:00 | 62,500,000 | | | 유찰 | 보기 |
| 201122794001 | 매각 | 2011-22794-001 | 2013/09/26 11:00 | 75,000,000 | | | 유찰 | 보기 |
| 201122794001 | 매각 | 2011-22794-001 | 2013/04/25 11:00 | 62,500,000 | | | 취소 | 보기 |
| 201122794001 | 매각 | 2011-22794-001 | 2013/04/18 11:00 | 75,000,000 | 81,000,000 | 108.0% | 낙찰 | 보기 |

### (3) 입찰대상물건에 대한 분석과 실패한 낙찰

이 공매물건에서 3명씩이나 낙찰받고 나서 잔금을 납부하지 않고 입찰보증금을 포기했다. 그러한 연유는 기본적인 권리분석과 공매재산명세서를 확인하지 않고 아파트가 절반 이하로 떨어졌으니 낙찰만 받으면 돈을 벌수 있다는 생각에 치우쳐 제대로 된 분석을 하지 못 해서 였다.

아무리 그래도 공매를 입찰할 정도 수준이라면 그러한 실수를 할까 하시는 독자분들도 있겠지만 이러한 상황에 부딪치면 아마도 함정에 빠지지 않기가 쉽지 않을 것이다.

그러면 왜 이러한 실수를 하게 되었는가를 분석해 보기로 하자!

첫 번째로 공매입찰정보내역을 살펴보면 임차인은 말소기준권리인 도봉세무서의 2011. 06. 03. 압류 이전에 대항요건을 갖추고 있어서 임차인이 미배분금이 발생하면 낙찰자가 인수해야 한다.

둘째로 공매재산명세서로 예상 배분표를 작성해 보면 다음과 같다.

2013년 4월 18일에 8,100만원에 낙찰받고 공매비용 240만원 빼고 나면 실제로 배분할 금액은 7,860만원이 된다.

간단하게 공매재산명세서를 보고 배분하면 1순위 의정부시 당해세 201,160 원, 2순위 고정민 임차인 확정일자부 우선변제금 7,000만원을 배분받고 공매 위임관서인 도봉구청이 8,398,840원을 압류선착주의로 강북구청 보다 우선 변제 받을 수 있어서 임차인이 전액 배당받고 낙찰자 인수금액 없다고 판단하고 3번씩이나 낙찰받았던 것으로 예상된다. 그나마 잔금납부 전에 알아서 다행이지, 잔금까지 납부하고 그러한 사실을 알게 되었다면 어쩔 수 없이 임차보증금 7,000만원을 인수할 수도 있었을 것이다. 이러한 이유는 도봉구청 조세채권을 압류날짜로 계산해서 임차인의 확정일자와 우선순위로 배분순위를 예상한 결과다. 그러나 조세채권은 압류하든 하지 않든 법정기일에 따라 계산하게 된다는 점을 알고 있어야 한다.

### ◆ 근로복지공단 가압류를 일반채권으로 우습게보면 안된다

#### (1) 근로복지공단의 공매대행 의뢰와 강제경매신청

근로복지공단은 고용보험이나 산재보험의 체납이 있는 경우 체납자의 재산을 압류 후 자산관리공사에 공매대행을 의뢰해 공매로 매각한다.

그러나 근로복지공단이 근로자에게 최우선변제금에 해당하는 체당금을 채무자를 대위해 지급한 경우 민사채권이 되므로 공매로 진행하지 않고 변제자 대위에 기한 고용주의 재산 또는 회사의 재산에 대해서 채권가압류를 한 다음 본안소송을 거쳐서 판결문을 득하고 그에 기해서 강제경매를 신청하게 된다.

#### (2) 임금채권으로 선정당사자 또는 개인이 가압류가 있는가를 확인

근로복지공단이 체당금으로 가압류한 경우 뿐만 아니라 임금채권을 회수하기 위해서 근로자들이 대표를 선정해서 선정당사자 명의로 가압류 또는 근로자 개인 명의로 가압류한 경우도 있으므로 가압류권자 중에서 임금채권으로 가압류한 사실 여부를 확인해야 한다. 이중에서 선정당사자가 가압류한 사실이 있다면 임금채권으로 의심하고 경매기관에 일반채권으로 가압류했는지 임금채권으로 가압류했는지를 확인하고 입찰하는 지혜가 필요하다.

다음과 같이 임금채권으로 근로자들이 선정당사자를 선정해서 채권 가압류한 경우도 배당받고 소멸되는 채권에 불과하다. 그러나 주택이나 상가에서 대항력 있는 임차인 등이 후순위로 배당받지 못하게 되고(임금최우선변제금 등이 먼저 배당받게 돼), 그로 인해서 대항력 있는 임차보증금을 낙찰자가 인수하게 될 수도 있다.

• 건물등기부 ( 채권액합계 : 2,917,305,500원 )

| No | 접수 | 권리종류 | 권리자 | 채권금액 | 비고 | 소멸여부 |
|---|---|---|---|---|---|---|
| 1 | 2009.04.07 | 소유권보존 | 재단법인대한불교진여원 | | | |
| 2 | 2009.04.07 | 가압류 | 희성종합건설(주) | 405,800,000원 | 말소기준등기 | 소멸 |
| 3 | 2010.07.26 | 가압류 | 이○○ | 70,000,000원 | | 소멸 |
| 4 | 2010.12.08 | 가압류 | 김○○ | 87,751,500원 | | 소멸 |
| 5 | 2010.12.24 | 가압류 | 이○○ | 40,720,000원 | | 소멸 |
| 6 | 2011.02.18 | 가압류 | 곽○○ | 40,000,000원 | | 소멸 |
| 7 | 2011.02.22 | 가압류 | 구○○ | 200,000,000원 | | 소멸 |
| 8 | 2011.03.24 | 가압류 | 광○○ | 29,050,000원 | | 소멸 |
| 9 | 2011.03.24 | 가압류 | 광○○ | 36,050,000원 | | 소멸 |
| 10 | 2011.03.25 | 가압류 | 차○희외 4 | 162,926,000원 | | 소멸 |
| 11 | 2011.03.29 | 가압류 | 최○○ | 38,908,000원 | | 소멸 |
| 12 | 2011.03.29 | 가압류 | 차○○ | 153,000,000원 | | 소멸 |
| 13 | 2011.04.19 | 가압류 | 선정당사자 김경희외 5 | 857,700,000원 | | 소멸 |
| 14 | 2011.07.28 | 가압류 | 선정당사자 김석기, 여수진 | 136,000,000원 | | 소멸 |
| 15 | 2011.09.08 | 강제경매 | 최○○ | 청구금액: 83,600,000원 | 2011타경1284호 | 소멸 |
| 16 | 2011.11.29 | 가압류 | 광○○ | 300,000,000원 | | 소멸 |
| 17 | 2011.12.01 | 강제경매 | 배○○ | 청구금액: 49,000,000원 | 2011타경1266호 | 소멸 |
| 18 | 2011.12.02 | 가압류 | 계○○ | 300,000,000원 | | 소멸 |
| 19 | 2012.02.16 | 가압류 | 광○○ | 36,600,000원 | | 소멸 |
| 20 | 2012.02.24 | 가압류 | 계○○ | 22,800,000원 | | 소멸 |

### ◆ 조합이 가압류한 채권은 소멸되는 일반채권으로 보지 마라

최근 들어 조합이 조합원에 대하여 가지고 있는 채권액을 담보로 채무자의 주택에 채권 가압류하고 배당요구함과 동시에 경매법원에 유치권신고를 하는 경우가 종종 발생하는데 이를 간과하고 낙찰받는 경우가 있다. 물론 이들은 입찰보증금을 몰수당하는 경우가 허다하다.

그런데 2012. 3. 29. 이 내용에 대한 판례가 대법원의 판결이 있어서 그 내용과 유의할 점에 대해서 이야기 하고자 한다.

### (1) 조합이 강제경매신청 후 미배당금에 대해서 유치권을 행사

가) 청구 이유에 대한 기초사실

① 망 소외 3은 ㉠ 아파트의 징수금 중 2차 중도금 이후 합계 48,801,942원, ㉡ 시공사 또는 관할구청에 납부하여야 할 시유지 계약금 및 불하대금, 시유지 균등배분금 및 토지, 건물 등록세, 교육세 등을 ③ 원고는 위 화해권고결정으로 확정된 징수금 등 채권액을 피담보채권으로 하여 이 사건 아파트에 관하여 유치권 신고를 하였고, 이 사건 아파트의 출입문에 이러한 사실을 알리는 공고문을 게시하였다.

④ 이 아파트는 감정가 6억 2,000만 원으로 평가되어, 제4차 경매기일에서 피고들이 380,001,000원에 최고가 매수신고,

⑤ 피고들은 2009. 3. 10. 이 법원에 매각대금을 완납하고, 아파트의 소유자를 상대로 인도명령을 신청하여, 인도명령에 기하여 집행관으로부터 아파 트를 인도받았다.

| 사건번호 | 2008-0000호 강제 | | 물건용도 | 아파트 | | 조회수 | 오늘 2 전체 4728 |
|---|---|---|---|---|---|---|---|
| 감정평가액 | 620,000,000원 | | 채권자 | 동양파이낸셜 | | 개시결정일 | 2008.04.02 |
| 최저경매가 | (51%) 317,440,000원 | | 채무자 | ○○○외 1 | | 감정기일 | 2008.04.11 |
| 입찰보증금 | (10%) 31,744,000원 | | 소유자 | ○○○외 1 | | 배당종기일 | 2008.06.03 |
| 청구금액 | 79,258,408원 | | 유찰횟수 | 3회 | | 차기예정일 | |
| 경매대상 | 건물전부, 토지전부 | | 건물면적 | 114.75m² (34.71평),42평 | | 토지면적 | 48.35m² (14.63평) |
| 특이사항 | ★유치권신고(접수:2008.08.20, 봉천제3구역주택재개발조합 438,808,049원, 성립여부불명) | | | | | | |

| 소재지/감정서 | 면적(단위:m²) | 진행결과 | 임차관계/관리비 | 등기권리 |
|---|---|---|---|---|
| (151-0503) 서울 관악구 봉천동 1712 드림타운 128동 13층 0000호 | 대지<br>•48.35/138186.8 (14.63평)<br>건물<br>•114.75 (34.71평)<br>(방4,욕실2)<br>• 27층 중 13층<br>보존등기 2003.09.20 | 감정 620,000,000<br>100% 620,000,000<br>유찰 2008.08.28<br>80% 496,000,000<br>유찰 2008.10.02<br>64% 396,800,000<br>낙찰 2008.11.05<br>400,111,000<br>(64.53%)<br>박이란<br>응찰 1명 | ▶법원임차조사<br>1)봉천제3구역 재개발조합에서 유치권행사로 점유중인 부동산이라는 표지판이 부착되어 있음.<br>2)전입세대 없고 공실인 상태로 보임.<br>조사된 임차내역 없음<br>채무자(소유자)점유<br>▶주민센터직접확인<br>전입 없음<br>열람일 2008.08.19 | ▶집합건물 등기.<br>압류 관악구<br>2003.11.12<br>[말소기준권리]<br>가압류 봉천제3구역주택개발재개발조합<br>2003.11.22<br>277,092,855<br>압류 여주군<br>2005.06.14<br>압류 이천세무서<br>2006.04.27 |
| ▶감정평가서요약<br>•현대시장북측인근<br>•단독및다세대,근린시설등<br>형성<br>•버스정류장인근<br>•도시가스개별난방<br>•도시계획시설도로접함<br>•대공방어협조구역 | 대지감정 186,000,000<br>건물감정 434,000,000<br>감정기관 삼창감정 | 분허 2008.11.13<br>유찰 2009.01.15<br>51% 317,440,000<br>낙찰 2009.02.19<br>380,001,000<br>(61.29%)<br>차영열외2<br>응찰 6명 | ▶관리비납내역<br>•체납액:300,000<br>•확인일자:2008.08.14<br>•3개월(08/3~08/6)<br>•전기수도포함가스별도<br>☎(02)6672-1055<br>▶관할주민센터<br>성현동 주민센터<br>봉천동 1712-9<br>☎ 02-881-4154 | 소유권 신00외 1<br>2007.06.01<br>전소유자 신○○<br>상속(99.02.11.)<br>가압류 세람저축은행<br>2007.07.06<br>1,381,251,184<br>가압류 동양파이낸셜<br>(특수채권팀)<br>2007.08.29<br>129,730,118 |
| ▶건물구조<br>•철근콘크리트조<br>•슬래브(경사)<br>▶재개발<br>봉천4-1-2구역<br>사업단계: 2009.11.19 정비구역분할변경지정<br>조합연락처: 02)880-3557<br>▶역세권정보<br>서울2호선 서울대입구역 393m<br>서울2호선 낙성대역 886m<br>서울2호선 봉천역 1095m | | 허가 2009.02.26<br>납부 2009.03.10<br>▶종국결과<br>배당 2009.04.30 | | 강 제 봉천제3구역주택재개발조합<br>2008.04.04<br>(2008타경9755)<br>강 제 세람저축은행<br>2008.04.10<br>(2008타경10311)<br>본안판결 2008.08.04 | 강 제 동양파이낸셜<br>(특수채권팀)<br>2008.04.02<br>청구액 79,258,408원 |

### 나) 원고의 주장

이 사건 아파트에 관한 유치권 소멸에 따른 손해배상으로 유치권의 피담보 채권액 438,808,049원에서 원고가 강제경매절차에서 배당받은 금원 79,639,504원을 공제한 나머지 359,168,496원(438,808,049원-79,639,504원)을 배상할 의무가 있다.

### 다) 판결결과 종합정리

이 사건은 1심에서는 유치권자가 점유인도를 청구한 것이 아니라 유치채권 액의 손해배상을 청구해서 기각 처리되어 2심(서울고법2009나87777판결)에서 유치권자가 점유물반환청구권을 행사하여 승소하였고, 이 사건의 최종심인 대법원(대법2010다2459)에서 2012. 03. 29. 상고기각으로 유치권자의 승소로 확정 판결되었는데,

## (2) 이 판례에서 세 가지 내용을 확인할 수 있는데

① 조합이 조합원에 가지는 신축·분양한 아파트와 관련한 징수금 채권을 담보하기 위해 상환받을 때까지 아파트를 유치할 권리를 갖는다.

② 유치권에 기해서 채권 가압류후 배당요구를 하였거나 판결문을 득해서 강제경매한 경우도 가압류는 경매절차로 소멸되어도 미배당금이 발생한다면 아파트를 점유함므로 인해서 발생되는 유치권은 소멸되지 않고 낙찰자에 대항할 수 있다는 점에 유의해야 한다.

③ 아파트를 점유하고 있는 유치권자(조합)가 아닌 소유주를 상대로 인도명령을 받아 강제집행을 한 경우 그 효력을 가지고 원고(조합)에 대항할 수 없다는 내용을 확인할 수 있는 좋은 판례이다. 즉 유치권자가 부당하게 점유를 이전당하여 유치권이 소멸되었으나 적법한 점유회복절차에 따라 점유를 회복하면 아파트를 유치할 권리를 갖게 된다.

**(3) 조합이 아닌 다른 유치권자가 가압류한 경우도 마찬가지다.**

입찰물건 정보내역에서 유치권자가 권리신고를 했고, 그 유치권자가 가압류 또는 본안소송을 통해 강제경매를 신청했다면 배당받고 소멸되는 채권이 아니다.

왜냐하면 배당절차에서 일반채권자에 불과해서 유치채권액 전액 배당받기가 어렵기 때문이다. 그래서 미배당금은 유치권으로 남아 있어 낙찰자가 인수해야 되는 채권이 된다.

# 13
**PART**

실제 **특수물건**에서
**부실채권**을 매입해 성공한
사례와 실패?

- 01 토지만 낙찰 받고 지상의 무허가건물은 토지 사용료로 보존등기 후 채권가압류한 사례
- 02 전입신고를 잘 못한 임차인이 있는 다세대 주택의 근저당권을 매입해서 성공한 사례
- 03 법정지상권 성립 가능성이 있는 주택에서 근저당권을 매입하면
- 04 나대지에 설정한 저당권을 사서 토지를 낙찰 받고, 건물을 경매신청한 사례
- 05 나대지에 설정한 저당권이 일괄경매 신청 해 가격이 떨어진 물건에서 찾아라!
- 06 대지권미등기와 토지별도등기가 있는 아파트 2/3 지분을 낙찰 받은 사례

# 01
## 토지만 낙찰 받고 지상의 무허가건물은 토지 사용료로 보존등기 후 채권가압류한 사례

◈ 정 수철이 계양농협 근저당권을 매입했다

계양농협은 주택을 담보로 대출을 실행하는 과정에서 아래 주택 사진과 같이 무허가건물이 있어서 대지만을 담보로 근저당권 설정했다.

PART 13  실제 특수물건에서 부실채권을 매입해 성공한 사례와 실패?   495

그리고 채무가 상환되지 않자 부실채권으로 지정하고 매수자 정 수철에게 근저당권을 6,500만원에 양도했다. 정 수철은 양도 받은 근저당권으로 다음과 같이 경매를 신청했고 그 과정에서 매수자가 없어 50% 이하로 유찰되자 직접 낙찰 받고 대금은 상계처리해서 납부했다.

## ◆ 정 수철이 경매를 신청한 물건정보 내역과 매각결과

### ◆ 경매물건에 대한 물건분석과 권리분석

이 물건은 지상에 무허가건물이 있어서 대지만 근저당권이 설정되었기 때문에 근저당설정당시에 건물이 존재했었다. 이런 경우에 토지와 건물소유자가 동일인이었다가 달라졌다면 법정지상권이 성립한다. 그래서 폐쇄등기부를 확인한 결과 한수민의 부친인 한병철이 토지소유자로 그 지상에 무허가 건물을 신축했었다는 사실을 알 수 있었다.

그럼 동일소유자였다가 달라진 상황이 되는데 언제 어떻게 달라졌고 그 시기가 언제인가를 확인해야 하는데 토지등기부를 확인하면 알 수 있듯이 부친 소유(한병철)에서 한수민(아들)으로 1988. 02. 11. 소유권이 이전되었다. 그러니 이때부터 법정지상권이 성립하게 된다. 그래도 다행인 것이 법정지상권은 묵시적 갱신을 인정하지 않기 때문에 30년만 지나면 소멸을 청구할 수 있다. 그래도 2년 이상을 기다려야 하는 문제가 남게 된다. 이러한 분석 하에 근저당권을 매입해서 경매를 신청한 정 수철이 50% 정도로 토지를 낙찰 받았다.

### ◆ 낙찰 받고 나서 다음과 같이 탈출하는 방법으로 성공할 수 있었다

앞에서와 같이 법정지상권 잔존기간이 2년이 남아 있어서 건물소유자들과 협의를 하게 되었는데 건물 가격으로 1억원을 요구하고 있었다.

그래서 협상을 중지하고 어떻게 대처할까를 고민하게 되었다. 그 과정에서 해결책을 찾게 되었는데 독자 분들에게도 좋은 길이라 생각해서 글로 남기게된 것이다. 건물은 건축물대장을 확인한 결과 돌아가신 부친 명의로(15년 전에 사망한 것으로 예측) 있다는 사실을 확인할 수 있었다. 그래서 토지사용료를 원인으로 상속인들을 대상으로 채권가압류와 부당이득반환청구 소송을 다음과 같이 진행했고 그 과정에서 지상의 무허가건물을 상속인들을 대위로 해서 보존등기를 했고, 동시에 채권가압류를 할 수 있었다. 그 다음 부당이득반환청구소송에서 판결을 얻어 강제경매를 신청하면 그 무허가건물을 1,000만원 이하로 낙찰 받을 수 있을 것이라는 판단이 섰기 때문이다.

## ◈ 무허가건물 보존등기와 채권가압류 등을 위한 소장 작성

### (1) 부동산 가압류 명령 신청서

**부동산 가압류 명령 신청서**

채권자 : 정 수 철
채무자 : (망) 한병철의 상속인
   1. 한수민
   2. 한OO
   3. 한OO

      청구금액  7,000,000 원
      첨용인지액   10,000원
      송달료    53,250 원

### 인천지방법원 부천지원 귀중

**부동산 가압류 명령 신청서**

채권자 : 정 수 철(620000-0000000)
    경기도 용인시 OO구 OO2로 OO, OOO동 OOO호
    (신봉동, 신봉마을 OOOO1차아파트)
    〈전화 : 010-0000-0000〉

채무자 : 채무자 : (망) 한병철의 상속인
    1. 한 수 민 (6400000-0000000)
    경기 김포시 양촌읍 누산리 OOO-1
    2. 한 O O (000000-0000000)
    주소불상
    3. 한 O O (000000-0000000)
    주소불상

1. 청구금액의 표시 : 7,000,000 원 (내역 2015. 08. 17 부터 2015. 12. 04까지 월 1,400,000원의 토지 사용료 채권)
1. 피보전권리의 요지 : 부당이득금청구소송의 청구권 보전
1. 가압류 할 부동산의 표시 : 별지목록 기재와 같음.

### 신청 취지
'채권자의 채무자들에 대한 위 청구채권표시 기재 채권의 집행보전을 위하여 채무자들 소유 별지 목록기재 부동산은 이를 가압류한다.' 라는 재판을 구합니다.

### 신청 원인
1. 당사자 관계
  가. 채권자는 별첨 이 사건 경기도 김포시 양촌읍 누산리 OOO-1, 대 194m와 동소 OOO-2 대 30m 양 지상 토지 등기부등본 (갑제1호증의 1-2) 및 인천지방법원부천지원 2014타경25448호 부동산 임의경매 굿옥션 경매일보 (갑제2호증)에서와 같이 인천지방법원부천지원 김포등기소 2015. 08. 17 접수 제71487호, 2015. 08. 07. 임의경매로 인한 매각을 원인으로 소유권을 취득한 자이고,
  나. 채무자들은 위 토지 양지상 위에 별첨 건축물대장 (갑제3호증)과 같이 건축면적 60.66m 의 미등기 건물 소유자인 망 한병철의 상속인들로서 상속으로 인한 소유권이전등기를 경료치 않고 있는 자들입니다.

2. 이 사건 채권자의 채무자들에 대한 무단 토지사용에 대한 2015. 08. 17. 부터 2015. 12. 4까지 4개월간의 월 사용료 1,400,000원 4개월치 부당이득금 청구채권 7,000,000원
  가. 별첨 이 사건 토지 (김포 양촌읍 누산리 OOO-1) 폐쇄등기부등본(갑제3호증)에서와 같이 1981.02.12 한병철(주민등록번호 불상, 1988.02.11 현재 주소: 김포시 양촌면 누산리 OOO-1)이 매수하였다가 1988.02.06 한찬수에게 매매하였으며, 이후 위와 같이 경매를 통하여 채권자에게 2015.08.17 소유권이전 되었던 것임에 비해 위 미등기건물은 애당초 한병철 소유이었던 것이므로.

나. 이는 법정지상권이 성립된다 할 것이나, 이 경우라도 토지사용료는 채권자가 위와 같이 2015.08.17.자에 경매를 통해 소유권등기 받은 것으로서 원고에게 위 한병철이 지급하여야 한다 할 것인데,
다. 위 한병철이 연도 날짜 미상일에 이미 사망하였으므로 위 한병철의 상속인들은 채권자에게 상속 비율에 따른 토지사용료를 지급하여야 함에도 채무자들은 이를 금일에 이르도록 전혀 지급치 않고 있는 실정입니다.
라. 따라서, 법률상의 원인 없이 타인의 재산 또는 노무로 인하여 이익을 얻고 이로 인하여 타인에게 손해를 가한 경우에 그 이익이 부당이득이고, 선의의 수익자는 현존이익의 범위 내에서 악의의 수익자는 그 받은 이익에 이자를 붙여 반환하고 손해가 있으면 이를 배상하여야 하는 것 (민법 제748조) 임에 비추어 채권자의 이 사건 신청은 적법하다 할 것입니다.

## 3. 이 사건 가압류의 긴급성
가. 따라서, 채권자는 채무자들을 상대로 겸손히 산정한 2015. 8. 17 부터 월 140만원 상당의 비율에 의한 부당이득금 반환청구의 본안소송을 준비중에 있으나,
나. 채무자들은 달리 재산이 없으며 재산이라고는 오직 이 사건 미등기건물만이 유일한 것으로 사료되므로 채권자는 본안소송의 집행 보전을 위하여 시급히 이 건 가압류 신청에 이른 것입니다.
다. 단지, 이 건 가압류 신청에 따른 담보제공방법은 보증보험과의 계약을 체결한 증권으로 대체할 수 있도록 허락하여 주시기 바랍니다.
라. 한편, 이 사건 망 한병철의 상속인들에 대한 성명, 주민등록번호, 상속지분의 표기 등 귀원의 보정명령에 의하여 보정하도록 하겠습니다.

### 입증 및 첨부서류
1. 김포시 양촌읍 누산리 OOO-1, 동소 OOO-2 토지등기부등본 (갑제1호증의 1-2)  각 1 부
1. 인천지방법원부천지원 2014타경25448호 부동산임의경매 굿옥션 경매일보 (갑제2호증)  1 부
1. 이 사건 미등기건물 건축물대장 (갑제3호증)  1 부
1. 위 누산리 OOO-1 폐쇄등기부등본 (갑제4호증)  1 부
1. 미등기건물 사진 (갑 제5호증 )  1 부
1. 보존등기 촉탁 등록세 납부서, 대법원 증지 3,000원 납부서  1 부
1. 가압류 등록세 납부서  1 부
1. 가압류 대법원 증지 납부서  1 부
1. 가압류할 부동산 목록  1 부

1. 상속지분표                                    1 부
1. 채무자들 제적등본, 가족관계등록부, 주민등록 초본    각 1 부

2015. 12.

위 채권자 정 수 철

## 인천지방법원 부천지원 귀중

### 〈부동산 목록〉

경기도 김포시 양촌읍 누산리 000-1, 동소 000-2 양지상 [도로명주소] 경기도 김포시 양촌읍 김포대로 0000번길 00

스라브브럭조 60.66m

--------------- 이상 미등기 건물임 ---------------

### 상속지분표

| | 성명 및 주민등록번호 | 주소 | 상속지분 | 비 고 |
|---|---|---|---|---|
| 1 | 한수민 | 김포시 양촌은 누산리 000-1 | 2/6 | |
| 2 | 한OO | | 2/6 | |
| 3 | 한OO | | 2/6 | |

## (2) 토지사용료를 원인으로 한 부당이득반환청구 소장 작성 방법

소 장

원 고 : 정 수 철
피 고 : (망) 한병철의 상속인
    1. 한 수 민
    2. 한 ○ ○
    3. 한 ○ ○

부당이득반환청구의 소

        청구금액   18,200,000원
        첨용인지액     86,900원
        송달료      266,250원

### 인천지방법원 부천지원 귀중

---

소 장

원 고 : 정 수 철 (600000-1000000)
    경기도 용인시 수지구 신봉2로 00, 119동 000호
    (신봉동, 신봉마을 엘지자이1차아파트)
    〈전화 : 010-0000-0000〉
피 고 : (망) 한병철의 상속인
    1. 한 수 민 (600000-1000000)
        경기 김포시 양촌읍 누산리 ○○○-1
    2. 한 ○ ○ (000000-0000000)
        주소불상
    3. 한 ○ ○ (000000-0000000)
        주소불상

부당이득반환청구의 소

## 청구 취지

1. 피고들은 연대하여 원고에게 16,800,000과 2016.09.17부터 김포시 양촌읍 김포대로 OOOO번길 OO 지상 스라브 브럭조 건물 60.66㎡ 소재 토지에 대한 피고의 점유 종료일 또는 원고의 소유권 상실 시까지 월 1,400,000원의 비율로 계산한 금원을 지급하라.
2. 소송비용은 피고들의 부담으로 한다.
3. 위 제1항은 가집행 할 수 있다.

## 청구 원인

1. 당사자 관계

가. 원고는 별첨 이 사건 경기도 김포시 양촌읍 누산리 OOO-1, 대 194㎡ 와 동소 OOO-2 대 30㎡ 양 지상 토지 등기부등본 (갑제1호증의 1-2) 및 인천지방법원부천 지원 2014타경25448호 부동산 임의경매 굿옥션 경매일보 (갑제2호증)에서와 같이 인천지방법원부천지원 김포등기소 2015. 08. 17 접수 제71487호, 2015. 08. 07. 임의경매로 인한 매각을 원인으로 소유권을 취득한 자이고,

나. 피고들은 위 토지 양지상 위에 별첨 건축물대장 (갑제3호증)과 같이 건축면적 60.66㎡ 의 미등기 건물 소유자인 망 한용석의 상속인들로서 상속으로 인한 소유권 이전등기를 경료치 않고 있는 자들입니다.

2. 이 사건 원고의 피고들에 대한 무단 토지사용에 대한 부당이득금 청구채권 18,200,000원

가. 별첨 이 사건 토지 (김포 양촌읍 누산리 OOO-1) 폐쇄등기부등본 (갑제3호증) 에서와 같이 1981. 02. 12 한병철(주민등록번호 불상, 1988. 02. 11 현재 주소: 김포시 양촌면 누산리 OOO-1 )이 매수하였다가 1988. 02. 06 한수민에게 매매하였으 며, 이후 위와 같이 경매를 통하여 원고에게 2015. 08. 17 소유권이전 되었던 것임에 비해 위 미등기건물은 애당초 한용석 소유이었던 것이므로,

나. 이는 법정지상권이 성립된다 할 것이나, 이 경우라도 토지사용료는 원고가 위와 같이 2015.08.17.자에 경매를 통해 소유권등기 받은 것으로서 원고에게 위 한병 철이 지급하여야 한다 할 것인데,

다. 위 한병철이 연도 날짜 미상일에 이미 사망하였으므로 위 한병철의 상속인들은 채권자에게 상속 비율에 따른 토지사용료를 지급하여야 함에도 피고들은 이를 금일에 이르도록 전혀 지급치 않고 있는 실정입니다.

라. 따라서, 법률상의 원인 없이 타인의 재산 또는 노무로 인하여 이익을 얻고 이로 인하여 타인에게 손해를 가한 경우에 그 이익이 부당이득이고, 선의의 수익자는 현존이익의 범위 내에서 악의의 수익자는 그 받은 이익에 이자를 붙여 반환하고 손해가 있으면 이를 배상하여야 하는 것 (민법 제748조) 임에 비추어 원고의 이 사건

청구는 적법하다 할 것입니다.

## 3. 결론

가. 따라서, 원고는 피고들에게 청구취지와 같은 판결을 구하기 위하여 부득이 이건 청구에 이른 것인바,

나. 단지 이 사건 망 한병철의 상속인들에 대한 성명, 주민등록번호, 상속지분의 표기 등 상속인 정보는 귀원의 보정명령에 의하여 보정하도록 하겠습니다.

**입증 및 첨부서류**

1. 김포시 양촌읍 누산리 OOO-1, 동소 OOO-2 토지등기부등본 (갑제1호증의 1-2)      각 1 부
1. 인천지방법원부천지원 2014타경25448호 부동산임의경매 굿옥션 경매일보 (갑제2호증)      1 부
1. 이 사건 미등기건물 건축물대장 (갑제3호증)      1 부
1. 위 누산리 OOO-1 폐쇄등기부등본 (갑제4호증)      1 부
1. 미등기건물 사진 (갑 제5호증 )      1 부
1. 소장부본      각 1 부

2015. 12.

위 원고 : 정 수 철

## 인천지방법원 부천지원 귀중

〈부동산 목록〉

경기도 김포시 양촌읍 누산리 OOO-1, 동소 OOO-2 양지상
[도로명주소] 경기도 김포시 양촌읍 김포대로 OOOO번길 OO

스라브브럭조 60.66m

- 이상 미등기 건물임 -

## 상속지분표

| | 성명 및 주민 등록번호 | 주소 | 상속지분 | 비 고 |
|---|---|---|---|---|
| 1 | 한수민 | 김포시 양촌은 누산리 OOO-1 | 2/6 | |
| 2 | 한OO | | 2/6 | |
| 3 | 한OO | | 2/6 | |

# 02 전입신고를 잘 못한 임차인이 있는 다세대 주택의 근저당권을 매입해서 성공한 사례

## ◆ 박 병장이 안 중위 근저당권을 매입했다

안 중위는 최 소령에게 돈을 빌려주면서 2004년 12월 07일 근저당권을 설정하였는데 몇 년 동안 상환 받지 못했다. 그래서 경매를 신청하려 했지만 선순위임차인이 있어서 경매비용만 날리게 될까봐 걱정하고 있었는데, 박 병장이 근저당권을 사겠다고 해서 어차피 손해 볼 거 대출 원금 6,000만원에 팔았다. 그런데 박 병장은 손해가 예상되는 근저당을 어떤 이유에서 사게 되었을까? 박 병장이 등기부와 현황 상 구분호수가 다른 것을 알고 분석해본 결과 대법원 2015. 03. 26. 선고 2014다13082 판결과 같이 대항력이 없음을 알게 되었기 때문이다. 그래서 근저당권을 매입해서 다음과 같이 경매를 신청하였 다.

## ◆ 박 병장이 경매를 신청한 물건정보 내역과 매각결과

### 2008타경10088
* 서울서부지방법원 본원  * 매각기일 : 2011.11.02(水) (10:00)  * 경매 6계 (전화: 02-3271-1326)

| 소재지 | 서울특별시 마포구 00동 00번지 유니콘주택 지하층 02호 도로명주소검색 | | | | | | |
|---|---|---|---|---|---|---|---|
| 물건종별 | 다세대(빌라) | 감정가 | 100,000,000원 | 구분 | 입찰기일 | 최저매각가격 | 결과 |
| 대지권 | 33.726㎡(10.202평) | 최저가 | (64%) 64,000,000원 | | 2011-06-15 | 100,000,000원 | 변경 |
| | | | | 1차 | 2011-08-24 | 100,000,000원 | 유찰 |
| 건물면적 | 52.03㎡(15.730평) | 보증금 | (10%) 6,400,000원 | 2차 | 2011-09-28 | 80,000,000원 | 유찰 |
| 매각물건 | 토지·건물 일괄매각 | 소유자 | 최소령 | 3차 | 2011-11-02 | 64,000,000원 | |
| | | | | 낙찰 : 72,250,000원 | | | |
| 개시결정 | 2008-06-25 | 채무자 | 최소령 | (입찰1명,낙찰 : 박병장 ) | | | |
| 사건명 | 임의경매 | 채권자 | 박병장(근저당권 매입) | 매각결정기일 : 2011.11.09 - 매각허가결정 | | | |
| | | | | 대금지급기한 : 2013.03.12 - 기한후납부 | | | |

  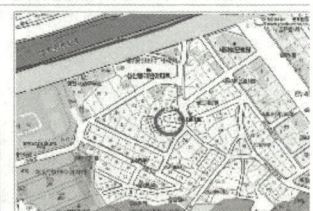

● 매각물건현황 ( 감정원 : 청림감정평가 / 가격시점 : 2009.08.28 / 보존등기일 : 1992.10.27 )

| 목록 | 구분 | 사용승인 | 면적 | 이용상태 | 감정가격 | 기타 |
|---|---|---|---|---|---|---|
| 건물 | 3층중 지하 | | 52.03㎡ (15.74평) | 방3, 욕실1 등 | 60,000,000원 | * 도시가스 개별난방 |
| 토지 | 대지권 | | 261㎡ 중 33.726㎡ * 토지별도등기있음 | | 40,000,000원 | |
| 참고사항 | * 공부상 지하층 2호이며 건물 출입구에서 봤을 때 왼쪽에 위치하고 있음 / * 출입문 표기는 공부와는 달리 B01호로 표기되어 있으며 공부상 지하층 1호의 소유자가 점유하고 있음. * 매각대상 물건은 공부상 지하층 02호임(건물에 붙어 있는 출입문 표기와 달리 건물 출입구에서 건물을 바라볼 때 왼쪽이 지하층 02 호 이 고, 오른쪽이 지하층 01호인데, 현재 매각대상 물건에는 지하층 02호를 지하층01호라고 오인하고 있는 지하층 01호의 소유자가 거주하고 있음.) | | | | | |

● 임차인현황 ( 말소기준권리 : 2004.12.17 / 배당요구종기일 : 2008.09.25 )

| 임차인 | 점유부분 | 전입/확정/배당 | 보증금/차임 | 대항력 | 배당예상금액 | 기타 |
|---|---|---|---|---|---|---|
| 최영민 | 주거용 B02 | 전 입 일 : 2001.05.04 확 정 일 : 미상 배당요구일 : 없음 | 미상 | | 배당금 없음 | |

● 등기부현황 ( 채권액합계 : 78,000,000원 )

| No | 접수 | 권리종류 | 권리자 | 채권금액 | 비고 | 소멸여부 |
|---|---|---|---|---|---|---|
| 1 | 2000.10.12 | 소유권이전 | 최소령 | | 임의경매로 인한 낙찰, 99타경22485 | |
| 2 | 2004.12.17 | 근저당 | 안중위 | 78,000,000원 | 말소기준등기 | 소멸 |
| 3 | 2005.03.24 | 압류 | 안양세무서 | | | 소멸 |
| 4 | 2005.03.28 | 압류 | 안양세무서 | | | 소멸 |
| 5 | 2005.07.21 | 압류 | 경기도군포시 | | | 소멸 |
| 6 | 2008.04.10 | 2번근저당권이전 | 박병장 | 78,000,000원 | | 소멸 |
| 7 | 2008.06.25 | 임의경매 | 박병장 | 청구금액 72,000,000원 | 2008타경10088 | 소멸 |
| 8 | 2009.01.09 | 압류 | 경기도김포시 | | | 소멸 |

| 주의사항 | ☞최중천은 전입일상 대항력이 있으므로, 보증금있는 임차인일 경우 인수여지 있어 주의요함. |

### ◆ 경매물건에 대한 물건분석과 권리분석

이 사건 다세대주택은 지하층 및 1, 2층의 입구 오른쪽 세대 전유부분 면적은 50.44㎡이고, 왼쪽 세대 전유부분 면적은 52.03㎡이며, 소유권보존등기 당시 제출된 도면상에는 입구 오른쪽 세대가 각 층 01호로, 왼쪽 세대가 각 층 02호로 기재되었는데, 실제 현관문에는 각 층 입구 오른쪽 세대가 02호로, 왼쪽 세대가 01호로 각 표시되어 있고, 소유자와 임차인 등이 공부상 표지와 다르게 현황 상으로 표시되어 있는 구분호수에 거주하고 있었다. 그래서 공부와 다른 구분호수(B02호)에 거주하는 최 영민 임차인은 대항력이 없었다.

그런데도 입찰자가 없어 가격이 떨어지게 되자 박 병장이 근저당권을 매입하고 일정한 투자 이익이 보장되는 선에서 낙찰 받았고, 배당 받을 금액과 대금납부를 상계 처리해서 추가로 지급한 비용 없이 1억원짜리 다세대주택을 7,252만원에 취득할 수 있었다.

### ◆ 낙찰 받고 거주하고 있는 최 영민에 대해 인도명령을 신청했다

그리고 경매법원에 인도명령을 신청하게 되었는데 기각되어 항소를 했는데 2심인 서울서부지법 2014. 01. 16. 선고 2013나7626 판결에서도 패소했다.

그래서 대법원에 상소까지 하게 되었는데 그 대법원 판단은 1심과 2심 판결과 다르게 다음과 같이 인도명령 대상자로 판단했다.

(1) 기록에 의하면, ① 이 사건 다세대주택의 지하층 및 1, 2층의 입구 오른쪽 세대 전유부분 면적은 50.44㎡이고, 위 각 층 입구 왼쪽 세대 전유부분 면적은 52.03㎡이며, 모두 방 3개, 거실·주방·욕실 각 1개씩이나 그 구조, 면적 등이 상이한 사실, ② 이 사건 다세대주택 각 세대에 관한 소유권보존등기 당시 제출된 도면상에는 각 층 입구 오른쪽의 면적이 작은 세대가 각 층 01호로, 입구 왼쪽의 면적이 큰 세대가

각 층 02호로 기재된 사실, ③ 그런데 실제 이 사건 다세대주택의 각 세대 현관문에는 위 도면 기재와 달리 각 층 입구 오른쪽 세대가 02호로, 각 층 입구 왼쪽 세대가 01호로 각 표시되어 있는 사실, ④ 피고는 이 사건 임의경매절차에서 등기부상 '지층 02호, 면적 52.03 ㎡'인 부동산을 매각 받은 사실을 알 수 있다.

위 법리 및 위와 같은 사실관계 등에 비추어 살펴보면, <u>이 사건 다세대주택에 관한 등기부상 지층에서 2층까지의 각 층 02호는 입구 왼편에 위치한 세대를, 각 층 01호는 입구 오른편에 위치한 세대를 표상하는 것으로 봄이 상당한 바, 각 현관문에 등기부상 표시와 다르게 표시되어 있다는 사정만으로 각 층 02호에 대한 등기가 입구 오른편에 위치한 면적 50.44㎡의 세대를 표상하는 것으로 볼 수는 없다. 따라서 피고는 이 사건 임의경매절차에서 그 등기부가 나타내는 대로 입구 왼편에 있는 지층 02호, 즉 원고 점유 부동산을 매각 받은 것으로 보아야 한다.</u>

(2) 그렇다면 피고는 원고 점유 부동산의 소유자에 해당하므로 이를 전제로한 이 사건 인도명령은 정당하다. 결국 이 사건 인도명령이 부당하다고 본 원심판결은 부동산 등기의 효력에 관한 법리를 오해하여 판단을 그르친 것이다.

### ◆ 근저당을 사고, 직접 낙찰 받아 얼마나 수익을 올렸을까?

안 중위로부터 6,000만원에 사서 7,100만원(경매비용공제하고) 배당받고, 1억 짜리 다세대주택을 7,252만원에 취득했으니 박 병장은 1,100만원 + 27,480,000원으로 3,848만원의 높은 수익을 올릴 수 있었다.

김선생 특별과외

### 건축물대장상 2층 202호인데 현황상 302호로 주민등록하면 대항력은

원심판결 이유에 의하면, 서울지방법원 의정부지원 94타경982호 강제경매 사건의 목적이 된 이 사건 주택은 반지하층을 포함하여 총 6세대로 구성된 1동 건물의 일부인데, 위 건물은 등기부상 지층 101, 102호, 1층 101, 102호, 2층 201, 202호로 등재되어 있으나 ~생략, 계약을 체결함에 있어 그 등기부상 표시(2층 202호)와 다르게 현관문에 부착된 호수의 표시대로 302호로 표시하고, ~주택에 입주하여 1992.

10. 14. 임대차계약서상의 표시대로 전입신고를 하고 그와 같이 주민등록표에 기재 되게 한 후 1993. 10. 8.경 위 임대차계약서에 확정일자를 부여받은 사실을 인정하고, 이 사건 주택의 실제 표시(2층 202호)와 불일치한 302호로 된 피고의 주민등록은 이 사건 임대차의 공시방법으로 유효한 것으로 볼 수 없어 임차권자인 피고가 대항력을 가지지 못하므로, ~생략(대법 95다55474 판결)(대법 95다177)

이러한 이치는 입찰절차에서의 이해관계인 등이 잘못된 임차인의 주민등록상의 주소가 건축물관리대장 및 등기부상의 주소를 지칭하는 것을 알고 있었다고 하더라도 마찬가지이다(대법 2003다10940).

# 03 법정지상권 성립 가능성이 있는 주택에서 근저당권을 매입하면

◈ 나대지에 저당권이 설정되고 토지만, 신축건물만 경매되는 사례

 김선생 말풍선

    이 사례는 나대지상에 대전서부새마을금고가 근저당설정 후 건물이 신축 도중에 채권이 회수되지 않자 대전서부새마을금고가 토지만 임의경매를 신청해 김종선이 토지만 낙찰받았다. 그후 건물이 완공돼 건물만 강제경매가 이루어져 이철민이 낙찰 받았는데 이 건물은 관습법상 법정지상권이 성립되지 않아 철거의 위험에 빠져 있다. 그래서 토지낙찰자가 건물에 대해서 토지인도 및 건물철거소송에 따른 가처분을 하고 강제경매를 신청하거나 제3자가 경매를 신청하면 가처분하고 입찰에 참여하면 건물까지 싸게 매입할 수 있는 좋은 투자 전략이다.

### (1) 나대지에 저당권설정 이후 건물 신축중 토지만 경매된 경우
① 사설경매정보 사이트상의 입찰정보내역

| 2009타경2385 | | · 대전지방법원 본원 · 매각기일 : 2009.08.25(火) (10:00) · 경매 8계(전화:042-470-1808) | | | | | |
|---|---|---|---|---|---|---|---|
| 소재지 | 대전광역시 중구 유천동 000-00 | | | | | | |
| 물건종별 | 대지 | 감 정 가 | 410,502,400원 | 기일입찰 | [ 입찰진행내용 ] | | |
| 토지면적 | 523.6㎡(158.389평) | 최 저 가 | (100%) 410,502,400원 | 구분 | 입찰기일 | 최저매각가격 | 결과 |
| 건물면적 | 건물은 매각제외 | 보 증 금 | (10%) 41,060,000원 | 1차 | 2009-06-16 | 410,502,400원 | 변경 |
| 매각물건 | 토지만 매각 | 소 유 자 | 김철수 | | 2009-08-25 | 410,502,400원 | |
| 사건접수 | 2009-01-20 | 채 무 자 | 김철수 | 낙찰 : 415,500,000원 (101.22%) | | | |
| 사 건 명 | 임의경매 | 채 권 자 | 대전새마을금고 양수인 김중령 | (입찰1명,낙찰: 김중령) | | | |
| | | | | 매각결정기일 : 2009.09.01 - 매각허가결정 | | | |
| | | | | 대금지급기한 : 2009.09.24 - 기한후납부 | | | |
| | | | | 배당기일 : 2009.12.11 | | | |

## PART 13  실제 특수물건에서 부실채권을 매입해 성공한 사례와 실패?

● 매각토지.건물현황 (감정원 : 나라감정평가 / 가격시점 : 2009.01.28 )

| 목록 | 지번 | 용도/구조/면적/토지이용계획 | m²당 단가 | 감정가 | 비고 |
|---|---|---|---|---|---|
| 토지 | 유천동 000-00 | *일반상업지역, 방화지구, 최저고도지구, 소로2류(유천16)(접함) | 대 523.6m²(158.389평) | 1,120,000원 | 586,432,000원 | 표준지공시지가:(m²당)960,000원▶제시외건물감안단가:784,000원/m² |
| 감정가 | | 토지:523.6m²(158.389평) | | 합계 | 410,502,400원 | 토지만 매각 |
| 현황위치 | \*"서부네거리" 동측 인근에 위치, 주위는 유흥업소 및 숙박업소, 상가 등으로 형성 \* 차량출입 자유로우며 교통사정은 대체로 무난, 사다리형의 토지로서 남측으로 약 8m, 동측으로 약 3m의 포장도로에 접함 |||||||
| 참고사항 | *신축중인건물소재(철근콘크리트조 슬래브지붕 4층 숙박업소(신축공사중 중단된 상태) |||||||

● 임차인현황  ( 배당요구종기일 : 2009.04.28 )

===== 조사된 임차내역 없음 =====

● 토지등기부  ( 채권액합계 : 2,885,625,300원 )

| No | 접수 | 권리종류 | 권리자 | 채권금액 | 비고 | 소멸여부 |
|---|---|---|---|---|---|---|
| 1 | 1999.07.26 | 소유권이전(매매) | 이수자 | | | |
| 2 | 2003.01.16 | 소유권일부이전 | 최민기 | | 매매, 1/2 | |
| 3 | 2003.01.16 | **최민기지분전부이전** | 최숙자 | | 매매, 1/2 | |
| 4 | 2003.01.16 | 이수자지분전부근저당 | 대전서부새마을금고 | 390,000,000원 | 말소기준등기 | 소멸 |
| 5 | 2003.01.16 | 최숙자지분전부근저당 | 대전서부새마을금고 | 390,000,000원 | | 소멸 |
| 6 | 2003.01.16 | 지상권(토지의전부) | 대전서부새마을금고 | | 존속기간: 2003.01.16 ~ 2033.01.16 30년 | 소멸 |
| 7 | 2004.08.23 | 소유권이전(매매) | 김철수 | | | |
| 8 | 2005.09.14 | 가압류 | 김민수 | 104,000,000원 | | 소멸 |
| 9 | 2005.09.15 | 가압류 | 이철수, 주흥기 | 100,000,000원 | | 소멸 |
| 10 | 2005.10.24 | 가압류 | 대전콘크리트(주) | 44,349,300원 | | 소멸 |
| 11 | 2005.10.31 | 근저당 | 이봉수 | 200,000,000원 | | 소멸 |
| 12 | 2006.11.24 | 가압류 | 이철기 | 30,000,000원 | | 소멸 |
| 13 | 2006.12.22 | 근저당 | 김종수 | 70,000,000원 | | 소멸 |
| 14 | 2007.03.21 | 가압류 | 유인봉 | 46,940,000원 | | 소멸 |
| 15 | 2007.05.28 | 압류 | 대전광역시중구 | | 세무과-6960 | 소멸 |
| 16 | 2007.09.07 | 가압류 | 서울시산림조합 | 300,000,000원 | | 소멸 |
| 17 | 2008.02.27 | 압류 | 국민건강보험공단 | | | 소멸 |
| 18 | 2008.04.18 | 가압류 | 주승민 | 1,210,336,000원 | | 소멸 |
| 19 | 2009.01.21 | 임의경매 | 대전서부새마을금고 | 청구금액: 543,639,452원 | 2009타경2385 | 소멸 |

등기부 분석    ☞토지만 매각주의(건물은 매각제외)

## (2) 물건 사진 및 위치도

### (3) 물건분석과 유치권 및 법정지상권 성립에 대한 판단

이 물건은 나대지상에 대전서부새마을금고가 이수자 지분에(대출금액 3억원) 3억9천만원(대출금액 3억원)을 근저당권을 설정, 최숙자 지분에 3억9천만원 근저당권을 설정함과 동시에 전체지분에 대해서 지상권을 설정하고 각 3억씩 6억원을 대출하였다.

따라서 나대지상에서 저당권과 지상권을 설정하고 지상권자의 동의를 얻어 건물을 신축 중에 토지만 경매가 진행된 사건이므로 법정지상권은 성립되지 아니한다. 유의할 점은 지상권자의 동의를 얻어서 건물을 신축한 경우도 건물신축 후 건물에 1순위로 동일한 금액을 설정해주지 아니하는 한 법정지상권은 성립되지 못하는 것으로 판단해야 한다.

다음으로 유치권에 대해서 살펴보면 이 사건에서 이철수의 공사대금채권 15억5천만원과 보다나종합건설(주)의 공사대금채권 8억1천만원이 유치권으로 신고되어 있는데 이 유치권은 토지매수인이 인수해야 될 사항이 아니다. 왜냐하면 이 유치권은 건물에 대한 공사대금으로 유치권을 행사하는 것이지 토지에 대해서 유치권을 행사하는 것이 아니기 때문이다. 따라서 토지낙찰자의 인수가 아니다. 여기서 유의할 점은 건물에서 유치권이 성립된 경우에도 건물이 법정지상권이 성립되지 못하면 건물자체가 토지인도 및 철거소송이 진행됨에 따라 건물이 철거당하면 그에 따라 유치권도 소멸된다는 점이다.

### (4) 김중령이 근저당권을 매입하고 경매를 신청해서 낙찰 받았다

김중령은 건물이 법정지상권이 성립되지 않는다는 사실을 판단하고 토지를 낙찰받아 건물을 싸게 매수하기 위한 전략으로 대전새마을금고 근저당권을 매입하기로 결심했다. 다음날 대전새마을금고를 방문해 협의하는 과정에서 지상 건물신축에 동의해 주었지만 채권회수가 이루어지지 못해 부실채권이 되었다는 사실과 지상에 건물이 신축 중이어서 법정지상권 유무와 관계 없이 채권이 손실이 발생할 것을 염려해 채권원금으로 매각할 수 있다는 얘기를 들을 수 있었다. 그래서 김중령은 근저당 매매가격을 채권원금 3억으로 하는 근저당권 양도·양수계약서를 작성하게 되었는데 부족한 자금 80%는 대전새마을금고가 질권을 설정하고 대출해 주기로 했다. 김중령은 근저당권을 양도 받고 나서 부기등기로 이전 받고 곧바로 경매를 신청했고 채권최고액의 범위 내에서 배당받을 수 있다는 판단 하에 채권최고액 보다 조금 높은 4억 1,550만원에 낙찰받았다. 그리고 매각허가 전에 배당받을 채권과 상계처리하는 방법으로 대금을 납부하고 소유권을 취득하였다.

이렇게 취득하게 되면 이 금액에 대해서 절세효과가 발생하기 때문이다.

### (5) 그런데 토지를 낙찰받은 이후에는 어떻게 될까!

토지낙찰자 김중령은 토지소유권을 취득한 후 미준공 건물이 완공되어 보존 등기가 이루어지자 토지인도 및 건물철거 소송에 따른 건물 처분금지 가처분을 해 놓았다. 왜냐하면 건물에 채권자가 많아서 건물 채권자들이 경매를 신청하면 건물이 법정지상권이 성립되지 않는다는 사실을 안 입찰자들이 입찰을 꺼리게 될 것이고 그 과정에서 건물을 싸게 낙찰받아 온전한 건물을 만들어 임대수익을 올리거나 매도해서 투자 이익을 극대화 시키자는 전략이다.

## ◆ 토지가 매각되고 신축중인 건물이 완공돼 경매가 되었다

### (1) 사설경매정보 사이트상의 입찰정보내역

| 2010타경5342 | | ●대전지방법원 본원 | ●매각기일 : 2012.09.04(火) (10:00) | | ●경매 6계 (전화:042-470-1806) | | |
|---|---|---|---|---|---|---|---|
| 소 재 지 | 대전광역시 중구 유천동 000-0  도로명주소검색 | | | | | | |
| 물건종별 | 숙박시설 | 감 정 가 | 1,308,048,500원 | 구분 | 입찰기일 | 최저매각가격 | 결과 |
| 토지면적 | 토지는 매각제외 | 최 저 가 | (24%) 314,063,000원 | 1차 | 2011-01-04 | 1,308,048,500원 | 유찰 |
| 건물면적 | 1501.67㎡ (454.255평) | 보 증 금 | (10%) 31,410,000원 | : | : | : | 유찰 |
| | | | | 8차 | 2012-06-19 | 640,944,000원 | 유찰 |
| 매각물건 | 건물만 매각 | 소 유 자 | 이소룡 | 9차 | 2012-07-24 | 448,661,000원 | 유찰 |
| 개시결정 | 2010-03-11 | 채 무 자 | 이소룡 | 10차 | 2012-09-04 | 314,063,000원 | |
| 사 건 명 | 강제경매 | 채 권 자 | 윤병장, (주)OO대부 | 낙찰 : 378,000,000원 (28.9%) (입찰2명, 낙찰: 김중령) | | | |
| | | | | 대금납부 2012.10.11 / 배당기일 2012.11.14 | | | |

### (2) 물건 사진 및 위치도

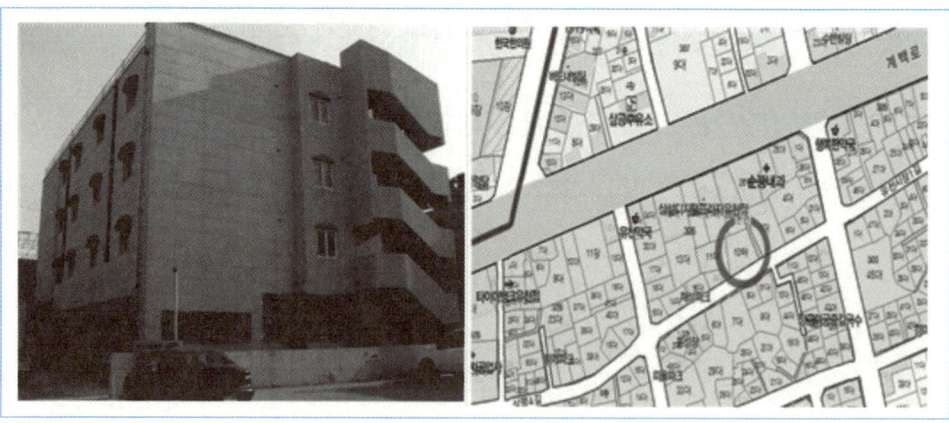

### (3) 물건분석과 유치권 및 법정지상권 성립에 대한 판단

이 사건은 건물만 경매가 매각된 경우이다.

왜냐하면 토지는 앞의 경매절차에서 토지만 경매가 이루어져 김중령이 2009년 8월

25일 415,500,000원에 낙찰받고 2009년 11월 9일 대금납부하여 소유권을 취득하였다.

이 당시에 건물이 건축 도중이어서 토지와 건물을 일괄경매신청이 불가했으므로 토지만 매각절차로 경매가 진행되었던 것이다.

이 건물은 착공 후 사용승인까지 상당기간이 지체되어 완공된 숙박시설로 건물소유자가 점유·사용·수익하고 있었는데 건물만에 설정된 (주)ㅇㅇ대부의 근저당권에 의해서 임의경매절차가 진행된 사건이다.

전입세대열람결과 전입된 세대는 없으므로 임차인 없이 소유자가 건물전체를 숙박시설로 사용·수익하고 있었다.

이 물건은 2011년 8월 23일 최초 매각예정금액이 1,308,048,500원인데 451,500,000원에 매각되었다가 매각대금을 미납했다. 아마도 이 건물이 법정지상권이 성립하는 것으로 오해를 하고 낙찰받았다고 생각한다. 김중령이 법정지상권이 성립되지 않아 가처분을 해 놓았는데 말이다. 어쨌든 재매각절차에서 김중령이 2012년 9월 4일 3억7,800만원(감정가의 28.8%)에 낙찰받게 되었다.

### (4) 김중령은 건물까지 낙찰받아 기대했던 높은 수익을 창출했다

김중령은 대전새마을 금고에서 토지 근저당권을 싸게 매입하고 그 과정에서 건물이 법정지상권이 성립되지 않는다는 사실과 직접 낙찰 받아서 이익을 보게 된 사례다.

김중령은 토지에 설정되었던 근저당권에서 매매 차익을 보게 되었고 그 만큼 양도세를 절세할 수 있었다. 그리고 법정지상권이 성립되지 않는 건물을 감정가 대비 28.8%에 매입하게 되어 두 마리 토끼를 잡을 수 있었던 사례다. 이와 같이 NPL을 특수물건과 결합하면 일반 물건과 비교할 수 없는 높은 투자수익을 만들 수 있다.

## ◆ 공동저당권이 설정되고 나서 건물 멸실하고 신축한 경우

**김선생 말풍선**

이 사례는 토지와 건물에 공동저당권이 설정되고 나서 건물을 멸실하고 신축한 경우인데 토지와 건물이 일괄경매가 되었다.

이때 임차인과 채권자에게 배당하는 방법과 일괄 매각하지 않고 토지만 경매되었다면 법정지상권은 성립되지 않는다. 그러나 중요한 사실은 토지 근저당권자는 토지에서만 배당받게 되므로 채권손실이 예상되지만 낙찰자는 그 토지 근저당권을 싸게 사서 낙찰받으면 좋은 결과를 얻게 된다.

## (1) 입찰대상물건 분석표

| 주소 | 면적 | 공매가 진행과정 | 1) 임차인조사 내역<br>2) 기타청구 | 등기부 상의 권리관계 |
|---|---|---|---|---|
| 강서구<br>가양동<br>○○○<br>번지<br>다가구주택<br>〈토지·건물<br>일괄경매〉 | 대지<br>158㎡<br>건물<br>1층 86㎡<br>2층 86㎡<br>3층 75㎡ | 감정가<br>400,000,000원<br>대지(60%)<br>240,000,000원<br>건물(40%)<br>160,000,000원<br>최저가<br>1차 400,000,000원<br>유찰<br>2차 320,000,000원<br>유찰<br>3차 256,000,000원<br>낙찰 285,080,000원<br>〈박 소 령〉 | 1) 임차인<br>① 이경진<br>전입 07.3.25.<br>확정 09.10.10.<br>배당 09.10.10.<br>보증 6,000만원<br>② 김철희<br>전입 07.4.10.<br>확정 07.4.10.<br>배당 09.10.20.<br>보증 3,500만원<br>③ 김민주<br>전입 07.5.30.<br>확정 07.5.30.<br>배당 09.10.21.<br>보증 2,500만원<br>④ 이한국<br>전입 08.2.10.<br>확정 08.2.10.<br>배당 09.10.25.<br>보증 3,000만 | 근저당 HK상호저축은행<br>2005.05.30.<br>2억 4,000만원<br>건물멸실로 근저당권 소멸<br>건물소유권보존등기 이영화<br>2007.03.30.<br>근저당 새마을금고<br>2007.03.30.<br>7,000만원<br>가압류 이수진<br>2008.01.10.<br>5,500만원<br>〈건물등기부〉<br>소유자 이영화<br>근저당 HK상호저축은행<br>2005.05.30.<br>2억 4,000만원<br>가압류 이수진<br>2008.01.10.<br>5,500만원<br>〈토지등기부〉<br>〈토지건물일괄경매신청〉<br>임의경매 HK상호저축은행<br>양수인 박소령〈2009. 04. 30.〉 |

## (2) 물건분석과 권리분석에 따른 배당방법

이 사건은 HK상호저축은행이 2005. 05. 30.에 토지와 건물을 공동저당권을 설정했다가 채무자겸 소유자가 건물을 멸실시키고 2007. 03. 30. 건물을 신축해서 소유권보존등기와 동시에 새마을금고에 7,000만원을 대출받았다.

따라서 구 건물에 있었던 근저당권은 소멸된 경우이다. 따라서 토지에서 말소기준권리는 상호저축은행이고, 건물에서 말소기준권리는 새마을금고가 된다. 신축한 건물소유자와 토지소유자가 동일인이므로 이 일괄경매 신청하였다. 이처럼 토지와 건물의 말소기준권리가 상이할 경우 주택임차인 인수여부는 건물의 말소기준권리를 가지고 판단하게 된다.

배당금액이(285,080,000원 – 집행비용 300만원) 282,080,000원이므로 배당표를 작성해보면 다음과 같다.

| 채권순위 및 금액 | | 토지(169,248,000원 60%) | 건물(112,832,000원 40%) |
|---|---|---|---|
| 1순위 최우선변제금 | ① 김철희 : 1,600만원 | 9,600,000원 | 6,400,000원 |
| | ② 김민주 : 1,600만원 | 9,600,000원 | 6,400,000원 |
| | ③ 이한국 : 1,600만원 | 9,600,000원 | 6,400,000원 |
| 2순위 | 박소령 2억 4,000만원 | 140,448,000원 | 0원 |
| ※ 선순위채권 공제 후 토지와 건물의 경매대가를 다시 계산하여 보고 그에 따른 배당비율을 정하여 보면 잔여배당금 : 93,632,000원 | | 토지경매대가 =0원 | 건물경매대가 =93,632,000원 |
| 3순위 | 새마을금고 7,000만 | 0원 | 70,000,000원 |
| 4순위 최우선변제금 | ① 이경진    2,000만원 | | 14,770,000원 |
| | ② 김철희    400만원 | | 2,954,000원 |
| | ③ 김민주    400만원 | | 2,954,000원 |
| | ④ 이한국    400만원 | | 2,954,000원 |

이와 같이 배당표가 작성되었으나 대항력 있는 임차인 이경진이 건물말소기준권리

인 새마을금고보다 전입이 빨라서 선순위이지만 확정일자가 늦어서 최우선변제금 14,770,000원만 우선 배당받고 나머지 미배당금 45,230,000원은 낙찰자가 인수하게 된다. 따라서 박소령은 낙찰받은 금액 285,080,000원과 인수금액 45,230,000원으로 총 취득금액은 330,310,000원이 된다.

이와 같이 공동저당권이 설정되었다가 건물 멸실되고 신축된 경우에는 법정지상권이 성립되지 아니한다. 이 경우 토지저당권자는 토지매각대금에 대해서만 배당받고 건물채권자들은 건물매각대금에 대해서만 배당받는다.

앞의 사례에서 보았듯이 대지에 저당권 설정 당시에 이미 건물이 존재한 경우에 대지저당권 실행으로 경매가 진행된 경우 대지 환가대금에서 소액보증금 중 일정액을 우선변제 받을 수 있다. 그러나 나대지 상태에서 저당권 설정후 신축하였다면 최우선변제금은 우선변제받을 수 없고 토지 저당권자가 배당 후 배당잔여금에 대해서만 우선변제받을 수 있을 뿐이다.

### (3) 이 사례에서 토지만 매각되었다면 법정지상권 성립 여부

공동저당권을 설정후 건물을 멸실하고 신축한 경우로 토지만 경매가 진행 되었다면 법정지상권은 성립되지 않는다.

그러나 이 사건은 토지와 건물이 일괄 경매된 것으로 매수인은 토지와 건물 모두 소유하게 되므로 법정지상권을 논하는 것은 의미가 없다.

### (4) 박소령이 HK상호저축은행 근저당권을 사서 낙찰받았다면?

이 사례는 토지와 건물에 공동저당권이 설정되고 나서 건물을 멸실하고 신축한 경우인데 토지와 건물이 일괄경매가 되었다.

이때 일괄 매각하지 않고 토지만 경매되었다면 법정지상권은 성립되지 않는다. 그러나 중요한 사실은 토지 근저당권자는 토지에서만 배당받게 되므로 채권손실이 예상되지만 낙찰자는 그 토지 근저당권을 싸게 사서 낙찰받으면 좋은 결과를 얻을 수 있을 것이다.

# 04 나대지에 설정한 저당권을 사서 토지를 낙찰 받고, 건물을 경매신청한 사례

### ◆ 이병철이 OOO유동화회사로부터 근저당권을 론세일 방식으로 매입

국민은행 근저당권을 부실채권 시장에서 OOO유동화회사가 국제입찰방식으로 2억원에 낙찰 받아 소유권을 취득했으나 근저당권을 OOO유동화회사 명의로 이전등기하지 않은 상태로 소유하고 있었다(ABS법 제8조 1항 특례조항에 따라 이하 생략).

이 국민은행 근저당권은 나대지 상태에서 설정된 것으로 그 지상의 건물은 법정지상권이 성립하지 못한다. 이때 민법 제622조에 의한 차지권의 대항력도 고려대상이나 차지권의 대항력도 주장할 수 없는 물건이다. 이런 사실을 알게된 이병철이 OOO유동화회사로부터 론세일 방식(민법적 채권양도 방식으로 근저당권을 부기등기로 이전등기 받는 방법)으로 2억원에 매입했다. NPL로 매입하고, 그 토지를 다음과 같이 경매를 신청했다. 왜냐하면 먼저 토지만 경매신청해 낙찰 받고, 건물에 대해서 법정지상권이 없음을 원인으로 토지인도 및 건물철거소송에 따른 가처분을 하고, 그 토지사용료를 원인으로 하는 판결을 득해서 건물을 강제경매 신청해 저렴하게 건물까지 낙찰 받아 근린주택에서 완전한 소유권을 취득하면 높은 수익을 올릴 수 있다는 판단이 섰기 때문이다.

〈이 사례는 경매로 매각된 사례를 가지고 국민은행 근저당권을 NPL로 사서 경매를 신청하는 방법으로 필자가 재구성해서 편집한 내용이다. 그래서 이해관계인 등의 실제 이름을 가명으로 했고, 소장 작성 방법도 새로운 방법으로 작성했다. 그리고 건물에 대한 경매 신청권자도 토지를 낙찰 받은 이병철(가명) 이름으로 변경해서 새

롭게 작성했기 때문에 실제 사실과 다소 다르게 기술했다.〉

## ◈ 이병철이 토지만 경매를 신청해서 직접 낙찰 받았다

### (1) 토지만 임의경매된 물건 현황 및 매각결과

**2009타경45352**  • 서울중앙지방법원 본원  • 매각기일 : 2011.02.09(水) (10:00)  • 경매 3계 (전화:02-530-1815)

| 소재지 | 서울특별시 성북구 종암동 00-00 | | | | |
|---|---|---|---|---|---|
| 물건종별 | 대지 | 감정가 | 979,200,000원 | | |
| 토지면적 | 204㎡(61.71평) | 최저가 | (80%) 783,360,000원 | | |
| 건물면적 | 건물은 매각제외 | 보증금 | (10%) 78,340,000원 | | |
| 매각물건 | 토지만 매각 | 소유자 | O O O | | |
| 개시결정 | 2009-12-08 | 채무자 | O O O | | |
| 사건명 | 임의경매 | 채권자 | 이병철(국민은행저당권양수인), 서울보증보험(주) | | |

오늘조회: 1  2주누적: 0  2주평균: 0

| 구분 | 입찰기일 | 최저매각가격 | 결과 |
|---|---|---|---|
| 1차 | 2010-06-03 | 979,200,000원 | 유찰 |
|  | 2010-07-07 | 783,360,000원 | 변경 |
|  | 2010-09-15 | 783,360,000원 | 변경 |
|  | 2010-12-29 | 783,360,000원 | 변경 |
| 2차 | 2011-02-09 | 783,360,000원 |  |

낙찰 : 813,399,000원 (83.07%)
입찰1명, 낙찰: 이병철
매각결정기일 : 2011.02.16 - 매각허가결정
대금지급기한 : 2011.04.22
대금납부 2011.04.20 / 배당기일 2011.05.31
배당종결 2011.05.31

• 매각토지.건물현황 (감정원 : 청림감정평가 / 가격시점 : 2010.01.11 )

| 목록 | 지번 | 용도/구조/면적/토지이용계획 | ㎡당 단가 | 감정가 | 비고 |
|---|---|---|---|---|---|
| 토지 | 종암동 00-00 | * 도시지역,제2종일반주거지역(7층이하),도로(접함),대공방어협조구역... | 대 204㎡ (61.71평) 4,800,000원 | 979,200,000원 | 표준지공시지가: (㎡당)2,600,000원 ▶제시외건물감안단가:@3,360,000원/㎡ |
| 감정가 | 토지:204㎡(61.71평) | | 합계 | 979,200,000원 | 토지만 매각 |

## PART 13 실제 특수물건에서 부실채권을 매입해 성공한 사례와 실패?

| 임차인 | 점유부분 | 전입/확정/배당 | 보증금/차임 | 대항력 | 배당예상금액 | 기타 |
|---|---|---|---|---|---|---|
| 강OO | 주거용 403호 | 전 입 일: 2009.04.03<br>확 정 일: 미상<br>배당요구일: 없음 | 미상 | | | |
| 강OO | 주거용 403호 | 전 입 일: 2009.04.03<br>확 정 일: 미상<br>배당요구일: 없음 | 미상 | | | |
| 권OO | 점포 1층전부<br>(오목대삼겹살) | 사업자등록: 2005.11.17<br>확 정 일: 2005.11.17<br>배당요구일: 2009.09.03 | 보50,000,000원<br>월1,200,000원 | | | 현황조사서상 차임:100만원 |
| 김OO | 주거용 205호 | 전 입 일: 2005.09.12<br>확 정 일: 미상<br>배당요구일: 없음 | 미상 | | | |
| 김OO | 주거용 201호 | 전 입 일: 2008.04.01<br>확 정 일: 미상<br>배당요구일: 없음 | 미상 | | | |
| 김OO | 주거용 501호 | 전 입 일: 2009.12.14<br>확 정 일: 미상<br>배당요구일: 없음 | 미상 | | | |
| 류OO | 주거용 404호 | 전 입 일: 2009.12.07<br>확 정 일: 미상<br>배당요구일: 없음 | 미상 | | | |
| 서OO | 주거용 미상 | 전 입 일: 2008.02.13<br>확 정 일: 미상<br>배당요구일: 없음 | 미상 | | | |
| 이OO | 점포 3층일부 | 사업자등록: 미상<br>확 정 일: 미상<br>배당요구일: 없음 | 보60,000,000원 | | | 전세권등기자<br>배당요구없음 |
| 이OO | 주거용 미상 | 전 입 일: 1989.01.27<br>확 정 일: 미상<br>배당요구일: 없음 | 미상 | | | |
| 정OO | 주거용 404호 | 전 입 일: 2008.08.28<br>확 정 일: 미상<br>배당요구일: 2009.09.21 | 미상 | | | |
| 최OO | 주거용 미상 | 전 입 일: 2008.01.31<br>확 정 일: 미상<br>배당요구일: 없음 | 미상 | | | |
| 한OO | 주거용 미상 | 전 입 일: 1978.12.20<br>확 정 일: 미상<br>배당요구일: 없음 | 미상 | | | |
| 한OO | 주거용 미상 | 전 입 일: 2007.11.07<br>확 정 일: 미상<br>배당요구일: 없음 | 미상 | | | |
| 황OO | 주거용 미상 | 전 입 일: 2006.02.17<br>확 정 일: 미상<br>배당요구일: 없음 | 미상 | | | |
| 황OO | 주거용 미상 | 전 입 일: 2006.09.19<br>확 정 일: 미상<br>배당요구일: 2009.09.14 | 미상 | | | |

• 건물등기부 ( 채권액합계 : 463,987,260원 )

| No | 접수 | ※주의 : 건물은 매각제외 | | 채권금액 | 비고 | 소멸여부 |
|---|---|---|---|---|---|---|
| 1 | 2005.08.30 | 소유권보존 | 한OO | | | |
| 2 | 2007.09.17 | 근저당 | 이OO | 120,000,000원 | | |
| 3 | 2008.01.16 | 근저당 | 임OO | 50,000,000원 | | |
| 4 | 2008.01.16 | 근저당 | 이OO | 50,000,000원 | | |
| 5 | 2009.09.15 | 가압류 | 서울보증보험(주) | 183,987,260원 | | |
| 6 | 2009.10.05 | 전세권(3층일부) | 이OO | 60,000,000원 | 존속기간:<br>~2010.06.01 | |
| 7 | 2010.04.13 | 임의경매 | 이OO | 청구금액:<br>120,000,000원 | 2010타경10680 | |

• 토지등기부 ( 채권액합계 : 1,797,077,803원 )

| No | 접수 | 권리종류 | 권리자 | 채권금액 | 비고 | 소멸여부 |
|---|---|---|---|---|---|---|
| 1 | 1981.10.20 | 소유권이전(증여) | 오OO | | | |
| 2 | 1992.09.03 | 근저당 | 이병철(국민은행근저당양수인) | 104,000,000원 | 말소기준등기 | 소멸 |
| 3 | 2001.01.26 | 근저당 | 이병철(국민은행근저당양수인) | 124,000,000원 | | 소멸 |
| 4 | 2005.11.04 | 가압류 | 이OO | 100,000,000원 | | 소멸 |
| 5 | 2006.11.08 | 가압류 | 서울보증보험(주) | 767,377,000원 | | 소멸 |
| 6 | 2006.12.18 | 가압류 | 전OO | 300,000,000원 | | 소멸 |
| 7 | 2007.04.12 | 가압류 | 신용보증기금 | 180,000,000원 | | 소멸 |
| 8 | 2007.09.11 | 가압류 | 이병철(양수인) | 37,713,543원 | | 소멸 |
| 9 | 2009.07.03 | 강제경매 | 서울보증보험(주)(강북신용지원단) | 청구금액: 753,391,240원 | 2009타경26023 | 소멸 |
| 10 | 2009.09.15 | 가압류 | 서울보증보험(주) | 183,987,260원 | | 소멸 |
| 11 | 2009.12.08 | 임의경매 | 이병철(국민은행저당권양수인) | 청구금액: 228,000,000원 | 2009타경45922 | 소멸 |

| 등기부 분석 | ☞토지만 매각주의(건물은 매각제외) |
| 주의사항 | ☞법정지상권 성립여부 불명 |

### (2) 이 토지 대한 권리분석과 배당

이 근린주택은 지하철 6호선 고려대역과 고려대학교 등이 위치하고 있어서 임대수요가 높은 곳이다. 이 토지 낙찰자 이병철도 그러한 판단 하에 감정가 979,200,000원인데 813,399,000원에 낙찰 받은 것이다.

왜냐하면 이 지상건물이 법정지상권이 성립되지 않기 때문에 협의가 안 될때 법정지상권이 성립되지 않으므로 건물철거를 주장할 수 있기 때문이다.

법정지상권이 성립하려면 민법 제366조에 따라 토지와 건물소유자가 동일인 이었다가 경매로 달라져야 하는데 이 건물 신축당시부터 동일소유자가 아니 었다.

그런데 이러한 상황에 직면하게 되면 민법 제366조에 의한 법정지상권만 분석하고 성립이 안 되면 철거로 단정해 버리는 경향이 있다. 그러나 민법 제 622조의 차지권의 대항력도 고려해야만 한다.

차지권의 대항력은 토지에 별도로 등기를 하지 않고서도 토지임차인이 건물 신축후 보존등기만 하면 그 이후 토지소유자가 일반 매매나 경매로 변경 되더라도 매수인은 토지임차권을 승계해야 되기 때문이다.

그러나 토지임차인이 건물을 보존등기하기 전에 토지소유자가 변경되거나 건물을 보존등기하기 전에 설정된 저당권이나 가압류(압류) 등에 의해 경매가진행돼 토지소유자가 달라지는 경우는 새로운 토지소유자에게 차지권의 대항력을 주장할 수 없다.

이 근린주택은 건축하기 전인 1992. 09. 03. 국민은행 근저당권 채권최고액 104,000,000원으로 등기되어 있고, 그 근저당권에 의해 임의경매가 진행돼 차지권의 대항력을 토지낙찰자에게 주장할 수 없다. 임차권이 후순위로 경매로 소멸되는 임차권에 불과하기 때문이다.

### 이 물건에 예상배당표를 작성하면 다음과 같다.

매각대금 813,399,000원에서 경매비용 6,399,000원을 공제하면 실제 배당할 금액은 8억700만원이다.

그런데 근린주택 임차인들 중 대부분이 배당요구를 하지 않은 사실을 알 수 있는데, 그 이유는 토지와 건물소유자가 달라서 건물소유자와 임대차 계약한 임차인들은 토지에서 우선변제권이 없기 때문이다.

따라서 1순위로 이병철(국민은행근저당양수인) 1억400만원, 2순위로 이병철(국민은행근저당양수인) 1억2,400만원, 3순위로 나머지 배당금 5억7,900만원을 가지고 가압류채권자들과 강제경매신청채권자들이 동순위로 안분배당하면서 배당은 종결된다.

3순위로 배당받게 되는 가압류권자는 지면상 이병철(국민은행근저당양수인)만 계산하면 이병철은 5억7,900만원×37,713,543원/1,569,077,803원= 13,916,544원이다.

### (3) 근저당권을 양수하고, 토지를 낙찰 받아 올릴 수 있었던 수익은?

이병철은 토지를 2011. 02. 09. 낙찰 받고, 2011. 04. 22. 잔금을 납부하고 소유권을 취득하였다.

그러니 이병철은 국민은행 근저당권을 2억원에 매입해서 241,916,544원을 배당받게 되어 41,916,544원의 양도차익을 보고, 지상에 건물이 있는 토지만 경매로 싸게 낙찰 받아 165,801,000원의 시세 차익을 보게 되게 되었다.

그리고 건물이 법정지상권이 성립되지 않는다는 판단 하에 2011. 06. 29. 토지인도 및 건물철거소송을 원인으로 건물에 처분금지가처분을 하고, 토지 인도 및 건물철거 소송과 토지사용료에 따른 부당이득반환청구 소송을 병행해서 진행했다. 그리고 그 부당이득반환청구 판결문으로 이병철이 다음과 같이 건물이 2012. 06. 07. 강제경매를 신청한 것이다.

왜냐하면 법정지상권이 성립하지 못하는 건물에 대해서 가처분하고, 토지 사용료를 원인으로 하는 부당이득반환청구 소송을 진행해서 그 건물만 경매를 신청하게 되면 토지소유자가 아닌 다른 경쟁자들이 입찰에 참여하기가 어려워서 건물을 낮은 가격으로 매수할 수 있기 때문이다.

### ◆ 건물철거 소송에 따른 가처분 신청서 작성

**부동산 처분금지 가처분 신청서**

채권자 : 이 병 철
채무자 : 한 성 O

목적물 가액  240,081,240원
첨용인지액       10,000원
송달료           22,320원

### 서울중앙지방법원 귀중

〈목적물 가액 계산서〉

공시 지가 : 3,030,000원   건축연도 : 2005년
구 조 : 철근콘크리트구조   용 도 : 근린생활시설 및 주택
㎡당 가격 : 984,000원      면 적 : 487.97㎡
㎡당 가격 : 984,000원 × 면적 487.97㎡ × 0.5 = 240,081,240원

## 부동산 처분금지 가처분 신청서

채권자 : 이 병 철 (620000-0000000)
　　　　서울 성북구 삼선동2가 OOO, 삼선푸르지오 119동 OOO호
　　　　〈전화 : 010-0000-0000〉
채무자 : 한 성 O
　　　　서울시 성북구 종암동 OO-OO

1. 목적물의 가액 : 금240,081,240원정(내역은 별지와 같음)
1. 피보전권리의 요지 : 토지 소유권으로 인한 건물철거 및 토지인도청구권
1. 가처분할 부동산의 표시 : 별지목록 기재와 같음.

### 신청 취지

채무자는 별지목록 기재 부동산에 대하여 매매, 증여, 전세권, 저당권, 임차권의 설정 기타 일체의 처분 행위를 하여서는 아니된다 라는 재판을 구합니다.

### 신청 원인

1. 당사자 관계

　가. 채권자는 별첨 토지등기부 등본 (갑제1호증)과 같은 서울시 성북구 종암동 OO-OO 대 204㎡를 별첨 굿옥션 경매지 (갑제2호증)과 같이 서울중앙지방법원 2009타경45352 부동산임의경매 사건에서 최고가 낙찰인으로 동 부동산을 2011. 5. 16 서울북부지방법원 동대문등기소 접수 제25581호, 2011. 4.20 임의경매로 인한 매각을 원인으로 매수한 현재의 소유자이고,

　나. 채무자는 위 토지 지상에 별첨 건물 등기부 등본 (갑제3호증)과 같이 근린생활시설 및 단독주택 5층을 소유하고 있는 건물 소유자로써 법정지상권자가 아닌 자입니다.

2. 채무자의 무단 점유로 인한 채권자의 이 사건 건물철거 및 토지인도와 부당이득금 청구권 등

　가. 그런데, 위 경매 신청 채권자인 주식회사 국민은행의 제1순위 근저당권 설정 당시인 1992년 9월 3일에는 토지 소유자가 소외 오OO인 반면, 채무자는 이 사건 건물에 대해 2005. 8. 30 소유권 보존등기를 하였으며,

　나. 위 경매 신청 당시인 2009년 12월 8일에는 토지 소유자가 위와 같이 오OO이고, 건물 소유자는 채무자이므로, 또한 민법 제366조의 법정지상권은 저당권 설정 당시부터 저당권의 목적되는 토지위에 건물이 존재할 경우에 한하여 인정되며, 건물이 없는 토지에 대하여 저당권이 설정된 후 근저당권 설정자가 그 위에 건물을 건축하였다가 경매로 인하여 대지와 그 지상 건물이 소유자를 달리 하였을 경우에도 위

에서 정하는 법정지상권이 인정되지 아니 하는 바(대법원 87다카 869판결 등 참조).
   다. 따라서 채무자 소유 이 사건 건물은 이 사건 토지에 관한 국민은행의 근저당권이 설정된 이후에 신축된 것이어서 민법 제 366조의 법정지상권 또는 관습법상의 법정지상권이 인정되지 아니함이 명백합니다.
   라. 그렇다면, 채무자는 결국 채권자의 이 사건 토지를 무단으로 점유하고 있는 것이므로 채권자에게 토지사용 상당 지료를 지급할 의무가 있음에도 불구하고 채무자는 금일에 이르도록 이를 이행치 않고 있는 바, 마. 결과적으로 채무자의 이 사건 건물은 건물철거 및 토지인도 청구의 대상이 된다 할 것입니다.

3. 이 사건 가처분의 긴급성
   가. 따라서 채권자는 채무자를 상대로 부득이 토지소유권에 기한 건물철거 및 토지인도의 본안소송을 준비중에 있으나, 동 소송은 채무자의 저간의 사정으로 보아 장시간을 요할 것으로 예상되는 반면,
   나. 채무자가 그 안에 건물 소유권을 타에 이전할 시 채권자는 본안소송의 실익이 없을 것임이 분명하므로 본안소송의 집행보전을 위하여 채권자는 시급히 이 건 가처분신청에 이른 것입니다.
   다. 단지, 이 건 가처분 신청에 따른 담보제공 방법은 채무자로 인해 다대한 손해 속에 있는 채권자의 어려운 실정을 감안하시어 보증보험과의 계약을 체결한 증권으로 대체할 수 있도록 허락하여 주시기 바랍니다.

### 입증 및 첨부서류
1. 이 사건 원고 소유 서울시 성북구 종암동 OO-OO
   대 204㎡ 토지 등기부등본 (갑제1호증)    1부
1. 서울중앙지방법원 2009타경 45352 굿옥션경매지 (갑제2호증)    1부
1. 이 사건 채무자 소유 서울시 성북구 종암동 OO-OO 근린생활 및 단독주택 건물등기부등본 (갑제3호증)    1부
1. 토지대장    1부
1. 건축물관리대장    1부
1. 가처분 할 부동산 목록    6부

2016. 04.

위 채권자 이 병 철

## 서울중앙지방법원 귀중

⟨부동산 목록⟩

1. 서울시 성북구 종암동 ○○-○○
    대 204㎡

2. 위 지상
    철근 콘크리트 구조 평스라브 지붕 제2종
    근린생활시설 및 단독주택
        1층 100.91㎡
        2층 116.27㎡
        3층 116.27㎡
        4층 92.11㎡
        5층 62.41㎡

– 이 상 –

◆ 토지인도 및 건물철거 소송과 부당이득반환청구를 병행해 소장을 작성한 사례

소 장

원고: 이병철
피고: 한성 O

건물철거 및 토지 인도 등 청구의 소

목적물 가액    386,907,765원
첨용인지액      1,602,600원
송달료            111,600원

서울중앙지방법원 귀중

〈목적물 가액 계산서〉

공시 지가 : 3,030,000원
구 조 : 철근콘크리트구조
㎡당 가격 : 984,000원

건축연도 : 2005년
용 도 : 근린생활시설 및 주택
면 적 : 487.97㎡

1. 건물철거
㎡당 984,000원 X 면적 487.97㎡ X 0.5 = 240,081,240원

2. 토지인도
공시지가 3,030,000원 X 면적 116.27㎡ X 0.5 / 2 = 88,074,525원

3. 부당이득금
월 금 4,896,000원 X 12개월 = 58,752,000원

소가 합계금 = 386,907,765원(240,081,240원 + 88,074,525원 + 8,752,000원)


소 장

원고 : 이 병 철 (620000-0000000)
　　　 서울 성북구 삼선동2가 OOO, 삼선푸르지오 119동 OOO호
　　　 〈전화 : 010-0000-0000〉
피고 : 한 성 O
　　　 서울시 성북구 종암동 OO-OO

건물철거 및 토지 인도 등 청구의 소

### 청구 취지

1. 피고는 원고에게,
　가. 별지목록 기재 건물을 철거하고, 같은 목록 기재 대지를 인도하고, 금 58,762,000원 및 이에 대하여 소장 부본 송달일 다음날부터 완제일까지 연 15%의 비율로 계산한 돈을 지급하고 소장 부본 송달일 다음날부터 위 제1의 가항 토지 인도일까지 월 금4,896,000원의 비율로 계산한 돈을 지급하라.
2. 소송비용은 피고의 부담으로 한다.
3. 위 제1항은 가집행할 수 있다

라는 판결을 구합니다.

## 청구 원인

1. 당사자 관계

 가. 원고는 별첨 토지등기부 등본 (갑제1호증)과 같은 서울시 성북구 종암동 OOOO 대 204㎡를 별첨 굿옥션 경매지 (갑제2호증)과 같이 서울중앙지방법원 2009타경45352 부동산임의경매 사건에서 최고가 낙찰인으로 동 부동산을 2011. 5. 16 서울북부지방법원 동대문등기소 접수 제25581호, 2011. 4. 20 임의경매로 인한 매각을 원인으로 매수한 현재의 소유자이고,

 나. 피고는 위 토지 지상에 별첨 건물 등기부 등본 (갑제3호증)과 같이 근린 생활 시설 및 단독주택 5층을 소유하고 있는 건물 소유자로써 법정지상권자가 아닌 자 입니다.

2. 피고의 무단 점유로 인한 원고의 이 사건 건물철거 및 토지인도와 부당이득금 청구권

 가. 그런데, 위 경매 신청 채권자인 주식회사 국민은행의 제1순위 근저당권설정 당시인 1992년 9월 3일에는 토지 소유자가 소외 오OO인 반면, 피고는 이 사건 건물에 대해 2005. 8.30 소유권 보존등기를 하였으며,

 나. 위 경매 신청 당시인 2009년 12월 8일에는 토지 소유자가 위와 같이 오OO이고, 건물 소유자는 피고이므로, 또한 민법 제366조의 법정지상권은 저당권 설정 당시부터 저당권의 목적되는 토지위에 건물이 존재할 경우에 한하여 인정되며, 건물이 없는 토지에 대하여 저당권이 설정된 후 근저당권 설정자가 그 위에 건물을 건축하였다가 경매로 인하여 대지와 그 지상 건물이 소유자를 달리 하였을 경우에도 위에서 정하는 법정지상권이 인정되지 아니 하는 바(대법원 87다카 869판결 등 참조),

 다. 따라서 피고 소유의 이 사건 건물은 이 사건 토지에 관한 국민은행의 근저당권이 설정된 이후에 신축된 것이어서 민법 제 366조의 법정지상권 또는 관습 법상의 법정지상권이 인정되지 아니함이 명백한 것입니다.

3. 원고의 피고에 대한 2011. 5.16부터 토지의 인도일까지 월 금4,896,000원 상당 비율에 의한 부당이득금 청구 채권

 가. 위와 같이 원고는 위 토지를 2011. 2. 9자에 813,399,000원에 낙찰받았 으나, 동 토지의 감정가는 979,200,000원 이었으므로,

 나. 결국, 피고에 대한 원고의 부당이득금 청구는 아무리 겸손히 산정하더라도 낙찰로 인한 소유권 이전 등기일인 2011. 5.16부터 토지 인도일까지 위 감정가인 979,200,000원의 5%가 적당하다 할 것이므로 (979,200,000원×0.005 금 4,896,000원),

 다. 피고는 원고에게 위 2011. 5.16부터 토지 인도일까지 월 금 4,896,000원

의 비율에 의한 부당이득을 반환할 의무가 있다 할 것입니다.

4. 결론

따라서 원고는 피고에게 청구취지와 같이 이 사건 건물 철거와 함께 토지인도 및 부당이득 반환을 구하기 위하여 부득이 이 건 청구에 이른 것입니다.

### 입증 및 첨부서류

1. 이 사건 원고 소유 서울시 성북구 종암동 ○○-○○
   대 204㎡ 토지 등기부등본 (갑제1호증)                    1부
1. 서울중앙지방법원 2009타경 45352 굿옥션경매지 (갑제2호증)    1부
1. 이 사건 채무자 소유 서울시 성북구 종암동 ○○-○○ 근린생활 및 단독주택
   건물등기부등본 (갑제3호증)                                1부
1. 토지대장                                                1부
1. 건축물관리대장                                          1부
1. 소장 부본                                               1부

2016. 04.

위 원고 이 병 철

## 서울중앙지방법원 귀중

〈부동산 목록〉

1. 서울시 성북구 종암동 ○○-○○
   대 204㎡

2. 위 지상
   철근 콘크리트 구조 평스라브 지붕 제2종
   근린생활시설 및 단독주택
   1층    100.91㎡
   2층    116.27㎡
   3층    116.27㎡
   4층    92.11㎡
   5층    62.41㎡

- 이 상 -

PART 13   실제 특수물건에서 부실채권을 매입해 성공한 사례와 실패?   531

## ◈ 건물에 가처분 후 경매를 신청해 이병철이 낙찰 받았다

### (1) 건물만 강제경매된 물건 현황 및 매각결과

**2012타경17746**   • 서울중앙지방법원 본원   • 매각기일 : 2014.04.10(木) (10:00)   • 경매 11계(전화:02-530-2715)

| 소재지 | 서울특별시 성북구 종암동 00-00 도로명주소검색 | | | | | | |
|---|---|---|---|---|---|---|---|
| | | | | | 오늘조회: 1  2주누적: 0  2주평균: 0  조회동향 | | |
| 물건종별 | 근린주택 | 감정가 | | 440,948,520원 | 구분 | 입찰기일 | 최저매각가격 | 결과 |
| | | | | | 1차 | 2013-03-14 | 440,948,520원 | 유찰 |
| | | | | | 2차 | 2013-04-18 | 352,759,000원 | 유찰 |
| 토지면적 | 토지는 매각제외 | 최저가 | (51%) 225,766,000원 | 3차 | 2013-05-23 | 282,207,000원 | 유찰 |
| | | | | | 2013-06-27 | 225,766,000원 | 변경 |
| | | | | | 4차 | 2013-08-01 | 225,766,000원 | 낙찰 |
| 건물면적 | 548.17㎡(165.821평) | 보증금 | (20%) 45,160,000원 | 낙찰 2,978,000,000원(675.36%) / 3명 / 미납 (2등입찰가:291,900,000원) | | | |
| | | | | | 5차 | 2013-11-21 | 225,766,000원 | |
| 매각물건 | 건물만 매각 | 소유자 | 한성O | 낙찰 305,080,000원 / 매각허가결정취소 | | | |
| | | | | | 6차 | 2014-04-10 | 225,766,000원 | |
| | | | | | 낙찰 : 225,800,000원 (51.21%) | | | |
| 개시결정 | 2012-06-07 | 채무자 | 한성O | 입찰1명,낙찰: **이병철** | | | |
| | | | | | 매각결정기일 : 2014.04.17 - 매각허가결정 | | | |
| | | | | | 대금지급기한 : 2014.07.15 | | | |
| 사건명 | 강제경매 | 채권자 | 이병철외 1인 | 대금납부 2014.06.20 / 배당기일 2014.08.05 | | | |
| | | | | | 배당종결 2014.08.05 | | | |

## ● 매각토지·건물현황 (감정원: 온누리감정평가 / 가격시점: 2012.06.18 / 보존등기일: 2005.08.30)

| 목록 | | 지번 | | 용도/구조/면적/토지이용계획 | 면적(㎡)/평 | 감정가 | 비고 |
|---|---|---|---|---|---|---|---|
| 건물 | 1 | 종암동 00-00 철근콘크리트구조 슬라브지붕 | 1층 | 근린생활시설(사무실) | 100.91㎡(30.525평) | 792,000원 | 79,920,720원 | *사용승인: 2005.07.28<br>*도시가스 개별난방 |
| | 2 | | 2층 | 거실 4개호, 보일러실, 공용 다용도실 등 | 116.27㎡(35.172평) | 880,000원 | 102,317,600원 | *사용승인: 2005.07.28<br>*도시가스 개별난방 |
| | 3 | | 3층 | 원룸 2개호, 소유수 거주(방, 화장실, 주방, 거실), 보일러실 등 | 116.27㎡(35.172평) | 880,000원 | 102,317,600원 | *사용승인: 2005.07.28<br>*도시가스 개별난방 |
| | 4 | | 4층 | 원룸 4개호, 보일러실, 공용 다용도실 등 | 92.11㎡(27.863평) | 880,000원 | 81,056,800원 | *사용승인: 2005.07.28<br>*도시가스 개별난방 |
| | 5 | | 5층 | 원룸 3개호, 옥탑 | 62.41㎡(18.879평) | 880,000원 | 54,920,800원 | *사용승인: 2005.07.28<br>*도시가스 개별난방 |
| | | | | 면적소계 487.97㎡(147.611평) | | 소계 420,533,520원 | |
| 제시외 건물 | 1 | 종암동 00-00 목조기와 및 슬레이트지붕 | 1층 | 주방 | 7.5㎡(2.269평) | 200,000원 | 1,500,000원 | 매각포함 |
| | 2 | | 1층 | 창고 | 3.2㎡(0.968평) | 100,000원 | 320,000원 | 매각포함 |
| | 3 | | 4층 | 보일러실 | 24.1㎡(7.29평) | 350,000원 | 8,435,000원 | 매각포함 |
| | 4 | | 5층 | 방일부 | 25.4㎡(7.684평) | 400,000원 | 10,160,000원 | 매각포함 |
| | | 제시외건물 포함 일괄매각 | | 면적소계 60.2㎡(18.211평) | | 소계 20,415,000원 | |
| 감정가 | | | | 건물: 548.17㎡(165.821평) | | 합계 440,948,520원 | 건물만 매각 |

## ● 임차인현황 (말소기준권리: 2010.11.30 / 배당요구종기일: 2012.08.27)

| 임차인 | 점유부분 | 전입/확정/배당 | 보증금/차임 | 대항력 | 배당예상금액 | 기타 |
|---|---|---|---|---|---|---|
| 김규O | 주거용 205호 | 전 입 일: 2005.09.12<br>확 정 일: 미상<br>배당요구일: 없음 | 미상 | | 배당금 없음 | |
| 김능O | 주거용 404호 | 전 입 일: 2011.07.20<br>확 정 일: 2011.07.20<br>배당요구일: 2012.08.21 | 보50,000,000원 | 없음 | 소액임차인 | |
| 김수O | 주거용 401호 | 전 입 일: 2011.07.13<br>확 정 일: 2011.07.13<br>배당요구일: 2012.08.20 | 보50,000,000원 | 없음 | 소액임차인 | |
| 김민O | 주거용 201호 | 전 입 일: 2011.07.04<br>확 정 일: 2011.07.04<br>배당요구일: 2012.08.20 | 보50,000,000원 | 있음 | 소액임차인 | |
| 김범O | 주거용 202호 | 전 입 일: 2011.05.16<br>확 정 일: 미상<br>배당요구일: 없음 | 미상 | | 배당금 없음 | |
| 김영O | 주거용 301호 | 전 입 일: 2010.02.16<br>확 정 일: 2010.02.16<br>배당요구일: 2012.04.12 | 보50,000,000원 | 있음 | 소액임차인 | |
| 서영O | 주거용 202호 | 전 입 일: 2012.07.20<br>확 정 일: 2012.07.20<br>배당요구일: 2012.08.22 | 보50,000,000원 | 없음 | 부선배당될없음 | 경매등기후 전입신고 |
| 노O | 주거용 | 전 입 일: 1978.12.20<br>확 정 일: 미상<br>배당요구일: 없음 | 미상 | | 배당금 없음 | |
| 위순O | 주거용 201호 | 전 입 일: 2008.04.01<br>확 정 일: 미상<br>배당요구일: 2012.08.24 | 보50,000,000원 | 있음 | 소액임차인 | |
| 이가O | 주거용 501호 | 전 입 일: 2012.08.27<br>확 정 일: 2012.08.27<br>배당요구일: 2012.08.27 | 보50,000,000원 | 없음 | 우선배당금없음 | 경매등기후 전입신고 |
| 이석O | 주거용 3층 중 서쪽 23.14㎡ | 선 입 일: 미상<br>확 정 일: 미상<br>배당요구일: 2012.08.24 | 보60,000,000원 | | 배당순위없음 | 선순위 전세권등기자, 경매신청인 |
| 이영O | 주거용 402호 | 전 입 일: 2012.08.20<br>확 정 일: 2012.08.20<br>배당요구일: 2012.08.20 | 보50,000,000원 | 없음 | 우선배당금없음 | 경매등기후 전입신고 |
| 이은O | 주거용 | 전 입 일: 1989.01.27<br>확 정 일: 미상<br>배당요구일: 없음 | 미상 | | 배당금 있음 | |
| 임헌O | 주거용 401호 | 전 입 일: 2010.12.17<br>확 정 일: 미상<br>배당요구일: 없음 | 미상 | | 배당금 없음 | |
| 삭본O | 주거용 203호 | 전 입 일: 2012.08.14<br>확 정 일: 2012.08.14<br>배당요구일: 2012.08.27 | 보40,000,000원<br>월100,000원 | 없음 | 우선배당될없음 | 경매등기후 전입신고 |
| 장희O | 주거용 302호 | 전 입 일: 2011.02.28<br>확 정 일: 2011.02.28<br>배당요구일: 2012.08.20 | 보50,000,000원 | 없음 | 소액임차인 | |
| 조한O | 주거용 503호 | 전 입 일: 2010.08.22<br>확 정 일: 미상<br>배당요구일: 없음 | 미상 | | 배당금 없음 | |
| 최병O | 점포 1층 전부 (창고) | 사업자등록: 2011.05.09<br>확 정 일: 2012.08.21<br>배당요구일: 2012.08.22 | 보20,000,000원<br>월1,700,000원<br>환산19,000만원 | 없음 | 배당순위있음 | |

임차인분석: 임차인수: 18명, 임차보증금합계: 670,000,000원, 월세합계: 1,800,000원

● 건물능기부 (채권액합계 : 100,000,000원)

| No | 접수 | 권리종류 | 권리자 | 채권금액 | 비고 | 소멸여부 |
|---|---|---|---|---|---|---|
| 1 | 2005.08.30 | 소유권이전 | 한설O | | | |
| 2 | 2009.10.05 | 전세권(비주거용 건물 3층 중 서쪽 23.14㎡) | 이정구 | 60,000,000원 | 존속기간: ~2010.06.01 | 소멸 |
| 3 | 2010.11.30 | 근저당 | 이정구 | 40,000,000원 | 말소기준등기 | 소멸 |
| 4 | 2011.06.29 | 가처분 | 이병철 | | 토지소유권으로 인한 건물철거 및 토지인도청구권 서울중앙지법 2011카합1516 가처분내역보기 | 인수 |
| 5 | 2012.06.07 | 강제경매 | 이병철 | 청구금액 39,160,000원 | | 소멸 |
| 6 | 2012.09.06 | 임의경매 | 이정구 | 청구금액 40,000,000원 | | 소멸 |

● 토지능기부

| No | 접수 | ※주의 : 토지는 매각제외 | | 채권금액 | 비고 | 소멸여부 |
|---|---|---|---|---|---|---|
| 1 | 1981.10.20 | 소유권이전(증여) | 오귀O | | | |
| 2 | 2011.05.16 | 소유권이전(매각) | 이병철 | | 임의경매로 인한 매각 2009타경45352 | |

## (2) 이 근린주택 대한 권리분석과 배당

이병철은 앞에서 분석한 바와 같이 토지를 2011. 02. 09. 낙찰 받아 2011. 04. 22. 소유권을 취득하였다. 그리고 건물이 법정지상권이 성립되지 않아서 ① 건물철거소송을 원인으로 가처분 신청과 ② 토지인도 및 건물철거 소송과 병행해서 토지사용료를 원인으로 하는 부당이득반환청구 소송을 함께 진행했다. 그 판결문을 가지고 건물이 2012. 06. 07. 강제경매를 신청했다. 그래서 법정지상권이 성립하지 못하는 건물을 단독으로 이병철이 50% 이하로 낙찰 받을 수 있었다.

왜냐하면 건물 낙찰자 역시 법정지상권이 없기는 마찬가지이기 때문에 입찰 참여를 꺼리게 되기 때문이다.

그래서 그런지 이 근린주택은 감정가 440,948,520원인데 2억2,580만원에 이병철이 단독으로 낙찰 받았다.

**이 사례에서 가격이 50% 정도로 하락하게 된 이유가 단지 법정지상권이 성립되지 않는 이유만 있을까?**

대항력 있는 임차인을 인수해야 하는 것은 아닐까? 어쨌든 예상배당표를 작성해보면 그 이유를 알 수 있다.

매각대금이 2억2,580만원이고 경매비용을 280만원이라면 실제 배당금은 2억 2,300만원이므로 이 금액을 가지고 배당하면 다음과 같다.

1순위로 임차인의 최우선변제금을 계산해야 하는데 선순위 담보물권(근저당권, 담보가등기, 전세권)이 있어서 그 담보물권 설정당시 소액임차인 인가를 확인해야 한다. 담보권중 1순위가 전세권이므로 2009. 10. 5. 을 기준으로 소액 임차인을 결정하면 소액임차보증금은 6,000만원이 된다.

따라서 1순위 : ① 김동O 2,000만원 + ② 김수O 2,000만원 + ③ 김민O 2,000만원 + ④ 김영O 2,000만원 + ⑤ 위순O 2,000만원 + ⑥ 장희O 2,000만원으로 최우선변제금을 배당받게 될 것 같으나 최우선변제금은 매각대금의2분의 1을 초과해선 안 되므로 2분의 1 범위내의 배당금 1억1,150만원으로 안분배당하게 된다.

① 김동O 18,583,334원 + ② 김수O 18,583,334원 + ③ 김민O 18,583,333원 + ④ 김영O 18,583,333원 + ⑤ 위순O 18,583,333원 + ⑥ 장희O 18,583,333원 − (최우선변제금 1)

2순위 : 2009. 10. 05. 이정구 전세권자 6,000만원 이지만 2010. 11. 30. 근저당 4,000만원을 설정하고 임의경매를 신청한 사실을 보면 2,000만원은 임대인으로부터 회수하면서 퇴거와 동시에 근저당권을 설정한 것으로 판단된 다. 이러한 경우도 선순위전세권은 담보물권으로 우선변제금이 있어서 전세권 설정시기를 기준으로 4,000만원을 배당 받을 수 있다.

3순위 : 김영O 31,416,667원

4순위 : 장희O 31,416,667원

5순위 : 김민O 8,666,666원으로 종결된다.

따라서 대항력 있는 임차인 김영O은 전액 배당받아 인수금액이 없지만, 위순O 임차인은 미배당금 31,416,667원을 낙찰자가 인수해야 하므로 건물 총취득가격은 257,216,667원이 된다.

### (3) 건물까지 낙찰 받아 이병철은 완전한 소유권을 취득했다

이병철이 먼저 감정가 979,200,000원 토지를 813,399,000원에 낙찰받았고, 그 후 440,948,520원인 건물을 257,216,667원(인수금액 포함)에 낙찰 받았으므로 이 근린주택을 1,070,615,667원에 매수하게 된 셈이다.

### (4) 앞에서와 같은 NPL투자로 이병철은 성공할 수 있었다

시세가 15억 정도 가는 근린주택을 1,070,615,667원에 매수했으니 일단 성공적이다. 만일 이 물건이 토지와 건물이 일괄 매각되었다면 아마도 13억 이하로 취득하기가 어려웠을 것이다. 왜냐하면 금융기관 등의 금리 인하로 유동자금이 임대수익이 높은 이러한 근린주택 등에 자금이 몰리고 있기 때문이 다. 어쨌든 이 물건은 별도의 수선비용 없이도 재임대하는 형식으로 높은 임대수익을 예상할 수 있는 근린주택이다.

# 05 나대지에 설정한 저당권이 일괄경매 신청 해 가격이 떨어진 물건에서 찾아라!

### ◆ 경매가 진행되자 가평농협이 후행경매를 신청하다

이 사례는 가평군농협이 2011. 09. 02. 나대지 상태에서 토지에 근저당권과 지상권을 설정했다. 그리고 토지소유자가 지상에 건물 신축에 동의를 요청하자! 가평농협은 신축건물에 1순위로 근저당권을 설정할 수 있도록 약정과 근저당설정 서류를 받고, 건물신축에 동의를 해 주었다. 그런데 토지소유자가 약정한 내용대로 하지 않고 보존등기와 같은 날짜인 2013. 08. 26.에 유정기 근저당권(접수번호 제19581호 채권최고액 1억5,000만원)과 양소령 근저당권(접수번호 제19581호 채권최고액 1억5,000만원)을 동일 접수번호로 근저당권을 설정했다.

그리고 2014. 06. 03. 신중령외 1명의 근저당권(채권최고액 451,000,000원)을 설정했다. 그러한 사실을 알게된 가평농협 뒤 늦게 2015. 04. 02. 168,000,000원을 설정하였다. 그리고 선순위 근저당권자인 양소령이 경매를 신청하자, 후행으로 중복경매를 다음과 같이 신청하게 된 것이다.

PART 13  실제 특수물건에서 부실채권을 매입해 성공한 사례와 실패? **537**

## ◆ 토지와 건물이 일괄경매된 물건 현황 및 매각결과

**2015타경11611** ・의정부지법 본원 ・매각기일 : 2016.04.04(月)(10:30) ・경매 11계(전화:031 020 0031)

| 소 재 지 | 경기도 가평군 청평면 상천리 000-15 외 1필지 토로명주소검색 | | | | | | |
|---|---|---|---|---|---|---|---|
| 물건종별 | 주택 | 감 정 가 | 795,336,000원 | 오늘조회: 5  2주누적: 1012  2주평균: 129  조회동향 | | | |
| | | | | 구분 | 입찰기일 | 최저매각가격 | 결과 |
| 토지면적 | 1350㎡(408.375평) | 최 저 가 | (18%) 139,674,000원 | 1차 | 2015-09-07 | 795,336,000원 | 유찰 |
| | | | | 2차 | 2015-10-12 | 636,269,000원 | 유찰 |
| 건물면적 | 393.72㎡(119.1평) | 보 증 금 | (10%) 13,970,000원 | 3차 | 2015-11-16 | 509,015,000원 | 유찰 |
| | | | | 4차 | 2015-12-21 | 407,212,000원 | 유찰 |
| 매각물건 | 토지·건물 일괄매각 | 소 유 자 | 이성선 | 5차 | 2016-01-25 | 285,048,000원 | 유찰 |
| | | | | 6차 | 2016-02-29 | 199,534,000원 | 유찰 |
| 개시결정 | 2015-03-19 | 채 무 자 | 이정선 | 7차 | **2016-04-04** | **139,674,000원** | |
| 사 건 명 | 임의경매 | 채 권 자 | 양소정 | 낙찰: 300,100,000원 (37.73%) | | | |
| | | | | 입찰 7명, 낙찰: 박재우 | | | |
| | | | | 매각결정기일 : 2016.04.11 | | | |
| 관련사건 | 2015타경15675(중복) | | | | | | |

● 매각토지.건물현황 (감정원 : 질질감정평가 / 가격시점 : 2015.03.23 / 보존등기일 : 2013.08.26 )

| 목록 | | 지번 | 용도/구조/면적/토지이용계획 | | ㎡당 단가 (공시지가) | 감정가 | 비고 |
|---|---|---|---|---|---|---|---|
| 토지 | 1 | 상천리 000-15 | 보전관리지역( ),준보전산지( )<산지관리법>, 자연보전권역<수도권정비계획법> | 대 765㎡ (231.413평) | 210,000원 (64,500원) | 160,650,000원 | |
| | 2 | 상천리 000-16 | 보전관리지역( ),준보전산지( )<산지관리법>, 자연보전권역<수도권정비계획법> | 대 585㎡ (176.963평) | 210,000원 (64,500원) | 122,850,000원 | |
| | | | 면적소계 1350㎡(408.375평) | | 소계 283,500,000원 | | |
| 건물 | 1 | 상천리000-15 가 등 철근콘크리트구조 평스라브지붕 | 1층 | 단독주택(주방, 거실, 창고, 화장실, 계단실) | 49.83㎡(15.074평) | 1,300,000원 | 64,779,000원 | * 사용승인:2004.11.12 * 현황000-15지상소재 * LPG가스 개별난방구조 |
| | 2 | | 2층 | 단독주택(방2, 화장실, 마루, 계단실, 발코니) | 40.5㎡(12.251평) | 1,300,000원 | 52,650,000원 | * 사용승인:2004.11.12 * 현황000-15지상소재 * LPG가스 개별난방구조 |
| | 3 | 상천리000-15 나 등 철근콘크리트구조 평스라브지붕 | 1층 | 단독주택(방1, 거실, 주방, 현관, 화장실, 계단실) | 61.83㎡(18.704평) | 1,300,000원 | 80,379,000원 | * 사용승인:2004.11.12 * 현황000-15지상소재 * LPG가스 개별난방구조 |
| | 4 | | 2층 | 단독주택(방2, 화장실, 마루, 계단실) | 44.28㎡(13.395평) | 1,300,000원 | 57,564,000원 | * 사용승인:2004.11.12 * 현황000-15지상소재 * LPG가스 개별난방구조 |
| | 5 | 상천리000-16 다 등 | 1층 | 단독주택(방1,화장실, 수방, 창고, 현관, 계단실) | 61.83㎡(18.704평) | 1,300,000원 | 80,379,000원 | * 사용승인:2004.11.12 * LPG가스 개별난방구조 |
| | 6 | 철근콘크리트구조 평스라브지붕 | 2층 | 단독주택(방2,화장실, 마루, 계단실) | 43.92㎡(13.286평) | 1,300,000원 | 57,096,000원 | * 사용승인:2004.11.12 * LPG가스 개별난방구조 |
| | 7 | 상천리000-16 라 등 | 1층 | 단독주택(주방, 거실, 화장실, 창고, 현관, 계단실) | 51.03㎡(15.437평) | 1,300,000원 | 66,339,000원 | * 사용승인:2004.11.12 * LPG가스 개별난방구조 |
| | 8 | 철근콘크리트구조 평스라브지붕 | 2층 | 단독주택(방2,화장실, 마루, 계단실) | 40.5㎡(12.251평) | 1,300,000원 | 52,650,000원 | * 사용승인:2004.11.12 * LPG가스 개별난방구조 |
| | | | 면적소계 393.72㎡(119.1평) | | 소계 511,836,000원 | | |
| 감정가 | | 토지:1350㎡(408.375평) / 건물:393.72㎡(119.1평) | | 합계 | 795,336,000원 | 일괄매각 | |
| 참고사항 | * 상천리000-15가동, 나동 지상건물이 소재. 상천리000-16은 나동, 라동 시상건물이 소재함. | | | | | | |

• 임차인현황 ( 말소기준권리 : 2013.08.26 / 배당요구종기일 : 2015.06.04 )

| 임차인 | 점유부분 | 진입/확정/배당 | 보증금/차임 | 대항력 | 배당예상금액 | 기타 |
|---|---|---|---|---|---|---|
| 송병장 | 주거용 라동 전부 (방3칸) | 전 입 일: 2015.03.19<br>확 정 일: 미상<br>배당요구일: 2015.06.02 | 보20,000,000원<br>월50,000원 | 없음 | 배당금 없음 | 경매능기후 선입신고 |
| 이상변 | 주거용 나동 전부 (방3칸) | 전 입 일: 2015.03.19<br>확 정 일: 미상<br>배당요구일: 2015.06.02 | 보20,000,000원<br>월70,000원 | 있음 | 배당금 있음 | 경매등기후 진입신고 |
| 기타사항 | 임자인수: 2명, 임자부총금합계: 40,000,000원, 월세합계: 120,000원<br>☞전입세대열람 결과 건물(다동)에 **이상변** 세대, 건물(라동)에 **송병장** 세대 외에는 다른 전입세대가 없으나 가 폐문부재로 점유자를 식섭 확인하지 못하였으므로 그 섬유관계는 별도의 확인을 유함 | | | | | |

• 건물등기부 ( 채권액합계 : 919,000,000원 )

| No | 접수 | 권리종류 | 권리자 | 채권금액 | 비고 | 소멸여부 |
|---|---|---|---|---|---|---|
| 1(갑1) | 2013.08.26 | 소유권보존 | 이정신 | | 가처분등기의 촉탁으로 인하여 | |
| 2(을1) | 2013.08.26 | 근저당 | 유정기 | 150,000,000원 | 말소기준등기 | 소멸 |
| 3(을1) | 2013.08.26 | 근저당 | 양소령 | 150,000,000원 | | 소멸 |
| 4(갑5) | 2014.01.07 | 압류 | 가평군 | | | 소멸 |
| 5(을2) | 2014.06.03 | 근저당 | 신중령외 1명 | 451,000,000원 | | 소멸 |
| 6(갑7) | 2015.03.19 | 임의경매 | 양소령 | 청구금액:<br>100,000,000원 | 2015타경11611 | 소멸 |
| 7(갑3) | 2015.04.02 | 근저당 | 가평군농협 | 168,000,000원 | | 소멸 |
| 8(갑8) | 2015.04.14 | 임의경매 | 가평군농협<br>(하면지점) | 청구금액:<br>122,005,766원 | 2015타경15675 | 소멸 |
| 9(갑5) | 2015.07.07 | 공매공고 | 가평군 | | 한국자산관리공사2015-<br>03199-004 | 소멸 |

• 토지등기부 ( 채권액합계 : 919,000,000원 )

| No | 접수 | 권리종류 | 권리자 | 채권금액 | 비고 | 소멸여부 |
|---|---|---|---|---|---|---|
| 1(갑13) | 2011.07.21 | 소유권이전(증여) | 이정신 | | | |
| 2(을11) | 2011.09.02 | 근저당 | 가평군농협<br>(하면지점) | 168,000,000원 | 말소기준등기 | 소멸 |
| 3(을14) | 2011.09.05 | 지상권(토지의전부) | 가평군농협 | | 존속기간:<br>2011.09.05~2041.09.05<br>30년 | 소멸 |
| 4(을15) | 2013.07.29 | 근저당 | 유정기 | 150,000,000원 | | 소멸 |
| 5(을15) | 2013.07.29 | 근저당 | 양소령 | 150,000,000원 | | 소멸 |
| 6(갑17) | 2014.01.07 | 압류 | 가평군 | | | 소멸 |
| 7(을16) | 2014.06.03 | 근저당 | 신중령외 1명 | 451,000,000원 | | 소멸 |
| 8(갑19) | 2015.01.14 | 압류 | 동대문세무서 | | | 소멸 |
| 9(갑20) | 2015.03.19 | 임의경매 | 양소령 | 청구금액:<br>100,000,000원 | 2015타경11611 | 소멸 |
| 10(갑21) | 2015.04.14 | 임의경매 | 가평군농협<br>(하면지점) | 청구금액:<br>122,005,766원 | 2015타경15675 | 소멸 |
| 11(갑17) | 2015.07.07 | 공매공고 | 가평군 | | 한국자산관리공사2015-<br>03199-004 | 소멸 |

| 주의사항 | ☞유치권신고인 송병기으로부터 공사대금채권 금 492,000,000원을 위하여 본건 부동산 전부에 관하여 유치권이 있다는 신고가 있으나 그 성립여부는 불분명함<br>☞유치권신고인 신중령으로부터 공사대금채권 금 260,500,000원을 위하여 본건 부동산 전부에 관하여 유치권이 있다는 신고가 있으나 그 성립여부는 불분명함<br>☞유치권신고인 박영민으로부터 공사대금채권 금 25,800,000원을 위하여 본건 부동산 전부에 관하여 유치권이 있다는 신고가 있으나 그 성립여부는 불분명함<br>☞2015.08.27 채권자 양소령 유치권 배제신청서 제출<br>☞2015.07.13 기타 한국자산관리공사 공매통지서 제출<br>[관련제보] 제보에 따르면 유치권신고인 3명(송병기, 신중령, 박영민)전부 8월27일자로 유치권 배제신청서를 제출하였다고 하니 입찰시 참고하시기 바랍니다. [제보자:채권자, 제보일2015.10.13] |

PART 13　실제 특수물건에서 부실채권을 매입해 성공한 사례와 실패?　539

## ◈ 매각되는 4개의 주택 사진과 주변 현황

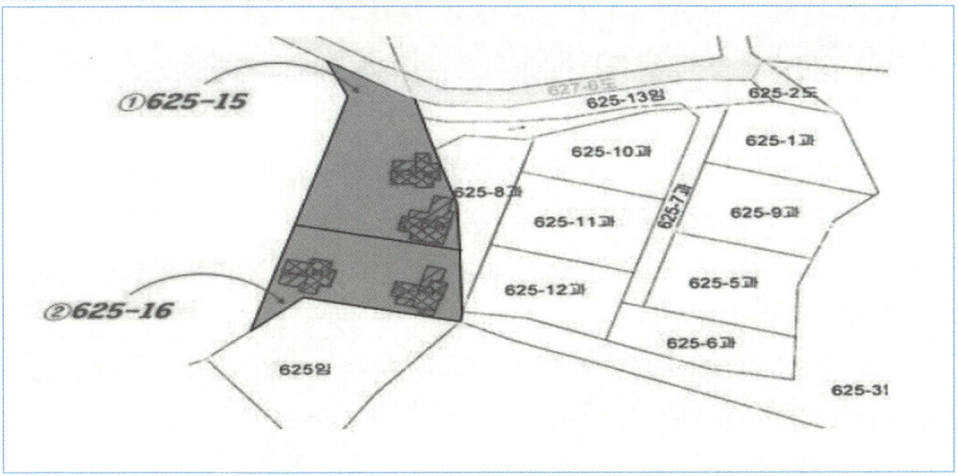

### ◈ 이 4개 주택에 대한 권리분석과 배당

이 4개 주택은 감정가 795,336,000원에서 시작했는데 유치권 등(협의해 본결과 3억원 정도면 유치권 해결이 가능하다고 함)으로 300,100,000원에 매각되었다. 매각대금에서 경매비용 400만원 정도 제외하고 나면 배당할 금액은 296,100,000원이다.

토지배당금은 105,559,650원(283,500,000원/795,336,000원=35.65%)이고 건물 배당금은 190,540,350원(511,836,000원/795,336,000원=64.35%)이다.

따라서 토지배당금에서는 1순위로 가평농협이 105,559,650원 전액 배당받게 된다. 그리고 건물배당금에서는 1순위로 ① 양소령이 95,270,175원 + ② 유정기가 95,270,175원을 동순위로 안분배당 받게 된다.

이 사례에서 나대지 상태에서 설정된 가평농협은 신축건물에서 1순위로 근저당권을 설정 받기로 약정했지만 선순위로 설정된 근저당권 등으로 토지만 경매가 진행되는 것보다 적게 배당 받게 되는 결과를 낳았다. 이러한 사례에서 다음과 같이 가평농협 근저당권을 NPL로 취득해서 토지만 경매를 신청 하는 방법에 대해서 연구해 보기로 하자!

### ◈ 앞의 사례에서 토지근저당권을 NPL로 취득해 경매를 신청하면?

가평군농협이 2011. 09. 02. 나대지 상태에서 토지에 근저당권과 지상권을 설정했다. 그리고 토지소유자가 지상에 건물 신축에 동의를 요청하자, 가평 농협은 신축건물에 1순위로 근저당권을 설정할 수 있도록 약정과 근저당설정 서류를 받고, 건물신축에 동의를 해 주었다.

그런데 건물이 신축되고 나서 가평농협보다 선순위채권 등이 많이 발생했고, 공사대금을 회수하지 못한 채권자들이 유치권을 행사하고 있는 중이다.

따라서 가평농협 건물 근저당권은 채권을 회수할 수 없어서 손실이 예상된다. 이러한 상황에서 가평농협은 근저당권을 싸게 팔 수밖에 없다. 이때 토지 만에 설정된 근저당권만 싸게 NPL로 사거나 함께 사더라도 건물에 설정된 근저당권을 명의를 다르게 매입해 토지만 먼저 경매를 신청하게 되면, 건물과 함께 매각되는 상황보다 높은 가격으로 매각될 수 있다. 왜냐하면 토지 매수인은 토지인도 및 건물철거 소송에 따른 가처분과 건물철거소송을 진행해서 건물에 설정된 근저당권 등의 채권과 유치권을 무력화할 수 있고, 그러한 힘은 때론 근저당권과 유치권을 저렴하게 해결할 수 있는 해결책이 되기도 한다.

## 06 대지권미등기와 토지별도등기가 있는 아파트 2/3 지분을 낙찰 받은 사례

### ◆ 경매 물건 현황과 매각결과

**2012타경31293**  • 수원지방법원 성남지원  • 매각기일: 2013.11.25(月)(10:00)  • 경매 4계 (전화:031-737-1324)

| 소재지 | 경기도 하남시 덕풍동 369-4 외 5필지, 한솔파로스 101동 1층 000호 | | | 두름명주소검색 | | |
|---|---|---|---|---|---|---|
| 물건종별 | 아파트 | 감정가 | 150,000,000원 | 오늘조회: 1  2주누적: 7  2주평균: 1  조회동향 | | |
| | | | | 구분 | 입찰기일 | 최저매각가격 | 결과 |
| 대지권 | 미등기감정가격포함 | 최저가 | (51%) 76,800,000원 | 1차 | 2013-06-24 | 150,000,000원 | 유찰 |
| | | | | 2차 | 2013-07-22 | 120,000,000원 | 유찰 |
| | | | | 3차 | 2013-08-26 | 96,000,000원 | 낙찰 |
| 건물면적 | 50.25㎡(15.201평) | 보증금 | (20%) 15,360,000원 | 낙찰 120,000,000원(80%) / 1명 / 미납 | | |
| | | | | 4차 | 2013-10-28 | 96,000,000원 | 유찰 |
| 매각물건 | 토지및건물 지분 매각 | 소유자 | 서OO | 5차 | 2013-11-25 | 76,800,000원 | |
| | | | | 낙찰: 90,130,000원 (60.09%) | | |
| 개시결정 | 2013-01-03 | 채무자 | 서OO | 입찰1명,낙찰: 강OO | | |
| | | | | 매각결정기일: 2013.12.02 - 매각허가결정 | | |
| | | | | 대금지급기한: 2014.01.07 | | |
| 사건명 | 강제경매 | 채권자 | 장OO외 2명 | 대금납부 2013.12.20 / 배당기일 2014.01.16 | | |
| | | | | 배당종결 2014.01.16 | | |

• 매각물건현황 (감정원: 현진감정평가 / 가격시점: 2013.01.11 / 보존등기일: 2010.06.15)

| 목록 | 구분 | 사용승인 | 면적 | 이용상태 | 감정가격 | 기타 |
|---|---|---|---|---|---|---|
| 건1 | 덕풍동 000-0 (9층중1층) | 10.03.05 | 50.2497㎡ (15.2평) | 방3,거실,주방/식당 등 | 126,000,000원 | 전체면적 81.6㎡중 서OO 지분 26.96/43.78 매각  * 개별난방 |
| 토1 | 대지권 | | * 대지권미등기이나 감정가격에 포함 평가됨 | | 24,000,000원 | |

| 참고사항 | ▶본건낙찰 2013.08.26 / 낙찰가 120,000,000원 / 남양주시 퇴계원동 김OO / 1명 입찰 / 대금미납 *대지권 취득여부는 알 수 없고, 관리처분계획서상 본건 전유부분 81.6㎡에 해당하는 대지지분은 43.780이고 그 중 26.960이 채무자 겸 소유자 서OO의 지분임. |
|---|---|

● 임차인현황 ( 말소기준권리 : 2010.07.01 / 배당요구종기일 : 2013.03.11 )

| 임차인 | 점유부분 | 전입/확정/배당 | 보증금/차임 | 대항력 | 배당예상금액 | 기타 |
|---|---|---|---|---|---|---|
| 김OO | 주거용 103호 | 전 입 일: 2012.09.12<br>확 정 일: 2012.09.18<br>배당요구일: 2013.03.04 | 보100,000,000원 | 없음 | 배당순위있음 | |
| 기타사항 | ☞거주자가 폐문부재하여 동사무소에서 전입세대 열람내역서 및 주민등록등본을 발급 | | | | | |

● 등기부현황 ( 채권액합계 : 3,166,551,674원 )

| No | 접수 | 권리종류 | 권리자 | 채권금액 | 비고 | 소멸여부 |
|---|---|---|---|---|---|---|
| 1 | 2010.06.15 | 소유권보존 | 서OO외2명 | 지OO지분 15.07/43.78, 서OO지분 26.96/43.78, 김OO지분 1.75/43.78 | | |
| 2 | 2010.07.01 | 서OO,김OO,지분 가압류 | 장OO외2명 | 1,450,000,000원 | 말소기준등기 | 소멸 |
| 3 | 2010.07.01 | 서OO,지분 가압류 | 송도재건축주택조합 | 1,716,551,674원 | | 소멸 |
| 4 | 2013.01.03 | 서OO지분 강제경매 | 장OO외2명 | 청구금액:<br>176,432,143원 | 2012타경31293 | 소멸 |
| 주의사항 | ☞공유자우선매수권이 행사는 1회에 한함.<br>▶현재 대지권의 목적인 토지가 경매진행 중이고 가압류, 압류 등이 경합되어 대지권등기를 경료할 수 없다는 신청채권자의 보정서 제출됨. ▶ 대지권등기와 관련한 사항은 매수인이 부담함. | | | | | |

## ◆ 위 경매물건에 대한 권리분석

이 경매 물건은 경기도 하남시에 위치한 아파트로 장기간 재건축 등으로 대지권이 미등기이고 토지별도등기까지 되어 있는 상태이다.

이 물건에서 유의해서 살펴볼 점은 ① 아파트가 3분의 2지분만 매각되므로 공유물의 관리행위와 보존행위에서 협의가 안 되고 다툼이 발생하면 소송으로 해결해야 한다는 사실, ② 대지 지분이 감정평가돼 매각되었지만 대지권 등기는 매수인 책임으로 매각하는 조건이므로 낙찰받고 나서 별도로 대지권 등기청구소송을 해야 한다는 사실, ③ 토지등기부를 확인해보니 토지별도등기인 가압류와 가처분이 있었다. 그렇다면 낙찰자가 대지권등기와 이 토지별도등기를 말소할 수 있는가가 문제가 될 수 있다. 만일 말소시키지 못하게 되면 대지 지분에 대한 권리를 잃게 될 수도 있기 때문이다.

어쨌든 이 물건은 대지권등기와 토지별도등기만 말소할 수 있다면 성공적인 투자가 될 수 있다. 왜냐하면 시세가 2억6,000만원으로 3분의 2지분으로 환산하면 1억 7,300만원 정도로 많은 투자 이익이 발생하기 때문이다. 그러나 대지권등기를 할 수 없다면 그 반대로 손실이 예상되는 물건이다.

## ◆ 매수 이후 대응 방안

① 점유자에 대한 명도문제는 어떻게 할 수 있을까?

과반수 이상(2/3)의 지분을 매수해서 민법 제265조에 따라 관리행위로 대항력 없는 임차인에 대해 인도명령을 신청할 수 있다.

② 대지권등기청구와 가압류, 가처분 등의 토지별도등기 말소청구소송 3분의 2지분만 낙찰 받아도 3분의 2지분만이 아닌 전체 대지권등기를 신청할 수 있고, 매수한 3분의 2지분만에 등기 되어 있는 토지별도등기 즉 가압류와 가처분 등을 다음〈김선생 도움말〉처럼 말소를 구할 수 있다.

이때 두 개 소송을 동시에 하는 것이 원칙이지만 지분을 낙찰받아 두 개의 소송을 진행할 때 소송이 복잡한 관계로 지연될 수도 있기 때문에 분리해서 대지권등기청구소송(전체 대지 지분)과 매수한 3분의 2지분만에 등기 되어 있는 토지별도등기 말소청구소송을 하였는데 토지별도등기말소청구 소송에서 전유부분의 매각으로 그 종된 권리인 대지 지분까지 취득하게 되므로 그 대지 지분에 등기된 토지별도등기가 말소돼야 한다는 점과 가압류, 가처분이 3년의 제소기간이 지났으므로 매수인이 취소를 구할 수 있다는 내용으로 말소를 구한 사건이다.

법원에 이 모든 사실이 받아 들여져 토지별도등기가 말소되고 대지권등기 까지 하였고, 이제 협의해서 관리하거나 매각하는 방법, 협의가 안될 때 공유물분할청구소송을 하는 절차만 남아 있다.

③ 위 토지별도등기 말소청구소송에서는 가압류나 가처분 등이 집합건물의 구분소유권이 성립되기 전에 등기된 권리라 거론 하지는 않았지만, 일반적인 물건에서 위와 같은 상황이 발생하면 구분소유권성립 이전이냐 이후냐로 구분해서 이후에 등기되어 있다면 집합건물법 제20조 위반으로 무효를 주장해서 간단하게 말소시킬 수 있다.

**김선생 도움말**

**토지별도등기도 아파트가 경매로 매각 시 소멸되는 것이 원칙**

집합건물의 전유부분과 함께 그 대지사용권인 토지공유지분이 일체로서 경락되고그 대금이 완납되면, 설사 대지권 성립 전부터 토지만에 관하여 별도등기로 설정되어 있던 근저당권이라 할지라도 경매과정에서 이를 존속시켜 **경락인이 인수하게 한다는 취지의 특별매각조건이 정하여져 있지 않았던 이상** 위 토지공유지분에 대한 범위에서는 매각부동산 위의 저당권에 해당하여 **소멸한다**[대법 2005다15048].

만일 이러한 조건 없이 매각되었는데 소멸되지 않는 토지별도등기채권이 있다면그 원인으로 매각결정을 취소 신청할 수 있다.

## ◆ 수분양권자를 대위로 대지권등기청구 소장을 작성한 사례

소 장

- 원고(서OO의 대위청구인) : 강OO(600000-1000000)
  서울시 구로구 오리로 OOOO, OOO호(궁동. 황실힐탑빌라)
  ☎ 010-0000-0000
- 피고 : 송도재건축주택조합(135771-0000000)
  경기도 하남시 덕풍동 OOO-1
  조합장

대지권등기 이행청구의 소

청구 취지

1. 피고는 원고에게 별지목록 기재 부동산의 표시 중 대지권의 목적인 토지의 표시 1번 경기도 하남시 덕풍동 OOO-4, 대 1572㎡중 43.78분의 26.96 지분에 관하여 2013. 12. 20자 경락을 원인으로 한 대지권이전등기 절차를 이행하라.
2. 소송비용은 피고의 부담으로 한다.
라는 판결을 구합니다.

## 청구 원인

### 1. 당사자 관계

가. 원고는 별첨 귀원 2012타경31293호 부동산강제경매 사건의 매각허가결정(갑제1호증) 및 토지(덕풍동 OOO-4), 건물 부동산등기부등본(갑제2호증)의 1,2와 같이 전소유자(공유자)인 소외 서OO(371121-0000000) 소유 공유지분 43.78분의 26.96인 경기 하남시 덕풍동 OOO-4외 소재 한솔파로스아파트 101동 OOO호(81.6㎡)를 2013. 12. 20 강제경매로 인한 매각을 원인으로 별첨 위 경매사건의 개시결정문(갑제3호증)과 같이 위 공유자 대지권지분 43.78분의 26.96㎡ 전부를 포함하여 낙찰받은 자이고,

나. 피고는 위 아파트의 토지 중 경기도 하남시 덕풍동 OOO-4, 대1572㎡ 중 위 서OO지분 43.78분의 26.96㎡ 전부를 정당한 이유 없이 대위청구인에게 대지권지분 이전등기를 해주지 않고 있는 자입니다.

### 2. 이 사건 대위청구인의 정당성

가. 위 경매개시결정문(갑제3호증) 및 별첨 피고 조합의 주택재건축사업 관리처분계획인가(갑제4호증)에서도 넉넉히 짐작되는 바와 같이 위 서OO외 2인 소유 아파트(101동 OOO호) 토지는 가압류·가처분 등 제한물권으로 인해 각 아파트에 대한 대지권지분 등기가 등재되지 못한 바 있으나,

나. 이 사건 아파트의 분양계약서 및 분양광고에는 애당초부터 대지권포함의 분양가로 분양하는 대지권의 표시가 분명히 기재되어 있으므로 건물(아파트)에 대한 소유권보존등기 및 소유권이전등기 이후 대지권등기가 마땅히 등재되는 아파트인 것은 물론,

다. 이 사건 대위청구인과 같이 대지권이 등기되기 전 전유부분만에 터잡아 경매절차가 진행되었고, 집행법원이 구분건물에 대한 입찰명령을 함에 있어 대지지분에 대한 감정평가액을 반영하지 않은 상태에서 경매절차를 진행하였다고 하더라도, 전유부분에 대한 대지사용권을 분리 처분할 수 있도록 정한 규약이 존재한다는 등의 특별한 사정이 없는 한 낙찰인은 경매목적물인 전유부분을 낙찰받음에 따라 종물 내지 종된 권리인 대지지분도 함께 취득하였다 할 것이므로, 구분건물이 대지지분 등기가 경료된 후 집행법원의 촉탁에 의하여 낙찰인이 대지지분에 관하여 소유권이 전등기를 경료받은 것을 두고 법률상 원인없이 이득을 얻은 것이라고 할 수 없다(대 법2001다22604)는 대법원 판결을 상기하더라도,

라. 대위청구인이 이 사건 청구는 지극히 당연한 일이라 할 것입니다.

### 3. 결론

가. 따라서, 대위청구인인 원고는 위 토지(하남시 덕풍동 OOO-4, 대1572㎡) 소

유자인 피고로부터 위 서명원지분 43.78분의 26.98㎡에 대한 대지권을 이전받기 위하여 부득히 이건 청구에 이른 것입니다.

**입증 및 첨부서류**

1. 귀원 2012타경31293호 부동산강제경매 사건이 매각허가결정
 (갑제1호증) 1부
1. 토지(덕풍동 OOO-4), 건물 부동산등기부등본
 (갑제2호증) 1부
1. 위 경매사건의 개시결정문
 (갑제3호증) 1부
1. 피고 조합의 주택재건축사업 관리처분계획인가
 (갑제4호증) 1부
1. 토지대장 1부
1. 건축물관리대장 1부
1. 부동산목록 1부
1. 소장 부본 1부
. 피고 조합 등기부등본 1부

2014. 01. 22

위 원고 (서OO의 대위청구인)

## 수원지방법원 성남지원 귀중

## ◈ 가압류 · 가처분 등의 토지별도등기 말소청구 소장 작성

### (1) 사정변경에 따른 가처분결정 취소 신청

사정변경에 의한 가처분결정 취소 신청

신 청 인(채무자) : 서OO(300000-2000000)
　　　　　　　　　경기 수원시 창훈로 66번길 OO-21(연무동)
대 위 신 청 인 : 강찬석(600000-1000000)
　　　　　　　　서울시 구로구 궁동 OOO-9, 황실힐탑빌라 OOO호
　　　　　　　　☎ 010-0000-0000
피신청인(채권자) : 송도재건축조합(135771-0000922)
　　　　　　　　　경기 하남시 덕풍동 OOO-1
　　　　　　　　　조합장

신 청 취 지

1. 신청인(채무자)과 피신청인(채권자)간 별지목록기재 부동산에 관한 수원지방법원 성남지원 등기과 2008년 09월 30일 접수 제23412호로 경료한 원인 2008년 09월 26 일자 수원지방법원 성남지원 2008카단6020 가처분결정은
이를 취소한다.
2. 소송비용은 피신청인(채권자)의 부담으로 한다.
라는 재판을 구합니다.

신 청 원 인

1. 당사자 관계
　가. 대위신청인 강OO은 별첨 귀원 2012타경31293호 부동산강제경매 사건의 매각허가결정문(갑제1호증) 및 이 사건 토지위에 건축된 별첨 경기 하남시 덕풍동 OOO-4외 한솔파로스아파트 101동 OOO호 부동산등기부등본(갑제2호증)과 같이, 2013.12.20 강제경매로 인한 매각을 원인으로 2014.01.06 하남등기소 접수 제158호로 신청인(채무자) 서OO 공유부동산인 위 아파트를 낙찰 받은 현재의 소유자로서,
　나. 위 서OO의 미등기 대지권(43.78분의 26.96 전부)을 별첨 경매개시결정문(갑제3호증)과 같이 포함하여 낙찰받은 바 있으며,
　다. 피신청인(채권자)은 위 전소유자 서OO의 대지권 토지(갑제4호증 - 경기 하남시 덕풍동 OOO-4, 토지등기부등본)를 순위번호 276번으로 순위번호 151번 서OO 공유지분(1572분의 30.2)을 2008.09.26자에 피보전권리를 신탁을 원인으로 한

소유권이전등기청구권으로 하여 부동산처분금지 가처분 결정을 받아, 동년 09.30자에 하남등기소 접수 제23412호로 가처분기입 등기한 자입니다.

## 2. 이 사건 사정변경으로 인한 가처분 취소사유 충족

　가. 그렇다면, 위 서OO의 대지권을 포함한 아파트(한솔파로스아파트 101동 OOO 호) 경매에 따라 위 서OO의 토지지분(대지권)도 대지권등기 여부와 상관없이 낙찰 자인 대위신청인 강OO에게 낙찰되었으므로 이 사건 피신청인(채권자)의 이 사건 가처분은 취소되었다고 봄이 상당하고

　나. 더 나아가, 가처분·가압류는 본안 소송이 3년이내에 제기되지 않았을 경우(이 사건 가처분의 경우 2008.09.26부터 3년인 2011.09.26까지임) 민사집행법에 따라 취소할 수 있음을 감안하더라도 피신청인(채권자)의 이 사건 가처분은 이래저래 취소됨이 마땅하다 할 것입니다.

## 3. 결론

　따라서 서OO의 대위신청인 강찬석은 신청취지와 같은 재판을 구하기 위하여 이 건 신청에 이른 것입니다.

**입증 및 첨부서류**

1. 귀원 2012타경31293호 부동산강제경매 사건의 매각허가결정문(갑제1호증)　1부
1. 경기 하남시 덕풍동 OOO-4회 한솔파로스아파트 101동 OOO호
　부동산등기부등본 (갑제2호증)　　　　　　　　　　　　　　　　　　　　1부
1. 위 경매 사건의 대지권이 포함된 경매라는 취지의 경매개시결정문
　(갑제3호증)　　　　　　　　　　　　　　　　　　　　　　　　　　　　　1부
1. 가처분결정 취소 신청서 부본　　　　　　　　　　　　　　　　　　　　1부
1. 피신청인(채권자) 송도재건축주택조합 등기부등본　　　　　　　　　　1부

2014. 01. 22

위 원고 (서OO의 대위청구인)

## 수원지방법원 성남지원 귀중

(2) 사정변경에 따른 가압류결정 취소 신청(지면상 생략함)

# PART 14

## 1순위와 후순위 대출로, 대위변제를 통한 NPL 투자 비법

- 01 특수물건에서 1순위로 대출하면 성공할 수 있다
- 02 일반물건에서 후순위로 대출해서 성공한 사례와 실패 사례
- 03 경매 취하자금 대출로 인한 근저당권 설정 방법
- 04 대위변제로 채권을 양도 받는 NPL 투자 비법

# 01 특수물건에서 1순위로 대출하면 성공할수 있다

 **김선생 한마디**

앞의 13장까지는 채무자 동의 없이 금융기관 등에서 근저당권 등을 NPL로 사서 경매를 신청해 배당만 받거나 직접 낙찰 받아 수익을 올리는 방법이다. 그러나 이 14장에서는 채무자의 동의를 얻어서 1순위 또는 2순위 대출을 하거나 대위변제를 통해서 근저당권을 양도 받아 경매를 취소하는 방법으로 NPL에 투자하는 방법이 다. 이 분야는 경매로 해결의 실마리를 찾는 또다른 NPL 분야로 새롭게 진화되고 있다.

 남들이 꺼리는 특수물건을 대상으로 1순위 대출을 실행하면 일반물건(금리 2.5~3.5%)에 비해 높은 수익(금리 8%~10%)을 올릴 수 있다.
 왜냐하면 특수물건에 대해서 금융기관 등의 이해도가 낮고 그 불확실성 때문에 대출을 꺼리고 있기 때문이다. 이런 특수물건이라면 지분경매, 법정지상권, 집합건물에서 토지별도등기와 대지권미등기, 그리고 유치권, 가등기, 가처분, 재개발과 재건축, 특수한 배당방법, 가장임차인 등을 들 수 있다. 그리고 연체가 되면 연체 이자를 20~24%를 받을 수 있으니 피담보채권을 보호받기 위해서라도 채권최고액을 130% 이상으로 해야 한다.
 그럼 이런 특수물건에서 1순위로 대출하는 방법과 그러한 1순위를 NPL로 사서 성공하는 사례를 분석해 보자!

## ◆ 미등기건물이 있는 토지에 1순위로 근저당권을 설정해서 성공한 사례

### (1) 미등기건물이 있는 토지에 근저당권을 신청하는 방법은?

이번 사례는 제주도에 있는 물건인데 토지를 경매로 낙찰 받은 사례이다.

이 토지는 지상에 법정지상이 성립하지 않는 미등기건물이 존재한다. 이런 물건은 금융기관에서 대출을 꺼리게 되므로 1순위로 근저당권을 설정하고 대출을 실행하면 높은 수익(이자가 연 8~10%)을 올릴 수 있다. 채권이 회수하지 못해 경매를 신청하는 상황이라도 그리 불리하지 않다. 왜냐하면 토지입찰자들이 지상에 건물이 법정지상권이 성립하지 않으므로 인해서 높은 가격으로 입찰할 것이 예상되기 때문이다. 그도 아니면 토지저당권자 본인이 직접 토지를 낙찰 받아 토지인도 및 건물철거 소송에 따른 가처분을 하고, 토지인도및 건물철거 소송과 병행해서 토지사용료를 원인으로 하는 부당이득청구 소송하면 된다. 그래서 그 판결문으로 건물을 강제경매를 신청하거나 건물을 철거하는 방법을 선택하면 될 것이다.

### (2) 지상에 미등기건물 있는 토지만 매각된 사례

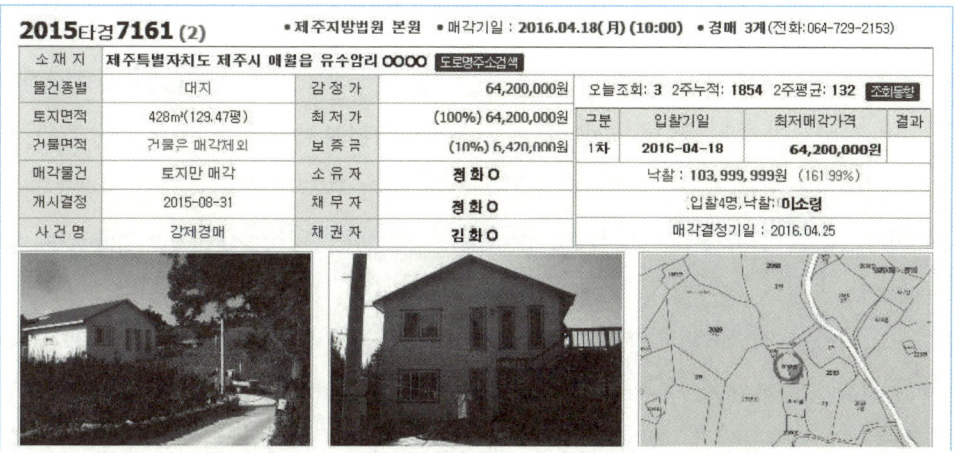

• 매각토지.건물현황 (감정원 : 진솔감정평가 / 가격시점 : 2015.09.17 )

| 목록 | 지번 | 용도/구조/면적/토지이용계획 | ㎡당 단가 (공시지가) | 감정가 | 비고 |
|---|---|---|---|---|---|
| 토지 | 유수암리 ○○○○ | 계획관리지역,공장설립저한지역<수도법>, 경관보전지구5등급<제주특별...> | 대 428㎡ (129.47평) | 150,000원 (19,800원) | 64,200,000원 | ▶평가제외 건물로 인한 제한 감안가격:45,000,000원 |
| 감정가 | | 토지:428㎡(129.47평) | | 합계 | 64,200,000원 | 토지만 매각 |

• 임차인현황 ( 배당요구종기일 : 2015.11.30 )

| 임차인 | 점유부분 | 전입/확정/배당 | 보증금/차임 | 대항력 | 배당예상금액 | 기타 |
|---|---|---|---|---|---|---|
| 김현○ | 주거용 | 전 입 일: 2014.12.05<br>확 정 일: 미상<br>배당요구일: 없음 | | 미상 | 배당금 없음 | |
| 김형○ | 주거용 | 전 입 일: 2014.12.05<br>확 정 일: 미상<br>배당요구일: 없음 | | 미상 | 배당금 없음 | |
| 이춘○ | 주거용 | 전 입 일: 2014.12.05<br>확 정 일: 미상<br>배당요구일: 없음 | | 미상 | 배당금 없음 | |
| 기타사항 | 임차인수: 3명<br>☞소유자가 전부 점유사용하고 있으며, 임대차 관계 없다고 함.<br>☞전입자 김현○ (2014년 12월 5일 전입)은 소유자 정화○의 딸이며, 전입신고만 되어 있을 뿐 동 소에 거주하지 않는다고 함.<br>☞전입자 이춘○ (2014년 12월 5일 전입)는 소유자 정화○의 모친이며, 제시건물 "가" 2층에 거주하고 있다고 함.<br>☞김현○ : 임대차관계 불분명(소유자 정화○의 자로 조사됨)<br>☞김형○ : 임대차관계 불분명(소유자 정화○의 남편으로 조사됨)<br>☞이춘○ : 임대차관계 불분명(소유자 정화○의 모로 조사됨) | | | | | |

• 토지등기부 ( 채권액합계 : 10,000,000원 )

| No | 접수 | 권리종류 | 권리자 | 채권금액 | 비고 | 소멸여부 |
|---|---|---|---|---|---|---|
| 1(갑9) | 2014.02.14 | 소유권이전(매각) | 정화○ | | 강제경매로 인한 매각 2013타경7938 물번2 | |
| 2(을3) | 2014.11.07 | 근저당 | 하귀농협 (동부지점) | 10,000,000원 | 말소기준등기 | 소멸 |
| 3(갑13) | 2015.08.31 | 강제경매 | 김화○ | 청구금액: 17,181,236원 | 2015타경7161 | 소멸 |
| 건물등기부 | ※주의 : 건물은 매각제외 | | | 채권최고액 | 비고 | 소멸여부 |
| | ☞ 건물등기부는 전산발급이 되지않아 등재하지 못함. | | | | | |

### (3) 토지만 근저당권을 설정하고 대출해도 채권이 안전하게 보호받을 수 있을까?

지상에 미등기건물이 있는 토지에 근저당권을 설정하고 대출을 하게 되면 훗날 채권을 회수하지 못하게 될 걱정으로 1금융과 2금융은 대출을 꺼린다. 왜냐 하면 지상에 미등기건물이 있는 상태에서 토지만 매각되면 낙찰가가 저감되고, 그로 인해 대출채권을 손실볼 수밖에 없기 때문이다. 그렇다고 하더라도 물건분석만 잘하고 대출을 실행하면 일반적인 물건보다 더 높은 수익을 기대할 수 있다. 어쩌면 특수물건에 대출을 실행하는 것이 더 안전할 수도 있다.

왜냐하면 특수물건은 일반물건에 비해 낮은 금액으로 대출을 실행하게 되고, 또는 그 특수물건을 경매로 낙찰 받은 물건에 대출을 실행하게 되면 상당히 낮은 금액으로 낙찰 받은 물건에 대출을 실행하게 되므로 안전할 수 있다.

그렇더라도 토지소유자로부터 채권을 회수하지 못하게 될 때 부득이하게 토지를 경매를 신청해서 채권을 회수할 수밖에 없다. 이때 앞에서 기술한 바와 같이 가격이 저감될 것을 예상해야 한다. 그리고 그러한 상황에서 적절하게 대응하는 방법이 필요하다.

그 방법은 지상에 건물이 법정지상권 성립여부를 판단해야 한다.

① 지상의 미등기건물이 법정지상권이 성립될까?

지상의 미등기건물은 법정지상권이 성립하지 못한다. 왜냐하면 나대지 상태에서 저당권이 설정되고 어느 시기를 보더라도 민법 제366조에 의한 토지 소유자와 건물 소유자가 동일인 인 경우가 없기 때문이다.

② 토지를 낙찰 받았다면 어떠한 방법으로 대응하면 되나?

이렇게 지상건물이 법정지상권이 성립되지 않는 다고 판단하면 토지저당권자가 경매를 신청해도 토지낙찰가는 높아질 것이고, 그로인해 채권회수에 어려움이 없다. 그도 아니면 토지저당권자 본인이 직접 토지를 낙찰 받고, 토지 인도 및 건물철거 소송에 따른 가처분을 하고, 토지인도 및 건물철거 소송과 병행해서 토지사용료를 원인으로 하는 부당이득청구 소송하면 된다.

그래서 그 판결문으로 건물을 강제경매를 신청하거나 건물을 철거하는 방법을 선택하면 될 것이다.

### (4) 어떻게 미등기건물을 보존등기하고 가처분 등을 하면 되나?

지상에 미등기건물은 사용승인을 받고 건축물대장까지 만들어진 상황이라 가처분 등을 원인으로 촉탁으로 보존등기를 하는 것은 그리 어려운 상황이 아니기 때문에 다음과 같은 방법으로 해결하면 된다.

① 건물철거 소송에 따른 가처분 신청서 작성

이 내용은 제15장 04번 내용(540쪽)을 참고해서 작성하면 된다.

② 토지인도 및 건물철거 소송과 부당이득반환청구를 병행해 소장을 작성한 사례
이 내용은 제15장 04번 내용(543쪽)을 참고해서 작성하면 된다.
③ 무허가건물 보존등기와 채권가압류 등을 위한 소장 작성
이 내용은 제15장 01번 내용(513쪽)을 참고해서 작성하면 된다.

## (5) 건물에 가처분 후 경매를 신청해 이병철이 낙찰 받았다
이 내용은 제15장 04번 내용(547쪽)에 있는 내용으로 다음과 같다.

| 2012타경**17746** | ●서울중앙지방법원 본원 ●매각기일: **2014.04.10(木) (10:00)** ●경매 11계(전화:02-530-2715) |||||||
|---|---|---|---|---|---|---|---|
| 소재지 | 서울특별시 성북구 종암동 00-00 　도로명주소검색 |||||||
| 물건종별 | 근린주택 | 감정가 | 440,948,520원 | 오늘조회: 1  2주누적: 0  2주평균: 0  조회동향 ||||
| ^ | ^ | ^ | ^ | 구분 | 입찰기일 | 최저매각가격 | 결과 |
| 토지면적 | 토지는 매각제외 | 최저가 | (51%) 225,766,000원 | 1차 | 2013-03-14 | 440,948,520원 | 유찰 |
| ^ | ^ | ^ | ^ | 2차 | 2013-04-18 | 352,759,000원 | 유찰 |
| ^ | ^ | ^ | ^ | 3차 | 2013-05-23 | 282,207,000원 | 유찰 |
| 건물면적 | 548.17㎡(165.821평) | 보증금 | (20%) 45,160,000원 | | 2013-06-27 | 225,766,000원 | 변경 |
| ^ | ^ | ^ | ^ | 4차 | 2013-08-01 | 225,766,000원 | 낙찰 |
| ^ | ^ | ^ | ^ | 낙찰 2,978,000,000원(675.36%) / 3명 / 미납 (2등입찰가:291,900,000원) ||||
| 매각물건 | 건물만 매각 | 소유자 | 한성O | 5차 | 2013-11-21 | 225,766,000원 | |
| ^ | ^ | ^ | ^ | 낙찰 305,080,000원 / 매각허가결정취소 ||||
| ^ | ^ | ^ | ^ | 6차 | **2014-04-10** | **225,766,000원** | |
| 개시결정 | 2012-06-07 | 채무자 | 한성O | 낙찰: 225,800,000원 (51.21%) ||||
| ^ | ^ | ^ | ^ | (입찰1명,낙찰: **이병철**) ||||
| ^ | ^ | ^ | ^ | 매각결정기일 : 2014.04.17 - 매각허가결정 ||||
| ^ | ^ | ^ | ^ | 대금지급기한 : 2014.07.15 ||||
| 사건명 | 강제경매 | 채권자 | 이병철 외 1인 | 대금납부 2014.06.20 / 배당기일 2014.08.05 ||||
| ^ | ^ | ^ | ^ | 배당종결 2014.08.05 ||||

어쨌든 이 사례에서도 법정지상권이 성립하지 않아서 건물을 50% 이하로 낙찰 받을 수 있었던 사례이다.

PART 14   1순위와 후순위 대출로, 대위변제를 통한 NPL 투자 비법   557

### ◆ 공유물 중 일부지분에 1순위 근저당권을 설정해 성공하는 방법

다음과 같이 대림아파트 노소령 2분의 1지분만을 담보로 1순위로 매매예약에 의한 소유권청구권보전가등기를 하고 대출하는 경우, 또는 1순위로 근저당권을 설정하고 대출을 실행하면 높은 이자소득을 얻을 수 있다. 앞에서 기술한 바와 같이 이런 물건은 금융기관에서 대출을 꺼리게 되므로 1순위로 근저당권을 설정하고 대출을 실행하면 높은 수익(이자가 연 8~10%, 연체 이자는 20~24%)을 올릴 수 있는 방법이다.

어쨌든 이 사례에서도 대출을 하면서 채권을 담보하기 위해 소유권이전청구권보전 가등기를 하고 채권이 회수가 안되자, 임의경매를 신청한 사례이다.

등기부등본에는 매매예약에 의한 소유권이전청구권보전가등기로 등기되어 있어서 형식적으로는 소유권을 보전하는 것으로 등기가 되어 있더라도 가등기권자가 직접 임의경매를 신청하거나 제3자의 경매신청에서 채권계산서를 제출하면 법원은 담보가등기권자로 보고 저당권자와 같이 우선 순위에 따라 배당하고 소멸하게 되므로 낙찰자가 인수하지 않는다.

독자분 들도 이 담보가등권자와 같이 공유물의 일부지분에 가등기를 1순위로 설정하거나 또는 1순위로 근저당권을 설정하고 대출을 실행하면 금융기관에서 얻을 수 있는 이자소득에 비해 높은 이자소득을 기대할 수 있다.

### 미리 알아두면 좋은 법률 Refer

**이자제한법과 대부업 등록업체의 최고 이상율의 적용은?**

1. 등록된 대부업체로 부터 금전을 대여받은 경우에는 이자제한법이 아니라 대부업 등의 등록 및 금융이용자 보호에 관한 법률이 적용되므로 2018. 02. 08. 부터 현재 연 24%가 대부등록법인(대부업법 시행령 제5조 2항)에게 적용된다.

2. 대부업체가 아닌 일반인에게만 이자제한법을 적용한다
① 이자제한법 제2조 1항에 따라 연24%로 정하고 있으며, 최고한도를 초과하는 부분은 다음 판례와 같이 무효이다.
〈구 이자제한법에서 정한 최고이자율을 초과하여 지급된 이자 상당금액에 대해서 준소비대차계약 또는 경개계약의 효력(무효)(대법원 2014다223506, 2012다81203 판결 등)〉
② 연체이자에 대해 별도의 약정 이율을 정하였다면 이 경우에도 이자제한법이 적용받지 않는다. 연체이자는 문언상으론 이자라고 하지만 실제로는 연체로 인한 손해배상이기 때문에 이자제한법상의 이자가 아니다.

# 02 일반물건에서 후순위로 대출해서 성공한 사례와 실패 사례

◆ **후순위로 대출해서 성공한 사례는 다음과 같다**

이번 사례는 특수물건이 아닌 일반물건에서 2순위로 대출을 실행해서 수익을 올리게 된 사례이다. 이러한 사례는 다음 03번에서도 이어 가겠지만 채권자가 사업에 추가로 필요한 자금을 충당하기 위해서 대출을 요구하는 사례, 경매를 취소하기 위해서 요구하는 사례, 그리고 대위변제를 통해 경매를 취소하려는 의도로 대출을 요구하는 등의 다양한 사례가 발생한다.

| 2015타경14348 | | ● 서울남부지방법원 본원 ● 매각기일 : 2016.03.29(火) (10:00) ● 경매 10계 (전화:02-2192-1340) | | | | | | |
|---|---|---|---|---|---|---|---|---|
| 소재지 | 서울특별시 양천구 목동 736-3, 왕자상가아파트 2층 ○○○호 도로명주소검색 | | | | | | | |
| 물건종별 | 아파트 | 감정가 | 331,000,000원 | 오늘조회: 1  2주누적: 20  2주평균: 1  조회동향 | | | | |
| | | | | 구분 | 입찰기일 | 최저매각가격 | 결과 | |
| 대지권 | 39.913㎡(12.074평) | 최저가 | (64%) 211,840,000원 | 1차 | 2016-01-12 | 331,000,000원 | 유찰 | |
| 건물면적 | 90.72㎡(27.443평) | 보증금 | (10%) 21,190,000원 | 2차 | 2016-02-23 | 264,800,000원 | 유찰 | |
| | | | | 3차 | 2016-03-29 | 211,840,000원 | | |
| 매각물건 | 토지·건물 일괄매각 | 소유자 | 신소딩 | 낙찰 : 301,111,112원 (90.97%) | | | | |
| 개시결정 | 2015-08-17 | 채무자 | 신소딩 | (입찰10명,낙찰:양천구 지○○ / 2등입찰가 276,000,000원) | | | | |
| 사건명 | 임의경매 | 채권자 | 송장군 외1명 | 매각결정기일 : 2016.04.05 - 매각허가결정 대금지급기한 : 2016.05.17 | | | | |

● 매각물건현황 ( 감정원 : 이노감정평가 / 가격시점 : 2015.09.01 )

| 목록 | 구분 | 사용승인 | 면적 | 이용상태 | 감정가격 | 기타 |
|---|---|---|---|---|---|---|
| 건물 | 6층중 2층 | 95.07.06 | 90.72㎡ (27.44평) | 방3,주방겸식당,거실,욕실 겸화장실,다용도실,발코니,현관 등 | 132,400,000원 | |
| 토지 | 대지권 | | 1278.6㎡ 중 39.913㎡ | | 198,600,000원 | |

● 임차인현황 ( 말소기준권리 : 2014.06.20 / 배당요구종기일 : 2015.10.30 )

| 임차인 | 점유부분 | 전입/확정/배당 | 보증금/차임 | 대항력 | 배당예상금액 | 기타 |
|---|---|---|---|---|---|---|
| 지OO | 주거용 전부 | 전 입 일: 2015.04.21<br>확 정 일: 2015.05.27<br>배당요구일: 2015.09.16 | 보200,000,000원 | 없음 | 배당순위있음 | |

● 등기부현황 ( 채권액합계 : 325,448,435원 )

| No | 접수 | 권리종류 | 권리자 | 채권금액 | 비고 | 소멸여부 |
|---|---|---|---|---|---|---|
| 1(갑1) | 2002.08.30 | 소유권이전(매매) | 신수령 | | | |
| 2(을5) | 2014.06.20 | 근저당 | 흥국생명보험(주) | 194,400,000원 | 말소기준등기 | 소멸 |
| 3(을6) | 2014.06.20 | 근저당 | 흥국생명보험(주) | 35,100,000원 | | 소멸 |
| 4(을8) | 2014.08.28 | 근저당 | 송장군 | 60,000,000원 | | 소멸 |
| 5(갑3) | 2015.06.12 | 가압류 | 롯데카드(주) | 6,162,269원 | 2015카단1405 | 소멸 |
| 6(갑4) | 2015.06.19 | 가압류 | 신한카드(주) | 29,786,166원 | 2015카단201578 | 소멸 |
| 7(갑5) | 2015.08.17 | 임의경매 | 송장군 | 청구금액: 60,000,000원 | 2015타경14348 | 소멸 |
| 8(갑5) | 2015.09.10 | 임의경매 | 흥국생명보험(주) | 청구금액: 195,666,789원 | 2015타경15563 | 소멸 |

## ◆ 후순위로 대출해서 왜 손해를 보게 되었을까?

다음 사례는 김소령이 후순위로 대출을 했다가 손해 본 사례이다.

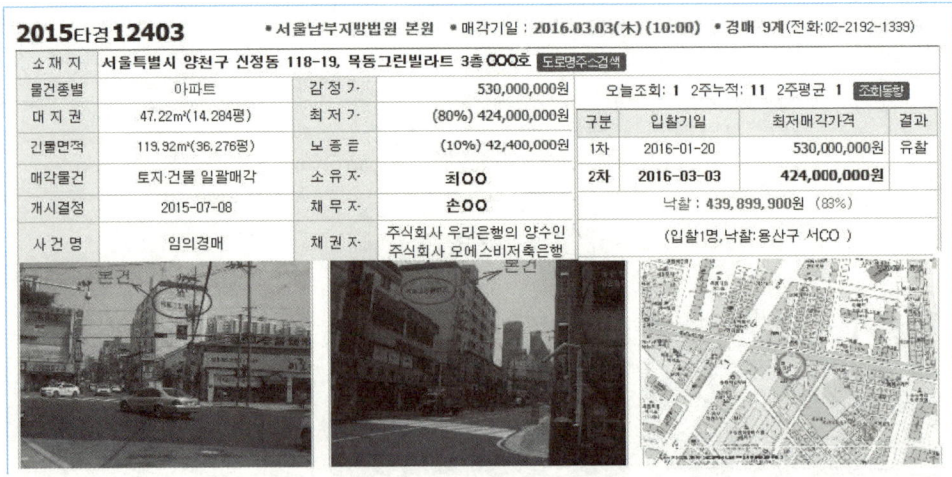

• 임차인현황 ( 말소기준권리 : 2005.05.02 / 배당요구종기일 : 2015.11.13 )

===== 조사된 임차내역 없음 =====

| 기타사항 | ☞현장에 임한 바, 폐문 부재로 소유자 및 점유자 발견할 수 없어 출입문에 안내문 투입 |

• 등기부현황 ( 채권액합계 : 740,000,000원 )

| No | 접수 | 권리종류 | 권리자 | 채권금액 | 비고 | 소멸여부 |
|---|---|---|---|---|---|---|
| 1(갑4) | 2005.04.29 | 소유권이전(매매) | 최OO | | | |
| 2(을5) | 2005.05.02 | 근저당 | 오에스비저축은행 | 300,000,000원 | 말소기준등기<br>양도전:우리은행 | 소멸 |
| 3(을8) | 2005.08.29 | 근저당 | 오에스비저축은행 | 60,000,000원 | | 소멸 |
| 4(을9) | 2006.07.28 | 근저당 | 오에스비저축은행 | 120,000,000원 | | 소멸 |
| 5(을10) | 2007.07.23 | 근저당 | 오에스비저축은행 | 60,000,000원 | | 소멸 |
| 6(을11) | 2015.12.31 | 근저당 | 김소령 | 200,000,000원 | | 소멸 |
| 7(갑8) | 2015.06.17 | 소유권이전<br>청구권가등기 | 김소령 | | 매매예약 | 소멸 |
| 8(갑10) | 2015.07.08 | 임의경매 | 오에스비저축은행 | 청구금액:<br>395,117,298원 | 2015타경12403 | 소멸 |

이번 사례는 아마도 김소령이 후순위로 대출을 실행할 때 두 가지 측면에서 잘못 판단한 부분이 있다.

첫 번째로 아파트 시세를 5억 원 이상으로 판단한 부분이다.

아파트 시세는 항상 유동적이고 그 물건이 경매로 매각될 때는 시세보다 10% 이하로 매각되기 때문에 대출을 실행할 때에는 그러한 사실을 알고 있어야 한다.

두 번째로 1순위 근저당권자의 채권금액을 채권최고액으로 계산하지 않고 대출 원금으로 선순위 채권을 계산한 것이다.

그러나 배당실무에서는 선순위채권자가 채권최고액의 범위 내에서 전액 배당받는 사례가 많다. 왜냐하면 경매가 진행되면 정상적인 낮은 금리가 적용 되는 것이 아니라 연체 이자인 21%가 적용되기 때문이다( 2018. 04. 30. 기준으로 연체이자는 금감원 등록업체, 정상이자 + 연체이자 3%를 추가적용한다).

# 03 경매 취하자금 대출로 인한 근저당권 설정 방법

◆ **대우캐피탈의 강제경매 취하 자금대출로 근저당권 설정**

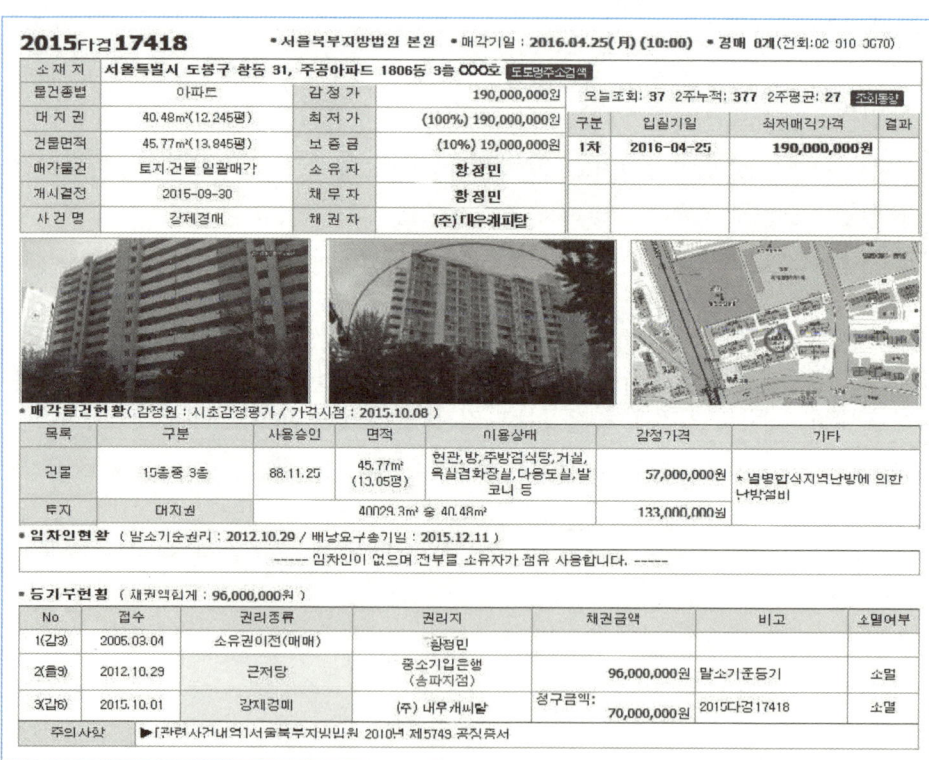

이 사례와 같이 후순위 대우캐피탈이 7,000만원으로 강제경매를 신청한 사례에서

대위변제하고 그 대가로 후순위 근저당권을 설정하면 어떻게 될까?

이 아파트는 시세가 1억9,000만원인데 선순위로 기업은행 근저당권이 9,600 만원 밖에 없어서 경매취하 자금을 대출하고도 충분한 담보여력이 있다. 유의할 점은 적정한 대출과 이자율, 연체 이자율 등을 정하고 그러한 채권을 보호받기 위해 올바른 채권최고액을 정하는 방법이다. 후순위 대출이기 때문에 이자는 10 ~ 12%가 적당하다. 그리고 연체이자는 20 ~ 30%로 정하고 그러한 채권을 담보하기 위해 채권최고액은 130 ~ 140%로 정하는 것이 안전하다.

◆ 성동실업의 경매 취하자금 대출로 근저당권 설정

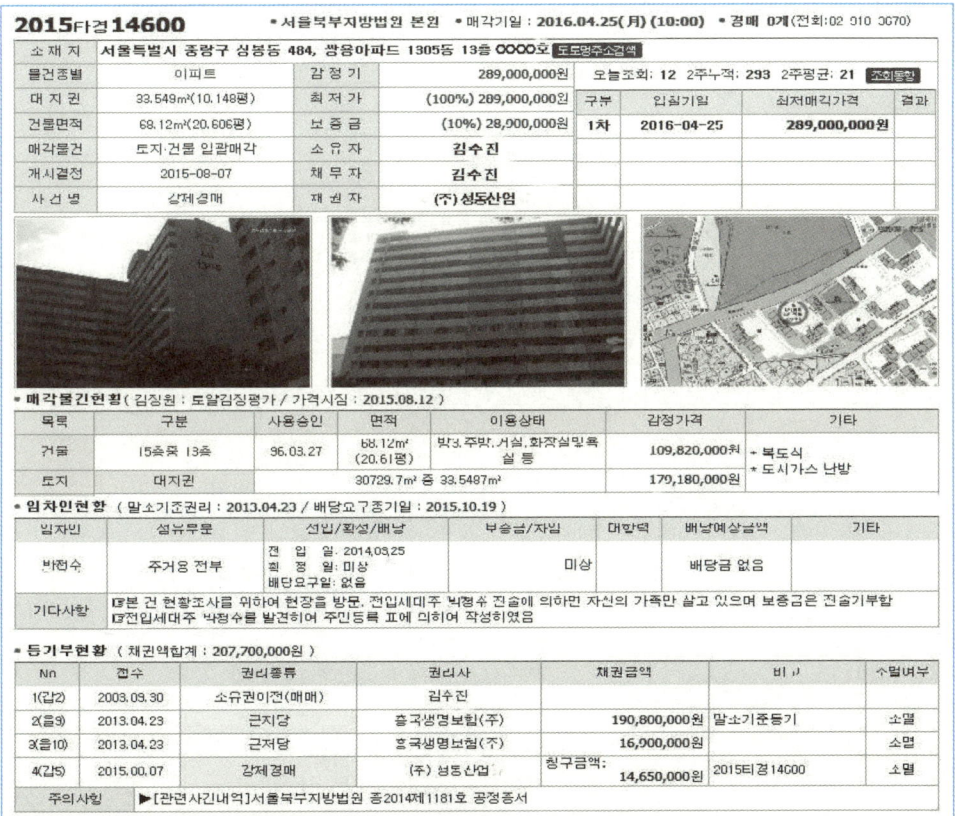

이 사례도 후순위 (주)성동실업이 1,465만원으로 강제경매를 신청한 사례에서 대위변제하고 그 대가로 후순위 근저당권을 설정하면 어떻게 될까? 이 아파트는 시세가 2억9,000만원인데 선순위로 흥국생명보험(주) 근저당권이 2억 770만원 밖에 없어서 경매취하 자금을 대출하고도 충분한 담보여력이 있다. 왜냐하면 흥국생명보험(주) 근저당권의 채권액은 채권최고액으로 계산한 것이기 때문이다. 유의할 점은 적정한 대출과 이자율, 연체 이자율 등을 정하고 그러한 채권을 보호받기 위해 올바른 채권최고액을 정하는 방법이다. 후순위 대출이기 때문에 이자는 10~12%가 적당하다. 그리고 연체이자는 20 ~ 30% 로 정하고 그러한 채권을 담보하기 위해 채권최고액은 130 ~ 140%로 정하는 것이 안전하다.

# 04 대위변제로 채권을 양도 받는 NPL 투자 비법

◆ **1순위 저당권자가 신청한 경매를 대위변제로 양도 받는 NPL 투자**

이 사건은 1순위 근저당권자인 이문휘경동 새마을금고가 신청한 경매이다.

그런데 이문휘경동 새마을금고의 청구금액은 2억2,000만원을 정도 인데 반해서 아파트 시세는 3억2,000만원 이상을 호가하고 있어서 담보 여력은 충분 하다. 아마도 채무자 정철수가 단기자금 부족에 따라 경매를 당하게 된 것으로 볼 수 있다. 이때 채무자의 요청을 받아 들여 1순위 근저당권자를 대위변제하면서 양도 받으면 이문휘경동 새마을금고 근저당권자의 1순위 지위를 그대로 승계 받을 수 있다. 그러면서 기존 이자율 약정과 연체이자율 약정만을 변경하는 방법으로 높은 수익을 기대할 수 있다.

## 566 적은 돈으로 부자되는 지분경매 완성과 NPL투자 비법

• 배각물건현황 ( 감정원 : 원승감정평가 / 가격시점 : 2016.01.05 )

| 목록 | 구분 | 사용승인 | 면적 | 이용상태 | 감정가격 | 기타 |
|---|---|---|---|---|---|---|
| 건물 | 19층중 7층 | 00.03.11 | 59.84㎡ (18.1평) | 방3,주방,거실,욕실,복도,발코니 | 129,600,000원 | * 1개동 198세대 |
| 토지 | 대지권 | | 5035.7㎡ 중 21.42㎡ | | 194,400,000원 | * 도시가스 개별난방 |

• 임차인현황 ( 말소기준권리 : 2009.04.09 / 배당요구종기일 : 2016.02.29 )

===== 조사된 임차내역 없음 =====

• 등기부현황 ( 채권액합계 : 278,217,000원 )

| No | 접수 | 권리종류 | 권리자 | 채권금액 | 비고 | 소멸여부 |
|---|---|---|---|---|---|---|
| 1(갑1) | 2000.06.28 | 소유권이전(매매) | 정칠수 | | | |
| 2(을8) | 2009.04.09 | 근저당 | 이문휘경동새마을금고 | 236,000,000원 | 말소기준등기 | 소멸 |
| 3(을10) | 2009.09.28 | 근저당 | 이문휘경동새마을금고 | 36,400,000원 | | 소멸 |
| 4(갑2) | 2011.08.01 | 압류 | 서울특별시마포구 | | | 소멸 |
| 5(갑3) | 2011.09.09 | 압류 | 영등포세무서 | | | 소멸 |
| 6(갑4) | 2012.02.23 | 압류 | 국민건강보험공단 | | | 소멸 |
| 7(갑5) | 2012.03.30 | 가압류 | 서울신용보증재단 | 5,817,000원 | 2012카단2098 | 소멸 |
| 8(갑6) | 2014.12.22 | 압류 | 서울특별시영등포구 | | | 소멸 |
| 9(갑7) | 2015.12.09 | 임의경매 | 이문휘경동새마을금고 | 청구금액: 219,267,903원 | 2015타경19770 | 소멸 |

## ◆ 후순위 저당권자가 신청한 경매를 대위변제로 양도 받는 NPL 투자

**2015타경8050** • 서울동부지방법원 본원 • 매각기일 : 2016.04.25.(月) (10:00) • 담당 2계(전화:02-2204-2405)

| 소재지 | 서울특별시 성동구 하왕십리동 1052, 금호베스트빌 104동 3층 ○○○호 | | | | 토지면적:소액색 | | | |
|---|---|---|---|---|---|---|---|---|
| 물건종별 | 아파트 | 감정가 | 430,000,000원 | | 오늘조회: 31 2주누적: 360 2주평균: 26 | | | |
| 대지권 | 43.015㎡(13.012평) | 최저가 | (100%) 430,000,000원 | 구분 | 입찰기일 | 최저매각가격 | 결과 |
| 건물면적 | 114.93㎡(34.766평) | 보증금 | (10%) 43,000,000원 | 1차 | 2016.04.25 | 430,000,000원 | |
| 매각물건 | 토지·건물 일괄매각 | 소유자 | 오수민 | | | | |
| 개시결정 | 2015-07-31 | 채무자 | 오수민 | | | | |
| 사건명 | 임의경매 | 채권자 | 박민기 | | | | |

• 매각물건현황 ( 감정원 : 유일감정평가 / 가격시점 : 2015.08.24 / 보존등기일 : 2004.04.29 )

| 목록 | 구분 | 사용승인 | 면적 | 이용상태 | 감정가격 | 기타 |
|---|---|---|---|---|---|---|
| 건물 | 12층중 3층 | 01.10.05 | 114.93㎡ (34.77평) | 방4,기실,주방겸식당,욕실, 2,발코니 등 | 163,400,000원 | * 도시가스 개별난방 |
| 토지 | 대지권 | | 15596.4㎡ 중 43.015㎡ | | 266,600,000원 | |

• 임차인현황 ( 말소기준권리 : 2012.11.22 / 배당요구종기일 : 2015.10.21 )

===== 임차인이 없으며 전부를 소유자가 점유 사용합니다. =====

| 기타사항 | ☞본건 목적물 소재지에 출장하여 조사한 바, 소유자 오수민 가족이 거주하고 있더고 오수민 본인 진술. ☞동사무소에 주민등록등재를 조사한 바, 오수민의 남편 이○○의 세대가 등록되어 있음 |
|---|---|

* 등기부현황 ( 채권액합계 : 106,600,000원 )

| No | 접수 | 권리종류 | 권리자 | 채권금액 | 비고 | 소멸여부 |
|---|---|---|---|---|---|---|
| 1(갑3) | 2010.10.20 | 소유권이전(매매) | 우수민 | | 거래가액:400,000,000 | |
| 2(을6) | 2012.11.22 | 근저당 | 한국스탠다드차타드은행<br>(소매여신운영부) | 339,600,000원 | 말소기준등기 | 소멸 |
| 3(을8) | 2015.03.19 | 근저당 | 박민기 | 67,000,000원 | | 소멸 |
| 4(갑10) | 2015.07.31 | 임의경매 | 박민기 | 청구금액:<br>46,000,000원 | 2015타경8050 | 소멸 |
| 5(갑11) | 2015.08.13 | 압류 | 국민건강보험공단 | | | 소멸 |
| 6(갑12) | 2016.01.14 | 압류 | 서울특별시성동구 | | | 소멸 |

    이 사건은 2순위 근저당권자인 박민기가 신청한 경매이다. 그런데 아파트 시세가 4억3,000만원 이상을 호가하고 있고 1순위 한국스탠다드은행 근저당권의 채권최고액은 3억3,960만원이다. 따라서 2순위 박민기 채권을 대위변제 하면서 채권을 양도 받으면 대위변제한 채권 회수에 어려움이 없을 듯 하다.

    이러한 상황에서 채무자의 요청을 받아 들여 2순위 근저당권자를 대위변제하면서 양도 받으면, 박민기 근저당권자의 2순위 지위를 그대로 승계 받을 수 있다. 그러면서 기존이자율 약정과 연체이자율 약정만을 변경하는 방법으로 높은 수익을 기대할 수 있다.

# 채권양도, 양수시 유의사항과 채권양도양수 계약서 작성 및 대항요건

## 15 PART

- 01 채권의 양도와 근저당권을 양도·양수계약에 의해 양수할 때 유의사항
- 02 근저당권을 양수할 때 채무자에게 대항요건을 갖추는 방법은?
- 03 전세권과 전세금반환채권이 분리 양도된 경우
- 04 임차권 또는 임차권등기의 적법한 양도, 그리고 임차권에 대한 가압류의 효력은?
- 05 주임법상 임차보증금채권의 분리양도시 대항력과 우선변제권은?
- 06 무담보채권을 양수시 유의사항과 채무자에 대한 대항요건
- 07 근저당권 양도계약서 작성과 양도통지, 그리고 근저당권이전 등기 신청
- 08 채권 양도·양수계약서 작성과 양도통지 방법
- 09 선행된 지분경매에서 후순위 근저당 양도양수계약서 이렇게 작성해라!
- 10 주택임차권 양도·양수 계약서를 바르게 작성하는 방법

# 01 채권의 양도와 근저당권을 양도·양수계약에 의해 양수할 때 유의사항

### ◆ 채권의 양도와 그 효력

　채권의 양도는 법률행위에 의하여 채권자인 양도인과 신채권자인 양수인 사이에 채권의 동일성을 유지하면서 양도인으로부터 양수인에게 이전시킬 목적으로 하는 계약을 말한다.

　확정일자 있는 양도통지를 양도인 명의로 발송으로 그 통지가 송달되거나 제3채무자의 승낙이 있으면 제3채무자에게 대항요건이 발생된다.

　그러나 제3채무자 이외의 제3자에 대해서는 제3채무자에게 양도통지가 송달 또는 승낙의 선후에 따라 우선순위가 결정된다.

### ◆ 근저당권을 양도·양수계약에 의해 양수할 때 유의사항

　근저당을 양수받는 경우에 피담보채권의 원금과 이자부분이 채권최고액의 범위 내에서 우선변제 받을 수 있어도 등기부상 등기된 채권만 있는 것이 아니고 근저당에 우선하는 특별우선채권(최우선변제금과 당해세 등)과 조세채권(법정기일이 앞선), 임차인의 보증금채권 등이 있는 가 등을 고려해서 투자대상으로 결정해야 된다.

　신규로 근저당권을 설정하는 경우도 이러한 점 등을 점검해서 나보다 선순위채권의 발생여부를 검토하고 대출을 실행해야 한다.

등기부상 공시된 채권 이외에도 다른 채권과 추가로 발생될 수 있는 채권이 항상 병존하고 있다는 사실을 염두하고 근저당권을 양도받거나 금전대출을 실행해야지 이를 간과하게 되면 추후 경매절차에서 배당순위에서 후순위로 밀리게 되어 일부만을 배당받거나 배당받지 못하는 경우도 발생한다.

# 02 근저당권을 양수할 때 채무자에게 대항요건을 갖추는 방법은?

근저당권이나 담보가등기, 전세권 등의 담보물권인 경우는 채권을 양도, 양수시 담보물권의 이전등기 없이 채무자에게 양도 통지하는 것으로 채무자에 대한 대항요건을 갖추었다고 보지만, 이러한 경우에는 피담보채권만 양도 받은 것이지 우선변제권이 있는 근저당권을 양도받은 것으로 볼 수 없어서 피담보채권과 근저당권을 분리 양도한 것이 되므로 양도인 명의의 근저당권은 채권이 없으므로 소멸된다. 반드시 채권양도와 동시에 근저당권을 이전(부기등기 형식으로) 받아야 한다.

그런데 이렇게 근저당권까지 이전받은 경우에도 채무자에게 반드시 양도통지를 해야 채무자 뿐만 아니라 제3취득자에 대해서도 대항력을 갖게 된다.

이 밖에도 이 담보물권(근저당권, 담보가등기, 전세권)을 대상으로 근저당권과 가등기 등을 하는 경우와 가압류, 압류 등의 보전조치의 경우도 마찬가지이다.

이 경우 결정문으로 효력이 발생되는 것이 아니라 이 결정문이 채무자에게 송달되어야 그 효력이 발생되어 채무자뿐만 아니라 제3취득자에게도 대항력을 가지게 된다.

그러나 문제는 근저당권의 피담보채권금액이 양수시 예상한 금액과 채무자의 실제 채무금액과 다르다면 다툼이 발생되고 이에 따라 소송으로 진행될 수밖에 없어서 채권의 손실을 가져올 수도 있다.

이러한 경우를 대비해서 근저당권 양도시 채권양도와 근저당권을 부기등기로 이전받고 채무자에게 양도통지를 하면 채무자에게 대항력이 발생하지만 추후 채무금액의 다툼(양도통지가 채무자에게 도달하기 전에 양도인에게 근저당권의 매매대금을 지급, 또는 양도통지를 받은 사람이 채무금액이 다름에도 불구하고 이의를 하지 않고 있다가 경매절차에서 배당이의를 하게 되면 상황은 양수인의 의도와 전혀 다른 상황으로 전개 될 수 있다)을 예방하기 위해서 채무자의 승낙, 또는 양도통지가 채무자에게 송달되는 과정을 확인하고 근저당권의 매매대금을 지급해야한다.

이 중에서 후일 다툼을 예방하기 위해서 채무자의 승낙방식으로 채권을 양수 받는 방법이 좋다.

그리고 양수채권이 경매 중에 있다면 양도인이 법원에서 채권신고한 다른 채권내역을 열람복사신청하고 예상배당표를 작성한 다음 양도받는 채권이 보장되는 선에서 근저당권의 매매원금과 추가로 이익이 발생되는 이자부분을 정확하게 산정한 다음 양도양수계약서를 작성해야 된다.

### (1) 저당권의 피담보채권과 저당권을 양수하고 채권양도의 대항요건을 갖추지 못한 경우

① 피담보채권을 저당권과 함께 양수한 자는 저당권이전의 부기등기를 마치고 저당권실행의 요건을 갖추고 있는 한 채권양도의 대항요건을 갖추고 있지 아니하더라도 경매신청을 할 수 있으며, 채무자는 경매절차의 이해관계인으로서 채권양도의 대항요건을 갖추지 못하였다는 사유를 들어 경매개시결정에 대한 이의나 즉시항고절차에서 다툴 수 있고, 이러한 절차를 통하여 채권및 근저당권의 양수인의 신청에 의하여 개시된 경매절차가 실효되지 아니한 이상 그 경매절차는 적법한 것이고, 또한 그 경매신청인은 양수채권의 변제를 받을 수도 있다.

② 채권양도의 대항요건의 흠결의 경우 채권을 주장할 수 없는 채무자 이외의 제3자는 양도된 채권 자체에 관하여 양수인의 지위와 양립할 수 없는 법률상 지위를 취득한 자에 한하므로, 선순위의 근저당권부 채권을 양수한 채권자보다 후순위의 근저당권자는 채권양도의 대항요건을 갖추지 아니한 경우 대항할 수 없는 제3자에 포함되지 않는다고 할 것이니, 원고가 피고보다 우선하여 양수채권의 변제를 받는데 이 사건 채권양도의 대항요건을 갖추지 아니한 것이 장애가 된다고 할 수도 없다[대법 2004다29279판결].

### (2) 근저당권부 채권이 양도되었으나 근저당권의 이전등기가 경료되지 않은 상태에서 근저당권의 명의인이 배당이의로 배당표의 경정을 구할 수있는지

피담보채권과 근저당권을 함께 양도하는 경우에 채권양도는 당사자 사이의 의사표시만으로 양도의 효력이 발생하지만 근저당권이전은 이전등기를 하여야 하므로 채권양도와 근저당권이전등기 사이에 어느 정도 시차가 불가피한 이상 피담보채권이 먼저 양도되어 일시적으로 피담보채권과 근저당권의 귀속이 달라진다고 하여 근저당권이 무효로 된다고 볼 수는 없으므로, 즉, 원고 명의의 이 사건 근저당권은 그 피담보채권의 양수인인 참가인에게 이전되어야 할 것에 불과하고, 원고는 피담보채권을 양도하여 결국 피담보채권을 상실한 셈이므로, 집행채무자로부터 변제를 받기 위하여 배당표에 자신에게 배당하는 것으로 배당표의 경정을 구할 수 있는 지위에 있다고 볼 수 없고, 또한 참가인이 이 사건 저당권을 이전받지 못할 아무런 장애도 없는데도 피담보채권을 양수하고도 단지 등록세 등의 비용을 절약하기 위하여 장기간 저당권의 이전등기를 해태한 끝에 결국 저당권이 말소된 이 사건에서 양도인인 원고가 양수인인 참가인을 대신하여 변제를 수령할 수 있다고 볼 아무런 근거도 없다[대법 2001다77888판결].

### (3) 임의경매절차 진행중 근저당권이 양수인에게 이전등기 되었으나, 경락인의 대금납부 전까지 피담보채권의 양도통지가 이루어지지 아니한 경우 그 효력

임의경매절차 진행중, 채권자(양도인)인 원고가 피고(양수인)에게 근저당권및 피담보채권을 양도하고 근저당권이전등기까지 마쳤으나, 채무자에 대한 양도통지가 경락인의 대금납부로 근저당권이 소멸된 후 이루어졌기 때문에 근저당권의 양도는 효력이 없지만, 근저당권의 피담보채권과 배당금청구권은 피고에게 양도되었다고 봄이 상당하므로, 경매법원이 위 근저당권에 대한 배당금을 근저당권명의자인 피고에 대하여 공탁한 것은 적법하다[서울고등법원2000나8795판결].

# 03 전세권과 전세금반환채권이 분리 양도된 경우

전세권이 담보물권적 성격도 가지는 이상 부종성과 수반성이 있는 것이므로 전세권을 그 담보하는 전세금반환채권과 분리하여 양도하는 것은 허용되지 않는다고 할 것이나, 한편 담보물권의 수반성이란 피담보채권의 처분이 있으면 언제나 담보물권도 함께 처분된다는 것이 아니라, 채권 담보라고 하는 담보물권 제도의 존재 목적에 비추어 볼 때 특별한 사정이 없는 한 피담보 채권의 처분에는 담보물권의 처분도 포함된다고 보는 것이 합리적이라는 것일 뿐이므로, 전세권이 존속기간의 만료로 소멸한 경우이거나 전세계약의 합의해지 또는 당사자 간의 특약에 의하여 전세권반환채권의 처분에도 불구하고, 전세권의 처분이 따르지 않는 경우 등의 특별한 사정이 있는 때에는 채권 양수인은 담보물권이 없는 무담보의 채권을 양수한 것이 된다.

이와 같은 취지에서 원심이 결과적으로 이 사건 전세권이 존속기간의 만료로 소멸된 후 이 사건 전세금반환채권만이 양도된 것에 대하여 채권양도의 효력을 인정한 것은 정당하고, 거기에 상고이유에서 주장하는 바와 같은 전세권과 전세금반환채권의 분리 양도의 효력에 관한 법리오해의 위법이 있다고 할 수 없다[대법97다29790].

### (1) 전세권이 존속하는 동안 전세금반환채권만을 전세권과 분리하여 양도할 수 있는지

전세권은 전세금을 지급하고 타인의 부동산을 그 용도에 따라 사용 수익하는 권리로서 전세금의 지급이 없으면 전세권은 성립하지 아니하는 등으로 전세금은 전세권과 분리될 수 없는 요소일 뿐 아니라, 전세권에 있어서는 그 설정행위에서 금지하지 아니하는 한 전세권자는 전세권 자체를 처분하여 전세금으로 지출한 자본을 회수할 수 있도록 되어 있으므로 전세권이 존속하는 동안은 전세권을 존속시키기로 하면서 전세금반환채권만을 전세권과 분리하여 확정적으로 양도하는 것은 허용되지 않는 것이며, 다만 전세권 존속 중에는 장래에 그 전세권이 소멸하는 경우에 전세금 반환채권이 발생하는 것을 조건으로 그 장래의 조건부 채권을 양도할 수 있을 뿐이라 할 것이다[대법2001다69122].

### (2) 전세권의 담보물권적 성격과 전세금반환채권을 전세권과 분리하여 양도할 수 있는지

피담보채권의 처분이 있으면 언제나 담보권도 함께 처분된다는 것이 아니라 채권담보라고 하는 담보권 제도의 존재 목적에 비추어 볼 때 특별한 사정이 없는 한 피담보채권의 처분에는 담보권의 처분도 당연히 포함된다고 보는 것이 합리적이라는 것일 뿐이므로, 피담보채권의 처분이 있음에도 불구하고, 담보권의 처분이 따르지 않는 특별한 사정이 있는 경우에는 채권양수인은 담보권이 없는 무담보의 채권을 양수한 것이 되고 채권의 처분에 따르지 않은 담보권은 소멸한다.

### (3) 피담보채권이 담보권과 분리 양도됨으로써 담보권이 소멸하였다고 인정한 사례

신한종금이 이 사건 어음들에 대하여 가지고 있던 담보권은 그 피담보채권이 그와 분리되어 한국자산관리공사에 양도됨으로써 담보권의 부종성의 원리에 의하여 소멸하였다 할 것인바, 원심이 같은 취지에서 신한종금이 이 사건 어음들에 대하여 가지고 있던 담보권이 소멸하였다고 판단한 제1심판결을 유지한 것은 정당하다[대법2003다61542].

피담보채권의 처분이 있음에도 불구하고 담보물권의 처분이 따르지 않는특별한 사정이 있는 경우에는 채권양수인은 담보물권이 없는 무담보의 채권을 양수한 것이 되고 채권의 처분에 따르지 않은 담보물권은 소멸한다[대법97다33997].

# 04 임차권 또는 임차권등기의 적법한 양도, 그리고 임차권에 대한 가압류의 효력은?

### (1) 임차권의 적법한 양도는

1) 임차권은 임대인에 대한 청구권으로 다른 사람에게 양도 또는 전대를 할 수 있는 권리가 아니지만, 임대인의 동의를 얻으면 적법한 양도가 가능하고,
2) 임차인이 등기된 임차권(민법제621조) 또는 임차권등기명령(주임법제3조의3)에 의해서 임차권등기를 양도 또는 전대하는 경우도 임대인의 동의를 얻어야만 가능하다.

### (2) 임차권의 부적법한 양도는

임대인의 동의가 없이 임차권을 전대나 양도하고 주민등록상 전입신고기간이 14일 이내에 전입신고를 마친 경우에도 주임법상의 대항력과 우선변제권의 보호를 받지 못하고 계약당사자간의 일반채권자의 지위에 놓이게 됩니다.

### (3) 임차권이 등기된 경우도 임대인의 동의가 필요한지에 대해서 살펴보면

임차권은 임차인이 임대인에 대하여 임대차목적물을 사용 수익하게 할 것을 청구할 수 있는 채권에 불과하고, 비록 그에 관한 등기가 마쳐졌다고 하더라도 그 임차권등기는 임차인이 채권인 임차권으로써 임대차목적물의 제3취득자 등에 대하여 대항할 수 있는 요건에 불과할 뿐 저당권이나 전세권의 경우와는 달리 임차권의 공시방법으로서 그 득실·변경의 성립요건 또는 그 대항요건이 되는 것은 아니므로, 따라서 임차권에 관하여 임차권등기가 마쳐진 경우에도 임차인은 임대인의 동의를 얻어 지명채권의 양도 방법에 따라 유효하게 이를 양도할 수 있다[대구지법 2003라189].

  1) 주임법 및 상임법상 임차권등기명령에 의한 임차권등기는 임대차가 종료된 후 임대인이 임대차보증금을 반환해주지 아니할 경우 임차인이 단독적으로 법원에 임차권등기명령을 신청할 수 있는 제도로 부기등기로 이전등기를 할 수 없어서 임차권을 양도받고자 하는 사람은 임대인의 동의를 얻어 임차권양도를 받고 14일 이내에 대항요건을 반드시 갖추고 있어야만 구 임차인의 대항력과 우선변제권이 그대로 유지 존속하게 된다.

### 김선생 한마디

**임차권등기이전 및 임차물전대의 등기 제한**
−임차권등기에 관한 업무처리지침(등기예규 제1059호) −임대차의 존속기간이 만료된 경우(민법 제621조)와 주택임차권등기 및 상가건물임차권등기(임차권등기명령)가 경료된 경우에는 그 등기에 기초한 임차권이전등기나 임차물 전대등기를 할 수 없다.

  2) 민법 제621조에 기한 임차권등기라면 조금 다르게 생각 할 수가 있다.

  임대인의 동의를 얻어 임차권양도를 받고 부기등기로 임차권등기를 이전 받으면 제3자에 대하여 대항력이 발생되므로 별도로 대항요건을 갖추지 않고 서도 구임차인(양도인)의 대항력과 우선변제권이 그대로 유지하게 된다.

  그런데 간혹 임차권 또는 등기된 임차권을 전대하는 경우가 있는 데 이때에도 주의가 필요합니다. 임차권등기명령에 기한 임차권등기나 민법상의 임차권등기에서 임차인 본인이 점유하고 있든가 아니면 공실로 남겨둘 때에는 대항력과 우선변제권의 보호대상이 되지만, 임차인이 점유하고 있지 않고 제3자에게 점유시키고자 한다면 반드시 임대인의 동의를 얻어서 전대차계약을 하고 입주를 시켜야 주임법상 대항력과 우선변제권이 발생하게 된다는 사실은 잊어서는 안 될 것이다.

  임차권등기가 되어 있으면 대항요건이 필요하지 않다는 사실만 가지고 본인이 입주하지 않고 제3자를 입주시키고 보증금 일부와 월세를 받고 있는 임차권등기권자가 있는데 그 주택이 경매 당하게 되면 대항력과 우선변제권이 한 순간에 사라질 수도 있기 때문이다.

최근 NPL(부실채권) 시장이 활성화되면서 임차권과 임차권등기를 양도받고자 하면서 문의가 많은데, 주택에서 민법상 임대차등기(주임법 3조의4)를 채권을 담보하기 위해서 임대인의 동의를 얻어 임차권의 양도와 임차권등기를 부기등기형식으로 이전받고서 본인이 거주하지 않고 채무자(구 임차인)가 점유하고 있는 경우에는 구 임차인의 주임법상 대항력과 우선변제권이 그대로 새로운 양수권자에게 이전되지 않게 된다.

왜냐하면 주택과 상가의 임차권등기권자에게 경매로 매각될 때 우선변제권을 인정하고 있는 취지는 임차인을 보호하고자 하는 취지이지 채권을 담보하기 위해 양도받은 임차인에 까지 그 적용여지가 없다는 점과 구 점유자가 점유하는 것 역시 전대차에 해당되어 또다시 임대인에게 동의를 얻지 못하고 있는 한 그 전대행위는 임대인에게 대항할 수가 없어서 주임법상 대항력과 우선변제권이 발생되지 못하므로 채권을 담보로 임차권등기를 양도 받는 경우도 전입신고까지는 필요하지 않아도 점유요건을 갖추고 있지 않는 한 채권만 양도받은 일반 금전채권자의 지위에 놓이게 되므로 우선변제권은 상실하게 될 수 있으니 이러한 점에 유의하기 바란다.

### (4) 임차권에 가압류나 가처분 또는 임차권부채권가압류의 기입등기가 된 경우에도 대항력이 발생하지 않는다.

1) 임차권에 관하여 가압류나 가처분 또는 임차권부채권가압류의 기입등기가 마쳐졌다고 하더라도 제3채무자인 임대인에게 가압류결정정본이나 가처분결정정본 또는 임차권부채권가압류결정정본이 송달되지 않는 한 처분금지의 효력이 발생하지 않는다[대구지법 2003라189 결정].

2) 임대차보증금반환채권이 가압류 또는 압류된 후 임차인이 임대인의 승낙하에 임차권을 양도한 경우, 임대인과 구 임차인과의 임대차관계는 종료되어 임대인의 임차권 양도 승낙 시에 이행기에 도달하게 된다.

신 임차인에 대하여 임대차보증금반환채권을 양도하기로 한 때에도 그 이전에 임대차보증금반환채권이 제3자에 의하여 가압류 또는 압류되어 있는 경우에는 위와 같은 합의나 양도의 효력은 압류권자 등에게 대항할 수 없으므로, 신 임차인이 차임지급을 연체하는 등 새로운 채무를 부담하게 되었다고 하여 그 연체차임 등을 구 임차인에게 반환할 임대차보증금에서 공제할 수는 없다[대법96다17202].

따라서 임차권에 가압류나 압류된 경우 임차권의 양도나 임차권의 갱신 등은 가압류나 압류권자에 대항할 수 없어서 인도대상이 될 수 있다.

# 05 주임법상 임차보증금채권의 분리양도시 대항력과 우선변제권은?

채권양수인이 우선변제권을 행사할 수 있는 주택임차인으로부터 임차보증금반환채권을 양수하였다고 하더라도 임차권과 분리된 임차보증금반환채권 만을 양수한 이상 그 채권양수인이 주택임대차보호법상의 우선변제권을 행사할 수 있는 임차인에 해당한다고 볼 수 없다. 따라서 위 채권양수인은 임차주택에 대한 경매절차에서 주임법상의 임차보증금 우선변제권자의 지위에서 배당요구를 할 수 없고, 이는 채권양수인이 주택임차인으로부터 다른 채권에 대한 담보 목적으로 임차보증금반환채권을 양수한 경우에도 마찬가지이다.

다만, 이와 같은 경우에도 채권양수인이 일반 금전채권자로서의 요건을 갖추어 배당요구를 할 수 있음은 물론이다(대법 2010다10276 판결, 배당이의).

### (1) 주임법상 임차인이 임차권의 양도 없이 보증금반환채권만 양도한 경우

주임법상 임차인이 적법한 임차권의 양도(주민등록과 주택인도) 없이 임차보증금반환채권만 양도한 경우 주임법상 우선변제권은 인정되지 못하고 일반 금전채권자가 된다.

적법한 임차권의 양도를 위해서는 임대인의 동의를 얻어서 임차권을 양도하고, 종전 임차인(양도인)이 퇴거한 날로부터 14일 이내에 신임차인(양수인)이 전입신고와 주택인도를 갖추고 있어야 종전임차인이 취득한 대항력과 우선 변제권이 신임차인에게 그대로 유지존속하게 되므로 유의해야 한다.

이와 같은 이치는 전대차계약을 체결하는 경우에도 똑 같이 적용되므로 반드시 임대인의 동의를 얻어서 임차인(전대인)이 퇴거일로부터 14일 이내에 대항요건을 갖추고 있어야 한다.

### (2) 주택임차보증금의 반환채권에 채권질권이 설정된 경우,

### (3) 주택임차보증금반환채권에 대해 압류 및 전부명령 또는 추심명령이 있는 경우

이들 채권자(양수자, 질권자, 전부명령 또는 추심명령권을 한 채권자) 등은 채권자가 주임법상 우선변제권을 갖지 못하고 일반채권자의 지위로 이 물건이 경매로 매각된 다면 일반 금전채권자로서의 요건을 갖추어 배당요구를 해야 된다.

# 06 무담보채권을 양수시 유의사항과 채무자에 대한 대항요건

### (1) 무담보채권을 양도양수계약에 의해서 양수시 유의사항

등기부에 등기된 채권(가압류, 압류, 임차권등기) 등을 양수받는 경우나 등기되지 아니한 채권 즉 약속어음공정증서가 있는 채권, 금전채권, 공사대금채권 등의 채권에 대해서 양도, 양수 받는 경우에는 채무자에게 채권양도 통지 또는 승낙의 대항요건을 갖추어야 채무자에게 대항력이 있다.

그러나 채무자 이외의 제3자에 대해서는 채무자에게 양도통지가 송달 또는 승낙의 선후에 따라 우선순위가 결정된다.

### (2) 무담보채권을 양수시 채무자에 대한 대항요건

① 채무자 갑과 채권양도인 을, 채권양수인 병이 있다면 을과 병 사이에 채권양도양수 계약을 체결한 것은 유효하지만 갑에 대항하기 위해서는 갑의 승낙 또는 양도인 을이 채무자 갑에 대한 양도통지가 있으면 된다.

어쨌든 담보물권인 경우도 설명한바 있듯이 채권을 양도받는 경우는 양수 받은 채권금액과 채무자의 채무금액이 달라서 다툼이 발생될 수 있으므로 이에 대비하여 채권을 채무자를 통해서 확인하는 방법이 필요하다.

② A 회사와 갑 사이의 채권양도의 확정일자 있는 통지가 채무자인 을에게 도달한 후에 A 회사의 채권자 병의 양도 채권에 대한 채권압류 및 전부명령이 을에게 송달되어 확정된 경우, A 회사와 갑 사이의 위 채권양도계약이 무효이거나 취소되지 않는다면 병의 위 채권압류 및 전부명령은 이미 양도된 채권에 대한 것이어서 무효이

고, 따라서 병은 회사에 대한 채권자로서의 지위를 잃지 않으므로 채권자취소소송을 제기할 수 있다(대법95다40977,40984).

③ 가압류된 채권을 양수받은 양수인은 그러한 가압류에 의하여 권리가 제한된 상태의 채권을 양수받는다고 보아야 할 것이고, 이는 채권을 양도 받았으나 확정일자 있는 양도통지나 승낙에 의한 대항요건을 갖추지 아니하는 사이에 양도된 채권이 가압류된 경우에도 동일하다(2001다59033).

# 07 근저당권 양도계약서 작성과 양도통지, 그리고 근저당권이전 등기 신청

채권양도양수 계약서는 특별한 양식으로 해야 되는 것이 아니고, 양도인과 양수인 당사자 간에 작성하면 되지만 그 양도양수의 효력이 발생하기 위하여는 지명채권의 경우는 양도인이 채무자에게 통지하거나 채무자가 허락하여야 하는 조건이 필요하며(민법 제450조 제1항) 아울러 그 통지나 허락은 확정일자 있는 증서에 의하지 아니하면 채무자 이외의 제3자에게 대항하지 못한다(민법 제450조 제2항). 따라서 양도인과 양수인 상호간의 양도양수계약의 체결은 자유로이 할 수 있으나 그 효력을 얻기 위해서는 양도인이 채무자와 제3자에게 채권 양도 사실을 알리는것이 필요하고 이를 확실히 하여 제3자에게 대항력을 갖추기 위해서는 위 내용을 내용증명우편 등의 확정일자 있는 증서로 송달해야 한다.

〈채권양도시 유의사항과 대리인을 통한 적법한 양도통지 방법〉
① 임대차계약서의 특약사항에 채권양도금지특약이 명시되어 있는지를 꼼꼼히 따져 보고(채무자에게 대항할 수 없다) 그러한 특약이 없으면 제3자와 채권 양도양수 계약을 체결하고 그 계약서를 양도인이 임대인(건물주)에게 내용증명으로 양도통지하면 적법하게 양도가 된다.
② 채권양도통지는 양도인이 통지하는 것이 원칙이나 채권양수인도 채권양도통지 권한을 위임받아 대리인으로 통지를 하여도 무방하다.
단 양수인이 채권양도를 하기위해서는 양도인으로부터 대리위임을 받아야 가능하므로 양수인이 대리표시 없이 양수인 명의로 된 채권양도통지를 내용증명으로 발송 해도 이는 효력이 없다(판례).

〈질문과 답변〉

〈질문〉- 채권양도양수후 그 채권에 대하여 전부명령을 한 경우
본인은 갑 회사에 재직 당시 임금을 받지 못하여 갑 회사는 그 해결방안으로 회사가 을 회사로 부터 받을 채권이 있으니 그것으로 지급하겠다고 하여 갑 회사와 본인이 을 회사 채권에 대해서 2012년 01월15일 양도양수계약서를 작성과 동시에 공증까지 하고 곧 바로 을 회사에 양도통지를 하였습니다. 그이후...병 회사는 갑 회사가 자금 사정이 어려움을 눈치채고 갑이 을에게 받을 채권에 대하여 2012년 2월 20일 압류 및 전부명령을 하였습니다. 이러한 경우 채권양도양수가 완료되어 소유권 자체가 본인에게 이전되어서, 그 이후 전부명령이 들어왔다고 해도 본인에게 소유권이 있는 게 아닌가요?

〈답변〉
그렇습니다. 채권양도의 경우 양도인이 채무자에 대하여 양도통지를 해야 채권양도인이나 양수인은 채무자에게 동 채권양도를 주장할 수 있습니다. 그리고 채권양도인이나 양수인이 채무자 아닌 제3자에게 양도를 주장할 수 있으려면 채무자에 대한 양도통지가 확정일자있는 증서에 의한 양도통지를 하여야 합니다. 질문자께서는 채권을 양도해준 갑 회사가 을 회사에 양도통지할 당시 확정일자있는 증서로써 양도사실을 통지했는지(내용증명 등) 여부가 중요한데, 만일 채권양도가 있고 통지가 있더라도 확정일자있는 내용증명등으로 통지가 이루어 지지 않았다면 그 양도사실을 가지고 제3자 즉 병에게 대항할 수 없습니다(채권양도가 있었지만 동 양도사실로써 병에게 대항할 수 없는 결과 결국 전부명령을 받은 병이 채권을 취득하는 결과가 됩니다) 그러나 내용증명 등으로 양도통지를 하였다면 양도통지가 을에게 도달한 시점과 병의 전부명령결정문이 을에게 도달한 시점의 선후에 의하여 먼저 도착한 쪽이 채권의 소유권을 취득하게 됩니다(도달주의), 그러므로 질문자께서 먼저 양도통지를 확정일자있는 내용증명 등으로 양도통지했으므로 질문자님이 채권의 소유권을 취득하게 됩니다. 이 경우 전부명령권자는 피전부채권이 없는 것이되어 전부명령은 무효입니다. 만약 을이 전부명령을 받은 병에게 변제했다고 하더라도 을은 특별한 사정이 없는한 질문자님께 대항할 수 없고 또 다시 변제해야 합니다.

### ◆ 근저당권 양도계약서 작성과 양도통지, 그리고 근저당권이전등기 신청

　근저당권이나 담보가등기, 전세권 등의 담보물권인 경우는 채권을 양도, 양수시 담보물권의 이전등기 없이 채무자에게 양도 통지하는 것으로 채무자에 대한 대항요건을 갖추었다고 보지만, 이러한 경우에는 피담보채권만 양도 받은 것이지 우선변제권이 있는 근저당권을 양도받은 것으로 볼 수 없어서 피담보채권과 근저당권을 분리 양도한 것이 되므로 양도인 명의의 근저당권은 채권이 없으므로 소멸된다. 반드시 채권양도와 동시에 근저당권을 이전(부기등기 형식으로)받아야 한다.

　그런데 이렇게 근저당권까지 이전받은 경우에도 채무자에게 반드시 확정일자 있는 증서에 의한 양도통지(등기우편, 내용증명우편)를 해야 채무자 뿐만 아니라 제3취득자에 대해서도 대항력을 갖게 된다.

### (1) 근저당권 양도계약서 작성방법

**근저당권 양도계약서**

* 부동산의 표시
1. 서울시 구 동 번지 대지 ㎡
2. 위 지상 : 철근콘크리트 슬래브 지붕 2층 근린생활시설 및 주거
　1층 근린생활시설　　㎡　　　2층 주택　　　㎡

　양도인 이 ○○○ 과 상기 기재 부동산에 대하여 2012. . . 채권최고액 금 원정의 근저당권설정계약에 기하여 ○○ 지방법원 2012. . . 접수 제○○호로서 근저당권설정등기를 필하였던바, 금반 본 근저당권을 채권과 함께 양수인에게 양도함에 쌍방 기명날인한다.

2012. . .

양도인 :　○○○(주민번호) 주소
양수인 :　○○○(주민번호) 주소

**근저당권 이전(양도) 계약서**

양도인 : ㅇㅇㅇ(주민번호)
　　　　주소
양수인 : ㅇㅇㅇ(주민번호)
　　　　주소

위 당사자는 다음과 같이 양도인의 근저당권에 대하여 양도계약을 체결하고 그 계약사실을 증명하기 위하여 이 계약서를 작성한다.

- 다 음 -

1. 양도 목적의 근저당권과 채권
아래 표시 부동산에 설정된 ㅇㅇ법원 ㅇㅇ등기소 접수 제ㅇㅇ호(2012. . .) 채권최고액 금　원, 근저당권자 ㅇㅇㅇ, 채무자ㅇㅇㅇ(주민번호　　　　, 주소　　　)로 설정된 근저당권과 그 근저당권으로 담보된 금　원의 채권을 함께 양수인에게 양도한다.

* 부동산의 표시
1. 서울시　　구　　동　　번지　　대지　　㎡
2. 위 지상
　　철근콘크리트 슬래브 지붕 2층 근린생활시설 및 주거
　　1층 근린생활시설 ㎡
　　2층 주택 ㎡
2. 위 양도계약과 동시에 양도인의 채권이 근저당권과 함께 양도하였다는 사실을 채무자에게 통지하기로 한다.

2012. .

양도인 : ㅇㅇㅇ(인)
양수인 : ㅇㅇㅇ(인)

〈근저당권이전시 서류 및 비용〉
(1) 이전하는 사람
① 현재 근저당권자의 설정계약서,
② 근저당권자의 인감증명서와 인감도장
③ 주민등록초본,
④ 근저당권자의 주소변경이 있는 경우 주소변경 비용 추가

(2) 이전받는 사람
① 주민등록초본,
② 도장
③ 근저당권 이전비용(예 35,000,000원)
  ▶ 등록세 70,000원(0.2%),
  ▶ 교육세 14,000원(등록세의 2%)
  ▶ 증지대 14,000원,
  ▶ 주소가 변경시 추가비용 6,600원(등록세3,000원, 교육세 600원, 증지대3,000원)(설정시 주소와 현 주소지가 다를 경우)

(3) 등기신청 편철순서
신청서, 등록세영수증필확인서, 등기수입증지, 위임장, 주민등록등(초)본, 근저당권 양도계약서, 등기필증 등의 순으로 편철하면된다.

(2) 근저당권 채권 양도통지서 작성방법

근저당권부 채권 양도 통지서

수신 : 근저당권설정자겸 채무자(병)
　　성 명 :
　　주 소 :

* 부동산의 표시
1. 서울시 구 동 번지 대지 ㎡
2. 위 지상
　　철근콘크리트 슬래브 지붕 2층 근린생활시설 및 주거

1층 근린생활시설 ㎡
2층 주택 ㎡

위 표시 부동산에 설정된 ○○법원 ○○등기소 접수 제○○호(2012. . .) 채권최고액 금        원, 근저당권자○○○ 채무자○○○ 주민번호        , 주소     )로 설정된 근저당권과 그 근저당권으로 담보된 금        원의 채권을 함께 2012년  월  일자로 아래의 양수인에게 근저당권 및 채권을 양도(근저당권양도계약서 별첨함)하였으므로 민법 제450조에 의하여 이에 통지합니다

- 아 래 -

양수인 (을) 성 명 :
           주 소 :
※ 별 첨 : 근저당권 양도계약서(근저당권이전 계약서) 1부

2012년 월 일

통고인(양도인) : ○ ○ ○

## 근저당권부 채권 양도 통지서

양도인 : ○○○(주민번호)
       주소
양수인 : ○○○(주민번호)
       주소

위 양도인 ○○○는 귀하 ○○○를 채무자로 하여 2012. 2. 13. 근저당권설정계약에 의하여 2012. 2. 14. 대전지방법원 대덕등기소에 접수 제○○○○호 채권최고액 금50,000,000원의 근저당권을 취득하였는데, 2012. 10. 20. 위 양수인 ○○○에게위 근저당권부 채권 금50,000,000원을 양도하였으므로, 이후 동 채권에 대해서는 양수인인 ○○○에게 지급하여 주시기 바랍니다.

따라서 양도인은 양수인에게 근저당권 및 채권을 양도(근저당권양도계약서 별첨함)한 사실을 민법 제450조에 의하여 채무자 ○○○에게 통지합니다

※ 별첨 : 근저당권 양도계약서(근저당권이전 계약서) 1부

2012. . .

발신인(양도인) ○○○(주민번호 )
수신인(채무자) ○○○(주민번호 )

## (3) 근저당권이전 등기신청서 작성방법

| | 집합건물 근저당권이전 등기신청 | | | | | | | | | |
|---|---|---|---|---|---|---|---|---|---|---|
| 접수 | 서기 20 년 월 일<br>제   호 | 처리인 | 접 수 | 조 사 | 기 입 | 교 합 | 등기필통지 | 각통지 | 종지 | |

| 부동산의표시 | 1동의건물의표시 : 대전광역시 대덕구 송촌동 494-1<br>　　　　　　　　 선비마을아파트5단지 제○○○동<br><br>전유부분의 건물의표시<br>　　건물의번호 : ○○○ - 15 - ○○○○<br>　　구　　조 : 철근콘크리트벽식구조<br>　　면　　적 : 제15층 제○○○○호  84.88㎡<br><br>대지권의표시<br>　　토지의표시 : 1. 대전광역시 대덕구 송촌동 494-1 대 62915.8㎡<br>　　대지권의종류 : 1. 소 유 권<br>　　대지권의비율 : 62915.8 분의 43.0390 |
|---|---|

| 등기원인과 그 연 월 일 | 2012 년    월    일    확정적 채권양도 |
|---|---|
| 등 기 의 목 적 | 근저당권이전 |
| 이 전 할 근 저 당 권 | 2012년 2월 14일 접수 제 3143 호로 등기한 근저당권설정등기 단, 근저당권은 채권과 함께 이전함 |

| 구 분 | 성   명<br>(상호.명칭) | 주 민 등 록 번 호<br>(등기용등록번호) | 주<br>(소   재   지) | 지분 |
|---|---|---|---|---|
| 등기의무자 | | | 서울특별시 영등포구 영등포동 7가<br>○○○ | . |
| 등기권리자 | | | 서울특별시 서초구 서초동 ○○○<br>○○아파트 ○○동 ○○○○호 | . |

| | | | | |
|---|---|---|---|---|
| 과 세 표 준 | | 금 | 50,000,000 | 원 |
| 등 록 세 | | 금 | 100,000 | 원 |
| 교 육 세 | | 금 | 20,000 | 원 |
| 합 계 금 | | 금 | 120,000 | 원 |
| 국민주택채권합계 | | 금 | 500,000 | 원 |
| 국민주택채권 발행번호 | | | | |
| 일 련 번 호 | | | | |
| 비 밀 번 호 | | | | |
| 부 속 서 류 | 1. 위 임 장 | | 1통 | |
| | 1. 양도인 주민등록 초본 | | 1통 | |
| | 1. 양수인 주민등록 초본 | | 1통 | |
| | 1. 근저당권양도계약서 | | 1통 | |
| | 1. 등기필증 | | 1통 | |

서기 2012 년 월 일

위 신 청 인

대전지방법원 대덕등기소 귀중

# 08. 채권 양도·양수계약서 작성과 양도통지 방법

## ◆ 채권 양도·양수계약서 작성방법

채권 양도·양수계약서

양도인(갑) : ○○○(주민번호 ) 주 소 :
양수인(을) : ○○○(주민번호 ) 주 소 :
채무자(병) : ○○○(주민번호 ) 주 소 :

  양도인 ○○○(이하 '갑'이라 한다)은 양수인 겸 채권자 ○○○(이하 '을'이라 한다)에게 채무자 ○○○(이하 '병'이라 한다)에 대하여 가지고 있는 채권을 양도하기로 하고, 다음과 같이 채권양도양수 계약을 체결한다.

- 다 음 -

제1조 (대상채권) 양도인 '갑'이 채무자 '병'에 대해 가지는 금전소비대차채권금으로 양수인 '을'에게 양도할 채권금원(이하, '대상채권')은 아래와 같다.
    양도할 채권의 표시: 일금 원정 (₩ )

제2조 (채권양수도) 양도인 '갑'은 전항의 대상채권을 양수인 '을'에게 양도하고, 양수인 '을'은 이를 정히 인수한다.

제3조 (채권양도 통지권한 부여) 양도인 '갑'은 채무자 '병'에 대한 채권양도 통지권한을 양수인 '을'에게 부여하고, 양수인 '을'은 양도인 '갑'을 대리하여 확정일자있는 증서로 채무자 '병'에게 채권양도 통지를 하기로 한다.

제4조 (채권보증)
1. 양도인 '갑'은 대상채권이 양수인 '을'이외 제3자에게 양도되거나, 가압류, 압류 등으로 권리의 하자가 없음을 보증한다.

2. 양도인 '갑'은 채무자 '병'에 대하여 상계적상에 있는 반대 채무을 가지고 있지 않음을 확인한다.

제5조 (신의성실) 양도인 및 양수인은 위 각 조항을 신의성실로 이행 준수하기로 하고, 특히 제4조의 채권보증의 내용에 대하여 '을'에게 대항할 수 있는 사유가 발생시 '을'의 선택에 따라 채권양도계약 해지절차를 밟을 수 있으며, 이와 동시에 갑은 을에게 매매대금 및 이에 대한 이 계약 성립일로부터 반환 기일까지 연 30%의 비율에 의한 지연 손해금을 부담하기로 약정한다. 계약서에 명시되지 아니한 사항은 일반 상관례에 의하여 상호 협의하여 결정하도록 한다.

제6조 (전속관할) 본 계약으로 인하여 분쟁이 발생하는 경우 서울중앙지방법원을 전속 관할로 한다.

위와 같이 '갑'과 '을'간의 계약이 성립되었으므로 그 증거로써 본 계약서 2통을 작성하고, '갑'과 '을'이 기명 날인하여 각 1통씩 보관한다.

2012년 월 일

양도인 (갑) : ㅇㅇㅇ(인)
양수인 (을) : ㅇㅇㅇ(인)

## ◈ 채권 양도 통지서 작성방법

**채권 양도 통지서**

수 신 : 채무자(병)
　　성 명 :
　　주 소 :

　채권양도인 ○○○(이하 양도인)가 귀하 ○○○(채무자)에 대하여 가지는 금전소비대차 채권중 금　　　원정(₩　　　)을 2012년 월 일자로 아래의 양수인에게 채권양도(채권양도양수계약서 별첨함)하였으므로 민법 제450조에 의하여 이에 통지합니다

- 아 래 -

　양수인 (을) 성 명 :
　　　　　주 소 :

※ 별첨 : 채권양도양수계약서 1부

2012년 월 일

통고인(채권 양도인) : ○ ○ ○

# 09 선행된 지분경매에서 후순위 근저당 양도양수계약서 이렇게 작성해라!

## 채권양도양수계약서

(갑) 성 명 : 주 소 : 연락처 :
(을) 성 명 : 주 소 : 연락처 :
(병) 성 명 : 주 소 : 연락처 :

양도인(이하 '갑'이라 한다)은 양수인 겸 채권자(이하 '을'이라 한다)에게 채무자(이하 '병'이라 한다) 에 대하여 가지고 있는 채권을 양도하기로 하고, 다음과 같이 채권양도양수 계약을 체결한다.

- 다 음 -

제1조 (대상채권) 양도인 '갑'이 채무자 '병'에 대해 가지는 금전소비대차채권금으로 양수인 '을'에게 양도할 채권금원(이하, '대상채권')은 아래와 같다.
양도할 채권의 표시 : 일금 오천삼십육만이천오백삼십육원정(50,362,536)

제2조 (양도대상과 양도채권금액) 위 제1조의 양도할 채권금은 다음과 같은 권리에 의해서 양도하기로 한다.
첫 번째로 40,222,849원은 민법 제368조 제2항에 따라 차순위저당권자의 대위로 청구 할 수 있는 권리에 의해 근저당권처분금지 가처분과 채권가압류를 해서 양도하는 조건이다.
두 번째로 10,139,687원은 채무자 장OO에 대해 청구할 수 있는 채권을 양도하는 것으로 한다.
세 번째 양도인은 위 양도채권을 양수인에 양도한 이상 장OO에 대한 청구권은 양도시점에서 소멸되고 그 권리는 양수인에게 이전된다.

제3조 (채권양수도) 양도인 '갑'은 전항의 대상채권을 양수인 '을'에게 양도하고, 양수인 '을'은 이를 정히 인수한다.

제4조 (채권양도 통지권한 부여) 양도인 '갑'은 채무자 '병'에 대한 채권양도 통지권한을 양수인 '을'에게 부여하고, 양수인 '을'은 양도인 '갑'을 대리하여 확정일자있는 증서로 채무자 '병'에게 채권양도 통지를 하기로 한다.

제5조 (채권보증)
1. 양도인 '갑'은 대상채권이 양수인 '을' 이외 제3자에게 양도되거나, 가압류, 압류 등으로 권리의 하자가 없음을 보증한다.
2. 양도인 '갑'은 채무자 '병'에 대하여 상계적상에 있는 반대 채무을 가지고 있지 않음을 확인한다.

제6조 (신의성실) 양도인 및 양수인은 위 각 조항을 신의성실로 이행 준수하기로 하고, 특히 제 4조의 채권보증의 내용에 대하여 '을'에게 대항할 수 있는 사유가 발생시 '을'의 선택에 따라 채권양도계약 해지절차를 밟을 수 있으며, 이와 동시에 갑은 을에게 매매대금 및 이에 대한 이 계약성립일로부터 반환 기일까지 연 50%의 비율에 의한 지연손해금을 부담하기로 약정한다. 계약서에 명시되지 아니한 사항은 일반 상관례에 의하여 상호 협의하여 결정하도록 한다.

제7조 (전속관할) 본 계약으로 인하여 분쟁이 발생하는 경우 서울중앙지방법원을 전속 관할로 한다.
위와 같이 '갑'과 '을'간의 계약이 성립되었으므로 그 증거로써 본 계약서 2통을 작성 하고, '갑'과 '을'이 기명 날인하여 각 1통씩 보관한다.

2013년 월 일

양도인 (갑) 성 명 :           (인)
양수인 (을) 성 명 :           (인)

# 10
## 주택임차권 양도 · 양수 계약서를 바르게 작성하는 방법

◈ **임차권의 양도나 전대차계약서를 쓸때 유의할 사항**

임차권에 가압류 등이 있는 경우, 임차권의 양도나 임차권의 갱신, 묵시적 갱신 등은 가압류권자에 대항할 수 없어서 인도대상이 될 수 있다.

임차권양도 전에 또는 양도중(임차권양도 · 양수계약이 완료되기 전)에 임차권에 채권가압류 등이 있을 수 있으니 임대인의 동의를 받는 과정에서 확인하고, 잔금을 지불하기 전에도 확인해야 한다.

전대차에서는 더욱 세심한 주의가 필요한데, 전대차계약 전이나 전대차계약을 이행하고 있는 중에는 이상이 없더라도 전대차계약 후 입주한 다음 전대인의 임차권에 제3자의 채권가압류가 들어온다면 전차인은 전차보증금에 대해서 손해가 예상되므로 주의해야 한다.

왜냐하면 전대차는 전대인과 전차인 간의 계약이고 임대인이 동의한 경우 전대인이 대항력을 갖는다는 것이지 양도한 경우와 같이 임차인의 지위와 임차보증금반환채권까지 전차인에 이전되는 것이 아니기 때문이다. 전대인이 무너지면 기대고 설 땅을 잃게 된다는 말씀, 이에 반해서 임차권양도는 임차인의 지위가 새로운 임차인에게 승계되는 것으로 양도 후 종전 임차인을 상대로 채권가압류 등을 할 수 없으니 이러한 상황을 고려해서 양도나 전대차 계약을 선택해야 한다.

◆ 임차권 양도 · 양수 계약서 작성방법

　종전 임대차계약서에서 임차인 박미희(양도인)가 자신의 임차권을 새로운 임차인 박선수(양수인) 에게 양도하기를 희망하고, 양수인 역시 이에 동의해서 이들 간의 합의한 내용을 증빙하기 위해서 인쇄되어 있는 계약서 양식?네이버 까페'김동희부사모'에서 확인?을 활용하여 임차권 양도 · 양수 계약서를 작성하기로 했다.

　임차권 양도 · 양수 계약서에 인쇄되어 있는 계약내용은 5조로 편성되어 있는데 그 내용은 계약이 양도 · 양수계약이라는 사실, 임대인의 동의가 없으면 계약은 무효로 한다, 양수인이 잔금지불과 동시 임차주택과 양도대상 임대차 계약서를 인계한다는 내용, 계약불이행에 따른 손해배상금(위약금)약정, 관리비와 제세 · 공과금, 사용료 등의 처리방법 등이 기재돼 있다. 그런데 임차권 양도 · 양수 계약은 다툼이 발생하는 사례가 많으므로 계약내용과 별도로 특약사항란에 합의내용을 명기하기로 했다.

　① 양수인이 입주하기 전까지 양도인이 주민등록과 점유를 이전하지 않기로 한다. ② 본 계약후 임차권에 가압류나 압류 등의 처분금지가 계약 전 또는 계약 이후에 발생하면 본 계약은 무효로 하고 계약금은 반환하기로 한다. 따라서 임대인의 동의가 있은 후에도 잔금지불 전에 임차권에 대한 가압류 등을 임대인에게 확인하고 잔금을 지불하기로 한다. ③ 양도인은 양수인이 잔금지불과 동시에 양도대상 주택과 임대차(전세)계약서를 양수인에게 인계한다.

　④ 장기수선충당금은 임대차기간 중에 임차인이 부담하고 계약종료후 임대인이 임차인에게 반환하는 것으로 양수인이 양도인에게 지불하고, 양수인이 계약종료로 퇴거 시에 임대인에게 반환받기로 한다.

　⑤ 계약내용 제2조에 따른 본 계약에 대한 임대인의 동의를 받기로 한다는 내용 등을 명기하기로 하고 다음과 같이 임차권양도 · 양수계약서를 작성했다.

## 임차권 양도 · 양수 계약서

양도인과 양수인은 아래 표시 부동산에 대한 임차권을 양도 · 양수하는 계약을 체결하기로 한다.

### 1. 부동산의 표시

| 소재지 | 서울시 영등포구 문래동 100번지 한양 연립주택 제1동 제3층 제302호 | | | | |
|---|---|---|---|---|---|
| 토 지 | 지목 | 대 | | 면적 | 45.02㎡ |
| 건 물 | 구조 | 철근콘크리트조 | 용도 | 연립주택 | 면적 54.98㎡ |
| 양도할부분 | 전 체 | | | 면적 | |

### 2. 계약내용

제1조 양수인은 상기 표시 부동산의 임차권 양도 · 양수 보증금 및 차임을 다음과 같이 지불하기로 한다.

| 양도·양수 보증금 | 금 | 일억이천 | 원정 (₩120,000,000) |
|---|---|---|---|
| 계 약 금 | 금 | 일천이백만 원정은 계약시 지불하고 영수함. | 영수자 박 미 희 (인) |
| 중 도 금 | 금 | (없음) 원정은 년 월 일에 지불한다. | |
| 잔 금 | 금 | 일억팔백만 원정은 2014년 01월 25일에 지불한다. | |

제 2조 본 계약은 양도인이 별첨한 임대차계약서의 내용대로 임대인(소유자)으로부터 임차한 주택을 양수인에게 양도하는 임차권 양도 · 양수계약이다.

제 3조 양도인은 임차권 양도 · 양수계약후 즉시 양도인 책임 하에 본 계약에 관하여 서면상으로 임대인의 동의를 얻어야 하며, 만일 임대인의 동의가 없으면 본 계약은 무효로 하고 계약금은 반환하기로 한다. 다만 임대인의 동의가 있은 후에는 당사자 일방이 계약을 해제할 수 없다.

제 4조 양수인은 양도 · 양수 보증금의 잔금을 2014년 01월 25일에 지불하고, 양도인은 양수인이 잔금 지불과 동시에 위 주택과 양도대상 임대차(전세)계약서를 양수인에게 인계한다.

제 5조 양도인과 양수인이 본 계약에 관해 불이행이 있을 경우 그 상대방은 불이행자에 대하여 서면으로 최고하고 계약을 해제 할 수 있다. 이때 계약당사자는 계약해제에 따른 손해배상을 상대방에게 청구할 수 있고, 손해배상에 대한별도 약정이 없는 한 계약금상당액을 손해배상금(위약금)의 기준으로 본다.

제 6조 관리비와 제세 · 공과금, 사용료 등의 정산은 제4조의 기준일자 이전은 양도인이 부담하고, 이후는 양수인이 부담한다.

제 7조 ① 양도인과 임수인은 위 각 조항을 확인하고, 신의성실의에 따라 그 이행을 준수 한다(민법 제2조).
② 중개업자는 역시 부동산 전문가로서 책임감을 갖고 계약서를 작성해야 한다.

제8조 본 계약서를 4부를 작성하여 임차권 양도인과 양수인, 임대인, 중개업자가 각 1부씩 보관한다.

[특약사항]
① 본 계약은 위 부동문자로 된 계약내용에 합의하고, 위 연립주택에서 양도인의 임차권을 임대인의 동의를 얻어 별첨한 계약내용대로 양수인이 승계하기로 하는 임차권 양도양수 계약이다.
② 양수인은 양도인이 퇴거후 14일 이내에 전입신고를 하면 양도인의 대항력과 확정일자부 우선변제권이 승계되지만, 양수인의 권리를 보호하기 위해서 양수인이 입주하기 전까지 양도인의 주민등록과 점유를 이전하지 않기로 한다. 만일 양수인이 입주하기 전에 양도인이 주민등록과 점유를 이전하면 본 계약은 무효로 하고 지불된 보증금(계약금 등)은 아무 조건 없이 반환하기로 한다.

③ 본 계약후 임차권에 가압류나 압류 등의 처분금지가 계약 전에 발생했거나 또는 계약 이후에 발생하게 되면 본 계약은 무효로 하고 계약금은 반환하기로 한다. 따라서 임대인의 동의가 있은 후에도 잔금지불 전에 임차권에 대한 가압류 등을 임대인에게 확인하고 잔금을 지불하기로 한다.
④ 양도인은 양수인이 잔금지불과 동시에 양도대상 주택과 임대차(전세)계약서를 양수인에게 인계한다.
⑤ 장기수선충당금은 임대차기간 중에 임차인이 부담하고 계약종료후 임대인이 임차인에게 반환하는 것으로 양수인이 양도인에게 지불하고, 양수인이 계약종료로 퇴거 시에 임대인에게 반환받기로 한다.
⑥ 위 계약내용 제3조에 따른 본 계약에 대한 임대인의 동의
  임대인 이철수는 임차인 박미희가 임차권을 박선수에게 양도하는 임차권 양도 · 양수계약에 동의한다.

2014년 1월 10일<br/>임대인 이철수 서명날인.

위 계약조건을 확실히 하고 훗일에 증하기 위하여 본 계약서를 작성하고 각 1통씩 보관한다.

2014년 01월 05일

| 임차권 양도인 | 주 소 | 서울시 영등포구 문래동 100번지 한성연립주택 제1동 제3층 제302호 | | | | | |
|---|---|---|---|---|---|---|---|
| | 주민등록번호 | 550817-1274355 | 전화번호 | 010-2122-7789 | 성명 | 박미희 (인) |
| 임차권 양수인 | 주 소 | 서울시 서초구 방배도 584번지 2층 202호 | | | | | |
| | 주민등록번호 | 760820-1274936 | 전화번호 | 010-4415-6655 | 성명 | 박선수 (인) |
| 임대인 임대인 | 주 소 | 서울시 영등포구 문래동 100번지 엘지자이 제101동 제10층 제1002호 | | | | | |
| | 주민등록번호 | 350701-1245534 | 전화번호 | 010-4413-1234 | 성명 | 이철수 (인) |
| 중개업자 | 사무소소재지 | 서울시 영등포구 당산동 584번지 1층 105호 | | | | | |
| | 등록번호 | 4254-80000 | | 사무소명칭 | 당산 공인중개사사무소 | | |
| | 전화번호 | 02-584-8982 | | 대표자성명 | 박정국(인) | | |

# PART 16

## 배당이의 신청 및 소장 작성실무, 배당금에 대한 채권가압류와 지급정지가처분 실무

01 왜! 배당을 알아야 하고 잘못된 배당에 이의를 하지 않으면 손해보나?
02 배당이의 신청서와 배당배제 신청서 서식
03 배당이의 소장 작성실무와 배당절차에서 실제로 작성했던 사례
04 배당금에 대한 채권가압류와 지급정지가처분 신청 방법

# 01 왜! 배당을 알아야 하고 잘못된 배당에 이의를 하지 않으면 손해보나?

◆ **법원이 작성한 배당표를 신뢰해도 될까?**

배당실무에서는 법원의 잘못된 배당으로, 또는 허위채권자가 배당요구하므로 배당받아야할 채권자가 배당받지 못하는 사례가 종종 발생하고 있다. 이러한 문제점 등을 개선하기 위해서 두고 있는 제도가 배당이의 제도다.

따라서 법원이 배당기일 3일 전에 작성한 배당표를 확인하고, 법원 배당표가 잘못되었다면 또는 잘못 배당요구한 경우 정정해서 배당요구하는 방법 등으로 배당표원안을 정정할 수도 있다. 물론 법원이 판단해서 결정할 사항이지만 필자의 경험에 따르면 잘못된 배당에 대해서 이의를 주장하면 법원 스스로 다시 판단해서 정정하곤 한다. 이 방법은 배당이의 소를 거치지 않고 배당기일에 배당받을 수 있다는 장점이 많다. 이러한 내용은 한국자산관리공사 배분절차에서도 마찬가지이다.

유의할 내용은 배당표원안이 잘못된 경우에 한해서 정정 신청이 가능한 것이지, 당사자 간의 배당 다툼은 배당기일에 참석해서 배당이의로 다툴 수밖에 없다는 사실이다.

어쨌든 정정이 받아들여지지 않거나 당사자 간의 다툼은 배당기일에 반드시 출석하여 배당표원안에 대해 이의가 있다는 의사표시를 하고 배당이의소송으로 해결해야 한다. 만약 출석하지 않았다면 민사집행법 제153조 규정에 의해 법원이 작성한 배당표와 같이 배당을 실시하는 데에 동의한 것으로 보기 때문에 배당표원안이 확정되고 정정할 수 없다.

◈ **배당이의 소송절차에서 원고가 승소 시 배당하는 방법**

　배당이의 소송의 심리결과 피고(배당받을 채권자)에 대한 배당이 부당하다고 하여 그 배당을 취소할 경우에는 그로 인하여 생기는 배당액은 배당이의를 하지 아니한 다른 채권자의 채권액을 고려할 필요 없이 원고(배당이의 신청자)의 채권액 범위 내에서만 전액 원고에게 귀속 시키며, 만일 원고에게 추가로 배당하고 남는 돈이 있다면 이는 피고에게 그대로 남겨두고(대법98다3818참조), 이는 이의신청하지 아니한 다른 채권자 가운데 원고보다 선순위의 채권자가 있다고 하여도 달라지는 것은 아니다(대법 2000다41844 판결).

　따라서 배당이의를 하지 않은 채권자는 자기보다 후순위채권자가 배당이의의 소송에서 승소해 배당을 받았다고 하더라도 자동 배당대상자가 되는 것이 아니므로 배당이의의 소를 제기하거나 배당이의의 소에서 배당받은 자를 상대로 부당이득반환청구의 소를 제기해야 한다.

# 02 배당이의 신청서와 배당배제 신청서 서식

## ◆ 경매에서 배당이의 신청서

배당이의 신청

신청인 : ㅇㅇㅇ
      주 소 : ㅇㅇ시 ㅇㅇ구 ㅇㅇ동 ㅇ
신청인 : ㅇㅇㅇ
      주 소 ㅇㅇ시 ㅇㅇ구 ㅇㅇ동 ㅇ
위 신청인 등 대리인 변호사 ㅇ ㅇ ㅇ
      주 소 ㅇㅇ시 ㅇㅇ구 ㅇㅇ동 ㅇ
피신청인 :      ㅇㅇㅇ
주 소 ㅇㅇ시 ㅇㅇ구 ㅇㅇ동 ㅇ

신청 취지

ㅇㅇ지방법원 2015타경ㅇㅇ호 부동산 강제경매사건에 대하여 동 법원이 작성한 배당표를 취소하고 다시 각 채권자의 채권액에 비례 배당을 하여 주시기 바랍니다.

신청 이유

1. 채권자 ㅇㅇㅇ, 채무자 ㅇㅇㅇ간의 경매매득금의 배당사건에 있어 압류채권자인 피신청인 ㅇㅇㅇ는 위 경매매득금에 대하여 채권을 주장하고 그 매득금 중 압류 및 경매비용을 공제한 잔금 ㅇㅇ원에 대하여 우선변제를 받을 것을 신청하고 동 법원도 역시 이를 인정하여 배당금의 전부를 피신청인에게 배당한다는 배당표를 작성하고 있다.
2. 그러나 배당에 이의있는(채권자등) 신청인등은 피신청인의 채권을 인정할 수가 없으므로 이에 이의 신청을 제출하는 바입니다.

년 월 일
위 신청인등 대리인 ㅇ ㅇ ㅇ (인)

ㅇㅇ지방법원 귀중

## ◆ 경매에서 배당배제 신청서

배당배제 신청

신 청 인 : ○ ○ ○
     주 소 ○○시 ○○구 ○○동 ○
신 청 인 : ○ ○ ○
     주 소 ○○시 ○○구 ○○동 ○
 위 신청인 등 대리인 변호사 ○ ○ ○
     주 소 ○○시 ○○구 ○○동 ○
피신청인 : ○ ○ ○
     주 소 ○○시 ○○구 ○○동 ○

청 구 취 지

○○지방법원 2015타경 ○○○ 부동산강제(임의)경매신청사건에 관하여 배당요구를 한 피신청인은 허위채권이므로 동인에 대한 배당을 배제하고, 다른 각 채권자의 비율에 의한 배당을 요구하오니 재가하여 주시기 바랍니다.

청 구 원 인

1. 피신청인 ○○○은 방 1칸을 임차보증금 22,000,000원에 임차하였다고 배당요구 신청을 하였습니다. 신청인이 이 사건 부동산의 시세를 조사해본 결과 50,000,000원 정도에 매매거래가 이루어지고 있습니다. 그런데 피신청인은 위 주택중 방 1칸만을 22,000,000원에 임차하였다는 하는 것을 상식 밖의 일이라고 판단됩니다.

2. 그리고 피신청인 ○○○은 2000. 00. 00. 전입신고를 하기 전 이 사건 부동산은 근저당설정등기가 2건의 채무금 62,500,000원, 가압류가 4건의 채무금 87,421,560원이라는 상당한 금액의 채무가 있었음에도 불구하고 방 1칸을 임차하였다는 것을 주택임대차보호법을 악용한 위장전입이라고 할 수 있습니다.

3. 또한 피신청인은 ○○○와 신청외 ○○○의 주민등록초본을 열람해본 결과 2000년에 같은 주소지에 전입신고되어 2000년까지 같은 주소지에서 거주한 것처럼 되어 있습니다. 피신청인 ○○○은 이 사건 부동산의 소유자인 ○○○의 누나로써 ○○○와는 친인척 또는 가까운 지인이라는 것을 알 수 있습니다. 이러한 점들을 고려해 볼 때 피신청인 ○○○은 ○○○의 식구와 통모하여 소액임대차보증금의 배당을 받고자 위장전입을 한 것입니다.

첨 부 서 류

1. 부동산등기부등본                             1통
1. 피신청인들의 주민등록초본                2통

1. 주소별 세대열람내역서                      1통
1. ㅇㅇㅇ의 세입자가 아닌 확인서(또는 각서)사본   1통
1. 부동산 ㅇㅇ경매정보서비스                   1통
1. 위임장                                  1통

2015. 01 . 10.
신청인 ㅇ ㅇ ㅇ (인)
(전화번호 :        )

## ㅇㅇ지방법원 귀하

**[접수방법 및 유의사항]**
1. 신청서 1부 및 부본을 채권자, 채무자 등 이해관계인 수만큼 제출한다.
2. 정부수입인지 : 500원의 인지를 붙인다.
3. 배당배제신청은 첫 매각기일 이전으로, 집행기일이 정한 배당요구의 종기까지 (민집법 제84조 제1항)까지 할 수 있다.

# 03 배당이의 소장 작성실무와 배당절차에서 실제로 작성했던 사례

◆ **허위 근저당권에게 배당되어 배당이의 소를 제기한 사례**

소 장

원 고 : ○○○ (주민번호    ), 주소:     , 전화:
피 고 : ◇◇◇ (주민번호    ), 주소:     , 전화:

배당이의 소

**청구 취지**

1. OOO지방법원 2015타경 23456호 부동산임의경매신청사건에 관하여 2015. 01. 10. 같은 법원이 작성한 배당표 가운데 중 원고에 대한 배당액 1,000만원을 금 2,500만원으로, 피고에 대한 배당액 금 5,000만원을 금 3,500만원으로 경정한다.
2. 소송비용은 피고의 부담으로 한다.
   라는 판결을 원합니다.

**청구 원인**

1. 원고를 채권자, 소외 OOO을 채무자로 하는 귀원 2015타경 23456호 부동산임의경매신청사건의 배당절차에서 귀원은 2015. 01. 10. 배당금액 7,500만원 중 1순위로 소외 근저당권자 OOO에게 금 1,500만원을, 2순위로 확정일자부 임차인인 피고에게 5,000만원을 각 배당하고, 나머지 금 1,000만원을 원고에게 배당하기로 하는 배당표를 작성하였습니다.

2. 그러나, 피고는 위 OOO의 매형으로써 동인과 통모하고 임차인을 가장하여 허위의 임대차계약을 작성하고 OOO지방법원 OO등기소로부터 확정일자까지 받은 자로

서, 존재하지 아니한 임차보증금 5,000,만원의 채권을 가지고 배당요구를 신청하여 원고에 우선하여 배당을 받은 자이고, 그로 인하여 원고는 경매신청 채권액 2,500만원 중 1,000만원 밖에 배당을 받지 못하게 되었습니다.

3. 따라서 원고는 청구취지와 같이 배당표의 변경을 구하고자 이 사건 청구에 이르렀습니다.

### 입 증 방 법

1. 갑 제1호증         배당표 등본
1. 갑 제2호증         임대차계약서 사본
1. 갑 제3호증 의 1, 2   각 가족관계증명서

### 첨부 서류

1. 위 입증방법        각 1통
2. 소장부본          1통
3. 송달료납부서       1통

2015. 00. 00.
위 원고 ○ ○ ○ (서명 또는 날인)

○ ○ 지방법원 귀중

| | |
|---|---|
| 관할법원 | 배당법원(민사집행법 제156조) |
| 제출부수 | 소장원본 1부 및 피고수 만큼의 부본 제출    관련법규    민사집행법 제154조, 제160조 제1항 제5호 |
| 불복절차 및 기간 | • 항소(민사소송법 제390조)<br>• 판결서가 송달된 날부터 2주 이내(민사소송법 제396조 제1항) |
| 비 용 | • 인지액 : ○○○원(☞산정방법) ※ 아래(1) 참조<br>• 송달료 : ○○○원(☞예납기준표) |
| 기 타 | • 채권자의 다른 채권자에 대한 배당이의 : 기일에 출석한 채권자는 자기의 이해에 관계되는 범위 안에서는 다른 채권자를 상대로 그의 채권 또는 그 채권의 순위에 대하여 배당이의를 할 수 있음(민사집행법 제151조 제3항).<br>• 배당이의의 소제기의 증명 : 다른 채권자에 대하여 이의한 채권자는 배당이의의 소를 제기하여야 하고, 배당기일부터 1주 이내에 집행법 원에 배당이의의 소제기 증명을 제출하지 아니하면 법원은 이의가 취하된 것으로 보고 유보되었던 배당을 실시하므로 소제기증명서, 변론 기일소환장 등을 제출하여 소제기를 증명해야 함(민사집행법 제154 조 제1항, 제3항).<br>• 허위의 근저당권에 대하여 배당이 이루어진 경우, 통정한 허위의 의사표시는 당사자 사이에서는 물론 제3자에 대하여도 무효이고 다만, 선의의 제3자에 대하여만 이를 대항하지 못한다고 할 것이므로, 배당 채권자는 채권자취소의 소로써 통정허위표시를 취소하지 않았다 하더라도 그 무효를 주장하여 그에 기한 채권의 존부, 범위, 순위에 관한 배당이의의 소를 제기할 수 있음(대법원 2001. 5. 8. 선고 2000 다9611 판결).<br>• 채권자가 제기하는 배당이의의 소는 대립하는 당사자인 채권자들 사이의 배당액을 둘러싼 분쟁을 해결하는 것이므로, 그 소송의 판결은 원·피고로 되어 있는 채권자들 사이에서 상대적으로 계쟁 배당부분의 귀속을 변경하는 것이어야 하고, 따라서 피고의 채권이 존재하지 않는 것으로 인정되는 경우 계쟁 배당부분 가운데 원고에게 귀속시 키는 배당액을 계산함에 있어서 이의신청을 하지 아니한 다른 채권 자의 채권을 참작할 필요가 없으며, 이는 이의신청을 하지 아니한 다른 채권자 가운데 원고보다 선순위의 채권자가 있다 하더라도 마찬 가지임(대법원 2001. 2. 9. 선고 2000다41844 판결).<br>• 배당이의 소송에 있어서 원고는 배당이의 사유를 구성하는 사실에 대하여 주장·입증하지 아니하면 아니 되므로, 상대방의 채권이 가장된 것임을 주장하여 배당이의를 신청한 채권자는 이에 대하여 입증책임을 부담함(대법원 1997. 11. 14. 선고 97다32178 판결). |

※ 인 지 ⇒ 소장에는 소송목적의 값에 따라 민사소송등인지법 제2조 제1항 각 호에 따른 금액 상당의 인지를 붙여야 한다. 다만, 대법원 규칙이 정하는 바에 의하여 인지의 첩부에 갈음하여 당해 인지액 상당의 금액을 현금으로 납부하게 할 수 있는바, 현행 규정으로는 인지첩부액이 20만원을 초과하는 경우에는 현금으로 납부하여야 함(민사소송등인지규칙 제27조 제1항).

## ◈ 배당이의 소장을 실제 작성하여 제기한 사례

소 장

원고 (선정당사자) : 이○○ (000000-0000000)
　　　　　　서울 성북구 정릉동 239 정릉풍림아이원아파트 000-000
　　　　　송달장소: 서울 서초구 서초동 0000-00 서울빌딩 202호
　　　　　연락처: 016-000-000
피고 : 별지 기재목록과 같음

**배당이의의 소**
소송물가액금 188,810,356원

청구 취지

1. 서울중앙지방법원 2006타기2804 배당절차사건에 관하여 2008. 2. 22. 등
  법원이 작성한 배당표 중 피고들에 대한 배당액을 변경하여 원고에게 피고들은
  별지기재목록과 같이 금 188,810,356원을 배당한다.
2. 소송비용은 피고들의 부담으로 한다.
3. 위 제1항은 가집행할 수 있다.
   라는 판결을 구합니다.

청구 원인

1. 원고와 피고들은 다단계회사인 소의 ㈜위베스트인터내셔널 회사에 투자사기를 당한 당사자들로서 수년에 걸친 법적조치를 통해 서울중앙지방법원이 2006타기 2804호 배당절차의 채권자들입니다.

2. 그러나 수천명의 피해자가 발생한 사기사건으로 수 많은 채권단이 제3채무자인 소의 한국특수판매공제조합이 채무자인 소외 ㈜위베스트인터내셔널 대해 가지고 있는 보증금에 대하여 채권가압류 및 추심을 통하여 채권압류 및 가압류를 하였으나, 배당기일인 2008. 2. 22. 원고가 배당에서 제외되었다는 사실을 알게 되었습니다.

3. 그 후 배당기일 당일 구두로 배당표에 대한 이의를 제기하고 담당사무관과 함께 확인해 본 바 채무자인 소외 ㈜위베스트인터내셔널이 제3자에게 채권양도하였다는 통지서가 제3채무자인 한국특수판매공제조합에 송달된 2006년 6월 7일 이후의 채권은 배당에서 전부 제외시켰다는 사실을 알게되었습니다.

4. 그러나 원고의 채권가압류 결정은 2006. 6. 1. 결정되었고 송달과정에서 지연이 되어 채권양도통지서가 제3채무자인 한국특수판매공제조합에 송달된 날과 같은 날

인 2006년 6월 7일 송달되었음에도 불구하고 배당에서 제외한 것은 부당하다 하겠습니다.

5. 위와 같은 사실로 원고는 배당을 받아야 마땅하므로 청구취지와 같은 판결을 구하고자 이건 청구에 이른 것입니다.

**입증 방법**

1. 갑 제 1호증 배당표                    1통.
2. 갑 제 2호증 채권가압류결정문사본    1통.
3. 갑 제 3호증 채권양도통지서사본      1통.

**첨부 서류**

1. 소장부본                              49통.
2. 입증서류                             각 1통.
3. 위임장                                 1통.

2008. 02. 01.
위 원고 (선정당사자) 이○○

## 서울중앙지방법원 귀중

---

### ◆ 가장 임차인에게 배당되어 배당이의 소를 제기한 사례

**소 장**

원 고 : ○○○ (주민번호     ), 주소:     , 전화:
피 고 : ◇◇◇ (주민번호     ), 주소:     , 전화:

**배당이의의 소**

**청구 취지**

1. ○○○지방법원 2015타경 23456호 부동산임의경매신청사건에 관하여 2015. 01.

10. 같은 법원이 작성한 배당표 가운데 중 원고에 대한 배당액 1,000만원을 금 2,500만원으로, 피고에 대한 배당액 금 5,000만원을 금 3,500만원으로 경정한다.
2. 소송비용은 피고의 부담으로 한다.
　　라는 판결을 원합니다.

### 청구 원인

1. 원고를 채권자, 소외 OOO을 채무자로 하는 귀원 2015타경 23456호 부동산임의경매신청사건의 배당절차에서 귀원은 2015. 01. 10. 배당금액 7,500만원 중 1순위로 소외 근저당권자 OOO에게 금 1,500만원을, 2순위로 확정일자부 임차인 피고에게 5,000만원을 각 배당하고, 나머지 금 1,000만원을 원고에게 배당하기로 하는 배당표를 작성하였습니다.

2. 그러나, 피고는 위 OOO의 매형으로써 동인과 통모하고 임차인을 가장하여 허위의 임대차계약을 작성하고 OOO지방법원 OO등기소로부터 확정일자까지 받은 자로서, 존재하지 아니한 임차보증금 5,000,만원의 채권을 가지고 배당요구를 신청하여 원고에 우선하여 배당을 받은 자이고, 그로 인하여 원고는 경매신청 채권액 2,500만원 중 1,000만원 밖에 배당을 받지 못하게 되었습니다.

3. 따라서 원고는 청구취지와 같이 배당표의 변경을 구하고자 이 사건 청구에 이르렀습니다.

### 입증 방법

1. 갑 제1호증　　　　　　배당표 등본
1. 갑 제2호증　　　　　　임대차계약서 사본
1. 갑 제3호증 의 1, 2　　각 가족관계증명서

### 첨부 서류

1. 위 입증서류　　　　　　각 1통
1. 법인등기부등본　　　　1통
1. 주민등록초본　　　　　2통
1. 소장부본　　　　　　　1통

2015. OO. OO.
위 원고 ○ ○ ○ (서명 또는 날인)

## OOO지방법원 귀중

# 04 배당금에 대한 채권가압류와 지급정지가처분 신청 방법

◆ 경매 배당금에 대한 채권가압류 신청서를 작성한 사례

채권 가압류 명령 신청서

채 권 자 : 박OO (000000-0000000), 전화번호 000-000-0000
　　　　　 서울 서대문구 OO동 OO삼성아파트 00동 000호
채 무 자 : 우OO (000000-0000000), 전화번호 000-000-0000
　　　　　 서울 구로구 OO동 000-00
제3채무자 : 서울중앙지방법원 (소관 경매5계)
　　　　　 서울특별시 서초구 서초중앙로 157 (서초동)

**청구 금액**
청구채권(피보전권리)의 내용 손해배상금(강제집행비용 등) 및 무상거주에 따른 채무자의 부당이득금 가압류할 채권의 표시 별지목록기재와 같음

신청 취지

채무자의 제3채무자에 대한 별지 목록 기재의 채권을 가압류한다.
제3채무자는 채무자에게 위 채권에 관한 지급을 하여서는 아니된다.
라는 재판을 구합니다.

신청 원인

1. 신청인은 서울중앙지방법원 2010타경0000호 사건의 낙찰자로써, 2012년 3월 27일 잔금을 납부하고 소유권이전등기를 경료한 서울시 서초구 서초동 1333, 7동 9층 OOO호의 소유권자입니다. 피신청인(채무자)은 상기사건의 전소유자 및 채무자로써 상기부동산에 무상거주하고 있는 자입니다.

2. 신청인은 피신청인에게 증거서류 (내용증명)에서 보는바와 같이 수차례에 걸쳐 상기부동산을 인도 하여줄 것을 요청하였는바, 피신청인은 법대로 하라고 하면서, 명도를 거부하여 부득이 인도명령결정(서울중앙지법 0000타기1000)에 따른 강제집행에 이르게 되었습니다.

3. 증거서류 서울중앙지방법원 배당표와 같이 채무자는 배당금을 70,253,000원을 받아가는 데도 불구하고 신청인에게 상기 부동산을 협의 인도하지 않아, 신청인에게 금원 의 집행비용을 지출하게 함으로써 손해를 발생시 켜고 또한 무상 거주함으로써 금원의 부당이득을 취하였습니다. 따라서 채권자는 채무자에게 총 금원의 청구채권을 가지고 있습니다.

4. 채권자는 채무자를 상대로 하여 부당이득금 및 강제집행비용 반환의 소를 제기할 준비를 하고 있습니다. 그러나 본안 소송에는 오랜 시일이 소요될 뿐만 아니라 그 사이에 채무자가 별지목록 기재 채권을 처분하거나 영수해 버릴 염려가 있습니다. 그리하여 위 청구채권의 집행을 보전하기 위하여 이 사건 가압류 신청을 하기에 이른 것입니다.

5. 담보의 제공은 보증보험회사의 지급보증위탁계약을 체결한 문서(보증보험주식회사 증권번호 제 호)를 제출하는 것으로 갈음할 것을 허가하여 주시기 바랍니다.

**입증방법**

1. 소갑 제1호증 부동산등기부등본 1. 소갑 제2호증 내용증명 1. 소갑 제3호증 서울중앙지방법원 배당표 1. 소갑 제4호증 강제집행비용 1. 소갑 제5호증 전입세대 열람내역

**첨부서류**

1. 가압류할 채권의 표시
1. 가압류신청진술서
1. 송달료

2012 .04. 05.
위 채권자 OOO

## 서울 중앙지방법원 귀중

PART 16  배당이의 신청 및 소장 작성실무, 배당금에 대한 채권가압류와 지급정지가처분 실무  617

〈별 지〉

강제집행비용및 부당이득금의 표시

### 가압류할 채권의 표시

금 0000만원 정
단, 채무자가 제3채무자에 대하여 가지는 아래 표시사건의 배당금원중 위 청구채권에 이르기까지의 금액.

- 아 래-

서울중앙지방법원 부동산임의경매사건의 2012.4.24일 배당재단중 0000의 배당금원.

- 이 상 -

## ◆ 배당금 지급정지가처분 신청서를 작성한 사례

### 배당금지급금지 가처분신청

채 권 자 :  심OO (000000-0000000), 전화번호 000-000-0000
          경기도 평택시 진위면 가곡3길 00-0
채 무 자 :  1 손OO (000000-0000000), 전화번호 000-000-0000
          경기도 화성시 동탄면 감배산로 00번지 000동-000호
          (동탄풍성신미주아파트)
          2 김OO (000000-0000000), 전화번호 000-000-0000
          경기도 화성시 동탄반석로 000번지 000동-0000호
제3채무자 : 대한민국
          위 법률상대표자 법무부장관 황교안(소관:수원지방법원 경매계)

목적물의 가액 334,100,000원

채권자의 신청외 이OO에 대한 2011년 01월 28일자 9,500만원 대여금과 2011년 07월 04일자 7,000만원 대여금에 대한 2011년 01월 29일부터 2015년 05월 27일까지와 2011년 07월 05일부터 2015년 05월 27일까지 각 연 25%의 비율에 의한 이자금

채권

**피보전권리의 요지**
채권자가 채무자들 및 신청외 이OO에 대하여 가지는 사해행위를 원인으로 하는 채권자취소소송의 취소권 행사에 따른 배당금지급청구채권

### 신청 취지
1. 채무자는 제3채무자로부터 별지 기재 채권을 추심하거나 양도, 질권 설정 기타 체의 처분행위를 하여서는 아니된다.
2. 제3채무자는 채무자에게 위 채권을 지급하여서는 아니된다.
라는 재판을 구합니다.

### 신청 원인
**1. 채권 및 당사자 관계**
　가. 채권자는 신청 외 이OO에 대하여 2011. 01. 28자에 금 95,000,000원의 대여금 채권(별첨 95,000,000원, 70,000,000원 입금증 - 갑제1호증의 1-2 2, 차용금증서 - 갑제2호증의 1-2 각 참조)이 있는데, 이에 대한 담보로 채권자는 위 이OO 소유인 별첨 부동산등기부등본(갑제3호증의 1-2)과 같은 화성시 비봉면 삼화리 000-00 소재 토지, 건물에 대해 채권최고액 300,000,000원으로 한 채무자들과 공동저당권자로 근저당권설정등기가 되어 있음을 채권자는 별첨 2015. 03. 18자 녹취록(갑 제4호증의 1-2)과 같은 위 이OO과의 대출거래를 알선한 신청인 김OO가 허위근저 당권자들인 채무자들과 공동저당권자로 근저당권설정등기를 하였음을 뒤늦게 알게된 사실상 단독 근저당권자이고,
　나. 채무자들은 채권자의 위 단독 근저당권을 무력화시키기 위해 위 대출브로커 김OO와 통보, 담합하여 채권자와 공동근저당권자 겸 그 수익자로 되어있는 허위의 근저당권들입니다.

**2. 채권자 및 신청의 서호새마을금고의 위 이OO소유 부동산에 대한 중복경매신청**
　가. 그런데, 위 근저당권설정자겸 채무자인 이OO이 채권자에게 위 대여금 165,000,000원(95,000,000 + 70,000,000원 이자 월2부5리)에 대한 원리금을 변제치 않으므로, 채권자는 별첨 경매사건 검색표(갑제5호증)와 같이 213. 10. 28자에 수원지방법원 2013타경 62024호(중복2013타경56104, 2013타경63539)
　나. 신청서 서호새마을금고가 2013. 11. 18자에 같은 법원 2013타경62024호로 부동산임의경매 개시결정을 받아 그간 중복경매가 진행되어 현재 2015. 05. 27. 14:00 호 배당기일이 지정되어 있는 실정입니다.

3. 채무자들은 사해행위자들로서 이 건 경매사건의 배당권자가 아닙니다.
  가. 위에서 살펴본 바와 같이 채권자는 위 이OO에게 95,000,000원을 대여해 주면서 위와 같이 채권최고액 3억원으로 한 근저당권설정등기를 받으면서 당연히 단독 근저당권자인줄 알고 있었는데,
  나. 위 대출브로커인 김OO가 위 채무자 이OO 및 자신(김OO)의 남편인 OO이 법무사사무실에 근무하고 있었음을 기화로 채권자 몰래 위와 같이 마치 채권자가 채무자들과 공동저당권자인것 처럼하여 근저당권설정등기를 경료한 바 있는 것으로서 이는 채무자들 부분의 근저당권설정등기는 사해행위에의한 무효로서 마땅히 취소되어야하는 것입니다.
  다. 따라서 이건 경매사건에서 채무자들이 마치 정당한 근저당권자 인양 권리신고및 배당요구를 한 것은 사해행위로서 배척되어야 합니다.

4. 이 사건 가처분의 긴급성
  가. 위와같은 사해행위자들인 채무자들이 수익자로서 허위의 근저당권에 터잡아 배당금을 수령하는 것은 부당하므로, 채권자는 현재 채무자들을 상대로 사해행위 취소에 의한 근저당권설정등기말소등기청구의 본안소송을 준비 중에 있으나,
  나. 동 소송은 저간의 사정으로 보아 장시간을 요할 것으로 예상되는 반면 위와 같이 위 경매사건의 배당기일이 2015. 05. 27. 14시로 지정되어 있으므로 그 안에 채무자들이 배당받을 배당금을 가처분하여 두지 아니하면 본안소송의 실익이 없을 것이므로 본안소송의 집행보전을 위하여 시급히 이건 가처분신청에 이를 것입니다.
  다. 단지, 이 건 가처분신청에 따른 담보제공방법은 채무자들로 인해 다대한 손해 속에 있는 채권자의 어려운 실정을 감안하시어 보증보험과의 계약을 체결한 증권으로 대체할 수 있도록 허락하여 주시기 바랍니다.

### 입증 및 첨부서록
1. 채권자의 신청의 이동협에 대한 2011. 1. 28자 95,000,000원 및 2011. 7 일자 70,000,000원 도합 165,000,000원 대여입금증(갑제1호증의 1-2) - 각1부
1. 위 이OO 작성의 95,000,00원 및 70,000,000원 차용금증서(갑제2호증의1-2) - 각1부
1. 이 사건 부동산등기부등본 (갑제3호증의 1-2) - 각1부
1. 채권자와 신청외 김OO 및 이OO간 2015. 03. 18자 녹취록(갑제4호증의1-2) - 각1부
1. 수원지방법원 2013타경 62024호(중복2013타경56104, 2013타경63539) 경매사건 검 색표(갑제5호증) - 1부
1. 배당기일소환장(갑제6호증) - 1부

1. 채권자의 경매법원에 대한 334,100,000원 권리신고 및 배당요구서 - 1부
1. 채무자들의 경매법원에 대한 채권계산서, 차용증 - 각 1부
1. 가처분할 채권목록 - 7부

2015. 05. 10.

위 채권자 심 O O

## 수원지방법원 귀 중

〈가처분할 목적채권의 표시〉

금 334,100,000원

채무자 손OO(570304-    ), 김OO(670523-    )가 수원지방법원 2013타경 62024(중복2013타경56104, 2013타경63539) 부동산임의경매사건에서 허위의 공동 근저당권자(수원지방법원 화성등기소 2011년 01월 28일 접수 제14355호, 채권최고액 3억원)로서 배당 받을 배당금지급청구채권 중 위 각 금액에 달할 때 까지의 금액.

"필자는 끝까지 정독해 주신 독자 분들께 감사드립니다.

이 책으로 여러분들의 재테크가 성공되시기를 기원 드립니다."